2024
国家统一法律职业资格考试

历年主观试题精讲

主 编 桑 磊
编 著 吴志伟　颜　飞　任启明
　　　郑玉双　柯勇敏　闫尔宝
　　　贾　健

2008～2023

十年司考主观真题＋六年法考主观金题回忆版
七位法学专家学者倾力奉献，全新解读；深度解析命题思路，点拨答题方法

扫码进入模拟机考演练　　附赠经典试题讲解视频

中国法制出版社
CHINA LEGAL PUBLISHING HOUSE

写在前面的话

2018年，国家统一司法考试（简称"司考"）更改为国家统一法律职业资格考试（简称"法考"）。主观题考试独立设置，试卷总分值也由原来的150分增至180分。这一考试模式的变化，不仅彰显了主管机关不断推进考试改革的决心，也在很大程度上提高了主观题在法考中的整体地位。

综观2018—2023年主观题考试，其卷面共设置了六道试题，其中的商法试题和行政法试题可任选一道作答，考生实际上需要作答的是五道试题。与此同时，融合了民法、商法、民事诉讼法的综合案例大题，充分体现了客观题考试考查法学基础知识、主观题考试考查法学实际应用能力的阶梯式考核分工。

为满足广大考生对历年主观试题解析的需求，本人组织了桑磊法考各科专家，整理出近十六年来的主观试题（含2018—2023年回忆版试题），汇集成本书，以飨广大考生读者。

概括而言，本书呈现以下特色：

——集结富有命题经验的资深专家，打造法考"梦之队"。本书多数作者有着丰富的试题命制经验和敏锐的考点感知能力，对主观题命制规范熟稔于心，外化于对每一道题目的分析讲解和命题趋势的精准把握。

——命题与解题思路双向分析，考点和答案解析详略适宜。各科作者深度还原了命题人思路，或点明命题素材，或挖掘命题特点，让考生了解试题之"基"。在解题思路中，各科作者结合题目层层分析，明确答题要点和答题步骤，揭示考点的同时，培养考生的审题能力和解题思维。对每一道试题的答案解析，各个作者都尽力做到具体全面、条理清晰，为考生提供极具参考价值的规范答题范本。

——详解包括2018—2023年在内的近十六年主观题，直击重点热点。本书选取2008—2017年来的司考主观题真题全新解读。同时，针对广大考生对2018—2023年主观题的切实需求，各科作者综合网络上的"考生回忆版"，按照真题标准对这六年的法考主观题进行整理、复原和解析。凭借各科作者对命题思路的熟悉，在对试题的分析与解答过程中，从"答案""难度""考点""命题与解题思路""答案解析"五个角度出发，融合法考主观题的命题重点和增分热点，力争为2024年法考考生打造独具特色的主观题"得分宝典"。

——附赠经典试题讲解视频。为便于考生随时随地备考复习，充分利用碎片化学习时间，本书免费附赠部分经典试题的同步讲解视频，使用手机扫码即看。

在成书过程中，本书的各位作者和编辑虽倾尽全力，但因时间有限，内容繁多，错误和不妥之处在所难免，敬请广大读者不吝斧正。

最后，预祝大家顺利通过2024年主观题考试！

桑磊

2024年3月于北京

目 录

习近平法治思想

2023 年"回忆版"金题 ……………………………………………………………（ 1 ）
2022 年"回忆版"金题 ……………………………………………………………（ 8 ）
2021 年"回忆版"金题 ……………………………………………………………（ 13 ）
2020 年"回忆版"金题 ……………………………………………………………（ 18 ）
2019 年"回忆版"金题 ……………………………………………………………（ 23 ）
2018 年"回忆版"金题 ……………………………………………………………（ 27 ）
2017 年真题 ………………………………………………………………………（ 32 ）
2016 年真题 ………………………………………………………………………（ 36 ）
2015 年真题 ………………………………………………………………………（ 40 ）

民商事综合大题

2023 年"回忆版"金题 ……………………………………………………………（ 44 ）
2022 年"回忆版"金题 ……………………………………………………………（ 56 ）
2021 年"回忆版"金题 ……………………………………………………………（ 68 ）
2020 年"回忆版"金题 ……………………………………………………………（ 76 ）
2019 年"回忆版"金题 ……………………………………………………………（ 89 ）
2018 年"回忆版"金题 ……………………………………………………………（ 98 ）

刑 法

2023 年"回忆版"金题 ……………………………………………………………（111）
2022 年"回忆版"金题 ……………………………………………………………（116）
2021 年"回忆版"金题 ……………………………………………………………（122）
2020 年"回忆版"金题 ……………………………………………………………（125）
2019 年"回忆版"金题 ……………………………………………………………（129）
2018 年"回忆版"金题 ……………………………………………………………（134）
2017 年真题 ………………………………………………………………………（138）
2016 年真题 ………………………………………………………………………（141）
2015 年真题 ………………………………………………………………………（145）
2014 年真题 ………………………………………………………………………（149）
2013 年真题 ………………………………………………………………………（152）
2012 年真题 ………………………………………………………………………（158）

2011 年真题 …………………………………………………………………………… (162)
2010 年真题 …………………………………………………………………………… (166)
2009 年真题 …………………………………………………………………………… (169)
2008 年真题 …………………………………………………………………………… (171)

刑事诉讼法

2023 年"回忆版"金题 ………………………………………………………………… (175)
2022 年"回忆版"金题 ………………………………………………………………… (180)
2021 年"回忆版"金题 ………………………………………………………………… (186)
2020 年"回忆版"金题 ………………………………………………………………… (191)
2019 年"回忆版"金题 ………………………………………………………………… (196)
2018 年"回忆版"金题 ………………………………………………………………… (200)
2017 年真题 …………………………………………………………………………… (203)
2016 年真题 …………………………………………………………………………… (208)
2015 年真题 …………………………………………………………………………… (213)
2014 年真题 …………………………………………………………………………… (218)
2012 年真题 …………………………………………………………………………… (221)
2011 年真题 …………………………………………………………………………… (226)
2010 年真题 …………………………………………………………………………… (231)
2009 年真题 …………………………………………………………………………… (234)
2008 年真题 …………………………………………………………………………… (237)

民　法

2017 年真题 …………………………………………………………………………… (241)
2016 年真题 …………………………………………………………………………… (246)
2015 年真题 …………………………………………………………………………… (251)
2014 年真题 …………………………………………………………………………… (257)
2013 年真题 …………………………………………………………………………… (265)
2012 年真题 …………………………………………………………………………… (270)
2011 年真题 …………………………………………………………………………… (275)
2010 年真题 …………………………………………………………………………… (281)
2009 年真题 …………………………………………………………………………… (286)
2008 年真题 …………………………………………………………………………… (292)

民事诉讼法

2017 年真题 …………………………………………………………………………… (299)

2016 年真题	(304)
2015 年真题	(310)
2014 年真题	(314)
2013 年真题	(320)
2012 年真题	(325)
2011 年真题	(329)
2010 年真题	(333)
2009 年真题	(338)
2008 年真题	(343)

行政法与行政诉讼法

2023 年"回忆版"金题	(349)
2022 年"回忆版"金题	(354)
2021 年"回忆版"金题	(360)
2020 年"回忆版"金题	(365)
2019 年"回忆版"金题	(370)
2018 年"回忆版"金题	(376)
2017 年真题	(381)
2016 年真题	(386)
2015 年真题	(391)
2014 年真题	(396)
2013 年真题	(400)
2012 年真题	(404)
2011 年真题	(409)
2010 年真题	(415)
2009 年真题	(417)
2008 年真题	(421)

商 法

2023 年"回忆版"金题	(426)
2022 年"回忆版"金题	(435)
2021 年"回忆版"金题	(441)
2020 年"回忆版"金题	(450)
2019 年"回忆版"金题	(459)
2018 年"回忆版"金题	(467)
2017 年真题	(471)
2016 年真题	(477)

2015 年真题 …………………………………………………………………………（481）
2014 年真题 …………………………………………………………………………（487）
2013 年真题 …………………………………………………………………………（492）
2012 年真题 …………………………………………………………………………（497）
2011 年真题 …………………………………………………………………………（500）
2010 年真题 …………………………………………………………………………（502）

习近平法治思想 2015—2023 [1]

答案和解析作者简介

郑玉双

中国政法大学教授、博士生导师。普林斯顿大学和牛津大学访问学者。

学术功底深厚，深谙命题规律，培训经验丰富。擅于将抽象晦涩的知识点转化为常理常情常识，帮助考生实现事半功倍的备考效果。

2023 年"回忆版"金题

一、试题（本题 35 分）

材料一： 中国式现代化，是中国共产党领导的社会主义现代化，既有各国现代化的共同特征，更有基于自己国情的中国特色。

——中国式现代化是人口规模巨大的现代化。我国十四亿多人口整体迈进现代化社会，规模超过现有发达国家人口的总和，艰巨性和复杂性前所未有，发展途径和推进方式也必然具有自己的特点。我们始终从国情出发想问题、作决策、办事情，既不好高骛远，也不因循守旧，保持历史耐心，坚持稳中求进、循序渐进、持续推进。

——中国式现代化是全体人民共同富裕的现代化。共同富裕是中国特色社会主义的本质要求，也是一个长期的历史过程。我们坚持把实现人民对美好生活的向往作为现代化建设的出发点和落脚点，着力维护和促进社会公平正义，着力促进全体人民共同富裕，坚决防止两极分化。

——中国式现代化是物质文明和精神文明相协调的现代化。物质富足、精神富有是社会主义现代化的根本要求。物质贫困不是社会主义，精神贫乏也不是社会主义。我们不断厚植现代化的物质基础，不断夯实人民幸福生活的物质条件，同时大力发展社会主义先进文化，加强理想信念教育，传承中华文明，促进物的全面丰富和人的全面发展。

——中国式现代化是人与自然和谐共生的现代化。人与自然是生命共同体，无止境地向自然索取甚至破坏自然必然会遭到大自然的报复。我们坚持可持续发展，坚持节约优先、保护优先、自然恢复为主的方针，像保护眼睛一样保护自然和生态环境，坚定不移走生产发

---

[1] 2015—2020 年试题为社会主义法治理论相关试题，结合习近平法治思想予以解读。

展、生活富裕、生态良好的文明发展道路，实现中华民族永续发展。

——中国式现代化是走和平发展道路的现代化。我国不走一些国家通过战争、殖民、掠夺等方式实现现代化的老路。……我们坚定站在历史正确的一边、站在人类文明进步的一边，高举和平、发展、合作、共赢旗帜，在坚定维护世界和平与发展中谋求自身发展，又以自身发展更好维护世界和平与发展。(摘自习近平《在中国共产党第二十次全国代表大会上的报告》)

材料二：全国各族人民、一切国家机关和武装力量、各政党和各社会团体、各企业事业组织，都必须以宪法为根本的活动准则，都负有维护宪法尊严、保证宪法实施的职责。任何组织和个人都不得有超越宪法法律的特权，一切违反宪法法律的行为都必须予以追究。

坚持依宪治国、依宪执政，就包括坚持宪法确定的中国共产党领导地位不动摇，坚持宪法确定的人民民主专政的国体和人民代表大会制度的政体不动摇。

要加强宪法实施和监督，推进合宪性审查工作，对一切违反宪法法律的法规、规范性文件必须坚决予以纠正和撤销。(摘自习近平《坚定不移走中国特色社会主义法治道路 为全面建设社会主义现代化国家提供有力法治保障》)

问题：

1. 根据材料，围绕宪法关于国家基本制度和公民权利义务方面的规定，简述宪法对实现中国式现代化的制度保障。

2. 根据材料，结合你对习近平法治思想的理解，谈谈你对依宪治国、依宪执政的认识。

答题要求：

1. 观点正确，表述规范完整、准确；

2. 无观点或论述，照搬材料原文的不得分；

3. 总字数不少于600字。

二、答案精讲

> 1. 根据材料，围绕宪法关于国家基本制度和公民权利义务方面的规定，简述宪法对实现中国式现代化的制度保障。

答案：

一、宪法是国家的根本法，是治国理政的总章程。我国宪法对国家的政治、经济、文化、社会生活和生态等各方面的基本制度作出了全面细致的规定，详细规定了公民的政治、社会和文化等权利及各项义务，为国家权力的行使和公民人权的保障提供了根本的规范依据。

二、中国式现代化是在百年未有之大变局下，中国应对复杂的国内国际形势和实现中华民族伟大复兴的发展方向和路径。如材料所示，中国式现代化涉及人民根本利益、内政外交等各项治国理政的根本内容。习近平法治思想是在法治轨道上推进中国式现代化的根本遵循，为中国式现代化提供了根本制度保障和理论指引。推进依宪治国和依宪执政是全面依法治国的首要任务，是中国式现代化的基本制度保障。

三、宪法对实现中国式现代化的制度保障主要体现在以下方面：

（1）宪法坚持了中国共产党对中国特色社会主义的领导地位不动摇，坚持了人民民主专政的国体和人民代表大会制度的政体不动摇，为中国式现代化确立了根本的政治保证和价值追求。

（2）宪法将中国特色社会主义制度以宪法规范的形式落实下来，将中国式现代化在治国理政、内政外交等方面的布局和使命纳入宪法轨道，使之进一步规范化、系统化。

（3）通过宪法实施，在中国特色社会主义法治体系建设中弘扬宪法精神、贯彻宪法制度、保障宪法权利义务实现，能够为中国式现代化目标的实现保驾护航。

2. 根据材料，结合你对习近平法治思想的理解，谈谈你对依宪治国、依宪执政的认识。

答案：

一、习近平法治思想是全面依法治国的思想体系和根本指南，为实现高质量发展和建设社会主义现代化国家提供了根本遵循。习近平法治思想内涵丰富、论述深刻，其核心要义总结为"十一个坚持"，坚持依宪治国、依宪执政是全面依法治国的首要任务。

二、坚持依宪治国、依宪执政，体现了党的领导、人民当家作主、依法治国的有机统一，体现了全面推进依法治国的时代要求，对于推进国家治理体系和治理能力现代化、保证党和国家长治久安具有重大意义。坚持依宪治国，是推进全面依法治国、建设社会主义法治国家的基础性工作。坚持依宪执政，体现了中国共产党作为执政党的执政理念，体现了中国共产党对执政规律和执政方式的科学把握。坚持依宪治国、依宪执政要求全面贯彻实施宪法、维护宪法尊严和权威。

三、全面贯彻实施宪法的举措主要包括以下几个方面：

（1）加强宪法的实施，健全保障宪法全面实施的制度体系，更好发挥宪法在治国理政中的重要作用。

（2）加强宪法监督制度，必须积极稳妥推进合宪性审查工作，加强备案审查制度和能力建设，依法撤销和纠正违宪违法的规范性文件，维护宪法权威。

（3）建立健全涉及宪法问题的事先审查和咨询制度，加强宪法解释工作，落实宪法解释程序机制。

（4）在全社会广泛开展尊崇宪法、学习宪法、遵守宪法、维护宪法、运用宪法的宣传教育，弘扬宪法精神与社会主义法治意识。

（5）建设更为完善的中国特色社会主义法治体系，通过科学立法将宪法规定和原则制度化和规范化，通过严格执法和公正司法提升全社会的宪法观念，通过严密的法治监督体系推进宪法监督。

四、在中国式现代化的新征程中，依宪治国、依宪执政面临着新任务和新使命。我们要坚持和完善中国特色社会主义制度，推进国家治理体系和治理能力现代化，不断提高党长期执政能力，必须更加注重发挥宪法的重要作用，保证宪法确定的制度、原则和精神得到贯彻实施。

难度：难

考点：习近平法治思想的重大意义；坚持以人民为中心；坚持中国特色社会主义法治道路；更好发挥法治固根本、稳预期、利长远的保障作用；坚持建设中国特色社会主义法治体系；坚持依宪治国、依宪执政

> **命题与解题思路**

2022年是党的二十大胜利召开之年，也是我国现行宪法公布施行四十周年。在全党全国各族人民迈上全面建设社会主义现代化国家新征程、向第二个百年奋斗目标进军的关键时刻，进一步加强宪法宣传、坚定宪法自信、弘扬宪法精神具有特别重要的意义。党的二十大科学谋划了未来一个时期党和国家事业发展的目标任务和大政方针，明确了中国共产党的中心任务就是团结带领全国各族人民全面建成社会主义现代化强国、实现第二个百年奋斗目标，以中国式现代化全面推进中华民族伟大复兴。中国式现代化是中国共产党和中国人民长期实践探索的成果，是一项伟大而艰巨的事业。党团结带领人民进行社会主义现代化建设的实践充分证明，推进中国式现代化，须臾离不开宪法的保障。

"法者，国家所以布大信于天下。"宪法是国家根本法，是治国安邦的总章程，是党和人民意志的集中体现。宪法与国家前途、人民命运息息相关。现行宪法于1982年公布施行以来，历经5次修改，有力推动和保障了党和国家各项事业发展。我国宪法是符合国情、符合实际、符合时代发展要求的好宪法，是我们国家和人民经受住各种困难和风险考验、始终沿着中国特色社会主义道路前进的根本法治保证。特别是党的十八大以来，习近平总书记把宪法摆在全面依法治国十分突出的位置，围绕宪法提出一系列重大论断，作出一系列重大部署，推进一系列重大工作，引领新时代依宪治国新实践，开创新时代依宪治国新局面。

党的二十大报告指出，坚持依法治国首先要坚持依宪治国，坚持依法执政首先要坚持依宪执政。以中国式现代化全面推进中华民族伟大复兴，必须学习宣传贯彻党的二十大精神，推动全面贯彻实施宪法。

推动全面贯彻实施宪法，就要坚持和加强党的全面领导。中国共产党领导是中国特色社会主义最本质的特征，是中国特色社会主义制度的最大优势。我国宪法同党和人民进行的艰苦奋斗和创造的辉煌成就紧密相连，同党和人民开辟的前进道路和积累的宝贵经验紧密相连。我国宪法最鲜明的特征就是确认了中国共产党的执政地位，确认了党在国家政权结构中总揽全局、协调各方的核心地位。推动全面贯彻实施宪法，就要坚持宪法确定的中国共产党领导地位不动摇，就要坚决维护党中央权威和集中统一领导，不断提升党的执政能力和领导水平，把党的领导落实到党和国家事业各领域各方面各环节。

推动全面贯彻实施宪法，就要充分发挥宪法在治国安邦、治国理政中的重大作用。坚持依宪治国、依宪执政是全面依法治国、建设中国特色社会主义法治体系、建设社会主义法治国家的第一要务，也是中国共产党治国理政、领导人民取得"两大奇迹"的法治保障。要以宪法为根本活动准则，维护宪法尊严，深入推进科学立法、民主立法、依法立法，加快完善以宪法为核心的中国特色社会主义法律体系，以良法促进发展、保障善治。要不断健全保证宪法全面实施的体制机制，完善监督宪法实施的相关制度，保证在国家各项事业和各方面工作中遵循宪法原则、贯彻宪法要求、体现宪法精神。

推动全面贯彻实施宪法，就要坚持以人民为中心。宪法的根基在于人民发自内心的拥护，宪法的伟力在于人民出自真诚的信仰。党依宪治国、依宪执政的最大优势和最高原则在于为人民执政、靠人民执政，人民是党执政兴国的最大底气。要依法保障全体公民享有广泛的权利，努力维护最广大人民群众的根本利益，保障人民群众对美好生活的向往和追求，切实维护和促进社会公平正义，让宪法真正成为全体人民共同的信仰，让尊崇宪法、学习宪法、遵守宪法、维护宪法、运用宪法成为全体人民的自觉行动。

在党的二十大胜利召开和全面贯彻实施宪法的新征程背景下，本题直接考查中国式现代化的宪法意义以及依宪治国、依宪执政，体现出宪法在当前全面建设社会主义现代化强国中的重要地位。本题有两大突破：一是将传统的一问改为两问，强化了考查力度，同时也给考生带来一定难度；二是将宪法学知识与习近平法治思想相结合，对考生进行综合考查，一定程度上突破了传统主观题的知识范围。因此，本题可以说是实质的转型之作，体现出对习近平法治思想的考查将在广度和深度上继续强化，对考生的备考也提出了更高的要求。

本题的两问从不同角度对宪法在全面依法治国中的意义进行考查，并且提问方式存在差异，第一问要求简述，第二问要求论述。从分值分布上来看，第一问分值较少，第二问分值较多。针对这种新的考查情况，建议考生在答题时仍然使用"三步四阶法"，只是要根据分值和时间情况进行部分调整。首先，第一问分值较少，字数需要控制，所以可以答三阶，省去第四阶的内容；其次，在用"四阶法"答题时，可以适当简化，尽量呈现要点，尽可能节省时间。从本题的考查点和提问方式来看，"三步四阶法"可以让考生迅速把握考点，建立问题逻辑，形成清晰有层次的答题思路，在考场上出奇制胜。

在解题阶段，考生应遵循"三步法"，即"认真阅读材料，准确解读内容；完整理解问题，把握逻辑关系；列出结构框架，区分逻辑层次"。在答题过程中，考生应按照"四阶法"层层推进，步步为营，即"一阶开题，开宗明义；二阶升级，主题进阶；三阶立意，画龙点睛；四阶收官，补强升华"。本题材料要点围绕两个内容，一是中国式现代化；二是宪法实施。考生应在习近平法治思想的理论框架下，充分展示宪法在推进中国式现代化进程中的意义和实践要求。

具体来说，在解题阶段，考生应当严格遵循"三步法"，分三步解题。

第一步：认真阅读材料，准确解读内容。材料一引自党的二十大报告，是关于中国式现代化的全面而深刻的论述。中国式现代化有自身鲜明的特色和内涵，着力于人的发展、物质和精神文明、生态和谐、世界和平等治国理政的关键议题，是中国之治的主要使命，因此需要纳入全面依法治国的轨道中。材料二引自习近平总书记发表的《坚定不移走中国特色社会主义法治道路 为全面建设社会主义现代化国家提供有力法治保障》一文。这一材料强调了宪法作为根本法，在全面依法治国中的重要意义，以及推进宪法实施的必要性。

第二步：完整理解问题，把握逻辑关系。本题共有两问，虽然相对独立，但二者之间存在密切关系，倒不如看作是一个宏观问题下的两个小问。党的二十大确立了中国式现代化这一时代使命，为了推进和实现中国式现代化，需要将其纳入全面依法治国的轨道中。宪法是国家的根本法，是治国理政的总章程。因此，宪法是中国式现代化的根本规范保障。宪法关于国家制度和公民权利义务的规定为中国式现代化提供了制度框架，为中国式现代化打造了规范化、程序化和体系化指引。正是因为宪法为中国式现代化提供了充分的制度保障，因此应该进一步坚持依宪治国、依宪执政，推进宪法实施，维护宪法权威，提升全社会宪法观念。

第三步：列出结构框架，区分逻辑层次。第一问的结构框架包含三个要点：一是宪法关于国家基本制度和公民权利义务的规定；二是中国式现代化；三是宪法的制度保障。其逻辑层次为：宪法中关于国家基本制度和公民权利义务的规定，充分体现出宪法为中国式现代化提供了制度保障。考生可从以下方面追问：宪法关于国家基本制度和公民权利义务的规定是什么？中国式现代化的内涵是什么？宪法关于国家基本制度和公民权利义务的规定为中国式现代化提供了哪些保障？

第二问的结构框架包含一个要点，即依宪治国、依宪执政在全面依法治国中的重要意义。其逻辑层次为：按照习近平法治思想的理论指引，宪法在中国式现代化中发挥着制度保障的作用，因此应当推进依宪治国、依宪执政，加强宪法实施，建立健全宪法实施机制。考生可从以下几方面追问：习近平法治思想的基本内涵和重大意义是什么？基于习近平法治思想，坚持依宪治国、依宪执政的"坚持"是什么？它为什么重要？如何在全面依法治国中坚持依宪治国、依宪执政？如何推进宪法实施？

在答题阶段，考生应熟练使用"四阶法"，综合运用所学基础知识，充分展示答题的逻辑关系和层次。由于本题分为两问，限于时间和分值，第一问考生可简要作答，省略第四阶，答三阶内容。第二问则答四阶，但应当体现要点，控制字数。

具体而言，第一问从三阶进行作答。

第一阶：开题，开宗明义。重点展示题目的限定条件，主要涉及宪法所规定的国家基本制度和公民权利义务。由于宪法相关内容比较多，此处不宜列举，而是直接从宏观上对宪法如何规定国家基本制度和公民权利义务作出陈述。

第二阶：升级，主题进阶。本题的考查要点是宪法对实现中国式现代化的制度保障。在本阶中，应当对中国式现代化作出界定，由于材料所给内容非常丰富，所以考生需要整合提炼，而不能照搬材料。本阶需要借助于中国式现代化，转向全面依法治国在中国式现代化中的意义。

第三阶：立意，画龙点睛。本阶是答题的核心内容，也是第一问的考查重点所在。宪法对实现中国式现代化的制度保障意义是党的二十大报告提出的重大命题，也是习近平法治思想的理论突破，但对考生来说难度较高。考生应当结合宪法关于国家基本制度和公民权利义务的规定，将制度保障的具体内涵简单呈现，并且要转化到其对中国式现代化的意义上。

第二问从四阶进行作答。

第一阶：开题，开宗明义。本阶围绕题目的限定，即考生对习近平法治思想的理解来展开作答。这一限定对于考生来说是非常简单的，只要从习近平法治思想的基本内涵和重大意义角度作出简要界定即可得分。

第二阶：升级，主题进阶。本问的考查要点是依宪治国、依宪执政。这个要点是非常常规的考点，对考生来说并不难，但考生需要充分把握其逻辑。本阶需要从习近平法治思想转向依宪治国、依宪执政，展示依宪治国、依宪执政在习近平法治思想中的定位和在全面依法治国中的意义。

第三阶：立意，画龙点睛。本阶是答题的核心内容，也是本问的主干，需要考生重点作答。依宪治国、依宪执政的知识点扩展性并不强，主要落脚在宪法实施这个问题上。考生需要对宪法实施的具体体现进行分层展现，包括推动宪法实施、加强宪法监督、开展宪法解释、开展宪法宣传教育、建设更为完善的中国特色社会主义法治体系等。

第四阶：收官，补强升华。本阶内容针对第三阶的论述进行升华。依宪治国、依宪执政在中国式现代化中意义重大，因此应当更好发挥宪法的制度保障意义。

答案解析：

1. 第一问的答案从以下三阶内容展开。

第一阶论述宪法是根本法，对国家基本制度和公民权利义务作出了全面规定，充分保障人权，是国家政治生活的根本规范。

第二阶论述中国式现代化的内涵，结合材料强调中国式现代化涉及人民根本利益、内政外交等各项治国理政的根本内容。在此基础上转向习近平法治思想与中国式现代化的关系，即习近平法治思想是在法治轨道上推进中国式现代化的根本遵循，为中国式现代化提供了根本制度保障和理论指引。铺垫后直奔主题，论述中国式现代化需要宪法的制度保障。

第三阶重点论述中国式现代化的宪法制度保障，考生需要从党的领导、中国特色社会主义法治道路、宪法实施三个方面展开：

（1）宪法坚持了中国共产党对中国特色社会主义的领导地位不动摇，坚持了人民民主专政的国体和人民代表大会制度的政体不动摇，为中国式现代化确立了根本的政治保证和价值追求。

（2）宪法将中国特色社会主义制度以宪法规范的形式落实下来，将中国式现代化在治国理政、内政外交等方面的布局和使命纳入宪法轨道，使之进一步规范化、系统化。

（3）通过宪法实施，在中国特色社会主义法治体系建设中弘扬宪法精神、贯彻宪法制度、保障宪法权利义务实现，能够为中国式现代化目标的实现保驾护航。

2. 第二问的答案从以下四阶内容展开。

第一阶论述习近平法治思想的基本定位和重大意义，考生应回答习近平法治思想的时代定位，强调习近平法治思想是全面依法治国的思想体系和根本指南，为实现高质量发展和建设社会主义现代化国家提供了根本遵循。习近平法治思想的核心要义可以总结为"十一个坚持"，在此基础上，提出坚持依宪治国、依宪执政是全面依法治国的首要任务。

第二阶升级到坚持依宪治国、依宪执政这一内容。在提出坚持依宪治国、依宪执政在全面依法治国中的意义后，分别论述依宪治国和依宪执政的内涵。坚持依宪治国，是推进全面依法治国、建设社会主义法治国家的基础性工作。坚持依宪执政，体现了中国共产党作为执政党的执政理念，体现了中国共产党对执政规律和执政方式的科学把握。在此基础上，转向依宪治国、依宪执政的具体要求，即宪法实施。

第三阶是重点答题内容，考生应重点论述全面贯彻实施宪法的举措，从以下五个方面展开：

（1）加强宪法的实施，健全保障宪法全面实施的制度体系，更好发挥宪法在治国理政中的重要作用。

（2）加强宪法监督制度，必须积极稳妥推进合宪性审查工作，加强备案审查制度和能力建设，依法撤销和纠正违宪违法的规范性文件，维护宪法权威。

（3）建立健全涉及宪法问题的事先审查和咨询制度，加强宪法解释工作，落实宪法解释程序机制。

（4）在全社会广泛开展尊崇宪法、学习宪法、遵守宪法、维护宪法、运用宪法的宣传教育，弘扬宪法精神与社会主义法治意识。

（5）建设更为完善的中国特色社会主义法治体系，通过科学立法将宪法规定和原则制度化和规范化，通过严格执法和公正司法提升全社会的宪法观念，通过严密的法治监督体系推进宪法监督。

第四阶进行升华，论述依宪治国、依宪执政在中国式现代化伟大进程中的前景。结合第一问的主题，考生可从坚持和完善中国特色社会主义制度、推进国家治理体系和治理能力现代化等方面进行升华，对依宪治国、依宪执政的法治意义进行总结。

2022 年"回忆版"金题

一、试题（本题35分）

材料一： 改革开放以后，党坚持依法治国，不断推进社会主义法治建设。……党领导深化以司法责任制为重点的司法体制改革，推进政法领域全面深化改革，加强对执法司法活动的监督制约，开展政法队伍教育整顿，依法纠正冤错案件，严厉惩治执法司法腐败，确保执法司法公正廉洁高效权威。（摘自2021年11月11日《中共中央关于党的百年奋斗重大成就和历史经验的决议》）

材料二： 当前，法治领域存在的一些突出矛盾和问题，原因在于改革还没有完全到位。要围绕让人民群众在每一项法律制度、每一个执法决定、每一宗司法案件中都感受到公平正义这个目标，深化司法体制综合配套改革，加快建设公正高效权威的社会主义司法制度。（摘自习近平《坚持走中国特色社会主义法治道路 更好推进中国特色社会主义法治体系建设》）

材料三： 习近平总书记指出，权力是一把双刃剑，在法治轨道上行使可以造福人民，在法律之外行使则必然祸害国家和人民。执法司法权力专业性强、自由裁量度大、受干扰诱惑多，权力的多重属性表现尤为明显。（摘自钟政声《深化执法司法权力运行机制改革，归根到底就是要规范用权》）

问题：
请根据以上材料，结合你对习近平法治思想的理解，谈谈党的十八大以来改革重构司法权力配置和运行机制的重大成就和意义。

答题要求：
1. 无观点或论述、直接照搬材料原文的不得分；
2. 观点正确，表达完整、准确；
3. 总字数不少于600字。

二、答案精讲

答案：（为了保证论述的完整性，字数略多，考生实际答题时可以适当简略）

一、在百年未有之大变局下和实现中华民族伟大复兴的伟大征程之中，推进全面依法治国具有全局性和战略性地位，为中国式现代化提供了有力的法治保障。习近平法治思想的核心要义集中体现在"十一个坚持"上，是关于全面依法治国的新理念新思想新战略，是马克思主义法治理论同中国实际相结合的最新成果，也是党领导法治建设丰富实践和宝贵经验的科学总结。习近平法治思想为在法治轨道上全面建设社会主义现代化国家提供了根本遵循，也是引领法治中国建设实现高质量发展和法治领域改革的思想旗帜。

二、推进全面依法治国应当在党的领导下，以人民利益为中心，建设中国特色社会主义法治体系。如材料所示，应当建设高效的法治实施体系、严密的法治监督体系和有力的法治保障体系，加快建设公正高效权威的社会主义司法制度。改革重构司法权力配置和运行机制是建设中国特色社会主义法治体系的必然要求，也是坚持公正司法这一重要环节的制度落实。

三、公正司法就是受到侵害的权利得到保护和救济，违法犯罪活动受到制裁和惩罚。材料中所体现的司法体制改革、规范用权等措施是彰显公正司法的有力措施。党的十八大以来，在习近平法治思想的指引下，改革重构司法权力配置和运行机制以公正司法为追求，取得了很多重大成就。具体如下：

1. 在司法管理体制和司法权力运行机制上，加强党对司法工作的领导，确保审判机关、检察机关依法独立公正行使审判权、检察权，全面落实司法责任制。

2. 在工作机制上，健全公安机关、检察机关、审判机关、司法行政机关各司其职，侦查权、检察权、审判权、执行权相互配合、相互制约的体制机制。

3. 在价值追求上，充分保障诉讼当事人和其他诉讼参与人的诉讼权利，改进工作作风，让人民群众感受到公平正义。

4. 在监督和保障机制上，优化司法监督体制，构建起党统一领导、全面覆盖、权威高效的法治监督体系，加强法治专门队伍建设，为司法公正提供组织和人才保障。

四、改革重构司法权力配置和运行机制的重大成就是习近平法治思想之实践伟力的具体体现，在全面依法治国中具有重大的制度和现实意义。这一成就有助于实现社会公平正义，充分保障人民群众的合法权益。规范司法权力行使、合理约束司法人员的自由裁量权，有助于提高司法公信力，满足人民群众的司法需求。通过不断深化司法体制改革，促进改革和法治之间的良性互动，更好地发挥法治固根本、稳预期、利长远的保障作用，促进经济社会发展，为高质量发展和中国式现代化保驾护航。

难度：难

考点：习近平法治思想是在法治轨道上全面建设社会主义现代化国家的根本遵循；习近平法治思想是引领法治中国建设实现高质量发展的思想旗帜；牢牢把握社会公平正义的价值追求；更好发挥法治固根本、稳预期、利长远的保障作用；坚持建设中国特色社会主义法治体系；推进公正司法；加强法治专门队伍建设；改革和法治

命题与解题思路

党的十八大以来，习近平总书记以马克思主义政治家、思想家、战略家的非凡理论勇气、卓越政治智慧、强烈使命担当，在领导全面依法治国、建设法治中国的伟大实践中，创造性提出了一系列具有原创性、标志性的全面依法治国新理念新思想新战略，形成了习近平法治思想。习近平法治思想是马克思主义法治理论中国化的最新成果，是中国特色社会主义法治理论的重大创新发展，是习近平新时代中国特色社会主义思想的重要组成部分，是新时代全面依法治国必须长期坚持的指导思想。习近平法治思想立足新时代的历史方位，创造性提出了新时代全面依法治国的宏伟图景、战略布局、目标任务，引领法治建设战略实现历史性转变、法治体系建设取得历史性进展、法治工作质效取得历史性突破、法治保障能力实现历史性提升，开创了法治中国建设新局面。

司法制度是全面推进依法治国的重要环节。要坚持全面推进科学立法、严格执法、公正司法、全民守法，深入推进法治领域改革，让人民群众在每一项法律制度、每一个执法决定、每一宗司法案件中都感受到公平正义。坚持统筹推进国内法治和涉外法治，

加快涉外法治工作战略布局，加快我国法域外适用的法律体系建设，坚决维护国家主权、安全、发展利益。习近平总书记指出，深化司法体制改革，一个重要目的是提高司法公信力，让司法真正发挥维护社会公平正义最后一道防线的作用。形成科学合理的司法管理体制和规范高效的司法权力运行机制，有利于保障司法机关依法独立公正行使职权，充分发挥司法的权利救济、定分止争、制约公权、维护社会公平正义等基本功能。

司法制度是我国政治制度和法律制度的重要组成部分，体现了中国特色社会主义制度的优越性。随着经济社会的快速发展和人民群众司法需求的日益增长，我国司法体制仍然存在一些不适应、不协调的问题，需要不断改革完善。司法管理体制和司法权力运行机制是司法制度的重要内容。司法管理体制是对如何管理司法活动及相关事务的体制设计，司法权力运行机制是对司法权配置、运行及其相互关系的制度性安排。《中共中央关于全面推进依法治国若干重大问题的决定》要求："必须完善司法管理体制和司法权力运行机制，规范司法行为，加强对司法活动的监督，努力让人民群众在每一个司法案件中感受到公平正义。"

党的十八大以来，我国在司法权力配置和运行机制上进行了大刀阔斧的改革，取得了举世瞩目的成就。2014年1月至2022年9月，习近平总书记主持召开了67次中央全面深化改革领导小组会议、中央全面深化改革委员会会议，审议通过了70余个与司法改革相关的文件，其中涉及法院领域的重要改革方案39个，为人民法院推进司法改革提供了根本遵循。为进一步深化人民法院各项改革，最高人民法院于2015年2月发布了《关于全面深化人民法院改革的意见》，从七个方面规定了全面深化人民法院改革的主要任务。2019年2月，最高人民法院发布《关于深化人民法院司法体制综合配套改革的意见》，从十个方面规定了深化人民法院司法体制综合配套改革的主要任务。以司法责任制为重点的中国特色社会主义审判权力运行体系基本建成，公正高效权威的中国特色社会主义司法制度更加成熟定型，人民群众司法获得感和满意度明显增强。

本题是在党的百年奋斗历程的宏大背景之下，针对司法体制改革这一具体但又具有关键作用的法治建设环节进行回顾式考查。在材料选取、问题设计和考点分布等各个方面，本题与以往的宏观式考查大相径庭，给考生的解题和答题带来极大的挑战。本题的命制传达出关于法考命题的强烈信号，即命题从宏观转向微观，从考查知识点记忆转向考查知识点分析综合。这也意味着如果考生不能充分掌握习近平法治思想的思想逻辑，并且熟悉各个考点之间的有机关联，就无力应对这种命题趋势。

本题采取材料分析题的命题形式，内容上则具体考查考生对司法权力配置和运行机制的改革成就及其背后的公正司法内涵的理解。本题材料隐含的考点较为一致和明确，但命题形式灵活，问题设计对考生来说有一定难度，答案也具有一定的开放性。考生应当凭借牢固的基础知识，借助"三步四阶法"提升解题和还原考点的能力，灵活应对多变的命题形态，出奇制胜。

考生在作答该题时，应当遵循"三步四阶法"的解题答题方法，按步骤解题，全方位答题。在解题阶段，考生应"认真阅读材料，准确解读内容；完整理解问题，把握逻辑关系；列出结构框架，区分逻辑层次"。在答题过程中，考生应按照"四阶法"层层推进，步步为营，遵循"一阶开839，开宗明义；二阶升级，主题进阶；三阶立意，画龙点睛；四阶收官，补强升华"。

具体来说，在解题阶段，考生应当严格遵循"三步法"，分三步解题。

第一步：认真阅读材料，准确解读内容。材料一为《中共中央关于党的百年奋斗重大成就和历史经验的决议》。该决议对党的百年奋斗历程进行了高屋建瓴的总结，特别是对党带领人民全面依法治国的伟大事业进行了高度概括，材料所引内容体现的是党深化以司法责任制为中心的司法体制改革，表明司法权力配置和运行机制既是全面依法治国的重要环节，是公正司法的制度体现，也是党在法治建设中的灵魂地位的彰显。材料二引自习近平总书记发表的《坚持走中国特色社会主义法治道路 更好推进中国特色社会主义法治体系建设》一文。该文强调，在全面依法治国的纵深进程中，应当推动中国特色社会主义法治体系建设进入一个新高度。在司法体制问题上，则需要直面当前仍然存在的深层问题，比如法治实施体系不够高效、执法司法职权运行机制不够科学，法治监督体系不够严密、各方面监督没有真正形成合力，法治保障体系不够有力、法治专门队伍建设有待加强等，从而深化司法体制综合配套改革，加快建设公正高效权威的社会主义司法制度。要健全社会公平正义法治保障制度，完善公益诉讼制度，健全执法权、监察权、司法权运行机制，加强权力制约和监督。材料三摘自《深化执法司法权力运行机制改革，归根到底就是要规范用权》一文。该文强调了司法权力应当受到约束，通过规制自由裁量来规范司法权力运行。这一要求是重构司法权力配置的具体体现，表明司法权力受约束是司法公正的内在要求，也是保障人民利益和权益的题中应有之义。

第二步：完整理解问题，把握逻辑关系。题干中的问题是从习近平法治思想的角度来理解改革重构司法权力配置和运行机制的重大成就。习近平法治思想是本题的限定条件，但内涵十分宽泛，考生需要进行限缩，选择要点进行作答。这个题目强调的是习近平法治思想的重大意义，只有在重大意义的基础上才能理解改革重构司法权力配置和运行机制的成就，而且这些成就恰恰是习近平法治思想的重大意义的体现。改革重构司法权力配置和运行机制的成就这个问题对考生来说具有一定的挑战。通常的考题是问考生对习近平法治思想的核心要义的理解，而这个题目是问考生在司法体制改革上实现了哪些成就。考生需要在逻辑上转化，就能从容应对这个问法，即习近平法治思想关于司法体制改革的具体要求，转化到具体的依法治国的实践中，就成了司法体制改革的重大成就。因此考生只需要把公正司法的内涵转化为司法体制改革的成就即可。改革重构司法权力配置和运行机制的意义具有一定的开放性，考生可以从习近平法治思想的实践要求的角度作答，也可以从司法体制改革的现实意义的角度作答。

第三步：列出结构框架，区分逻辑层次。从上一步的问题分析来看，本题的逻辑层次并不复杂。考生需要在习近平法治思想的重大意义的视角下分析改革重构司法权力配置和运行机制的重大成就，但这一问题需要与习近平法治思想的核心要义相融合。其逻辑层次应体现为：习近平法治思想在全面依法治国中具有重大意义，按照习近平法治思想的要求，应当建设中国特色社会主义法治体系，推进公正司法。改革重构司法权力配置和运行机制是这些核心要义的体现和落实。因此，考生可以通过下列问题搭建逻辑层次：习近平法治思想的重大意义是什么？习近平法治思想对公正司法有何要求？改革重构司法权力配置和运行机制如何体现公正司法？改革重构司法权力配置和运行机制的成就有哪些？改革重构司法权力配置和运行机制的意义是什么？

在答题阶段，考生应熟练使用"四阶法"，综合运用所学的基础知识，充分展示答题的逻辑关系和层次，以四段内容全面剖析所考考点，层层进阶，逻辑闭环，完成一份结构立体、层次分明、内容充实的出色答卷。

具体而言，"四阶法"展现为四段内容，以下述方式展开。

第一阶：开题，开宗明义。重点展示题目的限定条件，主要涉及习近平法治思想的重大意义。考生可以对习近平法治思想进行整体定位，结合本题所考查的司法体制改革重点论述习近平法治思想的根本遵循和思想旗帜意义。

第二阶：升级，主题进阶。本题的考查要点是改革重构司法权力配置和运行机制。在这一阶中，考生需要论证升级，直面问题，对习近平法治思想、公正司法与改革重构司法权力配置和运行机制之间的关系进行陈述，按照逻辑要求展现出习近平法治思想与改革重构司法权力配置和运行机制的逻辑关联，实现自然过渡，并将论述重点转向改革重构司法权力配置和运行机制。

第三阶：立意，画龙点睛。本阶是答题的主要内容，呈现出核心要点的全貌。本题的主要考点是改革重构司法权力配置和运行机制。考生需要认真审题，这个问题并不是考查习近平法治思想对于公正司法提出什么要求，而是以改革重构司法权力配置和运行机制为实践形态的公正司法取得了哪些成就。因此考生需要答的是在司法体制改革中实际所取得的成就。习近平法治思想关于司法的核心要义为这一成就确立了理论框架，材料所展示的内容则为考生总结这些成就确立了落脚点。考生应综合习近平法治思想中涉及司法的法治实施体系、法治监督体系、公正司法、法治专门队伍等核心要义，针对司法体制改革的成就进行正面论述。

第四阶：收官，补强升华。本题有两问，第一问是核心考点，第二问可以作为补强论证内容。改革重构司法权力配置和运行机制取得了巨大成就，自然在全面依法治国中能够产生重要的意义。第二问具有一定的开放性，由于开题第一阶已经答了习近平法治思想的重大意义，所以这一阶应当落实在改革重构司法权力配置和运行机制这一具体制度改革的意义之上，考生可从社会公平正义，法治固根本、稳预期、利长远的保障作用，法治对经济社会发展的保障作用等方面进行灵活作答。

答案解析：

第一阶的内容首先需要展示在党的百年奋斗历程中，习近平法治思想的基本定位和时代意义。其次论述习近平法治思想的重大意义。考生可以将重大意义的四个方面都在答案中列明，但由于司法体制改革的实践性更强，所以可以对习近平法治思想的根本遵循和思想旗帜意义进行重点强调，提出习近平法治思想为在法治轨道上全面建设社会主义现代化国家提供了根本遵循，也是引领法治中国建设实现高质量发展和法治领域改革的思想旗帜。

第二阶进行升级，由习近平法治思想的重大意义转向改革重构司法权力配置和运行机制。一方面，需要强调应当建设高效的法治实施体系、严密的法治监督体系和有力的法治保障体系，加快建设公正高效权威的社会主义司法制度。另一方面，这些核心要义必然要求改革重构司法权力配置和运行机制。

第三阶是本题的核心内容，重点突出改革重构司法权力配置和运行机制的重大成就。考生在论述时应当转化视角，结合材料中的要点，陈述司法体制改革实际取得的成就，从司法管理体制和司法权力的运行机制、工作机制、价值追求、监督和保障机制等四个角度进行灵活作答：

1. 在司法管理体制和司法权力运行机制上，加强党对司法工作的领导，确保审判机关、检察机关依法独立公正行使审判权、检察权，全面落实司法责任制。

2. 在工作机制上，健全公安机关、检察机关、审判机关、司法行政机关各司其职，侦查权、检察权、审判权、执行权相互配合、相互制约的体制机制。

3. 在价值追求上，充分保障诉讼当事人和其他诉讼参与人的诉讼权利，改进工作作风，让人民群众感受到公平正义。

4. 在监督和保障机制上，优化司法监督体制，构建起党统一领导、全面覆盖、权威高效的法治监督体系，加强法治专门队伍建设，为司法公正提供组织和人才保障。

第四阶是补强升华的内容，应对改革重构司法权力配置和运行机制的重大成就的意义进行论述。司法体制改革的意义应限定在司法视角下的制度和现实意义。考生应当从社会公平正义、司法公信力、法治和改革的关系三个方面进行作答，突出司法体制改革在实现社会公平正义，提高司法公信力，发挥法治固根本、稳预期、利长远的保障作用等方面的意义。

2021年"回忆版"金题

一、试题（本题35分）

材料一：推进全面依法治国是国家治理的一场深刻变革，必须以科学理论为指导，加强理论思维，不断从理论和实践的结合上取得新成果，总结好、运用好党关于新时代加强法治建设的思想理论成果，更好指导全面依法治国各项工作。（摘自习近平《在中央全面依法治国工作会议上的重要讲话》）

材料二：党的十八大以来，我们提出一系列全面依法治国新理念新思想新战略，明确了全面依法治国的指导思想、发展道路、工作布局、重点任务。……这些新理念新思想新战略，是马克思主义法治思想中国化的最新成果，是全面依法治国的根本遵循，必须长期坚持、不断丰富发展。（摘自习近平《在中央全面依法治国委员会第一次会议上的讲话》）

材料三：立足我国国情和实际，加强对社会主义法治建设的理论研究，尽快构建体现我国社会主义性质，具有鲜明中国特色、实践特色、时代特色的法治理论体系和话语体系。坚持和发展我国法律制度建设的显著优势，深入研究和总结我国法律制度体系建设的成功经验，推进中国特色社会主义法治体系创新发展。（摘自《法治中国建设规划（2020—2025年）》）

问题：

根据材料，结合你对习近平法治思想核心要义的理解，谈谈在当前和今后一个时期全面依法治国需要重点抓好的"十一个坚持"。

答题要求：

1. 无观点或论述、照搬材料原文的不得分；
2. 观点正确，表述完整、准确的；
3. 总字数不少于600字。

二、答案精讲

答案：（为了保证论述的完整性，字数略多，考生实际答题时可以适当简略）

一、在百年未有之大变局和实现中华民族伟大复兴的伟大征程中，习近平法治思想的提出为深入推进全面依法治国、加快建设社会主义法治国家，运用制度威力应对风险挑战，全面建设社会主义现代化国家提供了科学的法治理论指导和制度保障。如材料所示，习近平法治思想用"十一个坚持"作为核心要义对全面依法治国进行阐释、部署，都是涉及法治理论和实践的方向性、根本性、全局性的重大问题，形成了系统完备、逻辑严密、内在统一的科学思想体系。

二、"十一个坚持"的核心要义是科学理论创新的典范，充分体现出习近平法治思想是党领导全面依法治国事业的科学总结，是马克思主义法治理论同中国法治建设具体实际相结合、同中华优秀传统法律文化相结合的最新成果，也是在法治轨道上建设社会主义现代化国家的根本遵循和引领法治中国建设实现高质量发展的思想旗帜。习近平法治思想的思想伟力需要在实践中彰显，并在实践中不断丰富完善。如材料二所述，"十一个坚持"涉及全面依法治国的指导思想、发展道路、工作布局、重点任务等方面，应当在中国式现代化的伟大征程中不断深化和推进。

三、重点抓好"十一个坚持"，需要在以下方面全面推进和实施：

第一，在指导思想上：（1）坚持党对全面依法治国的领导是推进全面依法治国的法治之魂，是社会主义法治最根本的保证。要坚持党总揽全局、协调各方，坚持党领导立法、保证执法、支持司法、带头守法。（2）坚持以人民为中心是社会主义法治的本质要求，要把握社会公平正义的价值追求，保障人民根本权益。（3）坚持在法治轨道上推进国家治理体系和治理能力现代化，发挥法治固根本、稳预期、利长远的作用。

第二，在发展道路上，中国特色社会主义法治道路是建设社会主义国家的唯一正确道路。其核心要义是坚持党的领导，坚持中国特色社会主义制度，贯彻中国特色社会主义法治理论，其中最根本的是坚持中国共产党的领导。

第三，在工作布局上，坚持依法治国、依法执政、依法行政共同推进，法治国家、法治政府、法治社会一体建设，使法治建设各环节相辅相成，共同发力。

第四，在重点任务上：（1）坚持将依宪治国、依宪执政作为首要任务，坚持中国共产党领导地位不动摇，坚持人民民主专政的国体和人民代表大会制度的政体不动摇；（2）坚持建设中国特色社会主义法治体系这一总抓手，形成完备的法律规范体系、高效的法治实施体系、严密的法治监督体系、有力的法治保障体系，形成完善的党内法规体系；（3）坚持将科学立法、严格执法、公正司法、全民守法作为重要环节；（4）坚持统筹国内法治和涉外法治，维护国家主权、安全和发展利益。

第五，在法治保障上：（1）坚持建设德才兼备的高素质法治工作队伍，为社会主义法治国家提供有力人才保障；（2）坚持抓住领导干部这个关键少数，提高其运用法治思维和法治方式的能力。

四、"十一个坚持"体现了法治在国家治理体系和治理能力现代化进程中的固根本、稳预期、利长远的保障作用，是中国式现代化的坚实保障，为中国高质量发展提供了充足的制度动力，必将在政治、经济、文化、社会生活和生态各个领域的发展之中释放出巨大的保障力量，不断把法治中国建设向纵深推进，在法治轨道上全面建设社会主义现代化国家。

难度：难

考点：习近平法治思想是马克思主义法治理论同中国法治建设具体实际相结合、同中华优秀传统法律文化相结合的最新成果；习近平法治思想是对党领导法治建设丰富实践和宝贵经验的科学总结；习近平法治思想是在法治轨道上全面建设社会主义现代化国家的根本遵循；习近平法治思想是引领法治中国建设实现高质量发展的思想旗帜；习近平法治思想的核心要义

> 💡 **命题与解题思路**

　　习近平法治思想是理论创新的典范，是解决现代化建设中的法治命题的根本性思想指南。党的十八大以来，以习近平同志为核心的党中央从坚持和发展中国特色社会主义的全局和战略高度定位法治、布局法治、厉行法治，创造性提出了关于全面依法治国的一系列新理念新思想新战略，形成了习近平法治思想。习近平法治思想是顺应实现中华民族伟大复兴时代要求应运而生的重大理论创新成果，是马克思主义法治理论同中国法治建设具体实际相结合、同中华优秀传统法律文化相结合的最新成果，是中国特色社会主义法治理论的重大创新发展，是习近平新时代中国特色社会主义思想的重要组成部分，是新时代全面依法治国的根本遵循和行动指南。习近平法治思想把马克思主义基本原理同中国具体实际相结合、同中华优秀传统文化相结合，顺应时代要求、体现时代精神、回答时代之问，彰显科学性、人民性、实践性，开辟了二十一世纪马克思主义法治理论新境界，展现出强大真理力量。

　　在习近平法治思想指引下，全面依法治国实践取得重大进展。从"依法治国"到"全面依法治国"，从"建设中国特色社会主义法律体系"到"建设中国特色社会主义法治体系"，从"有法可依、有法必依、执法必严、违法必究"到"科学立法、严格执法、公正司法、全民守法"，从"建设法治中国"到"统筹国内法治和涉外法治"，我国社会主义法治建设取得历史性成就、发生历史性变革。党领导人民解决了法治领域许多长期想解决而没有解决的难题，办成了许多过去想办而没有办成的大事。例如，把"中国共产党领导是中国特色社会主义最本质的特征"写入宪法，完善党领导立法、保证执法、支持司法、带头守法制度，党对全面依法治国的领导更加坚强有力。完善顶层设计，统筹推进法律规范、法治实施、法治监督、法治保障和党内法规体系建设，全面依法治国总体格局基本形成。推进重要领域立法，深化法治领域改革，推进法治政府建设，建立国家监察机构，改革完善司法体制，加强全民普法，深化依法治军，推进法治专门队伍建设，坚决维护社会公平正义，依法纠正一批冤错案件，全面依法治国实践取得重大进展。在全面建设社会主义现代化国家新征程上，要始终坚持习近平法治思想，坚定不移走中国特色社会主义法治道路，更加重视法治、厉行法治，更好发挥法治固根本、稳预期、利长远的保障作用，奋力开创法治中国建设新局面。

　　在这一实践和思想背景之下，本题针对"十一个坚持"进行宏观考查，体现出习近平法治思想在全面依法治国中的指导思想地位。"十一个坚持"既是习近平法治思想的核心要义，同时也是全面依法治国的行动指南。"十一个坚持"既反映出习近平法治思想的科学理论之光，也是中国特色社会主义法治道路的实践要求。本题以"十一个坚持"作为考点，重点考查考生宏观把握和理解习近平法治思想的能力，以及对习近平法治思想的不同知识点进行整合和贯通的能力。

　　在命题类型上，本题属于理论分析阐述题，考查内容几乎覆盖习近平法治思想的全部知识点，尽管考查要点对考生来说是熟悉的，但本题的提问方式给考生带来一些挑战，需要考生准确把握本题的考查意图。在命题形式上，本题采取的仍是传统的材料分析题的命题方式。在内容上，由于问题设定比较特殊，让考生从习近平法治思想的核心要义的角度谈"十一个坚持"，相当于结合"十一个坚持"考"十一个坚持"。这种设问方式对考生理解问题并展现逻辑关系的能力提出了较高要求。

　　考生应当按照"<u>三步四阶法</u>"的解题答题方法，破解题目的逻辑关系，充分展示题目考查的各个要点。在解题阶段，遵循"认真阅读材料，准确解读内容；完整理解问题，把握逻辑关系；列出结构层次，展开逻辑分析"的方式，正确解题，即材料限定了答题方向，问题则指引了答题要点，框定了答题结构和层次。在答题阶段，遵循"一阶开题，开宗明义；二阶升级，主题进阶；三阶立意，画龙点睛；四阶收官，补强升华"，层层推进，步步为营，充分展示答案的格局和层次，交出一份高质量的答卷。

具体来说，在解题阶段，考生应当严格遵循"三步法"，分三步解题。

第一步：认真阅读材料，准确解读内容。材料一引自习近平《在中央全面依法治国工作会议上的讲话》，强调全面依法治国这一基础性工程必须有科学完备的理论指导，指向了习近平法治思想在全面依法治国中的指导思想地位。材料二引自习近平《在中央全面依法治国委员会第一次会议上的讲话》，既指出了全面依法治国的新理念新思想新战略（"十一个坚持"）的重要内容，也展示出"十一个坚持"的实践内涵，即在指导思想、发展道路、工作布局、重点任务等方面谋篇布局。材料三引自《法治中国建设规划（2020—2025年）》，体现出发展中国特色社会主义法治理论以指导法治中国建设的必要性，也指向了习近平法治思想的理论意义和地位。

第二步：完整理解问题，把握逻辑关系。本题的限定是"习近平法治思想的核心要义"，问题则是谈谈对"当前和今后一个时期全面依法治国需要重点抓好的'十一个坚持'"的理解。熟悉知识点的考生应当能够判断出，习近平法治思想的核心要义即是"十一个坚持"。因此本题似乎是考查结合"十一个坚持"谈"十一个坚持"。但本题的意图并非如此简单。从材料中的信息可以看出，本题的深意在于考查考生对"十一个坚持"的理论意义和实践要义这两个层次的理解。结合习近平法治思想的核心要义，即是问"十一个坚持"在习近平法治思想中的理论定位和意义，而如何重点抓好"十一个坚持"，则是考查"十一个坚持"的实践要求和内涵。展现出这两个层次之后，考生便可轻松把握这个问题的逻辑关系。

第三步：列出结构层次，展开逻辑分析。在理顺题目考查的要点之后，考生可以清晰地展现出答案的结构层次。问题围绕"十一个坚持"而设定，考生则需要从不同方面对"十一个坚持"的理论内涵和实践内涵进行作答。需要回答的问题结构和层次是：习近平法治思想的核心要义在理论上应该如何定位？"十一个坚持"体现出习近平法治思想的哪些重大意义？在当前和今后一个时期全面依法治国要重点抓好这"十一个坚持"的具体内容是什么？重点抓好"十一个坚持"对全面依法治国的实践有何作用？

在答题阶段，考生应当严格遵循"四阶法"，破解问题的内在逻辑，充分展现答案的不同逻辑层次，写出一份层次分明、结构清晰、要点丰富的答卷。具体如下。

第一阶：开题，开宗明义。本阶需要围绕题目的限定条件而展开。题目要求考生从习近平法治思想的核心要义的角度进行作答。显然考生需要对这个限定进行限缩，否则习近平法治思想的全部内容都可以作为核心要义的内容。既然问题考查的是如何重点抓好"十一个坚持"，所以在开题阶段并不需要陈述"十一个坚持"的具体内容，而是展现出"十一个坚持"在习近平法治思想中的理论定位即可，即习近平法治思想所提出的核心要义是一种什么样的理论。

第二阶：升级，主题进阶。本题的考查要点是"十一个坚持"的具体实践内涵，而限定是"十一个坚持"的理论定位。所以考生需要在第二阶之中进行主题升级和进阶，论述从"十一个坚持"的理论定位如何转向"十一个坚持"的具体实践内涵。由于理论定位与实践内涵之间存在着一定的逻辑空间,所以考生在这一阶之中可以灵活发挥,用习近平法治思想的重大意义来填补这一空间,从而使得答案在逻辑上更为完整,让阅卷人耳目一新。

第三阶:立意,画龙点睛。本阶是答题的核心内容,也是主要考点所在。由于前面两阶已经对"十一个坚持"的理论定位和重大意义作出了论述,在本阶中考生可以重点论述"十一个坚持"的核心内容,从指导思想、发展道路、工作布局、重点任务等方面进行作答。由于本题考查的内容较为宏观,而"十一个坚持"的内容比较庞杂,所以考生在本阶中应该简练清晰地呈现出"十一个坚持"的内容,而不宜过多展开,否则篇幅过大,会导致结构失衡。

第四阶:收官,补强升华。本题只有一问,围绕"十一个坚持"的具体内容进行考查。但题目明确提出"在当前和今后一个时期"重点抓好"十一个坚持",所以考生在第四阶中应当进行补强论述,体现出"十一个坚持"在全面依法治国中的长期实践意义,以及在国家治理中所发挥的固根本、稳预期、利长远的作用。通过对"十一个坚持"的实践意义进行总结,可以将论述内容升华,将答卷完美收官。

答案解析:

第一部分首先对习近平法治思想进行整体定位,提出习近平法治思想为深入推进全面依法治国、加快建设社会主义法治国家,运用制度威力应对风险挑战,全面建设社会主义现代化国家提供了科学的法治理论指导和制度保障。其次,在此基础上说明习近平法治思想的核心要义是"十一个坚持",通过这十一个坚持的丰富内容,将习近平法治思想打造为系统完备、逻辑严密、内在统一的科学思想体系。

第二部分对习近平法治思想的重大意义进行阐述,论述"十一个坚持"的丰富内容体现出习近平法治思想的四个方面的重大意义,因此应当在实践中重点抓住这"十一个坚持"。习近平法治思想的重大意义也是坚持"十一个坚持"的重大意义,即"十一个坚持"的核心要义是科学理论创新的典范,充分体现出习近平法治思想是党领导全面依法治国事业的科学总结,是马克思主义法治理论同中国法治建设具体实际相结合、同中华优秀传统法律文化相结合的最新成果,也是在法治轨道上全面建设社会主义现代化国家的根本遵循和引领法治中国建设实现高质量发展的思想旗帜。在对"十一个坚持"的重大意义作出论述以后,自然就可以将论述方向转向"十一个坚持"的具体实践内容。在本阶中,考生应简要总结这些具体内容的要点,即全面依法治国的指导思想、发展道路、工作布局、重点任务等方面。

第三部分的内容围绕"十一个坚持"的具体内容而展开。本题从宏观上考查"十一个坚持",则考生应当将"十一个坚持"的理论要点以清晰的方式呈现出来,具体如下。

第一,在指导思想上:(1)坚持党对全面依法治国的领导是推进全面依法治国的法治之魂,是社会主义法治最根本的保证。要坚持党总揽全局、协调各方,坚持党领导立法、保证执法、支持司法、带头守法。(2)坚持以人民为中心是社会主义法治的本质要求,要把握社会公平正义的价值追求,保障人民根本权益。(3)坚持在法治轨道上推进国家治理体系和治理能力现代化,发挥法治固根本、稳预期、利长远的作用。

第二,在发展道路上,中国特色社会主义法治道路是建设社会主义国家的唯一正确道路。其核心要义是坚持党的领导,坚持中国特色社会主义制度,贯彻中国特色社会主义法治理论,其中最根本的是坚持中国共产党的领导。

第三，在工作布局上，坚持依法治国、依法执政、依法行政共同推进，法治国家、法治政府、法治社会一体建设，使法治建设各环节共同发力，相辅相成。

第四，在重点任务上：（1）坚持将依宪治国、依宪执政作为首要任务，坚持中国共产党领导地位不动摇，坚持人民民主专政的国体和人民代表大会制度的政体不动摇；（2）坚持建设中国特色社会主义法治体系这一总抓手，形成完备的法律规范体系、高效的法治实施体系、严密的法治监督体系、有力的法治保障体系，形成完善的党内法规体系；（3）坚持将科学立法、严格执法、公正司法、全民守法作为重要环节；（4）坚持统筹国内法治和涉外法治，维护国家主权、安全和发展利益。

第五，在法治保障上：（1）坚持建设德才兼备的高素质法治工作队伍，为社会主义法治国家提供有力人才保障；（2）坚持抓住领导干部这个关键少数，提高其运用法治思维和法治方式的能力。

第四部分进行补强升华，考生应论述重点抓好"十一个坚持"在全面依法治国中的实践意义。考生可以围绕"十一个坚持"在国家治理体系和治理能力现代化中的法治保障作用略微展开，强调法治固根本、稳预期、利长远的保障作用。同时也应展现"十一个坚持"在政治、经济、文化、社会生活和生态各个领域的发展之中所释放出的巨大保障力量。从这两个方面展示"十一个坚持"的实践意义之后，再对全面依法治国进行展望，提出要不断把法治中国建设向纵深推进，在法治轨道上全面建设社会主义现代化国家。

2020 年"回忆版"金题

一、试题（本题32分）

材料一： 当今世界正经历百年未有之大变局，我国正处于实现中华民族伟大复兴关键时期。顺应时代潮流，适应我国社会主要矛盾变化，统揽伟大斗争、伟大工程、伟大事业、伟大梦想，不断满足人民对美好生活新期待，战胜前进道路上的各种风险挑战，必须在坚持和完善中国特色社会主义制度、推进国家治理体系和治理能力现代化上下更大功夫。……把我国制度优势更好转化为国家治理效能，为实现"两个一百年"奋斗目标、实现中华民族伟大复兴的中国梦提供有力保证。（摘自《中共中央关于坚持和完善中国特色社会主义制度 推进国家治理体系和治理能力现代化若干重大问题的决定》）

材料二： 要加大对危害疫情防控行为执法司法力度，严格执行传染病防治法及其实施办法、野生动物保护法、动物防疫法、突发公共卫生事件应急条例等法律法规，依法实施疫情防控及应急处理措施。（摘自习近平《在中央全面深化改革委员会第十二次会议上的讲话》）

材料三： 这场抗疫斗争是对国家治理体系和治理能力的一次集中检验。在新的征程上，要突出问题导向，从完善疾病预防控制体系、强化公共卫生法治保障和科技支撑、提升应急物资储备和保障能力、提升国家生物安全防御能力、完善城市治理体系和城乡基层治理体系等方面入手，抓紧补短板、堵漏洞、强弱项，加快完善各方面体制机制，增强社会治理总体效能，不断提升应对重大突发公共卫生事件的能力和水平，为保障人民生命安全和身体健康夯实制度保障。

问题：

根据材料，结合在法治轨道上统筹推进疫情防控工作的要求，谈谈如何发挥法治在国家治理体系和治理能力现代化中的积极作用。

答题要求：

1. 无观点或论述、照搬材料原文的不得分；
2. 观点正确，表述完整、准确；
3. 总字数不得少于600字。

二、答案精讲

答案：

一、疫情防控对国家治理体系和治理能力提出了严峻的挑战，能不能坚持依法、科学、有序防控至关重要。习近平总书记提出，各级党委和政府要全面依法履行职责，坚持运用法治思维和法治方式开展疫情防控工作。如材料所示，疫情防控应当从立法、执法、司法、普法、守法各个环节全面发力，为疫情防控取得重大战略成果提供有力法治保障。

二、我国在疫情防控中坚持推进全面依法治国，体现出习近平法治思想的制度伟力。习近平法治思想是在法治轨道上全面建设社会主义法治国家的根本遵循，是引领法治中国建设实现高质量发展的思想旗帜。我国疫情防控的法治经验表明，国家治理需要在全面依法治国的轨道上推进，要充分发挥法治的固根本、稳预期、利长远的保障作用，充分运用法律来应对重大挑战、抵御重大风险、克服重大阻力、解决重大矛盾。只有充分发挥法治在国家治理体系和治理能力现代化中的积极作用，才能推动我国的制度优势转化为治理效能。

三、法治在国家治理体系和治理能力现代化中的积极作用体现为以下方面：

1. 完善党的领导制度体系，提高党科学执政、民主执政、依法执政水平。要把党的领导贯彻到全面推进依法治国全过程，坚持依法执政，形成完善的党内法规体系，提高党员干部法治思维和依法办事能力。

2. 完善人民当家作主制度体系，发展社会主义民主政治。坚持法治建设为了人民、依靠人民、造福人民、保护人民，以保障人民根本权益为出发点和落脚点。

3. 完善中国特色社会主义法治体系，把立法、执法、司法各环节作为工作的总抓手。在立法上，完善以宪法为核心的中国特色社会主义法律体系，打造公正严明的执法司法体制。

4. 完善共建共治共享的社会治理制度，建设法治社会。推动全社会树立法治意识，推进多层次多领域依法治理，完善党委领导、政府负责、民主协商、社会协同、公众参与、法治保障、科技支撑的社会治理体系。

5. 完善法治保障体系，健全党和国家监督体系，培养德才兼备的法治工作队伍。强化对权力运行的制约和监督，形成决策科学、执行坚决、监督有力的权力运行机制。

四、随着时代发展和改革推进，国家治理现代化对全面依法治国的要求越来越迫切。通过依宪治国、依宪执政确认和巩固国家根本制度、基本制度、重要制度，并运用国家强制力保证实施，保障了国家治理体系的系统性、规范性、协调性、稳定性。中国正处于中国式现代化的伟大征程之中，充分发挥法治在国家治理中的保障作用，才能为中国式现代化提供根本性、全局性、长期性的制度保障。

难度：难

考点：全面依法治国的重大意义；坚持党对全面依法治国的领导；坚持以人民为中心；法治工作的基本格局；充分发挥法治对经济社会发展的保障作用

> 💡 **命题与解题思路**
>
> 习近平总书记高度重视疫情防控，多次专门听取疫情防控工作汇报，亲自指挥、亲自部署，反复强调在法治轨道上统筹推进各项防控工作。在2020年2月5日中央全面依法治国委员会第三次会议上，习近平总书记强调，要在党中央集中统一领导下，始终把人民群众生命安全和身体健康放在第一位，从立法、执法、司法、守法各环节发力，全面提高依法防控、依法治理能力，为疫情防控工作提供有力法治保障。习近平总书记一系列重要讲话，充分阐述了法治在应对疫情防控等重大突发公共卫生事件中的重要作用，明确了运用法治保障疫情防控顺利开展的基本思路和方向，并就如何发挥法治的保障作用等问题提出了基本要求。这些重要讲话为坚持疫情防控法治化提供了基本遵循，为全面依法治国新理念新思想新战略注入了新的内容，不仅对应对疫情有重大指导意义，也为应对将来可能出现的重大风险，提供了思想武器。
>
> 疫情防控是对国家治理体系和治理能力现代化水准的考验。2019年10月，党的十九届四中全会通过了《中共中央关于坚持和完善中国特色社会主义制度 推进国家治理体系和治理能力现代化若干重大问题的决定》。坚持和完善中国特色社会主义制度、推进国家治理体系和治理能力现代化，是关系党和国家事业兴旺发达、国家长治久安、人民幸福安康的重大问题。党中央就这个重大问题进行专门研究部署，是从政治上、全局上、战略上全面考量，立足当前、着眼长远作出的重大决策。这次全会通过的决定，全面回答了在我国国家制度和国家治理体系上应该坚持和巩固什么、完善和发展什么这个重大政治问题，是一篇马克思主义的纲领性文献，也是一篇马克思主义的政治宣言书。
>
> 国家治理体系和治理能力现代化建设离不开全面依法治国的充分保障。疫情防控之难度考验着国家应对公共卫生危机的治理能力，是一个国家治理效能的直接反映。中国在应对疫情的过程中体现出的制度韧性和防控能力体现了我国的国家治理能力和治理体系具有显著的优势，这一优势的突出体现是在疫情防控中坚持依法防控，在法治轨道上统筹各项防控工作。法治是国家治理的根本保障，只有在法治轨道和法律框架下推动国家治理能力的提升和治理方式的优化，才能有效化解各种重大风险和危机，保证国家长治久安。从疫情防控的成功经验来看，法治在国家治理体系和治理能力现代化建设中发挥着积极作用。本题在疫情防控的背景下考查这一法治原理，立意深远。其考查重点在于从国家治理的角度展现习近平法治思想之核心要义的主要内容，对考生的整合和贯通能力提出了较高要求。
>
> 从形式上看，该题采取的是材料分析题的命题方式，材料的内容选自党的十九届四中全会的决定和习近平总书记关于疫情防控的重要讲话。从内容上来讲，主要考查考生对国家治理和法治之关系的理解，实际上重点考查考生对习近平法治思想之核心要义的宏观把握。考生应当按照"三步四阶法"的解题答题方法，破解题目的逻辑关系，充分展示题目考查的各个要点。在解题阶段，遵循"认真阅读材料，准确解读内容；完整理解问题，把握逻辑关系；列出结构层次，展开逻辑分析"的方式，正确解题，提炼材料

要点，挖掘考点。在答题阶段，遵循"一阶开题，开宗明义；二阶升级，主题进阶；三阶立意，画龙点睛；四阶收官，补强升华"。

具体来说，在解题阶段，考生应当严格遵循"三步法"，分三步解题。

第一步：认真阅读材料，准确解读内容。材料一引自《中共中央关于坚持和完善中国特色社会主义制度推进国家治理体系和治理能力现代化若干重大问题的决定》。这一决定的主题是建设中国特色社会主义制度和国家治理体系，强调这一体系是马克思主义基本原理同中国具体实际相结合的产物，是理论创新、实践创新、制度创新相统一的成果，凝结着党和人民的智慧，具有深刻的历史逻辑、理论逻辑、实践逻辑。材料二引自习近平总书记《在中央全面深化改革委员会第十二次会议上的讲话》。这次讲话的主要内容是对依法防控进行全面布局，要在党中央集中统一领导下，始终把人民群众生命安全和身体健康放在第一位，从立法、执法、司法、守法各环节发力，全面提高依法防控、依法治理能力，为疫情防控工作提供有力法治保障。材料三的主题是对疫情防控的经验进行总结，强调中国特色社会主义制度在应对公共卫生危机上的巨大优势。所引材料的主题是应当在疫情防控法治体系上进行优化，充分发挥法治在应对和防范重大风险中的保障作用。

第二步：完整理解问题，把握逻辑关系。本题的限定是"在法治轨道上统筹推进疫情防控工作的要求"，问题则是"如何发挥法治在国家治理体系和治理能力现代化中的积极作用"。这一限定有针对性，需要考生对依法防控进行总结，可以从材料和疫情防控的实践中提炼出相应的线索。问题指向的是法治与国家治理之间的关系。考生容易误解这个问题是考查习近平法治思想核心要义中的第五个"坚持"，但法治在国家治理中的积极作用显然不仅限于第五个"坚持"，而是贯穿整个核心要义的一个重大主题。因此，这个问题的逻辑关系应当是，疫情防控是对国家治理的考验，其成败决定于是否纳入法治轨道。疫情防控的成功证明法治是国家治理的保障，因此应当在国家治理体系和治理能力现代化中充分发挥法治的全方位保障作用。

第三步：列出结构层次，展开逻辑分析。在理顺题目考查的要点之后，考生可以清晰地展现出答案的结构层次。问题围绕"在法治轨道上统筹推进疫情防控工作的要求"而设定，考生应在此基础上针对法治在国家治理中的积极作用进行全面作答。需要回答的问题结构和层次是：在法治轨道上统筹推进疫情防控工作的要求是什么？依法防控体现出习近平法治思想的重大意义是什么？法治在国家治理体系和治理能力现代化中的积极作用有哪些？如何更好地发挥法治在国家治理中的保障作用？

在答题阶段，考生应当严格遵循"四阶法"，破解问题的内在逻辑，充分展现答案的不同逻辑层次，写出一份层次分明、结构清晰、要点丰富的答卷。具体如下。

第一阶：开题，开宗明义。本阶需要围绕题目的限定条件而展开。题目要求考生从"在法治轨道上统筹推进疫情防控工作的要求"的角度进行展开，则考生应当论述疫情防控作为国家治理的具体体现，需要在法治的轨道上进行，进而进一步论述依法防控的具体要求，强调法治在疫情防控中的保障作用。

第二阶：升级，主题进阶。本题的考查要点是"法治在国家治理体系和治理能力现代化中的积极作用"，考生需要从法治在疫情防控中的要求这一限定条件升级到法治在国家治理中的积极作用，而这两个要点之间需要通过习近平法治思想的理论内容进行补足。从逻辑上看，法治在疫情防控中的要求体现出习近平法治思想的重大意义，因此需要更好地发挥法治在国家治理中的积极作用,由此完成逻辑升级,自然过渡到第三阶。

第三阶:立意,画龙点睛。本阶是答题的核心内容,也是主要考点所在。第一阶和第二阶分别对依法防控的要求和习近平法治思想在国家治理中的重大意义作出论述,因此第三阶应当重点论述法治在国家治理中的积极作用。考生在本阶应该形成一个整体性的框架,切不可认为这一阶只答第五个"坚持"的内容。法治在国家治理中的积极作用是贯穿整个习近平法治思想之核心要义的重大主题,需要从政治方向、法治体系和工作布局等方面进行整合作答。由于核心要义内容繁多,考生在本阶可以精准提炼,灵活作答。

第四阶:收官,补强升华。本题只有一问,围绕法治在国家治理中的积极意义作答。在第四阶,考生可以对答题内容进行补强升华,突出国家治理现代化对全面依法治国的要求,以及通过法治保障国家治理体系的系统性、规范性、协调性、稳定性。本阶通过对法治的积极作用进行补强性论证,可以使答卷内容实现升华,完美收官。

答案解析:

第一部分的答题要点在于在法治轨道上统筹推进疫情防控工作的要求。考生作答应当结合时政,围绕材料,特别是从材料中提炼答题要点。由于依法防控具有较强的针对性,所以考生在第一部分切不可将习近平法治思想的一般理论堆砌在这一部分,而是突出疫情防控中的法治思维和法治方式,包括从立法、执法、司法、普法、守法各个环节全面发力,为疫情防控取得重大战略成果提供有力法治保障。这部分的内容可以适当简练,不必要追求面面俱到,结合材料中的立法、执法和公共卫生体系的优化等要点,进行灵活作答。

第二部分需要从依法防控转向习近平法治思想的重大意义。首先,强调依法防控体现出习近平法治思想的伟力。其次,结合依法防控论述习近平法治思想的重大意义,即是在法治轨道上全面建设社会主义法治国家的根本遵循,是引领法治中国建设实现高质量发展的思想旗帜。最后,转向法治在国家治理中的固根本、稳预期、利长远的作用,自然地引出法治在国家治理中的积极作用。

第三部分为主体内容,考生应结合材料中所包含的执法司法体制、社会治理等要点,针对习近平法治思想的核心要义,从党的领导、以人民为中心、中国特色社会主义法治体系、社会共建共治共享等方面突出法治在国家治理中的重要作用。在党的领导方面,强调要把党的领导贯彻到全面推进依法治国全过程,坚持依法执政。在以人民为中心方面,突出完善人民当家作主制度体系,发展社会主义民主政治。在完善中国特色社会主义法治体系方面,强调把立法、执法、司法各环节作为工作的总抓手。在社会治理方面,突出共建共治共享的社会治理作为国家治理体系的有机组成部分,建设法治社会,推动全社会树立法治意识,推进多层次多领域依法治理。在法治保障体系方面,重点突出健全党和国家监督体系,培养德才兼备的法治工作队伍。

第四部分进行补强升华,一方面,再次突出法治对于国家治理的重要意义,强调依宪治国和依宪执政保障了国家治理体系的系统性、规范性、协调性、稳定性;另一方面,结合中国式现代化的时代背景,提出充分发挥法治在国家治理中的保障作用,才能为中国式现代化提供根本性、全局性、长期性的制度保障。

通过对在法治轨道上统筹推进疫情防控的具体要求的论述,充分展现出习近平法治思想在现代化建设中的重大意义,由此转向法治在国家治理中的积极作用,逻辑分明,层次清楚,一气呵成,考生可遵循此答题模式完成一份高质量的答卷。

2019年"回忆版"金题

一、试题（本题38分）

材料一： 全面依法治国是一个系统工程，必须统筹兼顾、把握重点、整体谋划，更加注重系统性、整体性、协同性。依法治国、依法执政、依法行政是一个有机整体，关键在于党要坚持依法执政、各级政府要坚持依法行政。法治国家、法治政府、法治社会三者各有侧重、相辅相成，法治国家是法治建设的目标，法治政府是建设法治国家的主体，法治社会是构筑法治国家的基础。要善于运用制度和法律治理国家，提高党科学执政、民主执政、依法执政水平。（摘自习近平《在中央全面依法治国委员会第一次会议上的讲话》）

材料二： 依法治国是我国宪法确定的治理国家的基本方略，而能不能做到依法治国，关键在于党能不能坚持依法执政，各级政府能不能依法行政。我们要增强依法执政意识，坚持以法治的理念、法治的体制、法治的程序开展工作，改进党的领导方式和执政方式，推进依法执政制度化、规范化、程序化。执法是行政机关履行政府职能、管理经济社会事务的主要方式，各级政府必须依法全面履行职能，坚持法定职责必须为、法无授权不可为，健全依法决策机制，完善执法程序，严格执法责任，做到严格规范公正文明执法。（摘自习近平《加快建设社会主义法治国家》）

材料三： 深化党和国家机构改革，目标是构建系统完备、科学规范、运行高效的党和国家机构职能体系，形成总揽全局、协调各方的党的领导体系，职责明确、依法行政的政府治理体系……全面提高国家治理能力和治理水平。（摘自《中共中央关于深化党和国家机构改革的决定》）

问题：
请根据上述材料，结合你对深化党和国家机构改革的认识，谈谈法治政府建设在全面依法治国中的重要意义以及新时代法治政府建设的根本遵循。

答题要求：
1. 无观点或论述、照搬材料原文的不得分；
2. 观点正确，表述完整、准确；
3. 总字数不得少于600字。

二、答案精讲

答案：

一、深化党和国家机构改革是国家治理体系和治理能力现代化的集中体现。推进国家治理体系和治理能力现代化，就是要使各方面制度更加科学、更加完善，实现党、国家、社会各项事务治理制度化、规范化、程序化，善于运用制度和法律治理国家，提高党科学执政、民主执政、依法执政水平。如材料三所示，推进国家治理体系和治理能力现代化，必须深化党和国家机构改革，健全完善党和国家机构职能体系。

二、深化党和国家机构改革需要在法治轨道上进行。以法治的方式深化党的机构改革，就是坚持依法执政，健全党领导依法治国的制度和工作机制；以法治的方式深化国家机构改革，就是行政机关行使权力、管理公共事务必须由法律授权并依据法律规定。如材料所示，深化党和国家机构改革的目标是建设职能科学、权责法定、执法严明、公开公正、廉洁高效、守法诚信的法治政府。在依法治国、依法执政、依法行政共同推进中，法治政府建设是法治国家建设的关键。

三、法治政府建设对法治国家、法治社会建设具有示范带动作用。推动法治政府建设具有以下重要意义：

1. 有助于构建职责明确、依法行政的政府治理体系。通过在法治轨道上开展政府工作，有助于建立起权责统一、权威高效的依法行政体制。

2. 有助于约束行政权力，用法治给行政权力定规矩、划界限。法治政府是权力受约束、有权必有责的政府。如材料二所示，推进政府职能、程序和责任法定化，坚持法定职责必须为、法无授权不可为，有助于打造法治化的营商环境，促进高质量发展。

3. 有助于健全依法决策机制，提升领导干部的法治思维和法治方式，完善决策制度，规范决策程序。

4. 有助于深化行政执法体制改革，完善权责清晰、运转顺畅、保障有力、廉洁高效的行政执法体制机制，大力提高执法执行力和公信力。

四、习近平法治思想是法治政府建设的根本遵循，是全面依法治国的行动指南。习近平法治思想是国家治理体系和治理能力现代化的根本遵循，是法治国家高质量发展的思想旗帜。按照习近平法治思想的丰富内涵，法治政府建设首先应当坚持党的领导。坚持党的领导，是社会主义法治的根本要求，是全面推进依法治国和建设法治政府的题中应有之义。只有在党的领导下建设法治政府，才能保障人民主体地位和各项权利。其次应以人民利益为出发点，在政府权力行使和政府体制优化中充分保障人民权利，坚持走中国特色社会主义法治道路，建设社会主义法治强国。

深化党和国家机构改革，可以通过法律上的职权、标准、程序、监督等方面的设置，保障各级政府依法行政，保障党依法执政，实现依法治国、依法执政、依法行政共同推进，推动实现"两个一百年"的奋斗目标和中华民族的伟大复兴。

难度：难

考点：全面依法治国的总目标；坚持党对全面依法治国领导；坚持从中国实际出发；建设法治政府的意义和基本要求

> 💡 **命题与解题思路**
>
> 　　国家治理体系和治理能力是一个国家制度和制度执行能力的集中体现。推进国家治理体系和治理能力现代化，就是要使各方面制度更加科学、更加完善，实现党、国家、社会各项事务治理制度化、规范化、程序化，善于运用制度和法律治理国家，提高党科学执政、民主执政、依法执政水平。党和国家机构职能体系是中国特色社会主义制度的重要组成部分，是我们党治国理政的重要保障。推进国家治理体系和治理能力现代化，必须深化党和国家机构改革，健全完善党和国家机构职能体系，确保有效治理国家和社会，实现党和国家兴旺发达、长治久安。
>
> 　　面对新时代新任务提出的新要求，党和国家机构设置、职能配置、履职能力与有效

治理国家和社会的要求相比，还存在不少问题。这些问题，亟待通过深化党和国家机构改革，对体制和机构进行调整完善，从根本上加以解决。在这种情况下，深化党和国家机构改革势在必行。

党和国家机构改革是国家治理能力的体现和保障，只有在法治轨道上才能保障机构改革的顺利进行，只有在党和国家机构改革的基础上才能更好地发挥政府职能，建设法治政府。因此，党和国家机构改革与法治政府建设是一脉相承的，只有实现党的机构设置和职能配置的科学划分，才能为法治政府建设提供充分的制度基础。只有充分建设法治政府，才能为国家治理能力和治理体系现代化提供充足的法治保障。因此，法治政府建设以习近平法治思想作为根本遵循和行动指南，能够为国家治理体系和治理能力现代化打造坚实的法治轨道。

在2018年党和国家机构改革的背景之下，本题以法治政府作为考点进行考查，立意深刻，意义重大。该题考查考生在国家政治体制和国家治理的宏观背景之下理解法治政府建设的重要意义。形式上，该题采取的是材料分析题的命题方式，命题方式比较常规；内容上有一定新意，出其不意地考查考生从习近平法治思想的视角理解党和国家机构改革的能力。考生需要理解党和国家机构改革与依法治国所强调的依法执政、依法行政的关系，并以此思考法治政府建设在全面依法治国中的重要意义和新时代法治政府建设的根本遵循。

考生应当按照"三步四阶法"的解题答题方法，破解题目的逻辑关系，充分展示题目考查的各个要点。在解题阶段，遵循"认真阅读材料，准确解读内容；完整理解问题，把握逻辑关系；列出结构层次，展开逻辑分析"的方式，正确解题，提炼材料要点，挖掘考点。在答题阶段，遵循"一阶开题，开宗明义；二阶升级，主题进阶；三阶立意，画龙点睛；四阶收官，补强升华"。

具体来说，在解题阶段，考生应当严格遵循"三步法"，分三步解题。

第一步：认真阅读材料，准确解读内容。材料一引自习近平总书记2018年《在中央全面依法治国委员会第一次会议上的讲话》。这次讲话的主要内容是强调全面依法治国是一个系统性工程，需要统筹兼顾、整体谋划，因此应当推动法治国家、法治政府和法治社会一体建设。材料二引自习近平总书记2015年发表在《求是》杂志的文章《加快建设社会主义法治国家》，引文强调了党的领导在推动法治政府建设和依法行政之中的关键作用，以及推进严格规范公正文明执法在法治政府建设中的重要意义。材料三引自《中共中央关于深化党和国家机构改革的决定》。该决定是2018年党和国家机构改革的依据和基础。引文体现出深化党和国家机构改革，是新时代坚持和发展中国特色社会主义的必然要求，是加强党的长期执政能力建设的必然要求，是社会主义制度自我完善和发展的必然要求。

第二步：完整理解问题，把握逻辑关系。本题的限定是"对深化党和国家机构改革的认识"，问题则是"法治政府建设在全面依法治国中的重要意义以及新时代法治政府建设的根本遵循"。党和国家机构改革是2018年的重大事件，考生并不陌生，但这次改革与法治政府建设之间的关系，给考生带来挑战。考生应当从两个方面理解这一限定，即党和国家机构改革是国家治理体系和治理能力现代化的体现，同时也以全面依法治国作为改革的根本保障。在这个基础上理解问题，则会一目了然。党和国家机构改革是法治政府建设的制度基础，机构改革需要按照法治进行，也是为了更好实现法治，因此法治政府建设更是势在必行，而且法治政府建设要以习近平法治思想作为根本遵循，才能实现法治政府建设的目标。

第三步：列出结构层次，展开逻辑分析。在理顺题目考查的要点之后，考生可以清晰地展现出答案的结构层次。问题围绕"对深化党和国家机构改革的认识"而设定，考生应在此基础上针对法治政府建设的意义和根本遵循进行全面作答。需要回答的问题结构和层次是：深化党和国家机构改革的法治基础是什么？深化党和国家机构改革与法治政府建设的关系是什么？法治政府建设具有什么重大意义？法治政府建设应当如何以习近平法治思想为根本遵循？

在答题阶段，考生应当严格遵循"四阶法"，破解问题的内在逻辑，充分展现答案的不同逻辑层次，写出一份层次分明、结构清晰、要点丰富的答卷。具体如下。

第一阶：开题，开宗明义。本阶需要围绕题目的限定条件而展开。题目要求考生结合"对深化党和国家机构改革的认识"，则考生需要在本阶中展示党和国家机构改革在国家治理中的意义，以及如何在法治轨道上进行，从而引出法治政府建设的必要性。考生需要注意，2018年党和国家机构改革是政治生活中的重大改革，因此应当结合官方文件对这次改革的定位，简要陈述自己的认识，而不能过多地掺入自己的个人体会。

第二阶：升级，主题进阶。本题的考查要点是法治政府建设的重要意义。在本阶之中，考生需要展示出党和国家机构改革的法治意义，并由此引出对法治政府之重要意义的论述。党和国家机构改革必须在法律框架和法治轨道之上进行，才能保证机构改革的合法性和稳定性。机构改革也是为了建设职能科学、权责法定、执法严明、公开公正、廉洁高效、守法诚信的法治政府。因此，考生的论述重点在这一阶中从机构改革转向法治政府建设。

第三阶：立意，画龙点睛。本阶是答题的核心内容，主要涉及法治政府建设的重要意义。在习近平法治思想的理论体系之中，法治政府是一体建设的重点工程，具有带动示范作用。其重要意义落脚在打造法治政府所产生的一系列制度意义上，包括对政府治理体系、依法行政体制、权力制约体制等产生的重要意义。考生答法治政府的重要意义时不可宏观地回答法治政府对国家发展、人民利益的意义，而是要聚焦于法治政府建设本身的具体意义，才能体现出本题之命题意图。

第四阶：收官，补强升华。本题有两问，一是法治政府建设的重要意义；二是法治政府建设的根本遵循。这两个问题所指向的内容在逻辑上是有关联的，而且二者具有一定的并列意义。但考虑到篇幅，考生在作答时可以重点论述法治政府建设的重要意义，而把根本遵循作为补强升华内容。但补强内容不可过于简化，也应当突出根本遵循的不同层次。很显然，法治政府建设的根本遵循是习近平法治思想，考生应突出习近平法治思想的重大意义，围绕党的领导、以人民为中心和中国特色社会主义法治道路等几个方面进行主题升华。

答案解析：

第一部分应当围绕党和国家机构改革这一限定而展开。党和国家机构改革既是2018年的国家大事，也是国家治理体系和治理能力现代化的重要体现，还与法治政府建设紧密相关。在这一部分，考生应当结合时政，对党和国家机构改革与国家治理之间的关系进行论述，展示出机构改革是国家治理的需要，是实现党、国家、社会各项事务治理制度化、规范化、程序化的选择，有助于健全完善党和国家机构职能体系。

第二部分论述党和国家机构改革需要在法治轨道上进行。以法治的方式深化党的机构改革，就是坚持依法执政，健全党领导依法治国的制度和工作机制；以法治的方式深化国家机构改革，就是行政机关行使权力、管理公共事务必须由法律授权并依据法律规定。由此推导出党和国家机构改革是为了更好地建设法治政府，使政府各项职能的运行更加制度化和法治化。

第三部分是重点论述内容，考生应围绕法治政府建设的重要意义展开。这个问题实际上就是把法治政府建设的内容以积极意义的形式进行论述，因为对于法治政府建设来说，其建设内容就是法治建设所追求的目标和价值。考生应从政府治理体系、权力制约、依法决策机制、行政执法体制改革等四个方面展开作答。这部分内容具有一定的开放性，涉及多个要点，考生可以适当地进行发挥，只要要点充实便可。可以从以下几个方面作答：

1. 有助于构建职责明确、依法行政的政府治理体系。通过在法治轨道上开展政府工作，有助于建立起权责统一、权威高效的依法行政体制。

2. 有助于约束行政权力，用法治给行政权力定规矩、划界限。法治政府是权力受约束、有权必有责的政府。如材料二所示，推进政府职能、程序和责任法定化，坚持法定职责必须为、法无授权不可为，有助于打造法治化的营商环境，促进高质量发展。

3. 有助于健全依法决策机制，提升领导干部的法治思维和法治方式，完善决策制度，规范决策程序。

4. 有助于深化行政执法体制改革，完善权责清晰、运转顺畅、保障有力、廉洁高效的行政执法体制机制，大力提高执法执行力和公信力。

第四部分是补强论证的内容，主要论述法治政府建设的根本遵循。考生应从习近平法治思想的重大意义展现法治政府的理论基础。在此基础上从党的领导、以人民为中心和中国特色社会主义法治道路等三个方面展开，强调在党的领导下建设法治政府，保障人民主体地位和各项权利；以人民利益为出发点，在政府权力行使和政府体制优化中充分保障人民权利，坚持走中国特色社会主义法治道路。

在对四部分内容作出论述之后，考生可以再作简要总结，从党和国家机构改革的角度提出法治国家、法治政府和法治社会建设在现代化建设中的重要意义，对全篇进行总结，完美收官。

2018年"回忆版"金题

一、试题 （本题38分）

材料一：中国特色社会主义法治道路，是社会主义法治建设成就和经验的集中体现，是建设社会主义法治国家的唯一正确道路。在走什么样的法治道路问题上，必须向全社会释放正确而明确的信号，指明全面推进依法治国的正确方向，统一全党全国各族人民认识和行动。（摘自习近平《关于〈中共中央关于全面推进依法治国若干重大问题的决定〉的说明》）

材料二： 改革和法治如鸟之两翼、车之两轮。我们要坚持走中国特色社会主义法治道路，加快构建中国特色社会主义法治体系，建设社会主义法治国家。全面依法治国，核心是坚持党的领导、人民当家作主、依法治国有机统一，关键在于坚持党领导立法、保证执法、支持司法、带头守法。要在全社会牢固树立宪法法律权威，弘扬宪法精神，任何组织和个人都必须在宪法法律范围内活动，都不得有超越宪法法律的特权。（摘自习近平《在庆祝中国共产党成立95周年大会上的讲话》）

材料三： 中国各族人民将继续在中国共产党领导下，在马克思列宁主义、毛泽东思想、邓小平理论、"三个代表"重要思想、科学发展观、习近平新时代中国特色社会主义思想指引下，坚持人民民主专政，坚持社会主义道路，坚持改革开放，不断完善社会主义的各项制度，发展社会主义市场经济，发展社会主义民主，健全社会主义法治，贯彻新发展理念，自力更生，艰苦奋斗，逐步实现工业、农业、国防和科学技术的现代化，推动物质文明、政治文明、精神文明、社会文明、生态文明协调发展，把我国建设成为富强民主文明和谐美丽的社会主义现代化强国，实现中华民族伟大复兴。（摘自2018年3月11日第十三届全国人民代表大会第一次会议通过的《中华人民共和国宪法修正案》）

问题：
请根据材料，结合自己的实际工作和学习，谈谈坚定不移走中国特色社会主义法治道路的核心要义。

答题要求：
1. 无观点或论述、照搬材料原文的不得分；
2. 观点正确，表述完整、准确；
3. 总字数不得少于600字。

二、答案精讲

答案：

一、当前我国正处于百年未有之大变局和中国式现代化的伟大征程之中，全面建设社会主义现代化国家需要全面依法治国。从工作和学习经历来看，法治是国家治理体系和治理能力的重要依托，社会主义法治是我国制度之治最基本最稳定最可靠的保障。习近平法治思想是习近平新时代中国特色社会主义思想的重要组成部分，是全面依法治国的根本遵循和行动指南，深刻回答了为什么要全面依法治国、怎样全面依法治国这个重大时代课题。

二、习近平法治思想的核心要义可以总结为"十一个坚持"。在全面依法治国的方向和道路上，习近平法治思想提出要坚持走中国特色社会主义法治道路。如材料所示，中国特色社会主义法治道路，是中国共产党带领中国人民进行探索之后所形成的宝贵经验，是建设社会主义法治国家的唯一正确道路。必须坚持从中国国情和实际出发，坚定不移走中国特色社会主义法治道路。具体讲就是要坚持党的领导，坚持中国特色社会主义制度，贯彻中国特色社会主义法治理论。这三个方面构成了中国特色社会主义法治道路的核心要义。

三、中国特色社会主义法治道路的核心要义规定和确保了中国法治建设的内在属性和前进方向，可以从以下方面展开：

1. 党的领导是中国特色社会主义最本质的特征，是社会主义法治最根本的保证。坚持中国特色社会主义法治道路，最根本的是坚持中国共产党的领导。只有在党的领导下依法治国、厉行法治，人民当家作主才能充分实现，国家和社会生活法治化才能有序推进。

2. 中国特色社会主义制度是中国特色社会主义法治体系的根本制度基础，是全面推进依法治国的根本制度保障。我国社会主义制度保证了人民当家作主的主体地位，也保证了人民在全面推进依法治国中的主体地位。应当坚持和发展我国法律制度建设的显著优势，深入研究和总结我国法律制度体系建设的成功经验，推进中国特色社会主义法治体系创新发展。

3. 中国特色社会主义法治理论是中国特色社会主义理论体系的重要组成部分，是全面推进依法治国的行动指南。全面推进依法治国，法治理论是重要引领。要以科学理论为指导，加强理论思维，系统总结运用新时代中国特色社会主义法治建设的鲜活经验，不断推进理论和实践创新发展。

四、中国特色社会主义法治道路，本质上是中国特色社会主义道路在法治领域的具体体现；中国特色社会主义法治理论，本质上是中国特色社会主义理论体系在法治问题上的理论成果；中国特色社会主义法治体系，本质上是中国特色社会主义制度的法律表现形式。坚持中国特色社会主义法治道路，应当在习近平法治思想的科学指引下，更加重视法治、厉行法治，更好发挥法治固根本、稳预期、利长远的保障作用，奋力开启法治中国建设新征程。

难度：中

考点：全面依法治国的总目标；坚持党对全面依法治国的领导；习近平法治思想是马克思主义法治理论同中国法治建设具体实际相结合、同中华优秀传统法律文化相结合的最新成果

命题与解题思路

走自己的路，是党的全部理论和实践立足点，更是党百年奋斗得出的历史结论。我们党领导人民开辟和拓展的中国特色社会主义法治道路，是确认、促进和保障中华民族从站起来、富起来迈向强起来的法治强国之路，是坚持党的领导、人民当家作主、依法治国有机统一的民主法治发展之路，是我们党领导人民治国理政、以人民为中心、为人民谋幸福、为民族谋复兴、以保障人民权益为根本目的的法治幸福之路，是坚持和发展中国特色社会主义，在法治轨道上推进国家治理体系和治理能力现代化的良法善治之路，是把我国建设成为富强民主文明和谐美丽的社会主义现代化法治强国，实现中华民族伟大复兴的圆梦之路。

习近平法治思想是在推进伟大斗争、伟大工程、伟大事业、伟大梦想的实践中完善形成的，也还会随着实践的发展而进一步丰富。党的十八大以来，以习近平同志为核心的党中央从坚持和发展中国特色社会主义的全局和战略高度定位法治、布局法治、厉行法治，把全面依法治国纳入"四个全面"战略布局，创造性地提出了全面依法治国的一系列新理念新思想新战略，领导和推动我国社会主义法治建设发生历史性变革、取得历史性成就。

习近平法治思想体系完整、理论厚重、博大精深。习近平总书记用"十一个坚持"对全面依法治国进行阐释、部署，都是涉及理论和实践的方向性、根本性、全局性的重大问题。在道路方向上，要坚定不移走中国特色社会主义法治道路，这是全面依法治国必须始终坚持的正确方向。习近平法治思想，本质上是坚持和发展中国特色社会主义在法治领域的理论体现，是习近平新时代中国特色社会主义思想的重要组成部分。这一重要思想的提出，就是要为党和国家事业发展提供法治上的思想武器、科学指引、根本遵

循和行动指南。新中国创造的"两大奇迹",同我们党不断推进法治建设密不可分。坚定坚持依宪治国、依宪执政,在法治轨道上推进国家治理体系和治理能力现代化,就能依法应对重大挑战、抵御重大风险、克服重大阻力、解决重大矛盾,更好发挥法治固根本、稳预期、利长远的作用,最大限度凝聚社会共识,从而也就保证了国家治理体系的系统性、规范性、协调性。

本题是在法律职业资格考试改革的第一年进行命制的,体现出法考的命题倾向和关注点。在形式上,该题仍坚持法考传统,采取材料分析题的命题方式。在内容上,本题着重考查中国特色社会主义法治道路核心要义的三个方面的具体内涵及其理论指向。这也是习近平法治思想的第三个"坚持"的核心内容。对于考生来说,这个题目属于难度适中、考查要点容易把握的题目,但考生仍然需要将之放置在习近平法治思想的整体脉络之中加以分析论述,展现考生对知识点的全面掌握能力。

考生应当按照"三步四阶法"的解题答题方法,破解题目的逻辑关系,充分展示题目考查的各个要点。在解题阶段,遵循"认真阅读材料,准确解读内容;完整理解问题,把握逻辑关系;列出结构层次,展开逻辑分析"的方式,正确解题,提炼材料要点,挖掘考点。在答题阶段,遵循"一阶开题,开宗明义;二阶升级,主题进阶;三阶立意,画龙点睛;四阶收官,补强升华"。

具体来说,在解题阶段,考生应当严格遵循"三步法",分三步解题。

第一步:认真阅读材料,准确解读内容。材料一引自习近平《关于〈中共中央关于全面推进依法治国若干重大问题的决定〉的说明》,强调了中国特色社会主义法治道路的独特性,是一条面向中国国情和发展实际的特色道路,并提出中国特色社会主义法治道路"是建设社会主义法治国家的唯一正确道路"。材料二引自习近平《在庆祝中国共产党成立95周年大会上的讲话》,这段讲话突出了党的领导是全面依法治国的灵魂,必须发挥党的统领全局的作用。材料三引自2018年3月11日第十三届全国人民代表大会第一次会议通过的《中华人民共和国宪法修正案》,是对原宪法序言第七自然段修改后的表述。这段内容体现出党领导中国人民走中国特色社会主义道路的必然性,由此体现出在习近平法治思想的科学指引下,发展中国特色的社会主义制度,坚持依宪治国和依宪执政的必然性。

第二步:完整理解问题,把握逻辑关系。本题的限定是"结合自己的实际工作和学习",问题则是"坚定不移走中国特色社会主义法治道路的核心要义"。本题的设定对考生比较友好,虽然每个考生的实际工作和学习情况千差万别,这个限定实际上是考查考生对习近平法治思想的理解,因此考生可以围绕习近平法治思想的基本理论定位和重大意义进行作答,具有一定的开放性。本题问题也比较明确,即习近平法治思想的第三个"坚持"。可见,本题的逻辑线索非常清晰,即习近平法治思想是全面依法治国的根本遵循,因此应当坚持中国特色社会主义道路。但考生应当结合习近平法治思想的其他核心内容对该逻辑关系进行充实,以免答案过于单薄。

第三步:列出结构层次,展开逻辑分析。在理顺题目考查的要点之后,考生可以清晰地展现出答案的结构层次。问题围绕"坚定不移走中国特色社会主义法治道路的核心要义",则考生应当围绕中国特色社会主义法治道路的核心内容进行作答,并从其他角度加以充实。需要回答的问题结构和层次是:习近平法治思想的理论定位和重大意义是什么?基于习近平法治思想,为什么要走中国特色社会主义法治道路?中国特色社会主义法治道路的核心要义是什么？

在答题阶段，考生应当严格遵循"四阶法"，破解问题的内在逻辑，充分展现答案的不同逻辑层次，写出一份层次分明、结构清晰、要点丰富的答卷。具体如下：

第一阶：开题，开宗明义。本阶需要围绕题目的限定条件而展开。题目的限定具有一定的开放性，考生可以从习近平法治思想的时代背景、理论定位和重大意义等方面进行作答，只要呈现出习近平法治思想在全面依法治国和国家治理中的根本理论地位便可。

第二阶：升级，主题进阶。本题的考查要点是中国特色社会主义法治道路。考生在本阶中需要对中国特色社会主义法治道路在习近平法治思想中的理论位置进行定位，从而将论述的方向转向中国特色社会主义法治道路，完成主题进阶。中国特色社会主义法治道路是全面依法治国的重要坚持之一，在习近平法治思想中处于重要位置，也包含着一些具体的要求，由此将论述重点转向中国特色社会主义法治道路的具体内容。

第三阶：立意，画龙点睛。本阶是答题的核心内容，主要涉及中国特色社会主义法治道路的核心要义和具体内容。在习近平法治思想的理论体系中，中国特色社会主义法治道路的内容是非常清晰和明确的，主要涉及三块内容，即坚持党对全面依法治国的领导，坚持中国特色社会主义制度，贯彻中国特色社会主义法治理论。考生应在本阶中针对这三个方面具体阐述，充分展现中国特色社会主义法治道路的丰富内涵。

第四阶：收官，补强升华。本题有一问，主体内容可以在第三阶中论述完成，但第四阶仍然可以进行补强论证，更强地突出中国特色社会主义法治道路的实践意义及其与其他"坚持"之间的关系。考生可灵活地针对中国特色社会主义法治理论与中国特色社会主义法治体系之间的关系等问题进行作答，并阐述中国特色社会主义法治道路与法治对国家治理的保障作用之间的关系，对答案进行升华。

答案解析：

第一部分需要考生结合工作和学习经历论述习近平法治思想的理论地位和重要意义：考生应突出两点。第一，全面依法治国是社会主义现代化的必然选择，法治是国家治理体系和治理能力的重要依托，社会主义法治是我国制度之治最基本最稳定最可靠的保障。第二，突出习近平法治思想的重大意义，强调其是全面依法治国的根本遵循和行动指南。

第二部分进行升级，强调习近平法治思想包含着"十一个坚持"，其中之一是坚持中国特色社会主义法治道路。其主要包含两方面内容，一是强调这是建设社会主义法治国家的唯一正确道路，二是提出其核心要义包含着坚持党的领导、坚持中国特色社会主义制度、贯彻中国特色社会主义法治理论三部分内容。

第三部分针对中国特色社会主义法治道路的核心要义和具体内涵进行作答。由于这部分内容层次分明，要点明确，考生可以针对三个要点进行详细阐述，展示每一个要点的理论和实践意义，具体如下：

1. 党的领导是中国特色社会主义最本质的特征，是社会主义法治最根本的保证。坚持中国特色社会主义法治道路，最根本的是坚持中国共产党的领导。只有在党的领导下依法治国、厉行法治，人民当家作主才能充分实现，国家和社会生活法治化才能有序推进。

2. 中国特色社会主义制度是中国特色社会主义法治体系的根本制度基础，是全面推进依法治国的根本制度保障。我国社会主义制度保证了人民当家作主的主体地位，也保证了人民在全面推进依法治国中的主体地位。应当坚持和发展我国法律制度建设的显著优势，深入研究和总结我国法律制度体系建设的成功经验,推进中国特色社会主义法治体系创新发展。

3. 中国特色社会主义法治理论是中国特色社会主义理论体系的重要组成部分,是全面推进依法治国的行动指南。全面推进依法治国,法治理论是重要引领。要以科学理论为指导,加强理论思维,系统总结运用新时代中国特色社会主义法治建设的鲜活经验,不断推进理论和实践创新发展。

第四部分是补强升华部分,针对中国特色社会主义法治道路的核心要义,考生应从中国特色社会主义法治道路与中国特色社会主义道路、理论体系和制度的关系方面进行作答,并在习近平法治思想的指引下,对中国特色社会主义法治道路进行展望,提出更加重视法治、厉行法治,更好发挥法治固根本、稳预期、利长远的保障作用,奋力开启法治中国建设新征程。

2017 年真题

一、试题 （本题 22 分）

材料一：法律本来应该具有定分止争的功能,司法审判本来应该具有终局性的作用,如果司法不公、人心不服,这些功能就难以实现。……我们提出要努力让人民群众在每一个司法案件中都感受到公平正义,所有司法机关都要紧紧围绕这个目标来改进工作,重点解决影响司法公正和制约司法能力的深层次问题。（摘自习近平《第十八届中央政治局第四次集体学习时的讲话》）

材料二：新华社北京 2017 年 5 月 3 日电：中共中央总书记、国家主席、中央军委主席习近平 3 日上午来到中国政法大学考察。习近平指出,我们有我们的历史文化,有我们的体制机制,有我们的国情,我们的国家治理有其他国家不可比拟的特殊性和复杂性,也有我们自己长期积累的经验和优势。

问题：
请根据材料一和材料二,结合自己对中华法文化中"天理、国法、人情"的理解,谈谈在现实社会的司法、执法实践中,一些影响性裁判、处罚决定公布后,有的深获广大公众认同,取得良好社会效果,有的则与社会公众较普遍的认识有相当距离,甚至截然相反判断的原因和看法。

答题要求：
1. 无观点或论述、照搬材料原文的不得分；
2. 观点正确,表述完整、准确；
3. 总字数不少于 500 字。

二、答案精讲

答案：
一、天理、国法、人情是中国传统司法理念和智慧的高度凝结,体现了在裁判中实现"情、理、法"一体化衡平的有益探索。天理反映的是社会普遍正义；国法是国家机关制定或认可的行为规范体系；人情则是人民群众的朴素情感和基本的道德诉求。在中华法文化中，情是基础，理为本，法为末。这一理念能够使法官在确定性与灵活性之间，实现疑难个案的公平与正义。

二、法律追求以明确的方式维护社会秩序和保护法律价值。如材料一所示，通过执法和司法发挥定分止争的作用。然而，在当前中国的法律实践中，由于执法司法体制的不完善，受法律形式主义或教条主义等观念的影响，在一些有影响力的执法和司法案例中，执法者和法官过于追求法律的确定性而僵化地适用法律，致使人民群众感受不到公平正义。从天理、国法、人情的角度来看，这反映出执法和司法体制仍然存在一些深层次的制约因素。

三、执法和司法未能达到法律效果和社会效果的统一，主要有以下原因：

1. 偏离"天理"，释法说理不够透彻清晰，没有阐明个案依据的法律规则所蕴含的法理和制度价值，导致裁判结果不被人民群众认同。

2. 违背"国法"，没有以法律为准绳，法治意识不强，片面追求社会效果的问题；或领导干部干预司法等问题，结果导致执法不公、司法不公。

3. 忽视"人情"，有的法律在制定中没有充分考虑中国的现实国情，而司法、执法人员在适用法律中，又僵硬地依据规则裁判。

四、为了让人民群众在执法和司法中感受到公平正义，实现法律效果和社会效果相统一，应当将天理、国法、人情融入法律实践之中。如材料二所示，充分发挥天理、国法、人情这一宝贵经验的当代优势。在立法上，应当深入推进科学立法、民主立法、依法立法，健全法律法规规章草案公开征求意见和公众意见采纳情况反馈机制，广泛凝聚社会共识。在适用法律的过程中，探讨和实现法、理、情的有机结合，将个案的审判置于天理、国法、人情之中综合考量，以论证说理彰显法律理性。贯彻法治原则，坚持规范公正执法、推进严格司法。既要以事实为根据，以法律为准绳，也要注意分析案件发生的深层原因，兼顾法律正义和社会正义。

难度：难

考点：坚持从中国实际出发；依法治国和以德治国；推进科学立法；推进公正司法；建设法治政府的意义和基本要求

命题与解题思路

无论是检察办案还是司法裁判，都应当依循天理、合乎国法、顺应人情、体现良知。天理、国法、人情、良知相洽无碍之时，恰恰是办案、裁判最容易为人所接受之时。兼顾天理、国法、人情、良知，是中国长期以来的司法方向，也是公平正义的内在要求。河南内乡古县衙是目前我国保存最为完整的古代县衙，它的二堂屏门上的横匾就是"天理、国法、人情"。山西临汾霍州古衙署有一副对联——"法合理与情，倘能三字兼收，庶无冤狱；清须勤且慎，莫谓一钱不要，便是好官"，更是道尽了兼顾天理、国法、人情的作用与功效。古今同理，现在强调兼顾天理、国法、人情、良知，目的也是实现司法为民，将法律的专业判断与民众的朴素认知融合起来，让人民群众在每一个司法案件中切实感受到公平正义。

天理，是人们在社会生产生活中逐渐形成的观念，即合乎自然、不言自明的道理、法则。国法，即国家的法律规定，通过一定的立法程序制定的规范人们的行为、调整社会关系、维护社会秩序和国家安全的行为规范。人情，不是人与人之间的私人感情，也不是"弗学而能"的七情六欲，而是从民情或民意角度所讲的人之常情。良知，是人们内心朴素的悲悯、关怀、公平、正义之心，是不以个人利害为尺度的价值观念。就本源而论，国法与天理、人情、良知是一体的、一致的，是天理、人情、良知的具体化、实证化和条文化。人们有时候形容一些恶性案件的犯罪分子"天理难容"，评价法院作出的死刑判决"合情合理"，便是天理、国法、人情、良知相统一的体现，也是政治效果、社会效果、法律效果相统一的表现。

命题人以天理、国法、人情为主题考查考生对全面依法治国中的法律实施体系的理解，理论层次较高，立意深远，对考生提出了较高的要求。考生既要借助于中国法律史的知识点对传统法律文化和理念有深刻体悟，也要能够充分理解天理、国法、人情在当代执法和司法体制之中的作用方式。

考生应当按照"三步四阶法"的解题答题方法，把握材料主题，破解题目的逻辑关系，充分全面作答。在解题阶段，遵循"认真阅读材料，准确解读内容；完整理解问题，把握逻辑关系；列出结构层次，展开逻辑分析"的方式，正确解题，提炼材料要点，挖掘考点。在答题阶段，遵循"一阶开题，开宗明义；二阶升级，主题进阶；三阶立意，画龙点睛；四阶收官，补强升华"。

具体来说，在解题阶段，考生应当严格遵循"三步法"，分三步解题。

第一步：认真阅读材料，准确解读内容。材料一引自习近平总书记《第十八届中央政治局第四次集体学习时的讲话》。该段引文强调法律定分止争的功能，一旦存在执法司法体制的深层次问题，法律被错误地执行或适用，则会破坏其公信力，导致人心不服。材料二出自习近平总书记在中国政法大学考察时的讲话，强调中国传统法律文化的特殊性和独特优势，因此法治建设要从中国的历史和现实国情出发，从中国实际出发。

第二步：完整理解问题，把握逻辑关系。本题的限定是"结合自己对中华法文化中'天理、国法、人情'的理解"。需要考生对天理、国法、人情的传统内涵和当代意义有准确的定位。问题则比较复杂，即执法和司法实践中存在一些体制性问题，致使法律效果和社会效果不能统一，引发社会公众的不认同。根据材料内容以及题目的限定，考生可以判断出命题人的考查意图在于让考生从天理、国法、人情的角度分析法律效果和社会效果不统一的原因。在对天理、国法、人情的内涵进行厘清之后，考生可以分别从三个方面对执法和司法中的困境作出剖析。因此，本题的逻辑关系体现为执法和司法的哪些做法违背了天理、国法、人情的统一性，以及应当作出哪些改进。

第三步：列出结构层次，展开逻辑分析。在理顺题目考查的要点之后，考生可以清晰地展现出答案的结构层次。问题围绕有的执法司法案件深获广大公众认同，取得良好社会效果，有的则与社会公众较普遍的认识有相当距离，则考生应当结合天理、国法、人情的内涵，对这些案件背后所反映的问题进行深入挖掘。需要回答的问题结构和层次是：天理、国法、人情的内涵和法治意义是什么？基于天理、国法、人情，如何理解有的执法司法案件没有实现法律效果和社会效果的统一？如何将天理、国法、人情融入法律实施之中？

在答题阶段，考生应当严格遵循"四阶法"，破解问题的内在逻辑，充分展现答案的不同逻辑层次，写出一份层次分明、结构清晰、要点丰富的答卷。具体如下。

第一阶：开题，开宗明义。本阶直奔主题，需要围绕题目的限定条件而展开。题目的限定对考生具有一定难度，但考生完全可以基于天理、国法、人情的字面含义进行扩充解释，特别是结合中国传统文化和古代司法理念，展示出天理、国法、人情这三个概念分别指向的重点。考生也应对天理、国法、人情的当代意义进行简要陈述，为后面的论述进行铺垫。

第二阶：升级，主题进阶。本题的考查要点是部分执法司法案件未能实现法律效果和社会效果的统一。这一问题的深层次原因是多方面的，但题目限定为揭示这些原因指明了方向。考生需要在这一阶中将天理、国法、人情转向执法司法体制的现状，展示出这一现状与天理、国法、人情的结合点，实现过渡，为第三阶的重点论述作预备。

第三阶：立意，画龙点睛。本阶是答题的核心内容，考生需要重点论述为何部分执法司法案件未获得公众认同，没有实现法律效果和社会效果的统一。考生需要从天理、国法、人情三个角度，揭示出这一现状背后的原因。天理强调法律背后的价值，国法强调法律的权威性，人情强调法律的道德色彩和民众认同，忽视哪一方面都会引发法律效果和社会效果的不统一。

第四阶：收官，补强升华。本题有两问，一问执法司法未能实现法律效果和社会效果相统一的原因，二问考生的看法。第二问可以作为补强升华内容，论述应当如何在执法和司法中体现天理、国法、人情，从而实现法律效果和社会效果的统一。考生应结合材料二的主题，将天理、国法、人情作为改变执法司法深层次问题的优势资源，在立法、执法和司法的过程中充分发挥其意义，实现个案正义和社会正义的协调统一，从而在论述上达到升华的效果。

答案解析：

第一部分对天理、国法、人情进行定位和阐述，提出天理、国法、人情是中国传统司法理念和智慧的高度凝结，并分别揭示天理、国法、人情的内涵，即天理反映的是社会普遍正义，国法是国家机关制定或认可的行为规范体系，人情则是人民群众的朴素情感和基本的道德诉求。

第二部分根据材料揭示出执法司法之中出现法律效果和社会效果不统一的深层原因，首先强调法律追求以明确的方式维护社会秩序和保护法律价值。其次，在此基础上，提出执法司法体制存在不完善之处，受法律形式主义或教条主义等观念的影响，因此与天理、国法、人情不相符。

第三部分具体结合天理、国法、人情的内涵，对执法和司法过程中出现的体制性问题进行深度挖掘，展示出执法和司法中有违天理、国法、人情之处。在天理方面，强调有些执法和司法过程中的释法说理不够透彻清晰，没有阐明个案依据的法律规则所蕴含的法理和制度价值；在国法方面，提出部分执法、司法人员的法治意识不强，有违法之处，没有以法律为准绳，片面追求社会效果的问题，因此带来不公；在人情方面，强调个别立法没有充分考虑中国的现实国情，而司法、执法人员在适用法律中，又僵硬地依据规则裁判。

第四部分在揭示出执法司法实践中的问题之后，结合天理、国法、人情，针对在法治实践中如何更好地体现法律效果和社会效果的统一，提出具体的完善建议。考生应从立法、执法、司法等角度提出明确的完善意见。在立法上，应当深入推进科学立法、民主立法、依法立法，健全法律法规规章草案公开征求意见和公众意见采纳情况反馈机制，广泛凝聚社会共识。在适用法律的过程中，探讨和实现法、理、情的有机结合，将个案的审判置于天理、国法、人情之中综合考量，以论证说理彰显法律理性。贯彻法治原则，坚持规范公正执法、推进严格司法。

2016 年真题

一、试题（本题 20 分）

材料一： 平等是社会主义法律的基本属性。任何组织和个人都必须尊重宪法法律权威，都必须在宪法法律范围内活动，都必须依照宪法法律行使权力或权利、履行职责或义务，都不得有超越宪法法律的特权。必须维护国家法制统一、尊严、权威，切实保证宪法法律有效实施，绝不允许任何人以任何借口任何形式以言代法、以权压法、徇私枉法。必须以规范和约束公权力为重点，加大监督力度，做到有权必有责、用权受监督、违法必追究，坚决纠正有法不依、执法不严、违法不究行为。（摘自《中共中央关于全面推进依法治国若干重大问题的决定》）

材料二： 全面推进依法治国，必须坚持公正司法。公正司法是维护社会公平正义的最后一道防线。所谓公正司法，就是受到侵害的权利一定会得到保护和救济，违法犯罪活动一定要受到制裁和惩罚。如果人民群众通过司法程序不能保证自己的合法权利，那司法就没有公信力，人民群众也不会相信司法。法律本来应该具有定分止争的功能，司法审判本来应该具有终局性的作用，如果司法不公、人心不服，这些功能就难以实现。（摘自习近平《在十八届中央政治局第四次集体学习时的讲话》）

问题：

根据以上材料，结合依宪治国、依宪执政的总体要求，谈谈法律面前人人平等的原则对于推进严格司法的意义。

答题要求：

1. 无观点或论述、照搬材料原文的不得分；
2. 观点正确，表述完整、准确；
3. 总字数不得少于 400 字。

二、答案精讲

答案：

一、坚持依宪治国、依宪执政，是习近平法治思想的重要内容和鲜明特色，突出了宪法在依法治国、依法执政中的基础性地位，对于推进全面依法治国、建设社会主义法治国家意义重大。宪法是国家的根本法，具有最高的法律效力。党领导人民制定宪法法律，领导人民实施宪法法律，党自身要在宪法法律范围内活动。全国各族人民、一切国家机关和武装力量、各政党和各社会团体、各企业事业组织，都必须以宪法为根本的活动准则，都负有维护宪法尊严、保证宪法实施的职责。

二、坚持法律面前人人平等是一项基本宪法原则，也是依宪治国、依宪执政的基本要求。如材料所示，中国特色社会主义法治应当追求平等。一方面，宪法法律对所有公民和组织的合法权利予以平等保护，对受侵害的权利予以平等救济；另一方面，任何个人都不得有超越宪法法律的特权，一切违反宪法法律的行为都必须予以纠正和追究。公正是法治的生命线，通过严格司法来体现法律面前人人平等，是司法公正的必然要求。

三、坚持法律面前人人平等的原则，对于推进严格司法的意义体现在以下方面：

1. 有助于实现司法法治。司法机关及其工作人员在司法过程中必须坚持以事实为根据，以法律为准绳。法律前面人人平等要求法官统一法律适用的标准，避免同案不同判，实现对权利的平等保护和对责任的平等追究。

2. 有助于保障诉讼当事人的人权。推进以审判为中心的诉讼制度改革，全面贯彻证据裁判规则，确保案件事实证据经得起法律检验，确保诉讼当事人受到平等对待，犯罪嫌疑人的诉讼权利受到保障，绝不允许法外开恩和法外施刑。

3. 有助于实现司法公正，完善司法责任。司法人员工作职责、工作流程、工作标准必须明确，办案要严格遵循法律面前人人平等的原则，杜绝对司法活动的违法干预，办案结果要经得起法律和历史的检验，提高司法公信力。

四、司法是公平正义的最后防线，应当以法律面前人人平等原则作为指引，坚定不移深化司法体制综合配套改革，全面准确落实司法责任制，更好发挥审判职能作用，在坚持"让审理者裁判、由裁判者负责"的办案责任制基础上，健全完善司法权制约监督责任体系，更好保障和促进社会公平正义，为推进中国式现代化提供有力司法保障。

难度：难

考点：健全宪法实施和监督制度；坚持法律面前人人平等；推进严格司法（从 2018 年开始该考点改为"推进公正司法"）

命题与解题思路

2012 年 12 月 4 日，习近平总书记在首都各界纪念现行宪法公布施行 30 周年大会上强调，"依法治国，首先是依宪治国；依法执政，关键是依宪执政"，充分体现了习近平总书记对宪法的高度重视，也充分说明宪法在治国理政中具有特殊地位和重要作用。坚持依宪治国、依宪执政，是我们党在推进中国革命、建设、改革的实践中，形成的宝贵经验、得出的重要结论。

宪法是国家法律法规和各种制度的总依据，是法律法规和制度体系的源头和统帅。公民、社会组织和国家机关都必须以宪法法律为行为准则，依照宪法法律行使权利或权力，履行义务或职责，都不得有超越宪法法律的特权，一切违反宪法法律的行为都必须予以追究。我们党作为执政党，领导人民制定宪法法律，并带头尊崇执行宪法法律，坚持自觉地在宪法法律范围内活动。不论过去、现在还是将来，维护宪法权威，就是维护党和人民共同意志的权威；捍卫宪法尊严，就是捍卫党和人民共同意志的尊严；保证宪法实施，就是保证人民根本利益的实现。

根据习近平法治思想的核心要义，法律面前人人平等是依宪治国、依宪执政的重要体现，也是核心价值追求。树立宪法法律至上、法律面前人人平等的法治理念，就是要维护宪法法律权威，把宪法和法律精神、法律原则、法治文化、法治信仰等融入并渗透到国家治理和公民生活各个领域，体现在立法、执法、司法、守法各个方面，就是要以法治为党和国家各项事业发展提供根本性、全局性、长期性的制度保障。

命题人在依宪治国、依宪执政这一核心要义之下，以法律面前人人平等原则作为基点，考查考生对公正司法的掌握程度。从形式上，该题依然采取的是材料分析题的命题方式。从内容上，考查重点是如何从宪法出发，理解法律面前人人平等的含义，进而在司法领域如何落实法律面前人人平等原则的要求，即坚持严格司法。

考生应当按照"三步四阶法"的解题答题方法，把握材料主题，破解题目的逻辑关系，充分全面作答。在解题阶段，遵循"认真阅读材料，准确解读内容；完整理解问题，把握逻辑关系；列出结构层次，展开逻辑分析"的方式，正确解题，提炼材料要点，挖掘考点。在答题阶段，遵循"一阶开题，开宗明义；二阶升级，主题进阶；三阶立意，画龙点睛；四阶收官，补强升华"。

具体来说，在解题阶段，考生应当严格遵循"三步法"，分三步解题。

第一步：认真阅读材料，准确解读内容。材料一出自《中央关于全面推进依法治国重大问题的决定》。引文以高度凝练的方式展示出平等价值在中国特色社会主义法治建设中的丰富内涵，以及坚持法律面前人人平等的具体内涵。材料二出自2013年2月习近平《在十八届中央政治局第四次集体学习时的讲话》，所引的内容是关于"坚持公正司法"，强调了司法定分止争的功能，只有在司法中正确适用法律和保障人民权利，才能提高司法公信力，让人民群众感受到公平正义。

第二步：完整理解问题，把握逻辑关系。本题的限定是"依宪治国、依宪执政"，这是习近平法治思想核心要义中的一个"坚持"，问题则是"谈谈法律面前人人平等的原则对于推进严格司法的意义"。考生需要注意，这个问题并非单独考查法律面前人人平等或者推进严格司法，而是前者对后者的意义，所以其逻辑关系体现在法律面前人人平等对于推进严格司法产生了哪些积极意义和影响。考生需要展现法律面前人人平等和推进严格司法的切入点并加以具体阐述。

第三步：列出结构层次，展开逻辑分析。在理顺题目考查的要点之后，考生可以清晰地展现出答案的结构层次。问题围绕"法律面前人人平等的原则对于推进严格司法的意义"，考生应当结合法律面前人人平等的原则内涵，阐述将平等原则贯彻于司法的过程中，会带来哪些重要价值和意义。需要回答的问题结构和层次是：依宪治国、依宪执政的理论内涵是什么？坚持法律面前人人平等原则在宪法中的地位是什么？法律面前人人平等原则在司法中的体现是什么？法律面前人人平等原则对于推进严格司法有什么意义？如何更好地在司法中贯彻法律面前人人平等原则？

在答题阶段，考生应当严格遵循"四阶法"，破解问题的内在逻辑，充分展现答案的不同逻辑层次，写出一份层次分明、结构清晰、要点丰富的答卷。具体如下。

第一阶：开题，开宗明义。本阶围绕限定条件展开作答，本题的限定条件比较简单，即依宪治国、依宪执政。考生可结合材料，从党和国家两个层面，针对依宪治国、依宪执政的具体内涵进行论述。

第二阶：升级，主题进阶。本题的考查要点是法律面前人人平等的原则对于推进严格司法的意义，考生需要在第二阶中进行升级，从依宪治国、依宪执政的核心要义之中提炼出法律面前人人平等原则在宪法中的地位、具体内涵以及在法律实施中的关联性，从而展现平等原则在司法实践中的意义。

第三阶：立意，画龙点睛。本阶是答题的核心内容，考生需要重点论述法律面前人人平等原则对于推进严格司法的意义。考生应当将答题的落脚点放置在平等与司法的切入点上，展示平等这一价值在司法中的积极作用。在司法中，司法体制和司法权力运行涉及以事实为根据、以法律为准绳的司法法治，涉及当事人的权利保障和司法责任制改革。在这些司法事务中，平等价值都能发挥积极意义。考生应从司法法治、人权保障和司法公正三个方面论述平等原则对于推进严格司法的重要意义。

> 第四阶：收官，补强升华。本题有一问，围绕法律面前人人平等的原则对于推进严格司法的意义而展开。考生在第三阶中论述这一意义的三个层面，在第四阶中可以进一步提升，对法律面前人人平等原则的司法意义进行补强，论述如何在实践中更好地体现平等原则。考生可以以司法责任制为基点进行升华，提出在平等原则的基础上通过司法责任制改革实现司法公正。

答案解析：

第一部分围绕坚持依宪治国、依宪执政进行开题，提出依法治国首先要坚持依宪治国，坚持依法执政首先要坚持依宪执政。依宪治国、依宪执政是习近平法治思想的核心要义之一，是在全面推进依法治国中必须坚持的。依宪治国、依宪执政体现为两个层次，在依宪执政方面，党领导人民制定宪法法律，领导人民实施宪法法律，党自身要在宪法法律范围内活动；在依宪治国方面，国家必须以宪法为根本的活动准则，负有维护宪法尊严、保证宪法实施的职责。

第二部分论述平等原则的内容以及其与推进严格司法之间的关系。平等的内涵可以总结为两个方面，一方面，宪法法律对所有公民和组织的合法权利予以平等保护，对受侵害的权利予以平等救济；另一方面，任何个人都不得有超越宪法法律的特权，一切违反宪法法律的行为都必须予以纠正和追究。平等应当在法治实施特别是司法之中加以体现，因为通过推进严格司法来体现法律面前人人平等，是司法公正的必然要求。

第三部分是论述的主体内容，重点展示平等原则如何在司法中发挥积极意义，将平等的具体要求切入司法过程中，从司法法治、人权保障和司法公正三个方面进行全面论述：

1. 有助于实现司法法治。司法机关及其工作人员在司法过程中必须坚持以事实为根据，以法律为准绳。法律前面人人平等要求法官统一法律适用的标准，避免同案不同判，实现对权利的平等保护和对责任的平等追究。

2. 有助于保障诉讼当事人的人权。推进以审判为中心的诉讼制度改革，全面贯彻证据裁判规则，确保案件事实证据经得起法律检验，确保诉讼当事人受到平等对待，犯罪嫌疑人的诉讼权利受到保障，绝不允许法外开恩和法外施刑。

3. 有助于实现司法公正，完善司法责任。司法人员工作职责、工作流程、工作标准必须明确，办案要严格遵循法律面前人人平等的原则，杜绝对司法活动的违法干预，办案结果要经得起法律和历史的检验，提高司法公信力。

第四部分进行补强升华，考生应落脚在平等原则与司法责任制之间的关系上。以法律面前人人平等原则为指引，推动司法责任制改革，在坚持"让审理者裁判、由裁判者负责"的办案责任制基础上，健全完善司法权制约监督责任体系，更好保障和促进社会公平正义。

本题答案具有一定的开放性，只要考生充分展示法律面前人人平等原则的具体内涵，在准确把握平等原则与推进严格司法之间的切入点的基础上论述平等原则的具体意义，就能把握住本题的考查要点。在收官部分对平等原则和司法责任制进行主题升华，则可完成一份高质量的答卷。

2015 年真题

一、试题（本题 32 分）

材料一： 法律是治国之重器，法治是国家治理体系和治理能力的重要依托。全面推进依法治国，是解决党和国家事业发展面临的一系列重大问题，解放和增强社会活力、促进社会公平正义、维护社会和谐稳定、确保党和国家长治久安的根本要求。要推动我国经济社会持续健康发展，不断开拓中国特色社会主义事业更加广阔的发展前景，就必须全面推进社会主义法治国家建设，从法治上为解决这些问题提供制度化方案。（摘自习近平《关于〈中共中央关于全面推进依法治国若干重大问题的决定〉的说明》）

材料二： 同党和国家事业发展要求相比，同人民群众期待相比，同推进国家治理体系和治理能力现代化目标相比，法治建设还存在许多不适应、不符合的问题，主要表现为：有的法律法规未能全面反映客观规律和人民意愿，针对性、可操作性不强，立法工作中部门化倾向、争权诿责现象较为突出；有法不依、执法不严、违法不究现象比较严重，执法体制权责脱节、多头执法、选择性执法现象仍然存在，执法司法不规范、不严格、不透明、不文明现象较为突出，群众对执法司法不公和腐败问题反映强烈。（摘自《中共中央关于全面推进依法治国若干重大问题的决定》）

问题：

根据以上材料，结合全面推进依法治国的总目标，从立法、执法、司法三个环节谈谈建设社会主义法治国家的意义和基本要求。

答题要求：

1. 无观点或论述、照搬材料原文的不得分；
2. 观点正确，表述完整、准确；
3. 总字数不得少于 400 字。

二、答案精讲

答案：

一、全面推进依法治国的总目标是建设中国特色社会主义法治体系，建设社会主义法治国家。即在党的领导下，坚持中国特色社会主义制度，贯彻中国特色社会主义法治理论，形成完备的法律规范体系、高效的法治实施体系、严密的法治监督体系、有力的法治保障体系，形成完备的党内法规体系，坚持依法治国、依法执政、依法行政共同推进，坚持法治国家、法治政府、法治社会一体建设，实现科学立法、严格司法、公正司法、全民守法，促进国家治理体系和治理能力现代化。如材料一所示，只有建成完善的社会主义法治体系，才能为国家治理体系和治理能力现代化提供坚实的法治保障。

二、中国特色社会主义法治体系建设要顺应事业发展需要，坚持系统观念，全面加以推进，在立法、执法和司法等各个环节发力。如材料二所示，当前我国法治建设还存在一些短板。应当坚持立法先行，健全完善法律、行政法规、地方性法规，为全面推进依法治国提供遵循。应当推进严格执法和公正司法，深入推进执法体制改革，深化司法体制改革。建设完备的法律规范体系和高效的法治实施体系是建设社会主义国家的总抓手，社会主义法治建设应当围绕中国特色社会主义法治体系来谋划和推进。

三、建设社会主义法治国家是实现现代化和中华民族伟大复兴的保障，具有重大意义，具体体现在：

1. 有助于形成完备的法律规范体系，贯彻社会主义核心价值观，使每一项立法都符合宪法精神。通过完善立法体制机制，坚持立改废释并举，能够增强法律法规的及时性、系统性、针对性、有效性。

2. 有助于创新执法体制，完善执法程序，推进综合执法，严格执法责任，建立权责统一、权威高效的依法行政体制，加快建设职能科学、权责法定、执法严明、公开公正、廉洁高效、守法诚信的法治政府。

3. 有助于建立完善的司法管理体制和司法权力运行机制，规范司法行为，加强监督，让人民群众在每一个司法案件中感受到公平正义。

四、社会主义国家建设需要以习近平法治思想作为根本遵循，坚持党的领导，以人民为中心，走中国特色社会主义法治道路。

难度：中

考点：全面推进依法治国的总目标；法治工作的基本格局

> 💡 **命题与解题思路**
>
> 全面推进依法治国的总目标是系统完整、内在融通的科学命题，主要内容是建设中国特色社会主义法治体系，建设社会主义法治国家，并充分彰显了坚持党的领导、人民当家作主和依法治国的有机统一。
>
> 建设中国特色社会主义法治体系是推进全面依法治国的总目标和总抓手。党的十八届四中全会明确了全面推进依法治国的总目标是建设中国特色社会主义法治体系，建设社会主义法治国家。同时习近平总书记指出："全面推进依法治国涉及很多方面，在实际工作中必须有一个总揽全局、牵引各方的总抓手，这个总抓手就是建设中国特色社会主义法治体系。"中国特色社会主义法治体系是在中国特色社会主义道路、理论、制度、文化范围内建设的法治体系。将建设中国特色社会主义法治体系作为全面推进依法治国的总目标和总抓手，明确了全面推进依法治国的社会主义性质和方向，突出了全面推进依法治国的工作重点，对全面推进依法治国具有纲举目张的意义。
>
> 建设中国特色社会主义法治体系是一个内容丰富的有机整体。建设中国特色社会主义法治体系的战略定位和目标任务，即"在中国共产党领导下，坚持中国特色社会主义制度，贯彻中国特色社会主义法治理论，形成完备的法律规范体系、高效的法治实施体系、严密的法治监督体系、有力的法治保障体系，形成完善的党内法规体系"。其中"完备的法律规范体系"通过高质量立法使党和国家事业有法可依，以良法促进善治；"高效的法治实施体系"通过推进严格执法、公正司法、全民守法，保证宪法法律有效实施；"严密的法治监督体系"通过对权力的全方位监督，使权为民所用、情为民所系、利为民所谋；"有力的法治保障体系"通过提供政治、组织、队伍、人才等保障，为法律的制定、实施和监督提供重要支撑；"完善的党内法规体系"通过建立健全党内法规体系实现全面依规治党。五个体系各司其职、又相互统一，共同构成了建设中国特色社会主义法

治体系的基本内容和目标任务。

本题以中国特色社会主义法治体系建设为考查基点，考查立法、执法、司法三个环节在法治建设中的重要意义。该题难度适中，逻辑清晰，考生可从容解题作答。

考生应当按照"三步四阶法"的解题答题方法，把握材料主题，破解题目的逻辑关系，充分全面作答。在解题阶段，遵循"认真阅读材料，准确解读内容；完整理解问题，把握逻辑关系；列出结构层次，展开逻辑分析"的方式，正确解题，提炼材料要点，挖掘考点。在答题阶段，遵循"一阶开题，开宗明义；二阶升级，主题进阶；三阶立意，画龙点睛；四阶收官，补强升华"。

具体来说，在解题阶段，考生应当严格遵循"三步法"，分三步解题。

第一步：认真阅读材料，准确解读内容。材料一出自习近平《关于〈中共中央关于全面推进依法治国若干重大问题的决定〉的说明》，其中点出"必须全面推进社会主义法治国家建设，从法治上为解决这些问题提供制度化方案"，指向了中国特色社会主义法治体系。材料二出自《中共中央关于全面推进依法治国若干重大问题的决定》，是对法治建设"存在问题"的依次总结，体现出立法、执法和司法领域存在的主要短板。

第二步：完整理解问题，把握逻辑关系。本题的限定是"全面推进依法治国的总目标"，这是习近平法治思想核心要义中的重要内容，考生应当熟悉其五个方面。本题的问题是"从立法、执法、司法三个环节谈谈建设社会主义法治国家的意义和基本要求"，该问题略微复杂，考生需要仔细剖析其中的逻辑关系。考生需要从立法、执法、司法三个环节展示建设社会主义法治国家的意义，即在立法、执法和司法领域，法治建设能够产生哪些积极作用。在此基础上论述建设法治国家的基本要求。因此，本题的逻辑关系主要体现为，基于法治体系的内涵，法治国家建设在立法、执法和司法问题上能够实现哪些价值，以及要实现这些目标应当如何做。

第三步：列出结构层次，展开逻辑分析。在理顺题目考查的要点之后，考生可以清晰地展现答案的结构层次。考生应当围绕立法、执法和司法三个环节，论述法治国家建设的意义和要求。需要回答的问题结构和层次是：全面推进依法治国的总目标是什么？立法、执法和司法环节的短板是什么？建设社会主义法治国家在立法、执法和司法领域能够实现什么积极意义？建设社会主义法治国家的基本要求是什么？

在答题阶段，考生应当严格遵循"四阶法"，破解问题的内在逻辑，充分展现答案的不同逻辑层次，写出一份层次分明、结构清晰、要点丰富的答卷。具体如下。

第一阶：开题，开宗明义。本阶围绕限定条件展开论述，做好铺垫。考生可结合材料，从党和国家两个层面，针对全面推进依法治国的总目标的具体内涵进行论述，并简要强调总目标在全面依法治国中的意义。

第二阶：升级，主题进阶。本题的考查要点是从立法、执法、司法三个环节谈建设社会主义法治国家的意义和基本要求。考生需要在第二阶中进行升级，从全面推进依法治国的总目标提炼出立法、执法和司法环节的重要性，结合这三个环节中出现的短板问题，展现建设社会主义国家的必要性，完成论述进阶。

第三阶：立意，画龙点睛。本阶是答题的核心内容，考生需要从立法、执法和司法三个环节论述社会主义法治国家建设的意义。考生需要注意的是，立法、执法和司法是需要结合的内容，但本题并非考查立法、执法和司法的意义，而是建设社会主义法治国家在立法、执法和司法领域所实现的意义，即法治建设在立法、执法和司法环节能够产生哪些积极的作用。

第四阶：收官，补强升华。本题有两问，第二问涉及建设社会主义法治国家的基本要求，这一问可作为补强升华内容进行论述，在建设意义的基础上进一步论述基本要求。考生可结合习近平法治思想的核心要义，从道路方向、工作布局等方面进行宏观作答，对答题内容进行升华总结，完成作答。

答案解析：

第一部分应对中国特色社会主义法治体系进行论述。《中共中央关于全面推进依法治国若干重大问题的决定》对全面推进依法治国、建设社会主义法治国家作出了整体部署，提出了全面推进依法治国的总目标是建设中国特色社会主义法治体系，建设社会主义法治国家。这就是，在党的领导下，坚持中国特色社会主义制度，贯彻中国特色社会主义法治理论，形成完备的法律规范体系、高效的法治实施体系、严密的法治监督体系、有力的法治保障体系，形成完备的党内法规体系，坚持依法治国、依法执政、依法行政共同推进，坚持法治国家、法治政府、法治社会一体建设，实现科学立法、严格执法、公正司法、全民守法，促进国家治理体系和治理能力现代化。在此基础上，考生可结合材料进一步阐述只有建成完善的社会主义法治体系，才能为国家治理体系和治理能力现代化提供坚实的法治保障。

第二部分针对法治体系中的立法、执法和司法进行论述，强调法治建设应当在立法、执法和司法等各个环节发力。由于存在实践短板，所以法治建设应当坚持立法先行，健全完善法律、行政法规、地方性法规，为全面推进依法治国提供遵循。应当推进严格执法和公正司法，深入推进执法体制改革，深化司法体制改革。在展现出立法、执法和司法三个环节的法治地位之后，考生应将主题转向社会主义法治国家建设，提出建设完备的法律规范体系和高效的法治实施体系是建设社会主义法治国家的总抓手，因此需要发挥法治国家建设的重要意义。

第三部分进行重点作答，从三个方面突出社会主义法治国家建设的重要意义，分别落脚在法律规范体系、执法体制和司法管理体制三个主题，具体可以展示下面内容：

1. 有助于形成完备的法律规范体系，贯彻社会主义核心价值观，使每一项立法都符合宪法精神。通过完善立法体制机制，坚持立改废释并举，能够增强法律法规的及时性、系统性、针对性、有效性。

2. 有助于创新执法体制，完善执法程序，推进综合执法，严格执法责任，建立权责统一、权威高效的依法行政体制，加快建设职能科学、权责法定、执法严明、公开公正、廉洁高效、守法诚信的法治政府。

3. 有助于建立完善的司法管理体制和司法权力运行机制，规范司法行为，加强监督，让人民群众在每一个司法案件中感受到公平正义。

第四部分进行总结升华，对建设社会主义法治国家的基本要求进行论述，考生应结合习近平法治思想的核心要义进行作答。

民商事综合大题 2018—2023

答案和解析作者简介

民　法　柯勇敏

清华大学法学博士，中国政法大学助理教授。

2021、2023年连续两届被评为"中国政法大学最受本科生欢迎的十位老师"之一。主讲民法，授课注重体系化，在知识的点面结合中将复杂原理具体化、形象化。讲课风趣幽默，广受好评。

商　法　任启明

北京大学法学博士，中国政法大学助理教授。

2009年毕业于北京大学元培学院，获法学学士；2015年毕业于北京大学法学院，获法学博士学位（硕博连读）。2015年入职中国政法大学民商经济法学院，主要讲授公司法、证券法等课程。授课广受好评，2019、2021、2023年连续三届被评为"中国政法大学最受本科生欢迎的十位老师"之一，荣获中国政法大学第三届"青年教学名师"称号。善于在掌握知识的基础上进行知识的传承、升华和再创造；深入实际而不浮躁，独立思考而不跟风；对法考命题特点、规律有深入的研究。

民事诉讼法　吴志伟

西南政法大学最高人民法院应用法学研究基地副主任。

主讲民事诉讼法学、司法制度与法律职业道德等本科、研究生课程。他授课条理清晰、风趣幽默，自称是被民诉耽误了的"段子手"。在他的讲授中，程序不再高冷，规则亦不枯燥。跟着他，以民诉为马，闯法考江湖。

2023年"回忆版"金题

一、试　题（本题56分）

案情： 2023年3月，乙公司以甲公司为被告向西河市法院提起诉讼，要求解除与甲公司的《设备买卖合同》并要求其承担相应责任。西河市法院受理后，向甲公司送达了起诉状副本，甲公司应诉答辩，诉讼中甲公司一直反对解除合同。法庭审理过程中，乙公司发现甲公司实际上并没有什么财产，胜诉也无实质意义，于是申请撤诉，法院在未征得甲公司同意的

情况下即裁定准予撤诉。一个月后,乙公司再次向西河市法院起诉甲公司、王某和李某,提出诉讼请求如下:

1. 要求甲公司继续履行《设备买卖合同》,一次性支付全部剩余价款60万元,赔偿迟延履行损失。同时要求甲公司的股东王某、王某的配偶李某对此承担连带责任。

2. 要求甲公司支付培训费用20万元,赔偿迟延履行损失。同时要求王某、李某对此承担连带责任。

诉讼过程中,甲公司向法院提出以下抗辩:

1. 甲公司认为西河市法院没有管辖权,此案应由自己所在地的东山市法院管辖。因为设备已经完成安装,无法拆除,应属于不动产,协议管辖无效,西河市法院没有管辖权。

2. 甲公司认为买卖合同约定的管辖法院是西河市法院,但是《培训合同》并未约定管辖法院,而合同履行地与被告住所地都是东山市法院,因此西河市法院对培训合同纠纷没有管辖权。

3. 买卖合同和《培训合同》没有实质关联,法院不能合并审理。

4. 乙公司的起诉状副本已经送达甲公司,故在第一次起诉时,甲公司与乙公司的《设备买卖合同》已经解除,乙公司第二次起诉要求履行合同是不成立的,且乙公司并非适格原告。

王某同意甲公司的抗辩,承认自己对《设备买卖合同》承担连带保证责任,但主张自己不应对《培训合同》承担连带责任。

李某同意甲公司的抗辩,但认为自己在两份合同中都没有签字,不应当承担连带责任,自己不是适格被告。

法院查明的事实如下:

王某于2017年设立甲公司,且是甲公司唯一股东。后王某与李某结婚,婚后李某即进入甲公司,担任甲公司的财务负责人。2022年2月,为了扩大经营,甲公司需要购买生产设备,于是与乙公司签订《设备买卖合同》,甲公司购买乙公司价值200万元的生产设备,先支付100万元,其余100万元分十期支付,每个月支付10万元,12月底前全部完成付款。合同约定如发生纠纷由西河市法院管辖。同时王某为该买卖合同提供担保,表示:"若甲公司不能清偿款项,王某无条件承担担保责任。"

甲公司支付了四个月价款后,第五个月并未按期付款,后乙公司了解到甲公司停止付款是因为所购设备无法正常使用。经查,设备不能运转的原因在于甲公司工人不熟悉机器操作流程导致操作失误。针对此种情况,乙公司提出为甲公司员工进行培训的建议,后双方协商达成《培训合同》,约定乙公司为甲公司提供设备使用培训,乙公司要到甲公司所在的东山市培训,培训费20万元,甲公司12月底前付清。甲公司如约参加培训,但到12月底并未支付培训费。乙公司反复催告甲公司支付设备价款和培训费,但甲公司并不配合,只在2023年1月,给乙公司转账15万元,注明"履行合同款",乙公司询问这笔款项是哪一笔价款,甲公司并未回应。

诉讼过程中,乙公司提出了保全申请,申请查封A房屋。法院经审查发现,2021年王某曾与丁房地产开发商签订A房屋买卖合同,约定购房价款为600万元,A房屋面积为150平方米,在当地属于高端住宅。王某支付了400万元首付款,剩余房款在丙银行办理了按揭贷款,以A房屋作抵押,并为丙银行办理了抵押权预告登记。2022年1月,房屋建成,丁公司办理了所有权首次登记。乙公司申请保全时,房屋尚未过户给王某,且查明王某是故意拖延不办过户。于是法院作出准予查封A房屋的裁定,但由于王某没有取得房屋所有权,故无法进行查封登记,法院只进行了公告。法院还查明,王某曾经转移甲公司的财产用于A房屋的装修等。

后 A 房屋被乙公司申请强制执行，丙银行提出异议，认为该房屋有自己的抵押预告登记，不能被执行。王某的律师也提出抗辩：认为该房屋属于王某的唯一住房（法院查证属实）。

问题：

1. 乙公司第一次起诉后申请撤诉，法院未经甲公司同意即裁定准许，该做法是否合法？为什么？

2. 请结合民诉法的管辖、当事人、诉讼请求、诉的合并等原理，对甲公司、李某、王某的各项异议，法院应当如何处理？

3. 乙公司要求王某、李某对《设备买卖合同》的债务承担连带责任的请求能否得到支持？为什么？

4. 乙公司要求王某、李某对《培训合同》的债务承担连带责任的请求能否得到支持？为什么？

5. 乙公司要求甲公司一次性支付剩余的 60 万元以及承担迟延履行的赔偿责任的主张能否得到支持？为什么？

6. 乙公司要求甲公司支付 20 万元培训费以及承担迟延履行的赔偿责任的主张能否得到支持？为什么？

7. 法院查封 A 房屋的行为是否生效？为什么？

8. 丙银行对于 A 房屋的执行异议，法院是否应当支持？为什么？

9. A 房屋是王某的唯一住房，且丙银行未办理抵押权登记，这对丙银行的优先受偿权是否产生影响？为什么？

二、答案精讲

> 1. 乙公司第一次起诉后申请撤诉，法院未经甲公司同意即裁定准许，该做法是否合法？为什么？

答案： 合法。因为乙公司在法庭审理过程中申请撤诉，如果是在法庭辩论终结前提出，此时法院无须征求被告甲公司的意见；如果乙公司在法庭辩论终结后提出申请，此时法院应征求甲公司的意见，但即便被告甲公司不同意，法院也可以准许乙公司撤诉。

难度： 中

考点： 撤诉

> 💡 **命题与解题思路**
>
> 诉讼中特殊情形的处理在以往法考主观题中较少涉及，本题另辟蹊径对撤诉的适用条件予以考查。本题有明确的解题依据，通过定位法条，准确理解司法解释规定内容即可得分。正确解题的关键在于，原告在法庭辩论终结后申请撤诉，法院应征求被告的意见，但撤诉的决定权掌握在法院手中，撤诉并非只有被告同意才能适用。

答案解析：

《最高人民法院关于适用〈中华人民共和国民事诉讼法〉的解释》（以下简称《民诉解释》）第 238 条规定，当事人申请撤诉或者依法可以按撤诉处理的案件，如果当事人有违反法律的行为需要依法处理的，人民法院可以不准许撤诉或者不按撤诉处理。法庭辩论终结原告申请撤诉，被告不同意的，人民法院可以不予准许。据此，乙公司在法庭审理过程中申请撤诉，如果是在法庭辩论终结前提出，此时法院无须征求被告甲公司的意见，更谈不上撤诉需经被告同意；即便是在法庭辩论终结后乙公司申请撤诉，此时法院应征求被告甲公司的意见，如果甲公司不同意撤诉，法院也并非不能准许乙公司撤诉，因为撤诉的最终决定权掌握在法院手中。

> 2. 请结合民诉法的管辖、当事人、诉讼请求、诉的合并等原理，对甲公司、李某、王某的各项异议，法院应当如何处理？

答案：（1）甲公司提出的管辖抗辩不成立，西河市法院应继续审理案件。本案并非不动产物权纠纷，也不属于四类适用专属管辖的合同纠纷，不适用专属管辖，协议管辖有效。甲公司所在地东山市并非合同履行地，乙公司住所地才是合同履行地。且《培训合同》是基于《设备买卖合同》而订立，其合同目的也受到《设备买卖合同》的影响，两者具有牵连性，西河市法院基于牵连管辖获得案件管辖权。

（2）甲公司提出"买卖合同和《培训合同》没有实质关联，法院不能合并审理"的主张不成立，法院应合并审理后分别作出判决。两个合同存在实际牵连，符合诉的客体合并要求。

（3）甲公司主张《设备买卖合同》已解除的主张不能成立，法院应就乙公司的诉讼请求审理后作出判决。因为原诉讼已被乙公司申请撤回，《设备买卖合同》应当自乙公司再次起诉的起诉状副本送达甲公司时解除。

（4）甲公司和李某关于当事人不适格的抗辩不能成立，法院应继续审理后作出判决。乙公司是发生争议的《设备买卖合同》的主体，其与本案有直接利害关系，属于适格原告。两个合同所负之债均为夫妻共同债务，李某应承担连带责任，属于适格被告。

（5）王某承认自己对《设备买卖合同》承担连带保证责任的抗辩成立，法院可判决确认王某对设备剩余价款承担连带责任。因为王某的主张构成认诺。

难度：难

考点：专属管辖、协议管辖、适格当事人、诉的合并

> 💡 **命题与解题思路**
>
> 本题以各方当事人的诉讼抗辩为主线，对管辖、当事人确定等民诉法的重点考点以及诉的合并等理论型考点予以"串烧式"考查。本题考查对民诉基础理论和重点制度的灵活运用，翻阅法条难以准确作答，还涉及超纲内容，难度颇高。本题考查内容很多，为避免遗漏丢分，可根据各方当事人的抗辩内容逐一分析作答，也可根据考点内容归纳提炼作答。解题时除了判断抗辩能否成立，还需要解答法院对当事人的抗辩应当如何处理，避免答非所问而失分。

答案解析：

甲公司关于管辖的抗辩理由有二：首先，甲公司认为西河市法院对《设备买卖合同》没有管辖权，此案应该由其所在地东山市法院管辖。因为设备已经完成安装，无法拆除，应属于不动产，协议管辖无效，西河市法院没有管辖权。根据《民诉解释》第28条第1、2的款规定，《民事诉讼法》第34条第1项规定的不动产纠纷是指因不动产的权利确认、分割、相

邻关系等引起的物权纠纷。农村土地承包经营合同纠纷、房屋租赁合同纠纷、建设工程施工合同纠纷、政策性房屋买卖合同纠纷，按照不动产纠纷确定管辖。据此，本案既不属于不动产物权纠纷，也并非上述四种应适用专属管辖的合同纠纷，因此本案不适用专属管辖，应依据双方在《设备买卖合同》中的约定由西河市法院管辖（需要强调的是，因我国存在直辖市、设区的市以及不设区的市之别，该法院属于何种级别难以判定。根据司法实践，级别管辖一般根据案件标的额确定，做题时无须特别考虑）。其次，甲公司认为买卖合同约定的管辖法院是西河市法院，但是《培训合同》并未约定管辖法院，而合同履行地与被告住所地都是东山市法院，因此西河市法院对培训合同纠纷没有管辖权。根据诉请义务说，乙公司起诉甲公司支付培训费用，接收货币一方是乙公司，其住所地可视为合同履行地，甲公司所在地东山市并非合同履行地。根据案情表述，《培训合同》是基于《设备买卖合同》而订立，其合同目的也受到《设备买卖合同》的影响，两个合同虽然是独立的，但其之间存在牵连关系，西河市法院基于牵连管辖可以获得案件管辖权。需要指出，牵连管辖并无法律明文规定，属于学理概念。牵连管辖，又称为合并管辖，是指对于某一案件有管辖权的法院，虽然对于另一案件本来没有管辖权，但由于有管辖权的案件与另一案件有牵连关系，从而获得另一案件的管辖权。因此，西河市法院应继续审理案件。

甲公司关于诉的合并的抗辩，其认为买卖合同和《培训合同》没有实质关联，法院不能合并审理。诉的合并是指法院将两个或两个以上彼此之间有牵连的诉合并到一个诉讼程序中审理和裁判，意义在于提高诉讼的效率，防止在相互关联的问题上作出相互矛盾的裁判。如前所述，两个合同存在牵连，符合诉的客观合并情形，法院可合并审理后分别作出判决。

甲公司主张《设备买卖合同》已解除的抗辩，其主张乙公司的起诉状副本已经送达甲公司，故在第一次起诉时，甲公司与乙公司的《设备买卖合同》已经解除，乙公司第二次起诉要求履行合同是不成立的。根据《关于适用〈中华人民共和国民法典〉合同编通则若干问题的解释》（以下简称《民法典合同编通则解释》）第54条规定，当事人一方未通知对方，直接以提起诉讼的方式主张解除合同，撤诉后再次起诉主张解除合同，人民法院经审理支持该主张的，合同自再次起诉的起诉状副本送达对方时解除。但是，当事人一方撤诉后又通知对方解除合同且该通知已经到达对方的除外。据此，《设备买卖合同》应当自乙公司再次起诉的起诉状副本送达甲公司时解除，甲公司的抗辩不成立，法院应就乙公司的诉讼请求审理后作出判决。

关于当事人适格的抗辩，首先，甲公司主张乙公司并非适格原告。《民事诉讼法》第122条第1项规定，原告是与本案有直接利害关系的公民、法人和其他组织。根据通说，一般应以当事人是否为所争议的民事法律关系的主体，作为判断当事人适格与否的标准。据此，乙公司主张甲公司支付设备剩余价款，是发生争议的《设备买卖合同》的主体，其与本案有直接利害关系，属于适格原告。其次，李某主张其并非适格被告。表面上看，李某虽然并非《设备买卖合同》和《培训合同》的签约主体，但两个合同所负之债均为夫妻共同债务，李某应承担连带责任，属于适格被告。因此，法院应继续审理后作出判决。

关于王某承认自己对《设备买卖合同》承担连带保证责任的抗辩，乙公司起诉要求王某就《设备买卖合同》的剩余价款承担连带保证责任，王某对此予以承认，这属于认诺。认诺是对对方当事人提出诉讼请求的承认。因此，法院可据此作出判决，认定王某对设备剩余价款承担连带责任。

3. 乙公司要求王某、李某对《设备买卖合同》的债务承担连带责任的请求能否得到支持？为什么？

答案：（1）乙公司要求王某对《设备买卖合同》的债务承担连带责任的请求可以得到支持。因为尽管王某与乙公司并未明确约定保证的形式，但王某在诉讼中承认自己承担连带保证责任，构成对相对方诉讼请求的承认，应对《设备买卖合同》的债务承担连带责任。

（2）乙公司要求李某对《设备买卖合同》的债务承担连带责任的请求可以得到支持。因为王某是甲公司的唯一股东，李某是甲公司的财务负责人，王某为甲公司签订的《设备买卖合同》负担连带保证之债，属于用于夫妻共同生产经营的情形，应认定为夫妻共同债务，李某应对《设备买卖合同》承担连带责任。

难度：中

考点：保证合同、夫妻共同债务

命题与解题思路

本题较为巧妙地将保证担保与夫妻共同债务这两个考点融合在一起考查。审题时考生需要注意王某与李某之间的夫妻关系，以及二者对《设备买卖合同》的债务承担连带责任的法律依据未必相同。王某可能是因为有效的担保合同而承担连带责任；王某的配偶李某则可能基于夫妻共同债务而承担连带责任。据此，考生在解题时应将王某与李某分开，各自单独分析。对于王某，关键问题是其是否为连带保证，对此一方面需要结合题干中对其提供担保的具体描述，也需要注意诉讼中其承认自己承担连带保证的表述，这可能构成对对方诉讼请求的承认（学理上称之为"认诺"）。对于李某，尽管担保由王某一人提供，但是该担保债务有可能构成夫妻共同债务，因此问题的关键在于王某所提供的担保之债是否构成法定的夫妻共同债务情形之一，考生尤其需要分析其是否构成生产经营型夫妻共同债务。

答案解析：

先分析王某是否承担连带责任。题干中明确提及，王某为《设备买卖合同》提供担保，表示："若甲公司不能清偿款项，王某无条件承担担保责任。"这一表述属于典型的保证方式约定不明的情形，应依据《民法典》第686条第2款推定为一般保证。但是，在诉讼过程中，王某同意甲公司的抗辩，承认自己对《设备买卖合同》的债务承担连带保证责任。这一行为构成典型的对对方诉讼请求的承认，在学理上属于认诺，因此乙公司要求王某对《设备买卖合同》的债务承担连带责任的请求可以得到支持。

再分析李某是否承担连带责任。李某在本题中并未对《设备买卖合同》签字或提供担保，但是其为王某的配偶，有可能因夫妻共同债务的规则而对《设备买卖合同》的债务承担连带责任。《民法典》第1064条规定，夫妻双方共同签名或者夫妻一方事后追认等共同意思表示所负的债务，以及夫妻一方在婚姻关系存续期间以个人名义为家庭日常生活需要所负的债务，属于夫妻共同债务。夫妻一方在婚姻关系存续期间以个人名义超出家庭日常生活需要所负的债务，不属于夫妻共同债务；但是，债权人能够证明该债务用于夫妻共同生活、共同生产经营或者基于夫妻双方共同意思表示的除外。本题中需要重点分析的是，王某对《设备买卖合同》所负担的连带之债，是否构成因夫妻共同生产经营所负担的夫妻共同债务。本题中，甲公司是设备的买受人，王某是该公司的唯一股东，且李某是该公司的财务

· 49 ·

负责人。据此可知，甲公司是由王某与李某共同生产经营的，王某为《设备买卖合同》提供担保，该连带保证债务是用于共同生产经营的，属于夫妻共同债务，因此李某须对该债务承担连带责任。因此，乙公司要求李某对《设备买卖合同》的债务承担连带责任的请求可以得到支持。

在答案的说理方面，考生应注意区分王某与李某：对于王某，说理的重点在于强调其构成对对方诉讼请求的承认；对于李某，则重点将题干中王某与李某共同经营甲公司的事实与《民法典》第 1064 条中夫妻共同债务的情形结合起来。

> **4. 乙公司要求王某、李某对《培训合同》的债务承担连带责任的请求能否得到支持？为什么？**

答案：（1）乙公司要求王某对《培训合同》的债务承担连带责任的请求能够得到支持。因为王某作为甲公司的唯一股东，曾经转移甲公司的财产用于 A 房屋的装修，存在财产混同的情形，依据法人人格否认规则，王某应对甲公司在《培训合同》中的债务承担连带责任。

（2）乙公司要求李某对《培训合同》的债务承担连带责任的请求能够得到支持。因为王某是甲公司的唯一股东，李某是甲公司的财务负责人，王某基于法人人格否认规则对《培训合同》的债务承担连带责任，这一债务属于用于夫妻共同生产经营的情形，应认定为夫妻共同债务，李某应对《培训合同》的债务承担连带责任。

难度：中

考点：法人人格否认、夫妻共同债务

> 💡 **命题与解题思路**
>
> 本题将法人人格否认与夫妻共同债务融合在一起考查，设问方式与上一题十分接近，但由于王某并未明确为《培训合同》提供担保，王某是否需对《培训合同》的债务承担连带责任，需要在担保之外寻找依据。如果王某的连带责任成立，则李某作为王某的配偶，可能基于该债务属于夫妻共同债务，也需要承担连带责任。对于王某是否对《培训合同》承担连带责任，考生一方面需要注意，虽然《培训合同》与《设备买卖合同》具有紧密关联，但二者并不是主从关系，《培训合同》并非《设备买卖合同》的从合同，只不过《培训合同》的合同目的能否实现，受《设备买卖合同》的效力及其履行的影响，王某为《设备买卖合同》提供连带保证并不意味着其也为《培训合同》提供相同的担保；另一方面，考生需要抓住题干中王某曾经转移甲公司的财产用于 A 房屋的装修这一事实描述，结合甲公司属于自然人王某的一人公司这一事实，王某很可能基于法人人格否认而对《培训合同》承担连带责任。至于李某的连带责任，考生仍需结合夫妻共同债务的规则展开分析。

答案解析：

先分析王某是否承担连带责任。《民法典》第 83 条第 2 款规定，营利法人的出资人不得滥用法人独立地位和出资人有限责任损害法人债权人的利益；滥用法人独立地位和出资人有限责任，逃避债务，严重损害法人债权人的利益的，应当对法人债务承担连带责任。《公司法》第 23 条第 1 款规定，公司股东滥用公司法人独立地位和股东有限责任，逃避债务，严重损害公司债权人利益的，应当对公司债务承担连带责任。这两个条款都规定了法人人格否

认。此外，针对一人公司，《公司法》第23条第3款规定，只有一个股东的公司，股东不能证明公司财产独立于股东自己的财产的，应当对公司债务承担连带责任。财产混同是导致法人人格否认的主要情形之一。本题中，王某曾经转移甲公司的财产用于A房屋的装修，结合甲公司是王某的一人公司这一事实可知，王某与甲公司之间存在财产混同，此时应否认甲公司的独立人格，要求股东王某为甲公司的债务承担连带责任，据此王某应对《培训合同》的债务承担连带责任。

再分析李某是否需要承担连带责任。李某对《培训合同》的债务承担连带责任的理由可能是这一合同债务构成王某与李某的夫妻共同债务。前文已经分析，王某应对甲公司在《培训合同》的债务承担连带责任，且王某是该公司的唯一股东，李某是该公司的财务负责人，甲公司是由王某与配偶李某共同经营的，结合《民法典》第1064条，这一债务应构成夫妻共同生产经营所负的债务，既然王某应对《培训合同》的债务承担连带责任，那么该债务作为夫妻共同债务，李某也应承担连带责任。

在答案的说理方面，考生应注意区分王某与李某：对于王某，考生应重点分析其与甲公司存在财产混同，并结合法人人格否认规则；对于李某，说理的重点在于分析王某对《培训合同》的连带之债属于夫妻共同生产经营型共同债务，将题干事实与《民法典》第1064条相结合。

> **5. 乙公司要求甲公司一次性支付剩余的60万元以及承担迟延履行的赔偿责任的主张能否得到支持？为什么？**

答案：能够得到支持。因为乙公司起诉解除合同后又申请撤诉，《设备买卖合同》尚未解除，甲公司的剩余60万元价款的支付义务均已届履行期，均陷入履行迟延，构成违约，乙公司有权请求继续履行并承担迟延履行的违约责任。

难度：难

考点：合同解除、违约责任

💡 命题与解题思路

本题将主观题考试中的两个核心考点——合同解除与违约责任融合在一起考查，有一定难度。在审题环节，本题的难点之一在于考生未必能识别出合同解除也是本题的考点之一，因为乙公司要求甲公司一次性支付剩余的60万元，这一主张能否得到支持，在逻辑上和《设备买卖合同》是否已经解除紧密相关，如果该合同已经解除，那么甲公司自然无须支付剩余的60万价款。因此解答本题时，考生应先对《设备买卖合同》是否已经解除作出回应。在此基础上，分析剩余60万的价款支付义务是否都已经陷入履行迟延，在这一问题层面，考生需要注意：在履行迟延这一违约形态中，继续履行和迟延部分的违约责任是可以同时主张的，二者对应的利益有所不同，可以并存。

答案解析：

乙公司的主张能否得到支持，在逻辑上取决于《设备买卖合同》是否已经解除。《民法典》第565条第2款规定："当事人一方未通知对方，直接以提起诉讼或者申请仲裁的方式依法主张解除合同，人民法院或者仲裁机构确认该主张的，合同自起诉状副本或者仲裁申请书副本送达对方时解除。"该条规定了起诉解除时的合同解除时点，但并未处理起诉后又申请撤诉的情形。<u>对此问题，《民法典合同编通则解释》第54条规定，当事人一方未通知对</u>

方，直接以提起诉讼的方式主张解除合同，撤诉后再次起诉主张解除合同，人民法院经审理支持该主张的，合同自再次起诉的起诉状副本送达对方时解除。但是，当事人一方撤诉后又通知对方解除合同且该通知已经到达对方的除外。据此可知，当事人起诉解除合同后又申请撤诉的，不发生解除的法律效力。因此本题中尽管乙公司起诉解除过《设备买卖合同》，但其又申请撤诉，不能发生合同解除的法律效果，《设备买卖合同》尚未解除。

《民法典》第577条规定："当事人一方不履行合同义务或者履行合同义务不符合约定的，应当承担继续履行、采取补救措施或者赔偿损失等违约责任。"本题中，题干部分明确提及，《设备买卖合同》约定，甲公司购买乙公司价值200万元的生产设备，甲公司先支付100万元，其余100万元分十期支付，每个月支付10万元，12月底前全部完成付款。甲公司支付了四个月价款后，第五个月并未按期付款。截至2023年4月乙公司再次起诉时，该剩余60万元价款的支付义务均已届履行期，均陷入履行迟延。对于金钱债务的迟延履行，债权人可以同时主张继续履行与迟延部分的违约损害赔偿。因此，乙公司有权请求甲公司一次性支付剩余的60万元并承担迟延履行的违约责任。

在答案的说理表达方面，考生需要注意首先结合合同解除的规则分析《设备买卖合同》是否已经解除，在此基础上结合违约责任的规定展开分析，先明确甲公司的违约行为类型，在此基础上分析其法律后果。

> **6. 乙公司要求甲公司支付20万元培训费以及承担迟延履行的赔偿责任的主张能否得到支持？为什么？**

答案：（1）乙公司要求甲公司支付20万元培训费只能得到部分支持，即乙公司只能要求甲公司支付5万元培训费。因为甲公司基于《设备买卖合同》与《培训合同》对乙公司负有两笔金钱之债，而2023年1月甲公司支付的15万元未明确指定清偿哪笔债务，且两笔债务均已到期，此时依据履行抵充规则，应优先履行欠缺担保或担保最少的债务，即《培训合同》中的债务，据此20万元培训费债务已经履行了15万元，剩余5万元。

（2）乙公司要求甲公司承担迟延履行的赔偿责任可以得到支持。因为依据《培训合同》，甲公司有义务支付20万元培训费，在履行期届满时并未支付，陷入迟延履行，构成违约，乙公司有权请求甲公司承担迟延履行的违约责任。

难度：中

考点：履行的抵充、违约责任

> 💡 **命题与解题思路**
>
> 本题将履行的抵充规则与违约责任融合在一起考查，由于履行的抵充在法考主观题考试中并不常见，属于冷僻考点，由此导致本题有一定难度。本题的难点有二：其一，厘清《培训合同》与《设备买卖合同》之间的关系，对此考生需要注意，这两份合同是两个独立的合同，且并不存在主从关系，只不过《设备买卖合同》的有效与履行会影响《培训合同》的合同目的，在分析违约责任时，《培训合同》应单独分析。其二，2023年1月，甲公司给乙公司转账15万元这一事实会影响本题的解答，因为如果这15万元被认定为是履行《培训合同》，那么本题中乙公司的主张就无法得到支持。对此考生需要结合履行的抵充规则进行分析。此外，解题时考生应有意识地区分乙公司的两个要求，分别进行说理分析。

答案解析：

题干中明确提及，2023年1月，甲公司给乙公司转账15万元，注明"履行合同款"，乙公司询问这笔款项是哪一笔价款，甲公司并未回应。由上一题可知，甲公司对乙公司至少存在两笔债务，分别对应《设备买卖合同》与《培训合同》，这15万元到底履行的是哪个合同，需要结合履行的抵充规则进行分析。《民法典》第560条规定："债务人对同一债权人负担的数项债务种类相同，债务人的给付不足以清偿全部债务的，除当事人另有约定外，由债务人在清偿时指定其履行的债务。债务人未作指定的，应当优先履行已经到期的债务；数项债务均到期的，优先履行对债权人缺乏担保或者担保最少的债务；均无担保或者担保相等的，优先履行债务人负担较重的债务；负担相同的，按照债务到期的先后顺序履行；到期时间相同的，按照债务比例履行。"本题中，<u>《设备买卖合同》与《培训合同》的债务均已经到期，此时该15万元应抵充对债权人缺乏担保或者担保最少的债务</u>，《设备买卖合同》的债务有王某提供的保证担保，《培训合同》中的债务并无担保，该15万元应抵充《培训合同》的债务。由此，20万元的培训费债务已经被部分履行，仅剩余5万元，据此，乙公司要求甲公司支付20万培训费的请求只能部分得到支持。

《民法典》第577条规定："当事人一方不履行合同义务或者履行合同义务不符合约定的，应当承担继续履行、采取补救措施或者赔偿损失等违约责任。"本题中，依据《培训合同》，甲公司有义务支付20万元培训费，且该债务于2022年12月底到期，甲公司并未按约支付，构成迟延履行，乙公司有权请求甲公司承担迟延履行的违约责任。不过，15万元部分与剩余的5万元部分，各自的迟延履行赔偿的数额有所不同。

在答案的说理方面，考生应拆分乙公司的请求，将支付20万元培训费的支付请求与迟延履行的赔偿责任分开进行说理。对前者，结合履行的抵充规则进行分析；对后者，结合违约责任的相关规定展开分析即可。

7. 法院查封A房屋的行为是否生效？为什么？

答案： 生效。因为法院已作出有效的裁定作为查封依据，且对A房屋采取了发布公告的查封措施，未查封登记不影响查封的效力。

难度： 中

考点： 保全的措施

> **命题与解题思路**
>
> 保全在主观题中以往命题较少，本题另辟蹊径，对查封的生效要件予以考查。正确答题，需要从<u>查封依据和查封措施</u>两个维度作出判断。解题依据涉及《最高人民法院关于人民法院民事执行中查封、扣押、冻结财产的规定》，需要对司法解释的相关规定梳理总结作答。

答案解析：

《最高人民法院关于人民法院民事执行中查封、扣押、冻结财产的规定》第1条第1款规定，人民法院查封、扣押、冻结被执行人的动产、不动产及其他财产权，应当作出裁定，并送达被执行人和申请执行人。据此，法院要采取查封措施，首先要有查封依据，需要以保全裁定作为前提。法院已作出准予查封A房屋的裁定，符合查封的程序要求。

《最高人民法院关于人民法院民事执行中查封、扣押、冻结财产的规定》第7条规定，查封不动产的，人民法院应当张贴封条或者公告，并可以提取保存有关财产权证照。查封、扣押、冻结已登记的不动产、特定动产及其他财产权，应当通知有关登记机关办理登记手续。未办理登记手续的，不得对抗其他已经办理了登记手续的查封、扣押、冻结行为。据此，法院查封不动产应当张贴封条或者公告，本案中法院已对A房屋采取了发布公告的查封措施。未办理查封登记，仅不具有对抗效力，不影响查封的效力。

8. 丙银行对于A房屋的执行异议，法院是否应当支持？为什么？

答案：不应支持。因为A房屋已经办理所有权首次登记，且不存在抵押权预告登记失效的情形，丙银行对A房屋享有抵押权，但抵押权是优先受偿权，其不能对抗强制执行措施，因此丙银行对A房屋的执行异议法院不应支持。

难度：中

考点：执行异议、抵押权预告登记

💡 命题与解题思路

本题是较为特殊的民法与民事诉讼法融合题，虽有民事诉讼法的外观，但实质上考查的是民法考点，因为法院是否支持丙银行的执行异议，本质上取决于丙银行是否享有实体法上足以对抗执行措施的权利，因此本题的关键问题在于丙银行享有何种权利以及此种权利的效力是否足以排除A房屋的执行。据此本题分析的关键在于丙银行对A房屋享有何种权利以及该权利是否足以排除强制执行。对于丙银行对A房屋享有何种权利，考生需要注意形式上丙银行享有的是A房屋的抵押权预告登记，但实质层面，《最高人民法院关于适用〈中华人民共和国民法典〉有关担保制度的解释》（以下简称《民法典担保制度解释》）第52条对抵押权预告登记的效力作出了特别安排，尤其是在满足一定条件后，允许抵押权自预告登记时就成立。由于本题中抵押的建筑物已经办理了所有权首次登记，且并不存在抵押权预告登记失效的情形，因此丙银行实际上对A房屋已经享有抵押权。至于抵押权能否对抗强制执行，考生需要紧扣抵押权的法律效力——优先受偿效力展开分析，抵押权的此种效力决定了，其无法阻止法院对抵押财产的强制执行。

答案解析：

《最高人民法院关于人民法院办理执行异议和复议案件若干问题的规定》第24条规定："对案外人提出的排除执行异议，人民法院应当审查下列内容：（一）案外人是否系权利人；（二）该权利的合法性与真实性；（三）该权利能否排除执行。"据此，丙银行对于A房屋的执行异议能否得到法院的支持，取决于丙银行对A房屋是否存在真实有效且足以排除执行的权利。

首先分析丙银行是否存在真实有效的权利。题干中明确提及：王某支付了400万元首付款，剩余房款在丙银行办理了按揭贷款，以A房屋作抵押，并为丙银行办理了抵押权预告登记。据此可知，丙银行形式上享有A房屋的抵押权预告登记。不过，《民法典担保制度解释》第52条第1款规定："当事人办理抵押预告登记后，预告登记权利人请求就抵押财产优先受偿，经审查存在尚未办理建筑物所有权首次登记、预告登记的财产与办理建筑物所有权首次登记时的财产不一致、抵押预告登记已经失效等情形，导致不具备办理抵押登记条件的，人民法院不予支持；经审查已经办理建筑物所有权首次登记，且不存在预告登记失效等情形的，人民法院应予支持，并应当认定抵押权自预告登记之日起设立。"该条款允许在满足一定条件下，抵押权预告登记直接取得抵押权的效力。本题中，A 房屋已经办理了所有权首次登记，且并不存在预告登记失效的情形，因此丙银行对 A 房屋的抵押权已经成立，且自预告登记之日设立。

进一步的问题在于，丙银行的抵押权是否足以排除强制执行。依据《民法典》第 394 条，抵押权的核心效力就是优先受偿效力，其并不具有对抗强制执行措施的效力。《最高人民法院关于人民法院民事执行中拍卖、变卖财产的规定》第 28 条第 1 款也明确规定："拍卖财产上原有的担保物权及其他优先受偿权，因拍卖而消灭，拍卖所得价款，应当优先清偿担保物权人及其他优先受偿权人的债权，但当事人另有约定的除外。"该条也明确表达了这一立场。因此，丙银行对于 A 房屋的执行异议不能得到法院的支持。

在答案说理方面，考生需要注意区分两个层次：第一个层次是说明丙银行对 A 房屋享有抵押权，第二个层次是说明抵押权作为担保物权，只有优先受偿效力，并不具有对抗强制执行的效力。

9. A 房屋是王某的唯一住房，且丙银行未办理抵押权登记，这对丙银行的优先受偿权是否产生影响？为什么？

答案：(1) A 房屋是王某的唯一住房对丙银行的优先受偿权不会产生影响。因为 A 房屋虽为王某的唯一住房，但该房是面积为 150 平方米的高端住宅，属于超过被执行人及其所扶养家属生活所必需的房屋，法院对 A 房屋可予以执行。

(2) 丙银行未办理抵押权登记对丙银行的优先受偿权不会产生影响。因为尽管形式上丙银行仅享有抵押权预告登记，但是 A 房屋的所有权已经办理首次登记，且不存在预告登记失效等情形，此时应认定丙银行已经取得 A 房屋的抵押权，且抵押权的实现条件已经成就，丙银行有权就 A 房屋优先受偿。

难度：中
考点：对财产的执行措施、抵押权预告登记

> **命题与解题思路**
>
> 结合设问的表述方式可知，本题实际上涉及两个知识点，是典型的民法与民事诉讼法融合题，需要考生分别运用程序法与实体法知识回应。民事诉讼法层面，在民事强制执行立法的背景下，执行程序向来是主观题命题的重点，每年必有一题。以唯一住房的执行为切入点，考查对财产的执行措施。对此有明确的解题依据，通过定位法条可获得正确答案，难度不高。正确解题的关键是抓住案情表述的关键信息，即该房属于超过生活所必需的高端住宅。这超越了执行中兼顾被执行人合法权益原则的要求，法院可以将其列为执行标的，循此思路不难正确作答。民法层面，本题的第二个抗辩涉及抵押权预告登记的效力问题，这一问题在近年来房地产市场的剧烈变化中愈发受人关注，最高院也在《民法典担保制度解释》中单设一条对抵押权预告登记的效力作出特别规定，该条的核心要旨是允许抵押权预告登记在满足一定前提条件之下获得抵押权的效力，将抵押权的取得时点前移，以维护债权人的合法权益。对此的难点在于，考生需要掌握抵押权预告登记直接取得抵押权效力的前提条件。

答案解析：

关于唯一住房，《民事诉讼法》第 255 条第 1 款规定，被执行人未按执行通知履行法律文书确定的义务，人民法院有权查封、扣押、冻结、拍卖、变卖被执行人应当履行义务部分的财产。但应当保留被执行人及其所扶养家属的生活必需品。据此，基于执行中兼顾被执行人合法权益原则，对于被执行人及其所扶养家属的生活必需品，法院不能将其列入执行标的。又根据《最高人民法院关于人民法院民事执行中查封、扣押、冻结财产的规定》第 5 条规定，对于超过被执行人及其所扶养家属生活所必需的房屋和生活用品，人民法院根据申请执行人的申请，在保障被执行人及其所扶养家属最低生活标准所必需的居住房屋和普通生活必需品后，可予以执行。据此，A 房屋虽为王某的唯一住房，但该房是面积为 150 平方米的高端住宅，属于超过被执行人及其所扶养家属生活所必需的房屋，王某的律师提出唯一住房的抗辩对丙银行的优先受偿权不会产生影响。

关于银行未办理抵押权登记，《民法典担保制度解释》第 52 条第 1 款规定："当事人办理抵押预告登记后，预告登记权利人请求就抵押财产优先受偿，经审查存在尚未办理建筑物所有权首次登记、预告登记的财产与办理建筑物所有权首次登记时的财产不一致、抵押预告登记已经失效等情形，导致不具备办理抵押登记条件的，人民法院不予支持；经审查已经办理建筑物所有权首次登记，且不存在预告登记失效等情形的，人民法院应予支持，并应当认定抵押权自预告登记之日起设立。"——该条款允许在满足一定条件下，抵押权预告登记直接取得抵押权的效力。抵押权预告登记取得抵押权效力的前提条件是：（1）已经办理建筑物所有权首次登记；（2）不存在预告登记失效等情形。本题中，A 房屋已经办理了所有权首次登记，且并不存在预告登记失效的情形，因此丙银行对 A 房屋的抵押权已经成立，且自预告登记之日设立。既然丙银行已经取得 A 房屋的抵押权，且债务履行期已经届满，抵押权实现条件已经成就，丙银行的优先受偿权不会受抵押权登记尚未办理影响。

2022 年"回忆版"金题

一、试 题 （本题 56 分）

案情：

2021 年 1 月，南峰市鹿台区的甲公司因扩大经营需要，拟发行公司债券融资。甲公司股东李某也是平远市凤凰区乙公司的大股东兼法定代表人，他找到平远市金龙区丙公司的总经理吴某，请丙公司帮忙购买甲公司的债券。

2021 年 4 月，甲公司的债券（3 年期，年利率 8%）正式发行。4 月 5 日，甲公司与丙公司在南峰市鹿台区签订《债券认购及回购协议》，约定丙公司认购甲公司 5000 万元债券；甲公司允诺 1 年后以 5500 万元进行回购，如逾期未回购，甲公司向丙公司支付 1000 万元的违约金。合同还载明："因本合同产生的一切纠纷，均应提交甲公司所在地的南峰市鹿台区法院解决。"

4 月 8 日，李某代表乙公司与丙公司在平远市金龙区签订《担保合同》，约定乙公司为甲公司的回购义务及违约责任等提供"充分且完全的担保"。该担保合同载明："因本合同发生的纠纷，双方应友好协商，协商无法解决的，应提交平远仲裁委员会解决。"在签约前，丙公司询问李某是否获得了股东会的同意，李某向丙公司提供了一份微信群聊天记录，显示李某曾就担保一事征求乙公司其他两位股东张某、孙某的意见，二人均微信回复"无异议"。

同日，李某个人应丙公司请求就甲公司回购义务向丙公司提供担保，并明确约定担保方式为：丙公司曾向李某个人借款3000万元，将于2021年7月31日到期；到期后，丙公司可以暂不返还该借款，以此作为李某为甲公司回购义务的担保。

2021年7月31日，丙公司未向李某支付该笔借款。

2022年4月，回购日期届至，甲公司未履行回购义务。丙公司沟通无果，遂向南峰市鹿台区法院起诉甲公司、乙公司，提出诉讼请求一：甲公司履行回购义务并支付违约金1000万元；诉讼请求二：乙公司对甲公司上述义务承担连带责任。甲公司在答辩期间提交答辩状，认为违约金过高，请求法院予以减少。乙公司在答辩期间也提交了答辩状，未提出管辖权异议，但在开庭中提出，担保合同中存在仲裁协议，南峰市鹿台区法院对案件无管辖权。乙公司股东张某、孙某知悉该诉讼的消息后，向法院表示，依照公司章程，公司对外担保应经过股东会决议，乙公司为甲公司提供的保证，仅为李某个人的意思，未经公司股东会决议，应为无效。李某则表示，虽未召开股东会，但通过微信聊天征求过张某和孙某的意见，他们均未表示反对，并提供了一份三人微信聊天记录截图的纸质打印件，并表示因为手机更换，只能提供当时聊天记录截图的纸质打印版。丙公司另行向平远市金龙区法院起诉李某，请求确认李某对其的3000万元债权已因承担担保责任而消灭。

后丙公司发现，乙公司本身已无有价值的财产，但其全资控股了主营建筑业务的丁公司。丙公司认为，丁公司长期与乙公司混用财务人员、其他工作人员和工作场所，账目不清，其财产无法与乙公司财产相区分，应与乙公司承担连带责任。丁公司承揽的戊公司的建设工程已竣工验收，但戊公司尚未按合同约定时间支付1000万元价款，因此丙公司希望丁、戊两公司一并承担责任。

问题：（对于有不同观点的问题，请展示各种观点并说明理由）

1. 根据丙公司的诉讼请求一，甲公司是否应当履行回购义务？为什么？如甲公司主张该回购安排违反了债权人平等受偿的原则，应为无效，甲公司的主张是否合理？为什么？

2. 根据丙公司的诉讼请求一，甲公司是否应当支付违约金？为什么？关于甲公司请求法院予以减少违约金的主张能否得到法院支持？为什么？

3. 张某和孙某提出乙公司担保合同无效的主张是否成立？为什么？

4. 根据丙公司的诉讼请求二，乙公司应当承担何种担保责任？为什么？

5. 请具体分析李某向丙公司提供的担保的性质。

6. 关于乙公司在开庭过程中提出的管辖权异议，法院应当如何处理？

7. 在丙公司提起的诉讼中，张某和孙某是否有权提出乙公司保证合同无效的主张和证据？为什么？

8. 请分析打印的微信聊天记录截图的证据能力和证明力，并说明理由。

9. 关于丙公司对李某提起的诉讼，请结合受理条件，回答法院应当如何处理？

10. 丙公司是否有权要求丁公司承担连带责任？为什么？

11. 如法院判决支持了丙公司对乙公司的诉讼请求，丙公司在执行过程中，申请法院追加丁、戊两公司作为被执行人，法院应当如何处理？如法院裁定追加，丁、戊两公司不同意追加，有何救济措施？

二、答案精讲

> 1. 根据丙公司的诉讼请求一，甲公司是否应当履行回购义务？为什么？如甲公司主张该回购安排违反了债权人平等受偿的原则，应为无效，甲公司的主张是否合理？为什么？

答案：（1）应当履行回购义务。因为《债券认购及回购协议》并未违反法律的强制性规定，也不存在其他效力瑕疵事由，是有效的，且回购日期届至后甲公司未履行回购义务，丙公司有权依据协议请求履行。

（2）不合理。因为回购安排并未涉及破产程序，违反债权人平等原则并非协议中回购内容的无效事由，因此甲公司的主张并不合理。

难度：中

考点：合同的效力

> 命题与解题思路

本题共有两小问，第1小问涉及的核心问题是甲公司与丙公司之间的《债券认购及回购协议》效力如何。这是一道披着商法外衣的民法题，考生不能被其商的因素所迷惑，解答时仍需结合民法上合同效力的判断思路进行分析。具体而言，考生应采取反向思维，即结合该协议的内容分析是否存在效力瑕疵事由。第1小问解答的主要难点在于，其涉及的考点是民法的，但相关背景事实则带有强烈的商法因素，《债券认购及回购协议》是一个典型的商事合同，对此考生应从商法的角度对《债券认购及回购协议》的内容及其功能有清晰的认识，在此基础上，结合民法上的民事法律行为效力瑕疵制度的知识点进行解答，由"商"回到"民"。

本题的第2小问主要涉及违反债权人平等受偿原则是否为回购安排的无效事由，同样是披着商法外衣的民法题，考生仍需拨开商法的迷雾，回归民法上合同效力判断的基本思路。解题时，考生应区分破产程序与非破产程序并进行分析，在确认本题属于非破产程序后，考生需要结合民事法律的效力瑕疵制度的相关知识，判断违反债权人平等受偿原则是否为回购合同条款的无效事由。

答案解析：

本题的第1小问涉及的核心问题是判断《债券认购及回购协议》的效力，特别是其中关于债券回购的条款效力。本题中，《债券认购及回购协议》是在甲公司发行债券的过程中与丙公司签订的，其主要内容有三：（1）确认丙公司认购甲公司5000万元债券；（2）对于前述认购的债券，双方约定了回购条款，即甲公司允诺1年后以5500万元进行回购，如逾期未回购，甲公司向丙公司支付1000万元的违约金；（3）对于争议的管辖约定，即因本合同产生的一切纠纷，均应提交甲公司所在地的南峰市鹿台区法院解决。债券回购的相关内容主要对应于前述（2）部分，对于该部分，其主要功能在于通过回购的方式确保丙公司的债券债权的实现，代表了双方当事人之间的真实意思，也不存在违反法律强制性规定的情形，即不存在效力瑕疵事由，是有效的。本题中，回购日期届至，甲公司未履行回购义务，丙公司有权依据协议请求甲公司履行回购义务。

本题的第2小问主要涉及违反债权人平等受偿原则是否为回购安排的无效事由，债权人平等受偿原则在破产程序中具有重要意义，但是本题并未提及破产，未涉及破产程序，违反债权人平等受偿原则并非回购合同内容的无效事由，因此甲公司的主张并不合理。

2. 根据丙公司的诉讼请求一，甲公司是否应当支付违约金？为什么？关于甲公司请求法院予以减少违约金的主张能否得到法院支持？为什么？

答案：（1）应当支付违约金。因为《债券认购及回购协议》中的违约金条款并无效力瑕疵，是有效的，且回购日期届至后甲公司未履行回购义务，违约金条款已经被触发，甲公司应当支付违约金。

（2）能够得到法院支持。因为当事人约定的1000万元违约金明显高于甲公司迟延履行回购义务所造成的损失，符合申请违约金酌减的前提条件，甲公司有权请求法院减少违约金。

难度：中
考点：违约金责任

> **命题与解题思路**
>
> 本题共有两小问，相互之间存在逻辑的递进关系，都是对违约金责任的考查。从第2小问的问法来看，基本可以锁定第1小问的答案，即甲公司应当支付（否则讨论能否请求酌减意义不大）。对于第1小问，考生需要重点分析两个问题：其一，《债券认购及回购协议》中的违约金条款约定是否有效；其二，如果有效的话，违约金条款是否被触发。对于第2小问，考生需要回顾请求违约金酌减的前提条件，即"约定的违约金过分高于造成的损失"，在此基础上结合题干的相关内容判断前提条件是否满足。

答案解析：

对于第1小问，由于在前一题已经明确，《债券认购及回购协议》中关于回购的相关约定是有效的，而违约金所针对的就是甲公司逾期未回购的行为，因此该违约金的约定也是有效的，并且由于回购日期届至后甲公司未履行回购义务，违约金条款已经被触发，因此甲公司应当支付违约金。

本题的第2小问则涉及违约金的酌减问题。《民法典》第585条第2款规定："约定的违约金低于造成的损失的，人民法院或者仲裁机构可以根据当事人的请求予以增加；约定的违约金过分高于造成的损失的，人民法院或者仲裁机构可以根据当事人的请求予以适当减少。"该条款明确规定了<u>当事人请求酌减违约金的前提条件是"约定的违约金过分高于造成的损失"</u>。本题中，甲公司应当按照协议的约定以5500万元进行回购，该债务属于典型的金钱之债，甲公司逾期未履行所造成的主要损失就是该数额金钱所能获得的利息，考虑到当事人约定的违约金数额为1000万元，且丙公司起诉时甲公司刚陷入履行迟延，丙公司所遭受的损失必然远小于1000万元，违约金的数额显然过分高于造成的损失，符合违约金酌减的前提条件，因此甲公司请求减少违约金的主张可以得到法院支持。

3. 张某和孙某提出乙公司担保合同无效的主张是否成立？为什么？

答案：不成立。有限公司全体股东书面一致同意可以召开股东会作出股东会决议，李某通过微信询问其他两位股东意见并得到回复时，乙公司即形成了同意担保的股东会决议。因此，李某作为法定代表人代表乙公司签订《担保合同》系有权担保，担保有效，张某和孙某的主张不能成立。

难度：难

考点：公司担保；股东会通讯表决

> **命题与解题思路**
>
> 本题结合有限公司股东会决议考查公司担保的效力。公司担保的效力，近两年一直是法考商法的常考点，充分体现了法考逢新必考的趋势。本题的设计颇具匠心：以一种不常见的股东会决议的方式考查是否构成对外越权担保。本题的解答，按照对公司为他人担保分析的一般框架，一定程度上能够给考生相应的提示：第一步，先分析公司为他人担保是属于越权担保还是有权担保，而判断属于越权担保还是属于有权担保即是判断是否经过有权机关决议；第二步，如果构成越权担保，则需要进一步判断相对人是否属于善意，即是否尽到形式审查义务或构成形式审查义务的豁免。考生按照这一思路判断即能一步步得出答案。

答案解析：

《公司法》第59条第3款规定："对本条第一款所列事项股东以书面形式一致表示同意的，可以不召开股东会会议，直接作出决定，并由全体股东在决定文件上签名或者盖章。"

《公司法》第15条第1款规定："公司向其他企业投资或者为他人提供担保，按照公司章程的规定，由董事会或者股东会决议；公司章程对投资或者担保的总额及单项投资或者担保的数额有限额规定的，不得超过规定的限额。"

据此，在本题中，李某代表乙公司与丙公司签订担保合同，我们首先需要判断是有权代表还是越权代表，即是否经过章程规定的董事会或股东会决议。根据《公司法》第59条第3款的规定，全体股东一致同意可以不召开股东会直接作出决定。因此，李某在微信群中向其他两位股东征求意见，其他两位股东同意，符合不召开股东会直接作出决议的情形。

当然，此处需要解释的是：第一，根据《公司法》第59条第3款的规定，需要全体股东在决定文件上签名或盖章。微信群内回复的"无异议"是否符合形式要求？从公司法理论上看，这种决议被称为通讯决议，即全体股东书面一致同意即可不开会即形成股东会决议。而"书面"并不要求一定需要写出来，只要是以文字形式呈现即可。第二，题目事实并没有说明应当由股东会决议还是董事会决议。股东会决议是否可证明属于有权担保？从股东会作为公司权力机关的角度，即使该公司章程规定的是由董事会决议，该股东会决议也仅为可撤销决议，撤销前有效，且事实中也并未撤销。因此，可以认为该法定代表人经过了合法程序的授权，因此担保属于有权担保，其代表乙公司与丙公司签订《担保合同》，该担保有效。

4. 根据丙公司的诉讼请求二，乙公司应当承担何种担保责任？为什么？

答案：观点一：乙公司应当按照一般保证承担担保责任。因为乙公司为甲公司的回购义务及违约责任等提供"充分且完全的担保"，这一表述并未明确指明保证的类型，属于约定不明，应按照一般保证承担担保责任。

观点二：乙公司应当按照连带责任保证承担担保责任。因为乙公司为甲公司的回购义务及违约责任等提供"充分且完全的担保"，其中并不具有债务人应当先承担责任的意思，结合双方都是商事公司的因素，应解释为连带责任保证，如此更符合商事交易中当事人的担保需求。

难度：中

考点：保证合同

> **命题与解题思路**
>
> 从本题的提问方式看，其要求考生结合题干的相关事实判断乙公司的担保类型，考生首先应确定属于人保还是物保，从题干事实来看，当事人约定乙公司为甲公司的回购义务及违约责任等提供"充分且完全的担保"，这一表述显然不是物保，而属于人保，即保证。因此本题的核心问题在于确定乙公司所提供的保证担保属于一般保证还是连带责任保证。对此，由于本题中"充分且完全的担保"的表述存在多种合理的解释可能，因此本题的答案应该具有一定的开放性，只要言之有理，不论认定为一般保证还是连带责任保证，都具有合理性。

答案解析：

首先可以确定的是，乙公司所提供的担保在大类上属于人保，即保证，据此本题解答的核心在于明确乙公司所提供的保证属于一般保证还是连带责任保证，而这一问题的回答又依赖于对"充分且完全的担保"这一表述的解释。由于这一措辞总体上较为模糊，存在多种解释的空间，因此本题的答案应该是开放的，不论是一般保证说还是连带责任保证说，只要说理充分，都有成立的空间。

观点一：乙公司应当按照一般保证承担担保责任。"充分且完全的担保"这一表述并未明确地表明保证的具体类型，属于约定不明的情形。《民法典》第686条第2款规定："当事人在保证合同中对保证方式没有约定或者约定不明确的，按照一般保证承担保证责任。"据此，乙公司所提供的保证应解释为一般保证。概言之，一般保证说应抓住"充分且完全的担保"这一表述属于约定不明而展开说理。

观点二：乙公司应当按照连带责任保证承担担保责任。《民法典担保制度解释》第25条规定："当事人在保证合同中约定了保证人在债务人不能履行债务或者无力偿还债务时才承担保证责任等类似内容，具有债务人应当先承担责任的意思表示的，人民法院应当将其认定为一般保证。当事人在保证合同中约定了保证人在债务人不履行债务或者未偿还债务时即承担保证责任、无条件承担保证责任等类似内容，不具有债务人应当先承担责任的意思表示的，人民法院应当将其认定为连带责任保证。"据此可知，一般保证与连带责任保证的核心区别在于，在一般保证中，当事人存在债务人应当先承担责任的意思表示，而在连带责任保证中，并不存在这样的意思。本题中，"充分且完全的担保"这一措辞并不存在债务人应当先承担责任的意思表示，并且结合"充分""完全"这样的语词可知，当事人应当更倾向于创设担保功能更强的人保，即连带责任保证。此外，结合双方都是专业的商事公司这一事实，将乙公司提供的保证解释为连带责任保证，更加契合商事交易中更强的担保需求。因此，乙公司应当按照连带责任保证承担担保责任。

5. 请具体分析李某向丙公司提供的担保的性质。

答案：属于非典型担保。因为李某所提供的担保，其实现方式是：甲公司逾期不履行回购义务时，用李某对丙公司的债权折抵丙公司对甲公司的债权。这一担保方式并非现行法上的担保物权，属于非典型担保。

难度：难
考点：非典型担保

> 💡 **命题与解题思路**
>
> 　　从问法来看，本题与前一题具有类似性，都要求考生判断当事人提供的担保的具体类型。在解题思路上，考生应先抓住李某向丙公司提供的担保的具体内容，结合该具体内容确定是人保还是物保，在此基础上再作进一步分析。本题的解题关键在于，考生需要结合李某向丙公司提供担保的事实内容，分析其担保的具体机制与方式，并将其归入现行法的担保类型序列之中。

答案解析：
　　本题题干中交代李某向丙公司提供担保的事实在第4自然段，具体是：丙公司曾向李某个人借款3000万元，将于2021年7月31日到期；到期后，丙公司可以暂不返还该借款，以此作为李某为甲公司回购义务的担保。据此可知，李某是以对丙公司所享有的3000万元借款作为甲公司回购义务履行的担保，其担保财产特定而明确，即李某对丙公司的3000万元金钱债权。据此可知，李某所提供的担保并非人保，而是物保。在此基础上进一步分析该担保的具体运作方式：丙公司对李某的3000万元借款债务到期后暂不返还，如果甲公司按约履行回购义务，则丙公司向李某清偿3000万元借款债务；若甲公司不按约履行回购义务，则李某的该笔债权直接与折抵丙公司对甲公司的到期债权，在性质上属于履行期满前所达成的以物抵债协议，其具有一定的担保功能，但并非现行法上的抵押权、质权、留置权等明确规定为担保物权的情形，因此李某所提供的担保，在性质上属于非典型担保。

6. 关于乙公司在开庭过程中提出的管辖权异议，法院应当如何处理？

答案：应当对管辖权异议不予审查，继续审理案件。虽然乙公司和丙公司约定有仲裁条款，法院对该担保合同纠纷本无管辖权，但丙公司向法院起诉后，乙公司并未在法庭首次开庭前提出异议，法院获得案件管辖权。乙公司逾期提出管辖权异议，法院应不予审查，继续审理案件。

难度：中
考点：起诉和立案登记（对当事人起诉时几种特殊情况的处理）；法院对管辖权异议的处理

> 💡 **命题与解题思路**
>
> 　　本题以担保合同中约定仲裁条款而当事人却向法院起诉为素材，对应予受理的法定情形及法院对管辖权异议的处理等知识点予以考查。本题考查的并非仲裁和诉讼的适用关系，而是适用"仲裁排斥诉讼"规则的时间节点。正确解题的关键是，准确把握"合法有效的仲裁排斥诉讼"的例外规则，即本来约定有仲裁条款的合同，一方当事人向法院起诉，对方当事人应当在法庭首次开庭前提出异议，否则法院获得案件管辖权；逾期提出管辖权异议，法院应不予审查。解题时应充分运用题干给定信息——"乙公司在开庭中提出，担保合同中存在仲裁协议，南峰市鹿台区法院对案件无管辖权"，如果简单照搬《民法典担保制度解释》第21条的规定，将会坠入命题陷阱。

答案解析：

《民法典担保制度解释》第 21 条第 1 款规定，主合同或者担保合同约定了仲裁条款的，人民法院对约定仲裁条款的合同当事人之间的纠纷无管辖权。据此，甲公司与丙公司签订《债券认购及回购协议》约定，发生纠纷应由甲公司所在地的南峰市鹿台区法院管辖；而乙公司与丙公司签订的《担保合同》约定发生纠纷应提交平远仲裁委员会解决，南峰市鹿台区法院就乙公司与丙公司之间的担保合同纠纷本无管辖权。《民诉解释》第 216 条第 1 款规定，在人民法院首次开庭前，被告以有书面仲裁协议为由对受理民事案件提出异议的，人民法院应当进行审查。据此，丙公司向南峰市鹿台区法院起诉甲公司和乙公司，乙公司并未在法院首次开庭前提出异议，只是在开庭中提出担保合同中存在仲裁协议，认为南峰市鹿台区法院对案件无管辖权。乙公司提出的异议已经超过了异议期限，法院获得案件管辖权。法院应对乙公司提出的管辖权异议不予审查，继续审理案件。

7. 在丙公司提起的诉讼中，张某和孙某是否有权提出乙公司保证合同无效的主张和证据？为什么？

答案：无权提出。主张和举证均属于当事人的诉讼行为，而张某和孙某只是乙公司的股东，不是丙公司起诉甲公司和乙公司一案的当事人。

难度：中

考点：当事人的诉讼权利和诉讼义务

> **命题与解题思路**
>
> 本题表面上考查的是公司被起诉后股东能否提出主张和举证，实则是结合实体法内容，对诉讼行为理论予以考查，与之相关的是考试大纲中当事人诉讼权利和诉讼义务考点。欲正确解题，应先了解只有当事人才可在诉讼中实施提出主张和举证的行为；再结合案情表述，判断作为股东的张某和孙某是否属于本案当事人即可准确作答。

答案解析：

根据大陆法系民诉理论，当事人以获取有利判决为目的的诉讼行为可以分为申请、主张与举证三类。申请是指当事人要求法院作出一定行为的行为。主张是指当事人陈述法律效果或事实的行为，分为法律上的主张与事实上的主张。举证是为了证明事实上主张的行为。丙公司起诉甲公司和乙公司，要求乙公司对甲公司应履行义务承担连带责任，本案的当事人是甲公司、乙公司和丙公司。张某和孙某是乙公司的股东，不属于本案当事人，自然无权在诉讼中提出乙公司保证合同无效的主张和证据。

8. 请分析打印的微信聊天记录截图的证据能力和证明力，并说明理由。

答案：微信聊天记录属于电子数据，具有证据能力和证明力。微信聊天记录截图的打印件可视为电子数据的原件，符合客观性要求；其与股东张某和孙某对担保无异议的待证事实具有关联性；其取得方式并不存在侵犯他人合法权益、违反法律禁止性规定或者严重违背公序良俗的情形，符合合法性要求。因李某无法提供作为微信聊天记录原始载体的手机予以比对，若张某、孙某认为有疑点提出异议，微信聊天记录截图打印件不能单独认定案件事实，其证明力需要补强。

难度：中

考点：民事证据的特征；民事证据的证明力；电子数据

> 💡 **命题与解题思路**
>
> 本题以微信聊天记录截图打印件为素材，对证据能力和证明力理论予以考查。本题亦属于纯理论型考点，其中证据能力概念在法考大纲中并未涉及。解题的关键是把握"证据能力"和"证明力"的内涵，结合《最高人民法院关于民事诉讼证据的若干规定》（以下简称《民事证据规定》）第15条和第90条的规定，对微信聊天记录截图打印件的客观性、关联性和合法性逐一进行分析，再根据无法提供手机比对的信息，对是否具有证明力以及是否需要补强予以分析。

答案解析：

《民诉解释》第116条第2款规定，电子数据是指通过电子邮件、电子数据交换、网上聊天记录、博客、微博客、手机短信、电子签名、域名等形成或者存储在电子介质中的信息。据此，微信聊天记录无疑属于电子数据。证据能力，是指特定的证据材料所具有的作为认定事实的资格。一般应结合证据的客观性、关联性和合法性予以判断。《民事证据规定》第15条第2款规定，当事人以电子数据作为证据的，应当提供原件。电子数据的制作者制作的与原件一致的副本，或者直接来源于电子数据的打印件或其他可以显示、识别的输出介质，视为电子数据的原件。据此，微信聊天记录截图打印件可视为是电子数据的原件，符合客观性的要求。微信聊天记录截图的内容可以直接证明股东张某和孙某对担保事项无异议，与待证事实有关联性。《民诉解释》第106条规定，对以严重侵害他人合法权益、违反法律禁止性规定或者严重违背公序良俗的方法形成或者获取的证据，不得作为认定案件事实的根据。据此，微信聊天记录截图打印件的取得方式并不存在上述可认定非法证据的情形，符合合法性要求。综上，微信聊天记录截图打印件具有证据能力。

民事证据的证明力，是指民事证据对案件事实认定的影响力。证明力主要涉及大小、强弱、是否需要补强等问题。《民事证据规定》第90条第4项规定，存有疑点的视听资料、电子数据，不能单独作为认定案件事实的根据。据此，因作为微信聊天记录原始载体的手机，李某无法提供予以对比，若张某、孙某认为有疑点提出异议，其不能单独认定案件事实，证明力需要予以补强。

9. 关于丙公司对李某提起的诉讼，请结合受理条件，回答法院应当如何处理？

答案：法院应告知丙公司向南峰市鹿台区法院起诉。丙公司坚持起诉，裁定不予受理；若立案后才发现，应将案件裁定移送南峰市鹿台区法院管辖。因为本案不存在重复起诉、禁诉期等起诉消极条件涉及的情形。从起诉的积极条件看，丙公司曾向李某个人借款3000万元，丙公司起诉请求确认李某对其3000万元债权已因承担担保责任而消灭，原告丙公司是与本案有直接利害关系的法人，属于适格原告；被告为李某，符合被告明确的要求；丙公司也提出了具体的诉讼请求和理由；但丙公司向平远市金龙区法院起诉，该法院对案件并无管辖权。本案与丙公司起诉甲公司和乙公司一案因"基于同一事实"而具有牵连性，基于牵连管辖，南峰市鹿台区法院获得管辖权。且涉及综合判定甲公司、乙公司和李某的责任承担，若由两个法院分别审理，可能出现重复救济或者矛盾判决问题。

难度：中

考点：起诉和立案登记（起诉的条件）；诉的合并

> **命题与解题思路**
>
> 本题对起诉的实质条件以及诉的合并这两个考点予以考查。解题时应注意审题，"结合受理条件"的表述为考生厘清了具体答题方向，所谓"受理条件"是指案件符合起诉的积极条件且不存在起诉的消极条件情形。考生应根据案情表述，结合起诉实质条件逐一判断后作答。案情表述给定案件的管辖法院应引起高度关注，这是可能的答题突破口。解题时还应考虑本案与丙公司起诉甲公司、乙公司一案的内在牵连关系，可能需要合并审理。

答案解析：

《民事诉讼法》第122条规定，起诉必须符合下列条件：（1）原告是与本案有直接利害关系的公民、法人和其他组织；（2）有明确的被告；（3）有具体的诉讼请求和事实、理由；（4）属于人民法院受理民事诉讼的范围和受诉人民法院管辖。据此，原告丙公司是与案件有直接利害关系的法人，有明确的被告，也有具体的诉讼请求，稍有疑问的是案件管辖法院。丙公司向平远市金龙区法院起诉李某，请求确认李某对其的3000万元债权已因承担担保责任而消灭。本案为合同纠纷，且因李某享有的债权与其应承担的担保责任相互抵销，不需要进行履行，双方又未约定合同履行地，平远市金龙区法院为原告住所地法院，对案件并无管辖权。《民诉解释》第221条规定，基于同一事实发生的纠纷，当事人分别向同一人民法院起诉的，人民法院可以合并审理。据此，可以合并的诉讼应"基于同一事实"发生，各个单纯之诉所依据的事实关系或法律关系应有牵连，具有一致性或者重叠性。丙公司先后提起的两个诉讼，均由甲公司未回购债券这一事实而引发，两个案件具有牵连性，基于牵连管辖可由同一个法院管辖。且两案均涉及甲公司、乙公司和李某的具体责任承担，若由两个法院分别审理，可能出现重复救济或者矛盾判决问题。《民诉解释》第211条规定，对本院没有管辖权的案件，告知原告向有管辖权的人民法院起诉；原告坚持起诉的，裁定不予受理；立案后发现本院没有管辖权的，应当将案件移送有管辖权的人民法院。据此，平远市金龙区法院应告知丙公司向南峰市鹿台区法院起诉。丙公司坚持起诉，裁定不予受理；法院立案后发现没有管辖权，应当裁定移送南峰市鹿台区法院管辖。

10. 丙公司是否有权要求丁公司承担连带责任？为什么？

答案：有权。丁公司系乙公司全资子公司，且丁公司与乙公司之间存在基于财产混同的人格混同，构成一人公司的反向法人人格否认的情形。因此就乙公司对丙公司的担保责任，丙公司有权主张丁公司承担连带责任。

难度：中

考点：一人公司法人人格否认

> **命题与解题思路**
>
> 本题考查一人公司法人人格否认，是法考常考的考点。本题的创新之处在于具体考查的是一人公司的反向法人人格否认。实际上，这个考点曾在客观题中考查过。虽然我国《公司法》并没有规定反向法人人格否认制度，即股东的债权人请求公司就股东的债务承担连带责任，但是在实践中，针对一人公司本身的特殊性，只要股东不能证明财产独立，正向法人人格否认和反向法人人格否认均得到了法院的承认与适用。考生据此抓住法人人格否认的要件即可作答。

答案解析：

《公司法》第23条第3款规定："只有一个股东的公司，股东不能证明公司财产独立于股东自己的财产的，应当对公司债务承担连带责任。"

据此，丁公司系乙公司全资控股的一人公司，乙公司系其股东。在丁公司和乙公司的财产无法区分的情形之下，属于股东不能证明公司财产独立于股东自己的财产，构成法人人格否认的情形。为更好地保护债权人的利益，虽然本案属于股东（乙公司）的债权人主张丁公司就乙公司的债务承担连带责任的反向法人人格否认，但从理论和实践来看，该项主张能够成立。

11. 如法院判决支持了丙公司对乙公司的诉讼请求，丙公司在执行过程中，申请法院追加丁、戊两公司作为被执行人，法院应当如何处理？如法院裁定追加，丁、戊两公司不同意追加，有何救济措施？

答案：

答案一：法院应裁定驳回追加丁公司的申请。因为法律并未规定股东被执行时，可追加一人公司作为被执行人。如法院裁定追加，而丁公司不同意被追加，可向执行法院提起执行异议之诉。

法院应裁定驳回追加戊公司的申请。因为本案被执行人是乙公司而非丁公司，而戊公司是丁公司的债务人，申请追加戊公司作为被执行人不符合代位执行的条件。如法院裁定追加，而戊公司不同意被追加，可向执行法院提出异议。

答案二：法院可裁定追加丁公司为被执行人。因乙公司和丁公司财产混同，应承担连带责任。虽然我国法律并未确立反向法人人格否认制度，但司法实践中法院对此予以认可。即股东作为被执行人时，可追加一人公司作为被执行人。如丁公司不同意被追加，可向执行法院提起执行异议之诉。

法院应裁定冻结丁公司对戊公司的债权，通知戊公司向丙公司履行。因为丁公司被追加为被执行人，其对戊公司享有到期债权，债权人丙公司可申请对戊公司代位执行。如戊公司不同意被追加，可向执行法院提出异议。

难度：中

考点：执行程序中的一般性制度（执行承担）；代位执行

> **命题与解题思路**
>
> 执行制度向来是主观题命题的重点，本题对执行承担和代位执行的适用条件及救济措施予以考查。丙公司申请追加丁公司和戊公司的法律依据不同，应当根据案情表述，

分别作出判断后作答。从程序法角度，若严格恪守执行当事人变更法定性原则，可得出不准许追加丁公司的结论，据此亦可推导出不得追加戊公司；而从实体法原理和司法实务角度，可裁定准许追加丁公司，由此也符合对戊公司代位执行的适用条件。解题的难点在于有关执行承担的司法解释并不在法考大纲附录法律法规范围内，考场上根本无从定位法条。

答案解析：

答案一：因乙公司全资控股丁公司，因此丁公司属于一人公司。《最高人民法院关于民事执行中变更、追加当事人若干问题的规定》第20条规定，作为被执行人的一人有限责任公司，财产不足以清偿生效法律文书确定的债务，股东不能证明公司财产独立于自己的财产，申请执行人申请变更、追加该股东为被执行人，对公司债务承担连带责任的，人民法院应予支持。据此，若丁公司作为被执行人，符合条件时，申请执行人丙公司申请追加股东乙公司为被执行人应予准许。但基于"审执分离"原则，执行程序中变更、追加当事人必须坚持法定性原则，该司法解释并未规定当一人公司的股东作为被执行人时，可申请追加一人公司为被执行人。因此，乙公司作为被执行人，丙公司申请追加一人公司丁公司作为被执行人应不予准许。

《民诉解释》第499条第1款规定，人民法院执行被执行人对他人的到期债权，可以作出冻结债权的裁定，并通知该他人向申请执行人履行。据此，对被执行人的债务人，债权人可以申请代位执行。戊公司是丁公司的债务人，而如前述分析，丁公司不符合条件，不能追加为被执行人，因此对丁公司的债务人戊公司不得适用代位执行制度，法院应裁定驳回丙公司的申请。

答案二：《最高人民法院关于民事执行中变更、追加当事人若干问题的规定》第20条规定的一人公司作为被执行人，财产不足以清偿债务，可追加对公司债务承担连带责任的股东作为被执行人。该规定的理论基础是法人人格否认制度。而股东成为被执行人，同样承担连带责任的一人公司能否被追加为被执行人，我国法律对此并无规定，但司法实践对此往往予以支持，其理论基础是反向法人人格否认制度。从实体法角度看，两者并无本质差别。因此，根据实体法理论和司法实务，丙公司申请追加丁公司为被执行人，法院可裁定准许追加。

《民诉解释》第499条第1款规定，人民法院执行被执行人对他人的到期债权，可以作出冻结债权的裁定，并通知该他人向申请执行人履行。据此，对被执行人的债务人，债权人可以申请代位执行。若丁公司被追加为被执行人，对丁公司的债务人戊公司，可以适用代位执行制度，法院应裁定冻结丁公司对戊公司的债权，通知戊公司向丙公司履行。

对丁公司和戊公司的救济措施：《最高人民法院关于民事执行中变更、追加当事人若干问题的规定》第32条第1款规定，被申请人或申请人对执行法院依据本规定第14条第2款、第17条至第21条规定作出的变更、追加裁定或驳回申请裁定不服的，可以自裁定书送达之日起15日内，向执行法院提起执行异议之诉。据此，丁公司不服法院裁定，可提起执行异议之诉予以救济。《民诉解释》第499条第2款规定，该他人对到期债权有异议，申请执行人请求对异议部分强制执行的，人民法院不予支持。据此，戊公司不服法院裁定，可向执行法院提出异议。

2021年"回忆版"金题

一、试题（本题56分）

案情：

枫桥公司位于T市Y区，通过抵顶债务收回一栋共20层的办公楼（价值10亿元），命名为枫叶办公楼（位于S市A区）。枫桥公司准备将19层和20层自用，其余楼层对外出租。

恒通公司是一家拥有多个金融牌照的集团公司，位于W市C区，为拓展业务，新设立三家子公司，分别为甲公司（全资子公司）、乙公司（控股子公司）和丙公司（参股子公司）。其中，甲公司从事融资租赁业务，乙公司从事保理业务，丙公司从事典当业务。

甲、乙、丙三家公司与枫桥公司约定，分别承租枫叶办公楼的16、17、18层作为办公室，月租金30万元，租金按季度支付；试租1年，到期如无其他约定，自动续租2年，租期自2020年1月15日起算；办公区的墙体等"硬装"不可更改，能拆卸的"软装"可以根据需求变动；若合同履行发生纠纷，由T市Y区法院管辖。恒通公司为甲、乙、丙三家公司的租金支付提供连带责任保证，并出具了《担保函》。

后甲公司承租的16层空调设备损坏，枫桥公司维修多次仍未修好，甲公司只好自行垫资60万元维修，并明确表示会从下一季度的租金中扣除维修费，枫桥公司表示拒绝。2020年4月16日，甲公司向枫桥公司支付了30万元。枫桥公司诉至法院，要求甲公司支付第二季度租金90万元及利息，恒通公司承担连带保证责任。甲公司辩称，已支付的30万元是租金，剩余60万元租金与其垫付的维修费抵销，因此并未拖欠租金。枫桥公司不认可，主张甲公司打给自己的30万元是清偿双方之间另一买卖合同的货款。法院审理后判决甲公司向枫桥公司支付租金90万元及利息，恒通公司承担连带清偿责任；恒通公司清偿债务后，可以向甲公司追偿。

乙公司的客户丁某来谈生意，将车停在枫叶办公楼的地上停车场，适逢大风天气，一棵树被风刮倒，砸坏丁某车辆，车辆损失5000元。在此之前，多名租户曾多次向枫叶办公楼的管理方反映过树木可能倒塌的情况，由于工作人员未登记，交接班的时候彻底忘记此事。因发生此意外，丁某与乙公司未签约。乙公司丧失了与丁某签订5000万元保理合同的机会。

丙公司觉得办公楼内部的装修风格与其经营理念不符，与枫桥公司协商，想要重新装修，遭到拒绝。心灰意冷的丙公司把第18层转租给了另外一个公司，租期到期后不再续租。

枫叶办公楼经营失败，多次遭到投诉，纠纷越来越多，枫桥公司于2021年1月2日将枫叶办公楼整体转让给峰塔公司。甲公司要求就第16层享受优先购买权。在此之前，枫桥公司已经将甲公司、丙公司诉至法院。

问题：

1. 枫桥公司起诉甲公司和恒通公司要求支付租金，应由哪个法院管辖？为什么？

2. 关于甲公司支付的30万元是否属于租金，应由谁承担证明责任？为什么？若法官无法形成自由心证，应当如何处理？

3. 甲公司主张用垫付的 60 万元维修费抵销租金属于抗辩还是反诉？法院应当如何处理？
4. 恒通公司承担保证责任后，能否依据该判决书直接申请强制执行甲公司的财产？为什么？
5. 丁某就遭受到的损害，可以向谁主张赔偿责任？为什么？
6. 乙公司就没有签订成功的 5000 万元合同所遭受的损失能否主张赔偿？为什么？
7. 丙公司是否可以将第 18 层整体转租给另外的公司？为什么？
8. 枫桥公司把枫叶办公楼整体转让给峰塔公司，甲公司等租户的租赁合同是否自动解除？为什么？
9. 甲公司可否就第 16 层行使优先购买权？为什么？
10. 恒通公司是否对甲公司、丙公司的租金支付承担连带保证责任？为什么？

二、答案精讲

1. 枫桥公司起诉甲公司和恒通公司要求支付租金，应由哪个法院管辖？为什么？

答案：应由 S 市 A 区法院管辖。因为本案为房屋租赁合同纠纷，应按照不动产纠纷确定管辖法院，由房屋所在地 S 市 A 区法院专属管辖。虽然双方协议纠纷由 T 市 Y 区法院管辖，但该管辖约定因违反专属管辖规定而无效。

难度：中

考点：专属管辖

> **命题与解题思路**
>
> 管辖制度向来是法考主观题命题的重点，本题以支付租金为切入点，考查房屋租赁合同纠纷专属管辖的适用。为增加迷惑性，以约定管辖法院作为解题干扰信息。<u>解答管辖类试题，应首先确定案件的案由</u>，<u>再结合该案由有关管辖的特殊规定作答</u>，即要求支付租金属于房屋租赁合同纠纷，根据《民诉解释》规定很容易判断属于专属管辖，再根据<u>"违反专属管辖的管辖约定无效"</u>规则即可排除干扰，准确作答。

答案解析：

枫桥公司起诉要求支付租金，本案为房屋租赁合同纠纷。《民诉解释》第 28 条第 2 款规定，农村土地承包经营合同纠纷、房屋租赁合同纠纷、建设工程施工合同纠纷、政策性房屋买卖合同纠纷，按照不动产纠纷确定管辖。据此，本案应按照不动产纠纷确定管辖法院。《民事诉讼法》第 34 条第 1 项规定，因不动产纠纷提起的诉讼，由不动产所在地人民法院管辖。据此，本案应由不动产所在地法院管辖，即枫叶办公楼所在地 S 市 A 区法院专属管辖。

2. 关于甲公司支付的 30 万元是否属于租金，应由谁承担证明责任？为什么？若法官无法形成自由心证，应当如何处理？

答案：

（1）应由甲公司承担证明责任。因为支付的 30 万元是租金，属于主张法律关系变更的事实，应由主张者甲公司承担证明责任。（2）若法官无法形成自由心证，法院应判决负担证明责任的一方当事人败诉，即认定甲公司支付的 30 万元不属于租金。

难度：难

考点：证明责任的概念；证明责任的分配

> **命题与解题思路**
>
> 本题考查证明责任分配规则以及客观证明责任的适用情形。难点在于案情设计和设问表述，关于证明责任分配，30 万元是否属于租金的案情设计较为复杂，存在附理由否认的干扰情节；关于客观证明责任的适用，题目设问并未出现"要件事实真伪不明"这种考生耳熟能详的表述，而是从"无法形成自由心证"的角度设问，考生若不能理解自由心证和证明责任的内在逻辑关系，将会无从作答。本题对民事诉讼证据相关基础理论予以灵活考查，死记硬背法条难以应对，法考复习还需要夯实理论基础。

答案解析：

《民诉解释》第 91 条规定，人民法院应当依照下列原则确定举证证明责任的承担，但法律另有规定的除外：（1）主张法律关系存在的当事人，应当对产生该法律关系的基本事实承担举证证明责任；（2）主张法律关系变更、消灭或者权利受到妨害的当事人，应当对该法律关系变更、消灭或者权利受到妨害的基本事实承担举证证明责任。据此，枫桥公司起诉要求甲公司支付租金，应就双方之间存在租赁合同关系的事实承担证明责任；甲公司主张除了已抵销的 60 万元之外，剩余 30 万元租金已支付的事实，其性质属于因履行了部分合同义务导致法律关系变更的事实，因此，应由甲公司就支付的 30 万元属于租金的事实承担证明责任。至于枫桥公司提出甲公司打给自己的 30 万元是清偿双方之间另一买卖合同的货款，这属于附理由的否认，枫桥公司对此不承担证明责任。

自由心证是指法官不受法定证据规则的约束，而是根据其内心确信对待证事实的真伪作出判断。在裁判方法论上，证明责任裁判与自由心证之间是互补的关系，即，只有当裁判者运用自由心证无法对待证事实形成判断时，才适用证明责任规则作出裁判。《民诉解释》第 90 条第 2 款规定，在作出判决前，当事人未能提供证据或者证据不足以证明其事实主张的，由负有举证证明责任的当事人承担不利的后果。据此，因法官无法形成自由心证，应当判决由负担证明责任的甲公司承担败诉的不利后果，即认定甲公司支付的 30 万元不属于租金。

> **3. 甲公司主张用垫付的 60 万元维修费抵销租金属于抗辩还是反诉？法院应当如何处理？**

答案：

答案一：属于抗辩。若法院判决枫桥公司的诉讼请求不成立，则甲公司的抵销主张亦不成立，抵销不会发生；若法院判决支持枫桥公司的诉讼请求，应在裁判理由中阐释是否适用抵销，因我国欠缺法律规定，判决的既判力无法及于抵销。

答案二：属于反诉。法院应告知甲公司以起诉的方式提出抵销请求，两案具有牵连性，应将抵销的反诉请求与本诉请求合并审理后作出判决，有关诉讼抵销的反诉判决具有既判力。若法院判决枫桥公司的诉讼请求不成立，反诉不会因为本诉的不成立而不成立。

难度：难

考点：反诉与抗辩的区别

> 💡 **命题与解题思路**
>
> 本题以诉讼抵销为主线，考查法院对抗辩和反诉的处理差异。对诉讼抵销的性质，学界存在争议，因此本题答案应不唯一。本题属于纯粹的理论型考点，加之半开放的设问形式，难度颇高。考生可以从反诉的独立性、判决的法律效力等角度思考作答。

答案解析：

诉讼抵销是指在诉讼过程中，被告依据实体法规则通过抵销方式消灭原告的实体请求权。我国理论界通常认为，应当以抗辩的方式来实现诉讼抵销，少数学者则认为应以反诉的方式实现诉讼抵销。因此，甲公司在诉讼过程中主张用垫付的60万元维修费抵销租金，这属于典型的诉讼抵销，既可以用抗辩的方式实现，也可以用反诉的方式实现。

若采用抗辩形式，抗辩不具有独立性，若枫桥公司的诉讼请求不成立，则作为抗辩的诉讼抵销自然也不会成立。如果将诉讼抵销作为抗辩处理，那么法院对其认定应在判决理由中予以阐述，不属于判决主文内容，一般不具有既判力。为此，德国等大陆法系国家，通过立法例外赋予作为抗辩的诉讼抵销以既判力。我国并无此类规定，因此以抗辩形式提出的诉讼抵销不具有既判力。

反诉应由被告甲公司以起诉方式提起，因两个案件基于同一法律关系具有牵连性，法院应将两案合并审理，关于诉讼抵销作出的判决具有既判力。且反诉具有独立性，反诉不会因为本诉的不成立而不成立。

> **4. 恒通公司承担保证责任后，能否依据该判决书直接申请强制执行甲公司的财产？为什么？**

答案：

答案一：不能。因为枫桥公司将恒通公司和甲公司一并起诉，共同诉讼在理论上只解决债权人和债务人之间的纠纷，并不解决债务人内部的关系，因此追偿权人恒通公司并非权利人或权利承受人，其无权作为申请执行人直接申请执行；且本案的执行标的并未明确，被执行人的义务范围也不确定，这都导致本案的执行根据不明确，不具有可执行性。

答案二：可以。因为枫桥公司将恒通公司和甲公司一并起诉，判决的效力应当及于参加诉讼的全部当事人。法院判决主文确定"恒通公司承担保证责任后，可向甲公司追偿"，该判决内容具有既判力和执行力，恒通公司承担保证责任后，可以依据该判决书申请执行甲公司的财产。

难度： 难
考点： 执行开始的方式；民事判决的法律效力

> 💡 **命题与解题思路**
>
> 本题以追偿权的实现为切入点，考查申请执行的条件，民事判决的法律效力亦可作为解题理由。原《最高人民法院关于适用〈中华人民共和国担保法〉若干问题的解释》第42条对此有明文规定，不过该规定现已被废止，新的《民法典担保制度解释》对此并未涉及。鉴于缺乏直接的法律依据，而学界又存在观点争鸣，本题答案应不唯一，无论采用何种观点，言之有理，皆可得分。本题从民事判决的执行力以及执行启动的主体等不同角度，分别推理作答。

答案解析：

答案一：枫桥公司将恒通公司和甲公司一并起诉，本案成为共同诉讼。根据"无请求则无判决"的基本原理，法院应当对枫桥公司的诉讼请求能否支持作出判决，而无须对恒通公司和甲公司之间的内部责任划分作出判决。据此，本案判决的权利人应为枫桥公司，恒通公司并非权利人，亦非权利承受人。《最高人民法院关于人民法院执行工作若干问题的规定（试行）》第16条第1款第2项规定，申请执行人是生效法律文书确定的权利人或其继承人、权利承受人。据此，恒通公司无权以申请执行人身份申请执行生效判决。判决主文只确定了恒通公司可以向甲公司追偿，执行标的不明确，并且追偿的具体数额也未确定（取决于恒通公司代为清偿的具体数额），这将导致执行程序难以实施。

答案二：枫桥公司将恒通公司和甲公司一并起诉，三方当事人均受到程序保障，也应当受到本案判决法律效力的拘束。判决主文明确"恒通公司承担保证责任后，可向甲公司追偿"，该判决具有既判力，当事人不应对此再行诉讼；该判决亦具有执行力，恒通公司承担保证责任后，可直接据此向法院申请执行甲公司的财产。

5. 丁某就遭受到的损害，可以向谁主张赔偿责任？为什么？

答案： 可以向枫叶办公楼的管理方主张赔偿责任。因为依据现行法，因林木折断、倾倒或者果实坠落等造成他人损害，林木的所有人或者管理人不能证明自己没有过错的，应当承担侵权责任。本题中，枫叶办公楼的管理方对丁某的损害存在过错，因此须对丁某遭受的损害承担赔偿责任。

难度： 中

考点： 林木折断、倾倒或果实坠落损害责任

命题与解题思路

本题考查了一个较为冷僻的知识点，即林木折断、倾倒或果实坠落损害责任。不过只要考生知晓林木折断、倾倒或果实坠落损害责任是过错推定责任，本题即可轻松应对。解答时应重点分析枫叶办公楼的管理方存在过错。

答案解析：

《民法典》第1257条规定："因林木折断、倾倒或者果实坠落等造成他人损害，林木的所有人或者管理人不能证明自己没有过错的，应当承担侵权责任。"该条规定了在发生林木折断、倾倒或者果实坠落等情形时，林木的所有人或者管理人承担过错推定责任。据此，此前多名租户曾多次向枫叶办公楼的管理方反映过树木有可能倒塌的情况，由于工作人员未登记，交接班的时候彻底忘记此事。由此可以看出，枫叶办公楼的管理方没有及时采取合理必要的措施来防止林木倾倒，枫叶办公楼的管理方对丁某的损害是有过错的，因此对于丁某遭受的损害，应由枫叶办公楼的管理方赔偿。

6. 乙公司就没有签订成功的5000万元合同所遭受的损失能否主张赔偿？为什么？

答案： 不能。丁某因车辆遭受损害而未与乙公司缔约，并未违反先合同义务，也并不存在过错，乙公司不能向丁某主张缔约过失责任。枫叶办公楼的管理方未及时采取合理必要的措施来防止林木倾倒与乙公司未签订合同遭受损失之间并没有相当因果关系，乙公司也无权向枫叶办公楼的管理方主张林木倾倒的侵权损害赔偿责任。

难度：难

考点：缔约过失责任；林木折断、倾倒或果实坠落损害责任

> **命题与解题思路**
>
> 本题带有一定的开放性，题目中并没有说乙向谁主张，也没有说主张何种责任，因此需要全面考虑各种可能性。本题可能有两种可能性：乙公司向丁某主张缔约过失责任，或者乙公司向枫桥公司主张侵权责任。考生在答题时需要对这两种可能性都作出分析。就能否向丁某主张缔约过失责任，要结合缔约过失责任的构成要件来判断，本题中丁某是因为车辆被砸坏而没有缔约，并无过错，也没有违反先合同义务，因此不构成缔约过失责任。乙公司未缔约的损失和枫桥公司的侵权行为之间并没有相当因果关系，因此枫桥公司无需对乙公司未签约的损害承担侵权责任。

答案解析：

本题乙公司可能有两种损失赔偿的主张可能性：其一，向丁某主张缔约过失责任；其二，向枫桥公司主张侵权责任。因此需要对这两种情况分别进行分析。

乙公司是否有权向丁某主张缔约过失责任？《民法典》第500条规定："当事人在订立合同过程中有下列情形之一，造成对方损失的，应当承担赔偿责任：（一）假借订立合同，恶意进行磋商；（二）故意隐瞒与订立合同有关的重要事实或者提供虚假情况；（三）有其他违背诚信原则的行为。"据此，缔约过失责任的构成要件有：（1）违反先合同义务；（2）过错；（3）造成损害；（4）损害与违反先合同义务之间存在因果关系。本题中，丁某是因为车辆被砸坏而没有缔约，其并没有违反先合同义务，也不存在过错，因此其缔约过失责任并不成立，乙公司无权向丁某主张缔约过失责任。

乙公司是否有权向枫叶办公楼的管理方主张侵权责任？依据《民法典》第1257条，枫叶办公楼的管理方需要向丁某承担侵权责任，但枫叶办公楼的管理方无需向乙公司承担侵权责任。尽管枫叶办公楼的管理方没有及时采取合理必要的措施来防止林木倾倒，但枫叶办公楼的管理方的<u>不作为与乙公司因未签合同而遭受的损失之间，并没有法律上的相当因果关系</u>，枫叶办公楼的管理方对乙公司没有签订成功的5000万元合同所遭受的损失无需承担侵权责任。

综上，乙公司就没有签订成功的5000万元合同所遭受的损失不能主张赔偿。

> **7. 丙公司是否可以将第18层整体转租给另外的公司？为什么？**

答案：不能。因为依据现行法，承租人未经出租人同意转租的，出租人可以解除合同。因此丙公司要将第18层整体转租给另外的公司，需要经过出租人枫桥公司的同意，若丙公司擅自转租，枫桥公司可以解除合同。

难度：易

考点：租赁合同

> **命题与解题思路**
>
> 本题涉及的是租赁合同中的转租问题，且考查得十分浅显，几乎是送分题。解答本题时考生需要注意现行法对转租设置了一个基本的前提，即经出租人同意。本题中，丙公司擅自将第18层整体转租给另外一家公司，属于违法转租。

答案解析：

《民法典》第716条规定："承租人经出租人同意，可以将租赁物转租给第三人。承租人转租的，承租人与出租人之间的租赁合同继续有效；第三人造成租赁物损失的，承租人应当赔偿损失。承租人未经出租人同意转租的，出租人可以解除合同。"依据该条，<u>转租的基本前提是征得出租人的同意，否则构成违法转租，出租人可以解除租赁合同</u>。据此，未经出租人枫桥公司的同意，丙公司不可以将第18层整体转租给另外的公司。

---

8. 枫桥公司把枫叶办公楼整体转让给峰塔公司，甲公司等租户的租赁合同是否自动解除？为什么？

答案： 不会自动解除。因为依据现行法，租赁物在承租人按照租赁合同占有期限内发生所有权变动的，不影响租赁合同的效力。因此枫桥公司将枫叶办公楼整体转让给峰塔公司，并不会导致甲公司等租户的租赁合同自动解除。

难度： 易
考点： 买卖不破租赁

> 💡 **命题与解题思路**
>
> 本题涉及的是租赁合同里的一个重要规则，即买卖不破租赁，本题是对该规则的简单考查。考生只需要掌握买卖不破租赁规则，本题即可轻松应对。

答案解析：

《民法典》第725条规定："租赁物在承租人按照租赁合同占有期限内发生所有权变动的，不影响租赁合同的效力。"据此，枫桥公司将枫叶办公楼整体转让给峰塔公司，并不会影响甲公司等的租赁合同，甲公司等租户的租赁合同不会自动解除。

---

9. 甲公司可否就第16层行使优先购买权？为什么？

答案： 甲公司可以就第16层行使优先购买权。因为依据现行法，出租人出卖租赁房屋时，承租人享有优先购买权。枫叶办公楼各层是可分的，在功能上相互独立，因此甲公司有权就其承租的第16层主张优先购买权。

难度： 难
考点： 租赁合同

> 💡 **命题与解题思路**
>
> 本题涉及租赁合同中承租人的优先购买权，不过增加了这一知识点的难度，因为本题具体涉及的是承租部分房屋的承租人在出租人整体出卖房屋时是否享有优先购买权的问题，对于这一问题，《民法典》是没有直接规定的，而需要参考2005年《最高人民法院关于承租部分房屋的承租人在出租人整体出卖房屋时是否享有优先购买权的复函》，因此，本题的考查事实上是超纲的。<u>对于承租部分房屋的承租人在出租人整体出卖房屋时是否享有优先购买权，需要考虑承租人承租部分与房屋其他部分是否可分、功能上是否独立以及承租部分的占比。</u>

答案解析：

《民法典》第 726 条第 1 款规定："出租人出卖租赁房屋的，应当在出卖之前的合理期限内通知承租人，承租人享有以同等条件优先购买的权利；但是，房屋按份共有人行使优先购买权或者出租人将房屋出卖给近亲属的除外。"据此，在出租人出卖房屋时，承租人享有优先购买权。但是本题涉及的是承租部分房屋的承租人在出租人整体出卖房屋时是否享有优先购买权，对于这一问题，《民法典》并未作出明确规定。2005 年最高法曾对该问题作出过一个复函，《最高人民法院关于承租部分房屋的承租人在出租人整体出卖房屋时是否享有优先购买权的复函》中规定："从房屋使用功能上看，如果承租人承租的部分房屋与房屋的其他部分是可分的、使用功能可相对独立的，则承租人的优先购买权应仅及于其承租的部分房屋；如果承租人的部分房屋与房屋的其他部分是不可分的、使用功能整体性较明显的，则其对出租人所卖全部房屋享有优先购买权。"据此，枫叶办公楼的各楼层之间是可分的，且在功能使用上也互相独立，因此甲公司可以就第 16 层主张优先购买权。

10. 恒通公司是否对甲公司、丙公司的租金支付承担连带保证责任？为什么？

答案： 恒通公司对甲公司、丙公司的租金支付承担连带保证责任。恒通公司出具《担保函》，债权人枫桥公司接收且未表示异议，保证合同成立。且恒通公司持有多个金融牌照，属于金融机构，依据《民法典担保制度解释》第 8 条，是否履行内部决议程序不影响担保合同的效力，因此恒通公司出具的《担保函》有效，其需要依《担保函》对甲公司、丙公司的租金支付承担连带保证责任。

难度： 难

考点： 保证合同；公司对外担保

> **命题与解题思路**
>
> 本题同时涉及保证合同以及公司对外担保两个问题，有一定难度。在保证合同层面，考生需要分析恒通公司出具《担保函》的行为是否足以导致保证合同成立。在公司对外担保问题上，考生需要结合恒通公司的金融机构属性判断其对外担保，担保合同的效力与内部决议程序无关。

答案解析：

《民法典》第 685 条第 2 款规定："第三人单方以书面形式向债权人作出保证，债权人接收且未提出异议的，保证合同成立。"据此，恒通公司出具《担保函》，债权人枫桥公司接受且并未提出异议，因此保证合同在恒通公司与枫桥公司之间成立，其主要内容是恒通公司为甲、乙、丙三家公司的租金支付提供连带责任保证。

《民法典担保制度解释》第 8 条规定："有下列情形之一，公司以其未依照公司法关于公司对外担保的规定作出决议为由主张不承担担保责任的，人民法院不予支持：（一）金融机构开立保函或者担保公司提供担保；（二）公司为其全资子公司开展经营活动提供担保；（三）担保合同系由单独或者共同持有公司三分之二以上对担保事项有表决权的股东签字同意。上市公司对外提供担保，不适用前款第二项、第三项的规定。"据此，<u>金融机构开立保函时，保函的效力与是否经内部决议无关</u>。本题中，恒通公司持有多个金融牌照，具有金融机构的属性，因此，《担保函》的效力与是否经内部决议无关。因此，恒通公司出具的《担保函》是有效的，恒通公司需要对甲公司、丙公司的租金支付承担连带保证责任。

2020 年 "回忆版" 金题

一、试题（本题56分）

案情：

甲公司（位于西上市东河区）是由自然人股东张某和李某（各占50%股份）出资设立的一家有限责任公司，名下拥有W地块（位于南左市北山区）的建设用地使用权，该地段所在区域正准备拆迁。乙公司（位于东下市西河区）是明达公司（位于北右市南海区）的全资子公司，主营房地产开发业务。

张某和李某以个人名义找到乙公司，愿意以W地块的土地使用权与乙公司合作开发房地产。双方商定：（1）乙公司作为项目运营的商事载体，负责拆迁等事宜，可自主决定如何融资；（2）张某和李某以W地块的土地使用权出资，但不参与乙公司具体事务；（3）张某和李某应将W地块的土地使用权转移至乙公司名下，以便项目实施；（4）乙公司应确保张某和李某分得全部开发房产的40%（每人20%）；（5）乙公司应将股权变更为：张某和李某各占20%；明达公司占60%；（6）张某、李某分得房产后收回出资，应将40%股份无偿转给明达公司；（7）如因合同履行发生诉讼，应由被告所在地法院管辖。协议签订后，乙公司对其股权结构进行了变更，并办理了工商登记。

后乙公司因资金短缺，与丙公司订立"融资租赁合同"，租赁丙公司价值2000万元的铲车2台，但未办理登记。

乙公司为了能向丁公司融资2亿元，又将其所有的动产（包括前述2台铲车）向丁公司设定了浮动抵押，并办理了登记。同时应丁公司要求，乙公司找来自然人钱某和周某提供连带保证担保。

乙公司为获取更多融资，又与戊信托公司签订信托合同，并按要求用其一项专利技术依法提供了质押担保；另由保证人吴某和抵押人郑某（抵押房产价值1500万元的房子，办理抵押登记）分别向戊公司提供担保，但吴某和郑某并不知道对方的存在。

乙公司为宣传公司形象，积极落实《民法典》中营利法人社会责任的规定，承诺每年向"青少年成长基金会"捐款1000万元，并在媒体上进行报道。

在公司运营过程中，乙公司将前述2台铲车卖给了自然人孙某，并获得1950万元的货款。在使用过程中，由于铲车存在质量问题和设计缺陷致工人受伤，孙某一直与乙公司交涉。

楼盘建成之后，乙公司陆续对外销售了大概15%的房屋。自然人王某购买房屋后，发现房屋的面积、设计结构等均与宣传不符。

张某和李某发现乙公司大规模融资，又擅自对外销售房产，产生警觉和担忧。遂向法院起诉乙公司违约，要求按约定分配40%的房产（后因故撤诉）。

最后，因乙公司经营不佳，张某和李某向法院申请对乙公司进行重整，并主张对40%房产的取回权。

问题：

1. 甲公司的债权人能否直接请求张某和李某承担连带责任？为什么？

2. 丁公司对 2 台铲车的浮动抵押权能否对抗买受人孙某？为什么？

3. 乙公司到期无法偿还借款，丁公司应如何行使其担保权？丁公司若起诉，当事人的诉讼地位应如何确定？

4. 乙公司到期没有及时履行还款义务，戊公司可向谁主张权利？为什么？如郑某为保住自己的房屋不被拍卖，主动代替乙公司向戊公司支付相当于其抵押房产价值的 1500 万元后，其向吴某可以主张什么权利？为什么？

5. 乙公司将丙公司的 2 台铲车出卖后，由于铲车存在产品质量问题和设计缺陷致工人受伤，买受人孙某应该向谁主张责任？为什么？

6. 乙公司出售房屋是否构成对张某和李某的违约？为什么？张某、李某若主张撤销乙公司的房屋买卖合同，这一主张能否成立？为什么？张某、李某起诉要求乙公司交付 40% 的房产，由哪个（些）法院管辖？为什么？

7. 乙公司的债权人是否有权直接主张撤销乙公司向"青少年成长基金会"捐款？为什么？乙公司能否任意撤销对"青少年成长基金会"的捐款？为什么？

8. 房屋购买人王某对房屋面积、结构设计等与宣传内容不符事宜，可以主张何种权利？能否要求乙公司承担《消费者权益保护法》规定的 3 倍赔偿责任？为什么？

9. 如王某在诉讼中申请对房屋质量进行鉴定，鉴定应如何进行？如乙公司对该鉴定意见有异议，法院应如何对待？如乙公司就鉴定意见质证，申请专家辅助人出庭，法院应如何处理？

10. 乙公司开始重整程序后，张某和李某是否享有对 40% 房产的取回权？为什么？

二、答案精讲

1. 甲公司的债权人能否直接请求张某和李某承担连带责任？为什么？

答案：可以。因为张某、李某直接将公司财产作为自己的财产加以处分，构成"基于财产混同的人格混同"，即滥用法人的独立地位和股东有限责任损害债权人利益，依据《民法典》第 83 条第 2 款与《公司法》第 23 条，甲公司的债权人可以直接请求张某和李某承担连带责任。

难度：中

考点：法人人格否认；连带责任

命题与解题思路

本问考点是对 2019 年回忆题的重复，将公司主体制度与民事责任制度融合起来设问，有一定的综合性和迷惑性。允许考生从民法原理和公司制度两个视角入手解题。解题时要先把握命题意图，然后运用基本原理，快速寻找法条，正确解题。

答案解析：

本案中，甲公司的两个自然人股东张某和李某将甲公司的 W 地块土地使用权擅自以自己的名义投资乙公司，并且房产收益（即 40% 投资回报）直接归属于自己（而非甲公司），构成"公司法人的股东滥用法人的独立地位和股东有限责任机制"。对此，《民法典》总则编和《公司法》均有相关规定。《民法典》第 83 条第 2 款规定，营利法人的出资人不得滥用法人独立地位和出资人有限责任损害法人债权人的利益；滥用法人独立地位和出资人有限责任，逃避债务，严重损害法人债权人的利益的，应当对法人债务承担连带责任。《公司法》第23条第1款规定，公司股东滥用公司法人独立地位和股东有限责任，逃避债务，严重损害公司债权人利益的，应当对公司债务承担连带责任。此即"法人人格否认制度"。本题是否适用"法人人格否认制度"，分析的核心在于甲公司的股东张某和李某是否存在滥用公司法人地位和股东有限责任的情形。对此，《全国法院民商事审判工作会议纪要》（以下简称《九民纪要》）第10条给出了具体的解释，该条规定，<u>认定公司人格与股东人格是否存在混同，最根本的判断标准是公司是否具有独立意思和独立财产，最主要的表现是公司的财产和股东的财产是否混同且无法区分</u>。在本案中，将公司的土地使用权用以投资是张某、李某的个人主张，并没有通过股东会决议等形式形成公司意思；同时，张某、李某又是以个人名义处分公司土地使用权，且收益归张某、李某个人所有，因此，公司的财产与股东的个人财产发生了混同。

综上，张某、李某作为甲公司的股东，非法实施了"基于财产混同的人格混同"，滥用了公司法人人格和股东有限责任，因此，构成"法人人格否认"的情形，应当对公司的债权人承担连带责任。

2. 丁公司对2台铲车的浮动抵押权能否对抗买受人孙某？为什么？

答案： 可以。因为依据现行法，乙公司作为主营房地产开发业务的公司，其转让2台铲车给孙某的行为不是其正常的经营活动，因此孙某并非正常经营活动中的买受人，不适用正常经营活动买受人规则，根据抵押财产转让的一般规则，铲车的抵押权仍可对抗买受人孙某。

难度： 难
考点： 动产抵押

> **命题与解题思路**
>
> 《民法典》中关于抵押财产的转让问题，涉及多个法律条文，其中第406条作为一般性规则，原则上允许抵押权存续期间抵押财产的自由转让，并承认抵押权的追及效力，但是，在动产抵押领域，还可能涉及《民法典》第403条与第404条这两个特别规则。本题设置的考点是《民法典》第404条关于动产抵押财产转让时正常经营买受人规则的判断与适用，考生解题时需要结合《民法典》第404条的立法原理和构成要件去判断孙某是否构成正常经营活动中的买受人。

答案解析：

丁公司将2台铲车卖给孙某的行为，属于在抵押权存续期间转让抵押财产的行为，不仅需要考虑如何适用《民法典》第406条关于抵押财产转让的一般规则，也需要考虑是否适用《民法典》第403条与第404条这两个涉及动产抵押的特别规则。《民法典》第403条针对的是动产抵押权设立但是未登记的情形，本题中2台铲车的动产浮动抵押权已经登记，显然不适用该条。需要重点考虑的是本题是否适用《民法典》第404条正常经营买受人规则。

《民法典》第404条规定："以动产抵押的，不得对抗正常经营活动中已经支付合理价款并取得抵押财产的买受人。"该条即所谓的正常经营买受人规则，该规定不仅适用于普通的动产抵押，也适用于动产浮动抵押。赋予正常经营活动中的买受人以优先地位，其立法目的在于保护正常经营活动中的买受人能确定地获得动产所有权，确保交易秩序和交易效率。要成为该条中的买受人，需满足以下几个要件：（1）动产的转让属于出让人的"正常经营活动"；（2）买受人已经支付合理价款；（3）买受人已经取得抵押财产。

本题并不满足第一个要件，因此孙某并非正常经营活动中的买受人。为了平衡动产抵押权人和动产买受人之间的利益，对买受人的保护不能漫无边际，出让人转让抵押财产必须是其"正常经营活动"，是其通常销售的动产。本题中，乙公司是主营房地产开发业务的公司，从事的主要经营活动是房地产买卖，买卖铲车并非乙公司从事的主要经营活动，因此，该要件并不满足，因此本题不能适用《民法典》第404条。

既然本题既不适用《民法典》第403条，也不适用《民法典》第404条，那么本题适用《民法典》关于抵押财产转让的一般规则，即第406条。依据《民法典》第406条第1款，抵押期间，抵押人可以转让抵押财产。当事人另有约定的，按照其约定。抵押财产转让的，抵押权不受影响。乙公司转让2台已经设立动产浮动抵押权的铲车，铲车上的动产浮动抵押权具有追及效力，仍然存续，因此，丁公司对2台铲车的浮动抵押权可以对抗买受人孙某。

综上，本题中乙公司出卖2台铲车的行为不属于其正常的经营活动，因此孙某并非《民法典》第404条意义上的买受人，该条并不适用。依据《民法典》第406条第1款，丁公司对2台铲车的浮动抵押权可以对抗买受人孙某。

3. 乙公司到期无法偿还借款，丁公司应如何行使其担保权？丁公司若起诉，当事人的诉讼地位应如何确定？

答案：

（1）丁公司应首先实现对乙公司提供的动产浮动抵押权，如果动产浮动抵押权无法满足乙公司的债权，对不足部分，乙公司可向钱某和周某主张连带保证责任。

（2）当事人确定的情形包括：①丁公司为原告，乙公司、钱某、周某为被告；②丁公司为原告，乙公司、钱某为被告；③丁公司为原告，乙公司、周某为被告；④丁公司为原告，钱某、周某为被告；⑤丁公司为原告，乙公司为被告；⑥丁公司为原告，钱某为被告；⑦丁公司为原告，周某为被告。

难度： 中

考点： 共同担保；原告和被告地位的确定

💡 命题与解题思路

第一问：共同担保是法考主观题的常客，涉及多个层次的问题，难度较大。第一问的设问方式具有开放性，在共同担保的情形下，债权人应如何行使担保权，可以按以下思路展开：（1）审查当事人对担保权行使的顺位与份额有没有特别的约定，如果有，就按照约定实现担保权，不过在这一环节需要秉持合同的相对性，未缔约的担保人不受约束；（2）若无约定则适用法律提供的规则，审查有没有债务人提供的物保，<u>有债务人提供的物保时，先实现债务人提供的物保，不论第三人是人保还是物保，都是先实现债务人的物保</u>；（3）在第三人的担保之间，债权人有权自由选择，但若涉及一般保证人，则其享有先诉抗辩权。在这一思路之下，第一问即可得解。注意本题并不要求回答理由。

第二问：当事人诉讼地位的确定也是民诉法主观题的常考内容，当事人的确定是民法与民诉存在天然衔接点的考点，无论是民诉法单独命题还是融合命题均为考查重点。当事人地位确定绝对不可忘掉对原告的列举，否则会因遗漏而失分。题干中"乙公司找来自然人钱某和周某提供连带保证担保"是解题关键信息，特别是"连带保证"这四个字直接决定了答题方向，一定要睁大眼睛看清楚。一个债务人和两个连带保证人，根据"排列组合"规则自然可以出现七种不同情形。客观而言，本题虽然繁杂，但并不疑难，法律问题只涉及对连带责任内涵的理解，只要排列组合学得好，应该不会丢分。

答案解析：

第一问：本题中，乙公司对丁公司的债务存在三个担保：（1）乙公司提供的动产浮动抵押权；（2）钱某提供的连带保证；（3）周某提供的连带保证。由此形成共同担保，且钱某与周某之间还构成连带共同保证。对于丁公司应如何行使其担保权，《民法典》第392条规定："被担保的债权既有物的担保又有人的担保的，债务人不履行到期债务或者发生当事人约定的实现担保物权的情形，债权人应当按照约定实现债权；没有约定或者约定不明确，债务人自己提供物的担保的，债权人应当先就该物的担保实现债权；第三人提供物的担保的，债权人可以就物的担保实现债权，也可以请求保证人承担保证责任。提供担保的第三人承担担保责任后，有权向债务人追偿。"对该条可以按照上文提供的思路分析：第一步看是否存在当事人之间的特别约定，本题中没有。第二步看是否存在债务人提供的物保。本题中有债务人乙公司提供的动产浮动抵押权，因此应先实现乙公司提供的动产浮动抵押权。第三步，若乙公司的动产浮动抵押权实现后不足以清偿债权，对不足部分乙公司可向钱某和周某主张连带保证责任。

第二问：《民法典》第688条规定，当事人在保证合同中约定保证人和债务人对债务承担连带责任的，为连带责任保证。连带责任保证的债务人不履行到期债务或者发生当事人约定的情形时，债权人可以请求债务人履行债务，也可以请求保证人在其保证范围内承担保证责任。又根据《民诉解释》第66条规定，因保证合同纠纷提起的诉讼，债权人向保证人和被保证人一并主张权利的，人民法院应当将保证人和被保证人列为共同被告。据此，债权人丁公司可以请求债务人乙公司履行债务，也可以分别或者一并请求钱某和周某两位保证人承担保证责任，还可以向债务人乙公司以及一并或分别向连带保证人钱某和周某主张权利。根据上述分析，原告均为丁公司，被告则可根据不同组合分为七种不同情形：（1）乙公司、钱某和周某；（2）乙公司和钱某；（3）乙公司和周某；（4）钱某和周某；（5）乙公司；（6）钱某；（7）周某。

4. 乙公司到期没有及时履行还款义务，戊公司可向谁主张权利？为什么？如郑某为保住自己的房屋不被拍卖，主动代替乙公司向戊公司支付相当于其抵押房产价值的1500万元后，其向吴某可以主张什么权利？为什么？

答案：

（1）戊公司可以要求乙公司履行还款义务并承担违约责任。对于该债务，乙公司应先通过实现专利权质权来清偿，未清偿部分可以要求吴某或郑某承担担保责任。理由：乙公司到期没有及时履行还款义务，属于迟延履行，需承担违约责任。对于该债务，戊公司应先实现债务人乙公司提供的专利权质权，未清偿部分可以要求保证人吴某与抵押人郑某承担担保责任。

（2）郑某不得向吴某追偿。因为依据现行法，担保人之间原则上不得互相追偿，只有法定例外情形可以追偿，而本题中郑某与吴某并不属于法定可以互相追偿的情形。

难度：难

考点：违约责任；共同担保

> **命题与解题思路**
>
> 本题共有两问。在第一问中，以"戊公司可向谁主张权利"这样开放的方式提问，需要全面分析当事人的法律关系和相关法律事实进行全面作答，避免"漏点"。此外，此问中设置了一个可能会困扰考生的迷惑事项——信托关系。事实上，本问与信托并无关系，需要避免受其影响。对第一问的作答，首先要分析戊公司与乙公司二者之间的基础法律关系，二者之间存在融资关系，且乙公司到期没有及时履行还款义务，需要考虑是否违约以及违约责任的承担问题。在此基础上需要重点考虑债权人戊实现担保权的顺序，对此可按照第三题的思路进行分析。
>
> 第二问的考查意图较为明显，由于吴某和郑某是共同担保人的法律地位，因此，本问想要考查的知识点是混合担保中担保人内部追偿权的问题。考生解题时需要熟悉《民法典担保制度解释》第13条，该条原则上否认了担保人之间的追偿权，只有三种法定的例外情形。

答案解析：

第一问：此问采取了开放式的提问方式，与上一题存在一定的区别，需要全面分析当事人之间的法律关系，并在此基础上作答。首先应分析当事人戊公司和乙公司之间的法律关系。题目中交代，乙公司与戊公司之间签订了信托合同，部分考生可能会被这一法律事实迷惑，事实上，信托关系与本问关系不大，可以直接将乙公司与戊公司之间的法律关系看作借贷关系，乙公司需要按照合同约定的期限承担还款义务。题目中交代乙公司到期没有及时履行还款义务，这一信息意味着乙公司已经发生了迟延履行这一违约行为，因此，戊公司可以依据信托合同本身和《民法典》合同编的相关规定要求乙公司清偿到期债务，并要求乙公司承担相应的迟延违约责任。这是乙公司与戊公司之间的基础债权债务关系。对于该债务，存在乙公司提供的物保（专利权质押）和第三人提供的担保（吴某提供的保证和郑某提供的抵押）并存的共同担保情形，需要考虑债权人戊公司如何行使担保权。对此，结合《民法典》第392条以及第三题的思路分析如下：第一步看是否存在当事人之间的特别约定，本题中没有；第二步看是否存在债务人提供的物保，本题中有债务人乙公司提供的专利权质权，因此应先实现乙公司提供的专利权质权；第三步，若乙公司的专利权质权实现后不足以清偿债权，对不足部分，戊公司可要求吴某或郑某承担担保责任。

第二问：涉及担保人之间的内部追偿问题。学理上对该问题争议很大，至今仍未达成共识，《民法典担保制度解释》第13条对该问题作出了明确的规定："同一债务有两个以上第三人提供担保，担保人之间约定相互追偿及分担份额，承担了担保责任的担保人请求其他担保人按照约定分担份额的，人民法院应予支持；担保人之间约定承担连带共同担保，或者约定相互追偿但是未约定分担份额的，各担保人按照比例分担向债务人不能追偿的部分。同一债务有两个以上第三人提供担保，担保人之间未对相互追偿作出约定且未约定承担连带共同担保，但是各担保人在同一份合同书上签字、盖章或者按指印，承担了担保责任的担保人请求其他担保人按照比例分担向债务人不能追偿部分的，人民法院应予支持。除前两款规定的情形外，承担了担保责任的担保人请求其他担保人分担向债务人不能追偿部分的，人民法院不予支持。"据此，现行法原则上否认担保人之间的内部追偿权，除非存在三种例外情形：（1）担保人之间约定相互追偿；（2）担保人之间约定承担连带共同担保；（3）各担保人在同一份合同书上签字、盖章或者按指印。本题中，郑某与吴某互相不知对方的存在，并不属于这三种法定情形的任何一种，因此郑某不得向吴某追偿。

5. 乙公司将丙公司的 2 台铲车出卖后，由于铲车存在产品质量问题和设计缺陷致工人受伤，买受人孙某应该向谁主张责任？为什么？

答案：

（1）从违约的角度，孙某可以向乙公司主张违约责任。因为乙公司与孙某之间存在有效的铲车买卖合同，乙公司交付的铲车存在质量瑕疵，不符合合同约定，并造成工人受伤，需要承担违约责任。

（2）从侵权的角度，买受人孙某可以向铲车的生产者或销售者主张产品责任。因为铲车存在缺陷，并因缺陷导致工人受伤，依据现行法，铲车的生产者与销售者都需要承担产品责任。

上述救济可由孙某择一行使。

难度：中

考点：违约责任；产品责任

> **命题与解题思路**
>
> 本题的提问方式带有开放性，结合铲车存在质量缺陷的事实，考生在解题时需要全面地考查合同与侵权两条路径。只要考虑完整周全，本题难度不大。

答案解析：

买卖的产品有质量缺陷是典型的违约与侵权竞合的领域。因此需要分别就违约与侵权两个方面进行分析。

从合同的角度看，乙公司与丙公司之间存在有效的铲车买卖合同。《民法典》第 617 条规定："出卖人交付的标的物不符合质量要求的，买受人可以依据本法第五百八十二条至第五百八十四条的规定请求承担违约责任。"据此，铲车存在产品质量问题和设计缺陷，不符合合同约定，并导致工人受伤，乙公司作为出卖人需要承担违约责任。

从侵权的角度看，《民法典》第 1203 条第 1 款规定："因产品存在缺陷造成他人损害的，被侵权人可以向产品的生产者请求赔偿，也可以向产品的销售者请求赔偿。"据此，铲车存在产品质量问题和设计缺陷致工人受伤，买受人孙某有权请求铲车的生产者承担产品责任，也可以请求铲车的销售者承担产品责任。

上述救济方式由孙某自由选择行使。

6. 乙公司出售房屋是否构成对张某和李某的违约？为什么？张某、李某若主张撤销乙公司的房屋买卖合同，这一主张能否成立？为什么？张某、李某起诉要求乙公司交付 40% 的房产，由哪个（些）法院管辖？为什么？

答案：

（1）不构成违约。因为乙公司仅出售了 15% 的房屋，剩余房屋足够履行向张某、李某交付40%房产的合同义务。此外，出售房屋也是为了保障偿还融资的需要。

（2）不能成立。因为乙公司出售房屋并未影响张某、李某40%的房产或股权利益的实现，债权人撤销权的构成要件并不成立。

（3）本案应由乙公司所在地的东下市西河区法院管辖。因为本案为合作开发房产合同，不属于适用专属管辖的合同，应适用协议管辖确定管辖法院，即由双方约定的被告乙公司所在地的东下市西河区法院管辖。

难度：中

考点：违约责任；债权人撤销权；协议管辖

> 💡 **命题与解题思路**
>
> 本题也是一道容易得分的题。第一问需要考生分析乙公司出售房屋的行为是否会影响其对张某和李某债务的履行。第二问债权人撤销权展开，难度也不大，考生只需要抓住其中"影响债权人的债权实现"这一要件进行分析即可轻松得出正确答案。第三问考查的管辖制度向来是民诉法主观题的命题重点，本题的命题陷阱在于案件涉及房产，同时又有管辖协议，借此诱导考生在协议管辖与专属管辖之间犹豫不决。解答管辖类试题的关键在于明确案件性质，再结合法律的相关规定作出判断。根据案情表述，<u>本案属于合作开发房产合同纠纷，不属于四类应适用专属管辖的合同纠纷</u>。既然不属于专属管辖，那自然应当按照双方的管辖协议来确定管辖法院。解答本题的关键在于准确判断案件性质，考生若将其误判为不动产确权纠纷、不动产分割纠纷，必然会答错。题外话：本题不无疑问，本案的标的额大概率会超过基层法院的受案限额，本不应由基层法院管辖。<u>但民事诉讼考查管辖，一般不涉及级别管辖（要依案件标的额判断），从地域管辖角度思考作答即可</u>。

答案解析：

（1）乙公司与张某、李某的合同是合作协议，约定乙公司作为项目运营的商事载体，可自主决定融资和销售，但要确保张某、李某获得40%房产。乙公司正常销售开发出来的房产，且仅销售了15%的房屋，并不会影响乙公司履行与张某、李某的合同，因此乙公司的行为并不构成违约行为。

（2）买卖合同的撤销权存在两个可能性，一是基于意思表示瑕疵的撤销，二是基于债权保全制度中的债权人撤销权。本题买卖合同即使存在欺诈、胁迫、虚假、重大误解等情形，合作方张某、李某也不能据此撤销乙公司与第三人的买卖合同，因此不能基于意思表示的瑕疵而撤销。另外，乙公司陆续对外销售了大概15%的房屋，并不影响张某、李某二人40%的房产或股权利益的实现，反而因销售状况良好，会增强张某、李某利益的实现。因此，依据《民法典》第539条，如果张某、李某以保全债权为目的请求撤销乙公司的房屋买卖，也不能成立。

（3）本案的诉讼请求是要求乙公司交付40%的房产，其依据来自双方签订的合作开发房地产协议，因此本案的性质应为合作开发房产合同纠纷。根据《民诉解释》第28条第2款的规定，农村土地承包经营合同纠纷、房屋租赁合同纠纷、建设工程施工合同纠纷、政策性房屋买卖合同纠纷，按照不动产纠纷确定管辖。据此，只有上述四类合同纠纷可适用专属管辖，合作开发房产合同纠纷不能适用专属管辖制度。对于合同纠纷，若不适用专属管辖，则应考虑是否能适用协议管辖。本案素材明确交代"如因合同履行发生诉讼，应由被告所在地法院管辖"，这属于双方对合同纠纷的管辖法院约定，该约定有效，因此本案应由被告乙公司所在地的东下市西河区法院管辖。

> **7.** 乙公司的债权人是否有权直接主张撤销乙公司向"青少年成长基金会"捐款？为什么？乙公司能否任意撤销对"青少年成长基金会"的捐款？为什么？

答案：

（1）无权主张撤销。因为楼盘建成后，乙仅出售了15%的房产，剩余85%的房产均作为乙对外负债的责任财产，并且题目中提及的乙的债权人，其债权都有相应的担保，乙公司向"青少年成长基金会"捐款1000万元，并不会影响乙公司债权人债权的实现，债权人撤销权的构成要件并不满足。

（2）不能任意撤销。因为乙公司的捐款行为属于具有公益性质的赠与合同，而依据现行法，公益性质的赠与是不得任意撤销的，因此赠与人乙公司不能任意撤销向"青少年成长基金会"的捐款行为。

难度： 中

考点： 债权人撤销权；赠与合同

> **命题与解题思路**
>
> 本题较为巧妙地将债权人撤销权与赠与合同中赠与人的任意撤销权融合在一起考查。本题共有两问，且均以撤销作为关键词，考生在审题时需要结合两问中撤销人的身份识别其具体涉及的考点。据此不难识别出第一小问涉及的是债权人撤销权，而第二小问涉及的是赠与合同的任意撤销权。在分析第一小问时，考生应重点关注债权人撤销权的构成要件是否满足，如果不满足的话需要具体地说明其中部分要件不满足，本题中涉及的是影响债权实现这一要件不满足。对于第二小问，考生应重点分析本题中是否存在不得任意撤销的例外情形。

答案解析：

第一问：此问考查的是债权人的撤销权。债权人撤销权是债权保全制度中的重要内容，《民法典》区分了债务人财产处分的无偿与有偿，规定了不同的构成要件，分别规定于第538条与第539条。本题中，乙公司向"青少年成长基金会"捐款1000万元属于典型的无偿处分财产行为，债权人是否能撤销该赠与行为，需要看是否符合《民法典》第538条的构成要件。《民法典》第538条规定："债务人以放弃其债权、放弃债权担保、无偿转让财产等方式无偿处分财产权益，或者恶意延长其到期债权的履行期限，影响债权人的债权实现的，债权人可以请求人民法院撤销债务人的行为。"依据该条，债权人撤销权的构成要件之一是"影响债权人的债权实现"。本题中，乙公司仅出卖了15%的房产，剩余85%的房产作为其对外负债的一般责任财产，并且题目中出现的乙公司的债权人，其债权大多有相应的担保手段，相比之下，乙公司向"青少年成长基金会"捐款1000万元并不会"影响债权人的债权实现"，因此，乙公司的债权人不能撤销乙公司向"青少年成长基金会"的捐款行为。

第二问：此问考查的是赠与合同中的赠与人任意撤销权。赠与合同作为一种典型的无偿合同，赠与人在赠与财产的权利移转之前享有任意撤销权。《民法典》第658条第1款规定："赠与人在赠与财产的权利转移之前可以撤销赠与。"该款明确承认了赠与人的任意撤销权。

但是，赠与人的任意撤销权是有例外的。在例外情形下，赠与人是不享有任意撤销权的。对此，《民法典》第 658 条第 2 款规定："经过公证的赠与合同或者依法不得撤销的具有救灾、扶贫、助残等公益、道德义务性质的赠与合同，不适用前款规定。"依据该款，有两类赠与合同是不能任意撤销的：一类是经过公证的赠与合同，另一类是依法不得撤销的具有救灾、扶贫、助残等公益、道德义务性质的赠与合同。本题中，乙公司向"青少年成长基金会"捐款 1000 万元属于公司履行社会责任的行为，具有公益性质，属于不能任意撤销的赠与合同。因此乙公司不能任意撤销对"青少年成长基金会"的捐款。

8. 房屋购买人王某对房屋面积、结构设计等与宣传内容不符事宜，可以主张何种权利？能否要求乙公司承担《消费者权益保护法》规定的 3 倍赔偿责任？为什么？

答案：

（1）王某可以主张房屋面积、结构设计等方面的宣传内容属于房屋买卖合同的内容，并可以基于商品房买卖合同向乙公司主张违约责任。

（2）不能。理由：商品房并非《消费者权益保护法》所调整的商品，且现行法对于商品房买卖合同已经通过单独司法解释进行调整，其并不适用《消费者权益保护法》中 3 倍惩罚性赔偿的规定。

难度：中

考点：商品房买卖合同；惩罚性赔偿

> **命题与解题思路**
>
> 本题共有两问，围绕商品房买卖合同展开，总体上难度适中。第一问考查的知识点是商品房买卖合同的特殊订立规则，需要考生结合《最高人民法院关于审理商品房买卖合同纠纷案件适用法律若干问题的解释》（以下简称《商品房买卖合同解释》）第 3 条作答。在思路上首先判断乙公司面积、结构设计等方面的宣传内容是否构成房屋买卖合同的内容，在此基础上判断乙公司是否违约；第二问涉及《消费者权益保护法》中的 3 倍惩罚性赔偿是否适用于商品房买卖合同，考生需要从商品房的特殊性切入，特别是说明其与《消费者权益保护法》调整的商品的区别。

答案解析：

第一问：房地产开发商在宣传资料中进行夸大宣传与承诺，是房地产交易实践中的常见现象。为了维护购房人的合法权益，《商品房买卖合同解释》第 3 条针对商品房买卖合同规定了特别的合同订立规则。该条规定："商品房的销售广告和宣传资料为要约邀请，但是出卖人就商品房开发规划范围内的房屋及相关设施所作的说明和允诺具体确定，并对商品房买卖合同的订立以及房屋价格的确定有重大影响的，构成要约。该说明和允诺即使未载入商品房买卖合同，亦应当为合同内容，当事人违反的，应当承担违约责任。"依据该条，房屋面积、结构设计等方面的宣传内容，即使没有载入商品房买卖合同，亦应当视为合同内容。据此，乙公司所交付的商品房在房屋面积、结构设计等方面与宣传内容不符，属于对商品房买卖合同的违约行为，王某有权依据《民法典》第 577 条主张违约责任。

第二问：此问考查的是商品房买卖合同中出卖人欺诈行为能否适用《消费者权益保护法》中的 3 倍惩罚性赔偿。《消费者权益保护法》第 55 条第 1 款规定："经营者提供商品或者服务有欺诈行为的，应当按照消费者的要求增加赔偿其受到的损失，增加赔偿的金额为消费者购买商品的价款或者接受服务的费用的三倍；增加赔偿的金额不足五百元的，为五百元。法律另有规定的，依照其规定。"该条规定了所谓的3倍惩罚性赔偿。《消费者权益保护法》第2条规定："消费者为生活消费需要购买、使用商品或者接受服务，其权益受本法保护；本法未作规定的，受其他有关法律、法规保护。"结合《消费者权益保护法》的调整对象来看，商品房作为一种特殊的商品，与消费者为生活消费需要购买、使用的商品有所不同，且最高人民法院已经为其单独颁行《商品房买卖合同解释》进行单独调整，其并不适用《消费者权益保护法》的相关规定，因此王某不能要求乙公司承担《消费者权益保护法》规定的3倍赔偿责任。

9. 如王某在诉讼中申请对房屋质量进行鉴定，鉴定应如何进行？如乙公司对该鉴定意见有异议，法院应如何对待？如乙公司就鉴定意见质证，申请专家辅助人出庭，法院应如何处理？

答案：
（1）①王某应在法院指定的期限内申请鉴定，并预交鉴定费用；②法院准许王某申请，应当由王某与乙公司协商确定鉴定人，若协商不成，则由法院指定；③确定鉴定人之后，法院应当出具鉴定委托书，载明鉴定事项等内容；④鉴定人在鉴定开始之前应签署鉴定承诺书；⑤法院应组织乙公司与王某对鉴定材料进行质证；⑥鉴定人应在期限内完成鉴定并提交鉴定书。

（2）①乙公司提出异议后，法院应当要求鉴定人作出解释、说明或者补充；②乙公司对鉴定人的答复仍有异议，法院通知乙公司预交鉴定人出庭费用，并通知鉴定人出庭；③乙公司不预交鉴定人出庭费用，视为放弃异议。

（3）①法院应对乙公司提交的申请书进行审查；②法院准许专家辅助人出庭，专家辅助人只能参与对鉴定意见质证或者专业问题发表意见，审判人员、乙公司与王某可以对专家辅助人进行询问；③专家辅助人的意见视为乙公司的意见。

难度： 易
考点： 鉴定意见；当事人陈述

> 💡 **命题与解题思路**
>
> 2019年《民事证据规定》修正对鉴定意见制度作出较大调整，本题前两问即围绕《民事证据规定》有关鉴定意见的条文规定展开。本题连环三问的设计看似吓人，但在提供电子法条的背景下实则属于送分题。本题设问和题干素材基本无关，跳过案情直接翻阅司法解释作答即可得分。从命题技术分析，鉴定意见更大概率会在客观题中考查，本题却反其道而行之，在主观题中出现确实出乎意料，对考生而言，这种意外越多越好。唯一的答题障碍在于半开放式设问形式，问题指向并不十分明确，需要考生自行根据司法解释规定总结答案，不要遗漏采分点。具言之，鉴定如何进行可遵循"何时提、向谁提、如何提、程序要求"的思路形成答案；对鉴定意见有异议，应注意《民事证据规定》新增先行作出解释说明的规定；专家辅助人出庭可围绕"如何出庭、来做什么、法律性质"等要点总结答案。注意答题时不能简单罗列法条内容，应结合案例素材（主要是双方当事人身份信息）进行归纳总结。

答案解析：

第一问：

针对何时提出鉴定申请：《民事证据规定》第31条第1款规定，当事人申请鉴定，应当在人民法院指定期间内提出，并预交鉴定费用。

关于向谁提出鉴定申请：《民事证据规定》第32条第1款规定，人民法院准许鉴定申请的，应当组织双方当事人协商确定具备相应资格的鉴定人。当事人协商不成的，由人民法院指定。

关于如何提出鉴定：《民事证据规定》第32条第3款规定，人民法院在确定鉴定人后应当出具委托书，委托书中应当载明鉴定事项、鉴定范围、鉴定目的和鉴定期限。

关于鉴定程序要求：《民事证据规定》第33条第1款规定，鉴定开始之前，人民法院应当要求鉴定人签署承诺书。《民事证据规定》第34条第1款规定，人民法院应当组织当事人对鉴定材料进行质证。未经质证的材料，不得作为鉴定的根据。《民事证据规定》第35条第1款规定，鉴定人应当在人民法院确定的期限内完成鉴定，并提交鉴定书。据此，可以从签署承诺书、对鉴材质证、按期完成质证等角度作答。

第二问：《民事证据规定》第37条第3款规定，对于当事人的异议，人民法院应当要求鉴定人作出解释、说明或者补充。人民法院认为有必要的，可以要求鉴定人对当事人未提出异议的内容进行解释、说明或者补充。《民事证据规定》第38条第1款规定，当事人在收到鉴定人的书面答复后仍有异议的，人民法院应当根据《诉讼费用交纳办法》第11条的规定，通知有异议的当事人预交鉴定人出庭费用，并通知鉴定人出庭。有异议的当事人不预交鉴定人出庭费用的，视为放弃异议。据此，乙公司若对鉴定意见有异议，法院应首先让鉴定人作出解释说明；乙公司仍有异议，再让其预交鉴定人出庭费用后通知鉴定人出庭；拒绝交费，视为放弃异议。

第三问：

关于专家辅助人如何出庭：《民事证据规定》第83条规定，当事人依照《民事诉讼法》第82条和《民诉解释》第122条的规定，申请有专门知识的人出庭的，申请书中应当载明有专门知识的人的基本情况和申请的目的。据此，乙公司申请专家辅助人出庭应向法院提交申请书，由法院审查后决定是否准许。

关于专家辅助人出庭做什么：《民事证据规定》第84条规定，审判人员可以对有专门知识的人进行询问。经法庭准许，当事人可以对有专门知识的人进行询问，当事人各自申请的有专门知识的人可以就案件中的有关问题进行对质。有专门知识的人不得参与对鉴定意见质证或者就专业问题发表意见之外的法庭审理活动。据此，专家辅助人只能对鉴定意见予以质证或对专业问题发表意见，可以接受审判人员和双方当事人的询问。

关于专家辅助人的法律性质：《民诉解释》第122条第2款规定，具有专门知识的人在法庭上就专业问题提出的意见，视为当事人的陈述。据此，专家辅助人的意见视为乙公司的意见。

10. 乙公司开始重整程序后，张某和李某是否享有对40%房产的取回权？为什么？

答案： 张某、李某不享有取回权。因为：（1）在重整期间，债务人合法占有的他人的财产，该财产权利人要求取回的，应当符合事先约定的条件；（2）该40%的房产为乙公司原始取得，通过案件事实并未显示乙公司向张某、李某交付房产并变更权属，因此该房产属于债务人财产。

难度：难

考点：重整期间；债务人财产

> **命题与解题思路**
>
> 本题从题干的第一层题设来看，考查的是重整期间的取回权，但是本题精妙之处在于，对此，考生还需要进一步分析出第二层题设，即行使取回权时对债务人非法、合法占有的属于权利人的财产要求归还的权利，因此，考生还需要进一步判断张某、李某对40%的房产是否具有取回权。这就进一步进入了第三层题设，40%的房产是张某、李某对乙公司进行投资的"回报"，这涉及乙公司的公司利润分配或投资协议执行的问题。一道小题，设计了三个层层深入的设问，也就是挖了三个"坑坑相套"的大坑。这反映了法考主观题对考生综合运用法律知识能力的重视。望考生在备考期间，也以此为借鉴，多训练自己的法律思维和灵活运用能力。

答案解析：

首先，在重整期间的取回权存在限制。按照《企业破产法》第76条的规定，债务人合法占有的他人财产，该财产的权利人在重整期间要求取回的，应当符合事先约定的条件。即，<u>重整期间，取回权人无法再突破原约定，行使破产法上的一般取回权了</u>。

其次，考生的分析并不能止步于第一步，因为还需要判断张某、李某对40%的房产是否能够行使取回权。对此，《企业破产法》第38条规定，人民法院受理破产申请后，债务人占有的不属于债务人的财产，该财产的权利人可以通过管理人取回。但是，本法另有规定的除外。<u>因此，取回权的主体是被债务人占有的不属于债务人财产的权利人，取回权的对象是被债务人占有的财产</u>。

最后，沿着这一思路，我们就需要进一步分析，40%的房产是债务人财产还是被债务人占有的张某、李某的财产。题干中关于40%的房产，出现在张某、李某与债务人乙公司的投资约定中，按照这一约定：张某、李某以土地使用权作为出资，乙公司保证张某、李某的收益是建成后的40%的房产。根据民法，我们知道乙公司作为房地产开发公司，因为建设而原始取得其建筑房屋的所有权，所以房产在建设完成后，所有权属于乙公司，属于债务人的财产。这样问题也因此转化为：张某、李某以何名义何时从乙公司获得作为回报的40%的房产？

对于这一问题有两种不同的分析思路，但是结果相似：

（1）40%的房产是公司对张某、李某的利益分配，属于实物分配。资产从乙公司流给股东的一种形式就是利润分配。从张某、李某拿土地使用权作为出资，并且登记为公司股东的形式来看，张某、李某属于公司的股东。但是，公司的利润分配需要符合《公司法》的规定。《最高人民法院关于适用〈中华人民共和国公司法〉若干问题的规定（四）》[以下简称《公司法司法解释（四）》]第15条规定，股东未提交载明具体分配方案的股东会或者股东大会决议，请求公司分配利润的，人民法院应当驳回其诉讼请求，但违反法律规定滥用股东权利导致公司不分配利润，给其他股东造成损失的除外。在题干中，并没有事实显示，公司作出了载明将40%的房产作为利润分配给股东的决议，且在公司存在资不抵债的前提下，也不符合利润分配的要求。因此，40%的房产的所有权人依然是乙公司。

（2）40%的房产是张某、李某与乙公司投资协议中所约定的张某、李某向乙公司转让土地使用权的对价。这种分析思路的核心在于分析投资协议的实质。从该投资的约定来看，包括两层意思：第一，关于出资与出资回报。即张某、李某以土地使用权作为出资，而乙公司承诺其将获得40%的房产作为回报。这种固定收益的投资协议，在实践中，往往被认为"名股债权"，并非股权投资。第二，为担保该投资回报债权，乙公司的股东明达公司让与40%的股权，作为让与担保，在张某、李某获得回报后则无偿回转明达公司。（当然，构成让与担保的前提是乙公司未因该次出资增资，如果乙公司增资，则构成张某、李某与明达公司股权无偿回购的约定，其依然是为了担保张某、李某能够获得出资回报债权。）这种分析模式，虽然看似复杂，实际上，需要考生分析的内容却比较简单：获得该40%的房产的回报仅是张某、李某拥有的债权，在乙公司未履行该投资协议将房产交付张某、李某并变更权属前，乙公司依然是40%房产的所有人。

综合以上，不管是利润分配，还是投资回报债权，在乙公司交付房产并变更权属前，该房产不属于张某、李某所有，因此张某、李某无权要求取回。

2019年"回忆版"金题

一、试题（本题53分）

案情：

甲公司主业为轮胎生产制造，为扩大生产规模，向乙公司借款8000万元。在还款期限到来之前，双方签订"以物抵债协议"，约定将甲公司的一幢办公楼过户给乙公司，以抵偿该笔借款本息，但协议签订后双方并未办理过户登记。

甲公司的债权人丙公司获悉前述"以物抵债"协议后认为，甲公司的办公楼市价1.2亿元，用来抵债，价格过低，遂提起诉讼，要求撤销该协议。诉讼中，乙公司认为，甲公司还有其他大量财产可偿还丙公司债务，丙公司主张撤销的理由不成立。

其后，甲公司又向丁公司借款，这时甲公司可动用的实物财产几乎已全用于抵押或出质担保。无奈，甲公司大股东A在未与妻子商量的情况下，向丁公司提供了保证担保。

丁公司认为，这种保证尚无法保障甲公司履行义务，于是甲公司又将一张以自己为收款人的汇票出质，背书"出质"字样后，交付给丁公司。但出票人在汇票上记载有"不得转让"的字样。

为获得更多融资，甲公司与戊公司签订合同，将闲置的生产车间出租给戊公司。在该租赁合同订立时，甲公司车间尚有部分原材料、半成品没有清点，结果戊公司在租赁期间使用了这些原材料和半成品。

现甲公司的另一债权人罗马轮胎公司因甲公司不能偿还到期债务，对其提起债务清偿诉讼。罗马轮胎公司认为，因甲公司在与戊公司的租赁合同履行中，财产没有清点清楚，存在财产混同，遂在诉讼中主张甲公司与戊公司存在"人格混同"，并要求戊公司与甲公司承担连带清偿责任。在前述案件审理过程中，法院根据罗马轮胎公司的请求依法对甲公司的财产进行保全。

其间，甲公司与买受人己公司订立一份轮胎买卖合同。己公司已经支付货款，但甲公司一直没有交付轮胎，遂起诉甲公司要求其履行轮胎的交付义务，并获得胜诉判决。己公司收到轮胎后认为该批轮胎质量大不如前，于是又向法院起诉甲公司，提出解除合同、返还货款并赔偿损失的诉讼请求。

此外，为了资金周转，甲公司利用其控股地位，向其全资子公司多次无偿调取资金。当各子公司出现资金短缺时，甲公司就在其所有全资子公司之间统一调度资金使用，导致关联公司之间账目混乱不清。

甲公司全资子公司的债权人庚公司、辛公司，因到期债权不能获得清偿，向法院申请对甲公司及其所有全资子公司进行合并重整。

问题：

1. 在丙公司提起撤销"以物抵债协议"的诉讼中，各方当事人的诉讼地位如何？
2. 本案中"以物抵债协议"效力如何？为什么？
3. 债务人有大量财产可以清偿债务，是否构成对于撤销权行使的障碍？为什么？
4. 甲公司股东A在未与其妻商量的情况下，负担保证债务，该债务是否为夫妻共同债务？为什么？
5. 因汇票记载"不得转让"，甲公司对丁公司的出质是否有效？为什么？
6. 罗马轮胎公司关于甲公司与戊公司存在人格混同并要求其承担连带清偿责任的主张是否成立？为什么？
7. 己公司在获得生效判决后，又提起解除合同、返还货款并赔偿损失的诉讼，是否构成重复起诉？为什么？
8. 庚公司、辛公司是否可以请求甲公司及其所有全资子公司进行合并重整？为什么？
9. 假设甲公司及其全资子公司可以进行合并重整，则重整程序开始后，对于相关公司已经开始的民事诉讼程序有何影响？
10. 合并重整程序开始后，对于所有债权人的影响是什么？

二、答案精讲

> **1. 在丙公司提起撤销"以物抵债协议"的诉讼中，各方当事人的诉讼地位如何？**

答案：丙公司为原告，甲公司和乙公司为共同被告。

难度：易

考点：债权人撤销权诉讼中当事人的诉讼地位

> 💡 命题与解题思路
>
> 本题考查债权人撤销权诉讼中当事人的诉讼地位。解答本题的关键是在识别诉讼类型的基础上，结合司法解释相关规定对当事人的诉讼地位作出准确的判断。与此同时，解答本题时还需要注意完整作答。债权人撤销权诉讼中，涉及三方当事人——债权人、债务人与债务人的相对人，需要对三方当事人的诉讼地位作出判断，不可遗漏。

答案解析：

《民法典》第539条规定，债务人以明显不合理的低价转让财产、以明显不合理的高价受让他人财产或者为他人的债务提供担保，影响债权人的债权实现，债务人的相对人知道或者应当知道该情形的,债权人可以请求人民法院撤销债务人的行为。丙公司是基于甲公司以明显不合理的低价签订"以物抵债协议"而提起诉讼,结合《民法典》第 539 条的规定,丙公司提起撤销"以物抵债协议"的诉讼,属于债权人撤销权诉讼。《民法典合同编通则解释》第 44 条第 1 款规定,债权人依据《民法典》第 538 条、第 539 条的规定提起撤销权诉讼的,应当以债务人和债务人的相对人为共同被告,由债务人或者相对人的住所地人民法院管辖,但是依法应当适用专属管辖规定的除外。据此,债权人丙公司为原告,债务人甲公司以及相对人乙公司为共同被告。

2. 本案中"以物抵债协议"效力如何?为什么?

答案:"以物抵债协议"整体有效,但其中关于"约定将甲公司的一幢办公楼过户给乙公司,以抵偿该笔借款本息"的约定构成流担保条款,是无效的。因为依据现行法,本题中的"以物抵债协议"是履行期届满前达成的,具有担保性,但其中的流担保条款因违反流担保的禁止性规定而无效,但"以物抵债协议"合同整体仍是有效的。

难度:难

考点:以物抵债协议

> **命题与解题思路**
>
> 以物抵债协议是法考主观题考试中的重要考点与高难考点,本题围绕以物抵债协议展开。对于以物抵债协议,《民法典合同编通则解释》已经作出全面具体的规定,考生复习时须重点关注,按照新司法解释中的规定作答。解题时,考生首先需要区分该以物抵债协议是履行期满前的以物抵债协议还是履行期满后的以物抵债协议,前者具有担保性,后者具有清偿性。不难发现,本题涉及的是前者。对于履行期满前达成的以物抵债协议,考生在判断其效力时应重点关注其中是否存在流担保条款,如果存在,则这一条款无效,但不影响以物抵债协议整体的效力。

答案解析:

对于以物抵债协议,《民法典合同编通则解释》第 27 条与第 28 条区分了两种具体类型,即履行期届满后达成的以物抵债协议与履行期届满前达成的以物抵债协议。结合题干事实不难发现,本题中的"以物抵债协议"属于履行期届满前的以物抵债协议。对于此种情形,《民法典合同编通则解释》第 28 条第 2 款规定:"当事人约定债务人到期没有清偿债务,债权人可以对抵债财产拍卖、变卖、折价以实现债权的,人民法院应当认定该约定有效。当事人约定债务人到期没有清偿债务,抵债财产归债权人所有的,人民法院应当认定该约定无效,但是不影响其他部分的效力;债权人请求对抵债财产拍卖、变卖、折价以实现债权的,人民法院应予支持。"据此,"以物抵债协议"中约定:将甲公司的一幢办公楼过户给乙公司,以抵偿该笔借款本息,这一约定具有流担保条款的性质,这一条款因违反禁止流担保的强制性规定而无效,但并不影响"以物抵债协议"的整体效力。

另需指出,《九民纪要》也对以物抵债协议作出了规定,但考虑到《民法典合同编通则解释》已经对以物抵债协议作出了全面细致的规定,今后考生复习解题时应尽量以《民法典合同编通则解释》的规定为准,毕竟《九民纪要》不在法考考试大纲所列的规范文件中。

3. 债务人有大量财产可以清偿债务，是否构成对于撤销权行使的障碍？为什么？

答案：构成。因为债权人撤销权行使的前提条件之一就是"影响债权人的债权实现"，若债务人有大量财产可以清偿债务，则该要件就会无法满足，进而债权人撤销权也不得行使。

难度：易

考点：债权人撤销权

> 💡 **命题与解题思路**
>
> 本题基本上等于送分题，只对债权人撤销权的个别要件进行了简单考查。考生解题时需要注意，本题涉及的是债权人撤销权中"影响债权人的债权实现"这一要件，结合债权人撤销权的法理即可轻松判断。

答案解析：

不论是《民法典》第538条还是第539条，债权人撤销权有一个核心构成要件——影响债权人的债权实现，这一要件的作用在于论证行使撤销权的正当性与必要性，如果债务人有大量财产可以清偿债务，说明债务人责任财产充沛，债权没有保全之必要，换言之，此时无须行使债权人撤销权。

4. 甲公司股东A在未与其妻商量的情况下，负担保证债务，该债务是否为夫妻共同债务？为什么？

答案：不属于夫妻共同债务。因为依据现行法，夫妻共同债务包括三种：（1）夫妻双方共同签名或者夫妻一方事后追认等共同意思表示所负的债务；（2）夫妻一方在婚姻关系存续期间以个人名义为家庭日常生活需要所负的债务；（3）夫妻一方在婚姻关系存续期间以个人名义超出家庭日常生活需要所负的债务，但债权人能证明该债务用于夫妻共同生活、共同生产经营或者基于夫妻双方共同意思表示的债务。本题不属于前述任一情形，因此不属于夫妻共同债务。

难度：中

考点：夫妻共同债务

> 💡 **命题与解题思路**
>
> 本题是对夫妻共同债务这一知识点的直接考查。考生在解题时需要明确，《民法典》第1064条仅规定了三种夫妻共同债务，除此以外夫妻一方在婚姻关系存续期间所负的债务均为夫妻个人债务。因此，解题的重点在于分析题目所涉情形是否属于法定的夫妻共同债务的情形之一。在此思路之下，本题即可得解。

答案解析：

《民法典》第1064条规定："夫妻双方共同签名或者夫妻一方事后追认等共同意思表示所负的债务，以及夫妻一方在婚姻关系存续期间以个人名义为家庭日常生活需要所负的债务，属于夫妻共同债务。夫妻一方在婚姻关系存续期间以个人名义超出家庭日常生活需要所负的债务，不属于夫妻共同债务；但是，债权人能够证明该债务用于夫妻共同生活、共同生产经营或者基于夫妻双方共同意思表示的除外。"据此，现行法上夫妻共同债务包括以下三类：（1）夫妻双方共同签名或者夫妻一方事后追认等共同意思表示所负的债务；（2）夫妻一方在婚姻关系存续期间以个人名义为家庭日常生活需要所负的债务；（3）夫妻一方在婚姻关系存续期间以个人名义超出家庭日常生活需要所负的债务，但债权人能证明该债务用于夫妻共同生活、共同生产经营或者基于夫妻双方共同意思表示的债务。本题中，甲公司股东 A 在未与其妻商量的情况下，负担保证债务，不属于上述任何一种情形，属于 A 的个人债务，不属于夫妻共同债务。

5. 因汇票记载"不得转让"，甲公司对丁公司的出质是否有效？为什么？

答案：有效，但实现质权时不得主张票据权利。根据法律规定，票据出质的，应当背书"质押"，签字盖章后交付质权人后质权设立，因此该出质有效。但是由于出票人在票据上记载"不得转让"字样，因此质押权人实现质权时不得主张票据权利。

难度：难

考点：权利质权

> **命题与解题思路**
>
> 本题以汇票质押的基础法律事实，将民法与商法的相关规定融合在一起考查，颇具难度。对于出票人在票据上记载"不得转让"字样后，票据是否还能有效地质押，民法上的相关规定并不清晰，考生在解题时需要将民法的相关规范与票据法上的相关规范结合起来，获得比较准确的答案。

答案解析：

本题涉及的核心问题是：丁公司是否取得了质权。《民法典》第 441 条规定："以汇票、本票、支票、债券、存款单、仓单、提单出质的，质权自权利凭证交付质权人时设立；没有权利凭证的，质权自办理出质登记时设立。法律另有规定的，依照其规定。"《民法典担保制度解释》第 58 条规定："<u>以汇票出质，当事人以背书记载'质押'字样并在汇票上签章，汇票已经交付质权人的，人民法院应当认定质权自汇票交付质权人时设立。</u>"据此，汇票质权自汇票交付质权人时设立。本题中，甲公司已经将汇票交付丁公司，可以认定汇票质权已经设立。此外，《最高人民法院关于审理票据纠纷案件若干问题的规定》第 52 条规定："<u>依照票据法第二十七条的规定，出票人在票据上记载'不得转让'字样，其后手以此票据进行贴现、质押的，通过贴现、质押取得票据的持票人主张票据权利的，人民法院不予支持。</u>"据此，丁公司取得该汇票质权，但实现质权时不得主张票据权利。

6. 罗马轮胎公司关于甲公司与戊公司存在人格混同并要求其承担连带清偿责任的主张是否成立？为什么？

答案：不成立。因为人格混同需要满足关联关系，而本题中戊公司与甲公司之间系租赁合同关系，并不存在直接或者间接的控制关系，或者直接或间接地同为第三者控制等。

难度：中

考点：关联公司的人格混同（公司法视角）；营利法人人格否认（民法视角）

· 93 ·

> **命题与解题思路**
>
> 本题旨在考查关联公司人格混同的构成要件。对此，首先应当把握如何认定"关联公司"。我国《公司法》虽未明确何为关联公司，但《企业所得税法实施条例》第109条规定了关联公司或者关联方。同时，《税收征收管理法实施细则》第51条也作了类似规定等。其次，如何认定关联公司的"人格混同"？<u>一般来讲，需要从以下几个层面进行判断：(1) 关联公司人格混同的表征，即人员混同、业务混同和财务混同；(2) 关联公司人格混同的实质要素，即财产混同。如关联公司的住所地、营业场所相同，共同使用同一办公设施、机器设备、公司之间的资金混同，各自收益不加区分，公司之间的财产随意调用，等等；(3) 关联公司人格混同的结果要素，即人格混同的程度必须达到"严重损害债权人利益"的后果时，法院才可否认关联公司的法人格，让关联公司之间承担连带责任。</u>

答案解析：根据《公司法》第23条第1款的规定，公司股东滥用公司法人独立地位和股东有限责任，逃避债务，严重损害公司债权人利益的，应当对公司债务承担连带责任。从其规定来看，其规制的对象是股东，行为主体和责任主体都是股东，若将股东扩张解释至关联公司，则显然超出了扩张解释的范畴。但是，关联公司人格混同的原因多是由于股东滥用了公司法人独立地位和股东有限责任所致，否认关联公司各自的独立人格，将关联公司视为一体，对其中特定公司的债权人的请求承担连带责任，实质就是将滥用关联公司人格的股东责任延伸至完全由其控制的关联公司上，由此来救济利益受损的债权人。关联公司的人员、业务、财务等方面交叉或混同，导致各自财产无法区分，丧失独立人格的，则构成人格混同；关联公司人格混同，严重损害债权人利益的，则适用于关联公司人格否认，可以要求关联公司相互之间对外部债务承担连带责任。

在这里，如何认定"关联公司"和"人格混同"成为判断的要点。首先，对于关联公司，我国公司法上并未对关联公司的概念作出规定，但是根据《企业所得税法实施条例》第109条规定及其他法规，可以对关联公司进行界定。其次，对于人格混同，我国公司法上也未明确具体规定的内容，从司法实践来看，一般可以从以下几个方面进行判断：(1) 关联公司人格混同的表征因素；(2) 关联公司人格混同的实质因素；(3) 关联公司人格混同的结果因素。

据此可知，在认定戊公司与甲公司是否存在人格混同时，首先，应当考虑两公司是否具有关联关系。从案情中可知，甲公司与戊公司之间系租赁合同关系，两公司之间不存在直接或者间接的控制关系，也不直接或者间接地同为第三者控制，故两公司之间不构成关联公司。其次，在租赁合同期间，戊公司未经甲公司允许仅使用了甲公司车间尚有的部分原材料和半成品，而并不构成财产上的混同，故不存在人格混同的要素。

7. 己公司在获得生效判决后，又提起解除合同、返还货款并赔偿损失的诉讼，是否构成重复起诉？为什么？

答案：

答案一：不构成重复起诉。因为前述判决生效后，在履行中发生轮胎质量下降的"新的事实"，己公司再次起诉不构成重复起诉；且前诉和后诉的诉讼标的和诉讼请求不一致。

答案二：构成重复起诉。因为前诉和后诉的当事人、诉讼标的相同，后诉的诉讼请求实质上否定了前诉的判决结果，己公司再行起诉属于重复起诉。

难度：中

考点：起诉（重复起诉的识别标准）

> **命题与解题思路**
>
> 在连续两年的民商事综合大题中均考查了重复起诉的认定。重复起诉属于民诉法中典型的理论型考点，虽有《民诉解释》的明文规定，但仍需要结合具体案情作出判断。<u>判断重复起诉的难点在于判断诉讼标的是否相同</u>，因存在新旧诉讼标的理论之争，我国学界的通说又与传统大陆法系的观点有偏差，<u>切入角度不同会有不同的答案</u>，这完全符合法考时代题目理论化、答案多元化的命题趋势。<u>解答重复起诉类试题，应严格根据《民诉解释》第247条的规定，从当事人、诉讼标的和诉讼请求三个角度逐一作出判断。</u>首先对当事人和诉讼请求作出判断，别忘了后诉请求否定前诉裁判结果的情形。如前两者均相同，再对诉讼标的作出判断，新旧学说均可，适用传统的不区分诉的类型的旧诉讼标的理论，相对更容易作出判断。此外，还应<u>注意《民诉解释》第248条的例外规定，如材料有所涉及，这是排除重复起诉的重要理由。</u>

答案解析：

答案一：首先，《民诉解释》第248条规定，裁判发生法律效力后，发生新的事实，当事人再次提起诉讼的，人民法院应当依法受理。据此，己公司诉请甲公司交付轮胎的判决生效后，己公司认为甲公司交付的轮胎质量下降，如有证据证明（法院仅作形式审查）这属于发生新的事实，己公司再次起诉解除合同，不构成重复起诉。其次，己公司起诉甲公司要求其履行轮胎的交付义务，这属于典型的给付之诉；己公司又起诉解除合同，这属于形成之诉。诉的类型不同，则诉讼标的不同。据此，两个诉讼的诉讼标的不同，且己公司在前诉和后诉中具体诉讼请求也不同。因此，己公司再次起诉不构成重复起诉。

答案二：《民诉解释》第247条第1款规定，当事人就已经提起诉讼的事项在诉讼过程中或者裁判生效后再次起诉，同时符合下列条件的，构成重复起诉：（1）后诉与前诉的当事人相同；（2）后诉与前诉的诉讼标的相同；（3）后诉与前诉的诉讼请求相同，或者后诉的诉讼请求实质上否定前诉裁判结果。据此，前诉和后诉的当事人均为甲公司和己公司；根据旧诉讼标的理论（我国对旧说的理解往往不区分诉的类型），两诉的诉讼标的均为买卖合同法律关系；后诉的诉讼请求是解除买卖合同，这实质上否定了前诉判决甲公司继续履行合同的判决结果。据此，己公司起诉符合重复起诉的认定标准。《民诉解释》第248条规定，裁判发生法律效力后，发生新的事实，当事人再次提起诉讼的，人民法院应当依法受理。前诉判决生效后，己公司认为甲公司交付的轮胎质量大不如前而再次起诉，如己公司无证据证明属于"新的事实"，则法院仍按重复起诉而裁定不予受理。

8. 庚公司、辛公司是否可以请求甲公司及其所有全资子公司进行合并重整？为什么？

答案：

答案一：可以。由案情可知，甲公司与全资子公司系关联公司，且两者之间的账目混乱不清，存在相互任意调动财产的情况，由此可以认定甲公司与其全资子公司之间财产混同。这种财产混同造成了人格混同。当关联企业之间存在法人人格高度混同、区分各关联企业成员财产成本过高、严重损害债权人公平清偿利益时，可例外适用关联企业实质合并破产重整。

答案二：不可以。我国《企业破产法》并未规定可以合并重整；合并重整可能造成公司债权人之间的不公平受偿。

难度：中

考点：关联企业实质合并破产重整

> **命题与解题思路**
>
> 本题旨在考查关联企业人格混同的认定和关联企业实质合并破产的适用。根据《九民纪要》第10条的规定，人格混同的最主要表现为公司的财产与股东的财产是否混同且无法区分，当股东随意无偿调拨公司资金或者财产、股东用公司的资金偿还股东个人的债务或者调拨资金到关联公司等，不作财务记载的，则可以认定为财产混同，因财产混同构成人格混同。当关联企业成员之间存在高度人格混同、区分各关联企业成员财产的成本过高、严重损害债权人公平清偿利益时，可例外适用关联企业实质合并破产方式进行审理。即关联企业破产是以单独破产为原则，只有在穷尽一切方法后仍不能解决关联企业人格混同、区分各关联企业成员财产的成本过高、严重损害债权人公平清偿利益的情况下才可以适用实质合并破产。

答案解析：

答案一：根据《九民纪要》第10条的规定，认定公司人格与股东人格是否存在混同，最根本的判断标准是公司是否具有独立意志和独立利益，最主要的表现是公司的财产与股东的财产是否混同且无法区分。在认定是否构成人格混同时，应当综合考虑以下因素：（1）股东无偿使用公司资金或者财产，不作财务记载的；（2）股东用公司的资金偿还股东的债务，或者将公司的资金供关联公司无偿使用，不作财务记载的；（3）公司账簿与股东账簿不分，致使公司财产与股东财产无法区分的；（4）股东自身收益与公司盈利不加区分，致使双方利益不清的；（5）公司的财产记载于股东名下，由股东占有、使用的；（6）人格混同的其他情形。从案情中可知，甲公司与其子公司系关联公司，且甲公司与其子公司之间的账目混乱不清，存在相互之间统一调度资金使用的情况，由此可以认定甲公司与其子公司之间存在财务或者财产混同。因此，财产混同造成了人格混同。另外，根据《全国法院破产审判工作会议纪要》第32条的规定，人民法院在审理企业破产案件时，应当尊重企业法人人格的独立性，以对关联企业成员的破产原因进行单独判断并适用单个破产程序为基本原则。当关联企业成员之间存在法人人格高度混同、区分各关联企业成员财产的成本过高、严重损害债权人公平清偿利益时，可例外适用关联企业实质合并破产方式进行审理。即对于关联企业成员的破产，一般以单个破产程序为原则，例外情形下适用实质合并破产。从案情可知，甲公司与其子公司系关联公司，且两者之间存在高度的人格混同，并给债权人造成严重损害，因此，可以适用实质合并破产重整。

答案二：根据《公司法》规定，公司具有独立的法人人格，享有独立的法人财产权，股东以其认缴的出资额或者认购的股份为限承担责任。即法人人格独立和股东有限责任是公司制度的重要基石。相反，关联企业的实质合并则与公司的法人独立、股东有限责任相背离。若对关联企业适用实质合并，会损害关联企业中个别成员以及其债权人的利益，即与同一个关联公司的成员进行交易的债权人可能信赖特定债务人独立的信用而不知道债务人（即关联企业之间）的附属关系，从而会因合并而遭遇不公平。因此，关联企业不适用于实质合并。

9. 假设甲公司及其全资子公司可以进行合并重整，则重整程序开始后，对于相关公司已经开始的民事诉讼程序有何影响？

答案： 已经进行的民事诉讼程序中止；已经中止的诉讼待管理人接管财产后，再行恢复；执行程序中止；案件涉及的诉讼保全措施全部解除。

难度： 易

考点： 破产程序启动的效力

💡 命题与解题思路

本题旨在考查破产程序启动的效力。破产程序包括重整、和解和清算。破产制度一方面是实现债权人的公平清偿，另一方面是防范债务人企业破产、挽救债务人企业，实现债务人企业的持续经营，因此，破产程序优先于其他诉讼程序。即破产程序一旦启动，正在进行的诉讼、正在进行中有关债务人财产的民事执行程序应当中止，对于民事保全措施应全部解除。

答案解析： 破产制度是以规范破产程序、公平保护债权人利益、救济债务人和维护市场经济秩序的一种制度。民事诉讼程序、执行程序以及保全程序是满足个别债权人的程序，而与以满足集团性债权为目的的破产程序相冲突，因此，破产程序优先于个别性的民事诉讼程序、执行程序以及保全程序等。根据《企业破产法》第19条和第20条的规定，人民法院受理破产申请后，有关债务人的财产保全措施应当解除；执行程序应当中止；已经开始而尚未终结的有关债务人的民事诉讼或者仲裁应当中止；在管理人接管债务人的财产后，该诉讼或者仲裁继续进行。

10. 合并重整程序开始后，对于所有债权人的影响是什么？

答案： 在实体上，债权人不得单独请求或接受甲公司或其他全资子公司的清偿。在程序上，债权人可以向管理人申报债权，若对记载的债权有异议，则可以要求法院确认债权。

难度： 易

考点： 破产程序启动后对债权人的影响

💡 命题与解题思路

本题旨在考查破产程序启动后对债权人的影响。一方面，破产程序的目的在于公平地对待所有债权人，若允许某个债权人在法院受理破产申请后获得个别清偿，毫无疑问将减少其他债权人通过破产程序获得清偿的比例，造成债权人之间的实际不公平，这与破产程序的宗旨相违背，因此，在破产程序中禁止个别清偿。另一方面，为了实现对所有债权人平等清偿的目的，破产程序一经开始，债权人对破产人享有的债权均视为到期，且只能通过破产程序受偿。

答案解析：根据《企业破产法》的规定，人民法院受理破产申请，标志着破产程序的开始，所有债权都必须通过破产程序获得清偿。在清偿时，同一顺序的所有债权人地位平等，按债权数额的比例分配。如果人民法院在受理破产申请后，仍然允许债务人对个别债权人的债权进行清偿，就会造成个别债权人与其他债权人实际受偿的不平等，使得个别债权人能够全部或大部分得到清偿，而其他债权人的债权则较少得到清偿，甚至得不到清偿。因此，为了保障在债务人被宣告破产后，所有的破产债权人都能够得到平等的清偿，在受理破产申请后，禁止债务人对个别债权人的清偿。即债权人不得单独请求或接受债务人的清偿。另一方面，根据《企业破产法》的规定，在人民法院受理破产申请时，对债务人享有债权的债权人，有权依照企业破产法的规定程序行使权利。破产程序中，管理人既是债务人财产的管理者，也是受理债权申报的主体。为了便于债权人申报债权，债权的申报应当向管理人提出。当债权人对债权表记载的债权有异议的，则可以向受理破产申请的人民法院提起诉讼，确认其债权。

2018年"回忆版"金题

一、试题（本题54分）

案情：

甲公司中标某地块的开发权，遂与乙公司签订建设工程承包合同，由乙公司负责建筑施工。合同履行过程中，甲公司拖欠乙公司合同工程款8000万元未付，双方协商将该欠款及500万元利息转为甲公司对乙公司的借款。随后，乙公司协助甲公司以在建工程向某银行进行抵押担保，获得贷款2亿元。双方同意用该笔贷款首先清偿乙公司债权中的5000万元，剩余的1.5亿元归入两公司的共管账户，并作为继续前述房产开发的资本；同时甲公司将其公司公章交给乙公司保管，意在防止甲公司随意对他人举债。两公司还约定，如发生合作争议，由S省Q市仲裁委管辖。

后乙公司自拟了一份补充协议，将前述合同中的仲裁机关改为G省C市，并加盖了乙公司和甲公司的印章。同时乙公司为了冲抵甲公司的借款，在向丁公司购买建筑材料时加盖甲公司的印章。

后甲乙公司发生争议，乙公司向G省C市仲裁委提出仲裁申请，仲裁委受理，甲公司提出管辖异议，认为仲裁协议无效，G省C市仲裁委认为仲裁协议有效，继续审理，并作出了裁决。随后甲公司向法院申请撤销仲裁裁决。

前述房产开发过程中，甲公司与丙公司签订销售委托合同，由丙公司负责甲公司楼盘的销售。该委托合同由丙公司的法定代表人韩某签订，合同上只有韩某的签字，无丙公司公章。合同签订后，甲公司才发现韩某在签订合同之时已被丙公司解除法定代表人职位，另由他人担任，但丙公司尚未进行变更登记。

甲公司取得预售许可证后，丙公司履行委托合同，着手开始销售房屋，许多购房者购买之后又与他人签订租赁合同。后因丙公司销售不力，甲公司书面通知丙公司解除合同，丙公司诉至法院，请求确认解除合同无效。一审判决丙公司败诉，丙公司不服提起上诉，在上诉中变更了诉讼请求，请求判决合同无效，并赔偿损失。

后甲公司的开发资金出现短缺，无法支付乙公司两个月的工程进度款。甲公司于是进行民间借贷，与包括戊在内的多名贷款人签订借款合同，同时签订房屋买卖合同，约定甲到期不能偿还借款时向贷款人交付相关房屋。

甲公司原计划尽快完成楼盘开发并利用回笼资金偿还借款，但由于其拖欠工程进度款，导致乙公司停工抗辩。甲公司因其资金回笼目的落空，遂提出解除与乙公司的合作开发合同。

后甲公司负债累累，有债权人向A省B市法院提出破产申请，该法院受理了申请。之前与甲公司有供货合同的丁公司听闻甲公司被法院受理破产清算之后，随即通知其运送途中的货车司机停止运货并返回。

乙公司因对甲公司的债权余额出现争议请求法院确认债权，之后乙公司又起诉请求甲公司支付利息，并要求优先受偿。

问题：
1. 乙公司签订补充协议的行为是否属于表见代理？为什么？若甲公司能证明补充仲裁协议是乙公司单方拟定，G省C市仲裁委的仲裁裁决效力如何？为什么？
2. 若甲公司要撤销仲裁裁决，应向哪个法院提出？为什么？
3. 甲公司与丙公司的委托合同是否有效？为什么？韩某的行为如何定性？
4. 甲公司是否有权解除与丙公司的委托合同？为什么？甲若解除委托，是否需要承担赔偿责任？赔偿范围如何确定？
5. 丙公司在上诉中能否变更诉讼请求？为什么？
6. 若甲公司到期无法偿还借款，戊是否可以要求其交付买卖合同项下的房屋？为什么？
7. 甲公司与戊的房屋买卖合同能否视为物权担保？为什么？
8. 甲公司是否有权解除与乙公司的合同？为什么？
9. 戊公司中止向甲公司运货的做法是否有法律依据？为什么？
10. 若甲公司被受理破产后，A省B市法院能否将债权人诉讼交由其他法院管辖？为什么？
11. 若甲公司申请破产后，乙公司与其产生财产纠纷，应由仲裁委管辖还是法院管辖？
12. 若乙公司将本金和利息分两次提起诉讼，是否属于重复起诉？为什么？
13. 乙公司对甲公司的工程房屋是否有优先权？为什么？优先权的范围是什么？

二、答案精讲

> 1. 乙公司签订补充协议的行为是否属于表见代理？为什么？若甲公司能证明补充仲裁协议是乙公司单方拟定，G省C市仲裁委的仲裁裁决效力如何？为什么？

答案：

（1）不属于表见代理。因为乙公司签订补充协议的行为属于自己代理，其并非善意，不符合表见代理的构成要件。

（2）仲裁裁决无效。因为甲公司和乙公司双方并未达成该项仲裁条款（或有效的仲裁约定）。

难度：中

考点：表见代理；仲裁协议

> **命题与解题思路**
>
> 本题共两个小问，第一小问属于民法问题，考查意图十分明确，涉及代理制度中的核心知识点——表见代理。是否构成表见代理，考生在解题时可分两步走：第一步判断是有权代理还是无权代理，若为有权代理，则不可能构成表见代理；第二步在认定为无权代理的基础上，结合《民法典》第172条以及表见代理的构成要件进行分析。第二小问涉及仲裁的适用前提是存在合法有效的仲裁协议，判断G省C市仲裁委仲裁裁决效力的关键在于明确补充仲裁协议的效力，事实上<u>该仲裁协议是乙公司的单方意思表示，并无双方的合意，因此无效</u>。

答案解析：

按照前述两步走思路，首先判断乙公司签订补充协议的行为是不是无权代理行为。结合本题，乙公司虽保管了甲公司的公章，但甲公司并未授予其代理权，因此乙公司签订补充协议的行为是对甲公司的无权代理。在此基础上结合《民法典》第172条判断乙公司是否构成表见代理。《民法典》第172条规定："行为人没有代理权、超越代理权或者代理权终止后，仍然实施代理行为，相对人有理由相信行为人有代理权的，代理行为有效。"据此，<u>表见代理的构成要件有：(1) 代理人欠缺代理权；(2) 存在代理权外观；(3) 被代理人具有可归责性；(4) 相对方善意</u>。本题中，代理人和相对方都是乙公司，乙公司必然不是善意的，因此表见代理不构成。《民法典》第168条第1款规定："代理人不得以被代理人的名义与自己实施民事法律行为，但是被代理人同意或者追认的除外。"本题中，乙公司签订补充协议的行为其实就是该条款规定的自己代理行为，自己代理行为是不可能构成表见代理的。

《仲裁法》第4条规定，当事人采用仲裁方式解决纠纷，应当双方自愿，达成仲裁协议。据此，作为仲裁适用前提的书面仲裁协议必须是双方当事人共同的真实意思表示。材料中乙公司利用其保管甲公司印章的便利，未经甲公司同意，私自在补充协议中变更仲裁机构，这并非双方当事人真实的意思表示，因此该协议无效。合法有效的仲裁协议是适用仲裁的前提，没有仲裁协议就不存在有效的仲裁。既然约定G省C市仲裁委的补充协议无效，那么G省C市仲裁委的仲裁裁决也自然无效。

> **2. 若甲公司欲撤销仲裁裁决，应向哪个法院提出？为什么？**

答案： 甲公司应当向G省C市中级人民法院提出撤销仲裁裁决申请。因为《仲裁法》第58条第1款规定，当事人可以向仲裁委员会所在地的中级人民法院申请撤销仲裁裁决，G省C市中级人民法院即为本案的管辖法院。

难度： 易

考点： 申请撤销仲裁裁决的条件

> **命题与解题思路**
>
> 2018年法考主观题凸显融合化命题趋势，以案例形式将诉讼和仲裁制度搭配命题，这在以往的司考中从未出现。循此思路，<u>仲裁和司法存在衔接点的内容顺理成章成为考查重点，如撤销仲裁裁决、不予执行仲裁裁决等对仲裁的司法监督制度</u>。本题以直接

设问形式考查撤销仲裁裁决的管辖法院，考查范围窄，解题依据明确单一，难度极低。在提供法条的主观题考试中，这与之前流行"能翻到答案算我输"的预测完全不符，绝对属于典型的送分题，其简单程度出乎意料，此类试题可遇而不可求，分数绝对不容错过。

答案解析：

《仲裁法》第 58 条第 1 款规定，有证据证明仲裁裁决符合法定撤销情形，当事人可以向仲裁委员会所在地的中级人民法院申请撤销。本案仲裁裁决由 G 省 C 市仲裁委员会作出，又根据《仲裁法》第 10 条第 1 款的规定，仲裁委员会可以在直辖市和省、自治区人民政府所在地的市设立，也可以根据需要在其他设区的市设立，不按行政区划层层设立。据此，G 省 C 市仲裁委员会所在的 C 市应为设区的市，G 省 C 市法院应为中级人民法院。因此，甲公司应向 G 省 C 市中级人民法院提出撤销仲裁裁决的申请。

3. 甲公司与丙公司的委托合同是否有效？为什么？韩某的行为如何定性？

答案：

（1）委托合同有效。因为依据现行法，丙公司变更法定代表人但未经变更登记，不得对抗善意第三人甲公司。

（2）韩某的行为属于表见代表。

难度： 中

考点： 法定代表人

命题与解题思路

本题有两小问涉及两个知识点：表见代表与公司公章的法律意义。表见代表是法考的常客，需要重点复习掌握。考生可以从以下几点对表见代表进行把握：（1）严格区分代理与代表，尽管二者有功能上的近似性（都可以他人名义发出或接受意思表示），但现行法是明确区分二者的，概念上切勿混淆，只有法人的法定代表人才可以适用代表规则，其他主体以法人名义签约都是适用代理规则；（2）掌握表见代表的两种主要类型：第一种是法定代表人违反法人内部的代表权限制而对外签订合同，此时内部代表权限制不得对抗善意相对人（《民法典》第 61 条第 3 款）；第二种是法定代表人更换后未进行变更登记，原登记簿上的法定代表人仍对外签订合同，此时法定代表人登记的错误不得对抗善意相对人（《民法典》第 65 条）。至于公司公章，考生需要贯彻认人不认章的思维，只要签字之人是有权代表、有权代理或者构成表见代表、表见代理，是否盖章并不影响合同效力。在此思路之下，本题即可轻松得解。

答案解析：

甲公司与丙公司的委托合同是否有效，取决于其是否存在效力瑕疵。从题干的事实来看，有可能影响委托合同效力的因素是丙公司的法定代表人韩某欠缺代表权以及合同没有丙公司的公章。

首先分析法定代表人韩某的代表权瑕疵。韩某签订委托合同时已经不是丙公司的法定代表人，其并没有代表权，属于无权代表行为。但是，《民法典》第 65 条规定："法人的实际情况与登记的事项不一致的，不得对抗善意相对人。"结合本题，韩某虽然不是丙公司的法定代表人了，但仍被登记为丙公司的法定代表人，由此使得甲公司产生了善意的信赖，此种登记错误不能对抗善意的甲公司，因此韩某的无权代表行为属于表见代表，仍是有效的。

进而分析公章瑕疵。甲公司与丙公司的委托合同并未加盖丙公司的公章。《民法典》第 490 条规定："当事人采用合同书形式订立合同的，自当事人均签名、盖章或者按指印时合同成立。在签名、盖章或者按指印之前，当事人一方已经履行主要义务，对方接受时，该合同成立。"据此，合同的签订盖章并非必要，本题中韩某的签字行为已经构成表见代表，委托合同已经生效，未盖章不影响合同效力。

> 4. 甲公司是否有权解除与丙公司的委托合同？为什么？甲若解除委托，是否需要承担赔偿责任？赔偿范围如何确定？

答案：
（1）可以解除。因为依据现行法，在委托合同中，委托人和受托人都享有任意解除权，可以随时解除委托合同。据此甲公司有权解除与丙公司的委托合同。
（2）需要承担赔偿责任。
（3）赔偿范围是因解约人过错造成的直接损失以及合同履行后可以获得的利益。
难度： 中
考点： 委托合同

> **命题与解题思路**
>
> 本题共有三个小问，其实都是围绕一个问题而展开，即委托合同的任意解除权。因为委托合同依赖于双方的持续信赖，因此一旦信赖关系终止，彼此不再信任，委托合同的持续也不再有意义，应允许当事人随时从中解脱，因此《民法典》第 933 条赋予了委托合同双方任意解除权。解答本题时考生只需要对该法条熟悉即可正确作答。不过对于第三小问，考生需要注意，尽管委托合同可以任意解除，但解除方需要付出一定的代价，即赔偿对方的损失，而损害赔偿的范围因有偿委托与无偿委托而有所区别，因此本题第三小问需要考生先对甲公司与丙公司的委托合同是有偿还是无偿作出判断。

答案解析：
《民法典》第 933 条规定："委托人或者受托人可以随时解除委托合同。因解除合同造成对方损失的，除不可归责于该当事人的事由外，无偿委托合同的解除方应当赔偿因解除时间不当造成的直接损失，有偿委托合同的解除方应当赔偿对方的直接损失和合同履行后可以获得的利益。"据此，甲公司作为委托人可以随时解除委托合同，不过若甲公司解除委托合同，需要对丙公司承担损害赔偿责任。由于两家公司均为商事公司，签订委托合同所开展的也是商事交易活动，其必然是有偿的，因此甲公司的赔偿范围是因解除合同对丙公司造成的直接损失以及合同履行后可以获得的利益。

5. 丙公司在上诉中能否变更诉讼请求？为什么？

答案：

答案一：丙公司在上诉中不可以变更诉讼请求。因为法律并未明确赋予原审原告在二审中变更诉讼请求的权利；且为了维护当事人的审级利益，上诉请求不应超越原审诉讼请求的范围，而丙公司在上诉中提出确认合同无效、赔偿损失的请求已经超越了一审案件裁判的范围，因此不应允许其变更诉讼请求。

答案二：丙公司可以在上诉中变更诉讼请求。因为二审中变更诉讼请求相当于二审中增加诉讼请求的特殊情形，法院可以就变更的诉讼请求依自愿进行调解，调解不成，告知其另行起诉。法院调解结案不受案件审级、诉讼请求范围等因素限制。

难度： 中

考点： 上诉案件审理的范围；上诉案件的调解

> **命题与解题思路**
>
> 本题考查原审原告上诉后变更诉讼请求应当如何处理，其一改本学科试题死记法条即可解题的刻板风格，考生可以从"二审的审理范围"以及"上诉案件的调解"两个角度分别作答，切入角度不同会得出截然不同的答案，无论持正方还是反方观点，只要言之有理皆可得分。此种答案开放式的考题在民诉法学科中尚属首次，但这很可能成为日后法考主观题常见的考查形式，备战主观题时应当高度重视。

答案解析：

根据案情表述，本案中上诉人是原审原告丙公司，一般而言，当事人的上诉请求是请求二审法院撤销或者部分撤销原审判决，而本案中上诉人提出了新的诉讼请求，这直接变更了原审诉讼请求。如果从上诉案件审理的范围看，二审案件应结合上诉请求以原审诉讼请求的范围为限进行审理。如果对二审中增加或者变更诉讼请求直接进行裁判，因全案已进入二审程序，这会变相剥夺对该请求的上诉权，损害当事人的审级利益。且民诉法及其司法解释，对原审原告在二审中变更诉讼请求并无明文规定，仅规定了二审增加诉讼请求的处理方式，基于民诉法的公法属性，当事人无权从事法律未允许事项。但如果从上诉案件的调解适用看，法院调解不受案件审级、诉请范围等因素限制，其制度基础是当事人的处分权，只要不违背当事人的意愿以及法律的禁止性规定皆可适用。因此，对于丙公司在二审中变更诉讼请求，法院可以允许，但只能用调解方式结案。调解不成，如果符合另行起诉条件，可以告知丙公司另行起诉。

6. 若甲公司到期无法偿还借款，戊是否可以要求其交付买卖合同项下的房屋？为什么？

答案： 不可以。因为甲公司与戊签订的房屋买卖合同属于买卖型担保，依据现行法上关于买卖型担保的规定，债务人到期无法偿还借款时，基于流担保的禁止，不允许债权人直接取得房屋的所有权，而应就房屋拍卖变价的价款受偿。

难度： 中

考点： 借款合同；非典型担保

> **💡 命题与解题思路**
>
> 买卖型担保在近年的法考中出现频率较高，考生需要重点掌握。对买卖型担保的理解，需要将它放在整个《民法典》非典型担保的制度体系中加以理解。本题具体涉及其中担保权如何实现的问题。就这一问题，不论是《民法典》里的担保物权还是非典型担保，都要受到禁止流押流质的限制，即在债务履行期届满前，当事人不能直接约定"债务人到期不能还债，则债权人直接取得标的物的所有权"。买卖型担保也不得违反流担保的禁止规定，《最高人民法院关于审理民间借贷案件适用法律若干问题的规定》（以下简称《民间借贷规定》）第23条第2款就是这一立场的体现。

答案解析：

《民法典》第388条第1款规定："设立担保物权，应当依照本法和其他法律的规定订立担保合同。担保合同包括抵押合同、质押合同和其他具有担保功能的合同。担保合同是主债权债务合同的从合同。主债权债务合同无效的，担保合同无效，但是法律另有规定的除外。"凭借该款中的"其他具有担保功能的合同"，《民法典》明确认可非典型担保的合法性与担保功能，买卖型担保作为非典型担保之一种，也得到了认可，目前通说认为买卖型担保是当事人真实的意思表示，其具有担保功能。不过，就担保权的实现，《民法典》第401条规定："抵押权人在债务履行期限届满前，与抵押人约定债务人不履行到期债务时抵押财产归债权人所有的，只能依法就抵押财产优先受偿。"《民法典》第428条规定："质权人在债务履行期限届满前，与出质人约定债务人不履行到期债务时质押财产归债权人所有的，只能依法就质押财产优先受偿。"这两条确立的禁止流押、流质的基本立场，虽然仅规定在抵押权与质权部分，但是对所有的担保情形都有适用余地，非典型担保也要遵守。《民间借贷规定》第23条第2款就是这一立场的体现，该款规定："按照民间借贷法律关系审理作出的判决生效后，借款人不履行生效判决确定的金钱债务，出借人可以申请拍卖买卖合同标的物，以偿还债务。就拍卖所得的价款与应偿还借款本息之间的差额，借款人或者出借人有权主张返还或者补偿。"据此，若甲公司到期无法偿还借款，戊不能要求其交付买卖合同项下的房屋，只能在取得借贷关系的胜诉判决后申请拍卖合同项下的房屋，就拍卖所得的价款进行受偿。

7. 甲公司与戊的房屋买卖合同能否视为物权担保？为什么？

答案： 不能。因为基于物权法定原则，《民法典》认可的担保物权主要包括抵押权、质权与留置权三类，尽管《民法典》认可非典型担保的担保功能，但非典型担保并非物权。而且依据现行法，非典型担保未公示的，不能取得物权效力，本题中甲公司与丙的买卖型担保没有登记公示，没有物权效力。因此其既非物权也没有物权效力，不能被视为物权担保。

难度： 难

考点： 担保物权；非典型担保

> **💡 命题与解题思路**
>
> 本题是带有理论性的问题，需要考生对物权法定原则、担保物权以及非典型担保之间有全面深入的认识，难度较大。解答本题时考生需要厘清《民法典》在涉及非典型担

保时所采用的立法理念与立法技术。在此基础上进一步思考应如何理解担保物权及其范围。

答案解析：

本题可以替换为买卖型担保的担保权是担保物权吗？对于这一问题的理解需要全面考虑物权法定原则、担保物权以及非典型担保之间的关系。一方面，基于物权法定原则（《民法典》第116条）的限制，《民法典》仅认可抵押权、质权、留置权等少数几类担保物权，这几类是典型的物权担保，但是为了迎合交易实践的需要，又广泛地认可了各种非典型担保，并为非典型担保提供公示制度，使得其获得物权效力（《民法典担保制度解释》第63条）。

从传统的形式主义的角度，对担保物权的理解可以继续采取狭义说，即仅包括《民法典》承认的抵押权、质权与留置权等少数几类。

而若从功能主义的角度，不论是否具有物权的名称，只要经过公示取得物权效力，就可以成为担保物权。由此，即使是非典型担保，只要完成公示获得了物权效力，也可称为担保物权。这样的担保物权理解就是广义的，将已经公示的非典型担保纳入。这一立场其实并未违反物权法定原则，因为物权法定原则的本质是绝对权法定原则，即当事人不能自由创设带有绝对性的权利，既然法律为非典型担保设置了公示制度，这意味着它们也是法律认可的绝对权了，因此将已经公示的非典型担保权认定为担保物权并未违反物权法定原则。

不过，不论是从形式主义角度还是从功能主义角度理解担保物权，甲丙之间的房屋买卖合同都不能被视为物权担保，因为其并未公示，既无物权之名也无物权效力。

8. 甲公司是否有权解除与乙公司的合同？为什么？

答案： 甲公司无权解除合同。因为甲公司并不具备法定或者约定的解除条件。
难度： 中
考点： 合同解除

命题与解题思路

本题是对合同解除制度的考查，有一定难度。甲乙之间的合作开发合同从内容看属于非典型合同，且由于双方当事人未约定解除条件，也无法达成解除合意，甲只能依据法律规定解除，可能的解除方案有：（1）依据《民法典》第563条第1款守约方的法定解除权解除；（2）依据《民法典》第563条第2款继续性合同的任意解除权解除；（3）依据《民法典》第580条第2款合同僵局下违约方的合同终止请求权解除。考生在解题时需要全面地考查各种可能性，排除这些可能以后才可以得出结论：甲不能解除合同。

答案解析：

首先，审查甲公司是否可以依据《民法典》第563条第1款守约方的法定解除权解除。《民法典》第563条第1款规定："有下列情形之一的，当事人可以解除合同：（一）因不可抗力致使不能实现合同目的；（二）在履行期限届满前，当事人一方明确表示或者以自己的行为表明不履行主要债务；（三）当事人一方迟延履行主要债务，经催告后在合理期限内仍未履行；（四）当事人一方迟延履行债务或者有其他违约行为致使不能实现合同目的；（五）法律规定的其他情形。"据此，本题的审查关键就是相对方乙公司是否存在根本违约行为。本题中，乙公司实施了停工行为，但是该行为是为了抗辩甲公司拖欠工程进度款。《民法典》第526条规定："当事人互负债务，有先后履行顺序，应当先履行债务一方未履行的，后履行一方有权拒绝其履行请求。先履行一方履行债务不符合约定的，后履行一方有权拒绝其相应的履行请求。"据此可知，乙公司是在行使先履行抗辩权，因此，乙公司的停工行为并不违约，真正的违约方是甲公司。因此，甲公司无权依据《民法典》第563条第1款解除合作开发合同。

其次，审查甲公司是否可以依据《民法典》第563条第2款继续性合同的任意解除权解除。甲乙两公司签订的合作开发合同并非继续性合同，双方并不享有任意解除权。因此，甲公司无权依据《民法典》第563条第2款解除合作开发合同。

最后，审查甲公司是否可以依据《民法典》第580条第2款申请终止合同。《民法典》第580条规定："当事人一方不履行非金钱债务或者履行非金钱债务不符合约定的，对方可以请求履行，但是有下列情形之一的除外：（一）法律上或者事实上不能履行；（二）债务的标的不适于强制履行或者履行费用过高；（三）债权人在合理期限内未请求履行。有前款规定的除外情形之一，致使不能实现合同目的的，人民法院或者仲裁机构可以根据当事人的请求终止合同权利义务关系，但是不影响违约责任的承担。"据此，甲公司负担的义务是支付工程款，在性质上属于金钱债务，通常来说不存在履行不能的情况（《民法典》第579条），因此，甲公司也无权依据《民法典》第580条第2款终止合同。

综上，甲公司无权解除与乙公司的合同。

9. 戊公司中止向甲公司运货的做法是否有法律依据？为什么？

答案：有法律依据。《企业破产法》规定了出卖人的特殊取回权，本案符合出卖人取回的条件。

难度：易

考点：债务人财产（出卖人取回权）

命题与解题思路

出卖人取回权属于破产取回权的特殊情形，本题主要考查"债务人尚未收到且未付清全部价款"这一构成要件，即使考生不记得《企业破产法》的具体规定，但基于朴素的公平正义观也能得出正确结论，本题绝对属于送分题。

答案解析：

《企业破产法》第39条规定："人民法院受理破产申请时，出卖人已将买卖标的物向作为买受人的债务人发运，债务人尚未收到且未付清全部价款的，出卖人可以取回在运途中的标的物。但是，管理人可以支付全部价款，请求出卖人交付标的物"。对号入座即可正确作答。

10. 若甲公司被受理破产后，A 省 B 市法院能否将债权人诉讼交由其他法院管辖？为什么？

答案：A 省 B 市法院可以将债权人诉讼交由其他法院管辖。因为《民诉解释》第 42 条规定，破产程序中有关债务人的诉讼案件，受理破产申请的人民法院报请上级人民法院批准后，可以将案件在开庭前交下级人民法院审理。《最高人民法院关于适用〈中华人民共和国企业破产法〉若干问题的规定（二）》［以下简称《企业破产法司法解释（二）》］第 47 条第 3 款规定，受理破产申请的人民法院，如对有关债务人的海事纠纷、专利纠纷、证券市场因虚假陈述引发的民事赔偿纠纷等案件不能行使管辖权的，可以由上级人民法院指定管辖。

难度：易

考点：管辖权转移（管辖权转移的情形）、指定管辖

> **命题与解题思路**
>
> 本题以破产程序为切入点，考查管辖权向下转移或者指定管辖的适用情形。题目设问方式直白，《民诉解释》和《企业破产法司法解释（二）》均有明确的条文规定，在提供法条的主观题考试中绝对属于送分题。

答案解析：

《企业破产法》第 21 条规定，人民法院受理破产申请后，有关债务人的民事诉讼，只能向受理破产申请的人民法院提起。这是有关债务人诉讼的原则规定，但有例外情形。《民诉解释》第 42 条规定，下列第一审民事案件，人民法院依照《民事诉讼法》第 39 条第 1 款规定，可以在开庭前交下级人民法院审理：（1）破产程序中有关债务人的诉讼案件……人民法院交下级人民法院审理前，应当报请其上级人民法院批准。上级人民法院批准后，人民法院应当裁定将案件交下级人民法院审理。据此，A 省 B 市法院受理了对甲公司的破产申请后，债权人提起的有关债务人诉讼案件可以交给下级法院审理。

《企业破产法司法解释（二）》第 47 条第 3 款规定，受理破产申请的人民法院，如对有关债务人的海事纠纷、专利纠纷、证券市场因虚假陈述引发的民事赔偿纠纷等案件不能行使管辖权的，可以由上级人民法院指定管辖。据此，上述针对债务人的专业性较强的案件，受理破产的 A 省 B 市法院可以通过 A 省高院指定管辖的方式交给其他法院审理。

11. 若甲公司申请破产后，乙公司与其产生财产纠纷，应由仲裁委管辖还是法院管辖？为什么？

答案：应由 S 省 Q 市仲裁委管辖该财产纠纷。因为《企业破产法》第 21 条仅针对民事诉讼的管辖规定，并不排斥仲裁管辖。且甲公司与乙公司约定了仲裁机构，有效的仲裁协议排斥法院管辖，因此甲公司与乙公司的财产纠纷应由 S 省 Q 市仲裁委管辖。

难度：难

考点：仲裁与民事诉讼的关系

> 💡 **命题与解题思路**
>
> 　　表面上看，本题考查的是破产程序启动后有关债务人的其他财产纠纷的处理方式，实则附带对仲裁与民事诉讼的适用关系予以考查。本题并无直接的解题依据，可参照《企业破产法》的规定以及财产纠纷中仲裁和民事诉讼的适用关系理论辅助作出判断。解题的关键环节在于准确理解《企业破产法》第 21 条规定的适用对象，如果误认为破产程序启动后一切民事纠纷应由受理破产的法院管辖，那必然会因误判而失分。本题提醒考生，法考复习一定要细致，须知"细节决定成败"。

答案解析：

《企业破产法》第 21 条规定，人民法院受理破产申请后，有关债务人的民事诉讼，只能向受理破产申请的人民法院提起。本条中的"民事诉讼"是关键信息，这是关于破产程序开始后民事诉讼管辖的规定，该规定只适用于民事诉讼案件，并不适用于仲裁案件。而对于财产纠纷，诉讼和仲裁的适用是或裁或审的关系，有效的仲裁协议即可排除法院对案件的司法管辖权，本案中甲乙公司明确约定了 S 省 Q 市仲裁委作为仲裁机构，因此甲公司与乙公司的财产纠纷应由 S 省 Q 市仲裁委管辖。

12. 若乙公司将本金和利息分两次提起诉讼，是否属于重复起诉？为什么？

答案：

答案一：不构成重复起诉。因为本金和利息的诉讼请求和诉讼标的均不相同，不符合《民诉解释》第 247 条规定的重复起诉认定条件。

答案二：构成重复起诉。因为两个诉讼的当事人和诉讼标的均相同，根据"两同说"构成重复起诉。

难度： 中

考点： 起诉（重复起诉的识别标准）

> 💡 **命题与解题思路**
>
> 　　本题以利息和本金分别起诉为切入点，考查重复起诉的认定。重复起诉是《民诉解释》的新增制度，它直接关系到能否对后诉予以司法救济，其认定在理论和司法实践中均存在争议。判断是否构成重复起诉虽有明确的法律依据，但仍具相当的理论性，本题完全符合法考主观题理论化的命题趋势。<u>考生应结合《民诉解释》第 247 条的规定，从前诉和后诉的当事人、诉讼标的以及诉讼请求等方面予以判断。解题的难点在于对诉讼标的是否同一的判断，根据不同的学说观点结论有所差异</u>，因此本题在阅卷时极可能不同答案言之有理皆可得分。

答案解析：

答案一：《民诉解释》第 247 条第 1 款规定，当事人就已经提起诉讼的事项在诉讼过程中或者裁判生效后再次起诉，同时符合下列条件的，构成重复起诉：（1）后诉与前诉的当事人相同；（2）后诉与前诉的诉讼标的相同；（3）后诉与前诉的诉讼请求相同，或者后诉的诉讼请求实质上否定前诉裁判结果。据此，是否构成重复起诉要结合当事人、诉讼标的以及诉

· 108 ·

讼请求等三个要素予以判断。首先，乙公司请求返还本金与给付利息的诉讼请求不同，也不存在给付利息请求否定本金判决结果的情况；其次，根据传统诉讼标的理论，一般而言，一个实体法请求权构成一个诉讼标的。返还本金和给付利息的请求权不同，因此两个诉讼的诉讼标的也不相同。综上，乙公司将本金和利息分两次提起诉讼不属于重复起诉。

答案二："两同说"认为，两个诉讼的当事人和诉讼标的均相同，即构成重复起诉。乙公司将本金和利息分两次提起诉讼，两个诉讼的当事人均为乙公司和甲公司，当事人相同；无论是主张本金或利息，均为借款合同纠纷。诉讼标的是双方之间发生纠纷，请求法院裁判的民事法律关系，两个案件的民事法律关系相同，因此诉讼标的相同。根据"两同说"，乙公司将本金和利息分两次提起诉讼，两个案件的当事人和诉讼标的均相同，构成重复起诉。

13. 乙公司对甲公司的工程房屋是否有优先权？为什么？优先权的范围是什么？

答案：

（1）有优先权。因为依据现行法，甲公司作为发包人未按照约定支付价款，承包人乙公司就可以催告甲公司在合理期限内支付价款，甲公司逾期不支付的，乙公司就可以享有建设工程价款优先受偿权，就该工程折价或者拍卖的价款优先受偿。

（2）优先权范围依照国务院有关行政主管部门关于建设工程价款范围的规定确定，但不包括逾期支付建设工程价款的利息、违约金、损害赔偿金等款项。

难度：中

考点：建设工程合同

> **命题与解题思路**
>
> 本题涉及建设工程价款优先受偿权，这是法考主观题考试中的重要考点，考生应重点复习掌握。解题时考生需要明确建设工程价款优先受偿权是一种法定的担保物权，只要满足《民法典》第807条规定的条件即可成立，无须登记公示。就优先权的范围问题，因为其没有公示制度，为了避免对其他债权人造成损害，有必要限缩优先权的范围，逾期支付建设工程价款的利息、违约金、损害赔偿金等都不得优先受偿。

答案解析：

《民法典》第807条规定："发包人未按照约定支付价款的，承包人可以催告发包人在合理期限内支付价款。发包人逾期不支付的，除根据建设工程的性质不宜折价、拍卖外，承包人可以与发包人协议将该工程折价，也可以请求人民法院将该工程依法拍卖。建设工程的价款就该工程折价或者拍卖的价款优先受偿。"据此，建设工程价款优先受偿权是一种法定的担保物权，只要满足该条的要件即可设立，且无须公示。结合本题，甲公司作为发包人未按照约定支付价款，承包人乙公司就可以催告甲公司在合理期限内支付价款，甲公司逾期不支付的，乙公司就可以享有建设工程价款优先受偿权，就该工程折价或者拍卖的价款优先受偿。

对于优先权的范围，由于建设工程价款优先受偿权是一种无须公示的法定担保物权，其具有隐蔽性，发包人的其他债权人并不知晓，因此若优先权的范围过大，则会大大损害发包人的其他债权人的利益，因此有必要限缩这一优先权的范围。《最高人民法院关于审理建设工程施工合同纠纷案件适用法律问题的解释（一）》（以下简称《建设工程施工合同解释（一）》）第40条规定："承包人建设工程价款优先受偿的范围依照国务院有关行政主管部门关于建设工程价款范围的规定确定。承包人就逾期支付建设工程价款的利息、违约金、损害赔偿金等主张优先受偿的，人民法院不予支持。"据此，乙公司优先权的具体范围依照国务院有关行政主管部门关于建设工程价款范围的规定确定，但不包括逾期支付建设工程价款的利息、违约金、损害赔偿金等款项。

刑法

2008—2023

答案和解析作者简介

贾健

西南政法大学法学院教授、博士生导师。

授课条理清楚，重点突出，重视对知识点背后原理的说明，善于分析法考命题特点和规律。

方军

清华大学博士，中国社会科学院大学法学院副教授。

刑法学界新锐。写作逻辑严谨、条理清晰；讲课深入浅出、富于启迪。

2023年"回忆版"金题

扫码看视频

一、试题 （本题32分）

案情：

迟某向陈某谎称自己被列入黑名单，无法申领信用卡，需购买银行卡。陈某猜到迟某购买银行卡是要用于诈骗，但仍向其售卖了一张自己的银行卡，后迟某果然利用该银行卡进行电信网络诈骗。（事实一）

不久后，陈某收到短信提醒，得知银行卡内有30万元入账。陈某猜到是迟某诈骗所得，遂以银行卡丢失为由向银行办理挂失手续，后补办卡并取现。经调查确认，陈某银行卡里的钱确为迟某进行信用卡诈骗所得。公安机关遂对陈某采取强制措施并移交检察机关。（事实二）

陈某被采取强制措施后，陈母洪某为了捞人，向财政局局长吕某请托，希望吕某帮忙救其儿子，并答应事成后给予100万元的报酬。吕某向公安局副局长覃某请托，覃某猜到吕某可能收取了陈某亲属的贿赂或者准备收受贿赂，但担心吕某对自己不利，于是以陈某不清楚事实为由撤销案件。陈某被解除强制措施后，洪某交给吕某存有100万元的银行卡。之后三个月，吕某使用该银行卡消费了40万元，但担心长期使用洪某名下的银行卡会引起怀疑，遂将该银行卡还给洪某。洪某觉得此事吕某帮了大忙，报酬不能太少，于是将剩下的60万元现金取出，送给吕某。（事实三）

一年后，覃某被人举报。在被采取强制措施后，覃某向检察机关交代了受吕某请托为陈某作无罪处理的事实。虽然覃某没有证据证明吕某收受了贿赂，但为了立功表现，仍向检察机关举报吕某。检察机关询问覃某是否有证据，并告知如果没有证据证明吕某收受贿赂将成立诬告陷害罪。覃某表示如果吕某没有收受贿赂，自己愿意承担诬告陷害罪的刑事责任。检察机关将线索移交给监察机关，监察机关立案前电话通知吕某到指定地点问话，吕某如实供述收受洪某的贿赂，但辩称只收受了60万元。（事实四）

问题：

1. 就事实一，关于陈某行为的性质，刑法理论中有几种观点（至少写出三种）？你的观点和理由是什么？
2. 就事实二，关于陈某行为的性质，刑法理论中有几种观点（至少写出三种）？你的观点和理由是什么？
3. 就事实三，洪某、吕某、覃某三人分别构成何罪？为什么？各自的犯罪数额是多少？
4. 请阐述事实四中吕某和覃某的定罪量刑情节，并说明理由。

二、答案精讲

1. 就事实一，关于陈某行为的性质，刑法理论中有几种观点（至少写出三种）？你的观点和理由是什么？

答案： 对于事实一中陈某行为的性质，可能存在以下观点：

观点一：成立诈骗罪的片面帮助犯。陈某明知迟某要进行诈骗活动，依然提供帮助，成立诈骗罪的片面帮助犯。

观点二：成立帮助信息网络犯罪活动罪。陈某猜到迟某要实施电信诈骗，进而为其提供支付结算等帮助，符合帮助信息网络犯罪活动罪的构成要件。

观点三：成立洗钱罪。假如该电信诈骗行为属于洗钱罪的上游犯罪的金融诈骗犯罪，那么陈某提供银行卡的行为可能是为了掩饰、隐瞒此笔赃款的来源和性质，构成洗钱罪。

我认为，该电信诈骗属于金融诈骗犯罪只是一种可能性，基于事实存疑时有利于犯罪嫌疑人的原则，应成立诈骗罪的片面帮助犯和帮助信息网络犯罪活动罪的想象竞合犯，从一重处罚。

难度： 难

考点： 诈骗罪；帮助信息网络犯罪活动罪；洗钱罪

> 💡 **命题与解题思路**
>
> 本题中，命题者要求至少写出三种观点，这是法考刑法主观题中首次出现的情况。另外，就本题而言，命题者并没有指明电信诈骗是否属于金融诈骗，这样就给考生一定的假设空间，即如果是，则还可能成立洗钱罪。某种意义上，本题属于半开放性命题。这种考试形式希望考生予以重视。从内容上，本题涉及帮助信息网络犯罪活动罪、洗钱罪的认定，这两个罪名在法考中相对较为生僻，考生容易忽视。但在司法实践中，这两个罪名均属于重点和热点罪名，这也提醒考生，法考并不是只考盗窃、诈骗、抢劫等传统核心罪名，复习不能有盲区。

答案解析：

根据《刑法》第287条之二的规定，帮助信息网络犯罪活动罪是指明知他人利用信息网络实施犯罪，为其犯罪提供互联网接入、服务器托管、网络存储、通讯传输等技术支持，或者提供广告推广、支付结算等帮助，情节严重的行为。在司法实践中，本罪往往容易与诈骗罪的共犯、洗钱罪等发生混淆。

如果所帮助行为系利用网络实施的诈骗行为，那么，帮助信息网络犯罪活动罪与诈骗罪的共犯的区别在于：第一，行为对象不同。帮助信息网络犯罪活动罪提供帮助的对象是利用网络手段所实施的犯罪；而诈骗罪的共犯则对此没有要求。第二，行为时间不同。帮助信息网络犯罪活动罪的行为一般发生在所帮助的诈骗行为着手后到实行行为实施完毕前，即还未实际占有赃款时；而诈骗罪的共犯可以发生在事前、事中。第三，对所帮助犯罪具体内容的明知程度不同。帮助信息网络犯罪活动罪对所帮助的犯罪只有概括的认识，对于其具体实施的是何种网络犯罪在所不问；而如果对之是明知的心态，则成立诈骗罪的承继共犯。

帮助信息网络犯罪活动罪与洗钱罪的区别在于：第一，行为性质不同。帮助信息网络犯罪活动罪属于所帮助之罪的必要帮助犯，没有帮助信息网络犯罪活动罪行为人的帮助，上游犯罪无法既遂；而洗钱罪则是在上游犯罪既遂后，才独自成立的犯罪。第二，侵害的法益不同。帮助信息网络犯罪活动罪在"扰乱公共秩序罪"一节中，目的是维护社会公共秩序，保障信息网络健康发展；而洗钱罪所保护的法益是金融管理秩序。

本题中，陈某的行为存在争议。如果认为陈某明知迟某进行诈骗活动依然提供帮助，即帮助其取款、占有该财物，则成立诈骗罪的片面帮助犯；如果认为陈某对迟某在实施电信诈骗只是猜测，并非明知，进而为其提供支付结算等帮助，则成立帮助信息网络犯罪活动罪。假如该电信诈骗行为属于金融诈骗犯罪，即意味着属于洗钱罪的上游犯罪，那么陈某提供银行卡的行为可能是为了掩饰、隐瞒此笔赃款的来源和性质，构成洗钱罪。虽然可以在案情没有交代的情况下，做此推测，但由于并无确切证据证明该电信诈骗属于金融诈骗犯罪，基于事实存疑时有利于犯罪嫌疑人的原则，应成立诈骗罪的片面帮助犯和帮助信息网络犯罪活动罪，系想象竞合犯，从一重处罚。

2. 就事实二，关于陈某行为的性质，刑法理论中有几种观点（至少写出三种）？你的观点和理由是什么？

答案：对于事实二中陈某行为的性质，可能存在以下观点：

观点一：如认为卡中的资金属于陈某代迟某保管之物，而卡中的钱属于迟某所有，那么挂失并取款的行为系排除迟某对此笔资金（针对银行的债权）的支配，成立侵占罪。

观点二：如认为卡中的资金仍属迟某所有，陈某挂失并取款的行为系在非法占有的目的下，秘密排除迟某占有，建立自己的占有，银行属于排除占有妨害的工具，则成立盗窃罪。

观点三：如认为卡中的资金属于国家，应当没收，那么陈某隐瞒真相、欺骗银行工作人员，并通过挂失取款的手段取得存款，成立诈骗罪。

我认为迟某并没有将该卡中的钱交给陈某管理的意思，此笔资金并非委托物。因此，挂失行为不属于侵占罪，陈某应当成立盗窃罪和诈骗罪的想象竞合犯。

难度：难

考点：诈骗罪；侵占罪；盗窃罪

> **命题与解题思路**
>
> 本题较为复杂，具有相当的难度。一般来说，对于盗窃罪和侵占罪，考生只要复习到位，都能回答出来，但对于以银行工作人员为犯罪对象的诈骗罪的成立，将此笔资金

当做应没收的赃款，不一定能考虑到。另外，如果认为成立诈骗罪，考生要注意，挂失行为可以切断迟某对资金的占有，但无法阻却银行对该资金的没收。对于银行而言，只有在取款后，才失去了对资金的占有。

答案解析：

本题中，陈某的行为有观点争议。

首先，如果认为迟某虽买入该银行卡，但仍保留了陈某可以通过挂失银行卡占有卡中资金的可能性，就意味着陈某获得了对该30万元资金的占有的话，那么，陈某对卡中的资金就属于有权占有。此时，就产生了两种观点：第一，系侵占行为。一旦挂失，就排除了迟某对卡中资金的占有。而取出，是为了确保占有此笔资金的行为，属于事后不可罚的行为，不另外成立犯罪。第二，挂失并取款的行为系盗窃行为。如果认为迟某买卡后就与陈某切断了此笔资金上的联系，即本卡中的30万元资金并没有委托陈某占有。陈某违背迟某意志秘密挂失的行为，排除了迟某的占有，构成盗窃罪。

其次，如认为此笔资金一开始就属于赃款，应当没收并上缴国库，那么，不论陈某还是迟某都无权对抗银行对资金的合法占有。因此，陈某挂失并取款的行为就属于隐瞒真相，使银行误以为是合法存款，进而陷入认识错误，处分此笔资金，即办理取款手续，交付资金给陈某，使得银行（对于犯罪所得，银行有义务止付并没收）失去了对此笔资金的没收和追索，成立诈骗罪。在挂失后取款前，银行并未失去支配，只是在取款后，才处分了该财物，失去了对资金的支配，此时陈某才成立诈骗罪既遂。

当然，就上述侵占罪的观点而言，存在以下问题。首先，从案情看，没有根据认为迟某默许了陈某对卡中的资金有占有；其次，如果挂失成立侵占，而取款意味着确保侵占行为成立的话，由于侵占罪在我国属于自诉罪，可能会逃脱处罚。因此，应认为陈某的行为系盗窃罪与诈骗罪的想象竞合犯，从一重罪论处。

3. 就事实三，洪某、吕某、覃某三人分别构成何罪？为什么？各自的犯罪数额是多少？

答案： 洪某构成行贿罪。洪某为谋取不正当利益，给予吕某贿赂，犯罪数额为100万元。

吕某成立受贿罪（斡旋受贿）。吕某利用本人地位所形成的便利条件，与没有上下级或制约关系的覃某进行斡旋，收受他人财物，符合受贿罪（斡旋受贿）的犯罪构成。受贿数额为100万元。理由是：（1）双方都认识到事后又被送回的60万元就是之前退回的60万元；（2）双方并未发生新的请托事项。

覃某成立徇私枉法罪。作为司法工作人员的覃某徇私枉法、徇情枉法，对明知是有罪的人而故意包庇不追究其刑事责任，成立徇私枉法罪。

难度： 难

考点： 受贿罪；行贿罪；徇私枉法罪

命题与解题思路

目前司法实践中已经对"行贿后贿赂款退回又被送还"的问题形成了较为统一的认识，即主要看索要行为的发生是否对应新的请托事项。对此，考生不能模糊地认为数额是100万元或者160万元，而说不出确切的依据。

答案解析：

行贿一段时间以后，因担心被查而全部或部分退回贿赂款，随后又被送还或主动索回的受贿和行贿数额，可以从以下三个方面综合分析：一是看行贿、受贿双方对之后收受或索要（主动或被动交还）财物的主观态度和认识，如果双方主观上能够认识到之后收受或索要（主动或被动交还）的财物是包含在之前退还的财物之中，则收受或索要的财物不宜单独计入受贿金额，该数额也不宜再重复纳入行贿金额。二是看收受或索要行为的发生是否对应新的请托事项。如果之前行贿、受贿行为所对应的请托事项已经完成，之后收受或索要行为的发生是基于新的请托事项，说明在之前权钱交易已经完成的情况下又产生了新的权钱交易。此时，就要将事后所收受或索要的数额作为新的行贿与受贿，纳入之前的行贿、受贿数额内。三是看索要的财物与退还的财物是否具有同一性。如果事后收受或索要财物的金额超过了之前退还财物的金额，则不具有同一性，之前行贿、受贿的行为无法将之后收受或索要财物的行为评价在内。<u>本案中，由于双方都认识到事后又被送回的 60 万元就是之前退回的 60 万元，且双方并未发生新的请托事项，因此，不宜将该 60 万元又累计叠加</u>，即行贿数额与受贿数额（斡旋受贿类型）都是 100 万元，而不是 160 万元。

覃某所犯徇私枉法罪较为清楚，该罪是指司法工作人员徇私枉法、徇情枉法，对明知是无罪的人而使他受追诉，对明知是有罪的人而故意包庇不使他受追诉，或者在刑事审判活动中故意违背事实和法律作枉法裁判的行为。本案中，覃某的行为属于其中的第二种类型，即明知有罪，但故意以不清楚事实为由撤销案件，使其不受追诉。

> **4. 请阐述事实四中吕某和覃某的定罪量刑情节，并说明理由。**

答案： 覃某成立自首，虽然被人举报，但是并未归案；同时成立立功，其检举吕某犯罪事实，经查证属实。

覃某不成立诬告陷害罪。监察机关并未对吕某立案，吕某在立案前的问话阶段就如实供述了犯罪事实，即吕某受贿被查证属实，可以认为没有侵害吕某的人身权法益。

吕某成立自首，立案前电话通知谈话可以认定为吕某并未被采取强制措施，同时，自我辩解是犯罪嫌疑人的权利，不影响自首的认定。

难度： 中

考点： 自首和立功的认定；诬告陷害罪

> **命题与解题思路**
>
> 考查了自首和立功的认定。命题者非常注重细节的考查，案情明确指出"立案前电话通知问话"这说明并非拘传，而只是一般的问话，不影响自首中"自动投案"的认定。

答案解析：

根据《关于处理自首和立功具体应用法律若干问题的解释》的规定，自动投案，是指犯罪事实或者犯罪嫌疑人未被司法机关发觉，或者虽被发觉，但犯罪嫌疑人尚未受到讯问、未被采取强制措施时，主动、直接向公安机关、人民检察院或者人民法院投案。覃某虽被人举报，但并未受到讯问，应认定其投案具有自动性。覃某自动投案，如实供述自己的罪行，成立自首。同时，其举报吕某的犯罪事实，虽没有确切证据（但查证义务并不在举报人，而是侦查机关），但既然检察机关将线索移交给监察机关，且最终经查证属实，则应认定为立功。

需要指出的是，成立诬告陷害罪，需要使司法机关至少对被诬告人采取了立案程序，如果没有经过立案程序，则说明没有对被诬告人的人身权法益造成实质性影响。本案中，覃某虽没有证据证明吕某受贿，但还未等正式立案，吕某就在问话过程中如实交代了犯罪事实，可以认为覃某的行为并未侵害吕某的人身权法益，不构成犯罪。某种意义上，覃的行为更像是一次没有确凿证据的履行公安举报权的行为。

就吕某而言，其只是在立案前被电话通知问话，考生需要注意的是，不能混淆问话与作为刑事强制措施的拘传。拘传只能在刑事立案后对犯罪嫌疑人或被告人使用，如果是拘传，则不能成立自首。本案中，案情明确指出是在"立案前""问话"，因此，并不影响自首的自动性。同时，最高人民法院《关于被告人对行为性质的辩解是否影响自首成立问题的批复》指出，被告人对行为性质的辩解不影响自首的成立。因此，本案中，吕某如实供述收受了洪某贿赂，就已经是如实供述了自己的罪行，辩称只收受了 60 万元，没有妨碍对事实的认定，进而不会影响对立功的认定。

2022 年"回忆版"金题

一、试 题（本题 31 分）

案情：

王某与郑某成立了一家公司，但由于经营不善，一直亏损。某日，二人合谋骗取银行贷款，王某让郑某伪造各种贷款材料，郑某遂伪造了部分材料，同时欺骗某保险公司的工作人员，让保险公司对其贷款提供保险，保险公司因未能识破骗局而同意。王某与郑某从银行获得 600 万元贷款后逃匿。贷款到期后，银行向保险公司追偿，保险公司就银行贷款本息进行了赔付。事后查明，王某对郑某欺骗保险公司的事情完全不知情。（事实一）

王某与郑某逃往外地后，侵入陈某所有的长期无人居住的住宅内，在该住宅生活多日。（事实二）

某日，王某趁郑某熟睡时打开其手机支付宝，发现支付宝余额有 3000 元，而且绑定了一张银行卡。王某遂将郑某银行卡中的 2 万元转入郑某的支付宝余额，然后从支付宝余额中将 2 万元转入自己的支付宝，并删除了郑某手机上的相关短信和信息。（事实三）

次日，郑某发现银行卡里少了 2 万元，就问王某，王某矢口否认。后郑某将王某反锁在一个房间内近 50 个小时，不让其吃喝。待王某无力反抗后，郑某逼迫王某承认未果，遂将王某从二楼推下，致其重伤，郑某随后逃走。（事实四）

问题：

1. 就事实一中郑某行为的认定，主要有两种观点：第一种观点认为，郑某仅对保险公司成立保险诈骗罪；第二种观点认为，郑某既对银行成立贷款诈骗罪，又对保险公司成立保险诈骗罪，二者为牵连犯，应当从一重罪处罚。请说明两种观点的理由与不足（如果认为有）。你持什么观点（可以是两种观点之外的观点）？理由是什么？

2. 就事实一中王某行为的定性（包括犯罪形态），可能存在哪些观点？各种观点的理由是什么？

3. 就事实二，王某与郑某的行为是否构成非法侵入住宅罪？理由分别是什么？

4. 就事实三的认定，主要存在两种观点：第一种观点认为，王某的行为构成盗窃罪；第二种观点认为，王某的行为构成信用卡诈骗罪。请说明两种观点的理由与不足（如果认为有）。你持什么观点（可以是两种观点之外的观点）？理由是什么？

5. 就事实四的认定，一种观点认为，对郑某的行为只能认定为故意伤害（重伤）罪。请问这种观点的理由与不足是什么？

二、答案精讲

> 1. 就事实一中郑某行为的认定，主要有两种观点：第一种观点认为，郑某仅对保险公司成立保险诈骗罪；第二种观点认为，郑某既对银行成立贷款诈骗罪，又对保险公司成立保险诈骗罪，二者为牵连犯，应当从一重罪处罚。请说明两种观点的理由与不足（如果认为有）。你持什么观点（可以是两种观点之外的观点）？理由是什么？

答案：

（一）观点一

1. 理由：

（1）根据诈骗犯罪中财产损失认定的整体财产说，银行获得了保险公司的担保，一开始就不会有损失，缺乏贷款诈骗罪中"被害人遭受财产损失"这一客观要件。

（2）郑某伪造材料，欺骗保险公司对贷款提供担保，进而故意造成财产损失的保险事故（不还贷），使得保险公司遭受了财产损失，根据《刑法》第198条第1款第4项的规定，构成保险诈骗罪。

2. 不足：

（1）郑某取得的贷款来自银行，如果否定贷款诈骗罪，就意味着郑某是通过欺骗保险公司获得了贷款，但保险公司对于银行贷款根本没有处分权限，不可能成立三角诈骗。如果仅认定保险诈骗罪，违背了诈骗类犯罪的基本构造。

（2）银行所遭受的财产损失是刑法所应评价的，而事后对财产损失的追回或者弥补则属于民事行为，不能因为银行享有追偿权就否定其遭受了财产损失。另外，所谓行使追偿权，就已经意味着银行存在财产损失，否则就无权行使追偿权了。

（3）郑某前后实施的行为完全相同，主观内容也完全相同，如果要根据事后银行是不是向保险公司完全兑付了自己本应获得的利益这一偶然情况来决定其是成立一罪还是数罪，明显不当。

（二）观点二

1. 理由：

（1）立足于诈骗犯罪中财产损失认定的实质的个别财产损失说，银行在郑某成功实施骗取贷款的行为时点已经遭受了财产损失，被告人的行为完全符合贷款诈骗罪的构成要件，应当成立贷款诈骗罪（既遂）。

（2）郑某伪造材料，虚构保险标的，骗取保险公司对贷款提供担保，使得保险公司遭受了财产损失，根据《刑法》第198条第1款第1项的规定，构成保险诈骗罪。

（3）郑某诈骗保险公司让其提供贷款担保的行为，是为了更好地获取银行信任，进而达到骗取银行贷款的目的之手段，因此，属于手段与目的的牵连，应当从一重罪处罚。

2. 不足：

（1）既成立保险诈骗罪，又成立贷款诈骗罪，等于重复评价了财产损失，不利于保障犯罪嫌疑人的人权。

（2）针对银行贷款的诈骗，由于设定了担保，因此属于民事纠纷。

（3）两罪之间，不属典型的手段与目标关系。择一重处，如以重罪贷款诈骗罪论处，则与实际财产损失人为保险公司的事实违背。

（三）我赞同的观点及理由

1. 观点：既构成保险诈骗罪，又构成贷款诈骗罪，两者成立牵连犯，从一重处罚。

2. 理由：

（1）在判断损失时，应综合考虑交易目的是否达成等，银行贷款的目的是通过正常借贷交易获利，而不是获得随时会被停止兑付的担保金，银行如果知道实情，是不会发放贷款的。因此，银行在交付贷款之时，就已经存在财产损失了。

（2）行为人向银行贷款时，必须提供抵押担保，而不只是"通常"要提供担保。另外，"双重诈骗"案件已经相当普遍，这本身就足以说明骗取担保与骗取贷款之间具有通常性。因此，对"双重诈骗"案件应以牵连犯论处。

（3）以贷款诈骗罪从一重处罚，并非数罪并罚，没有实质性的重复评价结果。按照重罪贷款诈骗罪论处，并不意味着否定保险公司不是被害人，因为牵连犯是处断的一罪，在起诉书和判决书中都会说明对保险公司成立保险诈骗罪。

难度：难

考点：保险诈骗罪；贷款诈骗罪；罪数；共犯；财产损失的认定；保险的效力

> **命题与解题思路**
>
> 本题在司法实践中有一近似的原型案件，即"卢某某合同诈骗案"，该案发生后，引发了学界和实务界的广泛讨论。其中有两种具有代表性的观点，即认为只对骗取担保行为构成合同诈骗罪和既成立合同诈骗罪又成立贷款诈骗罪。本题在该案事实的基础上做了一定的修改，但整体而言，出题者的命题思路基本与学界和实务界几种代表性观点一致。本小题主要考查"两头骗"或称为"双重诈骗"（欺骗保险公司担保和骗取银行贷款）的行为定性，在内容上，涉及保险诈骗罪、贷款诈骗罪、罪数、共犯、财产损失的认定、保险的效力等问题，在考查方式上，该题较之前两年，更进一步地使用了观点展示这一设问方式，即不但给出了结论，要求对结论说明理由，还进一步问其不足是什么？你赞同哪种观点，理由是什么？考生在回答时，不应该有疏漏，同时也要注意在论述不同观点的理由和不足时，不要讲"车轱辘话"，注意节省考试时间。总之，该小题不论在考点内容还是出题形式上，都非常考验考生的理论基本功。

答案解析：

就第一小题郑某的行为定性来说，存在一个核心问题，即如何评价银行向保险公司完全兑付了保险金这一事实，从刑法角度说，这关系到诈骗类犯罪中的财产损失如何认定的问题，学界又有整体财产说和个别财产说，如果考生不知道这一理论，虽然也可能作出大致的判断，但却缺乏论证的深度。根据诈骗犯罪中财产损失认定的整体财产说，银行一开始就没有损失，缺乏贷款诈骗罪中"被害人遭受财产损失"这一客观要件，不属于本案的被害人。而立足于诈骗犯罪中财产损失认定的实质的个别财产损失说，银行在郑某成功实施骗取贷款的行为时点已经遭受了财产损失，被告人的行为完全符合贷款诈骗罪的构成要件，应当成立贷款诈骗罪（既遂）。在此基础上，要认识到银行所遭受的财产损失与其事后对财产损失的追回或者弥补是不同的概念，前者是被告人骗取贷款行为所造成的刑事法益侵害结果；后者是银行实现对保险公司的追偿权的民事法律后果，二者不能笼统地混为一谈，不能因为银行享有追偿权就否定其遭受了财产损失。另外，所谓行使追偿权，就已经意味着银行存在财产损失，否则就无权行使追偿权了。需要提醒考生的是，张明楷老师的立场是实质的个别财产损失说。

本题还涉及一个很重要的理论点，即诈骗罪的素材同一性理论。所谓素材同一性要求行为人所获得的非法利益与被害人的财产损失必须是由同一个财产处分行为所致。如果认为郑某的行为只构成保险诈骗罪而不构成贷款诈骗罪，那么，这就违背了诈骗罪的素材同一性。具体而言，郑某取得的贷款出自银行，而非保险公司，如果否定郑某构成针对银行的贷款诈骗罪，就意味着郑某是通过欺骗保险公司取得了贷款，但保险公司对于银行贷款根本没有处分权限，不可能成立三角诈骗。换言之，在郑某非法占有银行存款的情况下，仅认定郑某对保险公司构成保险诈骗罪，违背了作为诈骗类犯罪的基本构造。

> **2. 就事实一中王某行为的定性（包括犯罪形态），可能存在哪些观点？各种观点的理由是什么？**

答案：郑某诈骗保险公司的行为系共犯实行过限，对王某行为的定性有以下三种观点。

观点一：王某的行为成立贷款诈骗罪，但属于犯罪预备。郑某向银行提供担保之时，就阻却了贷款诈骗罪的成立，王某的行为系因意志以外的原因停止在贷款诈骗罪的"准备工具"阶段，成立贷款诈骗罪的犯罪预备。

观点二：王某的行为成立贷款诈骗罪，但属于犯罪未遂。郑某伪造贷款材料，并向银行提交的行为属于贷款诈骗罪的着手，只是最终因为银行没有遭受损失而未达既遂状态，王某的行为成立贷款诈骗罪的未遂。

观点三：王某的行为成立贷款诈骗罪，属于既遂。银行放贷之时，贷款诈骗罪就宣告既遂，王某的行为成立贷款诈骗罪的既遂。

难度：难

考点：共同犯罪的形态；共犯实行过限

> **命题与解题思路**
>
> 本题考查了法考中的核心知识点，即共同犯罪理论，同时涉及犯罪形态问题，主要是判断王某的行为的完成形态。考生可以结合共同犯罪中的共犯实行过限问题，将可能成立的观点展示出来。

答案解析：

共同正犯的法律后果是"部分实行，全部负责"，即某个正犯虽然只实施了一部分实行行为，但也需要对其他正犯制造的违法事实负责，不过，对于超出共同犯罪故意的行为，则属于共犯实行过限行为，不知情的共犯人将无需对此负责。在共同犯罪中，只要共犯人中没有人中止或脱离，那么，共同犯罪的形态与各个共犯人的犯罪形态，就基本上是统一的，即一人着手，其他共犯人不可能停留在犯罪预备阶段，一人既遂，其他共犯人均既遂。本题中，就贷款诈骗行为而言，根据郑某行为的犯罪形态，我们可用来认定王某的犯罪形态。

3. 就事实二，王某与郑某的行为是否构成非法侵入住宅罪？理由分别是什么？

答案：如果认为该住宅系被废弃或者因达不到居住条件（如是新房，但一直未装修）而长期无人居住的话，则二人不能构成非法侵入住宅罪。因为该罪保护的是居住的安宁，既然不存在居住的可能性，那么也不会侵犯他人居住的安宁。

如果认为该住宅具有供人居住的条件，只是其所有人陈某因事而没有返回居住，还存在随时返回的可能性，则二人的行为构成非法侵入住宅罪。因为既然随时可以返回，说明居住还在继续，还是侵犯了居住的安宁状态。住宅只是事实上供人充实日常生活所使用的场所，不要求居住者一直生活在其中。

难度：中

考点：非法侵入住宅罪的认定

> 💡 **命题与解题思路**
>
> 本题其实也是观点展示题，因为设问中写的是"分别是什么"，但这一题考查的点较为单一，就是考查非法侵入住宅罪中住宅的认定，可以说难度不大。

答案解析：

非法侵入住宅罪的认定要结合本罪的法益考查，本罪的法益我们认为是居住的安宁，<u>如果侵入某处住宅根本不可能侵犯人的居住安宁，将不能认定为非法侵入住宅罪</u>。当然，所侵犯到的居住安宁不是指被侵入的同时必须有人合法居住在其中。而是只要没有被废弃且具有居住的基本条件，就可以基本肯定其能够成为非法侵入住宅罪的对象。

4. 就事实三的认定，主要存在两种观点：第一种观点认为，王某的行为构成盗窃罪；第二种观点认为，王某的行为构成信用卡诈骗罪。请说明两种观点的理由与不足（如果认为有）。你持什么观点（可以是两种观点之外的观点）？理由是什么？

答案：观点一的理由（本人所持观点，该观点不存在不足）：王某的行为系违背郑某意志，而不是使郑某产生了处分财产的认识错误进而基于有瑕疵的意志处分了财产。另外，财产性利益也是盗窃罪所侵犯的对象，银行卡中的钱属于郑某对银行的债权，转到郑某支付宝并最终转到王某支付宝的行为，属于非法占有郑某债权的盗窃行为。

观点二的理由：根据《关于办理妨害信用卡管理刑事案件具体应用法律若干问题的解释》第5条第2款第3项的规定，"窃取、收买、骗取或者以其他非法方式获取他人信用卡信息资料，并通过互联网、通讯终端等使用的"，属于"冒用他人信用卡"的情形。本案中，王某通过郑某绑定了银行卡的支付宝，非法获取了郑某的银行卡资料，并最终通过支付宝将该卡中的钱转了出来，归根结底，钱来源于银行卡，属于"冒用他人信用卡"类型的信用卡诈骗罪。

观点二的不足："通过互联网、通讯终端等使用"应指在互联网或者通讯终端上直接使用了信用卡的账号、密码等情形，不能认为凡是资金最终源于信用卡的就是使用信用卡。王某将郑某银行卡中的2万元转入郑某的支付宝余额，这一行为输入的是支付宝支付密码，而非银行卡密码，从郑某支付宝余额中将2万元转入自己的支付宝，也未使用该卡的账号和密码，因此，王某不构成信用卡诈骗罪。

难度：中

考点：信用卡诈骗罪与盗窃罪的区分

> 💡 **命题与解题思路**
>
> 本题主要考查《关于办理妨害信用卡管理刑事案件具体应用法律若干问题的解释》第5条第2款第3项的规定究竟如何理解。应该说难度不是很大，当然，如果对于支付宝和所绑定的银行卡相互间如何转账不太熟悉的话，还是可能会做错。

答案解析：

"窃取、收买、骗取或者以其他非法方式获取他人信用卡信息资料，并通过互联网、通讯终端等使用的"，属于"冒用他人信用卡"的情形。我们认为，这里的<u>"使用"是指直接使用了信用卡的卡号、密码等情况，而非只要动了银行卡里的钱，就是使用</u>。本题中，发卡银行不存在任何陷入错误认识之处，因此就不可能成立信用卡诈骗罪。

5. 就事实四的认定，一种观点认为，对郑某的行为只能认定为故意伤害（重伤）罪。请问这种观点的理由与不足是什么？

答案：理由：认为郑某对王某的行为，应适用《刑法》第238条第2款后半段"使用暴力致人伤残、死亡的，依照本法第二百三十四条、第二百三十二条的规定定罪处罚"。同时，认为这里的暴力，既包括不具有伤害、杀害意图的暴力，也包括具有伤害、杀害意图的暴力。

不足之处：（1）郑某非法拘禁王某的行为，已经成立非法拘禁罪既遂，后又在拘禁行为之外产生了故意伤害的意图，进而推王某下楼，其实已经构成非法拘禁罪和故意伤害罪，理应数罪并罚。（2）如果不处罚非法拘禁行为，会造成对郑某行为评价的遗漏，不利于保护王某的人身自由法益，违背罪责刑相适应原则。

难度：难

考点：非法拘禁罪结果加重犯的理解

> 💡 **命题与解题思路**
>
> 本题主要考查《刑法》第238条第2款后半段"使用暴力致人伤残、死亡的，依照本法第二百三十四条、第二百三十二条的规定定罪处罚"的理解，这一问题相对较为复杂，涉及与前半段以及数罪并罚情况的界分。但细心的考生可能会发现，去年法考刑法主观题中就考过一道非常相似的题。另外，本题也没有让考生表述自己持什么观点及其理由。因此，可以说是降低了难度。

答案解析：

基于罪责刑相适应原则，应将《刑法》第238条第2款后半段"使用暴力致人伤残、死亡的，依照本法第二百三十四条、第二百三十二条的规定定罪处罚"理解为法律拟制，即该半段是将虽然造成了伤害和死亡的结果，但却不具有伤害、杀害意图的暴力行为，拟制为故意伤害罪和故意杀人罪，也即该半段的<u>"暴力"只限于在拘禁行为之外不具有伤害或杀害意</u>

图的暴力。如此，郑某的行为由于明显具有伤害的故意，因此，不适用该半段的规定，不能拟制为故意伤害罪，而应该认定为非法拘禁罪、故意伤害罪，数罪并罚。

2021年"回忆版"金题

一、试题（本题31分）

案情：

赵某以威胁网上曝光隐私为由，向周某索要10万元，周某被迫同意，按照赵某指示将10万元放入指定的垃圾桶。赵某告诉刘某此事，并让刘某去周某放钱的垃圾桶处拿到了10万元，两人各分得5万元。（事实一）

某日，赵某从窗户翻入顶楼的王某家，盗窃一台笔记本电脑，得手后从楼道逃走时遇到李某，误认为李某是王某，为了窝藏赃物而将李某打伤。后查明，李某是要去楼上贴小广告，并不知道赵某的行为。（事实二）

赵某因为杨某欠自己钱不还，告诉了刘某，刘某建议赵某拘禁杨某，二人遂拘禁了杨某。杨某说："反正我没钱，你们爱怎么就怎么样。"拘禁两日后，刘某提议砍下杨某一个大拇指，赵某同意，二人遂砍下杨某右手大拇指，造成杨某重伤。（事实三）

赵某回家后，将杨某一事告知其妻谢某，谢某劝赵某自首，不然就离婚并带走两个孩子。赵某恼羞成怒，使用皮带意图勒死谢某。谢某大声呼救，引来两个孩子（一个3岁，一个5岁）。赵某觉得在孩子面前杀害妻子对孩子影响不好，遂停止勒杀行为，最终仅造成谢某轻微伤。（事实四）

问题：

1. 就事实一，关于刘某的行为定性，可能存在哪几种意见？各自理由是什么？
2. 就事实二，关于赵某的行为定性，可能存在哪几种意见？各自理由是什么？
3. 就事实三，关于赵某和刘某的行为定性，可能存在哪几种意见？各自理由是什么？
4. 就事实四，关于赵某杀人行为的未完成形态，可能存在哪几种意见？各自理由是什么？

二、答案精讲

1. 就事实一，关于刘某的行为定性，可能存在哪几种意见？各自理由是什么？

答案： 可能存在两种处理意见。

其一，构成敲诈勒索罪。赵某虽然完成了恐吓行为，但还没有完成取财行为，此时刘某参与其中，属于承继的共同正犯，成立敲诈勒索罪的共犯。

其二，构成掩饰、隐瞒犯罪所得罪。周某已将财物置于指定地点，一般人不会知道垃圾桶里有钱，赵某已实现了对财物的占有，敲诈勒索罪已既遂。刘某明知是犯罪所得而转移，成立掩饰、隐瞒犯罪所得罪。

难度： 难

考点： 敲诈勒索罪及其完成形态；承继的共犯；掩饰、隐瞒犯罪所得罪

> **💡 命题与解题思路**
>
> 本题主要考查考生对敲诈勒索罪的犯罪完成形态的标准、承继的共同正犯和掩饰、隐瞒犯罪所得罪的理解。本题中，刘某是否成立承继的共同正犯，相对容易判断。但可能有同学没有想到刘某还可能构成掩饰、隐瞒犯罪所得罪，因而造成疏漏，这就需要对常考的分则罪名比较熟悉。另外，本题中，这几个知识点其实是交织在一起的，环环相扣，这需要考生平时在复习时形成良好的逻辑意识。

答案解析：

承继的共同犯罪是指先行行为人已经实施了一部分犯罪行为，在其实行行为尚未全部实行终了的时候，后行为人明知这一犯罪事实而参与进来，或单独或与先行行为人一同，将剩余行为实行完毕的共犯形态。根据"部分实行，全部负责"的原则，后行为人不仅只承担自己实行行为部分所造成的后果，而是要对犯罪的全部后果承担责任，但是对于自己加入之前就已经造成的加重结果，则无需承担责任。如果承认这一概念，同时又主张赵某的行为还未既遂。那么，刘某就构成敲诈勒索罪。原因在于，敲诈勒索罪的客观实行行为包括手段行为（恐吓行为）和目的行为（取财行为）。赵某虽然完成了恐吓行为，但还没有完成取财行为，即还没有排他性地占有财物，此时刘某在敲诈勒索实行过程中参与犯罪，属于承继的共同正犯，成立敲诈勒索罪。而如果主张赵某的行为已经既遂，则不存在成立承继共犯的空间。具体而言，被害人周某已经将财物按照赵某的指示置于指定地点，一般人也不会知道该垃圾桶里有大量现金，因此，可以认为赵某已经实现了对财物的占有，敲诈勒索行为已经既遂，这时已经不具备成立承继的共同正犯的前提条件，只能否定成立敲诈勒索罪的共犯。但刘某明知该笔钱是敲诈勒索的犯罪所得，而转移该笔赃款，成立掩饰、隐瞒犯罪所得罪。

2. 就事实二，关于赵某的行为定性，可能存在哪几种意见？各自理由是什么？

答案： 可能存在以下两种处理意见。

其一，成立抢劫罪。赵某为窝藏赃物，对第三人当场实施暴力，而《刑法》第269条对第三人是否知情并无限制。因此，赵某的行为符合转化型抢劫的要件，成立抢劫罪。

其二，成立盗窃罪与故意伤害罪，数罪并罚。"为窝藏赃物、抗拒抓捕"的对象必须是抓捕者或夺取财物者，李某并非其中之一，因此，赵某的行为不符合转化型抢劫的对象条件。应就前后行为分别认定，成立盗窃罪与故意伤害罪，数罪并罚。

难度： 难

考点： 转化型抢劫

> **💡 命题与解题思路**
>
> 本题主要考查考生对转化型抢劫成立条件的理解。对于转化型抢劫的对象，刑法理论通常认为只能是被害人或者抓捕人，甚至进一步要求被害人和抓捕人认识到行为人实施了盗窃、诈骗或者抢夺罪。但《刑法》第269条中并没有对暴力、胁迫的对象作出限定性要求。而只是要求犯盗窃、诈骗、抢夺罪的行为人出于窝藏赃物等目的而当场实施暴力或者胁迫行为。因此，只要客观上是妨碍行为人实现法定目的的人，就可以成为事后抢劫中的暴力或胁迫的对象。

答案解析：

行为人误以为第三者要夺回财物或者实施抓捕，而对第三者实施暴力或者以暴力相威胁的，是否成立转化型抢劫，理论上存在分歧。肯定说的观点认为，只要存在行为人误认为第三者要夺回财物或者实施抓捕，而对第三者实施暴力或者以暴力相威胁即可，而不要求行为人具有主观妨碍的目的，这种行为仍然成立事后抢劫。否定说的观点认为，行为人终究是意图达到一定目的而实施了暴力、胁迫，因此，该暴力、胁迫与目的达成之间必须存在（客观上的）关联性，否则，对于防止财物被追回，在客观上没有任何意义，如果连这种情形也要认定为事后抢劫罪，并不妥当。

> 3. 就事实三，关于赵某和刘某的行为定性，可能存在哪几种意见？各自理由是什么？

答案：对于赵某和刘某为索取债务拘禁杨某后又使用暴力砍下杨某大拇指的行为定性，可能存在以下两种处理意见。

一是只成立故意伤害罪一罪。《刑法》第 238 条第 2 款后半段中的"使用暴力致人伤残"既包括不具有伤害意图的暴力，也包括具有伤害意图的暴力。因此，定故意伤害罪一罪即可。

二是成立非法拘禁罪、故意伤害罪，数罪并罚。<u>《刑法》第 238 条第 2 款后半段属于法律拟制，即将没有伤害故意的拘禁以外之暴力所致的伤残行为拟制为故意伤害罪</u>。本题案情系拘禁行为以外另起伤害意图的暴力，不符合该要求，应数罪并罚。另外，两人拘禁杨某的行为已构成非法拘禁罪既遂，后又实施伤害行为，只能另成立故意伤害罪既遂，数罪并罚。

难度：难

考点：非法拘禁罪

> 💡 **命题与解题思路**
>
> 本题主要考查考生对《刑法》第 238 条第 2 款后半段规定的理解。对此，考生应该结合该条前半段的规定，作体系性的解释。

答案解析：

基于罪责刑相适应原则，应将《刑法》第 238 条第 2 款后半段"使用暴力致人伤残、死亡的，依照本法第二百三十四条、第二百三十二条的规定定罪处罚"理解为法律拟制，即该半段是将虽然造成了伤害和死亡的结果，但却不具有伤害、杀害意图的暴力行为，拟制为故意伤害罪和故意杀人罪，也即该半段的"暴力"只限于在拘禁行为之外不具有伤害或杀害意图的暴力。如此，赵某和刘某的行为由于明显具有伤害的故意，因此，不适用该半段的规定，不能拟制为故意伤害罪，而应该认定为非法拘禁罪、故意伤害罪，数罪并罚。因此，如果行为人在非法拘禁过程中，产生伤害、杀害故意并实施伤害、杀害行为的，应以非法拘禁罪和故意伤害罪、故意杀人罪实行数罪并罚。另外，由于非法拘禁罪是持续犯，当拘禁行为成立犯罪时就已经既遂。在非法拘禁既遂并持续期间，行为人侵犯被害人另一法益的，理当认定为独立的新罪。

> 4. 就事实四，关于赵某杀人行为的未完成形态，可能存在哪几种意见？各自理由是什么？

答案：可能存在以下两种意见。

一是属于犯罪中止。从心理和物理的角度看，小孩没有力量阻止赵某的行为，其能将杀人行为继续下去，因此，赵某停止犯罪属自动放弃，成立故意杀人罪中止。

二是属于犯罪未遂。从伦理的角度看，赵某面对自己孩子的阻止，难以继续下手杀害孩子的母亲，属于伦理上的不能，因此，系"欲达目的而不能"，成立故意杀人罪未遂。

难度：难

考点：犯罪中止；犯罪未遂

> **命题与解题思路**
>
> 本题主要考查犯罪中止与犯罪未遂的界限，应该注意，弗兰克公式中的"能达目的而不欲""欲达目的而不能"中的"能"与"不能"究竟以何种标准进行判断，理论上存在分歧。考生不能只知该公式，而对其背后的争议不做了解。

答案解析：

就如何判断犯罪中止的自动性问题。一般情况下，应该根据主观说，以行为人的认识为标准进行判断，但其实弗兰克公式中的"能"与"不能"，运用主观标准来判断的话，可能存在多重意义上的理解，因而并不清晰。例如，本题中，赵某勒死妻子谢某，从心理的、物理的角度看，是完全可能的。但从伦理的角度看，在自己孩子面前杀死孩子的母亲，又是不可能的。在类似这样的根据行为人的主观认识难以判断的场合，应当参考客观说进行判断。如果一般人在当时的情况下也会放弃犯罪，行为人放弃的，说明没有理由不给予其特殊预防的必要性，成立未遂；反之，如果一般人在当时的情况下不会放弃犯罪，行为人放弃的，则说明没有特殊预防的必要，成立中止。本案中，一般人都会认为无法继续下去，而最终赵某亦放弃了犯罪，应该认为其成立未遂，即属于"欲达目的而不能"。

2020 年"回忆版"金题

一、试题（本题 34 分）

案情：

2010 年 3 月，某地的刘某与任某为种植沉香，擅自砍伐了国有森林中的 1200 余棵树木，接着种植沉香，一直未被人发现。2016 年 2 月，森林公安局警察王某偶然发现林木被砍伐，但因其与刘某是同学，碍于情面未作处理。刘某与任某继续种植沉香。

2017 年 3 月，王某购买了一套房屋，请刘某负责装修，并将 50 万元转交给刘某，同时提出各种装修要求，实际需 100 万元才能完成装修。刘某请甲装修公司装修，约定价格为 120 万元，完工后刘某只给了 100 万元，装修公司老板钟某要求刘某再付 20 万元。刘某对他说："房主是黑社会的，你要是这样，当心他毁了你的公司。"之后钟某不再提此事。后刘某告知王某花费了 120 万元。王某说："太贵了，我再出 10 万元吧。"刘某推辞一番，收下了该笔钱。

2018 年 7 月，龚某和洪某相约爬山，见到这片沉香树，遂心生盗念。二人盗窃沉香时被刘某和任某发现，洪某胆小，立即逃跑，但龚某为了窝藏所盗沉香，威胁说要向林业主管部门告发，刘某、任某担心自己的非法行为被发现，就让其拿走了价值 2 万元的沉香。

2018年8月，洪某向林业主管部门写信举报此事，工作人员赵某与郑某上山检查，刘某、任某二人为抗拒抓捕，对赵某与郑某实施暴力，后者反击，双方互殴。赵某被刘某、任某打成轻伤，但不能查明是刘某的行为所致，还是任某的行为所致。刘某被打成重伤、任某被打成轻伤，其中刘某的重伤由赵某与郑某共同造成，任某的轻伤则是刘某造成，系刘某在攻击郑某时，郑某及时躲闪，导致刘某错误击中了任某。

问题：

请全面评价本案中刘某、任某、王某、龚某、洪某、赵某、郑某的行为，包括犯罪数额和罪数形态，存在观点争议的请展示观点并说明理由。

二、答案精讲

答案：

（一）关于刘某和任某的行为认定

1. 针对两人擅自砍伐林木的行为，有两种处理意见。其一，根据司法解释，两人没有采伐许可证，不能构成滥伐林木罪，而构成盗伐林木罪需要"以非法占有为目的"，因此，也不构成盗伐林木罪。同理，亦不构成盗窃罪。只能构成故意毁坏财物罪。其二，既然滥伐自己的林木构成滥伐林木罪，那么滥伐他人的林木当然也构成滥伐林木罪，否则就无法评价国家对于该片林木的所有权的侵害。而盗伐只是意味着违反被害人意志擅自采伐，并不以非法占有为前提，因此也构成盗伐林木罪，与故意毁坏财物罪成立想象竞合犯。

2. 刘某给王某装修的行为，成立行贿罪。行贿数额是60万元。王某本应支付120万元装修款，但只支付了60万元，获得了60万元的财产性利益，因此，虽然刘某实际支出只有40万元，但其行贿数额仍是60万元。

3. 刘某对钟某构成诈骗罪和敲诈勒索罪的想象竞合犯，从一重罪处罚。刘某虚构房主是黑社会的事实，使钟某产生认识错误，进而放弃该20万元装修款。同时，该行为也属于敲诈勒索罪中的以害恶相要挟，迫使钟某处分财物，符合敲诈勒索罪的构成要件。

4. 刘某和任某对赵某和郑某实施暴力的行为，构成妨害公务罪和故意伤害罪的想象竞合犯，应从一重罪处罚。对赵某的轻伤，由于刘某、任某系共同犯罪，根据"部分实行，全部负责"原则，无需查清究竟是由谁导致该伤害，两人均应负责，系故意伤害罪既遂。

5. 刘某将任某打成轻伤的行为，属于打击错误。根据具体符合说，对郑某成立故意伤害罪未遂，对任某系过失致人轻伤，不构成犯罪。根据法定符合说，无论攻击的对象是谁，都是故意伤害罪中构成要件的"人"，因此，对任某构成故意伤害罪既遂。

综上，刘某构成故意毁坏财物罪（或盗伐林木罪和故意毁坏财物罪的想象竞合犯与滥伐林木罪）、行贿罪、诈骗罪和敲诈勒索罪的想象竞合犯、妨害公务罪和故意伤害罪的想象竞合犯，数罪并罚。任某构成故意毁坏财物罪（或盗伐林木罪和故意毁坏财物罪的想象竞合犯与滥伐林木罪）、妨害公务罪和故意伤害罪的想象竞合犯，数罪并罚。

（二）关于王某的行为认定

1. 王某故意对刘某和任某毁坏林木的行为不予立案，属于徇私枉法罪中的"对明知是有罪的人而故意包庇不使他受追诉"，构成徇私枉法罪。

2. 王某获得了120万元财产性利益（房屋装修），且其明知这一情况，但仍只支付了60万元，获利60万元的财产性利益，构成受贿罪。与徇私枉法罪应数罪并罚。

（三）关于龚某和洪某的行为认定

1. 龚某和洪某盗窃沉香的行为，构成盗窃罪的共同犯罪，由于在盗窃中被发现，属于犯罪未遂。如果持盗伐林木罪不需要以非法占有为目的的观点，两人构成盗伐林木罪的共犯，属于未遂。龚某以向林业行政主管部门告发相威胁的行为并非以暴力相威胁，而只能认定为以恶害相通告，因此不构成转化型抢劫，构成敲诈勒索罪，属既遂。

2. 由于洪某已逃走，对龚某的威胁行为不负责任，该行为系龚某共犯实行过限的行为。

综上，龚某构成盗窃罪（或盗伐林木罪）、敲诈勒索罪，数罪并罚。洪某只成立盗窃罪（或盗伐林木罪）。

（四）关于赵某和郑某的行为认定

赵某和郑某的行为系正当执法，反抗行为属于正当防卫。赵某和郑某虽然造成了刘某重伤的结果，但并未明显超过必要限度造成重大损害，不属于防卫过当。

难度：难

考点：正当防卫；犯罪未遂；共同犯罪；罪数；犯罪数额；打击错误；故意毁坏财物罪；抢劫罪；盗窃罪；敲诈勒索罪；妨害公务罪；盗伐林木罪；滥伐林木罪；受贿罪；行贿罪；徇私枉法罪

> 💡 **命题与解题思路**
>
> 本题案件事实涉及多段事实材料和多个行为人，这就要求考生在作答时注意对案件事实的全面考察，仔细审视每一段案情。从考查的知识点来看，仍然是在一个题目中将刑法总论、刑法分论的相关知识点融入具体的案件事实中，需要考生对刑法的基本知识有着准确而全面的理解。具体而言，刑法总论部分涉及正当防卫、犯罪未遂（停止形态）、共同犯罪、罪数、犯罪数额、打击错误等知识点，其中共同犯罪、犯罪未遂（停止形态）、罪数等知识点可谓是刑法主观题的重中之重，这就提醒考生对这些重要知识点一定要做到非常熟悉。刑法分论部分涉及侵犯财产罪、妨害社会管理秩序罪、贪污贿赂罪、渎职罪等章节，涵盖了妨害公务罪、抢劫罪、盗窃罪、敲诈勒索罪、受贿罪、行贿罪、徇私枉法罪等常考的罪名。需要注意的是，2020年考到了故意毁坏财物罪、盗伐林木罪等考生可能还不怎么熟悉的一些罪名，但这些罪名由于具有一定的理论争议，适合出题，因此，也属于考生应当掌握的知识点。

答案解析：

（一）关于刘某与任某的行为认定

1. 关于刘某与任某采伐林木行为的刑法认定，有一个争议点，即是否构成盗伐林木罪。根据《关于公安机关管辖的刑事案件立案追诉标准的规定（一）》的规定，该罪成立需要以非法占有为目的，但张明楷教授认为，非法占有目的并不是盗伐林木罪的特别要素，只要行为人擅自采伐并非自己所有的林木，就构成盗伐林木罪。① 因此，产生了相关观点展示（当然，如果系客观题，则依据该司法解释的规定）。另外，就是否构成滥伐林木罪，其实也有争议，《关于审理破坏森林资源刑事案件适用法律若干问题的解释》第5条第1款规定："具有下列情形之一的，应当认定为刑法第三百四十五条第二款规定的'滥伐森林或者其他林木'：（一）未取得采伐许可证，或者违反采伐许可证规定的时间、地点、数量、树种、方式，任意采伐本单位或者本人所有的林木的；（二）违反森林法第五十六条第三款的规定，

---

① 张明楷：《盗伐、滥伐林木罪的重要问题》，载《上海政法学院学报》2021年第5期

任意采伐本单位或者本人所有的林木的；（三）在采伐许可证规定的地点，超过规定的数量采伐国家、集体或者他人所有的林木的。"刘某与任某的行为要么采伐的不是本单位所有或者本人所有的林木，要么没有林木采伐许可证（超过林木采伐许可证的规定之前提是存在林木采伐许可证），因此，均不符合。但张明楷教授认为，既然在没有采伐许可证的情况下，采伐本人所有或者本单位所有的林木都构成滥伐林木，那么，没有采伐许可证而采伐他人所有的林木当然也应构成本罪。① 基于司法解释和学界有力观点的考虑，本题作为观点展示题，可以分别从这两个方面展开作答。

2. 关于刘某威胁钟某拒不支付 20 万元装修款的行为。一方面，刘某对钟某实施威胁而不支付 20 万元装修款的行为构成敲诈勒索罪。在构成要件上，房屋装修结束后，钟某执意要求刘某再付 20 万元。刘某对钟某说："房主是黑社会的，你要是这样，当心他毁了你的公司。"通过对钟某实施胁迫，使钟某产生恐惧心理，不再索要装修款。刘某的行为符合敲诈勒索罪的构成要件。另一方面，该行为也符合诈骗罪的构成要件，刘某基于非法占有的目的，虚构事实，谎称房主是黑社会成员，让钟某产生了"如果再要公司就会被毁"的错误认识，进而在该认识之下放弃了自己的债权，使得刘某被免除了该债权。因此，也符合诈骗罪的构成要件。成立想象竞合犯，从一重论处。

3. 关于刘某给予王某房屋装修利益的行为。房屋装修属于财产性利益，按照《关于办理贪污贿赂刑事案件适用法律若干问题的解释》第 12 条的规定，对于贿赂犯罪中财产性利益的数额认定，以实际支付或者应当支付的数额计算。本案中装修款实际需支付 120 万元，事后刘某告知王某的装修款款数额也是 120 万元，但刘某实际只收取了王某 60 万元，另外 60 万元系刘某给予王某的财物，应当构成行贿罪，犯罪数额为 60 万元。

4. 刘某与任某暴力抗拒抓捕的行为。刘某与任某共同构成妨害公务罪。二人对正在依法执行职务的赵某与郑某实施暴力，构成妨害公务罪，二人系共同犯罪。本案中，赵某被打成轻伤，该轻伤由刘某、任某造成，<u>虽然不能查明是刘某的行为所致，还是任某的行为所致，但共同正犯时，"部分实行，全部负责"</u>，刘某和任某均成立妨害公务罪。

5. 本题中，还需要注意一个事实，即任某的轻伤是由刘某的打击错误造成的。按照题干中的描述，是刘某在攻击郑某时，郑某及时躲闪，导致刘某击中了同伙任某。<u>对于刘某的这一行为，属于刑法上的偶然防卫。对于偶然防卫能否认定为正当防卫，存在不同观点的争议</u>：第一种观点认为，正当防卫的成立要求具有防卫意识，偶然防卫缺乏防卫意识，且造成了侵害结果，因而成立犯罪；第二种观点认为，正当防卫的成立不要求具有防卫意识，偶然防卫成立正当防卫。<u>争议的焦点在于成立正当防卫是否要求具有防卫意识</u>，考生可以就此进行观点展示并就自己所赞成的观点进行阐述。

（二）关于王某的行为认定

1. 关于王某使刘某、任某砍伐林木的犯罪不受追诉的行为，涉及徇私枉法罪的认定问题。根据《刑法》第 399 条的规定，徇私枉法罪是指司法工作人员徇私枉法、徇情枉法，对明知是无罪的人而使他受追诉、<u>对明知是有罪的人而故意包庇不使他受追诉</u>，或者在刑事审判活动中故意违背事实和法律作枉法裁判的行为。本题中，王某是森林公安局的警察，属于司法工作人员。王某发现林木被砍伐后，负有刑事追诉的职责，但因其与刘某是同学，碍于情面，而对其违法采伐林木的行为未作任何处理，属于《刑法》第 399 条中"明知是有罪的人而故意包庇不使他受追诉"的情形，构成不作为的徇私枉法罪。

---

① 张明楷：《盗伐、滥伐林木罪的重要问题》，载《上海政法学院学报》2021 年第 5 期

2. 关于王某接受刘某的房屋装修利益的行为，涉及受贿罪的认定。王某找到刘某为其装修，给了刘某50万元，同时提出了装修要求，实际需要花费100万元，这属于索贿。贿赂犯罪中的"财物"，《关于办理贪污贿赂刑事案件适用法律若干问题的解释》对此作了明确的规定，将财物的范围扩大到财产性利益，包括可以折算为货币的物质利益如房屋装修、债务免除等，以及需要支付货币的其他利益如会员服务、旅游等。

3. 关于王某的罪数认定，涉及徇私枉法罪与受贿罪的适用问题，这是本题的一个隐藏考点。《刑法》第399条第4款应当是针对司法工作人员先"收受"贿赂，然后再犯徇私枉法等罪的，才以一罪论处。但是，在司法工作人员犯徇私枉法罪之后，明知对方的财物是自己职务行为的不正当的报酬而收受该财物的，应当实行数罪并罚。本案中，王某是先实施了徇私枉法罪，之后才在房屋装修中主动索取贿赂（房屋装修款的财产性利益）。注意，其是主动索取，而非收受，这样的话，更应该实行数罪并罚，而非以一罪论处。

（三）关于龚某和洪某的行为

1. 龚某和洪某二人构成盗窃罪，系盗窃罪的共同犯罪，且属于盗窃未遂。二人在爬山时见到沉香树，进而在实施盗伐时，被人发现，洪某逃跑，二人的行为属于盗窃罪未遂。当然，如果持盗伐林木罪不需要以非法占有为目的的观点，那么，二人的行为又可以被认为构成盗伐林木罪未遂。

2. 龚某威胁刘某、任某的行为构成敲诈勒索罪，而不构成抢劫罪。龚某对刘某和任某是以向林业行政主管部门告发相威胁的，这并不属于以"暴力"相威胁，也没有使对方不敢反抗，因此，不构成抢劫罪或者转化型抢劫，而只成立以恶害相通告的敲诈勒索罪。龚某实施敲诈勒索时，洪某已经逃走，且敲诈勒索罪属于龚某和洪某共同盗窃之外的其他犯罪行为，超出了两人共同盗窃的故意范围，系共犯的实行过限，洪某对此不承担责任。

（四）关于赵某和郑某的行为

赵某和郑某系林业部门的工作人员，在接到举报后上山检查系依法履行职务的正当行为。在依法履行职务过程中，刘某和任某抗拒抓捕，赵某和郑某遭受了暴力侵害，其合法权益面临着正在发生的不法侵害，赵某和郑某予以还击的行为是依法进行的正当防卫行为。虽然造成了刘某重伤的结果，但并未明显超过必要限度造成重大损害。因此，赵某和郑某的行为属于正当防卫，依法不构成犯罪。

可能有考生注意到题目中提到了双方"互殴"，因而可能以为赵某和郑某的行为并不具有正当性。但刑法上的相互殴打，如聚众斗殴罪、故意伤害罪中的"互殴"，无不是界定为双方都以侵害对方身体的意图进行相互攻击的行为，相互斗殴的双方都不是正当防卫。本案中，赵某和郑某是在依法执行职务时遭受了暴力侵害因而予以还击，两人并无侵害对方的意图，因而不影响其正当防卫的认定。

2019年"回忆版"金题

一、试题 （本题35分）

案情：

1995年7月，在甲市生活的洪某与蓝某共谋抢劫，由蓝某事前打探了被害人赵某的行踪，二人决定于同年7月13日20:00对赵某进行抢劫。7月13日晚19:55，洪某如约到达现场，但蓝某则迟迟未出现。赵某出现后，洪某决定独自抢劫赵某。洪某使用事前准备的凶器击打赵某的后脑部，致其昏倒在地不省人事。此时蓝某来到了现场，与洪某共同取走了赵某身上价值2万余元的财物。随后，蓝某离开现场。洪某误以为赵某已经死亡，便将其扔进附近的水库致其溺亡（经鉴定赵某死前头部受重伤）。后洪某逃至乙市，化名在某保险公司做保险代理。

2016年9月，洪某被保险公司辞退后回到甲市。由于没有经济来源，洪某打算从事个体经营。洪某使用虚假的产权证明作担保，从A银行贷款30万元用于经营，后因经营不善而难以偿还贷款。为了归还贷款，洪某想通过租车用于质押骗取他人借款。洪某从B汽车租赁公司的员工钱某处得知，所有的汽车都装有GPS系统，如果他将汽车开出去质押，超过一段时间B公司还可以找到车子，将汽车开回。洪某心想，即使自己欺骗了B公司，租赁届满时B公司也可以将汽车追回，因而不会有财产损失。于是，洪某于2017年3月12日以真实身份与B公司签订了租车合同，租用了一辆奥迪汽车，约定租期1周，并在租车时交付了租金。租到车辆后，洪某伪造奥迪车的相关证明文件，找到C小贷公司负责人孙某，提出用自己的奥迪汽车贷款。孙某信以为真，将奥迪车留在公司（但没有办理质押手续），借给洪某50万元，要求洪某1周后归还本息。1周后，B公司发现洪某并未归还所租车辆，遂通过GPS找到车辆所在位置，并于深夜将汽车开走。洪某用从C公司借来的50万元归还了A银行的贷款30万元。孙某发现自己上当后报警。

公安机关以洪某犯诈骗罪为由，在网上通缉洪某。洪某通过公安部网上发布的通缉令发现公安部门尚未掌握其1995年的犯罪事实，便找到甲市生态环境局副局长白某，给白某5万元，试图让他为自己说情。白某与公安局副局长李某联系，请其帮忙。李某假意答应，但通过联系白某套取了洪某的住所信息，翌日带领警察将洪某抓捕归案。在讯问中，洪某承认自己向C公司借钱、向B公司借车质押的事实，但否认对B公司构成犯罪，且并未如实交代自己1995年的犯罪事实，但交代了自己实施的另一桩罪行，并检举了黄某和程某的犯罪行为。

洪某交代的另一桩犯罪事实发生于2016年10月，某日他进入政府部门办公室，发现办公桌上有一个信封，趁无人之际将其拿走。打开后发现里面有8000元现金和一张背后写有密码的银行卡。洪某拿取现金后将银行卡交给其妻青某，并谎称"这是我捡来的银行卡，你去商场买点衣服"。青某信以为真，但未按照洪某的嘱咐去商场买衣服，而是去自动柜员机上取出4万元，对此洪某并不知情。

洪某称黄某与程某的犯罪事实是他在和程某喝酒时，程某酒醉后说出的。当时黄某要求程某去伤害自己的前妻周某。程某问要伤害到什么程度，黄某称伤她一条手臂，造成轻伤即可，事成之后给20万元，并先行支付了10万元。程某依约前往小巷堵住周某去路，掏出水果刀并大喊"有人雇我来伤你，给我30万元，不然我真的照做"。周某说"我才不相信你"。程某用水果刀去刺周某，周某慌乱中用手臂抵挡，导致自己身受轻伤。但周某身患白血病，因血流不止而身亡。程某对此并不知情，而黄某却一清二楚。

事后程某向黄某讨要报酬，黄某说我只是让你伤她你却杀了她，没钱给你。程某气急败坏，将黄某打成重伤后离去。

在公安机关的持续讯问下，洪某最终交代了自己于1995年所犯的罪行（公安机关知晓该案件并立案侦查，却没有锁定特定的犯罪嫌疑人）。

问题：

请按案情描述顺序分析各行为人的刑事责任（包括所犯罪行的性质、犯罪形态、共同犯罪、罪数等），需简述相应理由。如有争议的观点请展示，并阐述自己的看法。

二、答案精讲

答案：

（一）洪某行为的定性部分

1. 洪某与蓝某构成抢劫罪的共同犯罪既遂。

2. 洪某实施抢劫时，使用暴力将赵某打成重伤，成立抢劫致人重伤的结果加重犯。

3. 洪某将赵某扔进水库，属事前故意。学界对此有两种观点：其一认为，抢劫暴力行为构成抢劫致人重伤，抛"尸"构成过失致人死亡罪，两者数罪并罚。其二认为，由于第一个行为具有导致死亡结果的重大危险，介入第二个行为，即抛"尸"行为并不异常，所以应该肯定第一个行为与结果之间的因果关系，能够将结果归属于第一个行为。我赞同第二种观点。

4. 洪某向 A 银行贷款的行为，由于其意图归还，不具有非法占有的意图，因此不构成贷款诈骗罪。同时，因其归还了贷款，没有造成银行损失，也不构成骗取贷款罪。

5. 洪某对 B 公司构成合同诈骗罪。其出于非法占有的意图，以租车为名，与 B 公司签订租赁合同，实施诈骗奥迪车的行为，当 B 公司将车交付给洪某时，洪某已经构成了诈骗罪的既遂。至于 B 公司将车开回的行为，属于自救行为。

6. 洪某通过伪造奥迪车相关证明骗取 C 公司 50 万元据为己有并用于归还个人贷款，属于以虚假的产权证明作担保，如果认为 C 公司属于金融机构的话，则成立贷款诈骗罪；如果认为 C 公司不属于金融机构的话，则成立诈骗罪。

7. 洪某为了谋取不正当利益给甲市生态环境局副局长白某 5 万元，成立行贿罪，白某的行为构成受贿罪（斡旋受贿）。而李某假意答应是为了抓捕洪某，故李某不成立受贿罪。

8. 洪某以非法占有为目的，窃取 8000 元现金和银行卡的行为，成立盗窃罪。洪某将银行卡交给其妻青某使用的行为，根据《刑法》第 196 条第 3 款的规定，属于盗窃信用卡并使用的，以盗窃罪定罪处罚。因此，洪某仅成立盗窃罪。

（二）洪某行为的量刑部分

1. 第三段案情中，洪某虽否认自己对 B 公司构成犯罪，但承认自己向 C 公司借钱、向 B 公司借车质押的事实，不影响坦白的成立。洪某没有交代 1995 年的犯罪事实，不成立准自首。其主动交代另一起犯罪事实，成立准自首。揭发黄某与程某的犯罪事实，构成立功。

2. 最后一段案情中，洪某如实交代 1995 年的犯罪事实，由于公安机关尚不知道犯罪嫌疑人，因此仍属于"尚未掌握洪某的该起犯罪事实"，成立准自首。

（三）蓝某行为的认定

蓝某构成抢劫罪的共同犯罪既遂，其对抢劫存在共谋，不属于承继的共犯，需对重伤结果负责，成立抢劫罪（致人重伤）。但由于其没有参与抛"尸"，对此不负刑事责任。

（四）青某行为的认定

青某将他人盗窃来的信用卡误以为系捡拾的信用卡，在自动柜员机上取现 4 万元，属于意图犯轻罪——信用卡诈骗罪（数额较大，处 5 年以上有期徒刑），实际上触犯重罪——盗窃罪（数额巨大的，处 3 年以上 10 年以下有期徒刑），此时，应认定为信用卡诈骗罪。

（五）黄某行为的认定

黄某明知周某患有白血病，受伤后会流血不止而死亡，却仍雇程某将周某手臂砍伤，说明其主观上对死亡结果具有放任心态，构成故意杀人罪，属于利用不知情的工具的间接正犯。

（六）程某行为的认定

程某威胁周某的行为系为了取财而以暴力压制他人反抗，成立抢劫罪（未遂），其刺伤周某的行为是抢劫未遂后实施暴力，构成抢劫罪（未遂）和故意伤害罪（致人死亡），数罪并罚。程某将黄某打成重伤，成立故意伤害罪（致人重伤）。

难度：难

考点： 刑法上的因果关系；事前的故意；教唆犯；共同正犯；间接正犯；共同犯罪与犯罪构成的关系；共犯的中止与脱离；追诉时效；自首；立功；抢劫罪；过失致人死亡罪；贷款诈骗罪；信用卡诈骗罪；盗窃罪；诈骗罪；合同诈骗罪；故意杀人罪；故意伤害罪

💡 命题与解题思路

本题涉及犯罪人众多，需要考生仔细阅读案情。本题考查了众多对于刑事案例分析而言比较重要的知识点，就总则来说，大体将历年刑法案例分析题中最常出现的知识点均作了考查。从本题事实材料看，分则考查的罪名范围远较往年考查的广泛，如贷款诈骗罪就是在主观题中首次出现，这是一个需要注意的命题趋势。

答案解析：

（一）洪某与蓝某二人的抢劫行为

洪某与蓝某构成抢劫罪的共同犯罪既遂。对此需要注意的是，蓝某事先参与共谋，因此其不属于承继的共犯，同时，其并没有消除自己在预备阶段的行为贡献，因此不能认为蓝某在使用暴力阶段未到场，就成立共犯脱离或者终止。而且在洪某单独实施暴力行为后加入参与了同样作为抢劫罪构成要件一环的取财行为。由于事后鉴定抢劫的暴力行为造成被害人头部受重伤，因此蓝某成立抢劫罪（致人重伤）。

蓝某离开后，洪某将赵某扔进附近的水库导致赵某溺亡，理论上成立事前的故意。事前的故意，又称为结果的延迟发生，是指行为人误以为自己的第一个行为已经发生了预期的侵害结果，为达到另一目的，又实施了另一个行为，事实上行为人所预期的结果是后一个行为所造成的。对于结果的推迟发生所持立场不同，会有不同的处理结论。

第一，概括的故意说。该说主张虽然客观上存在先前行为与后续行为之分，但两个行为是密切联系的，后续行为是先前行为的延续；主观上行为人具有概括故意，后一行为仍然为犯罪故意所涵盖，因而视为一个故意犯罪行为较为妥当，就此，由于洪某本就有杀人的故意，因此死亡结果应该评价为抢劫致人死亡。

第二，未遂犯与过失犯并合罪说。该说认为前后两个行为各自独立，对于危害结果，前一行为存在故意，后一行为只有过失。就此，则死亡结果只能算在后一阶段将被害人扔入水库的行为头上，对洪某应以抢劫罪（致人重伤）和过失致人死亡罪数罪并罚。

第三，介入因果关系说。由于第一个行为具有导致结果发生的重大危险，介入行为人的第二个行为也不异常，应该肯定第一个行为与结果之间的因果关系，能够将结果归属于第一个行为，且实施第一个行为时行为人确实有杀人的故意，现实所发生的结果与行为人意欲实现的结果完全一致，因此，应以故意犯罪既遂论处。

需要注意的是，蓝某仅仅参与了洪某前一阶段的暴力行为，后一阶段抛"尸"的行为其并未参与。不能因为洪某的后一阶段行为而将死亡结果直接算在蓝某的头上，即蓝某仅需对自己参与的重伤结果负责。

(二) 洪某骗取贷款和借款的行为

1. 成立骗取贷款罪,要求给银行或者其他金融机构造成重大损失或者有其他严重情节,洪某将贷款用于正常经营,并且事后也竭尽全力归还了贷款,因此难以认定构成骗取贷款罪。而贷款诈骗罪要求行为人必须有非法占有的目的,从洪某贷款后为了还贷而继续以犯罪的方式"拆东墙补西墙"的客观行为表现看,其并没有非法占有银行30万元的目的,且客观上也确实归还了银行的30万元贷款,因此也不成立贷款诈骗罪。

2. 洪某从B公司租借汽车时,其主观上并没有归还的意思,虽然其自认为B公司可以通过定位的方式开走汽车,但这一点并不足以规避汽车有开不回来的风险。从B公司的角度来说,该笔交易已经违背了其安全交易的目的,在交付汽车时,就已经造成其财产损失,至于其事后将车开回来的事实,属于自救行为。另外,如果认为把车开回来就意味着没有损失,进而不构成诈骗罪,那么,是否构成诈骗,将完全取决于偶尔事实,这是不合理的。

3. 洪某通过伪造奥迪车相关证明骗取C公司50万元据为己有,用于归还个人贷款,属于以虚假的产权证明作担保进行诈骗。但究竟是成立诈骗罪还是贷款诈骗罪,存在争议,根据最高人民法院(2019)最高法民申2218号民事裁定书,小额贷款公司不属于经金融监管部门批准设立的从事贷款业务的金融机构及其分支机构,借款人与小额贷款公司之间的资金借贷行为属于民间资金融通行为。成立贷款诈骗罪要求行为人骗取的必须是银行或者其他金融机构的贷款,因此,洪某的行为并不成立贷款诈骗罪。而2020年12月29日《关于新民间借贷司法解释适用范围问题的批复》明确:经征求金融监管部门意见,由地方金融监管部门监管的小额贷款公司、融资担保公司、区域性股权市场、典当行、融资租赁公司、商业保理公司、地方资产管理公司等7类地方金融组织,属于经金融监管部门批准设立的金融机构,其因从事相关金融业务引发的纠纷,不适用新民间借贷司法解释。因此,洪某的行为并不成立诈骗罪,而是成立贷款诈骗罪。需要注意的是,由于案例中没有专门提及签订融资合同(向B公司租车时,专门提及了签订租赁合同),因此,不能认为成立合同诈骗罪。而在案件发生的2017年,小额贷款公司究竟是否属于金融机构,司法实务中判决不一,没有定论。2014年的"江某某骗取贷款案"[①]的裁判要旨指出:小额贷款公司是经银行业监督管理机构授权的省级政府部门批准设立和主管的其他金融机构;对不足以证实行为人具有非法占有目的的骗取小额贷款公司贷款的行为,构成犯罪的,应当以骗取贷款罪论处。

(三) 洪某行贿的行为

1. 洪某为了给自己谋取不正当利益而给予生态环境局副局长白某以5万元,成立行贿罪。而收受5万元的白某利用职权便利意欲通过其他国家工作人员的职务行为为洪某谋取不正当利益,属于典型的斡旋受贿行为,构成受贿罪。李某假意答应白某是为了抓捕洪某,当然不成立受贿罪。

2. 洪某承认自己向C公司借钱、向B公司借车质押的事实,成立坦白。需要指出的是,洪某虽否认自己对B公司构成犯罪,但仍承认了相关事实,不影响坦白的成立。洪某的辩解是就行为的性质进行解释,不是翻供。辩解的前提是如实交代案件事实,在此基础上,可能是被告人对自己行为性质的认识错误或者在某种程度上减轻和逃脱处罚,但这显然不会使行为的客观性质发生质的变化。

[①] 中华人民共和国最高人民法院刑事审判第一、二、三、四、五庭主办:《刑事审判参考》(总第97集),法律出版社2014年版。

（四）洪某盗窃的行为

1. 洪某以非法占有为目的，窃取 8000 元现金和银行卡的行为，成立盗窃罪。洪某将银行卡交给其妻青某使用的行为，根据《刑法》第 196 条第 3 款的规定，属于盗窃信用卡并使用的，以盗窃罪定罪处罚。因此，洪某仅成立盗窃罪。

2. 由于该卡系盗窃所得，洪某将青某作为不知情的工具，使之使用该卡，成立盗窃罪，而青某主观上误以为系捡拾的他人信用卡，进而在自动柜员机上使用的，根据司法解释的规定，这成立信用卡诈骗罪，这时就产生青某的行为跨越两个犯罪构成要件的情况，属于抽象的事实认识错误，即客观上触犯了重罪（盗窃数额巨大的，处 3 年以上 10 年以下有期徒刑），而主观上意图犯轻罪的情况（信用卡诈骗数额较大，处 5 年以上有期徒刑），此时，应认定为信用卡诈骗罪。

（五）黄某唆使程某伤害周某的行为

1. 黄某唆使程某去伤害自己的前妻周某，且被教唆人程某着手实施了伤害行为，因此，黄某与程某成立故意伤害罪的共同犯罪。黄某利用自己对于周某有白血病这一被害人特殊体质的特别认知，主观上意欲借程某之手杀人，因为其明确告诉程某只需造成被害人轻伤，事实上是在幕后操控了死亡结果的发生，属于典型的间接正犯，成立故意杀人罪。而直接实施的程某仅有伤害故意。黄某基于杀人故意、程某基于伤害故意共同参与犯罪，二人在重合的范围内成立共犯。黄某最终成立故意杀人罪，程某成立故意伤害罪。

2. 程某按约前往小巷堵住周某去路并掏出水果刀威胁的行为，属于为了取财而以暴力压制他人反抗，成立抢劫罪（未遂）。对于周某的死亡结果，由于程某对于周某患有白血病毫不知情，但持刀捅刺他人易造成失血过多而死亡，对此一般人均能正常预见，意味着其对于轻伤后会造成死亡结果有预见可能性，具有过失，因此，程某成立故意伤害罪（致人死亡）。同时，程某由于索要事前约定的 20 万元未得逞而将黄某打成重伤，成立故意伤害罪（致人重伤）。程某针对周某和黄某分别成立故意伤害罪，由于人身法益是个人专属法益，对于故意伤害罪的同种数罪也应并罚。

（六）洪某主动供述的行为

虽然公安机关知道 1995 年抢劫案的事实，但一直未锁定犯罪嫌疑人。因此洪某属于供述司法机关还未掌握的本人其他罪行，成立特别自首，可以从轻或减轻处罚。

2018 年"回忆版"金题

扫码看视频

一、试题（本题30分）

案情：

王某是一黑社会性质组织的组织者，刘某、林某、丁某系成员。某日，王某和刘某到酒店就餐，消费 3000 元。刷卡付款时，服务员吴某故意将 POS 机上的数额调整为 30000 元，王某未注意，遂刷卡支付 30000 元。（事实一）

离开前，王某发现多付了钱，便与刘某去找吴某要钱，但吴某拒不退还。王某、刘某恼羞成怒，欲劫持吴某逼其还钱。在捆绑吴某的过程中，不慎将其摔成重伤。因担心酒店人员

报警，两人放弃劫持，迅速离开。（事实二）

两人走出酒店时，在门口被武某等四名保安拦截。王某遂让刘某打电话叫人过来帮忙，刘某给林某、丁某打电话，并私下叫二人带枪前来。林某、丁某二人将枪藏在衣服内，来到酒店后护送王某上了私家车，武某等人见状遂让四人离开。王某上车后气不过，让刘某"好好教训这个保安"，随即开车离开。刘某便让林某、丁某二人向武某开枪，武某中弹身亡。事后查明，林某、丁某一人朝武某腿部开枪、一人朝腹部开枪，但只有一枪击中武某腹部，致其死亡，但无法查明这一枪是谁射出的。（事实三）

问题：

1. 就事实一，对吴某行为的定性，可能存在哪几种处理意见？各自的理由是什么？
2. 就事实二，对王某、刘某的行为应如何定性？理由是什么？
3. 就事实三，对于武某的死亡，王某、刘某、林某、丁某构成何罪？理由是什么？（其中对王某的行为有哪几种处理意见？各自的理由是什么？）

二、答案精讲

1. 就事实一，对吴某行为的定性，可能存在哪几种处理意见？各自的理由是什么？

答案：可能存在两种处理意见。

其一，认定为盗窃罪。理由是吴某多刷取的 27000 元违反了王某的意志而导致王某没有处分意识，因此，对于这多刷的 27000 元，吴某成立盗窃罪。

其二，认定为诈骗罪。理由是诈骗罪中只需要认识到处分的是自己的财物即可，不要求被害人认识到处分财产的数额。由于吴某采取欺骗的手段使得被害人王某产生处分意识后处分了财产，故成立诈骗罪。

难度：难

考点：盗窃罪；诈骗罪

> **命题与解题思路**
>
> 本题主要考查盗窃罪与诈骗罪的区分问题。本题的关键在于如何认定处分意识的具体内容，其是否包含财物数量。这需要考生在复习时不能大而化之，粗线条地掌握知识点，而是要深入常见罪名的细节之处。

答案解析：

成立诈骗罪要求被害人基于认识错误处分财产，即需要有财产处分意识。如果没有财产处分意识，便排除诈骗罪的成立。而对于财产处分意识的具体内容，理论界存在一定的争议：一种观点认为，所谓处分意识是指意识到将自己占有的财物处分给对方占有。这就要求意识到存在所处分的财物。就处分资金而言，需要认识到所处分的资金状况，即要求被害人意识到处分财产的具体数额。本题中，对于吴某多刷取的 27000 元部分，王某并没有处分意识，即对于这多刷的 27000 元，吴某成立盗窃罪。一种观点认为，诈骗罪是指以非法占有为目的采用欺骗的手段使得他人产生认识错误后处分财产，进而造成被害人财产损失。而这里的处分，只需要认识到处分财物的大概性质即可，不要求被害人认识到处分财产的具体数额。本题中由于吴某采取欺骗的手段使得被害人王某产生处分意识后处分了财产，这就可以成立诈骗罪。

> **2. 就事实二，对王某、刘某的行为应如何定性？理由是什么？**

答案： 首先，王某、刘某在意识到自己被吴某盗刷了27000元后，在离开饭店前便通过捆绑的方式扣押吴某索要属于自己的钱款，可以认为财产侵害事实还未终了，成立正当防卫。但由于吴某系采用平和的诈骗方式，对其使用捆绑行为且造成了重伤结果，属于<u>超过必要限度造成不必要的重大损害</u>，成立防卫过当。

其次，两人的行为系非法拘禁罪，属于拘禁行为本身造成了重伤，成立非法拘禁罪（致人重伤）的结果加重犯。由于属于防卫过当，应当减轻或者免除处罚。

难度： 中

考点： 正当防卫；非法拘禁罪

> 💡 **命题与解题思路**
>
> 本题主要考查正当防卫与《刑法》第238条第3款的规定。考生只要认识到王某、刘某是为了当场索取自己被盗刷的钱而捆绑吴某，便不难解答本题。

答案解析：

由于题干中设定的情节是，刘某、王某在现场就发现了被盗刷，因此，吴某的财产犯罪尽管已经既遂，但尚未终了，刘某、王某为了制止财产法益被侵害可以实施正当防卫。但是，基于吴某的财产犯罪并未威胁到刘某、王某的人身安全，王某与刘某采取捆绑并造成重伤的方式索要自己的财产，属于防卫行为明显超过必要限度造成重大损害，因而成立防卫过当。如果刘某、王某二人是在离开现场后才发现自己被多刷了27000元，又返回现场采用捆绑的方式索要，则此时刘某、王某二人的行为就不再具有正当防卫的性质，因为吴某的财产犯罪已经既遂并且终了，刘某、王某二人的行为不符合正当防卫的时间要件，即不符合不法侵害正在进行中。

由于王某、刘某二人成立索债型的非法拘禁罪，并且是拘禁行为本身过失导致重伤结果，属于非法拘禁罪的结果加重犯。同时，属于基本犯未遂+结果加重犯既遂，对此，学界存在不同观点：其一，仅认定为过失致人死亡罪，但这并没有评价拘禁的事实；其二，认定为非法拘禁罪的基本犯，但将重伤结果评价为基本犯的构成事实，违背了非法拘禁罪的保护法益是人身自由的事实，重伤结果和人身自由并不具有性质同一性；其三，成立非法拘禁致人重伤，该观点认为结果加重犯的成立并不以基本犯既遂为前提，只要行为人着手实行基本犯的构成要件行为，并且由该行为造成加重结果，就构成结果加重犯。这一观点具有妥当性。

本题中王某和刘某构成非法拘禁罪的结果加重犯。同时适用总则防卫过当的规定，应当减轻或者免除处罚。

> **3. 就事实三，对于武某的死亡，王某、刘某、林某、丁某构成何罪？理由是什么？（其中对王某的行为有哪几种处理意见？各自的理由是什么？）**

答案： 1. 林某和丁某朝武某开枪的行为，在故意伤害罪的范围内成立共同正犯。适用"部分实行，全部负责"原则，应将武某的死亡结果归属于林某和丁某。但是本案中无法查明二人是杀人故意还是伤害故意，只能适用存疑时有利于行为人原则，认定为均具有伤害故意，评价为故意伤害（致人死亡）罪。

2. 关于刘某的刑事责任。刘某只是命令开枪，而并未限定向什么部位开枪，其主观上明知开枪可能导致武某死亡，而放任该结果的发生，具有教唆杀人的故意，成立故意杀人罪既遂的教唆犯，应和参加黑社会性质组织罪数罪并罚。

3. 关于王某的刑事责任。首先，事实一明确交代，王某是黑社会性质组织的组织者，因而成立组织黑社会性质组织罪。其次，就王某教唆"好好教训这个保安"的行为而言，存在两种处理意见。

观点一，构成故意伤害罪（致死）。理由：（1）实施故意杀人罪是黑社会性质组织之外的个人行为。（2）王某的"好好教训"只是伤害的故意，不包括杀害，则其对于保安的死亡应当认定为故意伤害罪（致人死亡）的教唆犯。此时，即使其被教唆者产生了杀人故意，构成故意杀人罪，也不影响王某故意伤害罪的成立。

观点二，构成故意杀人罪（既遂）。理由：（1）因王某系黑社会性质组织的领导者，属于犯罪集团的首要分子。如认为林某、丁某实施的故意杀人罪是黑社会集团范围内的犯罪。根据《刑法》第26条第3款的规定，需按照黑社会性质组织这种特定犯罪集团所犯全部罪行处罚。故其应对丁某、林某实施的故意杀人罪（既遂）负责。（2）如果认为"好好教训"包含了致死的故意，对于王某应认定为故意杀人罪既遂。

因此，王某最后可能以组织黑社会性质组织罪与故意伤害罪（致人死亡）或故意杀人罪数罪并罚。

难度：难

考点：共同正犯；教唆犯；组织、领导、参加黑社会性质组织罪

> **命题与解题思路**
>
> 本题结合实体法与程序法的知识考查了考生对于共同正犯、教唆犯和黑社会性质组织犯罪的理解。

答案解析：

按照"部分实行，全部负责"原则，两人相互之间都为对方的行为提供了物理和心理的帮助作用，因此，无论致命伤是谁导致的，该死亡结果都应归属于林某和丁某，由于其中一枪射向被害人腿部，另一枪射向被害人腹部，表明一人具有杀人的故意，另一人具有伤害的故意。如果题目中明确指出了各自的故意内容及其对应的射击部位，则可以很清楚地对应故意杀人罪既遂与故意伤害（致死）罪。但是，本题无法查清究竟是谁，在何种意图支配下射中了被害人腹部而致使被害人死亡，即无法确定是以杀人故意实施的行为致使被害人死亡，还是以伤害故意实施的行为致使被害人死亡。这时，只能按照存疑时有利于行为人的原则，仅认定为故意伤害致人死亡。因此，林某、丁某成立故意伤害罪致人死亡的结果加重犯，属于主犯。应与林某、丁某的参加黑社会性质组织罪数罪并罚。

刘某成立故意杀人罪的教唆犯。刘某指使林某、丁某携带枪支赶往现场，并在现场指使二人向保安开枪，致使武某死亡，按照共犯从属性原理，应将林某、丁某致人死亡的违法事实归属于刘某；刘某主观上明知自己的教唆行为可能使林某、丁某打死他人，而放任死亡结果的发生，具有教唆他人杀害被害人的故意，成立故意杀人罪既遂的教唆犯，属于主犯，与刘某的参加黑社会性质组织罪数罪并罚。

对于王某，除构成组织黑社会性质组织罪以外，对其教唆"好好教训"武某的行为，存在两种处理意见：首先，根据《刑法》第 26 条第 3 款的规定，对组织、领导犯罪集团的首要分子，按照集团所犯的全部罪行处罚。这样一来，如果王某所组织的黑社会性质集团所实施的犯罪本来就包括故意杀人行为，那么，王某作为黑社会性质组织的组织者，就需要对该杀人行为负责。另外，如果他指的"好好教训"是打死保安，即便正犯丁某与林某二人成立故意伤害罪（致人死亡），由于王某本人具有杀人的教唆故意，并且丁某与林某二人中也确实有一人持杀人故意开枪，尽管无法确认由谁具体实施杀人行为，但由于产生了死亡结果，因此王某成立故意杀人罪。其次，如果杀人行为不在该集团所实施的犯罪范围之内，且他说的"好好教训"仅指的是伤害保安，而不包括杀害，则成立故意伤害罪（致人死亡）的教唆犯。综上，王某最后要以组织黑社会性质组织罪和故意伤害罪（致人死亡）数罪并罚，或是以组织黑社会性质组织罪和故意杀人罪数罪并罚。

2017 年真题

一、试题（本题 22 分）

案情：

甲生意上亏钱，乙欠下赌债，二人合谋干一件"靠谱"的事情以摆脱困境。甲按分工找到丙，骗丙使其相信钱某欠债不还，丙答应控制钱某的小孩以逼钱某还债，否则不放人。

丙按照甲所给线索将钱某的小孩骗到自己的住处看管起来，电告甲控制了钱某的小孩，甲通知乙行动。乙给钱某打电话："你的儿子在我们手上，赶快交 50 万元赎人，否则撕票！"钱某看了一眼身旁的儿子，回了句："骗子！"便挂断电话，不再理睬。乙感觉异常，将情况告诉甲。甲来到丙处发现这个孩子不是钱某的小孩而是赵某的小孩，但没有告诉丙，只是嘱咐丙看好小孩，并从小孩口中套出其父赵某的电话号码。

甲与乙商定转而勒索赵某的钱财。第二天，小孩哭闹不止要离开，丙恐被人发觉，用手捂住小孩口、鼻，然后用胶带捆绑其双手并将嘴缠住，致其机械性窒息死亡。甲得知后与乙商定放弃勒索赵某财物，由乙和丙处理尸体。乙、丙二人将尸体连夜运至城外掩埋。第三天，乙打电话给赵某，威胁赵某赶快向指定账号打款 30 万元，不许报警，否则撕票。赵某当即报案，甲、乙、丙三人很快归案。

问题：

请分析甲、乙、丙的刑事责任（包括犯罪性质即罪名、犯罪形态、共同犯罪、数罪并罚等），须简述相应理由。

二、答案精讲

答案：

1. 甲、乙构成共同绑架罪。(1) 甲与乙预谋绑架，并利用丙的不知情行为，尽管丙误将赵某的小孩作为钱某的小孩非法拘禁，但是甲、乙借此实施索要钱某财物的行为，是绑架他人为人质，进而勒索第三人的财物，符合绑架罪犯罪构成，构成共同绑架罪。(2) 甲、乙所犯绑架罪属于未遂，可以从轻或者减轻处罚。理由是：虽然侵犯了赵某小孩的人身权利，但是没有造成钱某的担忧，没有侵犯也不可能侵犯到钱某的人身自由与权利，当然也不可能勒索到钱某的财物，所以是绑架罪未遂。

2. 在甲与乙商定放弃犯罪时，乙假意答应甲放弃犯罪，实际上借助于原来的犯罪，对赵某谎称绑架了其小孩，继续实施勒索赵某财物的行为，构成敲诈勒索罪与诈骗罪想象竞合犯，应当从一重罪论处。理由是：因为人质已经不复存在，其行为不仅构成敲诈勒索罪，同时构成诈骗罪。因为乙向赵某发出的是虚假的能够引起赵某恐慌、担忧的信息，同时具有虚假性质和要挟性质，因而构成敲诈勒索与诈骗罪的想象竞合犯，应当从一重罪论处，并与之前所犯绑架罪（未遂），数罪并罚。

3. 丙构成非法拘禁罪和故意杀人罪，应当分别定罪量刑，然后数罪并罚。

（1）①丙哄骗小孩离开父母，并实力控制，是出于非法剥夺他人人身自由目的而实行的行为，所以构成非法拘禁罪。②因为丙没有参加甲、乙绑架预谋，对于甲、乙实施绑架犯罪不知情，所以不能与甲、乙构成共同绑架罪，而是单独构成非法拘禁罪。

丙犯非法拘禁罪，是甲、乙共同实施绑架罪的一部分——绑架他人作为人质，甲、乙对于丙的非法拘禁行为负责。甲、乙、丙在非法拘禁罪范围内构成共同犯罪；甲、乙既构成绑架罪又构成非法拘禁罪，是想象竞合犯，从一重罪论处；丙则因为没有绑架犯罪故意，仅有非法拘禁罪故意，所以只成立非法拘禁罪。

（2）答案一：丙为控制小孩采取捆绑行为致其死亡，构成故意杀人罪。①这是一种具有高度危险的侵犯人身权利的行为，可能造成死亡的结果，可以评价为杀人行为，丙主观上对此有明知并持放任的态度，是间接故意杀人，因而构成故意杀人罪。②甲、乙对于人质的死亡没有故意、过失，没有罪责。具体来说，丙的杀人故意超出了非法拘禁之共同犯罪故意范围，应当由丙单独负责，甲、乙没有罪过、罪责。

答案二：丙构成过失致人死亡罪。丙应当预见到自己的行为可能造成小孩死亡，但是丙不希望也不容忍小孩死亡，主观上是疏忽大意过失，构成过失致人死亡罪。按照事前分工，看护小孩属于丙的责任，小孩的安全由丙负责，甲、乙二人均不在现场，没有可能保证防止、避免小孩死亡，所以，甲、乙不构成过失致人死亡罪。

难度：难

考点：绑架罪；非法拘禁罪；诈骗罪；敲诈勒索罪；共同犯罪与犯罪构成的关系

> 💡 **命题与解题思路**
>
> 首先，总则的共同犯罪部分是历年刑法案例分析大题中的重点内容，而在考查共同犯罪部分时，一般又会涉及共同犯罪与犯罪构成的关系问题，对此，考生需要清楚不同犯罪人成立共同犯罪的条件，如果二人以上持不同的犯罪故意共同实施某一行为，则只就他们犯罪构成要件中重合的部分成立共同犯罪。因此，基于本题中丙被欺骗，误认为绑架行为是要债行为，因此丙与甲、乙两人只在非法拘禁罪的范围内成立共同犯罪。
>
> 其次，本题考查的分则罪名知识点涉及绑架罪、非法拘禁罪、诈骗罪以及敲诈勒索罪，主要包括各罪的犯罪构成及犯罪形态、绑架罪与非法拘禁罪的竞合关系以及诈骗罪与敲诈勒索罪的竞合关系。关于绑架罪，当行为人基于勒索第三人或者其他不法目的实施控制行为时，成立绑架罪；当行为人基于勒索第三人或者其他不法目的实际上控制了

合格的人质时，绑架罪既遂。理解"合格的人质"关键在于认识到绑架的本质是利用他人对于被绑架者安危的担忧而勒索财物或要求其他不法目的，因此，如果没有人对被绑架者产生担忧的状态，便不能认定为绑架罪既遂。

此外，本题同样考查了主观要件中故意与过失的界分，在案例中体现为丙对于被绑架者死亡结果的主观态度，此题为开放题，无论考生答故意或过失，言之成理，即可得分。

从解题技巧看，由于甲与乙的共同犯罪故意在绑架部分基本重合，因此，在答题时可以一并分析甲、乙对于此一节行为事实所应当承担的刑事责任问题，另外乙单独打电话给赵某勒索财物的行为则需要单独分析，而丙的行为则需要单独展开。

答案解析：

首先，分析甲、乙两人的行为，可以从"合谋"与"未合谋"前后两个阶段入手。

行为一：利用不知情的丙，想绑架钱某的小孩却误绑赵某的小孩；行为二：在小孩死亡后，乙打电话给死者父亲赵某，威胁赵某向指定账号打款30万元。

对行为一而言，甲、乙二人成立绑架罪（未遂）的共同犯罪。甲、乙二人利用不知情的丙，想将钱某的小孩绑架后向钱某勒索财物，而丙也确实已经实施绑架行为，只是存在对象认识错误的情况，并不影响甲、乙绑架罪的成立。但是，丙的行为虽然侵犯了赵某小孩的人身权利，但是没有造成钱某的担忧，当然也未勒索到钱某的财物，因此赵某的小孩并不属于"合格的人质"。所以，甲、乙属于绑架罪未遂。需要注意的是，甲、乙对于丙采用暴力致小孩死亡的事实均无认识，也并不在甲、乙、丙三人的共同犯罪的故意范围内，因此甲、乙无需对此负责。

对行为二而言，在被绑架者死亡后，甲已经产生放弃犯罪的意思，乙也做了"虚假同意"的表示，甲、乙此时不构成共同犯罪。而乙在明知赵某小孩死亡的情况下，继续打电话给赵某索要钱财的行为，构成敲诈勒索罪与诈骗罪的想象竞合犯，应当从一重罪论处。敲诈勒索罪，是指以非法占有为目的，对财物所有人、占有人使用恐吓或者要挟的方法，索取数额较大的公私财物或者多次敲诈勒索的行为。乙通过威胁赵某的方式想要其基于恐惧交付财物30万元，构成敲诈勒索罪。由于被绑架者已经死亡，因此乙属于想以虚构事实的方式要挟、骗取他人财产，同时符合诈骗罪与敲诈勒索罪的犯罪构成，成立一行为触犯数罪名的想象竞合犯，需要择一重罪论处，同时与前阶段绑架罪数罪并罚。

其次，对于丙的行为来说，需要分别考查其扣押人质的行为与采用暴力致人质死亡的行为的定性。

第一，根据《刑法》第238条第3款的规定，行为人为索取债务非法扣押、拘禁他人的，成立非法拘禁罪，不构成绑架罪。丙未参与甲与乙的事先谋议，其主观上认为自己绑架小孩的行为是为甲索取债务，因而成立非法拘禁罪。此外，由于甲、乙是利用丙非法拘禁他人的行为实施绑架，因此三人在非法拘禁与绑架重合的范围内，即就非法拘禁罪成立共同犯罪。

第二，对于丙在小孩哭闹不止后用手捂住小孩口、鼻，然后用胶带捆绑其双手并将嘴缠住，致其机械性窒息死亡的事实，丙对该死亡结果的主观态度，考生对此可根据自己对故意以及过失的理解展开分析。如果认为用手捂住小孩的口、鼻，并且用胶带将嘴缠住，行为人对于可能造成的死亡结果持容忍的态度，此时便应当认定丙构成故意杀人罪。如果认为丙并不希望也不容忍小孩的死亡，该死亡结果违背其真实意愿，仅仅是因为用力过猛以及用胶带封住嘴巴时未注意，疏忽大意导致小孩的死亡，则成立过失致人死亡罪。

2016 年真题

一、试题　（本题 22 分）

案情：

赵某与钱某原本是好友，赵某受钱某之托，为钱某保管一幅名画（价值 800 万元）达三年之久。某日，钱某来赵某家取画时，赵某要求钱某支付 10 万元保管费，钱某不同意。赵某突然起了杀意，为使名画不被钱某取回进而据为己有，用花瓶猛砸钱某的头部，钱某头部受重伤后昏倒，不省人事，赵某以为钱某已经死亡。刚好此时，赵某的朋友孙某来访。赵某向孙某说"我摊上大事了"，要求孙某和自己一起将钱某的尸体埋在野外，孙某同意。

二人一起将钱某抬至汽车的后座，由赵某开车，孙某坐在钱某身边。开车期间，赵某不断地说"真不该一时冲动"，"悔之晚矣"。其间，孙某感觉钱某身体动了一下，仔细察看，发现钱某并没有死。但是，孙某未将此事告诉赵某。到野外后，赵某一人挖坑并将钱某埋入地下（致钱某窒息身亡），孙某一直站在旁边没做什么，只是反复催促赵某动作快一点。

一个月后，孙某对赵某说："你做了一件对不起朋友的事，我也做一件对不起朋友的事。你将那幅名画给我，否则向公安机关揭发你的杀人罪行。"三日后，赵某将一幅赝品（价值 8000 元）交给孙某。孙某误以为是真品，以 600 万元的价格卖给李某。李某发现自己购买了赝品，向公安机关告发孙某，导致案发。

问题：

1. 关于赵某杀害钱某以便将名画据为己有这一事实，可能存在哪几种处理意见？各自的理由是什么？
2. 关于赵某以为钱某已经死亡，为毁灭罪证而将钱某活埋导致其窒息死亡这一事实，可能存在哪几种主要处理意见？各自的理由是什么？
3. 孙某对钱某的死亡构成何罪（说明理由）？是成立间接正犯还是成立帮助犯（从犯）？
4. 孙某向赵某索要名画的行为构成何罪（说明理由）？关于法定刑的适用与犯罪形态的认定，可能存在哪几种观点？
5. 孙某将赝品出卖给李某的行为是否构成犯罪？为什么？

二、答案精讲

1. 关于赵某杀害钱某以便将名画据为己有这一事实，可能存在哪几种处理意见？各自的理由是什么？

答案： 关于赵某杀害钱某以便将名画据为己有这一事实，可能存在两种处理意见。其一，认定为侵占罪与故意杀人罪，实行数罪并罚。理由是，赵某已经占有了名画，不可能对名画实施抢劫行为，杀人行为同时使得赵某将名画据为己有，所以，赵某对名画成立（委托物）侵占罪，对钱某的死亡成立故意杀人罪。其二，认定成立抢劫罪一罪。理由是，赵某杀害钱某是为了使名画不被返还，钱某对名画的返还请求权是一种财产性利益，财产性利益可以成为抢劫罪的对象，所以，赵某属于抢劫财产性利益。

难度：中

考点：抢劫罪；侵占罪

> 💡 **命题与解题思路**
>
> 　　就本题的设问方式而言，不同于前两年设计的一句话式的问法以及2013年刑法学主观题的设问方式，即"对甲的行为应当如何定性？理由是什么？"应该说，一句话式的问法和2013年的问法都是考查同学们根据案情推理出结论的能力，但2016年的设问主要还是考查同学们的理论掌握情况，如果只掌握一种观点，将很难得到高分。<u>这也将是今后法考主观卷刑法题命题的一个趋势</u>。同时，这也反映出法考主观题不排斥考查争议的知识点。就本题的知识点来说，考生一般都能答出赵某成立侵占罪和故意杀人罪，<u>但如果考生脑海中没有财产返还请求权，将很难答出赵某构成抢劫罪的结论</u>。实际上，赵某抢劫的对象是钱某对其拥有的名画返还请求权这一财产性利益。

答案解析：

观点一：认为构成侵占罪和故意杀人罪，两罪并罚。该名画系钱某委托赵某保管的名画，当钱某索要而赵某拒不交出时，已经反映出其意图非法占有该画的主观要件，因此，符合侵占罪的构成要件，成立侵占罪。同时，由于赵某意欲造成钱某死亡，进而用花瓶猛砸钱某的头部，应成立故意杀人罪。由于是两个不同的行为与主观意图，侵犯了两个不同的法益，因此，应以侵占罪与故意杀人罪数罪并罚。

观点二：认为构成抢劫罪。我国刑法中的财产犯罪所侵犯的对象除了财物以外，还包括财产性利益，<u>而债权（返还请求权）是一种典型的财产性利益</u>。钱某委托赵某保管其名画，即对于赵某有名画的返还请求权。本题中，赵某意图通过杀害钱某的方式排除钱某对该返还请求权的行使。最高人民法院《关于抢劫过程中故意杀人案件如何定罪问题的批复》指出，<u>行为人为劫取财物而预谋故意杀人，或者在劫取财物过程中，为制服被害人反抗而故意杀人的，以抢劫罪定罪处罚</u>。因此，从这一角度看，赵某属于行为人为劫取财产性利益而预谋故意杀人，成立抢劫罪。

> 2. 关于赵某以为钱某已经死亡，为毁灭罪证而将钱某活埋导致其窒息死亡这一事实，可能存在哪几种主要处理意见？各自的理由是什么？

答案：赵某以为钱某已经死亡，为毁灭罪证而将钱某活埋导致其窒息死亡，属于事前的故意或概括的故意。对此现象的处理，主要有两种观点：其一，将赵某的前行为认定为故意杀人未遂（或普通抢劫），将后行为认定为过失致人死亡，对二者实行数罪并罚或者按想象竞合处理。理由是：毕竟是因为后行为导致死亡，但行为人对后行为只有过失。其二，认为应认定为故意杀人既遂一罪（或故意的抢劫致人死亡，即对死亡持故意一罪）。理由是：前行为与死亡结果之间的因果关系并未中断，前行为与后行为具有一体性，故意不需要存在于实行行为的全过程。

难度：难

考点：故意的认定

> 🔆 命题与解题思路

　　本题中，命题者主要考查考生对于事前的故意及其不同的理论处理方案的掌握。应该说，命题者并没有对这一知识点进行"遮掩"，复习到位的考生是能够看出本题究竟考查什么知识点的。就知识点而言，所谓事前故意是指行为人故意实施某种危害行为，自以为已实现其犯罪目的，但在实施其他行为时才实现最初的犯罪意图的情形。主要特征是：（1）行为人实施了数个危害社会的行为，仅实施单一的危害行为不能构成事前故意。（2）行为人实施第一个危害行为时就已具有犯意，但没有达到犯罪既遂形态。（3）行为人为实现其他意图而实施违法行为后，才实现最初的犯罪意图，达到犯罪既遂。事前故意这一考点在刑法主客观题中不止一次地考查到了，应该说，这一题的难度不大。

　　答案解析：
　　本题考查的主要知识点是"事前故意"。事前故意是指行为人故意实施某种危害行为，自以为已实现其犯罪目的，但在实施其他行为时才实现最初的犯罪意图的情形。经常举的事前故意的例子是，甲以杀人故意对乙实施暴力，乙陷入昏迷后，甲以为乙已经死亡，甲基于掩盖罪行的目的将乙扔入深井中，其实乙是下坠过程中碰到井壁摔死的。结合本案案情，刑法理论对这种情况有以下处理意见：<u>（1）恪守责任主义，即行为与责任同在原则，认为第一个行为即砸头部的行为成立故意杀人未遂（或普通抢劫），第二个行为即将钱某"尸体"埋入坑中，致钱某窒息身亡的行为成立过失致人死亡罪（结果归属于将"尸体"埋入坑中的过失行为）。（2）将两个行为视为一体，作为对因果关系的认识错误来处理，只要存在相当的因果关系，就认定为一个故意杀人既遂（或抢劫故意致人死亡，将死亡结果归属于抢劫行为中的暴力行为）。</u>当然，还有其他几种学界观点，作为法考的复习，考生无需掌握。

> 3. 孙某对钱某的死亡构成何罪（说明理由）？是成立间接正犯还是成立帮助犯（从犯）？

　　答案：孙某对钱某的死亡构成故意杀人罪。孙某明知钱某没有死亡，却催促赵某动作快一点，显然具有杀人故意，客观上对钱某的死亡也起到了作用。即使认为赵某对钱某成立抢劫致人死亡，但由于钱某不对抢劫负责，也只能认定为故意杀人罪。倘若在前一问题上认为赵某成立故意杀人未遂（或普通抢劫）与过失致人死亡罪，那么，孙某就是利用过失行为实施杀人的间接正犯；倘若在前一问题上认为赵某成立故意杀人既遂（或故意的抢劫致人死亡即对死亡持故意），则孙某成立故意杀人罪的帮助犯（从犯）。
　　难度：难
　　考点：间接正犯；从犯及其刑事责任

> 🔆 命题与解题思路

　　本题中，命题人采取了前后呼应式的设问方式，即本题的答案取决于上一题的结论。这一设问方法需要考生关注，可能在将来还会碰到。本题的设计，命题人明确告诉考生，孙某究竟是成立间接正犯还是成立帮助犯（从犯），这等于是给考生以提醒，降低了考题难度。当然，本题做对的前提是考生能够回答出上一题答案解析中的前两种观点。否则将会导致前后两道题的思路无法衔接。

答案解析：

上一题中，赵某的行为定性主要有两种观点：一是将赵某的前行为认定为故意杀人未遂（或普通抢劫），将后行为认定为过失致人死亡；二是认定为故意杀人既遂一罪（或故意的抢劫致人死亡，即对死亡持故意一罪），这样一来，对孙某而言，如果赵某的后行为被认定为过失致人死亡，那么，其行为就属于利用他人的过失犯罪这一工具来实施自己的故意犯罪（已经认识到钱某未死，却故意保持缄默），成立故意杀人罪的间接正犯——利用自己的认知或者意志操控上的优势将他人作为犯罪工具来予以利用实施犯罪的情形。而如果将赵某的后行为与猛砸头部的前行为视为一体，即将其整体评价为故意杀人罪，那么，对于孙某的行为，只能认定为故意杀人罪的帮助犯；或者将赵某的行为评价为抢劫故意致人死亡，那么，由于孙某是取财（财产性利益）行为之后才加入的，因此，对于暴力取财行为无需负责，但对致人死亡部分有所参与，理应认定为故意杀人罪的帮助犯。

4. 孙某向赵某索要名画的行为构成何罪（说明理由）？关于法定刑的适用与犯罪形态的认定，可能存在哪几种观点？

答案： 孙某索要名画的行为构成敲诈勒索罪。理由：孙某的行为完全符合本罪的构成要件，因为利用合法行为使他人产生恐惧心理的也属于敲诈勒索。一种观点是，对孙某应当按800万元适用数额特别巨大的法定刑，同时适用未遂犯的规定，并将取得价值8000元的赝品的事实作为量刑情节，这种观点将数额巨大与特别巨大作为加重构成要件；另一种观点是，对孙某应当按8000元适用数额较大的法定刑，认定为犯罪既遂，不适用未遂犯的规定，这种观点将数额较大视为单纯的量刑因素或量刑规则。

难度： 中

考点： 敲诈勒索罪

> **命题与解题思路**
>
> 本题主要考查敲诈勒索罪的犯罪构成与法定刑的理解和适用。对于孙某行为成立敲诈勒索罪，难度不大，大多数考生都能回答出来，但对敲诈勒索罪的法定刑幅度及其理解和适用，则基本不会关注，这也提醒考生，法考复习时对知识点不能有遗漏。对于敲诈勒索罪条文中的数额巨大与数额较大的定位，学界存在其属于量刑规则和加重构成要件的争论，争论的实质在于，如果是加重构成要件，则必须要求行为人具备相应的故意，如果属于量刑规则，则无需具备主观故意。

答案解析：

敲诈勒索罪，是指以非法占有为目的对他人实施威胁、恐吓，索取公私财物数额较大或者多次敲诈勒索的行为。需要注意的是，成立敲诈勒索罪并不要求恶害的实现自身具有违法性。换言之，即使认为告发犯罪是正当合法行为，但如果以告发被害人的犯罪行为来勒索财物，则对于财产法益而言，仍是以"害恶"相通告，属于非法侵害。因此，孙某以向公安机关揭发赵某杀人为要挟索要其非法获得的名画，符合敲诈勒索罪的构成要件，成立敲诈勒索罪。

敲诈勒索罪三档法定刑，即敲诈勒索公私财物"数额较大"，以2000元至5000元以上为起点；敲诈勒索公私财物"数额巨大"，以3万元至10万元以上为起点；敲诈勒索公私财物"数额特别巨大",以 30 万元至 50 万元以上为起点。本案中,孙某客观上敲诈的是 8000 元的赝品,而主观上想要敲诈的是 800 万元的名画。那么,究竟是按照数额较大还是数额特别巨大来量刑呢?对此问题,一般认为,如果将数额规定作为加重构成要件,则行为人必须对于这种客观的构成要件要素具备认识和意欲,客观上也必须实现此等数额才能构成既遂。孙某以敲诈勒索 800 万元(数额特别巨大)为目标,但客观上并未实现,因而成立敲诈勒索数额特别巨大的未遂犯,在适用数额特别巨大档法定刑的同时,适用总则关于未遂犯的规定。如果将数额规定视作量刑规则,则不需要行为人对其有故意,只需要客观上实现即可。孙某客观上敲诈勒索的是价值 8000 元的赝品,因而成立敲诈勒索罪既遂,适用数额较大的法定刑,同时不再适用总则未遂犯的规定。

5. 孙某将赝品出卖给李某的行为是否构成犯罪?为什么?

答案:孙某出卖赝品的行为不构成诈骗罪,因为孙某以为出卖的是名画,不具有诈骗故意。

难度:易

考点:诈骗罪

> **命题与解题思路**
>
> 本题难度不大。尽管孙某将所谓的"名画"卖给他人,客观上该画是赝品,但是孙某并不知道自己卖的是赝品,主观上缺乏罪责,因而不成立诈骗罪。

答案解析:

基于责任主义原则,成立犯罪必须行为与责任同在。就本题而言,由于诈骗罪是故意犯罪,因此,行为人主观上必须具备故意罪责,即行为人必须明知自己实施了虚构事实或者隐瞒真相的欺骗行为会造成被害人财产损失的结果,并进而希望或者放任该结果发生,但是,孙某并未认识到自己出卖的是赝品,不具有诈骗罪的故意,因而不成立诈骗罪。

2015 年真题

一、试 题 (本题 23 分)

案情:

高某(男)与钱某(女)在网上相识,后发展为网恋关系,其间,钱某知晓了高某一些隐情,并以开店缺钱为由,骗取了高某 20 万元现金。

见面后,高某对钱某相貌大失所望,相处不久更感到她性格古怪,便决定断绝关系。但钱某百般纠缠,最后竟以公开隐情相要挟,要求高某给予 500 万元补偿费。高某假意筹钱,实际打算除掉钱某。

随后,高某找到密友夏某和认识钱某的宗某,共谋将钱某诱骗至湖边小屋,先将其掐昏,然后扔入湖中溺死。事后,高某给夏某、宗某各 20 万元作为酬劳。

按照事前分工，宗某发微信将钱某诱骗到湖边小屋。但宗某得知钱某到达后害怕出事后被抓，给高某打电话说："我不想继续参与了。一日网恋十日恩，你也别杀她了。"高某大怒说："你太不义气啦，算了，别管我了！"宗某又随即打钱某电话，打算让其离开小屋，但钱某手机关机未通。

高某、夏某到达小屋后，高某寻机抱住钱某，夏某掐钱某脖子。待钱某不能挣扎后，二人均误以为钱某已昏迷（实际上已经死亡），便准备给钱某身上绑上石块将其扔入湖中溺死。此时，夏某也突然反悔，对高某说："算了吧，教训她一下就行了。"高某说："好吧，没你事了，你走吧！"夏某离开后，高某在钱某身上绑石块时，发现钱某已死亡。为了湮灭证据，高某将钱某尸体扔入湖中。

高某回到小屋时，发现了钱某的 LV 手提包（价值 5 万元），包内有 5000 元现金、身份证和一张储蓄卡，高某将现金据为己有。

三天后，高某将 LV 提包送给前女友尹某，尹某发现提包不是新的，也没有包装，问："是偷来的还是骗来的"，高某说："不要问包从哪里来。我这里还有一张储蓄卡和身份证，身份证上的人很像你，你拿着卡和身份证到银行柜台取钱后，钱全部归你。"尹某虽然不知道全部真相，但能猜到包与卡都可能是高某犯罪所得，但由于爱财还是收下了手提包，并冒充钱某从银行柜台取出了该储蓄卡中的 2 万元。

问题：

请根据《刑法》相关规定与刑法原理分析高某、夏某、宗某和尹某的刑事责任（要求注重说明理由，并可以同时答出不同观点和理由）。

二、答案精讲

答案：

（一）高某的刑事责任

1. 高某对钱某成立故意杀人罪。是成立故意杀人既遂还是故意杀人未遂与过失致人死亡罪的想象竞合，关键在于如何处理构成要件的提前实现。

答案一：虽然构成要件结果提前发生，但掐脖子本身有致人死亡的紧迫危险，能够认定掐脖子时就已经实施杀人行为，故意存在于着手实行时即可，故高某应对钱某的死亡承担故意杀人既遂的刑事责任。

答案二：高某、夏某掐钱某的脖子时只是想致钱某昏迷，没有认识到掐脖子的行为会导致钱某死亡，亦即缺乏既遂的故意，因而不能对故意杀人既遂负责，只能认定高某的行为是故意杀人未遂与过失致人死亡的想象竞合。

2. 关于拿走钱某的手提包和 5000 元现金的行为性质，关键在于如何认定死者的占有。

答案一：高某对钱某的手提包和 5000 元现金成立侵占罪，理由是死者并不占有自己生前的财物，故手提包和 5000 元现金属于遗忘物。

答案二：高某对钱某的手提包和 5000 元现金成立盗窃罪，理由是死者继续占有生前的财物，高某的行为属于将他人占有财产转移给自己占有的盗窃行为，成立盗窃罪。

3. 将钱某的储蓄卡与身份证交给尹某取款 2 万元的行为性质。

答案一：构成信用卡诈骗罪的教唆犯。因为高某不是盗窃信用卡，而是侵占信用卡，利用拾得的他人信用卡取款的，属于冒用他人信用卡，高某唆使尹某冒用，故属于信用卡诈骗罪的教唆犯。

答案二：构成盗窃罪。因为高某是盗窃信用卡，盗窃信用卡并使用的，不管是自己直接使用还是让第三者使用，均应认定为盗窃罪。

（二）夏某的刑事责任

1. 夏某参与杀人共谋，掐钱某的脖子，构成故意杀人罪既遂。（或：夏某成立故意杀人未遂与过失致人死亡的想象竞合，理由与高某相同）

2. 由于发生了钱某死亡结果，夏某的行为是钱某死亡的原因，夏某不可能成立犯罪中止。

（三）宗某的刑事责任

宗某参与共谋，并将钱某诱骗到湖边小屋，成立故意杀人既遂。宗某虽然后来没有实行行为，但其前行为与钱某死亡之间具有因果性，没有脱离共犯关系；宗某虽然给钱某打过电话，但该中止行为未能有效防止结果发生，不能成立犯罪中止。

（四）尹某的刑事责任

1. 尹某构成掩饰、隐瞒犯罪所得罪。因为从客观上说，该包属于高某犯罪所得，而且尹某的行为属于掩饰、隐瞒犯罪所得的行为；尹某认识到可能是高某犯罪所得，因而具备明知的条件。

2. 尹某冒充钱某取出2万元的行为性质。

答案一：构成信用卡诈骗罪。因为尹某属于冒用他人信用卡，完全符合信用卡诈骗罪的构成要件。

答案二：构成盗窃罪。尹某虽然没有盗窃储蓄卡，但认识到储蓄卡可能是高某盗窃所得，并且实施使用行为，属于承继的共犯，故应以盗窃罪论处。

难度：难

考点：共同犯罪与犯罪形态；事实认识错误；盗窃罪；侵占罪；信用卡诈骗罪；掩饰、隐瞒犯罪所得罪

> **命题与解题思路**
>
> 本题采用一句话式问法，考查了高某、夏某、宗某和尹某的刑事责任问题。由于题量较大，在作答时，建议考生在读题时在每一个可能的犯罪事实旁做好标记，简单写下答案关键词，这样就不会有遗漏。本题涉及的考点包括共犯的脱离、构成要件的提前实现、死者对财物的占有是否成立、信用卡诈骗罪等，其中构成要件的提前实现、死者对财物的占有是否成立等属于学界争议问题。对此，命题人设问时，也采取了开放式的命题方式，即"要求注重说明理由，并可以同时答出不同观点和理由"。对于争议问题考生只要选择其中的一种理论并且言之成理即可得分，并未要求考生选择特定的理论立场，显示了命题的科学性。需要考生注意的是，这一开放式的设问方式，已经成为主观题中刑法试题的常态。

答案解析：

（一）关于高某的刑责

1. 高某杀人所涉及的知识点是构成要件的提前实现。<u>所谓构成要件的提前实现，又为结果的提前发生，其属于因果关系错误的一种情形，是指提前实现了行为人所预想的结果</u>。例如，甲准备使乙吃安眠药（第一个行为），趁其熟睡后将其绞死（第二个行为），但未待甲实施绞杀行为，乙由于吞服过量的安眠药而死亡。<u>对此，行为人实施的两个行为都有使构成要</u>

件结果发生的高度风险，第一个行为就能够被认定为着手实行犯罪，便可以认定其构成犯罪既遂。当然，少数观点会认为，甲在实施第一个行为阶段时毕竟没有意识到乙会服用安眠药过量致死，因而不能认定相应犯罪的故意，只能认定为过失致人死亡，最终，应以故意杀人未遂与过失致人死亡的想象竞合论处。本案中，高某掐被害人脖子本来就具有高度致死的风险，因此，足以认定其已经着手实行，成立故意杀人既遂。少数观点会认为掐脖子时并没有杀人故意，按行为与责任同时存在原则，高某应成立故意杀人未遂与过失致人死亡的想象竞合。

2. 对于高某将死者的财物取走的行为，涉及死者对财物占有的行为定性。对此问题，可分为肯定说和否定说，即如果肯定死者在死后仍然占有财物，则拿走死者财物的行为属于排除他人占有，建立自己占有的盗窃行为；如果否定死者占有财物，则拿走死者财物的行为属于侵占死者遗失物的侵占行为。需要指出的是，认定为盗窃或是侵占的不同结论会影响其后利用他人信用卡取款的行为究竟是认定为信用卡诈骗罪还是盗窃罪。对于本案，如果肯定死者对财物的继续占有状态，则高某属于变他人占有为自己占有的盗窃罪；而如果否定死者对财物的继续占有状态，则高某属于拾得遗失物型的侵占罪。

3. 高某将被害人的储蓄卡和身份证交给尹某取款的行为又与高某前阶段的行为定性有关。如果认为高某将死者的财物取走的行为成立盗窃罪，则按照《刑法》第 169 条第 3 款的规定（该款规定，盗窃信用卡并使用的，依照盗窃罪定罪处罚），取款行为同样构成盗窃罪。而如果认为高某将死者的财物取走的行为成立侵占罪，则高某属于冒用他人信用卡的信用卡诈骗罪。由于亲自去取款的并非高某，而是高某唆使尹某去银行取款，因此，高某构成信用卡诈骗罪的教唆犯。

（二）关于夏某的刑责

夏某与高某等人合谋杀害尹某，成立故意杀人罪既遂的共犯。当然，如上所述，如果对于构成要件的提前实现问题持少数说的观点，则夏某成立故意杀人未遂与过失致人死亡的想象竞合。另外，夏某并不成立犯罪中止。因为，夏某并没有积极阻止高某实现构成要件的结果。同时夏某也不成立共犯脱离，因为其并没有切断自己在共同犯罪中所起的心理以及物理的因果联系。

（三）关于宗某的刑责

此处考查的知识点是共犯脱离。要成立预备阶段的共犯脱离，必须切断自己先前行为与构成要件实现的物理性以及心理性因果关系。本题中，宗某与高某等人合议由宗某将被害人骗出，被害人也确实被骗出，此时还未着手实行，属犯罪预备阶段。宗某将被害人骗到犯罪地点为结果的实现提供了物理性因果关系，宗某之后虽然后悔想要退出，并且试图电话联系并告知钱某，但是案情交代，钱某手机关机未接通。因此，其并没有成功切断自己的预备行为贡献与最终结果发生之间的因果关联，只能成立故意杀人既遂。

（四）关于尹某的刑责

第一，其猜到包是由高某犯罪所得而仍然收下的行为构成掩饰、隐瞒犯罪所得罪。所谓掩饰、隐瞒犯罪所得罪，是指明知是犯罪所得而予以窝藏、转移、收购、代为销售或者以其他方法掩饰、隐瞒的行为。本题中，尹某收下包的行为，系明知是犯罪所得而予以掩饰、隐瞒。第二，就尹某冒充钱某取出 2 万元的行为定性问题，有两种可能的结论。第一种是信用卡诈骗罪，因为尹某属于冒用钱某的信用卡，完全符合信用卡诈骗罪的构成要件。第二种是盗窃罪。题干明确交代，尹某明知包与卡都是高某犯罪所得，换句话说，尹某认识到储蓄卡可能是高某盗窃所得，仍然帮助高某取款，构成盗窃罪的承继的共犯。

2014 年真题

一、试题（本题 22 分）

案情：

国有化工厂车间主任甲与副厂长乙（均为国家工作人员）共谋，在车间的某贵重零件仍能使用时，利用职务之便，制造该零件报废、需向五金厂（非国有企业）购买的假象（该零件价格 26 万元），以便非法占有货款。甲将实情告知五金厂负责人丙，嘱咐丙接到订单后，只向化工厂寄出供货单、发票而不需要实际供货，等五金厂收到化工厂的货款后，丙再将 26 万元货款汇至乙的个人账户。

丙为使五金厂能长期向化工厂供货，便提前将五金厂的 26 万元现金汇至乙的个人账户。乙随即让事后知情的妻子丁去银行取出 26 万元现金，并让丁将其中的 13 万元送给甲。3 天后，化工厂会计准备按照乙的指示将 26 万元汇给五金厂时，因有人举报而未汇出。甲、乙见事情败露，主动向检察院投案，如实交待了上述罪行，并将 26 万元上交检察院。

此外，甲还向检察院揭发了乙的其他犯罪事实：乙利用职务之便，长期以明显高于市场的价格向其远房亲戚戊经营的原料公司采购商品，使化工厂损失近 300 万元；戊为了使乙长期关照原料公司，让乙的妻子丁未出资却享有原料公司 10% 的股份（乙、丁均知情），虽未进行股权转让登记，但已分给红利 58 万元，每次分红都是丁去原料公司领取现金。

问题：

请分析甲、乙、丙、丁、戊的刑事责任（包括犯罪性质、犯罪形态、共同犯罪、数罪并罚与法定量刑情节），须答出相应理由。

二、答案精讲

答案： 甲、乙利用职务上便利实施了贪污行为，虽然客观上获得了 26 万元，构成贪污罪，但该 26 万元不是化工厂的财产，没有给化工厂造成实际损失；甲、乙也不可能贪污五金厂的财物，所以，对甲、乙的贪污行为只能认定为贪污未遂。甲、乙犯贪污罪后自首，可以从轻或者减轻处罚。甲揭发了乙为亲友非法牟利罪与受贿罪的犯罪事实，构成立功，可以从轻或者减轻处罚。

乙长期以明显高于市场的价格向其远房亲戚戊经营的原料公司采购商品，使化工厂损失近 300 万元的行为构成为亲友非法牟利罪。乙以妻子丁的名义在原料公司享有 10% 的股份分得红利 58 万元的行为，符合受贿罪的构成要件，成立受贿罪。对于为亲友非法牟利罪与受贿罪以及上述贪污罪，应当实行数罪并罚。

丙将五金厂的 26 万元挪用出来汇给乙的个人账户，不是为了个人使用，也不是为了谋取个人利益，不能认定为挪用资金罪。但是，丙明知甲、乙二人实施贪污行为，客观上也帮助甲、乙实施了贪污行为，所以，丙构成贪污罪的共犯（从犯）。

丁将 26 万元取出的行为，不构成掩饰、隐瞒犯罪所得罪，因为该 26 万元不是贪污犯罪所得，也不是其他犯罪所得。丁也不成立贪污罪的共犯，因为丁取出 26 万元时该 26 万元不是贪污犯罪所得。丁将其中的 13 万元送给甲，既不是帮助分赃，也不是行贿，因而不成立犯罪。丁对自己名义的干股知情，并领取贿赂款，构成受贿罪的共犯（从犯）。

戊作为回报让乙的妻子丁未出资却享有原料公司 10% 的股份，虽未进行股权转让登记，但让丁分得红利 58 万元的行为，是为了谋取不正当利益，构成行贿罪。

难度：中

考点：贪污罪；受贿罪；为亲友非法牟利罪；行贿罪；犯罪未得逞；从犯及其刑事责任；自首；立功

> **命题与解题思路**
>
> 本题中，命题者巧妙设计了贪污罪的案情，考生如果不细心或者对贪污罪的本质不熟悉，就会做错。另外本题还涉及《刑法》第 166 条规定的为亲友非法牟利罪，该罪名是破坏社会主义市场经济秩序罪一章中的重要罪名，但相对于盗窃罪、抢劫罪、故意伤害罪等核心罪名，可能有考生还不太熟悉。需要指出的是，每年考试均会出现相对生僻的罪名，所以，在复习时一定要梳理刑法中的重点罪名，不要抱着侥幸的心理，认为不会考。从解题方法来看，本题是一句话式的问法，涉及甲、乙、丙、丁、戊五个人的刑事责任，由于案件事实涉及的人物及行为事实较多，为了避免思维混乱和遗忘应该检验的行为事实，建议考生在阅读案例事实时，在每个案情考点旁边简单标记答案，以便在审题完毕后按照行为人汇总。

（一）关于甲的行为部分

> **命题与解题思路**
>
> 命题人主要考查的点在于贪污罪既遂与未遂的认定问题。不注意的考生，会误以为甲、乙想贪污单位的 26 万元公款、最后也得到了 26 万元，所以是贪污既遂。可问题在于，这 26 万元并非国有财产，而是五金厂的资金，因此，甲构成贪污罪的未遂。

答案解析：

在行为定性方面，甲、乙利用职务之便以单位设备损害需要购买新设备为由套取本单位公款，意图非法占有，构成贪污罪。但是，<u>由于丙汇给甲、乙的 26 万元并非甲、乙所在单位国有化工厂的资金，化工厂的国有资产并没有受到实际的损失，因而甲、乙二人的犯罪不构成既遂，而是成立贪污罪未遂</u>。在刑罚适用方面，甲、乙向检察院自动投案并如实交待了贪污罪行，成立自首，可以从轻或者减轻处罚，犯罪较轻的，可以免除处罚。而甲另外还交待了乙长期利用职务之便为自己亲友非法牟利的事实，成立立功，可以从轻或减轻处罚。

（二）关于乙的行为部分

> **命题与解题思路**
>
> 针对乙的行为部分，涉及《刑法》第 166 条规定的为亲友非法牟利罪，应该说，该罪名相对较为生僻，考生如果复习不到位的话，可能会遗漏本考点。另外，乙的刑事责任还包括与甲的共同犯罪部分，对此，考生不能有遗漏。

答案解析：

我国《刑法》第166条（为亲友非法牟利罪）第1款规定，国有公司、企业、事业单位的工作人员，利用职务便利，有下列情形之一，使国家利益遭受重大损失的，处3年以下有期徒刑或者拘役，并处或者单处罚金；致使国家利益遭受特别重大损失的，处3年以上7年以下有期徒刑，并处罚金：（1）将本单位的盈利业务交由自己的亲友进行经营的；（2）以明显高于市场的价格从自己的亲友经营管理的单位采购商品、接受服务或者以明显低于市场的价格向自己的亲友经营管理的单位销售商品、提供服务的；（3）从自己的亲友经营管理的单位采购、接受不合格商品、服务的。本题中，乙利用职务之便，长期以明显高于市场的价格向其远房亲戚戊经营的原料公司采购商品，使化工厂损失近300万元，符合该款第2项的规定，构成为亲友非法牟利罪。此外，乙由于与甲意图共同贪污单位资金，成立贪污罪，应数罪并罚。对于贪污罪，由于存在自首情节，可以从轻或者减轻处罚。

（三）关于丙的行为部分

> **命题与解题思路**
>
> 丙的行为主要涉及的是贪污罪共犯的认定问题，此处的案情较为复杂，实际上，甲、乙二人是套取单位公款的行为，明确这一点，丙的贪污罪共犯行为就清楚了。

答案解析：

就丙的行为来说，其明知甲、乙二人意图虚构单位设备损害需更换设备为由套取单位公款，仍然为甲、乙二人提供帮助，因丙并非国家工作人员，非身份者不能成立相应身份犯构成要件的正犯，而只能视情形成立教唆或帮助犯。本案中，丙没有教唆行为，所以成立贪污罪的帮助犯（从犯）。

（四）关于丁的行为部分

> **命题与解题思路**
>
> 就丁的行为，命题人主要想考查对贪污罪和掩饰、隐瞒犯罪所得罪犯罪构成的理解。应该说，本题命题人考查较细，实际上，丁协助甲、乙领取的26万元的性质并不属于国有财产，也不是甲、乙的犯罪所得，否则非常容易出错。

答案解析：

对丁来说，丁帮助甲、乙领取的26万元并非国有化工厂的资金，而是五金厂资金，因而不成立贪污罪的共犯。而这26万元也不能算作是甲、乙的贪污犯罪所得，丁也不成立掩饰、隐瞒犯罪所得罪。

对于丁未出资却享有原料公司10%的股份的行为，丁明知此系戊为了使乙长期关照自己的公司而为，对于已取得的现金红利58万元，成立受贿罪的帮助犯（丁不具有国家工作人员身份）。

（五）关于戊的行为部分

> **命题与解题思路**
>
> 对于戊的行为，命题人主要考查对行贿罪犯罪构成的理解。考生需要对最高人民法院、最高人民检察院于2007年发布的《关于办理受贿刑事案件适用法律若干问题的意见》中的规定较为了解，本题较为简单，难度不大。

答案解析：

就戊的行为定性，涉及干股分红型受贿行贿的定性。最高人民法院、最高人民检察院于 2007 年发布的《关于办理受贿刑事案件适用法律若干问题的意见》中对干股分红型受贿进行了明确规定，<u>即干股是指未出资而获得的股份。国家工作人员利用职务上的便利为请托人谋取利益，收受请托人提供的干股的，以受贿论处。进行了股权转让登记，或者相关证据证明股份发生了实际转让的，受贿数额按转让行为时股份价值计算，所分红利按受贿孳息处理。股份未实际转让，以股份分红名义获取利益的，实际获利数额应当认定为受贿数额</u>。本题中，戊为了给自己公司谋取不正当利益，以干股分红的形式贿赂乙，构成行贿罪。

2013 年真题

一、试题（本题 22 分）

案情：

甲与余某有一面之交，知其孤身一人。某日凌晨，甲携匕首到余家盗窃，物色一段时间后，未发现可盗财物。此时，熟睡中的余某偶然大动作翻身，且口中念念有词。甲怕被余某认出，用匕首刺死余某，仓皇逃离。（事实一）

逃跑中，因身上有血迹，甲被便衣警察程某盘查。程某上前拽住甲的衣领，试图将其带走。甲怀疑遇上劫匪，与程某扭打。甲的朋友乙开黑车经过此地，见状停车，和甲一起殴打程某。程某边退边说："你们不要乱来，我是警察。"甲对乙说："别听他的，假警察该打。"程某被打倒摔成轻伤。（事实二）

司机谢某见甲、乙打人后驾车逃离，对乙车紧追。甲让乙提高车速并走"蛇形"，以防谢某超车。汽车开出 2 公里后，乙慌乱中操作不当，车辆失控撞向路中间的水泥隔离墩。谢某刹车不及撞上乙车受重伤。赶来的警察将甲、乙抓获。（事实三）

在甲、乙被起诉后，甲父丙为使甲获得轻判，四处托人，得知丁的表兄刘某是法院刑庭庭长，遂托丁将 15 万元转交刘某。丁给刘某送 15 万元时，遭到刘某坚决拒绝。（事实四）

丁告知丙事情办不成，但仅退还丙 5 万元，其余 10 万元用于自己炒股。在甲被定罪判刑后，无论丙如何要求，丁均拒绝退还余款 10 万元。丙向法院自诉丁犯有侵占罪。（事实五）

问题：

1. 就事实一，对甲的行为应当如何定性？理由是什么？
2. 就事实二，对甲、乙的行为应当如何定性？理由是什么？
3. 就事实三，甲、乙是否应当对谢某重伤的结果负责？理由是什么？
4. 就事实四，丁是否构成介绍贿赂罪？是否构成行贿罪（共犯）？是否构成利用影响力受贿罪？理由分别是什么？
5. 就事实五，有人认为丁构成侵占罪，有人认为丁不构成侵占罪。你赞成哪一观点？具体理由是什么？

二、答案精讲

> **命题与解题思路**
>
> 本题考查的知识点较多，考查的都是总论和分论中的重要知识点。就总论部分来说，正当防卫和因果关系的认定都是常考甚至是每年必考的问题。而分论部分的准抢劫罪的认定、介绍贿赂罪、行贿罪、利用影响力受贿罪以及侵占罪也是常考的知识点。对于侵占罪，命题人主要考查了不法原因给付与侵占罪的关系问题，这一问题存在重大的理论争议，考生只需根据自己的理解逻辑一致地答出自己的观点即可。由此也提醒考生，法考主观题的命题永远是"重点恒重"，对于重点知识点一定要彻底把握清楚。

1. 就事实一，对甲的行为应当如何定性？理由是什么？

答案：甲携带凶器盗窃、入户盗窃，应当成立盗窃罪。如暴力行为不是作为压制财物占有人反抗的手段而使用的，只能视情况单独定罪。在盗窃过程中，为窝藏赃物、抗拒抓捕、毁灭罪证而使用暴力的，才能定抢劫罪。甲并非出于上述目的，因而不应认定为抢劫罪。在本案中，被害人并未发现罪犯的盗窃行为，并未反抗；甲也未在杀害被害人后再取得财物，故对甲的行为应以盗窃罪和故意杀人罪并罚，不能对甲定抢劫罪。

难度：中

考点：抢劫罪；盗窃罪

> **命题与解题思路**
>
> 本题涉及对事后抢劫的认定，这一考点是常考知识点，考生应熟练掌握。本题是否成立事后抢劫，主要是判断是否"为了窝藏赃物、抗拒抓捕或者毁灭罪证"，如果没有相应案情支撑，就只能定性为入室盗窃和故意杀人，数罪并罚。

答案解析：

根据《刑法》第269条的规定，犯盗窃、诈骗、抢夺罪，为窝藏赃物、抗拒抓捕或者毁灭罪证而当场使用暴力或者以暴力相威胁的，以抢劫罪定罪处罚。本题中，甲在入户盗窃后对被害人使用了暴力，但是，被害人余某当时正处于熟睡状态，甲并非出于窝藏赃物、抗拒抓捕或者毁灭罪证的目的实施杀人，因此不成立转化型抢劫罪。同时，《关于抢劫过程中故意杀人案件如何定性问题的批复》指出，<u>行为人为劫取财物而预谋故意杀人，或者在劫取财物过程中，为制服被害人反抗而故意杀人的，以抢劫罪定罪处罚</u>。甲只是担心被害人醒来认出自己，并不是为了制服被害人反抗而故意杀人，因此，也不应适用本规定。综上，就甲携带匕首到余家盗窃、未物色到财物的行为来说，成立盗窃罪（携带凶器入户盗窃）；就甲怕被余某认出，用匕首刺死余某后逃离的行为来看，成立故意杀人罪。对甲应就盗窃罪和故意杀人罪予以数罪并罚。

2. 就事实二，对甲、乙的行为应当如何定性？理由是什么？

答案：甲、乙的行为系假想防卫。假想防卫视情况成立过失犯罪或意外事件。在本案中，甲、乙在程某明确告知其是警察的情况下，仍然对被害人使用暴力，主观上有过失。但是，过失行为只有在造成重伤结果的场合，才构成犯罪。甲、乙仅造成轻伤结果，因此，对于事实二，甲、乙均无罪。

难度：易

考点：正当防卫

> 💡 **命题与解题思路**
>
> 本题主要考查假想防卫这一知识点。正确解答本题，首先应当辨识命题者想考假想防卫这一知识点，这需要考生对刑法理论的知识结构非常熟悉；其次应当根据案情，具体分析是成立过失犯罪还是意外事件。此外还要注意，行为人主观上是过失，不符合妨害公务罪的主观要件，也不构成妨害公务罪。

答案解析：

所谓<u>假想防卫，是指行为人误认为客观上存在正在进行的不法侵害，而对自认为的"侵害者"实施防卫行为。假想防卫由于不满足正当防卫的客观前提要件——现实的不法侵害，因此不是正当防卫，要立足于具体情境判断是否成立过失犯罪或是意外事件</u>。本题中，甲误以为上前盘查的警察程某为劫匪而与程某扭打，而路过的乙误以为程某是假装警察而与甲共同殴打程某，因此甲、乙的行为成立假想防卫。在程某亮明自己的警察身份后，此时甲与乙应当停下殴打行为以便审慎核实程某的身份，但二人未履行适当的注意义务，而是继续殴打程某，所以应当认为二人对于程某的伤害后果存在主观过失，但是，我国刑法仅处罚过失致人重伤的行为，对于过失致人轻伤不予处罚。因此，甲、乙不构成犯罪。

需要注意的是，可能会有考生认为行为人构成妨害公务罪或袭警罪。所谓妨害公务罪，是指以暴力、胁迫方法阻碍国家机关工作人员依法执行职务等的行为。袭警罪是《刑法修正案（十一）》对《刑法》第277条第5款进行修正后所形成的独立罪名，其构成要件为暴力袭击正在依法执行职务的人民警察。这两个罪都是故意犯罪，妨害公务罪的主体必须明知国家机关工作人员正在依法执行职务这一客观构成要件要素。而本案中的甲与乙主观上是过失，以为程某并非国家机关工作人员，因此，不成立妨害公务罪。本案中，甲、乙二人虽然有暴力袭警的行为（袭警罪客观上必须是暴力袭击，如果是以实施暴力相威胁或者采取其他方法阻碍人民警察执行职务的，则不构成袭警罪，符合一般情形的妨害公务罪的，应当按照妨害公务罪处理），但和妨害公务罪一致的是，袭警罪在责任上也是故意，要求行为人认识到所袭击的对象是正在依法执行职务的人民警察。因此，甲与乙因缺乏对袭击对象的认识而不构成袭警罪。

3. 就事实三，甲、乙是否应当对谢某重伤的结果负责？理由是什么？

答案：在被告人高速驾车走蛇形和被害人重伤之间，介入被害人的过失行为（如对车速的控制不当等）。谢某的重伤与甲、乙的行为之间，仅有条件关系，从规范判断的角度看，是谢某自己驾驶的汽车对乙车追尾所造成，该结果不应当由甲、乙负责。

难度：中

考点：刑法上因果关系的认定

> **命题与解题思路**
>
> 本题考点为刑法上因果关系的判断，应该说，因果关系问题是法考每年必考的知识点，考生应该熟练掌握。刑法上的因果关系判断是一种规范的价值判断，而非单纯的事实判断或条件关系判断，在判断是否存在条件关系的基础上，还应当从规范分析的角度确认应当将结果算在谁的行为头上。

答案解析：

首先根据条件理论，如果不是甲、乙二人违规走"蛇形"发生车辆事故，谢某便不会刹车不及撞上乙车致使自己受重伤，因此，甲、乙的行为与谢某的重伤后果存在事实性因果关系。但是，仅此还不足以确认规范上的因果关系。由于存在被害人谢某自身的过失因素介入，因此在判断甲、乙二人的行为与谢某的重伤结果之间的相当因果关系时，应当综合考虑前行为人的行为导致结果发生的可能性大小、介入因素的异常性大小、介入因素对结果发生所起的作用力大小这三个因素。

就前行为人的行为导致结果发生的可能性大小来说，甲、乙的过失行为导致谢某重伤的后果可能性很低。一般情况下，如果不是后车超速导致制动距离过长，即便前车发生事故，也不会发生后车撞上事故车辆导致伤亡后果的出现。

就被害人介入因素的异常性大小判断来说，应当坚持一般人的客观立场来判断，换句话说，要看是不是有前行为通常或者必然导致介入因素的出现，如果是，则应当否定介入因素异常。本案中，谢某以高速追击甲、乙的行为很难说在一般人看来是正常的情况，毕竟，以一般人的认知来看，以极高的车速追逐车辆极易发生事故，谢某的追尾也证实了这一判断。并且，谢某在当时的情况下，完全不必冒如此大的风险追击，而是可以选择诸如停车报警等手段。所以综合来看，应当认为谢某的介入因素极其异常。就介入因素对结果发生所起的作用力大小来说，正是因为谢某自身以极高车速追击甲、乙才导致追尾，因此，应当认为谢某自身的过失对结果发生所起的作用力极大。

综上，应当将谢某重伤的后果归咎于其自身的重大过失行为，而不应算在甲、乙的头上。甲、乙不应当对谢某的重伤后果负责。

疑难解析：

本题中，难点在于谢某的追击作为介入因素，其异常有多大，介入因素越异常，结果归属于前行为的可能性就越小，而前行为必然或一般都会导致介入因素的出现，就说明介入因素并不异常，其阻断前行为与结果之间因果关系的可能性就越小，或者说，结果归属于前行为的可能性就越大。一般来说，介入因素的异常性大小大体有四种情形：有前行为必然会导致第三人或者被害人介入（被害人被砍伤后由医生正常救治但身亡）；有前行为通常一般会导致第三人或者被害人介入（被害人在十字路口被追砍后闯红灯身亡）；有前行为很少会导致第三人或者被害人介入（被害人被砍伤后死于医院大火）；有前行为不会导致第三人或被害人介入（被害人被砍伤后自杀身亡）。前两种介入情形不属于异常因素（前行为和结果具有因果关系），而后两种情形则属于异常介入因素（前行为和结果不具有因果关系）。

4. 就事实四，丁是否构成介绍贿赂罪？是否构成行贿罪（共犯）？是否构成利用影响力受贿罪？理由分别是什么？

答案：（1）丁没有在丙和法官刘某之间牵线搭桥，没有促成行贿受贿事实的介绍行为，不构成介绍贿赂罪。（2）丁接受丙的委托，帮助丙实施行贿行为，构成行贿罪（未遂）共犯。（3）丁客观上并未索取或者收受他人财物，主观上并无收受财物的意思，不构成利用影响力受贿罪。

难度：易

考点：介绍贿赂罪；行贿罪；利用影响力受贿罪

> **命题与解题思路**
>
> 本题中，命题人主要考查介绍贿赂罪、行贿罪以及利用影响力受贿罪三罪的犯罪构成以及相互之间的区别。其中介绍贿赂罪与行贿罪、受贿罪共犯之间的区别，是理论与实务中的难点，对此，要注意如果行为人超过了引见、撮合、居中联络以提供行贿、受贿信息的限度，就构成介绍贿赂罪，而非行贿罪、受贿罪的共犯。

答案解析：

首先，丁是否构成介绍贿赂罪，关键在于区分介绍贿赂罪与行贿罪共犯。介绍贿赂罪是指在行贿人和国家工作人员之间进行引见、撮合、居中联络，促使行、受贿得以实现的行为。由于事实上的居中联络行为人主观上认识到自己是在帮助人行贿或者受贿，如果介绍贿赂罪的成立范围过宽，必定会严重限制共犯理论在行贿罪和受贿罪中的应用，冲击总则的共犯理论架构。所以，解释上就必须限制介绍贿赂罪的成立范围，<u>如果行为人超过了引见、撮合、居中联络以提供行贿、受贿信息的限度，存在诸如将贿赂物交付给受贿者等直接参与行贿、受贿的行为，则已经超出了介绍贿赂罪的规制范围，成立行贿、受贿罪的共犯</u>。据此，丁受丙所托直接将15万元人民币交给刘某的行为不成立介绍贿赂罪。而丙是为了给其儿子甲谋取轻判的不法利益才给予刘某财物，但"遭到刘某坚决拒绝"，因此，并未转移贿赂款的占有，只能成立行贿罪未遂。而丁明知丙是为了谋取不正当利益而给予国家工作人员刘某以财物，进而直接参与进来，协助将财物交付给刘某，这超出了介绍贿赂罪的构成，应成立行贿罪未遂的帮助犯。

其次，成立利用影响力受贿罪，要求国家工作人员的近亲属或者其他与国家工作人员关系密切者、离职的国家工作人员或者近亲属以及其他与其关系密切者，索取请托人财物或者收受请托人财物。本案中的丁并没有索取或收受请托人丙的财物，主观上也没有索取或收受财物的意思，当然不成立利用影响力受贿罪。

5. 就事实五，有人认为丁构成侵占罪，有人认为丁不构成侵占罪。你赞成哪一观点？具体理由是什么？

答案：

（1）构成。理由：①丁将代为保管的他人财物非法占为己有，数额较大，拒不退还，完全符合侵占罪的犯罪构成。②无论丙对10万元是否具有返还请求权，10万元都不属于丁的财物，因此该财物属于"他人财物"。③虽然民法不保护非法的委托关系，但刑法的目的不是确认财产的所有权，而是打击侵犯财产的犯罪行为，如果不处罚侵占代为保管的非法财物的行为，将可能使大批侵占赃款、赃物的行为无罪化，这并不合适。

（2）不构成。理由：①10万元为贿赂款，丙没有返还请求权，该财物已经不属于丙，因此，丁没有侵占"他人的财物"。②该财产在丁的实际控制下，不能认为其已经属于国家财产，故该财产不属于代为保管的"他人财物"。据此，不能认为丁虽未侵占丙的财物但侵占了国家财产。③如认定为侵占罪，会得出民法上丙没有返还请求权，但刑法上认为其有返还请求权的结论，刑法和民法对相同问题会得出不同结论，法秩序的统一性会受到破坏。

难度：难

考点：侵占罪

> **命题与解题思路**
>
> 本题为开放性试题。本题的设计依托不法原因给付与侵占罪的关系这一问题展开，应该说，该问题不论是刑法学界还是司法实务中，都存在较大的争议。同时，该问题也属于考试中的重要考点。需要提醒考生注意的是，该考点不但可能在主观题中涉及，也可能在客观题中通过选项的精心设计予以考查。对于将不法原因给付物据为己有是否成立侵占罪的问题，涉及对于侵占罪中的"他人财物""非法"等规范性构成要件要素的理解，也关涉刑法与民法之间的协调这一法秩序统一性问题。由于是主观题考查，设问又是开放式的，因此，不管考生持肯定或否定立场，逻辑通畅、言之成理即可。

答案解析：

侵占罪，是指将代为保管的他人财物非法占为己有，数额较大，拒不退还的，或者将他人的遗忘物或者埋藏物非法占为己有，数额较大，拒不交出的行为。前者被称为委托物侵占，后者被称为脱离占有物侵占。将不法原因委托物据为己有的场合属于委托物侵占，因此，必须围绕"将代为保管的他人财物非法占为己有"进行解释。

如果认为丁的行为成立侵占罪，那么对于"他人财物"这一构成要件要素来说，相对于丁，无论丙是否享有民法上的返还请求权，10万元不可能是丁自己所有的财物，而是"他人财物"，可能的理由有：如果承认丙有返还请求权，财物当然是丙的财物；如果不承认丙的返还请求权，有观点认为此时由于是非法的委托物，应当由国家予以没收，因此，对于丁来说，是将国家的财物据为己有。因此，丁是将他人财物据为己有。就"非法"要素的解释来说，由于刑法与民法的规范目的不同，即使丙与丁之间的委托关系在民法上不受保护，并不意味着丙的委托财物不受刑法的保护，所以，丁将丙委托行贿的10万元据为己有是非法的。据此，丁将丙委托其行贿的10万元财物据为己有，成立侵占罪。

如果认为丁的行为不成立侵占罪，"他人财物"则可以解释为：丙对财物没有返还请求权，可以认为该财物的所有权已经不属于丙；而由于10万元事实上还是由丁占有，也不能认为该财产已经属于国家财产。所以，丙并没有将他人财物据为己有。就"非法"要素的解释来看，如果认为丁将丙不法原因委托的财物据为己有成立侵占罪，意味着民法不予保护的10万元财物反而受到刑法的保护，因为民法上丙没有返还请求权，但刑法上丙却有返还请求权，严重破坏了法秩序统一性原理。据此，丁将丙委托其行贿的10万元财物据为己有不成立侵占罪。

2012 年真题

一、试题（本题22分）

案情：

镇长黄某负责某重点工程项目占地前期的拆迁和评估工作。黄某和村民李某勾结，由李某出面向某村租赁可能被占用的荒山20亩植树，以骗取补偿款。但村长不同意出租荒山。黄某打电话给村长施压，并安排李某给村长送去1万元现金后，村长才同意签订租赁合同。李某出资1万元购买小树苗5000棵，雇人种在荒山上。

副县长赵某带队前来开展拆迁、评估工作的验收。李某给赵某的父亲（原县民政局局长，已退休）送去1万元现金，请其帮忙说话。赵某得知父亲收钱后答应关照李某，令人将邻近山坡的树苗都算到李某名下。

后李某获得补偿款50万元，分给黄某30万元。黄某认为自己应分得40万元，二人发生争执，李某无奈又给黄某10万元。

李某非常恼火，回家与妻子陈某诉说。陈某说："这种人太贪心，咱可把钱偷回来。"李某深夜到黄家伺机作案，但未能发现机会，便将黄某的汽车玻璃（价值1万元）砸坏。

黄某认定是李某作案，决意报复李某，深夜对其租赁的山坡放火（李某住在山坡上）。

树苗刚起火时，被路过的村民邢某发现。邢某明知法律规定发现火情时，任何人都有报警的义务，但因与李某素有矛盾，便悄然离去。

大火烧毁山坡上的全部树苗，烧伤了李某，并延烧至村民范某家。范某被火势惊醒逃至屋外，想起卧室有5000元现金，即返身取钱，被烧断的房梁砸死。

问题：

1. 对村长收受黄某、李某现金1万元一节，应如何定罪？为什么？
2. 对赵某父亲收受1万元一节，对赵某父亲及赵某应如何定罪？为什么？
3. 对黄某、李某取得补偿款的行为，应如何定性？二人的犯罪数额应如何认定？
4. 对陈某让李某盗窃及汽车玻璃被砸坏一节，对二人应如何定罪？为什么？
5. 村民邢某是否构成不作为的放火罪？为什么？
6. 如认定黄某放火与范某被砸死之间存在因果关系，可能有哪些理由？如否定黄某放火与范某被砸死之间存在因果关系，可能有哪些理由？（两问均须作答）

二、答案精讲

命题与解题思路

本题结合了总论与分论的知识点予以考查，与以往不同的是，本年度考查了往年很少考到的不作为犯以及因果关系问题。对于分则的设问来说，命题人主要想考查村民委员会等村基层组织人员的主体身份问题，这一点会直接影响其构成职务侵占罪或贪污罪、非国家工作人员受贿罪与受贿罪的定性。此外，本题还考查了受贿罪共犯和利用影响力受贿罪的关系以及贪污罪共犯问题。相对而言，贪污罪共犯较简单，对于受贿罪共犯与利用影响力受贿罪的关系，考生需要记住考试答案的观点。

1. 对村长收受黄某、李某现金1万元现金一节，应如何定罪？为什么？

答案：村长构成非国家工作人员受贿罪，黄某、李某构成对非国家工作人员行贿罪。出租荒山是村民自治组织事务，不是接受乡镇政府从事公共管理活动，村长此时不具有国家工作人员身份，不构成受贿罪。

难度：易

考点：非国家工作人员受贿罪；对非国家工作人员行贿罪

> 💡 **命题与解题思路**
>
> 　　村基层组织的工作人员身份问题会直接影响其构成职务侵占罪或贪污罪、受贿罪或非国家工作人员受贿罪。对此，全国人民代表大会常务委员会曾经专门作出过相关立法解释，村民委员会等村基层组织人员在协助人民政府从事行政管理工作时，属于"其他依照法律从事公务的人员"，只有这种情况下才能将其认定为国家工作人员，否则就只能认定为非国家工作人员。命题人正是借此考查考生对于该立法解释掌握的细致程度。只要弄清楚村长的主体身份，相应地，对黄某与李某的行为定性便能很快得出结论。

答案解析：

根据全国人民代表大会常务委员会《关于〈中华人民共和国刑法〉第九十三条第二款的解释》的规定，<u>村民委员会等村基层组织人员协助人民政府从事国有土地的经营和管理、土地征收、征用补偿费用的管理时，属于《刑法》第93条第2款规定的"其他依照法律从事公务的人员"</u>。考生在此处非常容易仅凭第一印象答题，进而犯错，尽管题干提到了土地拆迁、征收的问题，但是村长收受黄某与李某的钱财，是因为将村里的荒山出租，显然并非协助政府从事行政管理工作。因此，村长此时不具有国家工作人员身份，其只能构成非国家工作人员受贿罪。相应地，李某与黄某当然只构成对非国家工作人员行贿罪。

2. 对赵某父亲收受1万元现金一节，对赵某父亲及赵某应如何定罪？为什么？

答案：赵某父亲与赵某构成受贿罪共犯。赵某父亲不成立利用影响力受贿罪。因为只有在离退休人员利用过去的职务便利收受财物，且与国家工作人员没有共犯关系的场合，才有构成利用影响力受贿罪的余地。

难度：难

考点：受贿罪；共同犯罪；利用影响力受贿罪

> 💡 **命题与解题思路**
>
> 　　命题人主要想考查的是受贿罪共犯与利用影响力受贿罪的关系问题。<u>在国家工作人员明知其近亲属或关系密切的人收受请托人财物，仍然通过职务行为或者职权与地位形成的便利条件通过其他国家工作人员的职务行为为请托人谋取不正当利益的情形下，其近亲属或者关系密切的人仅成立受贿罪共犯，抑或成立受贿罪共犯与利用影响力受贿罪的想象竞合，存在一定的争议，但法考的观点为仅成立受贿罪共犯，考生需要记住这一点。</u>

答案解析：

利用影响力受贿罪的客观行为表现为国家工作人员的近亲属或者其他与该国家工作人员关系密切的人，通过该国家工作人员职务上的行为，或者利用该国家工作人员职权或者地位形成的便利条件，通过其他国家工作人员职务上的行为，或者离职的国家工作人员或者其近亲属以及其他与其关系密切的人，利用该离职的国家工作人员原职权或者地位形成的便利条件通过其他国家工作人员职务上的行为，为请托人谋取不正当利益，索取请托人财物或者收受请托人财物，数额较大或者有其他较重情节的行为。

在本题中，实质上是赵某父亲收受贿赂后利用赵某的职权为请托人谋取利益，如果成立利用影响力受贿罪，则属于国家工作人员的近亲属通过该国家工作人员职务上的行为为请托人谋取不正当利益，尽管理论界有观点认为，此时近亲属成立受贿罪共犯与利用影响力受贿罪的想象竞合，但是法考的观点是成立利用影响力受贿罪的前提为不成立受贿罪共犯。换句话说，近亲属与国家工作人员之间无共谋，国家工作人员对于近亲属收钱并不知情时，近亲属才成立利用影响力受贿罪，否则，仅成立受贿罪共犯。因此，赵某与其父亲仅成立受贿罪共同犯罪，赵某父亲不成立利用影响力受贿罪。

3. 对黄某、李某取得补偿款的行为，应如何定性？二人的犯罪数额应如何认定？

答案： 伙同他人贪污的，以共犯论。黄某、李某取得补偿款的行为构成贪污罪，二人是贪污罪共犯。因为二人共同利用了黄某的职务便利骗取公共财物。二人要对共同贪污的犯罪数额负责，犯罪数额都是50万元，而不能按照各自最终分得的赃物确定犯罪数额。

难度： 中

考点： 贪污罪；共同犯罪

命题与解题思路

本题难度适中，命题人主要想考查贪污罪以及共犯与身份的问题。只要考生掌握了基础原理，不难拿分。

答案解析：

黄某作为负责某重点工程项目占地前期的拆迁和评估工作的镇长，属于国家工作人员，但其却与村民李某相勾结骗取拆迁补偿款，当然成立贪污罪。李某尽管不具有国家工作人员身份，但其明知黄某作为国家工作人员骗取拆迁补偿款，仍然予以协助，成立贪污罪共犯。由于共同犯罪人需要对共同犯意内的所有不法结果负责，因此，二人贪污的数额为50万元，而非各自最后分赃所得数额。

4. 对陈某让李某盗窃及汽车玻璃被砸坏一节，对二人应如何定罪？为什么？

答案： 陈某构成盗窃罪的教唆犯，属于教唆未遂。李某构成故意毁坏财物罪。李某虽然接受盗窃教唆，但并未按照陈某的教唆造成危害后果，对汽车玻璃被砸坏这一结果，属于超过共同故意之外的行为，由李某自己负责。

难度： 中

考点： 教唆犯；共同犯罪

> **命题与解题思路**
>
> 命题人主要想考查考生对于教唆未遂以及共犯过剩问题的掌握程度。在被教唆人着手实行犯罪但未既遂的场合，正犯即成立教唆未遂。教唆犯对于正犯在教唆故意以外所造成的不法结果，即成立共犯过剩，教唆犯无需负责。

答案解析：

陈某唆使李某盗窃，题干交代李某深夜到黄家伺机作案，说明其已入室盗窃，因此应当认为正犯李某已经着手实行，但由于其未能成功窃取财物，因而李某盗窃未遂，相应地，正犯陈某便成立盗窃罪的教唆未遂。由于李某将车玻璃砸坏这一故意毁坏财物的行为已经超出了教唆故意的范围，因此成立共犯过剩，教唆者陈某对于此一部分事实无需负责。

5. 村民邢某是否构成不作为的放火罪？为什么？

答： 邢某不构成不作为的放火罪。虽然法律明文规定发现火情时，任何人都有报警的义务，但是，报警义务不等于救助义务，同时，仅在行为人创设了危险或者具有保护、救助法益的义务时，其他法律、法规规定的义务，才能构成刑法上的不作为的义务来源。本案中火情是黄某造成的，邢某仅是偶然路过，其并未创设火灾的危险，因此，邢某并无刑法上的作为义务，不构成不作为的放火罪。

难度： 中
考点： 不作为

> **命题与解题思路**
>
> 本题主要考查不作为犯的作为义务来源问题。题干中"邢某明知法律规定发现火情时，任何人都有报警的义务"是命题人故意设置的干扰论述，意在误导考生认为既然法律规定了有报警义务，那么邢某便有报警的作为义务。

答案解析：

对于作为义务的考查，只能从刑法本身的法益保护视角来切入。早期的形式作为义务论会认为法律规定的作为义务是刑法上的作为义务来源，但问题是，为何其他部门法规定的作为义务可以成为刑法上的作为义务？各个部门法的规范目的不同，因此，这种形式义务论显然存在问题。由于邢某并非制造火灾者，对法益并没有积极制造风险，而且由于其只是路人，并没有降低法益风险的义务，所以不成立不作为的放火罪。

6. 如认定黄某放火与范某被砸死之间存在因果关系，可能有哪些理由？如否定黄某放火与范某被砸死之间存在因果关系，可能有哪些理由？（两问均须作答）

答： 黄某放火与范某死亡之间，介入了被害人范某的行为。肯定因果关系的大致理由：（1）根据条件说，可以认为放火行为和死亡之间具有"无A就无B"的条件关系；（2）被害人在当时情况下，来不及精确判断返回住宅取财的危险性；（3）被害人在当时情况下，返回住宅取财符合常理。

否定因果关系的大致理由：（1）根据相当因果关系说，放火和被害人死亡之间不具有相当性；（2）被告人实施的放火行为并未烧死范某，范某为抢救数额有限的财物返回高度危险的场所，违反常理；（3）被害人是精神正常的成年人，对自己行为的后果非常清楚，因此要对自己的选择负责；（4）被害人试图保护的法益价值有限。只有甲对乙的住宅放火，如乙为了抢救婴儿而进入住宅内被烧死的，才能肯定放火行为和死亡后果之间的因果关系。

难度：难

考点：刑法上的因果关系

命题与解题思路

本题具有相当的难度，命题人主要想考查考生对于相当因果关系的理解程度。在判断相当因果关系时，需要着重考查介入三因素：前行为对结果所起的作用大小、介入因素是否异常、介入行为对于结果所起作用大小。问题是，相当因果关系是一种价值判断，对于异常不异常以及作用大小的判断，可能大家都是根据相当因果关系的标准最后得出的却是不太相当的结论。本题就是这种情形，幸亏命题人采用开放式的命题方式，让考生自己论述正反结论的各自理由。

答案解析：

本题中，行为人的放火行为介入了被害人的因素，因此，在判断被害人的死亡结果和行为人的放火行为是否存在因果关系时，便需要着重考查介入因素是否异常。如果认为被害人范某在着火后进房屋内抢救财物是一般人的正常反应，便不能认为被害人介入因素是异常的，因此，应当将死亡结果算在行为人放火的行为头上，进而肯定相当因果关系的存在；如果认为一般人会倾向于要命不要钱，那么被害人冲进火海抢救钱财便是异常的介入因素，因此，放火行为和死亡结果之间便没有相当因果关系。

2011 年真题

一、试题（本题 22 分）

案情：

陈某因没有收入来源，以虚假身份证明骗领了一张信用卡，使用该卡从商场购物 10 余次，金额达 3 万余元，从未还款。（事实一）

陈某为求职，要求制作假证的李某为其定制一份本科文凭。双方因价格发生争执，陈某恼羞成怒，长时间勒住李某脖子，致其窒息身亡。（事实二）

陈某将李某尸体拖入树林，准备逃跑时忽然想到李某身有财物，遂拿走李某手机、现金等物，价值 1 万余元。（事实三）

陈某在手机中查到李某丈夫赵某手机号，以李某被绑架为名，发短信要求赵某交 20 万元"安全费"。由于赵某及时报案，陈某未得逞。（事实四）

陈某逃至外地。几日后，走投无路向公安机关投案，如实交待了上述事实二与事实四。（事实五）

陈某在检察机关审查起诉阶段，将自己担任警察期间查办犯罪活动时掌握的刘某抢劫财物的犯罪线索告诉检察人员，经查证属实。（事实六）

问题：

1. 对事实一应如何定罪？为什么？
2. 对事实二应如何定罪？为什么？
3. 对事实三，可能存在哪几种处理意见（包括结论与基本理由）？
4. 对事实四应如何定罪？为什么？
5. 事实五是否成立自首？为什么？
6. 事实六是否构成立功？为什么？

二、答案精讲

命题与解题思路

本题考查了刑法总则中的自首、立功、牵连犯、想象竞合犯的知识点。2010年12月22日最高人民法院公布了《关于处理自首和立功若干具体问题的意见》，2011年的考试真题便对此予以了考查，这也提示考生一定要及时关注最新的重要司法解释。对于分则部分，则考查了信用卡诈骗罪、妨害信用卡管理罪以及死者对财物的占有、诈骗罪与敲诈勒索罪的关系等问题。在涉及分则罪名的关系时，考生需要避免陷入将罪名之间理解为非此即彼的互斥关系这一误区。

1. 对事实一应如何定罪？为什么？

答案： 对事实一应认定为信用卡诈骗罪。因为以虚假身份证明骗领信用卡触犯了妨害信用卡管理罪，使用以虚假的身份证明骗领的信用卡，数额较大，构成信用卡诈骗罪，二者具有手段行为与目的行为的牵连关系，从一重罪论处，应认定为信用卡诈骗罪。

难度： 中

考点： 妨害信用卡管理罪；信用卡诈骗罪；牵连犯

命题与解题思路

本题除了考查考生对于妨害信用卡管理罪和信用卡诈骗罪犯罪构成的掌握程度，还考查了牵连犯的概念。

答案解析：

信用卡诈骗罪的其中一种行为表现形式即使用虚假的身份证明骗领信用卡。陈某以虚假身份证明骗领了一张信用卡，首先便成立妨害信用卡管理罪。此外，陈某还使用该卡消费，并且从未还款，符合信用卡诈骗罪的构成要件，因为使用以虚假的身份证明骗领的信用卡与恶意透支都是信用卡诈骗罪的客观行为表现形式。由于骗领信用卡和使用骗领的信用卡存在明显的手段——目的之间的牵连关系，因此成立牵连犯，从一重罪处断的结果便是成立信用卡诈骗罪。

2. 对事实二应如何定罪？为什么？

答案： 对事实二应认定为故意杀人罪。因为长时间勒住被害人的脖子，不仅表明其行为是杀人行为，而且表明行为人具有杀人故意。

难度：易
考点：故意杀人罪

> **命题与解题思路**
>
> 本题较简单，主要考查故意杀人罪的概念，可以说是命题人在慷慨送分。

答案解析：
陈某长时间勒住李某脖子，显然具有致人死亡的故意，成立故意杀人罪。

3. 对事实三，可能存在哪几种处理意见（包括结论与基本理由）？

答案：对事实三主要存在两种处理意见：其一，如认为死者仍然占有其财物的，事实三成立盗窃罪；其二，如认为死者不可占有其财物的，事实三成立侵占罪。

难度：难
考点：盗窃罪；侵占罪

> **命题与解题思路**
>
> 本题较难，命题人采用了开放式的命题方式让考生回答死者对财物的占有这一理论上极具争议的问题。考生需要根据各自的不同立场写出详细的理由加以论证。

答案解析：
简单点说，盗窃罪是将他人占有的财物变为自己占有，而侵占罪则是将自己占有的财物变为自己所有，因此，判断财物由谁占有便会直接决定行为是构成盗窃罪抑或是侵占罪。如果肯定死者对财物的占有，则陈某属于变死者占有为自己占有，成立盗窃罪。如果否定死者对于财物的占有，则陈某属于侵占死者的遗忘物（遗失物），成立侵占罪。肯定死者占有的主要理由为应肯定死者占有的观念，是否具有占有意思对占有的成立与否无关紧要。否定死者占有的主要理由则认为主体一旦死亡，便不可能有占有意思，事实上也无法对财物进行支配控制利用，因此死者对财物不再有占有。

4. 对事实四应如何定罪？为什么？

答案：事实四成立敲诈勒索罪（未遂）与诈骗罪（未遂）的竞合。因为陈某的行为同时符合二罪的犯罪构成，属于想象竞合。陈某对赵某实行威胁，意图索取财物未果，构成敲诈勒索罪（未遂）；陈某隐瞒李某死亡的事实，意图骗取财物未果，构成诈骗罪（未遂）。由于只有一个行为，故从一重罪论处。

难度：中
考点：敲诈勒索罪；诈骗罪；想象竞合

> **命题与解题思路**
>
> 本题看似考查诈骗罪与敲诈勒索罪的构成要件，实则命题人意在考查考生对于分则罪名关系的理解。不少考生的思维定式是在遇到分则罪名时习惯做非此即彼的理解，即检验了某一行为构成 A 罪名后，便直接放弃检验该行为是否还构成其他罪名，换句话说，没有竞合论的思维。

答案解析：

在李某死亡的情况下，陈某仍然对赵某谎称绑架了李某，因此属于虚构事实骗取他人钱财，成立诈骗罪；而以绑架为由威胁他人交付钱款，当然符合敲诈勒索罪的构成要件，成立本罪。由于陈某事实上未获得钱财，并且只有一个行为，因此成立诈骗罪（未遂）与敲诈勒索罪（未遂）的想象竞合，从一重罪论处。

5. 事实五是否成立自首？为什么？

答案： 事实五对故意杀人罪与敲诈勒索罪或诈骗罪成立自首。因为走投无路而投案的，属于自动投案，不影响自首的成立。

难度： 易

考点： 自首

> **命题与解题思路**
> 本题较简单，只要掌握自首的概念，即便不清楚司法解释的规定，也能从自首的规范目的中推导出结论。

答案解析：

自首，是指犯罪以后自动投案，如实供述自己罪行的行为，或者被采取强制措施的犯罪嫌疑人、被告人和正在服刑的罪犯，如实供述司法机关还未掌握的本人其他罪行的行为。其本质在于犯罪分子悔罪，自动供述其犯罪事实并承担相应法律后果，在一定程度上表明了自首犯人身危险性的减小。自首一方面可以鼓励和引导犯罪人主动归案，改过自新，争取宽大处理；另一方面可以尽可能降低司法成本，提高破案效率，有效地实现刑罚目的。因此，在走投无路的情况下自动投案并如实供述犯罪事实的，当然符合前述讲的自首的规范目的，成立自首。

6. 事实六是否构成立功？为什么？

答案： 事实六不构成立功。因为根据《刑法》规定，陈某提供的犯罪线索虽属实，但是其以前查办犯罪活动中掌握的，故不构成立功。

难度： 中

考点： 立功

> **命题与解题思路**
> 本题难度也不大，但是考生需要熟悉司法解释的相关规定，才能正确作答。

答案解析：

最高人民法院《关于处理自首和立功若干具体问题的意见》明确规定，犯罪分子将本人以往查办犯罪职务活动中掌握的，或者从负有查办犯罪、监管职责的国家工作人员处获取的他人犯罪线索予以检举、揭发的，不能认定为有立功表现。因此陈某在检察机关审查起诉阶段，将自己担任警察期间查办犯罪活动时掌握的刘某抢劫财物的犯罪线索告诉检察人员经查证属实，不成立立功。

2010 年真题

一、试题（本题 22 分）

案情：

被告人赵某与被害人钱某曾合伙做生意（双方没有债权债务关系）。2009 年 5 月 23 日，赵某通过技术手段，将钱某银行存折上的 9 万元存款划转到自己的账户上（没有取出现金）。钱某向银行查询知道真相后，让赵某还给自己 9 万元。

同年 6 月 26 日，赵某将钱某约至某大桥西侧泵房后，二人发生争执。赵某顿生杀意，突然勒钱某的颈部、捂钱某的口鼻，致钱某昏迷。赵某以为钱某已死亡，便将钱某"尸体"缚重扔入河中。

6 月 28 日凌晨，赵某将恐吓信置于钱某家门口，谎称钱某被绑架，让钱某之妻孙某（某国有企业出纳）拿 20 万元到某大桥赎人，如报警将杀死钱某。孙某不敢报警，但手中只有 3 万元，于是在上班之前从本单位保险柜拿出 17 万元，急忙将 20 万元送至某大桥处。赵某蒙面接收 20 万元后，声称 2 小时后孙某即可见到丈夫。

28 日下午，钱某的尸体被人发现（经鉴定，钱某系溺水死亡）。赵某觉得罪行迟早会败露，于 29 日向公安机关投案，如实交待了上述全部犯罪事实，并将勒索的 20 万元交给公安人员（公安人员将 20 万元退还孙某，孙某于 8 月 3 日将 17 万元还给公司）。公安人员李某听了赵某的交待后随口说了一句"你罪行不轻啊"，赵某担心被判死刑，逃跑至外地。在被通缉的过程中，赵某身患重病无钱治疗，向当地公安机关投案，再次如实交待了自己的全部罪行。

问题：

1. 赵某将钱某的 9 万元存款划转到自己账户的行为，是什么性质？为什么？
2. 赵某致钱某死亡的事实，在刑法理论上称为什么？刑法理论对这种情况有哪几种处理意见？你认为应当如何处理？为什么？
3. 赵某向孙某索要 20 万元的行为是什么性质？为什么？
4. 赵某的行为是否成立自首？为什么？
5. 孙某从公司拿出 17 万元的行为是否成立犯罪？为什么？

二、答案精讲

1. 赵某将钱某的 9 万元存款划转到自己账户的行为，是什么性质？为什么？

答案： 赵某将钱某的 9 万元存款划转到自己账户的行为，成立盗窃罪。在我国，存款属于盗窃罪的对象，赵某的行为完全符合盗窃罪的构成要件，而且是盗窃既遂。

难度： 易

考点： 盗窃罪

· 166 ·

> 💡 命题与解题思路
>
> 本题较简单，命题人主要考查的是考生对盗窃罪对象的理解。只要掌握财产性利益可以成为盗窃罪的对象，本题便可迎刃而解。

答案解析：

盗窃罪，是指以非法占有为目的，采用平和手段破坏他人对财物的占有，进而实现自己对财物的占有。盗窃罪的对象除了狭义的财物，还包括财产性利益。存款债权属于典型的财产性利益。因此，赵某通过技术手段将钱某的9万元划转到自己账户，破坏了钱某对存款的占有，建立了自己的占有，成立盗窃罪。

2. 赵某致钱某死亡的事实，在刑法理论上称为什么？刑法理论对这种情况有哪几种处理意见？你认为应当如何处理？为什么？

答：赵某致钱某死亡的行为，在刑法理论上称为事前的故意。刑法理论对这种情况有以下处理意见：（1）第一个行为即勒颈部、捂口鼻的行为成立故意杀人未遂，第二个行为即将钱某"尸体"缚重扔入河中的行为成立过失致人死亡罪。（2）如果在实施第二个行为时对死亡有间接故意（或未必的故意），则成立一个故意杀人既遂；否则成立故意杀人未遂与过失致人死亡罪。（3）将两个行为视为一个行为，将支配行为的故意视为概括的故意，认定为一个故意杀人既遂。（4）将两个行为视为一体，作为对因果关系的认识错误来处理，只要存在相当的因果关系，就认定为一个故意杀人既遂。应当认为，第一个行为与结果之间的因果关系并未中断，而且客观发生的结果与行为人意欲发生的结果完全一致，故应肯定赵某的行为成立故意杀人既遂。

难度：难

考点：事前的故意

> 💡 命题与解题思路
>
> 本题较难，难在命题人首先便没有明确问及事前的故意，而需要考生从案件事实的隐含交代中总结出这是事前的故意考点。其次，本题也采用了开放式的命题方式，需要答出关于事前的故意的重要观点。

答案解析：

事前的故意，是指误以为第一个行为已经造成了设想的结果，出于其他目的实施第二个行为，实际上是第二个行为导致了结果的发生。如何处理，存在争议。

第一种意见：概括故意理论。将前后两个行为视为一个行为，作为整体成立故意杀人既遂。

第二种意见：由于存在两个清楚可分的行为，不能因为行为人想杀人，最后人也死了，就成立故意杀人既遂。毕竟行为人在实施第二个行为时没有杀人故意，所以成立故意杀人未遂和过失致人死亡罪的数罪并罚。也有极少数人认为，尽管是故意杀人未遂和过失致人死亡，但成立想象竞合。

第三种意见：看实施第二个行为时是否有间接故意，如果有间接故意，则将前后两个行为视为一个行为，成立故意杀人既遂；如果没有间接故意，则分开论处，以过失致人死亡和

· 167 ·

故意杀人未遂并罚。

第四种意见：看第一个行为和结果之间是不是具有相当因果关系，如果第一个行为和结果之间还在相当因果关系范围内，不影响因果关系的认定，结果也是行为人想要的，成立故意杀人既遂。

一般用第四种意见处理事前的故意：由于第一个行为具有致死的高度危险，再加上介入出于毁尸灭迹等目的实施的第二个行为也并非异常因素，所以行为与结果之间存在相当因果关系，而且这个结果也是行为人想要的结果，所以成立故意杀人既遂。

3. 赵某向孙某索要20万元的行为是什么性质？为什么？

答案：赵某向孙某勒索20万元的行为是敲诈勒索罪与诈骗罪的想象竞合犯。一方面，赵某实施了胁迫行为，孙某产生了恐惧心理，并交付了财物。所以，赵某的行为触犯了敲诈勒索罪。另一方面，钱某已经死亡，赵某的行为具有欺骗性质，孙某产生了认识错误；如果孙某知道真相就不会受骗、不会将20万元交付给赵某。因此，赵某的行为也触犯了诈骗罪。但是，由于只有一个行为，故成立想象竞合犯，从一重罪论处。

难度：中

考点：敲诈勒索罪；诈骗罪；想象竞合

> 💡 **命题与解题思路**
>
> 本题看似在考查敲诈勒索罪和诈骗罪的犯罪构成，其实命题人主要想考查的是考生是否有竞合论的观念。不少考生在学习刑法时习惯于做非此即彼式的思考，即将罪名之间理解为互斥关系的思维定式。只要将行为可能构成的罪名逐个审查，最后按照竞合论得出处理结论即可。

答案解析：

被害人已死亡，却谎称绑架被害人借此勒索钱财，当然属于虚构事实欺骗他人交付财物，因此，赵某首先成立诈骗罪；此外，以绑架为由索财，显然是想利用对方的恐惧心理交付财物，所以赵某又成立敲诈勒索罪。而行为人只有一个行为，属于一行为触犯数罪，因此以想象竞合论，从一重处罚。

4. 赵某的行为是否成立自首？为什么？

答案：赵某的行为成立自首。虽然相关司法解释规定，"犯罪嫌疑人自动投案后又逃跑的，不能认定为自首"，但这是针对后来不再投案自首而言。在本案中，虽然可以根据司法解释否认赵某的前一次投案成立自首，但不能否认后一次自动投案与如实交待成立自首。

难度：易

考点：自首

> 💡 **命题与解题思路**
>
> 本题相对较简单，主要考查自首的相关知识，只要考生熟悉自首的制度宗旨，即便不记得相关司法解释，也能得出成立自首的结论。

答案解析：

赵某的行为成立自首。司法解释规定，"犯罪嫌疑人自动投案后又逃跑的，不能认定为自首"，但是行为人逃跑后走投无路又自动投案如实供述的，完全符合自首制度鼓励行为人悔过自新的规范目的，当然还是成立自首。

> **5. 孙某从公司拿出 17 万元的行为是否成立犯罪？为什么？**

答案：孙某的行为虽然属于挪用公款，但不成立挪用公款罪。因为孙某虽然将公款挪用给个人使用，但并没有超过 3 个月未还。

难度：易

考点：挪用公款罪

> 💡 **命题与解题思路**
>
> 本题较简单，主要考查挪用公款罪的犯罪构成。挪用公款归个人使用，如果不属于用于非法活动与营利活动，则需要超过 3 个月未还。

答案解析：

挪用公款罪，是指国家工作人员利用职务上的便利，挪用公款归个人使用，进行非法活动的，或者挪用公款数额较大、进行营利活动的，或者挪用公款数额较大、超过 3 个月未还的行为。孙某的行为确实属于挪用公款归个人使用，但其并没有将公款用于非法活动与营利活动，因此要超过 3 个月未还才成立本罪。但孙某挪用公款的时间并未超过 3 个月，因此，不成立犯罪。

2009 年真题

一、试 题（本题 22 分）

案情：

甲和乙均缺钱。乙得知甲的情妇丙家是信用社代办点，配有保险柜，认为肯定有钱，便提议去丙家借钱，并说："如果她不借，也许我们可以偷或者抢她的钱。"甲说："别瞎整！"乙未再吭声。某晚，甲、乙一起开车前往丙家。乙在车上等，甲进屋向丙借钱，丙说："家里没钱。"甲在丙家吃饭过夜。乙见甲长时间不出来，只好开车回家。甲一觉醒来，见丙已睡着，便起身试图打开保险柜。丙惊醒大声斥责甲，说道："快住手，不然我报警了！"甲恼怒之下将丙打死，藏尸地窖。

甲不知密码打不开保险柜，翻箱倒柜只找到了丙的一张储蓄卡及身份证。甲回家后想到乙会开保险柜，即套问乙开柜方法，但未提及杀丙一事。甲将丙的储蓄卡和身份证交乙保管，声称系从丙处所借。两天后甲又到丙家，按照乙的方法打开保险柜，发现柜内并无钱款。乙未与甲商量，通过丙的身份证号码试出储蓄卡密码，到商场刷卡购买了一件价值两万元的皮衣。

案发后，公安机关认为甲有犯罪嫌疑，即对其实施拘传。甲在派出所乘民警应对突发事件无人看管之机逃跑。半年后，得知甲行踪的乙告知甲，公安机关正在对甲进行网上通缉，甲于是到派出所交代了自己的罪行。

问题：

请根据《刑法》有关规定，对上述案件中甲、乙的各种行为和相关事实、情节进行分析，分别提出处理意见，并简要说明理由。

二、答案精讲

答案：

（一）关于甲的行为定性

甲在着手盗窃丙的保险柜过程中，因罪行败露而实施杀害丙的行为，甲的犯罪目的是取得财物，根据《刑法》第269条的规定，其杀人行为属于盗窃过程中为"抗拒抓捕"而对被害人使用暴力，应当成立抢劫罪。根据《刑法》第263条的规定，甲的行为属于抢劫致人死亡，成立抢劫罪的结果加重犯，应适用升格的法定刑。

甲的杀人、抢劫行为，都与乙无关，甲、乙之间没有共同故意和共同行为，根据《刑法》第25条的规定，不成立共犯；甲将丙的储蓄卡和身份证给乙，不构成盗窃罪的教唆犯。甲两天后回到丙家，打开保险柜试图窃取丙的钱财的行为，属于抢劫罪中取财行为的一部分，不单独构成盗窃罪。

根据最高人民法院《关于处理自首和立功具体应用法律若干问题的解释》第1条的规定，只有在案发后没有受到讯问、未被采取强制措施，自动投案如实供述自己的罪行的，才能成立自首。本案中，甲被公安机关采取强制措施后逃跑再归案的，即便如实供述也不能成立自首。

（二）关于乙的行为定性

乙事先的提议甲并未接受，当时没有达成合意，二人没有共同犯罪故意。甲的抢劫行为属于临时起意，系单独犯罪，不能认为乙的行为构成教唆犯。乙不成立教唆犯，当然就不能对乙的行为适用《刑法》第29条第2款。在甲实施抢劫行为之时，乙已经离开现场，与甲之间没有共犯关系，乙没有帮助故意，也缺乏帮助行为，不成立帮助犯。

甲套问乙打开保险柜的方法，将丙的储蓄卡、身份证交乙保管时，均未告知乙实情，乙缺乏传授犯罪方法罪、掩饰、隐瞒犯罪所得、犯罪所得收益罪的故意。乙去商场购物的行为，根据《刑法》第196条的规定，属于冒用他人信用卡，构成信用卡诈骗罪。

难度： 中

考点： 盗窃罪；抢劫罪；信用卡诈骗罪；教唆犯；共犯过剩；自首

> 💡 **命题与解题思路**
>
> 命题人主要想考查的首要知识点还是共犯的认定问题，在缺乏共同故意的情形下，无法成立共犯。本题的另外一个关键点是，行为人是在盗窃过程中被丙发现，进而使用暴力，所以应当认定为抢劫罪，杀人行为是压制他人反抗的抢劫罪的手段行为，而非抢劫后出于灭口等动机的杀人行为，如果是后者，就得数罪并罚，这是不少考生丢分的地方。

答案解析：

对于甲的可罚性来说，由于乙提议两人共同去借钱，如果丙不借便偷或抢，甲并没有接受乙的教唆。甲进入丙家后临时起意盗窃保险柜，盗窃过程中被丙发现后使用暴力"抗拒抓捕"，因而成立转化型抢劫，而杀人行为是抢劫罪的暴力手段行为，成立抢劫罪的结果加重犯，因此，不以抢劫罪和故意杀人罪数罪并罚。最高人民法院《关于抢劫过程中故意杀人案件如何定罪问题的批复》规定的行为人实施抢劫后为灭口而故意杀人的以抢劫罪和故意杀人罪数罪并罚，在本案中并不适用。另外，甲在数天后重新回到丙家取财的，属于抢劫罪取财的一部分，不再另行定罪。而根据最高人民法院《关于处理自首和立功具体应用法律若干问题的解释》第1条的规定，犯罪嫌疑人自动投案后又逃跑的，不能认定为自首。甲是被公安机关采取强制措施后逃跑再归案，因此即使如实供述，也不能成立自首。

对于乙来说，甲的抢劫行为与其不成立共犯关系，对此一部分事实，乙无需负责。而甲将丙的储蓄卡、身份证交乙保管时，并没有告知乙是抢劫所得，因此乙显然不成立掩饰、隐瞒犯罪所得、犯罪所得收益罪。但乙明知是丙的储蓄卡，仍然到商场刷卡消费，属于冒用他人信用卡，成立信用卡诈骗罪。

2008年真题

一、试题（本题20分）

案情：

徐某系某市国有黄河商贸公司的经理，顾某系该公司的副经理。2005年，黄河商贸公司进行产权制度改革，将国有公司改制为管理层控股的股份有限公司。其中，徐某、顾某及其他15名干部职工分别占40%、30%、30%股份。在改制过程中，国有资产管理部门委托某资产评估所对黄河商贸公司的资产进行评估，资产评估所指派周某具体参与评估。在评估时，徐某与顾某明知在公司的应付款账户中有100万元系上一年度为少交利润而虚设的，经徐某与顾某以及公司其他领导班子成员商量，决定予以隐瞒，转入改制后的公司，按照股份分配给个人。当周某发现了该100万元应付款的问题时，公司领导班子决定以辛苦费的名义，从公司的其他公款中取出1万元送给周某。周某收下该款后，出具了隐瞒该100万元虚假的应付款的评估报告。随后，国有资产管理部门经研究批准了公司的改制方案。在尚未办理产权过户手续时，徐某等人因被举报而案发。

问题：

1. 徐某与顾某构成贪污罪还是私分国有资产罪？为什么？
2. 徐某与顾某的犯罪数额如何计算？为什么？
3. 徐某与顾某的犯罪属于既遂还是未遂？为什么？
4. 给周某送的1万元是单位行贿还是个人行贿？为什么？
5. 周某的行为是否以非国家工作人员受贿罪与提供虚假证明文件罪实行数罪并罚？为什么？
6. 周某是否构成徐某与顾某的共犯？为什么？

二、答案精讲

1. 徐某与顾某构成贪污罪还是私分国有资产罪？为什么？

答案： 徐某与顾某构成贪污罪，而不构成私分国有资产罪。本案不符合以单位名义集体私分的特征，而是采取隐瞒的方式将公款予以非法占有，符合贪污罪的特征。

难度：中

考点：贪污罪；私分国有资产罪

> **命题与解题思路**
>
> 命题人主要想考查的是私分国有资产罪和贪污罪的界分问题。解题的关键在于把握成立私分国有资产罪的核心为以单位名义集体私分。

答案解析：

私分国有资产罪，是指国家机关、国有公司、企业、事业单位、人民团体，违反国家规定，以单位名义将国有资产集体私分给个人，数额较大的行为。因此，私分国有资产罪应当是由单位领导共同研究决定集体私分，换句话说，私分国有资产罪是单位犯罪，因此，私分国有资产行为应当体现的是单位的整体意志，必须由单位的决策机构按照单位的决策程序进行。根据题干的交代，徐某与顾某等人将改制前公司的100万元私自转入改制后的公司，并非以单位名义按照单位的决策程序进行，因此不应认定为私分国有资产罪。由于顾某等人是利用职务便利将国有资产不法所有，因此，成立贪污罪的共同犯罪。

2. 徐某与顾某的犯罪数额如何计算？为什么？

答案：徐某与顾某应对100万元的贪污总数额负责，而不是只对个人所得部分负责；此外，用于行贿的1万元也应计入贪污数额。

难度：易

考点：共同犯罪

> **命题与解题思路**
>
> 本题可以说是送分题，只要考生理解了共同正犯的归责原则便可轻松答题。

答案解析：

徐某与顾某属于贪污罪的共同正犯，共同正犯实行交互归责原则（部分实行，全部负责），因此，每个共同正犯都应对所有的共同正犯在共同犯意范围内的不法结果负责，因此犯罪数额的计算就是所有人的贪污犯罪总额，而非每个人实际所得的犯罪赃款。对此，最高人民法院《全国法院审理经济犯罪案件工作座谈会纪要》也明确规定，在共同贪污犯罪案件中，各共同犯罪人均应对参与的共同贪污的数额承担刑事责任。因此，徐某与顾某的犯罪数额均为100万元。

3. 徐某与顾某的犯罪属于既遂还是未遂？为什么？

答案：徐某与顾某贪污100万元属于未遂，因为公司产权尚未过户，但贪污1万元属于既遂。

难度：易

考点：贪污罪

· 172 ·

> 💡 **命题与解题思路**
> 本题也不难，主要考查贪污罪既遂与未遂的认定标准问题。

答案解析：

贪污罪，是指国家工作人员利用职务上的便利，采取侵吞、窃取、骗取等方式不法取得公共财物。可以将贪污罪理解为利用国家工作人员身份的财产犯罪行为，因此，其既未遂也应当以是否实际取得公共财物为标准。本案中，公司产权还没有实际过户，因此针对这 100 万元属于贪污事实，但是，徐某与顾某为掩盖贪污事实，私自决定将单位公款 1 万元给周某，则是贪污既遂。

4. 给周某送的 1 万元是单位行贿还是个人行贿？为什么？

答案：给周某送的 1 万元属于个人行贿，因为不是为单位谋取不正当利益。
难度：易
考点：单位行贿罪

> 💡 **命题与解题思路**
> 本题实质上也较容易，陷阱在于回答本题要以正确回答第 1 问为前提。

答案解析：

单位行贿罪，是指单位为谋取不正当利益而行贿，或者违反国家规定给予国家工作人员以回扣、手续费的行为。所以，单位行贿罪也必须是为单位谋取不正当利益。如前所述，顾某等人决定将 100 万元据为己有，并非为了单位利益且经由单位决策程序决策，不属于私分国有资产犯罪，而是成立贪污罪的共同犯罪，其为掩盖不法事实向周某行贿 1 万元不能认定为是为单位谋取不正当利益，不成立单位行贿罪，属于个人行贿行为。

5. 周某的行为是否以非国家工作人员受贿罪与提供虚假证明文件罪实行数罪并罚？为什么？

答案：周某构成提供虚假证明文件罪，不应与非国家工作人员受贿罪实行并罚。
难度：中
考点：提供虚假证明文件罪；非国家工作人员受贿罪

> 💡 **命题与解题思路**
> 命题人主要考查考生对于提供虚假证明文件罪的熟悉程度。本题说难也难，说简单也简单：难在如果对《刑法》第 229 条不熟悉，根据竞合论的基础理论会认为周某存在数行为，应当数罪并罚；易在如果熟悉《刑法》第 229 条的特别规定，本题就是送分题。由此看来，考生应当尽量熟悉刑法的规定。

答案解析：

理论上看，承担资产评估等工作的人员提供虚假证明文件，并且收受他人贿赂的，存在数个行为，侵害了数个法益，按照竞合论的基本原理，应当数罪并罚。但是，《刑法》第 229

条第 2 款规定，承担资产评估、验资、验证、会计、审计、法律服务等职责的中介组织的人员索取他人财物或者非法收受他人财物，犯提供虚假证明文件罪的，属于加重情节。因此，提供虚假证明文件并且收受他人财物的，不再数罪并罚。需要说明的是：《刑法修正案（十一）》对本罪作了修订，其主体范围扩大为承担资产评估、验资、验证、会计、审计、法律服务、保荐、安全评价、环境影响评价、环境监测等职责的中介组织的人员。对于本罪的罪数，按照修正后的刑法规定，这些人员在提供虚假证明文件的同时索取他人财物或者非法收受他人财物构成犯罪的，依照处罚较重的规定定罪处罚，即依旧是不进行数罪并罚，区别是不再将其作为法定刑升格的情节，需要提醒考生注意立法的这一最新规定。

6. 周某是否构成徐某与顾某的共犯？为什么？

答案：周某构成徐某与顾某犯罪的共犯，属于提供虚假证明文件罪与贪污共犯的想象竞合。

难度：易

考点：共同犯罪；想象竞合犯

> **命题与解题思路**
>
> 本题也不难，考查的主要是共犯与身份问题以及想象竞合。考生只要理解相关知识点的基础原理，便不难正确回答。

答案解析：

周某在资产评估时明知 100 万元存在问题，在意识到徐某等人是想将 100 万元公款不法据为己有仍然以提供虚假证明文件的形式提供帮助，当然成立贪污罪的帮助犯。由于帮助行为另成立提供虚假证明文件罪，一行为触犯数罪名的想象竞合，即提供虚假证明文件罪和贪污罪共犯的想象竞合。

刑事诉讼法 2008—2023 ①

答案和解析作者简介

颜飞
西南政法大学法学院副教授。
有较高理论水平，对法考有深入研究。授课精彩，深受学生欢迎。

2023年"回忆版"金题

一、试题（本题29分）

案情：

某日晚，甲正在马路边盗窃丙的电瓶车，正好被路过的乙、丙、丁三人看见。在丙的带领下，三人为索取钱财，把甲带到路旁的公园里暴打一顿，并向其索要5000元。后丁在接到老婆电话后先行离开现场；乙和丙在取得2000元后，逼迫甲脱光衣服跳进公园的池塘里，两人未等甲游上岸即离开现场。

翌日早上，在公园散步的路人发现甲的尸体。公安机关随即立案侦查，并将乙、丙、丁三人抓获归案。甲的尸体在与池塘相连的河边发现，距离池塘约50米。经侦查查明，甲的死因是头部受到钝器伤害导致重度颅脑损伤，死亡时间为晚上八点至十一点间。乙、丙、丁三人对殴打和索取钱财的事实供认不讳，但对故意伤害甲的事实不予认可。

在庭审中，被告人乙、丙表示在丁离开现场后，两人未持任何钝器对甲进行击打，甲的死亡与两人迫使其跳入池塘中的行为不存在直接的因果关系。两人对检察院指控的故意伤害罪（致人死亡）拒绝认罪认罚。乙、丙的辩护律师在庭审过程中以本案事实不清、证据不足为由针对被指控的故意伤害罪作了无罪辩护。

在案件审理过程中，乙的辩护律师提出乙在犯罪时不满18周岁，具体理由包括：其一，乙的父母和外祖父母的证言证明其实际出生于2003年2月5日，当时由于村干部笔误，在户口本上把"2003"写成"2002"，最终导致身份证上的出生日期是2002年2月5日；其二，乙的准生证发放于2002年12月15日，准生证发放时间应早于出生日期，所以乙的实际出生

---

① 注：2013年真题随着法律法规的修改，已失去参考价值，故不再收入。

·175·

日期是在 2002 年 12 月 15 日之后；其三，乙的毕业纪念册上有三处写了生日，都是 2003 年 2 月 5 日，其中一处的"3"有改动痕迹。

法庭审查认为，乙的父母、外祖父母和乙具有亲属关系，他们作出的有利于乙的证言具有明显倾向性，不应采用；准生证长期由乙的父母保管，系由利害关系人提供，真实性存疑；乙的毕业生纪念册属于乙单方提供的有利于自己的证据，真实性存疑。综上，法庭认为以上证据未能证明乙在作案时未满 18 周岁，因而最终认定被告人乙在实施犯罪时已满 18 周岁。

被害人甲的父母提起附带民事诉讼，要求乙、丙、丁三人赔偿死亡赔偿金、丧葬费、精神损失费等。法院最终判决乙、丙、丁三人构成抢劫罪。由于缺乏证据证明乙、丙实施的行为和甲的死亡之间存在因果关系，因此未认定乙、丙构成故意伤害罪。

问题：
1. 检察院能否对乙、丙二人适用认罪认罚从宽制度？为什么？
2. 法院对乙、丙二人涉嫌故意伤害罪不予认定的做法是否正确？为什么？
3. 法院在对乙、丙二人涉嫌故意伤害罪作出无罪认定时，能否在附带民事诉讼中判决乙、丙二人向甲的父母承担致甲死亡的民事赔偿责任？为什么？甲的父母在附带民事诉讼中提出的哪些诉讼请求可以予以支持？
4. 一审法院对乙作案时已满 18 周岁的认定是否正确？为什么？
5. 如乙以自己未被认定为未成年人为由提起上诉，二审法院审理认为应认定乙实际出生于 2003 年 2 月 5 日，二审法院应如何处理？为什么？

二、答案精讲

1. 检察院能否对乙、丙二人适用认罪认罚从宽制度？为什么？

答案： 不能。犯罪嫌疑人、被告人犯数罪，仅如实供述其中一罪的，全案不作"认罪"的认定，不适用认罪认罚从宽制度。本案中，乙、丙只认可检察院指控的抢劫罪，故检察院不能对乙、丙适用认罪认罚从宽制度，但对两人如实供述的抢劫罪部分，可以从宽处罚。

难度： 中
考点： 认罪认罚从宽制度的适用

> 💡 **命题与解题思路**
>
> 本题考查对涉嫌数罪案件认罪认罚的把握。解答该题，首先，应了解适用认罪认罚从宽制度对涉罪事实供述全面性的要求；其次，应注意本题考查检察院是否适用认罪认罚从宽制度，是以是否如实供述指控的犯罪事实为标准，而非判决认定的犯罪事实为标准。

答案解析：

根据《最高人民法院、最高人民检察院、公安部、国家安全部、司法部关于适用认罪认罚从宽制度的指导意见》第 6 条规定，认罪认罚从宽制度中的"认罪"，是指犯罪嫌疑人、被告人自愿如实供述自己的罪行，对指控的犯罪事实没有异议。承认指控的主要犯罪事实，仅对个别事实情节提出异议，或者虽然对行为性质提出辩解但表示接受司法机关认定意见的，不影响"认罪"的认定。犯罪嫌疑人、被告人犯数罪，仅如实供述其中一罪或部分罪名事实的，全案不作"认罪"的认定，不适用认罪认罚从宽制度，但对如实供述的部分，人民检察院可以提出从宽处罚的建议，人民法院可以从宽处罚。本案中，检察院指控乙和丙共同涉嫌抢劫罪和故意伤害罪（致人死亡），虽然两人对抢劫罪认罪认罚，但两人不认可故意伤害罪，故检察院对乙、丙不适用认罪认罚从宽制度。

> **2. 法院对乙、丙二人涉嫌故意伤害罪不予认定的做法是否正确？为什么？**

答案： 正确。现有证据只能证明乙、丙二人逼李某跳入池塘，但甲系颅脑损伤而亡，并非溺亡；且甲的尸体在距离池塘50米远的河边被发现，并非在池塘边被发现，故不能排除甲跳入池塘后因第三人行为的介入或其他事件发生而导致甲死亡的合理怀疑。因此，法院对乙、丙二人涉嫌故意伤害罪不予认定的做法正确。

难度： 难
考点： 证明标准

> 💡 **命题与解题思路**
>
> 本题考查对刑事证明标准的把握。解答本题，<u>首先，应牢记排除合理怀疑是刑事证明标准的核心要求，也是实践中判断案件是否达到证明标准的方法</u>；<u>其次，应结合案例情况判断是否存在合理怀疑，以及是否可以排除合理怀疑</u>。

答案解析：
根据《刑事诉讼法》（以下简称《刑诉法》）第55条规定，对一切案件的判处都要重证据，重调查研究，不轻信口供。只有被告人供述，没有其他证据的，不能认定被告人有罪和处以刑罚；没有被告人供述，证据确实、充分的，可以认定被告人有罪和处以刑罚。证据确实、充分，应当符合以下条件：（1）定罪量刑的事实都有证据证明；（2）据以定案的证据均经法定程序查证属实；（3）综合全案证据，对所认定事实已排除合理怀疑。实践中，尤其应注意疑罪的处理问题。所谓疑罪，是指既有相当的证据说明犯罪嫌疑人、被告人有犯罪嫌疑，但全案证据又未达到确实、充分的要求，不能排除合理怀疑地作出犯罪嫌疑人、被告人犯罪的结论。对此，刑事诉讼法明确了"疑罪从无"的处理原则。本案中，乙、丙逼迫甲跳入池塘的行为虽对甲的身体乃至生命造成危险，但甲并非溺亡，而是后脑受到外力击打导致重度颅脑损伤而亡。可见，甲的死亡可能是两种情况造成：一是跳入池塘后头部撞到石头或其他钝器而亡；二是上岸后在公园内又因发生其他伤人事件或意外事件而亡。而本案的在案证据无法排除后一情况的可能性，如是后一情况，乙、丙的行为就没有造成甲死亡。由于本案存在不能排除的合理怀疑，故法院对乙、丙涉嫌故意伤害罪不予认定。

> **3. 法院在对乙、丙二人涉嫌故意伤害罪作出无罪认定时，能否在附带民事诉讼中判决乙、丙二人向甲的父母承担致甲死亡的民事赔偿责任？为什么？甲的父母在附带民事诉讼中提出的哪些诉讼请求可以予以支持？**

答案： 法院可以判决乙、丙二人向甲的父母承担致甲死亡的民事赔偿责任。附带民事诉讼可以适用民事诉讼法的相关规定，民事诉讼的证明标准是高度盖然性，即证明待证事实达到很大可能存在的程度。本案中，证明乙、丙二人行为致甲死亡虽未达到排除合理怀疑的刑事证明标准，但可以达到高度盖然性的民事证明标准，故法院可以判决乙、丙二人对甲的死亡后果承担民事赔偿责任。

对于甲的父母在附带民事诉讼中提出的诉讼请求，丧葬费属于物质损失，可以得到法院支持。死亡赔偿金和精神损失费不属于附带民事诉讼的赔偿范围，一般不予支持。

难度：难

考点：附带民事诉讼的证明标准和赔偿范围

> **命题与解题思路**
>
> 本题考查附带民事诉讼中的证明标准和赔偿范围。解答本题，首先，应注意附带民事诉讼本质上是民事诉讼，除了适用刑事诉讼法的相关规定外，更多适用民事诉讼法的相关规定；其次，应注意相关规定并没有要求刑事部分的事实认定与民事部分的事实认定要完全一致。本题第一问难度很大，解题时应摆脱刑事部分事实认定的干扰，将关注点集中于民事侵权部分，客观判断乙、丙二人是否应当为自己的行为承担赔偿责任。对于第二问，首先，应当掌握提起附带民事诉讼明确可以得到法院支持的赔偿范围；其次，需进一步了解原则上法院不予受理或支持的赔偿范围。本小题的问题是"哪些诉讼请求可以予以支持"，对于原则上不予支持的诉讼请求，应回答"一般不予支持"或"无法得到支持"；如果回答"可以得到支持"，应说明这属于特殊情况下的例外。

答案解析：

根据《最高人民法院关于适用〈中华人民共和国刑事诉讼法〉的解释》（以下简称《高法解释》）第201条规定，人民法院审理附带民事诉讼案件，除刑法、刑事诉讼法以及刑事司法解释已有规定的以外，适用民事法律的有关规定。根据《高法解释》第197条第1款规定，人民法院认定公诉案件被告人的行为不构成犯罪，对已经提起的附带民事诉讼，经调解不能达成协议的，可以一并作出刑事附带民事判决，也可以告知附带民事原告人另行提起民事诉讼。据此，当法院认定被告人行为不构成犯罪时，可以对调解不成的附带民事诉讼作出判决。至于如何作出判决，刑事诉讼法无具体规定，应根据民法和民诉法的相关规定作出判决。从程序推进层面而言，只要被害人的物质损失是因被告人的犯罪行为造成的，就可以通过附带民事诉讼请求赔偿。这里所指的"犯罪行为"是指被告人在刑事诉讼过程中被指控涉嫌犯罪的行为，而不要求是法院以生效裁判确定构成犯罪的行为。只要行为人被司法机关进行刑事追诉，因其行为遭受损失的人就可以提起附带民事诉讼。即使被告人的行为最终没有被人民法院以生效裁判确定为犯罪行为，也不影响附带民事诉讼的提起和进行。从证明标准层面而言，根据《民诉解释》第108条第1款规定，对负有举证证明责任的当事人提供的证据，人民法院经审查并结合相关事实，确信待证事实的存在具有高度可能性的，应当认定该事实存在。由此可见，民事诉讼的证明标准一般是高度盖然性，即待证事实很大可能存在，无需达到刑事诉讼排除合理怀疑的证明标准。本案中，乙、丙共同逼甲跳入池塘的基本事实是清楚的，且该侵权行为本身对甲造成极大的人身危险，甲的尸体又是在与池塘相连的河边被发现。因此，在没有证据证明甲遭到其他人侵害或发生其他意外事件而导致甲死亡的情况下，从民事诉讼高度盖然性的证明标准来看，可以认定乙、丙的行为与甲的死亡存在一定关联，乙、丙应对甲的死亡承担赔偿责任。

根据《高法解释》第175条规定，被害人因人身权利受到犯罪侵犯或者财物被犯罪分子毁坏而遭受物质损失的，有权在刑事诉讼过程中提起附带民事诉讼；被害人死亡或者丧失行为能力的，其法定代理人、近亲属有权提起附带民事诉讼。因受到犯罪侵犯，提起附带民事诉讼或者单独提起民事诉讼要求赔偿精神损失的，法院一般不予受理。据此，本案中的丧葬费属于物质损失，可以得到法院的支持。对于甲的父母主张的精神损害赔偿，法院一般不予支持。虽然根据《民法典》第1179条第2款规定，侵害他人造成死亡的，还应当赔偿丧葬费和死亡赔偿金。但死亡赔偿金是对被继承人的经济补偿，并非针对犯罪行为造成的物质损失，在附带民事诉讼中法院通常是不予支持的。

4. 一审法院对乙作案时已满18周岁的认定是否正确？为什么？

答案：不正确。一审法院对证明乙未满18周岁的三份证据的审查认定有误，具体而言：（1）对与乙有亲属关系的证人所作的有利于乙的证言，应谨慎使用，有证据印证则可以采信，不能仅因为具有亲属关系的证人所作的证言一般具有倾向性就对该证言不予采信；（2）对准生证真实性的审查认定应按照书证的审查认定标准进行，审查准生证是否为原件，是否存在更改迹象等，不能因为其长期由乙的父母保管就认定真实性存疑；（3）对毕业纪念册真实性的审查认定同样应按照书证的审查认定标准进行，着重审查其形成过程的客观性，不能仅因为其由乙单方提供而认定真实性存疑。

难度：难

考点：证据的审查

> **命题与解题思路**
>
> 本题考查证据的审查与认定。解答本题，首先，应注意围绕法院对证明被告人乙未满18周岁的证据不予采信的理由展开；其次，根据每份证据的类别，结合相应的证据审查认定规则展开分析；最后，精准锁定法院错误认定证据的主要理由。

答案解析：

针对法院不予采信的第一份证据，根据《高法解释》第143条第2项规定，与被告人有亲属关系或者其他密切关系的证人所作的有利于被告人的证言，或者与被告人有利害冲突的证人所作的不利于被告人的证言，应当慎重使用，有其他证据印证的，可以采信。据此，《高法解释》只是强调应慎重对待利害关系人的证言，而非要求对其不予采信。实践中，不少案件都存在利害关系人作为证人的情况，如果一概不采用他们的证言，对查明案件事实反而不利。因此，应当根据该证言与其他证据的印证关系判断此类证言的真实性和证明力；针对法院认定第二份证据和第三份证据的真实性存疑，根据《高法解释》第82条和第84条规定，审查书证，应重点审查：书证是否为原件，是否经过辨认、鉴定；书证的复制件是否与原件相符；书证与案件事实有无关联；与案件事实有关联的书证是否全面收集；书证是否存在更改情况，对书证的更改或者更改迹象能否作出合理解释；书证的复制件能否反映原件及其内容等。即本案法院审查被告人及其家属提供的准生证和毕业纪念册，应当根据书证审查认定规则，结合其与在案其他证据的印证情况，综合分析书证的内容真实性和形成客观性。显然，不能因为书证对于书证持有人、保管人有利，就认为来源于持有人、保管人的书证真实性存疑。

5. 如乙以自己未被认定为未成年人为由提出上诉，二审法院审理认为应认定乙实际出生于2003年2月5日，二审法院应如何处理？为什么？

答案：二审法院应当裁定撤销原判，发回一审法院重新审判。由于一审法院未认定乙为未成年人，未对乙按未成年人特别程序进行审理，未将乙与丙、丁分案审理，未对乙做到特殊保护。故一审法院对乙的审判违反法律规定的诉讼程序，可能影响公正审判，二审法院应撤销原判，发回重审。

难度：难

考点：二审审理后的处理

> 💡 **命题与解题思路**
>
> 本题不仅考查二审法院的裁判方式，更注重考查考生是否意识到一审程序的合法性。解答本题，应注意本题从形式上看虽与证据认定和查明事实有关，但实则是需要在确定事实的基础上分析程序的合法性问题。因此，应注意全面关注二审法院的裁判方式，如只关注到可以裁定发回重审或查清后改判的"事实不清，证据不足"问题，就会忽略应当发回重审的一审程序违法问题。

答案解析：

根据《刑诉法》及相关司法解释规定，我国针对未成年被告人确立了未成年人特别程序，与成年人审判程序有一定差别，目的是更好地保护未成年被告人。享有与成年人不同的诉讼待遇，是未成年被告人特有的诉讼权利。《高法解释》第546条指出，人民法院审理未成年人刑事案件，应当贯彻教育、感化、挽救的方针，坚持教育为主、惩罚为辅的原则，加强对未成年人的特殊保护。具体而言，在审判组织、是否公开审理、分案或并案审理、法律援助、法定代理人或合适成年人到场、强制措施适用、法庭教育等方面，未成年人审判程序与成年人审判程序存在明显不同。可以说，如果对未成年被告人适用一般的成年人诉讼程序进行审理，不仅剥夺了未成年人应有的诉讼权利，而且严重违反法律规定的诉讼程序，属于明显的程序违法，严重影响公正审判。本案中，一审法院未认定乙是未成年人，未按未成年人审判程序审理乙涉嫌抢劫罪和故意伤害罪。当二审法院认定乙是未成年人后，不能直接改判。根据《刑诉法》第238条第1、3、4、5项规定，本案具备多项应当裁定撤销原判，发回一审法院重新审判的情形，即：违反本法有关公开审判的规定的；剥夺或者限制了当事人的法定诉讼权利，可能影响公正审判的；审判组织的组成不合法的；其他违反法律规定的诉讼程序，可能影响公正审判的。因此，本案二审法院应当裁定撤销原判，发回一审法院重新审判。

2022年"回忆版"金题

一、试题（本题30分）

案情：

钟某系A市网约车司机。某日晚，钟某独自在家饮酒后心存侥幸，主动接单载客至市内某地。返程中因钟某超速行驶，车辆转弯不及，冲至人行横道，撞倒路人顾某。顾某当场昏迷，血流不止。钟某害怕酒驾被查，打电话让妻子王某尽快赶至现场，自己将顾某紧急送医后便返回家中。王某到达事故现场后主动报警，并告知警方自己系肇事车主且伤者已被送医。顾某当日因伤重不治身亡。经交警部门认定，王某负事故全部责任。公安机关予以刑事立案，并传唤王某接受讯问。王某在压力之下承认自己是为钟某顶罪。公安机关随即拘传钟某。钟某到案后，主动承认自己的交通肇事行为。公安机关遂以钟某涉嫌交通肇事罪、王某涉嫌包庇罪并案侦查。

后侦查人员带钟某到案发现场进行指认。期间，侦查人员孙某问钟某当时是否饮酒，钟某回答"是的"。这一过程被孙某携带的执法记录仪拍摄下来，但未记入笔录。此后，在侦查人员的历次讯问中，钟某均承认自己系酒后驾车。案件移送审查起诉后，钟某与王某在审查起诉阶段均签署了认罪认罚从宽具结书。

检察院提起公诉后，顾某的近亲属对钟某提起附带民事诉讼，法院决定按照"先刑后民"原则采取简易程序审理。庭审期间，钟某当庭否认自己存在酒驾及肇事逃逸行为。法院休庭研究后，决定将钟某与王某分案处理，对钟某涉嫌交通肇事罪适用普通程序审理并作如下安排：一、由公诉机关补充提供指认现场的执法记录仪视频，作为视听资料予以认定；二、通知孙某出庭作证，证实钟某在指认现场自认酒驾；三、通知王某作为证人出庭，证实钟某案发后逃逸。在上述证据出示并质证后，钟某再次表示认罪认罚。最终，法院判处钟某有期徒刑5年，并对附带民事诉讼原告人作相应赔偿；判决王某免予刑事处罚。

问题：
1. 请结合本案中公安机关对传唤与拘传的适用，阐述两种措施的区别。
2. 法院将钟某一案由简易程序转至普通程序审理是否妥当？普通程序与简易程序审理有什么不同？
3. 本案遵循"先刑后民"原则审理应当注意哪些事项？请简要说明。
4. 法院分案审理钟某与王某的决定是否妥当？为什么？
5. 法院对于执法记录仪视频的性质认定是否正确？为什么？
6. 孙某的证言是否属于传闻证据？为什么？

二、答案精讲

> **1. 请结合本案中公安机关对传唤与拘传的适用，阐述两种措施的区别。**

答： 传唤与拘传有以下区别：（1）适用的对象不同。传唤适用于所有当事人；拘传则仅适用于犯罪嫌疑人、被告人。本案中，公安机关既可以对王某适用传唤，也可以适用拘传；钟某首次到案是作为犯罪嫌疑人接受讯问，公安机关既可以对其适用传唤，也可以不经传唤，直接适用拘传。（2）强制力不同。传唤是指公安司法机关通知当事人在指定的时间自行到指定的地点接受讯问、询问或审理，不具有强制性，所以本案中王某是自动到案；拘传具有一定的强制性，系强制犯罪嫌疑人、被告人到案接受讯问，所以本案中钟某是被强制到案。（3）适用时是否一定需要法律文书不同。拘传时必须出示拘传证；传唤包括书面传唤和口头传唤两种情况。

难度： 中

考点： 拘传

> 💡 **命题与解题思路**
>
> 本题考查传唤与拘传的区别。解答该题，首先应清晰认识传唤这项到案措施与强制措施在本质上的区别，其次可以从适用对象、适用方式和适用程序等角度进一步对传唤和拘传加以区分。同时应注意传唤与拘传的联系与衔接，从而更清晰地区分两者。

答案解析：

在刑事诉讼中，拘传和传唤虽然都是要求犯罪嫌疑人、被告人到案接受讯问，但二者是性质不同的诉讼行为。传唤是指人民法院、人民检察院和公安机关使用传票的形式通知犯罪嫌疑人、被告人及其他当事人在指定的时间自行到指定的地点接受讯问、询问或审理，性质等同于通知，不具有强制性；而拘传则具有一定的强制性，对不愿到案接受讯问的犯罪嫌疑人、被告人可以强制到案接受讯问，在其抗拒到案的情况下可以使用戒具。具体而言，拘传和传唤两者的区别表现在：（1）强制力不同。传唤是自动到案；拘传则是强制到案。（2）适用的对象不同。传唤适用于所有当事人，包括犯罪嫌疑人、被告人、自诉人、被害人、附带民事诉讼的原告人和被告人；拘传则仅适用于犯罪嫌疑人、被告人。（3）适用时是否一定需要法律文书不同。拘传时必须出示拘传证，传唤在大多数情况下也需要出示传唤通知书，但《刑诉法》第119条规定，对在现场发现的犯罪嫌疑人，侦查人员经出示工作证件，可以口头传唤，但应当在讯问笔录中注明。传唤不是拘传的必经程序，人民法院、人民检察院和公安机关根据案件的具体情况，可以不经传唤，直接拘传犯罪嫌疑人、被告人。

2. 法院将钟某一案由简易程序转至普通程序审理是否妥当？普通程序与简易程序审理有什么不同？

答案： 妥当。因钟某当庭否认自己存在酒驾及肇事逃逸行为，属于"不认罪"，因此须转为普通程序审理。普通程序与简易程序审理有以下不同：（1）审判组织不同。适用简易程序审理可能判处3年以下有期徒刑的案件，可以由审判员一人独任审判；适用普通程序审理任何案件，只能适用合议庭审判。（2）审理期限不同。普通程序的审理期限比简易程序更长。（3）审理程序不同。普通程序是法律设置的相对完善的审理程序，简易程序相比于普通程序，在法庭调查和法庭辩论方面都有所简化。

难度： 中

考点： 简易程序与普通程序的不同

命题与解题思路

本题考查考生对简易程序转换普通程序的情形掌握，以及简易程序与普通程序的不同。解答该题，第一，应准确理解《高法解释》规定的不宜继续适用简易程序审理的情形，进而从本案认罪情况与事实、证据情况这两个层面准确判断本案转为普通程序审理是否妥当。第二，考生应从整体层面宏观把握简易程序与普通程序审理的不同点，切忌仅局限于庭审程序的不同。

答案解析：

对于第一个小问，钟某当庭否认存在酒驾与肇事逃逸的行为，实际是对起诉指控的部分重要犯罪事实予以否认。由于这两项事实关系到钟某交通肇事的前因后果，钟某的否认可能导致案件事实不清、证据不足。因此根据《高法解释》第368条第3项和第4项规定，应当将简易程序转为普通程序审理。

对于第二个小问，简易程序与普通程序的审理在多个方面存在区别，除了第一个小问涉及的适用条件不同之外，两者主要在审判组织、审理期限和审理程序方面存在不同。审判组织方面，根据《刑诉法》第183条第1款规定，基层法院、中级法院审判第一审案件，应当由审判员 3 人或者由审判员和人民陪审员共 3 人或者 7 人组成合议庭进行，但是基层法院适用简易程序、速裁程序的案件可以由审判员 1 人独任审判。根据《刑诉法》第 216 条规定，适用简易程序审理案件，对可能判处 3 年有期徒刑以下刑罚的，可以组成合议庭进行审判，也可以由审判员 1 人独任审判；对可能判处的有期徒刑超过 3 年的，应当组成合议庭进行审判。审判期限方面，根据《刑诉法》第 208 条规定，法院审理公诉案件，应当在受理后 2 个月以内宣判，至迟不得超过 3 个月。对于可能判处死刑的案件或者附带民事诉讼的案件，以及有《刑诉法》第 158 条规定情形之一的，经上一级法院批准，可以延长 3 个月；因特殊情况还需要延长的，报请最高法院批准。根据《刑诉法》第 220 条规定，适用简易程序审理案件，法院应当在受理后 20 日以内审结；对可能判处的有期徒刑超过 3 年的，可以延长至一个半月。由此可见，普通程序的审理期限比简易程序更长。审理程序方面，根据《刑诉法》第 219 条规定，适用简易程序审理案件，不受普通程序关于送达期限、讯问被告人、询问证人、鉴定人、出示证据、法庭辩论程序规定的限制。由此可见，简易程序相比于普通程序，在法庭调查和法庭辩论方面都有所简化。

3. 本案遵循"先刑后民"原则审理应当注意哪些事项？请简要说明。

答案： 应当注意以下事项：（1）先审理刑事部分，后审理附带民事部分。（2）由审理刑事部分的同一审判组织继续审理附带民事部分，不得另行组成合议庭。如果同一审判组织的成员确实不能继续参加审判的，可以更换审判组织成员。（3）附带民事诉讼部分的判决对案件事实的认定不得同刑事判决相抵触。（4）附带民事诉讼部分的延期审理，一般不影响刑事判决的生效。

难度： 中

考点： 附带民事诉讼的审理

> **命题与解题思路**
>
> 本题考查考生对附带民事诉讼中"先刑后民"审理原则的掌握。解答该题，考生应牢记"先刑后民"的直接用意就是确立对刑事部分审理和判决的优先地位。在此基础上，可以从审理顺序、审理组织、事实认定、判决生效等角度思考注意事项。

答案解析：

《刑诉法》第 104 条规定，附带民事诉讼应当同刑事案件一并审判，只有为了防止刑事案件审判的过分迟延，才可以在刑事案件审判后，由同一审判组织继续审理附带民事诉讼。可见，应当按照"先刑后民"的原则处理刑事部分与附带民事部分之间的关系。根据相关规定，具体要注意以下几个方面：（1）一般只能先审理刑事部分，后审理附带民事部分，而不能先审理附带民事部分，后审理刑事部分。（2）必须由审理刑事案件的同一审判组织继续审理附带民事部分，不得另行组成合议庭。如果同一审判组织的成员确实不能继续参加审判的，可以更换审判组织成员。（3）附带民事诉讼部分的判决对案件事实的认定不得同刑事判决相抵触。（4）附带民事诉讼部分的延期审理，一般不影响刑事判决的生效。

4. 法院分案审理钟某和王某的决定是否妥当？为什么？

答案： 不妥当。理由如下：其一，本案中，虽然钟某当庭否认酒驾及肇事逃逸行为，但本案并非被告人人数众多、案情复杂的案件，分案审理并不能提高庭审质量和效率，应当谨慎适用。其二，王某是与钟某一案起诉的关联犯罪案件的被告人，其被分案审理后仍在钟某案的庭审中出庭作证，如并案审理就无需另行出庭作证，法院也可减少一次开庭审理，从而提升审判效率，节约司法资源。其三，王某了解钟某的肇事逃逸情况，且自身涉罪事实与钟某涉罪事实紧密关联，并案审理更有利于查明案件事实、保障诉讼权利和准确定罪量刑。

难度：难

考点：分案审理

> **命题与解题思路**
>
> 本案考查分案审理的适用。考生应当准确理解 2021 年《高法解释》新增相关条文对于司法实践的规范目的。《高法解释》对分案审理作出规定，不是为了鼓励和推广分案审理的适用，而是通过尽量明确分案审理的标准，指引司法人员合理运用分案审理，防止审判实践中分案审理的滥用和错用。

答案解析：

根据《高法解释》第 220 条规定，对一案起诉的共同犯罪或者关联犯罪案件，被告人人数众多、案情复杂，法院经审查认为，分案审理更有利于保障庭审质量和效率的，可以分案审理。分案审理不得影响当事人质证权等诉讼权利的行使。对分案起诉的共同犯罪或者关联犯罪案件，法院经审查认为，合并审理更有利于查明案件事实、保障诉讼权利、准确定罪量刑的，可以并案审理。由此可见，<u>《高法解释》第 220 条并未对分案审理和并案审理的适用划定一个明确的界分标准，主要通过列明重点考量因素的方式指引审判人员在实践中具体问题具体分析</u>，正如 2021 年《人民司法》第 7 期刊载的最高人民法院相关人员组织撰写的《〈关于适用刑事诉讼法的解释〉的理解与适用》一文指出："经研究认为，相关问题可以在司法实践中裁量把握。"但结合本题材料来看，本案的分案是不妥当的。《〈关于适用刑事诉讼法的解释〉的理解与适用》明确指出："同案同审是诉讼的一般原则。但从实践看，有的案件，同案被告人多达几十人甚至上百人，如作为一个案件审理，势必会大大加长诉讼周期既影响庭审质量和效率，也会大大增加当事人等诉讼参与人的诉累。对此类案件，分案审理，有其现实必要性。但分案审理不能随意为之，更不能通过分案审理的方式变相剥夺当事人质证权。"由此可见，<u>《高法解释》第 220 条虽然是关于分案审理的规定，但其出发点是严格控制分案审理，同案同审是原则，分案审理是例外</u>。不能因为同案中出现"部分被告人认罪""部分犯罪事实清楚"或"部分被告人可以适用简易程序审理"时，就动辄认为可以分案审理。

5. 法院对于执法记录仪视频的性质认定是否正确？为什么？

答案：不正确。本案中，公诉机关提供执法记录仪是为了运用其记录的"钟某承认饮酒"的内容证明案件事实，该内容是钟某对案件事实的陈述，因此法院应当将执法记录仪作为被告人的供述予以认定。

难度：中

考点：视听资料

> 💡 命题与解题思路

　　本题考查音视频资料的证据类别判断。考生应当谨记，<u>对音视频资料所属证据类别进行判断，不能一概认定为视听资料或电子数据。应当根据音视频资料的证明目的和音视频资料存储的用以发挥证明作用的内容来具体判断</u>，而非径直通过外在形式判断。

答案解析：

　　作为视听资料、电子数据的音视频，一般产生于诉讼开始之前、犯罪实施过程之中。如果是在刑事诉讼启动之后，公安司法机关为了收集、固定和保全证据而制作的录音、录像等音视频，不是法定证据种类的视听资料、电子数据。例如，在询问证人、被害人，讯问犯罪嫌疑人、被告人过程中进行的录音、录像，应当分别属于证人证言、被害人陈述、犯罪嫌疑人、被告人的供述；勘验、检查中进行的录像，应当是勘验、检查笔录的组成部分。但是，该资料用于证明讯问、询问或勘验、检查程序是否合法这一争议问题时，则属于视听资料、电子数据。

6. 孙某的证言是否属于传闻证据？为什么？

答案： 不属于传闻证据。本案中，孙某是收集证据的侦查人员，对于证明案件事实而言不具备证人身份，不能将其叙述的被告人所述内容作为认定案件事实的证据。孙某作为侦查人员出庭说明"钟某在指认现场自认酒驾"，是其对指认现场情况的亲身感知，不属于传闻证据。

难度： 难
考点： 传闻证据

> 💡 命题与解题思路

　　本题考查传闻证据的界定。解答该题，一方面，应准确把握作为证明对象的"钟某在指认现场自认酒驾"和"钟某酒驾"的区别；另一方面，应当注意侦查人员在侦查过程中可以通过收集和审查证据了解案件事实，如果由此将侦查人员视为能够证明案件事实的证人，那么将混淆办案人员和证人的身份。

答案解析：

　　传闻证据规则，也称传闻证据排除规则，即法律排除传闻证据作为认定犯罪事实的根据的规则。根据这一规则，如无法定理由，任何人在庭审期间以外及庭审准备期间以外的陈述，不得作为认定被告人有罪的证据。所谓传闻证据，主要包括两种形式：一是书面传闻证据，即亲身感受了案件事实的证人在庭审期日之外所作的书面证人证言及警察、检察人员所作的（证人）询问笔录；二是言词传闻证据，即证人并非就自己亲身感知的事实作证，而是向法庭转述他从别人那里听到的情况。<u>孙某出庭作证的证言是否属于传闻证据，判断标准在于孙某是就自己亲身感知的事实作证，还是向法庭转述他从别人那里听到的情况。</u>

　　本案中，孙某既已出庭作证，那么就应根据上述第二点判断其所述是否是传闻证据。一方面，孙某在本案中的身份是侦查该案的侦查人员，孙某如要作为证人作证，只能是针对其经历的诉讼程序事项进行作证，即作为程序性事实的证人。另一方面，案例明确交代，孙某出庭作证，证实的是"钟某在指认现场自认酒驾"，而非"钟某酒驾"。对于前者，孙某实际陈述了自己在指认现场的亲身感知情况，符合其只能作为程序性事实的证人身份；对于后者，孙某才是转述了钟某所述情况，但鉴于孙某是作为侦查人员在侦查过程中了解到案件事实，因此不能将其作为案件事实的证人。

2021年"回忆版"金题

一、试题（本题30分）

案情：

甲公司通过招投标获得一地块准备开发，但拆迁过程中有两户居民不同意拆迁，公司两位股东贾某、林某便授意员工李某、宋某纠集社会闲杂人员，采用扔石头、放高音喇叭等措施骚扰两户居民。两户居民不堪忍受，遂报警。公安机关以涉嫌寻衅滋事罪对贾某、林某、李某、宋某等四人立案侦查。侦查过程中，林某因认罪认罚，且有重大立功表现，公安机关对其作出撤案的决定。贾某、宋某也认罪认罚，宋某因没有委托辩护人，公安机关安排其会见了值班律师马某。后该案侦查终结移送审查起诉。

因该案社会影响重大，群众反映强烈，检察机关对贾某、李某、宋某三人以涉嫌寻衅滋事罪提起公诉。一审法院经审理，认定三人指控罪名成立并作出有罪判决。李某不服一审判决，提起上诉。

二审期间，监察机关经调查，发现甲公司为取得该地块向某区副区长行贿200万元，股东贾某、林某作为主要责任人也被立案调查。

问题：

1. 如何理解认罪认罚中重大立功的含义？公安机关以此为由撤案需要通过何种程序？
2. 值班律师马某在诉讼中的地位和作用是怎样的？如果诉讼过程中宋某一直没有委托辩护人，马某是否能出庭辩护？
3. 一审法院应用何种审判组织审理此案？审判人员的职责分工是怎样的？
4. 关于甲公司行贿一案，法院应当如何确定诉讼代表人？
5. 在李某提起上诉期间，法院发现监察机关已将单位行贿罪移送至检察院，法院应当如何处理？
6. 如果二审法院发现贾某和宋某犯罪事实清楚、证据确实充分，但是李某的犯罪事实不清、证据不足，应如何处理？

二、答案精讲

1. 如何理解认罪认罚中重大立功的含义？公安机关以此为由撤案需要通过何种程序？

答案： 根据《最高人民法院关于处理自首和立功具体应用法律若干问题的解释》第7条，犯罪分子有检举、揭发他人重大犯罪行为，经查证属实；提供侦破其他重大案件的重要线索，经查证属实；阻止他人重大犯罪活动；协助司法机关抓捕其他重大犯罪嫌疑人

（包括同案犯）；对国家和社会有其他重大贡献等表现的，应当认定为有重大立功表现。此处"重大犯罪""重大案件""重大犯罪嫌疑人"的标准，一般是指犯罪嫌疑人、被告人可能被判处无期徒刑以上刑罚或者案件在本省、自治区、直辖市或者全国范围内有较大影响等情形。

在认罪认罚从宽制度中的"重大立功"有别于一般意义上的"重大立功"，其与"案件涉及国家重大利益"应具有基本相当的重要程度；同时因其适用可能将导致公安机关撤销案件或者检察院不起诉，故须对认罪认罚从宽制度中"重大立功"的认定从严把握，可将其限定为"重大立功"的顶格部分——特别重大立功。

根据《刑诉法》第182条的规定，犯罪嫌疑人自愿如实供述涉嫌犯罪的事实，有重大立功或者案件涉及国家重大利益的，经最高人民检察院核准，公安机关可以撤销案件，人民检察院可以作出不起诉决定，也可以对涉嫌数罪中的一项或者多项不起诉。本案中林某认罪认罚，且有重大立功表现，公安机关应层报公安部商请最高人民检察院核准撤销案件。

难度：难

考点：认罪认罚中的重大立功；核准撤案

> 💡 **命题与解题思路**
>
> 本题有较大的难度，解题时一是需要结合刑法的相关规定，二是注意特殊不起诉中撤案的规定。

答案解析：

关于本题的第一问，有观点认为只需援引《最高人民法院关于处理自首和立功具体应用法律若干问题的解释》第7条的规定来作答。但是，此种观点可能存在以下的问题：一是如果试题中明确出现了"认罪认罚"，只援引《最高人民法院关于处理自首和立功具体应用法律若干问题的解释》的规定则缺少针对性。因为该解释适用于所有案件，即便是非认罪认罚案件也可以，如果按此作答，似乎缺少对"认罪认罚"的切题。二是本题属于刑事诉讼法的考题，虽然不排除刑事诉讼和刑法结合考查的可能，但单独一问来考查刑法中关于"重大立功"的认定，似乎不合以往的考查规律。鉴于此，笔者认为本题有可能考查的是"认罪认罚中的重大立功"在"特殊不起诉"（《刑诉法》第182条的规定）中的特殊界定，即与其他案件中"重大立功"的区别。参考董坤教授发表于《法学研究》2019年第6期《认罪认罚从宽中的特殊不起诉》一文，可考虑作以下分析：

《刑诉法》第182条第1款规定："犯罪嫌疑人自愿如实供述涉嫌犯罪的事实，有重大立功或者案件涉及国家重大利益的，经最高人民检察院核准，公安机关可以撤销案件，人民检察院可以作出不起诉决定，也可以对涉嫌数罪中的一项或者多项不起诉。"这被认为是立法在审前程序中对特殊案件贯彻认罪认罚从宽的具体规定。从条文规定看，特殊不起诉的适用前提是"犯罪嫌疑人自愿如实供述涉嫌犯罪的事实"，这与《刑诉法》第15条"犯罪嫌疑人、被告人自愿如实供述自己的罪行，承认指控的犯罪事实"的"认罪"规定在实质含义上是一致的。也就是说，特殊不起诉的作出意味着犯罪嫌疑人已经认罪，特殊不起诉本身是认罪认罚从宽制度中的一环。因而在"认罪认罚从宽"制度这一新的语境下，不能简单套用前述《最高人民法院关于处理自首和立功具体应用法律若干问题的解释》第7条中的规定来理解"重大立功"。原因有两个：首先，每年司法机关在诉讼过程中适用《刑法》第68条认定犯罪嫌疑人、被告人有重大立功表现的情况不在少数。如果说这些案件基本符合特殊不起诉的适用条件，都报请最高人民检察院核准，拟作不起诉处理，则太不现实。毕竟特殊不起诉只能是极个别情形。因而，实践操作中对特殊不起诉中的"重大立功"需从严把握，拔高处理。其次，从条文结构看，"重大立功"与"案件涉及国家重大利益"是并列的两个适用条件，说明二者在某种程度上具有相当性或同质性，应对二者作同类解释。一般来说，案件若涉及国家重大利益，则往往与一国的政治、外交、国防、科技、经济等领域的重大利益相关。这往往是在一般的出罪条款、免责事由无法被适用时，司法最终求诸豁免或赦免等手段的不得已之举，属于非常情境下的特别规定。按照同类解释规则，特殊不起诉中的"重大立功"与《刑法》第68条规定的"重大立功"并不具有同样的外延，其与"案件涉及国家重大利益"应具有基本相当的重要程度。综合上述分析，<u>特殊不起诉中的"重大立功"虽然仍属《刑法》第68条规定的"重大立功"情形，但其外延更为狭窄，较之一般意义的"重大立功"，其立功作用和效果也更大。因此，可将其限定为"重大立功"的顶格部分——特别重大立功。</u>

关于第二问，既可以援引《刑诉法》第182条的规定，也可以援引《公安机关办理刑事案件程序规定》（以下简称《公安部规定》）第188条第1款的规定，结合案情回答即可。

2. 值班律师马某在诉讼中的地位和作用是怎样的？如果诉讼过程中宋某一直没有委托辩护人，马某是否能出庭辩护？

答案：值班律师在诉讼中的地位不是辩护人，其作用在于为宋某提供法律帮助。如果宋某一直没有委托辩护人，马某也不能出庭为其辩护。

难度：中

考点：值班律师

> 💡 **命题与解题思路**
>
> 本题考查了对于值班律师地位与作用的理解。解题时注意，目前法律和司法解释中并未专门对此作出规定，只能根据相关规定推导。

答案解析：

根据《刑诉法》第36条的规定，法律援助机构可以在人民法院、看守所等场所派驻值班律师。犯罪嫌疑人、被告人没有委托辩护人，法律援助机构没有指派律师为其提供辩护的，由值班律师为犯罪嫌疑人、被告人提供法律咨询、程序选择建议、申请变更强制措施、对案件处理提出意见等法律帮助。由此可见，值班律师在诉讼中是为犯罪嫌疑人提供法律帮助，<u>并不是真正意义上的辩护人</u>。虽然从目前司法实践来看，某些地方为进一步保障犯罪嫌疑人的诉讼权利，尝试赋予值班律师以辩护律师的地位，并规定其可以出庭辩护，但是从现有法律规定来看，这些做法并无依据，可视为一种改革方向。

3. 一审法院应用何种审判组织审理此案？审判人员的职责分工是怎样的？

答案：本案因涉及征地拆迁，且案件影响重大，群众反响强烈，因此一审法院应当由人民陪审员和审判员共7人组成合议庭，按照普通程序进行审理。在合议庭中，4名人民陪审员可以就事实认定问题发表意见并进行表决；对于法律适用问题，4名人民陪审员可以发表意见但不参与表决，由3名审判员进行表决。

难度：中

考点：合议庭的组成及分工

> 💡 **命题与解题思路**
>
> 本题通过材料中提示的信息考查了合议庭的组成及分工问题。解题时注意，材料中已提示案件属于征地拆迁引发的案件，且影响重大，群众反响强烈，此时应联想到《人民陪审员法》或者《高法解释》中关于七人合议庭适用情形的相关规定。

答案解析：

根据《高法解释》第213条第2款的规定，基层人民法院、中级人民法院、高级人民法院审判下列第一审刑事案件，由审判员和人民陪审员组成七人合议庭进行：（1）可能判处10年以上有期徒刑、无期徒刑、死刑，且社会影响重大的；（2）<u>涉及征地拆迁、生态环境保护、食品药品安全，且社会影响重大的</u>；（3）其他社会影响重大的。同时，根据《高法解释》第215条第2款的规定，人民陪审员参加七人合议庭审判案件，应当对事实认定独立发表意见，并与审判员共同表决；对法律适用可以发表意见，但不参加表决。

作答时也可援引《人民陪审员法》第16条、第22条的规定。

4. 关于甲公司行贿一案，法院应当如何确定诉讼代表人？

答案：本案中甲公司涉嫌单位行贿，股东贾某、林某作为主要责任人也被立案调查，因此应当由甲公司委托其他负责人或者职工作为诉讼代表人。但是，有关人员被指控为单位犯罪直接责任人员或者知道案件情况、负有作证义务的除外。如果仍难以确定诉讼代表人的，可以由甲公司委托律师等单位以外的人员作为诉讼代表人。

难度：中

考点：诉讼代表人

> 💡 **命题与解题思路**
>
> 本题考查了2021年《高法解释》中关于单位犯罪中诉讼代表人的确定问题。解题时需要注意材料中已交代甲公司涉及单位犯罪，材料中提及的两名股东也同时被立案调查。

答案解析：

根据《高法解释》第336条的规定，被告单位的诉讼代表人，应当是法定代表人、实际控制人或者主要负责人；法定代表人、实际控制人或者主要负责人被指控为单位犯罪直接责任人员或者因客观原因无法出庭的，应当由被告单位委托其他负责人或者职工作为诉讼代表人。但是，有关人员被指控为单位犯罪直接责任人员或者知道案件情况、负有作证义务的除外。<u>依照前述规定难以确定诉讼代表人的，可以由被告单位委托律师等单位以外的人员作为诉讼代表人。诉讼代表人不得同时担任被告单位或者被指控为单位犯罪直接责任人员的有关人员的辩护人</u>。材料中已表明甲公司涉及单位犯罪，两名股东同时也被立案调查，因此其诉讼代表人应由其他负责人或者职工担任。此外，还须回答出律师担任诉讼代表人的情形，因为该条规定是 2021 年《高法解释》新增的内容，也是本题的考点所在。

> **5. 在李某提起上诉期间，法院发现监察机关已将单位行贿罪移送至检察院，法院应当如何处理？**

　　答案：按照全面审查的原则，贾某、林某因共同犯寻衅滋事罪应一并进入二审。又因为贾某、林某二人同时作为单位行贿罪的主要责任人，也应被移送审查起诉。此时，二审法院可与负责审查起诉单位行贿罪的检察院协商并案处理。如果确定并案的，二审法院应当将上诉案件发回一审法院，由一审法院一并处理。

　　难度：难

　　考点：并案处理

> 💡 **命题与解题思路**
>
> 　　本题考查了 2021 年《高法解释》中新增加的二审中并案的问题。解题时需要注意，贾某、林某作为单位犯罪的主要负责人也应被追究刑事责任，因此贾、林二人涉及两个罪名。

答案解析：

　　根据《高法解释》第 24、25 条的规定，人民法院发现被告人还有其他犯罪被起诉的，可以并案审理；涉及同种犯罪的，一般应当并案审理。人民法院发现被告人还有其他犯罪被审查起诉、立案侦查、立案调查的，可以参照前述规定协商人民检察院、公安机关、监察机关并案处理，但可能造成审判过分迟延的除外。根据前述规定并案处理的案件，由最初受理地的人民法院审判。必要时，可以由主要犯罪地的人民法院审判。<u>第二审人民法院在审理过程中，发现被告人还有其他犯罪没有判决的，参照前条规定处理</u>。第二审人民法院决定并案审理的，应当发回第一审人民法院，由第一审人民法院作出处理。

> **6. 如果二审法院发现贾某和宋某的犯罪事实清楚、证据确实充分，但是李某的犯罪事实不清、证据不足，二审法院应该如何处理？**

　　答案：二审法院可以根据案件情况对李某作分案处理，将李某发回一审法院重新审判。一审法院重新作出判决后，如果李某上诉或者检察院对李某抗诉，贾某、宋某的案件尚未作出第二审判决、裁定的，二审法院可以并案处理。

　　难度：难

　　考点：二审中部分发回重审与并案审理

> 💡 **命题与解题思路**
>
> 　　本题考查了 2021 年《高法解释》中关于二审中部分发回重审与并案的新增规定。<u>解题时注意不能笼统地回答事实不清，发回重审</u>。因为题目中已经明确告知部分被告人事实不清，因此应该准确援引《高法解释》第 404 条第 2 款的规定。

答案解析：

　　根据《高法解释》第 404 条的规定，第二审人民法院认为第一审判决事实不清、证据不足的，可以在查清事实后改判，也可以裁定撤销原判，发回原审人民法院重新审判。有多名被告人的案件，部分被告人的犯罪事实不清、证据不足或者有新的犯罪事实需要追诉，且有关犯罪与其他同案被告人没有关联的，第二审人民法院根据案件情况，可以对该部分被告人分案处理，将该部分被告人发回原审人民法院重新审判。原审人民法院重新作出判决后，被告人上诉或者人民检察院抗诉，其他被告人的案件尚未作出第二审判决、裁定的，第二审人民法院可以并案审理。本案中交代的情形即属于本条第2款的情形，因此二审法院可以部分发回重审。此外，还须回答出发回重审后作出判决，如果有上诉或者抗诉，二审法院如何处理的问题，这也是本题的考点所在。

2020年"回忆版"金题

一、试题（本题30分）

案情：

林某明知洪某（已被判处刑罚）实施犯罪而仍为其提供网游网站，后洪某将玩家充值到游戏里的1.2万元转走。同时，林某明知张某（已被判处刑罚）实施犯罪而仍为其提供钓鱼网站，后张某窃取玩家账号和密码，并将账户内的资金转走。甲市乙区公安局侦查后，认为林某明知他人利用信息网络实施犯罪，仍为其提供网站，构成帮助犯，将案件移送乙区检察院审查起诉。后乙区检察院向乙区法院提起公诉。

本案证据有：价格认定机构出具的价格认定书、林某的供述、讯问林某时的同步录音录像、邀请有专门知识的人对鉴定意见发表的意见等。

问题：

1. 本案属于利用计算机实施的犯罪，如何确定管辖？
2. 如犯罪嫌疑人供述笔录与讯问时的录音录像有本质性差异，法院应该以哪个为准？为什么？讯问录音录像具备哪些条件才可以作为认定案件的依据？
3. 价格认定机构出具的价格认定书属于何种证据类型？是否可以作为本案的证据？为什么？
4. 针对电子证据的收集，法院应审查哪些内容？
5. 庭审过程中，公诉人应当如何举证、质证？
6. 有专门知识的人对鉴定意见提出的意见，其性质属于什么？是否可以作为认定案件的依据？为什么？

二、答案精讲

1. 本案属于利用计算机实施的犯罪，如何确定管辖？

答案： 根据《高法解释》第2条的规定，本案中网游网站以及钓鱼网站服务器所在地、林某所在地、洪某与张某以及被害人使用的信息网络所在地，以及被害人被侵害时所在地和财产遭受损失地的公安司法机关均可管辖。

难度： 中

考点：管辖

> 💡 **命题与解题思路**
>
> 本题考查了利用计算机网络实施犯罪的管辖。解题时要注意，一是要回答司法解释的规定，二是要结合材料。

答案解析：

根据《高法解释》第 2 条的规定，针对或者主要利用计算机网络实施的犯罪，犯罪地包括用于实施犯罪行为的网络服务使用的服务器所在地，网络服务提供者所在地，被侵害的信息网络系统及其管理者所在地，犯罪过程中被告人、被害人使用的信息网络系统所在地，以及被害人被侵害时所在地和被害人财产遭受损失地等。由于案例中没有给出更为明确的地点，因此在答题时一方面要准确回答出相关司法解释的规定，另一方面要注意将规定与案情相结合。

2. 如犯罪嫌疑人供述笔录与讯问时的录音录像有本质性差异，法院应该以哪个为准？为什么？讯问录音录像具备哪些条件才可以作为认定案件的依据？

答案：

（1）应以录音录像为准。根据《最高人民法院关于全面推进以审判为中心的刑事诉讼制度改革的实施意见》第 24 条的规定，法庭对证据收集的合法性进行调查的，应当重视对讯问过程录音录像的审查。<u>讯问笔录记载的内容与讯问录音录像存在实质性差异的，以讯问录音录像为准</u>。

（2）如讯问的程序合法，讯问时的录音录像系同步录制，没有剪接删改，能反映讯问的全过程，录音录像的内容经查证属实，则讯问时的录音录像可以作为定案的依据。

难度：难

考点：讯问录音录像

> 💡 **命题与解题思路**
>
> 本题考查了对于讯问时录音录像的审查与判断。本题有一定的难度，如果对前述"实施意见"不了解的话，只能根据证据法的相关知识进行分析。

答案解析：

讯问时的录音录像记录的内容主要涉及两个方面：一是对犯罪嫌疑人口供的记录，此时录音录像的实质就是犯罪嫌疑人的供述；二是对讯问过程的记录，此时录音录像属于视听资料，用以证明审讯的过程是否合法。当然，也有例外情况，如果犯罪嫌疑人在口供中还交代了其他人（同案犯以外）的犯罪事实，如果用录音录像作为证据，则属于证人证言。由此可知，如果讯问时的同步录音录像是全程、全面、全部录制，则是对整个讯问过程的一个完整、直观的再现。而讯问笔录是由审讯人员根据审讯的内容进行的记录，自然不可能一字不差地完整记录，有时甚至会出现重大的差异（不排除故意的可能）。而问题中并未专门说明录音录像的录制过程可能存在剪接删改等情形，因此在此种情况下，以录音录像记载的内容为准更能真实地反映口供的内容。在回答第二个问题时需要注意，可以作为证据使用和作为定案的根据是有区别的，前者强调证据资格，后者则是在具备证据资格的前提下，经过质证辩论，查证属实方能作为定案的根据。因此，在回答第二问时除须回答录音录像的制作过程满足证据资格的条件外，还须回答录音录像的内容经查证属实。

3. 价格认定机构出具的价格认定书属于何种证据类型？是否可以作为本案的证据？为什么？

答案：

答案一：价格认定机构出具的价格认定书属于书证，可以作为本案的证据。价格认定书是以价格认定机构名义出具的，以其文字内容反映案件事实（涉案财物的价格）的证据，符合刑事诉讼法中关于书证的相关规定。如果其制作过程符合《价格认定规范》等相关规定，可以作为本案的证据使用。

答案二：价格认定机构出具的价格认定书属于鉴定意见，可以作为本案的证据。价格认定结论书是由价格认定机构指派 2 名或者 2 名以上符合岗位条件的价格认定人员组成价格认定小组进行价格认定后出具的行政性文书。其类似于鉴定人根据自身的专业知识对专门性问题所作的分析、判断，符合刑事诉讼中关于鉴定意见的规定。如果其制作过程符合《价格认定规范》等相关规定，可以作为本案的证据使用。

答案三：价格认定机构出具的价格认定书属于专门性问题报告，可以作为本案的证据。根据《高法解释》第 100 条的规定，因无鉴定机构，或者根据法律、司法解释的规定，指派、聘请有专门知识的人就案件的专门性问题出具的报告，可以作为证据使用。价格认定结论书更符合专门性问题报告的性质。如果其制作过程符合相关规范，可以在本案中作为证据使用。

难度： 难

考点： 价格认定结论书

> **命题与解题思路**
>
> 由于目前刑事诉讼相关法律规定中对价格认定书的性质并未作出明确规定，理论和实践中也存在不同的观点，因此本题属于开放式问题，言之有理即可。

答案解析：

前述三个答案中前两个答案都有一定的缺陷，这也是价格认定结论书在理论和实践中争论不休的原因所在。答案三的依据是 2021 年《高法解释》第 100 条的规定。此条规定对原解释第 87 条进行了修订。如果依据原解释第 87 条的规定，将其作为"检验报告"也有一定的缺陷，但根据修改后的第 100 条的规定来看，将其作为"专门问题的报告"相对更准确。

根据国家发展改革委所制定的《价格认定规定》《价格认定行为规范》的相关规定，公安司法机关在办理刑事案件中，对于有形产品、无形资产等价格不明或者有争议时，经办案机关提出后，由价格认定机构对价格进行确认并出具价格认定结论书。价格认定结论书，是价格认定机构按照规定程序作出的反映价格认定过程及价格认定结论的行政性文书。但是作为书证，最大的问题在于价格认定结论并非形成于案件发生的过程中，而是事后对涉案财物的价格认定。同时结论书中必然包含了价格认定人员的主观判断和分析，有"意见"的成分。但如果作为鉴定意见，目前司法鉴定中并未规定价格鉴定，价格认定结论书并非以价格认定人的名义而是以价格认定机构的名义出具的文书，价格认定人也不具备鉴定人的资格。因此，也存在着"硬伤"。建议考生在遇到类似的问题时，运用相关理论和知识，言之有理即可。

4. 针对电子证据的收集，法院应审查哪些内容？

答案：根据《高法解释》第112~114条的规定，针对电子证据的收集，法院应着重审查：（1）收集、提取电子数据是否由2名以上调查人员、侦查人员进行，取证方法是否符合相关技术标准；（2）收集、提取电子数据，是否附有笔录、清单，并经签名或者盖章；（3）是否有见证人，是否对相关活动进行录像；（4）采用技术调查、侦查措施收集、提取电子数据的，是否依法经过严格的批准手续；（5）电子数据检查程序是否符合有关规定。电子数据的收集、提取程序有下列瑕疵，经补正或者作出合理解释的，可以采用；不能补正或者作出合理解释的，不得作为定案的根据：（1）未以封存状态移送的；（2）笔录或者清单上没有调查人员或者侦查人员、电子数据持有人、提供人、见证人签名或者盖章的；（3）对电子数据的名称、类别、格式等注明不清的；（4）有其他瑕疵的。电子数据具有下列情形之一的，不得作为定案的根据：（1）系篡改、伪造或者无法确定真伪的；（2）有增加、删除、修改等情形，影响电子数据真实性的；（3）其他无法保证电子数据真实性的情形。

难度：中

考点：电子证据的审查

> 💡 **命题与解题思路**
>
> 本题综合考查了对电子数据收集规范的掌握。解题时要注意，一是要从收集电子数据的程序的角度答出要点；二是要回答违反法定程序收集电子数据导致的后果。

答案解析：

《高法解释》第112条规定："对收集、提取电子数据是否合法，应当着重审查以下内容：（一）收集、提取电子数据是否由二名以上调查人员、侦查人员进行，取证方法是否符合相关技术标准；（二）收集、提取电子数据，是否附有笔录、清单，并经调查人员、侦查人员、电子数据持有人、提供人、见证人签名或者盖章；没有签名或者盖章的，是否注明原因；对电子数据的类别、文件格式等是否注明清楚；（三）是否依照有关规定由符合条件的人员担任见证人，是否对相关活动进行录像；（四）采用技术调查、侦查措施收集、提取电子数据的，是否依法经过严格的批准手续；（五）进行电子数据检查的，检查程序是否符合有关规定。"《高法解释》第113条规定："电子数据的收集、提取程序有下列瑕疵，经补正或者作出合理解释的，可以采用；不能补正或者作出合理解释的，不得作为定案的根据：（一）未以封存状态移送的；（二）笔录或者清单上没有调查人员或者侦查人员、电子数据持有人、提供人、见证人签名或者盖章的；（三）对电子数据的名称、类别、格式等注明不清的；（四）有其他瑕疵的。"《高法解释》第114条规定："电子数据具有下列情形之一的，不得作为定案的根据：（一）系篡改、伪造或者无法确定真伪的；（二）有增加、删除、修改等情形，影响电子数据真实性的；（三）其他无法保证电子数据真实性的情形。"

<u>在回答时可根据上述司法解释回答要点，但至少应包括三个方面的内容：一是收集电子</u>

数据的程序；二是哪些属于瑕疵证据；三是哪些属于有根本性缺陷的证据。

5. 庭审过程中，公诉人应当如何举证、质证？

答案：根据《人民检察院刑事诉讼规则》（以下简称《高检规则》）第399条的规定，在法庭审理中，公诉人应当客观、全面、公正地向法庭出示与定罪、量刑有关的证明被告人有罪、罪重或者罪轻的证据。按照审判长要求，或者经审判长同意，公诉人可以按照以下方式举证、质证：（1）对于可能影响定罪量刑的关键证据和控辩双方存在争议的证据，一般应当单独举证、质证；（2）对于不影响定罪量刑且控辩双方无异议的证据，可以仅就证据的名称及其证明的事项、内容作出说明；（3）对于证明方向一致、证明内容相近或者证据种类相同，存在内在逻辑关系的证据，可以归纳、分组示证、质证。公诉人出示证据时，可以借助多媒体设备等方式出示、播放或者演示证据内容。定罪证据与量刑证据需要分开的，应当分别出示。

难度：中

考点：举证和质证

> 💡 **命题与解题思路**
>
> 由于回忆版的缺陷，本问题显得非常宏大，且无法从材料中获得具体的指向。考虑到本题是案例中的一个小问，可以着重根据《高检规则》第399条的规定作答。

答案解析：

如果不是根据《高检规则》第399条的规定作答，考生也可从检察官讯问犯罪嫌疑人，询问证人、被害人、鉴定人的相关规定以及如何出示物证、书证等角度进行阐述，即根据《高检规则》第400~418条的相关规定提炼要点作答。

6. 有专门知识的人对鉴定意见提出的意见，其性质属于什么？是否可以作为认定案件的依据？为什么？

答案：有专门知识的人对鉴定意见发表的质证意见，根据申请方，或属于控诉意见或属于辩护意见的组成部分，但不得作为认定案件的依据。根据《刑诉法》第197条的规定，公诉人、当事人和辩护人、诉讼代理人可以申请法庭通知有专门知识的人出庭，就鉴定人作出的鉴定意见提出意见。我国刑事诉讼中，有专门知识的人出庭是以"专家辅助人"的身份出庭，其出庭的目的在于强化对鉴定意见的质证，其本身属于控诉意见或者辩护意见的一部分，如果其意见得到采纳则可能导致被质证的鉴定意见不能作为定案的根据。

难度：难

考点：有专门知识的人

> 💡 **命题与解题思路**
>
> 此题有较大的难度，特别是刑事诉讼法中并未专门明确有专门知识的人的身份以及其意见的证据属性的情况下，考生需要结合证据法的相关规定进行作答。

答案解析：

虽然目前理论界对于"有专门知识的人"的身份以及意见的证据属性仍有一定的争议，但是大多数学者主张，刑事诉讼中"有专门知识的人"属于"专家辅助人"。因为有专门知识的人既非鉴定人也不是专家证人，因为其不需要具备鉴定人的资格，也不是就案件中的专门问题提供独立的证词，而仅仅是协助控方或者辩方对于鉴定意见发表质证意见。其当庭发表的意见，只能用于判断鉴定意见的真实可信性，不得用作解决案件中专门性问题的依据，即仅作为弹劾证据使用，而不能作为实质证据使用。

2019年"回忆版"金题

一、试题（本题27分）

案情：

王某系某市法院刑事审判庭法官。2016年9月，王某在审理本市吴某抢劫案中，违反法律规定认定吴某有立功情节，对其减轻处罚，判处有期徒刑10年，吴某的弟弟为此向王某行贿50万元。王某为规避法律，让其侄子王小六收钱并保管。

2018年11月，市监察委接到举报后对王某立案调查，调查中另查明王某在担任审判监督庭法官时犯有徇私舞弊减刑的犯罪事实。市监察委对本案调查终结后，移送检察机关审查起诉，检察机关以王某涉嫌受贿罪和徇私舞弊减刑罪向市法院提起公诉，同时以王小六构成掩饰、隐瞒犯罪所得罪另案起诉。

法院审理期间，王某改变了在监察委调查和监察机关审查起诉期间不认罪的态度，主动承认被指控的犯罪并自愿接受处罚，法院按照认罪认罚从宽的规定，对王某从轻作出了判决。一审判决后检察机关没有抗诉，王某未上诉，一审判决发生法律效力。

问题：

1. 本案在管辖上有无问题？请说明理由。
2. 王小六涉嫌掩饰、隐瞒犯罪所得罪，在未经立案调查或侦查的前提下，检察机关能否径行起诉？为什么？
3. 如本案中王某的行为既涉及监察机关管辖的犯罪又涉及公安机关、检察机关管辖的犯罪，关于管辖的处理原则是什么？
4. 市法院按照认罪认罚从宽的规定对王某从轻作出判决，是否符合法律规定？请说明理由。

二、答案精讲

1. 本案在管辖上有无问题？请说明理由。

答案：本案在立案管辖上并无问题，但在审判管辖上存在问题。理由如下：

（1）关于本案的立案管辖：对于王某涉嫌的受贿罪，根据《监察法》第11条的规定，应由市监察委立案调查。在调查过程中发现王某还涉嫌徇私舞弊减刑罪，虽然该罪可以由检察院立案侦查，但是根据《监察法》第 34 条第 2 款的规定，被调查人既涉嫌严重职务违法或者职务犯罪，又涉嫌其他违法犯罪的，一般应当由监察机关为主调查，其他机关予以协助。因此市监察委一并调查王某徇私舞弊减刑罪并无不当。

（2）关于本案的审判管辖：王某案发前系市法院法官，其案件由市法院审理，审判人员与王某之间系曾经的同事关系，可能影响案件的公正审理。根据《高法解释》第 18 条的规定，"有管辖权的人民法院因案件涉及本院院长需要回避或者其他原因，不宜行使管辖权的，可以请求移送上一级人民法院管辖。上一级人民法院可以管辖，也可以指定与提出请求的人民法院同级的其他人民法院管辖"。因此市法院对本案不宜行使管辖权，应报请上一级法院，由上一级法院审理或指定其他法院审理。

难度：难

考点：监察委的管辖；监察委与检察院管辖权的竞合；回避；审判管辖

> 💡 **命题与解题思路**
>
> 2018 年《监察法》出台以后，在 2018 年、2019 年的客观题中已经多次考查。作为监察法与刑事诉讼法相衔接的重要内容之一，监察委与检察院管辖权的竞合问题在 2019 年的主观题中再次出现，也印证了法考对"新增必考""重者恒重"这一司考传统的延续。可以预计的是，在今后的考试中，考生仍需对《监察法》以及监察法与刑事诉讼法的衔接做重点准备。本题虽然问题简单，但涉及内容较多，考生首先需要对"管辖"问题进行一个大的区分：立案管辖和审判管辖。然后再结合案情逐一分析。

答案解析：

管辖从大的方面来分，可以分为"立案管辖"与"审判管辖"。首先从"立案管辖"来看，案件中涉及三个罪名：分别是王某的受贿罪和徇私舞弊减刑罪以及王小六的掩饰、隐瞒犯罪所得罪。因为第二问已经单独考查了对王小六所涉及的罪名，所以在本问中无须讨论，因为一分析势必涉及对第二问的回答。对于王某的两个罪名，受贿罪由监察委立案调查这一点应当比较容易回答，只要掌握了《监察法》的基本内容即可。难点在于第二项罪名徇私舞弊减刑罪。根据《高检规则》第 13 条的规定，人民检察院在对诉讼活动实行法律监督中发现的司法工作人员利用职权实施的非法拘禁、刑讯逼供、非法搜查等侵犯公民权利、损害司法公正的犯罪，可以由人民检察院立案侦查。因此，王某作为法官，其涉嫌徇私舞弊减刑罪可以由检察院立案侦查。但是，需要注意的是，并非应当。原因在于，根据《监察法》第 3 条的规定，各级监察委员会是行使国家监察职能的专责机关，依照本法对所有行使公权力的公职人员（以下称公职人员）进行监察，调查职务违法和职务犯罪。从此意义上说，虽然检察院对 14 项罪名可以立案侦查，但这 14 项罪名同样可以由监察委立案调查。因此，根据《监察法》第 34 条的规定，人民法院、人民检察院、公安机关、审计机关等国家机关在工作中发现公职人员涉嫌贪污贿赂、失职渎职等职务违法或者职务犯罪的问题线索，应当移送监察机关，由监察机关依法调查处置。被调查人既涉嫌严重职务违法或者职务犯罪，又涉嫌其他违法犯罪的，一般应当由监察机关为主调查，其他机关予以协助。本案中，监察委在立案调查王某受贿的同时发现其涉嫌徇私舞弊减刑的犯罪事实，由监察委一并立案调查并不违反规定。进一步拓展，如果是监察委立案调查王某受贿的同时，检察院发现了王某徇私舞弊减刑的犯罪事实，一般也应当将该线索移送给监察委，由监察委一并立案调查。

其次，从审判管辖来看。审判管辖涉及三个方面：一是地域管辖；二是级别管辖；三是指定管辖。从材料来看，本案显然不涉及地域管辖问题，可以不予讨论。关于级别管辖，本案涉及的两个罪名可能判处的刑罚也不属于应当由中院管辖，且材料中的市法院，既可以理解为基层法院，也可以理解为中级法院，从级别管辖上来说均无问题。关于指定管辖，是指管辖权不明或者不宜行使管辖权时由上级人民法院予以明确。本案中，王某案发前系市法院法官，若由市法院审理此案，则合议庭成员与王某之间系曾经的同事关系，可能影响案件的公正审理，因此市法院不宜行使本案的管辖权，应报请上一级法院，由上一级法院亲自审理或指定其他法院审理。

2. 王小六涉嫌掩饰、隐瞒犯罪所得罪，在未经立案调查或侦查的前提下，检察机关能否径行起诉？为什么？

答案：检察机关不能径行起诉。因为王小六所涉犯罪并未经过立案侦查或调查，而是检察院在审查起诉阶段发现的新罪，既不属于王某的漏罪，也不是王某所犯两罪的共同犯罪。因此，即便在审查起诉阶段对王小六所涉犯罪的事实已经查清，证据确实充分，检察机关也不得径行起诉。

难度：难
考点：审查起诉阶段发现新罪的处理

> 💡 **命题与解题思路**
>
> 本问系本题中难度最大的一问。本问在《刑诉法》与《高检规则》中并无明确的规定，需要考生根据相关规定及法理进行一定的推导才能准确回答。解题的关键在于，材料中已明确王小六所涉犯罪为掩饰、隐瞒犯罪所得罪，并不是王某受贿的共犯，因此其处理必须遵循立案、侦查、起诉的基本步骤。

答案解析：

2012年《高检规则》第391条规定，人民检察院在办理公安机关移送起诉的案件中，发现遗漏罪行或者有依法应当移送起诉的同案犯罪嫌疑人未移送起诉的，应当要求公安机关补充侦查或者补充移送起诉。对于犯罪事实清楚，证据确实、充分的，也可以直接提起公诉。根据此条的原理，检察院在审查起诉阶段，如果发现了犯罪嫌疑人的漏罪或者犯罪嫌疑人的同案犯时，对于犯罪事实清楚，证据确实充分的，检察院可以直接提起公诉。之所以限定在漏罪或者漏犯，是因为前期的立案可以视为涵盖了后发现的漏罪或者漏犯。但是，如果在审查起诉阶段发现的是其他犯罪嫌疑人的其他犯罪（不是移送罪名的共同犯罪），如果对该罪直接提起公诉，没有经过立案或者侦查，则有违刑事诉讼法的基本规定。

2019年12月，根据2018年修订后的《刑诉法》，《高检规则》亦进行了修订。修订后的《高检规则》第356条延续了前述第391条的规定。需要注意的是，修订后的第357条规定，人民检察院立案侦查时认为属于直接受理侦查的案件，在审查起诉阶段发现属于监察机关管辖的，应当及时商监察机关办理。属于公安机关管辖，案件事实清楚，证据确实、充分，符合起诉条件的，可以直接起诉；事实不清、证据不足的，应当及时移送有管辖权的机关办理。在审查起诉阶段，发现公安机关移送起诉的案件属于监察机关管辖，或者监察机关移送起诉的案件属于公安机关管辖，但案件事实清楚，证据确实、充分，符合起诉条件的，经征求监察机关、公安机关意见后，没有不同意见的，可以直接起诉；提出不同意见，或者事实不清、证据不足的，应当将案件退回移送案件的机关并说明理由，建议其移送有管辖权的机关办理。

从第 357 条的规定来看，检察院若要直接起诉，也必须是经过公安侦查或者监察委调查的案件，本案中王小六所涉犯罪未经侦查或者调查，径行起诉的做法也是错误的。

> **3. 如本案中王某的行为既涉及监察机关管辖的犯罪又涉及公安机关、检察机关管辖的犯罪，关于管辖的处理原则是什么？**

答案：王某系公职人员，其犯罪的管辖应以监察机关调查为主，公安机关、检察机关予以协助。

难度：中

考点：监察委、检察院、公安机关管辖权的竞合

> 💡 命题与解题思路
>
> 本题主要考查了三机关在管辖权上的竞合问题。解题的关键在于王某系市法院法官，为公职人员，因此其涉嫌犯罪的管辖应以监察委为主，其他机关予以配合。

答案解析：

根据《监察法》第 34 条的规定，人民法院、人民检察院、公安机关、审计机关等国家机关在工作中发现公职人员涉嫌贪污贿赂、失职渎职等职务违法或者职务犯罪的问题线索，应当移送监察机关，由监察机关依法调查处置。<u>被调查人既涉嫌严重职务违法或者职务犯罪，又涉嫌其他违法犯罪的，一般应当由监察机关为主调查，其他机关予以协助</u>。本案中，王某系市法院法官，其涉嫌的罪名均系利用职权实施，因此应以监察委管辖为主，其他机关予以配合。

> **4. 市法院按照认罪认罚从宽的规定对王某从轻作出判决，是否符合法律规定？请说明理由。**

答案：符合法律规定。<u>认罪认罚从宽制度贯穿刑事诉讼全过程，适用于侦查、起诉、审判各个阶段。认罪认罚从宽制度没有适用罪名和可能判处刑罚的限定，所有刑事案件都可以适用</u>。王某在审判阶段主动承认被指控的犯罪并自愿接受处罚，符合认罪认罚从宽的规定，市法院对王某从轻处罚符合法律规定。

难度：中

考点：认罪认罚从宽制度的适用

> 💡 命题与解题思路
>
> 认罪认罚从宽制度是 2018 年《刑诉法》修改的重点，2019 年 10 月"两高三部"又制定了《关于适用认罪认罚从宽制度的指导意见》。本考点是最近几年考查的重点，考生务必认真准备。解题的关键在于把握认罪认罚并没有时间的专门限制，即便是侦诉阶段不认罪认罚的，审判阶段认罪认罚的，也可以从宽。

答案解析：

根据《最高人民法院、最高人民检察院、公安部、国家安全部、司法部关于适用认罪认罚从宽制度的指导意见》第 5 条的规定，认罪认罚从宽制度贯穿刑事诉讼全过程，适用于侦查、起诉、审判各个阶段。认罪认罚从宽制度没有适用罪名和可能判处刑罚的限定，所有刑事案件都可以适用，不能因罪轻、罪重或者罪名特殊等原因而剥夺犯罪嫌疑人、被告人自愿认罪认罚获得从宽处理的机会。但"可以"适用不是一律适用，犯罪嫌疑人、被告人认罪认罚后是否从宽，由司法机关根据案件具体情况决定。同时，根据第 9 条的规定，办理认罪认罚案件，应当区别认罪认罚的不同诉讼阶段、对查明案件事实的价值和意义、是否确有悔罪表现，以及罪行严重程度等，综合考量确定从宽的限度和幅度。在刑罚评价上，主动认罪优于被动认罪，早认罪优于晚认罪，彻底认罪优于不彻底认罪，稳定认罪优于不稳定认罪。

<u>本案中，王某虽然在侦查和起诉阶段不认罪，但在审判阶段认罪认罚，符合认罪认罚从宽的一般规定，法院可以从宽处理，只是其从宽幅度可以减小。</u>

2018 年"回忆版"金题

一、试题（本题 30 分）

案情：

某日，王大和李四去饭店吃饭，遇见了王大的仇人张三。两人发生口角，李四劝阻不成。王大用饭店的板凳击打张三头部，致其倒地昏迷。李四将张三送往医院，但到达医院停车场后并未立即将张三送医，而是将车停在停车场，次日凌晨再将张三送往医院时，张三已死亡。

检察机关以故意杀人罪对李四提起刑事诉讼，以下为本案证据：

1. 李四口供：王大将张三打昏后，当晚 10：20 左右，自己和饭店店员赵二将张三抬上车，10：50 自己驾车到医院停车场时，发现张三大量出血，呼吸微弱，害怕承担责任，所以不敢把张三送进医院，于是把车停在停车场后，自己回去找王大商量。次日凌晨 5：00，自己和王大一起赶回停车场把张三送进医院，医院认定张三已死亡。

2. 王大口供：自己将张三打昏后，李四送张三到医院。半夜李四找自己商量，告诉他并没有送张三就医。后二人次日凌晨将张三送医，张三已死亡。

3. 赵二证言：当晚 10：20 左右，自己和李四一起将张三抬上车，此时张三仍有心跳和呼吸，赵二认为如果当时及时就医，张三一定不会死亡。

4. 饭店监控录像：当晚 10：20 李四和赵二一起将张三抬上车。

5. 医院停车场监控录像：当晚 10：50 左右李四的车出现在停车场，李四独自下车离开，一直将车留在停车场，直到次日凌晨 5：00 和王大一起又出现在停车场，将张三抬进医院。

6. 法医死亡鉴定：张三头部被重击，重击痕迹与饭店板凳吻合，无其他伤，张三自身有凝血性障碍，因大量出血而死亡，但无法鉴定出具体死亡时间。

7. 医院接诊记录：凌晨 5：00 李四和王大将张三送至医院，但医院认定张三已完全死亡。

李四因涉嫌故意杀人罪被提起公诉。在庭审中，李四翻供，并提出其供述为侦查机关刑讯逼供作出，实际上，他当晚将张三送至医院停车场时，张三已没有呼吸和心跳，完全死亡。但迫于侦查人员的威胁，他才承认当时张三并未死亡。李四提供了刑讯逼供的手段和时间。李四的辩护律师提出非法证据排除的申请。检察机关提供的录音录像材料并不完整，且录像效果时好时坏，好的部分的录音录像显示并没有刑讯逼供行为的发生。李四的辩护人提出重新鉴定张三具体死亡时间的申请，但新的证据均无法证明张三的具体死亡时间。

问题：
请利用相关证据、法律规定等对李四的判决作出说理。

二、答案精讲

答案：

1. 对于检察机关提起的李四涉嫌故意杀人罪的指控，法院不能认定。在没有其他新证据的情况下，法院应当作出证据不足，指控的犯罪不能成立的无罪判决。

2. 依据：根据《刑诉法》第55条的规定，没有被告人供述，证据确实、充分的，可以认定被告人有罪和处以刑罚。证据确实、充分，应当符合以下条件：（1）定罪量刑的事实都有证据证明；（2）据以定案的证据均经法定程序查证属实；（3）综合全案证据，对所认定事实已排除合理怀疑。而根据本案现有的证据来看，证明李四故意杀人的证据尚未达到"确实、充分"的程度。因此，检察机关的指控不能成立。

3. 理由：认定李四是否有罪的关键在于确定张三在被送到医院停车场前是否已经死亡。而7份证据中，与之相关是证据1、3，其余证据材料，要么是与死亡时间无关（证据2、4、5）；要么是无法证明死亡的准确时间（证据6、7）。对于证据1，由于被告人在审判阶段翻供，且提出了非法证据排除的申请，而检察机关对于取证合法性的证明并未达到证据确实、充分的程度。因此，法院对于证据1应当依据非法证据排除的规定予以排除，不得作为定案的依据。对于证据3，证人赵二认为如果当时及时就医，张三一定不会死亡。这是赵二的一种分析、判断或者推理，属于意见证据的范畴，不能采信。

综上，本案检察机关所提供的证据均无法证实张三是在送到医院停车场以后才死亡，不排除在送医院的路上已死亡的可能性。所以检察机关的指控不能成立，法院应当作出证据不足，指控的犯罪不能成立的无罪判决。

难度：难

考点：证据的审查；刑事诉讼的证明标准

> **命题与解题思路**
>
> 法考元年的刑事诉讼法主观题延续了以往司法考试卷四主观题的命题风格和命题思路，选择某个真实案例加以改编形成案例题。本题几乎可以说翻版了2010年司法考试卷四的案例分析题，从某种程度上可以视为对2010年开创的这种命题模式的一种肯定和延续。通过列举案件的主要证据，要求考生通过对证据的分析、审查，进而形成对全案基本事实的判断，此种考查思路，非常接近司法实践，也代表了将来法考命题的方向，考生须高度重视。
>
> 在解题时，首先需要注意的是，"对李四的判决进行说理"并不是要求考生撰写一份判决书。其实质是要求考生判断指控是否成立，法院能否作出有罪的认定，并给出依据和理由。这和2010年的考题是完全一致的思路，只是问题换了一个说法，考生务必要把握考查的思路和重点。其次，解题时要依据证据法的相关规定，因此本题考查的重点是对证据的分析和审查，而不是对其行为性质的分析和判断，因此分析的重点在于事实是

什么，而不是看其行为到底是作为还是不作为，或者说故意还是过失。

解题时须注意此类题型的答题结构，一般分为三个层次：一是判断，根据所给的证据能否认定有罪；二是依据及理由，这是答题的重点，即通过对证据的分析，说明理由；三是根据前述分析，回答法院应当作出何种判决。此外，在答题时还需注意，分析的基础是现有证据，不能超出给定的证据范围，随意假设某种情况，这已经超出了考试的范畴。

具体到本题，看似材料较多，罗列了多项证据，但考生首先应通过仔细阅读材料，建立起对案件事实的一个基本把握，李四有罪无罪的关键就在于张三到底是何时死亡的？如果张三在到达医院以前就已经死亡，很明显李四对其死亡是不承担任何责任的。如果尚未死亡，那李四将其留在车中的行为就与其死亡有着因果关系，须承担相应的责任。明确了此点以后，再来分析所列证据中哪些与死亡时间有关，然后再进一步分析能够指向死亡时间的证据能否作为证据使用以及如何使用。注意，分析、审查证据通常是从两个方面来把握：一是证据的合法性，一旦题目中涉及该证据的收集程序那就要注意是否存在程序违法、严重的可导致非法证据排除的问题；二是证据的关联性，即分析该证据证明了何种事实以及证明的程度。最后再综合全案证据审查是否达到证据确实、充分的证明标准。

答案解析：

要对李四的判决进行说理，首先要明确对李四的指控是否成立，即法院应当对李四如何判决。然后再分析判决的依据，即依据《刑诉法》对证明标准的规定，指控的证据尚未达到确实、充分的程度。接下再分析为什么现有证据未能达到证明标准。根据本案的材料来看，要证明李四犯故意杀人罪，必须查明被害人张三的准确死亡时间，即必须证明李四在将被害人张三送到医院停车场后，张三尚未死亡。如果没有证据或者证据不能达到确实、充分的程度证明张三是在已经被送到医院停车场后才死亡，那李四的后续行为就与张三的死亡后果之间不存在因果关系，李四对张三的死亡不承担责任。

而根据检察机关提供的证据来看，能指向张三死亡时间的证据只有两份，一份是证据1被告人李四在侦查阶段所做的有罪供述，承认在将张三送达医院停车场后发现张三并未死亡；另一份是证据3证人赵二的证言，认为如果当时及时就医，张三一定不会死亡。其余证据材料，要么是与死亡时间无关（证据2、4、5），要么是无法证明死亡的准确时间（证据6、7）。

但是，由于被告人李四在审判阶段翻供，提出自己在侦查阶段之所以作出有罪供述，是受到侦查人员的威胁，并提供了刑讯逼供的手段和时间。李四的辩护律师也提出非法证据排除的申请。根据《刑诉法》的规定，本案属于可能判处无期徒刑以上的重大案件，应当对讯问过程全程录音录像。但检察机关提供的录音录像材料并不完整，且录像效果时好时坏。虽然好的部分的录音录像显示并没有刑讯逼供行为的发生，但无法排除不存在刑讯逼供的可能，检察机关对于取证合法性的证明并未达到证据确实、充分的程度。因此，法院对于证据1被告人李四在侦查阶段的有罪供述应当依据非法证据排除的规定予以排除，不得作为定案的依据。

而证据3证人赵二的证言中提到他认为如果当时及时就医，张三一定不会死亡。这属于赵二的一种分析、判断或者推理，属于意见证据的范畴。根据《高法解释》第88条的规定，证人的猜测性、评论性、推断性的证言，不得作为证据使用，但根据一般生活经验判断符合事实的除外。很明显，关于被害人的准确死亡时间这不是属于基于一般生活经验能判断的事实，所以赵二关于如果当时及时就医，张三一定不会死亡的说法不能采信。

综上，本案检察机关所提供的证据均无法证实张三是在送到医院停车场以后才死亡，不排除在送医院的路上已死亡的可能性。所以检察机关的指控不能成立，法院应当作出证据不足，指控的犯罪不能成立的无罪判决。

2017 年真题

一、试题（本题21分）

案情：

被告人李某于2014年7月的一天晚上，和几个朋友聚会，饭后又一起卡拉OK，期间餐厅经理派服务员胡某陪侍。次日凌晨两点结束后，李某送胡某回家的路上，在一废弃的工棚内强行与胡某发生了性关系。案发后李某坚称是通奸而不是强奸。此案由S市Y区检察院起诉。Y区法院经不公开审理，以事实不清证据不足为由作出无罪判决。检察机关提起抗诉，S市中级法院改判被告人构成强奸罪并处有期徒刑三年。二审法院定期宣判，并向抗诉的检察机关送达了判决书，没有向被告人李某送达判决书，但在中国裁判文书网上发布了判决书。

问题：

1. 本案二审判决是否生效？为什么？我国刑事裁判一审生效与二审生效有无区别？为什么？

2. 此案生效后当事人向检察院申诉，程序要求是什么？

3. 省检察院按审判监督程序向省高级法院提起抗诉，对于原判决、裁定事实不清或者证据不足的再审案件，省高级法院应当如何处理？

4. 如果省高级法院认为S市中级法院生效判决确有错误，应当如何纠正？

5. 此案在由省检察院向省高级法院抗诉中，请求改判被告人无罪，被告人及其辩护人也辩称无罪，省高级法院根据控辩双方一致意见，是否应当作出无罪判决？为什么？

二、答案精讲

1. 本案二审判决是否生效？为什么？我国刑事裁判一审生效与二审生效有无区别？为什么？

答案：

（1）二审判决已生效。根据《高法解释》第413条第3款的规定，第二审判决、裁定是终审的判决、裁定的，自宣告之日起发生法律效力。本案中，二审法院定期宣判后虽未向李某送达判决书，但已宣告，因此判决已经生效。

（2）有区别。我国刑事一审裁判应自经过法定的上诉、抗诉期限而没有上诉或抗诉之日起生效，而法定的上诉、抗诉期限自一审裁判送达后的第二日起算。由此可见，一审裁判的生效时间不是以宣告作为起算点，而是以送达作为起算点。

难度： 难

考点：判决（生效时间）

> **命题与解题思路**
>
> 命题人通过此题考查了考生对一审裁判和二审裁判生效时间的理解，其实际上设了两问，可分两部分解答。第一部分要针对本案，解答本案的二审判决是否生效并阐明原因。第二部分要概括地阐明一审裁判和二审裁判在生效方式和时间上的区别。

答案解析：

关于一审裁判的生效日期，法律规定得相对明确。《高法解释》第 380 条第 1 款规定："上诉、抗诉必须在法定期限内提出。不服判决的上诉、抗诉的期限为十日；不服裁定的上诉、抗诉的期限为五日。上诉、抗诉的期限，从接到判决书、裁定书的第二日起计算。"因此，<u>一审裁判应自经过法定的上诉、抗诉期限而没有上诉或抗诉之日起生效，而法定的上诉、抗诉期限自一审裁判送达后的第二日起算</u>。由此也可看出，一审裁判的生效时间与宣判日期没有直接关系，仅与送达日期有关。

关于二审裁判的生效时间在《高法解释》第 413 条第 3 款的明确规定，第二审判决、裁定是终审的判决、裁定的，自宣告之日起发生法律效力。而本题的难点在于，如何理解材料的表述：二审法院定期宣判，并向抗诉的检察机关送达了判决书，没有向被告人李某送达判决书，但在中国裁判文书网上发布了判决书？首先可以明确的是，在裁判文书网发布判决书并不等于向李某送达了判决书，因此本案中二审判决书并未送达给被告人。而根据《高法解释》第 398 条的规定，开庭审理上诉、抗诉案件，除参照适用第一审程序的有关规定外，应当按照下列规定进行：……在该条中并未专门对二审如何宣判及送达进行规定，因此可以认为二审的宣判程序应参照一审的宣判程序。又根据《高法解释》第 302 条的规定，当庭宣告判决的，应当在 5 日以内送达判决书。定期宣告判决的，应当在宣判前，先期公告宣判的时间和地点，传唤当事人并通知公诉人、法定代理人、辩护人和诉讼代理人；判决宣告后，应当立即送达判决书。同时根据《高法解释》第 304 条的规定，宣告判决，一律公开进行。宣告判决结果时，法庭内全体人员应当起立。公诉人、辩护人、诉讼代理人、被害人、自诉人或者附带民事诉讼原告人未到庭的，不影响宣判的进行。由此可见，二审定期宣判时，被告人是一定到场的，并在对其宣告判决后立即送达判决书。本案的问题在于，二审宣判后并未送达，但是判决时已经完成了宣告。而根据前述第 413 条第 3 款的规定，二审判决自宣告之日起发生法律效力，虽未送达，但并不影响其生效。

2. 此案生效后当事人向检察院申诉，程序要求是什么？

答案：（1）当事人及其法定代理人、近亲属首先应当向 S 市检察院提出，案情重大、复杂、疑难的，省检察院也可以直接受理。（2）当事人一方对 S 市检察院决定不予抗诉而继续向省检察院申诉的，省检察院应当受理，经省市两级检察院办理后，没有新的事实和证据不再立案复查。（3）S 市检察院认为判决裁定确有错误需要抗诉的，应当提请省检察院抗诉。（4）省检察院认为判决裁定确有错误可以直接向省高级法院抗诉。

难度： 难

考点： 提起审判监督程序的材料来源（申诉的提出、受理及审查处理）；提起审判监督程序的方式

> **命题与解题思路**
>
> 命题人通过本题考查了当事人就生效判决向人民检察院申诉的程序要求。对生效裁判的申诉可以向法院提出，也可以向检察院提出，具体的程序分别规定在《高法解释》和《高检规则》中，考生一般对前者比较重视，对后者可能会重视不够。但两者的规定有一些相通之处。具体而言，对本题的解答可分三步：第一步，当事人应当向哪级检察院申诉？第二步，接受申诉的检察院应如何处理？第三步，应由哪一级检察院向哪一级法院提出抗诉？

答案解析：

第一步，当事人应向哪级检察院申诉？对此，《高检规则》第 593 条第 1、2 款规定："当事人及其法定代理人、近亲属认为人民法院已经发生法律效力的刑事判决、裁定确有错误，向人民检察院申诉的，由作出生效判决、裁定的人民法院的同级人民检察院刑事申诉检察部门依法办理。当事人及其法定代理人、近亲属直接向上级人民检察院申诉的，上级人民检察院可以交由作出生效判决、裁定的人民法院的同级人民检察院受理；案情重大、疑难、复杂的，上级人民检察院可以直接受理。"本案的生效判决是由 S 市中级人民法院作出的，因此当事人及其法定代理人、近亲属应首先向 S 市检察院申诉；当事人直接向省检察院申诉的，如果案情重大、复杂、疑难，省检察院也可以直接受理。

第二步，接受申诉的人民检察院应如何处理？对此，《高检规则》第 593 条第 3 款规定："当事人及其法定代理人、近亲属对人民法院已经发生法律效力的判决、裁定提出申诉，经人民检察院复查决定不予抗诉后继续提出申诉的，上一级人民检察院应当受理。"第 594 条规定："对不服人民法院已经发生法律效力的判决、裁定的申诉，经两级人民检察院办理且省级人民检察院已经复查的，如果没有新的证据，人民检察院不再复查，但原审被告人可能被宣告无罪或者判决、裁定有其他重大错误可能的除外。"因此，本案中，申诉人在 S 市检察院经复查决定不予抗诉后继续提出申诉的，省检察院应当受理。经省市两级检察院复查决定不予抗诉的，没有新的事实和理由的，不再立案复查。

第三步，应当由哪一级检察院向哪一级法院提出抗诉？对此，《高检规则》第 595 条第 2 款规定："地方各级人民检察院对不服同级人民法院已经发生法律效力的判决、裁定的申诉复查后，认为需要提出抗诉的，应当提请上一级人民检察院抗诉。"因此，S 市检察院认为需要提出抗诉的，应当报请省检察院抗诉。《刑诉法》第 254 条第 3 款规定："最高人民检察院对各级人民法院已经发生法律效力的判决和裁定，上级人民检察院对下级人民法院已经发生法律效力的判决和裁定，如果发现确有错误，有权按照审判监督程序向同级人民法院提出抗诉。"因此，对于 S 市中级人民法院作出的生效裁判，应当由其上级检察院，也即省检察院向其同级法院，也即省高院抗诉。

3. 省检察院按审判监督程序向省高级法院提起抗诉，对于原判决、裁定事实不清或者证据不足的再审案件，省高级法院应当如何处理？

答案：（1）经审理能够查清事实的，应当在查清事实后依法裁判；（2）经审理仍无法查清事实，证据不足的，不能认定原审被告人无罪的，应当判决宣告原审被告人无罪；（3）经审理发现有新证据且超过《刑诉法》规定的指令再审期限的，可以裁定撤销原判，发回原审法院重新审判。

难度：难

考点：提起审判监督的方式；重新审判后的处理

> **命题与解题思路**
>
> 命题人通过此题想要考查的是《最高人民法院关于审理人民检察院按照审判监督程序提出的刑事抗诉案件若干问题的规定》的第4条。但是《刑诉法》和《高法解释》实际上已经对相关规定作出了重大修改。根据该规定第2条，只有涉及新证据的才需要指令下级人民法院再审，而根据《刑诉法》和《高法解释》，对原判事实不清、证据不足，包括有新的证据证明原判可能有错误的，均可指令再审。因此该规定的相关内容实际上已经失效，本题仍据此给出答案是值得商榷的，考生可参考"答案解析"最后一部分给出的参考答案。

答案解析：

根据"本案为人民检察院按照审判监督程序抗诉的案件"这一信息，本题的解答依据应包括：《刑诉法》第254条第4款规定："人民检察院抗诉的案件，接受抗诉的人民法院应当组成合议庭重新审理，对于原判决事实不清楚或者证据不足的，可以指令下级人民法院再审。"《刑诉法》第258条规定："……对需要指令下级人民法院再审的，应当自接受抗诉之日起一个月以内作出决定……"《高法解释》第463条规定："对人民检察院依照审判监督程序提出抗诉的案件，接受抗诉的人民法院应当组成合议庭审理。对原判事实不清、证据不足，包括有新的证据证明原判可能有错误，需要指令下级人民法院再审的，应当在立案之日起一个月内作出决定，并将指令再审决定书送达抗诉的人民检察院。"

而根据"原判决、裁定事实不清或者证据不足"的信息，本题的解答依据还应当包括：《高法解释》第472条第1款规定："再审案件经过重新审理后，应当按照下列情形分别处理：（一）原判决、裁定认定事实和适用法律正确、量刑适当的，应当裁定驳回申诉或者抗诉，维持原判决、裁定；（二）原判决、裁定定罪准确，量刑适当，但在认定事实、适用法律等方面有瑕疵的，应当裁定纠正并维持原判决、裁定；（三）原判决、裁定认定事实没有错误，但适用法律错误或者量刑不当的，应当撤销原判决、裁定，依法改判；（四）<u>依照第二审程序审理的案件，原判决、裁定事实不清、证据不足的，可以在查清事实后改判，也可以裁定撤销原判，发回原审人民法院重新审判。</u>"第2款规定："原判决、裁定事实不清或者证据不足，经审理事实已经查清的，应当根据查清的事实依法裁判；事实仍无法查清，证据不足，不能认定被告人有罪的，应当撤销原判决、裁定，判决宣告被告人无罪。"对比这两款规定，可以推知，第2款规定应当是包括依照第一审程序再审的案件，和依照第二审程序审理因原判、裁定事实不清或者证据不足，发回原审人民法院重新审判的案件。此外，根据《刑诉法》第256条的规定，如果原来是第二审案件，或者是上级人民法院提审的案件，都应当依照第二审程序进行审判。

综上所述，本题答案应当为：省检察院按审判监督程序向省高级法院提起抗诉，省高级人民法院应当组成合议庭审理。对于原判决、裁定事实不清、证据不足的可作如下处理：第一，可以在1个月以内指令下级人民法院再审。第二，省高级人民法院提审或下级人民法院再审，均应依照第二审程序进行，原判决、裁定事实不清或者证据不足的，可以在查清事实后改判，也可以裁定撤销原判，发回原审人民法院重新审判。第三，原审人民法院经审理事实已经查清的，应当根据查清的事实依法裁判；事实仍无法查清，证据不足，不能认定被告人有罪的，应当撤销原判决、裁定，判决宣告被告人无罪。

4. 如果省高级法院认为 S 市中级法院生效判决确有错误，应当如何纠正？

答案：省高级法院既可以提审也可以指令下级法院再审。（1）提审由省高院组成合议庭，所作出判决裁定为终审判决裁定；提审的案件应当是原判决裁定认定事实正确但适用法律错误，或者案件疑难、复杂、重大，或者不宜由原审法院审理的情形。（2）省法院指令再审一般应当指令 S 市中院以外的中级法院再审，依照第二审程序进行；如果更有利于查明案件事实、纠正裁判错误，也可以指令 S 市中院再审，S 市中院应当另行组成合议庭，依照二审程序进行。

难度：中

考点：提起审判监督的方式；重新审判的程序

> **命题与解题思路**
>
> 命题人通过此题考查了提起审判监督的另一种方式，即上级人民法院发现下级人民法院的生效裁判确有错误而提起审判监督的，以及重新审判的程序。本题的解答可分两步：第一步，概括说明这种情况高级法院可以提审也可以指令再审；第二步，分别阐述提审和指令再审的基本程序和适用条件。

答案解析：

第一步，根据《刑诉法》第 254 条第 2 款的规定："……上级人民法院对下级人民法院已经发生法律效力的判决和裁定，如果发现确有错误，有权提审或者指令下级人民法院再审。"概括说明本案中高级法院可以提审也可以指令再审。

第二步，关于提审和指令再审各自的适用条件和基本程序，有以下法律依据：《刑诉法》第 255 条规定："上级人民法院指令下级人民法院再审的，应当指令原审人民法院以外的下级人民法院审理；由原审人民法院审理更为适宜的，也可以指令原审人民法院审理。"第 256 条规定："人民法院按照审判监督程序重新审判的案件，由原审人民法院审理的，应当另行组成合议庭进行。如果原来是第一审案件，应当依照第一审程序进行审判，所作的判决、裁定，可以上诉、抗诉；如果原来是第二审案件，或者是上级人民法院提审的案件，应当依照第二审程序进行审判，所作的判决、裁定，是终审的判决、裁定。"《高法解释》第 461 条规定："上级人民法院发现下级人民法院已经发生法律效力的判决、裁定确有错误的，可以指令下级人民法院再审；原判决、裁定认定事实正确但适用法律错误，或者案件疑难、复杂、重大，或者有不宜由原审人民法院审理情形的，也可以提审。上级人民法院指令下级人民法院再审的，一般应当指令原审人民法院以外的下级人民法院审理；由原审人民法院审理更有利于查明案件事实、纠正裁判错误的，可以指令原审人民法院审理。"综合上述规定即可得出本题答案。

5. 此案在由省检察院向省高级法院抗诉中，请求改判被告人无罪，被告人及其辩护人也辩称无罪，省高级法院根据控辩双方一致意见，是否应当作出无罪判决？为什么？

答案：法院可以根据具体情况，既可以作有罪判决也可以作无罪判决。（1）本案系审判监督程序的案件，法庭审理的对象是生效的法院判决裁定是否有错误，判决有罪无罪的依据是案件事实、证据及适用的法律是否确有错误。（2）检察机关的抗诉是引起再审程序的缘由，其请求改判无罪已经不是控诉的含义，也不是控方，不存在控辩双方意见一致的情形。

难度：难

考点：重新审判后的处理

💡 命题与解题思路

命题人通过此题考查了检察院抗诉请求改判被告人无罪的情况应如何处理，这是审判监督程序中看上去比较特殊但实际上经常出现的状况。对此，《刑诉法》及司法解释并无明确规定，但是根据相关法理及常识可以解答。对于此类缺乏明确法律依据的考题，考生很难判断命题人具体的考查意图，所以比较保险的方法是，尽可能多地选择不同的角度去寻找依据。

答案解析：

第一，从审判监督程序的性质与功能来看，审判监督程序是一种纠错程序，最终能否作出无罪判决，应取决于原来的有罪裁判有无错误，而不取决于检察院与被告人、辩护人的意见是否一致。

第二，从再审程序的审理对象来看，其针对的是生效裁判，而非检察院或被告人的诉讼主张。检察院或被告人的诉讼主张只是导致再审程序启动的原因，一旦启动了再审程序，其能否作出无罪判决，就仅取决于原生效裁判有无错误，而不取决于检察院与被告人的诉讼主张。

第三，从检察院抗诉的内容与性质来看，其内容是请求改判被告人无罪，因此在性质上已不属于控诉，也即在因此种抗诉所引起的再审程序中已不存在一般的审判程序中的控辩双方，也就无所谓控辩双方意见一致。

2016 年真题

一、试题（本题 22 分）

案情：

顾某（中国籍）常年居住 M 国，以丰厚报酬诱使徐某（另案处理）两次回国携带毒品甲基苯丙胺进行贩卖。2014 年 3 月 15 日 15 时，徐某在 B 市某郊区交易时被公安人员当场抓获。侦查中徐某供出了顾某。我方公安机关组成工作组按照与该国司法协助协定赴该国侦查取证，由 M 国警方抓获了顾某，对其进行了讯问取证和住处搜查，并将顾某及相关证据移交中方。

检察院以走私、贩卖毒品罪对顾某提起公诉。鉴于被告人顾某不认罪并声称受到刑讯逼供，要求排除非法证据，一审法院召开了庭前会议，通过听取控辩双方的意见及调查证据材料，审判人员认定非法取证不成立。开庭审理后，一审法院认定被告人两次分别贩卖一包甲基苯丙胺和另一包重 7.6 克甲基苯丙胺判处其有期徒刑 6 年 6 个月。顾某不服提出上诉，二审法院以事实不清发回重审。原审法院重审期间，检察院对一包甲基苯丙胺重量明确为 2.3

克并作出了补充起诉，据此原审法院以被告人两次分别贩卖 2.3 克、7.6 克毒品改判顾某有期徒刑 7 年 6 个月。被告人不服判决再次上诉到二审法院。

问题：

1. M 国警方移交的证据能否作为认定被告人有罪的证据？对控辩双方提供的境外证据，法院应当如何处理？
2. 本案一审法院庭前会议对非法证据的处理是否正确？为什么？
3. 发回原审法院重审后，检察院对一包甲基苯丙胺重量为 2.3 克的补充起诉是否正确？为什么？
4. 发回重审后，原审法院的改判加刑行为是否违背上诉不加刑原则？为什么？
5. 此案再次上诉后，二审法院在审理程序上应如何处理？

二、答案精讲

> 1. M 国警方移交的证据能否作为认定被告人有罪的证据？对控辩双方提供的境外证据，法院应当如何处理？

答案：

（1）M 国警方移交的证据可以作为认定被告人有罪的证据。

根据《刑诉法》的规定，警方赴 M 国请求该国警方抓捕、取证属于刑事司法协助的范围。本案司法协助程序符合规范，搜集的证据经审查能够证明案件事实且符合《刑诉法》规定，可以作为认定被告人有罪的证据。

（2）对来自境外的证据材料，人民检察院应当随案移送有关材料来源、提供人、提取人、提取时间等情况的说明。经人民法院审查，相关证据材料能够证明案件事实且符合《刑诉法》规定的，可以作为证据使用，材料来源不明或者真实性无法确认的，不得作为定案的根据。

当事人及其辩护人、诉讼代理人提供来自境外的证据材料的，该证据材料应当经所在国公证机关证明，所在国中央外交主管机关或者其授权机关认证，并经中华人民共和国驻该国使领馆认证，或者履行中华人民共和国与该所在国订立的有关条约中规定的证明手续，对符合上述要求的证据材料，法院可以作为证据使用。

难度： 难

考点： 刑事司法协助

> 💡 **命题与解题思路**
>
> 命题人通过此题考查了刑事司法协助中关于境外调查取证所获证据的证据资格及审查重点等问题。其中第二问实际上是对《高法解释》第 77 条的考查。刑事司法协助虽然是考纲明确列出的考点，但考生对该部分内容的复习一般是走马观花，但不管怎样，考生至少要对刑事司法协助的范围有所了解，明确调查取证和移送证据属于刑事司法协助的范围，所获证据具有证据资格。至于如何审查，对于不知道《高法解释》第 77 条规定的考生来说，可从核实证据来源与可靠性的角度来写，即便不准确，也不至于失分过多。

答案解析：

《刑诉法》第 18 条规定："根据中华人民共和国缔结或者参加的国际条约，或者按照互惠原则，我国司法机关和外国司法机关可以相互请求刑事司法协助。"刑事司法协助是指一国的法院或者其他司法机关，根据另一国的法院或者其他司法机关的请求，代为或者协助实行与刑事诉讼有关的司法行为。

关于刑事司法协助的范围，《刑诉法》和《高法解释》均未作明确规定，但《高检规则》第672条规定："人民检察院刑事司法协助的范围包括刑事诉讼文书送达，调查取证，安排证人作证或者协助调查，查封、扣押、冻结涉案财物，返还违法所得及其他涉案财物，移管被判刑人以及其他协助。"《公安部规定》第375条规定："公安机关进行刑事司法协助和警务合作的范围，主要包括犯罪情报信息的交流与合作，调查取证，安排证人作证或者协助调查，查封、扣押、冻结涉案财物，没收、返还违法所得及其他涉案财物，送达刑事诉讼文书，引渡、缉捕和递解犯罪嫌疑人、被告人或者罪犯，以及国际条约、协议规定的其他刑事司法协助和警务合作事宜。"据这些规定，<u>调查取证、移交证据材料等显然均属刑事司法协助的范围</u>，所获证据当然也都具有证据资格。

对于在境外取得的证据材料的审查，<u>《高法解释》第77条</u>规定："对来自境外的证据材料，人民检察院应当随案移送有关材料来源、提供人、提取人、提取时间等情况的说明。经人民法院审查，相关证据材料能够证明案件事实且符合刑事诉讼法规定的，可以作为证据使用，但提供人或者我国与有关国家签订的双边条约对材料的使用范围有明确限制的除外；材料来源不明或者真实性无法确认的，不得作为定案的根据。当事人及其辩护人、诉讼代理人提供来自境外的证据材料的，该证据材料应当经所在国公证机关证明，所在国中央外交主管机关或者其授权机关认证，并经中华人民共和国驻该国使领馆认证，或者履行中华人民共和国与该所在国订立的有关条约中规定的证明手续，但我国与该国之间有互免认证协定的除外。"考生如果不能完整回答出本条的规定，至少要回答出区分控方、辩方，对控方提供的材料强调"能够证明案件事实且符合刑事诉讼法规定的，可以作为证据使用"；对辩方提供的材料须经过"公证机关证明""主管机关或授权机关认证，并经我国使领馆认证"。

2. 本案一审法院庭前会议对非法证据的处理是否正确？为什么？

答案：不正确。按照《刑诉法》的规定，庭前会议就非法证据等问题只是<u>了解情况，听取意见</u>，不能就是否排除非法证据问题作出决定。

难度：中

考点：庭前会议

> 💡 **命题与解题思路**
>
> 命题人通过此题考查了2012年《刑诉法》修改的新增内容庭前会议制度。虽然题目问的是对非法证据的处理是否正确，但实际上并不是要考对非法证据的排除是否符合法定的排除范围之类，如果考生顺着这个路子答就跑偏了。命题人实际要考查的是考生对庭前会议制度的理解和把握，也即庭前会议中能不能就非法证据排除等问题作出处理性决定。

答案解析：

<u>《刑诉法》第187条第2款</u>规定："在开庭以前，审判人员可以召集公诉人、当事人和辩

护人、诉讼代理人，对回避、出庭证人名单、非法证据排除等与审判相关的问题，了解情况，听取意见。"《高法解释》第 130 条第 1 款规定："开庭审理前，人民法院可以召开庭前会议，就非法证据排除等问题了解情况，听取意见。"可见，在庭前会议中，人民法院只能就非法证据排除等问题了解情况，听取意见，并不能直接作出结论。

> **3. 发回原审法院重审后，检察院对一包甲基苯丙胺重量为 2.3 克的补充起诉是否正确？为什么？**

答案：不正确。补充起诉是指在法院宣告判决前，检察机关发现有遗漏的同案犯罪嫌疑人或者遗漏罪行可以一并起诉。本案第二审法院基于原审法院认定的一包甲基苯丙胺数量不明，以事实不清为由发回重审，重审中检察机关明确为 2.3 克，只是补充说明而不是补充起诉。

难度：中

考点：补充起诉

> 💡 **命题与解题思路**
>
> 考试大纲中并没有明确列出"补充起诉"的考点，但是变更、补充、追加起诉却是高频考点，很受命题人的青睐。本题主要考查的是补充起诉的适用情形，命题人设计的情节为补充之前起诉过的贩毒罪中的毒品的重量，考生需要认真审题，弄清补充的内容是什么，该内容能否构成一个"诉"。

答案解析：

所谓"补充之诉"，补充的内容要能独立构成一个"诉"才能成为"补充起诉"，<u>仅仅是对已经起诉的案件中的一些具体内容的补充，不能成立"补充之诉"</u>。只有发现遗漏的同案犯罪嫌疑人或罪行可以一并起诉和审理的，才适用追加、补充起诉。本案中，检察院并没有发现顾某在两次贩毒罪行外还有其他罪行，而只是明确了其中一次贩毒的毒品重量，这种情况不能视为补充起诉。

《高检规则》第 423 条规定："人民法院宣告判决前，人民检察院发现被告人的真实身份或者犯罪事实与起诉书中叙述的身份或者指控犯罪事实不符的，或者事实、证据没有变化，但罪名、适用法律与起诉书不一致的，可以变更起诉。发现遗漏同案犯罪嫌疑人或者罪行的，应当要求公安机关补充移送起诉或者补充侦查；对于犯罪事实清楚，证据确实、充分的，可以直接追加、补充起诉。"（遗留同案犯罪嫌疑人的适用追加起诉，遗漏罪行的适用补充起诉）由此可见，补充起诉应当涉及新的犯罪事实，只是对原有犯罪事实细节的补充不能成立补充之诉。

> **4. 发回重审后，原审法院的改判加刑行为是否违背上诉不加刑原则？为什么？**

答案：违反上诉不加刑原则。第二审人民法院发回原审人民法院重新审理的案件，除有新的犯罪事实并且经人民检察院补充起诉的以外，原审人民法院不得加重被告人的刑罚。本案发回重审后，仅是补充说明一包毒品重量是 2.3 克，这属于原有的指控内容，不是新增加的犯罪事实，因此不属于补充起诉。

难度：中

考点：上诉不加刑原则

> **命题与解题思路**
>
> 　　命题人通过此题考查了上诉不加刑原则在发回重审的情况下是否存在例外的问题。根据《高法解释》第 403 条的规定，此种情形下唯一的例外就是"人民检察院补充起诉"，因此，此题的设计与上一题可谓环环相扣，如果上一题中，考生认为检察机关的补充起诉成立，那么在这一题中也就会认为原审法院的改判加刑并不违背上诉不加刑原则。因此解答本题的关键仍然在于判断检察院的补充说明是否构成补充起诉。

答案解析：

《刑诉法》第 237 条规定："第二审人民法院审理被告人或者他的法定代理人、辩护人、近亲属上诉的案件，不得加重被告人的刑罚。第二审人民法院发回原审人民法院重新审判的案件，除有新的犯罪事实，人民检察院补充起诉的以外，原审人民法院也不得加重被告人的刑罚。人民检察院提出抗诉或者自诉人提出上诉的，不受前款规定的限制。"《高法解释》第 403 条规定："被告人或者其法定代理人、辩护人、近亲属提出上诉，人民检察院未提出抗诉的案件，第二审人民法院发回重新审判后，除有新的犯罪事实且人民检察院补充起诉的以外，原审人民法院不得加重被告人的刑罚。"

可见上诉不加刑原则的适用首先有一个普适性的条件，即人民检察院没有提出抗诉或自诉人没有提出上诉，本案符合这一条件。在这一前提下，如果案件被发回重审，原审人民法院仍然不能加重被告人的刑罚，唯一的例外就是——人民检察院就新的犯罪事实补充起诉。因此判断本案中第一审人民法院加重被告人刑罚的做法是否违背了上诉不加刑原则，其关键又在于判断人民检察院是否就新的事实提出了补充起诉。本案中，如上题所述，人民检察院虽然提出了补充起诉，但并不存在新的事实，人民检察院补充起诉的做法是错误的，因此补充起诉不成立，也即例外条件不成立，因此第一审人民法院仍然不能加重被告人的刑罚，否则就是对上诉不加刑原则的违背。

5. 此案再次上诉后，二审法院在审理程序上应如何处理？

答案：（1）组成合议庭不开庭审理，但应当讯问被告人、听取辩护人、诉讼代理人意见。（2）鉴于本案系发回重审后的上诉审，第二审法院不得以事实不清再发回原审法院重新审理，如果认为重审存在重大程序违法则可以发回重审。（3）如果认为原判认定事实和适用法律正确、量刑适当，应当裁定驳回上诉，维持原判；如果认为原判适用法律有错误或量刑不当，应当改判，但受上诉不加刑限制。（4）第二审人民法院应当在二个月以内审结。

难度： 中

考点： 第二审程序的审理（不开庭审理的方式和程序）；对上诉、抗诉案件审理后的处理

> **命题与解题思路**
>
> 　　命题人通过此题比较全面地考查了第二审程序的审理方式及关于发回重审后再次上诉的二审案件的特殊规定。本题的难点主要在于判断应当回答哪些内容。考生应按照审理方式、审理后的处理、审理期限依次回答。

答案解析：

命题人问的是二审法院在审理程序上应如何处理，那么首先应回答 审理方式 的问题。对此，《刑诉法》第234条规定："第二审人民法院对于下列案件，应当组成合议庭，开庭审理：（一）被告人、自诉人及其法定代理人对第一审认定的事实、证据提出异议，可能影响定罪量刑的上诉案件；（二）被告人被判处死刑的上诉案件；（三）人民检察院抗诉的案件；（四）其他应当开庭审理的案件。第二审人民法院决定不开庭审理的，应当讯问被告人，听取其他当事人、辩护人、诉讼代理人的意见。第二审人民法院开庭审理上诉、抗诉案件，可以到案件发生地或者原审人民法院所在地进行。"本题中没有给出被告人上诉的理由，因此似乎分两种情况说明才更为妥当：如果其上诉的原因是对事实、证据提出异议，可能影响定罪量刑的，应由合议庭开庭审理。否则，可以不开庭审理，但应当由合议庭讯问被告人，听取其他当事人、辩护人、诉讼代理人的意见。

回答完审判方式后即可回答 审理后的处理。《刑诉法》第236条规定："第二审人民法院对不服第一审判决的上诉、抗诉案件，经过审理后，应当按照下列情形分别处理：（一）原判决认定事实和适用法律正确、量刑适当的，应当裁定驳回上诉或者抗诉，维持原判；（二）原判决认定事实没有错误，但适用法律有错误，或者量刑不当的，应当改判；（三）原判决事实不清楚或者证据不足的，可以在查清事实后改判；也可以裁定撤销原判，发回原审人民法院重新审判。原审人民法院对于依照前款第三项规定发回重新审判的案件作出判决后，被告人提出上诉或者人民检察院提出抗诉的，第二审人民法院应当依法作出判决或者裁定，不得再发回原审人民法院重新审判。"本案属于只有辩方上诉和发回重审后再次上诉的案件，因此这部分的回答要突出两个内容：不得加重被告人刑罚；不得再次发回重审。

最后回答 审理期限 即可。《刑诉法》第243条第1款规定："第二审人民法院受理上诉、抗诉案件，应当在二个月以内审结。对于可能判处死刑的案件或者附带民事诉讼的案件，以及有本法第一百五十八条规定情形之一的，经省、自治区、直辖市高级人民法院批准或者决定，可以延长二个月；因特殊情况还需要延长的，报请最高人民法院批准。"本案不存在本条所规定的特殊情况，因此应当在2个月以内审结。

2015 年真题

扫码看视频

一、试题（本题26分）

案情：

某日凌晨，A市某小区地下停车场发现一具男尸，经辨认，死者为刘瑞，达永房地产公司法定代表人。停车场录像显示一男子持刀杀死了被害人，但画面极为模糊，小区某保安向侦查人员证实其巡逻时看见形似刘四的人拿刀捅了被害人后逃走（开庭时该保安已辞职无法联系）。

侦查人员在现场提取了一只白手套，一把三棱刮刀（由于疏忽，提取时未附笔录）。侦查人员对现场提取的血迹进行了ABO血型鉴定，认定其中的血迹与犯罪嫌疑人刘四的血型一致。

刘四到案后几次讯问均不认罪，后来交代了杀人的事实并承认系被他人雇佣所为，公安机关据此抓获了另外两名犯罪嫌疑人康雍房地产公司开发商张文、张武兄弟。

侦查终结后，检察机关提起公诉，认定此案系因开发某地块利益之争，张文、张武雇佣社会人员刘四杀害了被害人。

法庭上张氏兄弟、刘四同时翻供，称侦查中受到严重刑讯，不得不按办案人员意思供认，但均未向法庭提供非法取证的证据或线索，未申请排除非法证据。

公诉人指控定罪的证据有：①小区录像；②小区保安的证言；③现场提取的手套、刮刀；④ABO血型鉴定；⑤侦查预审中三被告人的有罪供述及其相互证明。三被告对以上证据均提出异议，主张自己无罪。

问题：

1. 请根据《刑事诉讼法》及相关司法解释的规定，对以上证据分别进行简要分析，并作出是否有罪的结论。

2. 请结合本案，谈谈对《中共中央关于全面推进依法治国若干重大问题的决定》中关于"推进以审判为中心的诉讼制度改革，确保侦查、审查起诉的案件事实证据经得起法律的检验"这一部署的认识。

答题要求：

1. 无本人分析、照抄材料原文不得分；
2. 结论、观点正确，逻辑清晰，说理充分，文字通畅；
3. 请按问题顺序作答，总字数不得少于800字。

二、答案精讲

> 1. 请根据《刑事诉讼法》及相关司法解释的规定，对以上证据分别进行简要分析，并作出是否有罪的结论。

答案： 对本案公诉人指控定罪的证据分析如下：

（1）小区录像：该证据为视听资料，画面极为模糊，只能证明一男子在停车场持刀杀死了被害人，无法证明该男子是谁。

（2）小区保安的证言：该证言的内容仅为一个形似李四的人拿刀捅了被害人后逃走，无法肯定行凶者就是李四，且开庭时已无法联系到该证人，法庭对其证言的真实性无法确认，该证人证言不得作为定案的根据。

（3）现场提取的手套、刮刀：该证据属于物证，根据相关司法解释的规定，在勘验过程中提取、扣押的物证，未附笔录，不能证明物证来源的，不得作为定案的根据。

（4）ABO血型鉴定：该证据属于鉴定意见，但ABO血型鉴定并非同一性鉴定，只能证明现场提取的血迹与刘四的血型一致，无法证明现场提取的血迹就是刘四留下的。

（5）侦查预审中三被告人的有罪供述及其相互证明：首先，《刑诉法》规定，对一切案件的判处都要重证据，重调查研究，不轻信口供，因此即便各被告均作出了有罪供述，也还是要从其本身的情况及其与其他证据之间的印证情况等来综合判断其真伪。其次，本案中，被告人供述不稳定，刘某到案后几次均不认罪，后来虽然供述，但在法庭上又翻供了，其他被告也均同时翻供。根据我国司法解释的规定，被告人庭前供述和辩解存在反复，庭审中不供认，且无其他证据与庭前供述印证的，不得采信其庭前供述。再次，法庭上各被告人同时翻供，称侦查中受到严重刑讯，不得不按办案人员意思供认，虽然被告人没有向法庭提供非法取证的证据或线索，没有申请排除非法证据，但是，如果法庭对证据的合法性有疑问，可以依职权予以调查。如果确认或者无法排除这些口供为刑讯逼供所获，则这些口供不能作为定案的根据。最后，共同犯罪中犯罪嫌疑人或被告人的相互证明仍然为犯罪嫌疑人、被告人供述和辩解，而不能互为证人证言，根据《刑诉法》的规定，只有被告人供述，没有其他证据的，不能认定被告人有罪。

综上，上述证据<u>达不到证据确实、充分的证明标准</u>。证据确实、充分要求定罪量刑的事实都有证据证明，综合全案证据，对所认定事实已排除合理怀疑。本案中的上述证据<u>只能证明被害人在停车场被人用刀捅死，而不能排除合理怀疑地证明被告人系被张氏兄弟雇佣的李四捅死，故本案不能认定被告人有罪</u>，而只能作出证据不足，指控的犯罪不能成立的无罪判决。

难度：中

考点：证据的收集、审查判断和运用；证明标准

🔍 命题与解题思路

命题人通过此题考查了考生对各种类证据的收集程序及审查判断方法、对证据的综合审查判断方法以及对证明标准的把握。

本题应先就控方指控被告人有罪的各项证据予以逐个分析，再对所有指控证据予以综合分析，最后判断其是否达到了证明标准，从而作出是否有罪的结论。

分析的时候要注意，命题人围绕各项证据所提供的信息是不一样的，因此，考生要<u>围绕命题人给出的信息对相关证据从不同的角度予以分析</u>。从证据资格角度，考生要熟知各种关于证据资格的法律规定及司法解释，虽然不需要原文复述，但是相关的点必须答到。从证据内容角度，考生要明确指出每项证据究竟能证明什么，能否证明被告人有罪。

答案解析：

具体而言，本案中，公诉人指控定罪的证据一共有五项，对各项证据可予以如下分析：

（1）小区录像：小区录像属于视听资料，命题人没有就该视听资料的提取过程给出信息，只对该录像所反映的内容给出了信息。因此对小区录像的分析应当从它的证明内容着手。

（2）小区保安的证言：命题人为该证人证言提供了两方面的信息，一是证明内容；二是开庭时无法联系到该证人。对这两方面的信息都要予以分析。关于后一方面的信息，《刑诉法》第192条第1款规定："公诉人、当事人或者辩护人、诉讼代理人对证人证言有异议，且该证人证言对案件定罪量刑有重大影响，人民法院认为证人有必要出庭作证的，证人应当出庭作证。"《高法解释》第91条规定："证人当庭作出的证言，经控辩双方质证、法庭查证属实的，应当作为定案的根据……经人民法院通知，证人没有正当理由拒绝出庭或者出庭后拒绝作证，法庭对其证言的真实性无法确认的，该证人证言不得作为定案的根据。"答案中应当对相关规定的主要内容和基本精神有所反映。

（3）现场提取的手套、刮刀：命题人专门给出了提取手套、刮刀未作笔录的信息，考生要抓住这一信息对其证据资格予以分析。《高法解释》第86条第1款规定："在勘验、检查、搜查过程中提取、扣押的物证、书证，未附笔录或者清单，不能证明物证、书证来源的，不得作为定案的根据。"这一条的内容必须要答出来。

（4）ABO 血型鉴定：命题人未就该血型鉴定的样本、检材提取情况给出信息，仅指出了鉴定意见的内容。因此对此项证据的分析应从其内容入手。

（5）侦查预审中三被告人的有罪供述及其相互证明：命题人就此项证据给出了三方面的信息：一是被告人供述不稳定，有反复。对此，应答出《高法解释》第 96 条第 3 款中的相关内容，即"被告人庭前供述和辩解存在反复，但庭审中供认，且与其他证据相互印证的，可以采信其庭审供述；被告人庭前供述和辩解存在反复，庭审中不供认，且无其他证据与庭前供述印证的，不得采信其庭前供述"。二是三被告人在法庭上同时翻供，声称侦查中受到严重刑讯，不得不按办案人员意思供认。这里命题人设计了一个陷阱，专门指出被告人未向法庭提供非法取证的证据或线索，未申请排除非法证据。对此，考生应指出非法证据排除得依职权进行，并对本项证据的证据资格予以分析。三是本案为共同犯罪，存在多名被告人供述。对此，要指出共同犯罪中的多名被告人供述不能互为证人证言。此外，本部分还应答出《刑诉法》对待供述的总的原则，即对一切案件的判处都要重证据、重调查研究、不轻信口供。

对以上各项证据予以分别分析之后，要对全案证据予以综合分析，指出其是否达到了证明标准。《刑诉法》第 55 条第 2 款规定："证据确实、充分，应当符合以下条件：（一）定罪量刑的事实都有证据证明；（二）据以定案的证据均经法定程序查证属实；（三）综合全案证据，对所认定事实已排除合理怀疑。"要分析本案证据是否达到了这一标准。如未达到，则依据《刑诉法》第 200 条第（3）项的规定："证据不足，不能认定被告人有罪的，应当作出证据不足、指控的犯罪不能成立的无罪判决。"从而得出本题结论，也即本案不能认定被告人有罪，只能作出证据不足、指控的犯罪不能成立的无罪判决。

2. 请结合本案，谈谈对《中共中央关于全面推进依法治国若干重大问题的决定》中关于"推进以审判为中心的诉讼制度改革，确保侦查、审查起诉的案件事实证据经得起法律的检验"这一部署的认识。

答案："推进以审判为中心的诉讼制度改革，确保侦查、审查起诉的案件事实证据经得起法律的检验"可以从以下几个方面理解：

第一，要全面贯彻<u>证据裁判原则</u>。对犯罪事实的认定要以证据为根据；作为定案根据的证据应当是具有证据资格和经过法定程序查证属实的证据；认定犯罪事实的证据应当达到确实、充分的证明标准，能够排除合理怀疑。在本案中，以审判为中心，贯彻证据裁判原则，首先，要求对犯罪事实的认定要以证据为根据，不能仅凭"形似"等猜测、推断定罪；其次，要求作为定案根据的证据应当是具有证据资格和经过法定程序查证属实，对于确认或者不能排除为刑讯逼供等非法手段所取得的供述、没有附提取笔录不能证明来源的物证、因联系不到证人而无法确定其真伪的证人证言等，均不得作为定案的根据；最后，要求认定犯罪事实的证据应当达到确实、充分的证明标准，能够排除合理怀疑，本案证据仅能证明被害人被杀，而证明被害人系被张氏兄弟雇佣的李四杀害的证据则要么证明内容模糊，要么取证手段违法，难以相互印证并得出排他性的结论。

第二，要落实<u>直接言辞原则</u>。完善证人、鉴定人出庭制度，强化庭审质证，确保侦查、审查起诉阶段收集的证据在法庭上经过控辩双方的质证并查证属实后才能作为定案的根据。本案中，小区保安是唯一的目击证人，他的证言对定罪量刑有重大影响，但他在庭审时已经失联，不可出庭，他的证言也无法核实，控辩双方无从质证，因此他的证言不能作为定案的根据。

第三，要充分发挥庭审的决定性作用。以审判为中心的诉讼制度改革最终要落脚于发挥庭审的决定性作用，使侦查、审查起诉的案件事实在庭审中接受检验。本案中，通过庭审对证据裁判原则和直接言辞原则的贯彻，排除了在侦查和审查起诉阶段收集到的不具有证据资格的证据，没有采信证明内容模糊、证明力薄弱的证据，最终得出了与侦查和审查起诉阶段不一致的无罪结论，说明侦查、审查起诉的案件事实证据没能经受住法律的检验，也反映了庭审的决定性作用，发挥出了以审判为中心的制度功能。

难度：难

考点：以审判为中心的诉讼制度改革

> **命题与解题思路**
>
> 命题人通过此题考查了考生对《中共中央关于全面推进依法治国若干重大问题的决定》（以下简称《决定》）中关于"推进以审判为中心的诉讼制度改革，确保侦查、审查起诉的案件事实证据经得起法律的检验"的理解，并要求结合本案来谈。本题的难度主要在于，应当选择哪几个方面来谈。对此，有两种判断方法：
>
> 第一，这句话在《决定》中的完整表述是："推进以审判为中心的诉讼制度改革，确保侦查、审查起诉的案件事实证据经得起法律的检验。全面贯彻证据裁判规则，严格依法收集、固定、保存、审查、运用证据，完善证人、鉴定人出庭制度，保证庭审在查明事实、认定证据、保护诉权、公正裁判中发挥决定性作用。"因此，本题可以从贯彻证据裁判原则、落实直接言辞原则和发挥庭审的决定性作用这几个角度来解答，并且要结合本案的具体情况予以说明。
>
> 第二，对于不了解《决定》表述的人，可以<u>根据"以审判为中心"所必然包含的内容和本案所给出的信息，按照如下逻辑将可能想到的内容都答出来</u>：首先，以审判为中心当然是要发挥庭审的决定性作用。本案中，经过庭审得出了不同于侦查和审查起诉阶段的结论恰恰说明了这一点。其次，结合本案中给出的证人失联等信息，可以想到完善证人鉴定人出庭作证制度，并想到以审判为中心当然要求所有的证据都要在法庭上经过控辩双方的质证并查证属实的才能作为定案根据，这既是直接言辞原则的要求，也是证据裁判原则的要求。最后，结合本案中给出的取证手段违法等信息，可以想到，以审判为中心还要求作为定案根据的证据必须是具有证据资格的证据，其应当将那些不具有证据资格但在侦查和审查起诉阶段没有被排除的证据排除掉，这也反映了审判阶段的决定性作用和对侦查、审查起诉的案件事实证据的检验。

答案解析：

根据上述解题思路，确定了本题可从贯彻证据裁判原则、落实直接言辞原则和发挥庭审的决定性作用这几个角度来谈后，本题的解答就比较简单了。

关于证据裁判原则，可先说明证据裁判原则的基本内容和要求，然后根据每一条要求逐个分析本案的情况是否符合证据裁判原则的要求。

关于直接言辞原则，也是先说明直接言辞原则的基本含义，然后针对本案中给出的与此原则有关的信息，也即作为关键证人的保安无法出庭的信息，予以说明。

关于发挥庭审的决定性作用，本案的庭审最终作出了与侦查、起诉不同的结论，相关的信息还是比较容易说明庭审的决定性作用的，考生要注意充分利用相关信息。

2014 年真题

一、试题 （本题22分）

案情：

犯罪嫌疑人段某，1980年出生，甲市丁区人，自幼患有间歇性精神分裂症而辍学在社会上流浪，由于生活无着落便经常偷拿东西。2014年3月，段某窜至丁区一小区内行窃时被事主发现，遂用随身携带的刀子将事主刺成重伤夺路逃走。此案丁区检察院以抢劫罪起诉到丁区法院，被害人的家属提起附带民事诉讼。丁区法院以抢劫罪判处段某有期徒刑10年，赔偿被害人家属3万元人民币。段某以定性不准、量刑过重为由提起上诉。甲市中级法院二审中发现段某符合强制医疗条件，决定发回丁区法院重新审理。

丁区法院对段某依法进行了精神病鉴定，结果清晰表明段某患有精神分裂症，便由审判员张某一人不公开审理，检察员马某和被告人段某出庭分别发表意见。庭审后，法庭作出对段某予以强制医疗的决定。

问题：

1. 结合本案，简答强制医疗程序的适用条件。
2. 如中级法院直接对段某作出强制医疗决定，如何保障当事人的救济权？
3. 发回重审后，丁区法院的做法是否合法？为什么？
4. 发回重审后，丁区法院在作出强制医疗决定时应当如何处理被害人家属提出的附带民事诉讼？

二、答案精讲

1. 结合本案，简答强制医疗程序的适用条件。

答案： 强制医疗程序要求行为人同时满足以下三个条件：（1）实施了危害公共安全或者严重危害公民人身安全的暴力行为；（2）经法定程序鉴定为依法不负刑事责任的精神病人；（3）有继续危害社会的可能。本案中，段某实施了严重危害公民人身安全的暴力行为，又经法定程序鉴定为患有精神分裂症的精神病人，因此，只要根据其行为和病情推断其仍有继续危害社会的可能，就符合适用强制医疗程序的条件。

难度： 易

考点： 强制医疗程序的适用条件

命题与解题思路

命题人通过此题考查了强制医疗程序的适用条件，该条件在《刑诉法》第302条中有明确的规定。本题可分两步解答：第一步，根据《刑诉法》第302条的规定解析强制医疗程序的适用条件；第二步，结合案例予以说明。

答案解析：

第一步，根据《刑诉法》第302条的规定解析强制医疗程序的适用条件。该条规定："实施暴力行为，危害公共安全或者严重危害公民人身安全，经法定程序鉴定依法不负刑事责任的精神病人，有继续危害社会可能的，可以予以强制医疗。"可见强制医疗的适用要求行为人符合三个条件：第一，实施暴力行为，危害公共安全或者严重危害公民人身安全；第二，经法定程序鉴定为依法不负刑事责任的精神病人；第三，有继续危害社会的可能。

第二步，结合本案予以说明。分别对应上述三个条件就本案的情况予以说明即可。

2. 如中级法院直接对段某作出强制医疗决定，如何保障当事人的救济权？

答案：《刑诉法》规定了一审程序被强制医疗的人、被害人及其法定代理人、近亲属对强制医疗决定不服的，可以向上一级法院申请复议，没有明确二审程序是否可以申请复议。从理论上讲，二审是终审程序，当事人不能再上诉，只能通过审判监督程序予以纠正。但按照我国刑事诉讼法关于审判监督程序的规定，只有法院的判决、裁定才可以申诉，不包括决定。因此，如果中级法院的强制医疗决定不允许复议，必将剥夺当事人的救济权。故《刑诉法》第305条规定的被决定强制医疗的人、被害人及其法定代理人、近亲属对强制医疗不服的，可以向上一级法院申请复议，应作广义理解，既包括一审也包括二审，使得当事人的救济权利得以保障。

难度：中

考点：强制医疗程序的救济程序

> **命题与解题思路**
>
> 命题人通过此题考查了强制医疗的救济程序，但其设定的情况有些特殊，即该强制医疗决定是二审法院作出的。部分考生可能会纠结于二审法院作出的裁判是终审裁判，不能上诉，因此认为二审法院作出的强制医疗决定也不能申请复议，但事实上，一审法院、二审法院的划分仅适用于强制医疗程序开始前的普通程序，一旦转为强制医疗程序，无论是哪一级人民法院依据该程序作出的强制医疗决定在性质和效力上都是一样的，救济途径也并无不同。本题的解答可分为两部分内容：第一，指出二审法院作出的强制医疗决定的救济途径也是向上一级法院申请复议；第二，对为何就二审法院作出的强制医疗决定也可申请复议略加说明。此说明可从法律的规定、法院审级与强制医疗程序的关系、对当事人救济权的保障等多个角度展开。本题的参考答案仅给出了最后一个角度，但是对无法预知参考答案的考生而言，解答时应尽可能从不同的角度予以说明才更为保险。

答案解析：

就二审法院作出的强制医疗决定也可以向上一级法院申请复议，其理由可以从三个方面加以说明：

第一，从法律规定的角度来看，《高法解释》第640条规定："第二审人民法院在审理刑事案件过程中，发现被告人可能符合强制医疗条件的，可以依照强制医疗程序对案件作出处理，也可以裁定发回原审人民法院重新审判。"说明二审法院可以依照强制医疗程序作出强制医疗决定。而《刑诉法》第305条第2款规定："被决定强制医疗的人、被害人及其法定代理人、近亲属对强制医疗决定不服的，可以向上一级人民法院申请复议。"《高法解释》第642条规定："被决定强制医疗的人、被害人及其法定代理人、近亲属对强制医疗决定不服的，可以自收到决定书第二日起五日以内向上一级人民法院申请复议。复议期间不停止执行强制医疗的决定。"这些规定并没有对作出强制医疗决定的法院加以限制，也即无论是哪一级人民法院（除非是最高人民法院，因为其没有"上一级人民法院"）作出的强制医疗决定，均可向上一级人民法院申请复议。

第二，从法院的审级与强制医疗程序的关系来看，一审法院、二审法院的划分其实仅适用于强制医疗程序开始前的普通程序，一旦转为强制医疗程序，其实就无所谓一审、二审了。因为强制医疗程序作出的决定是立即生效的，即便申请复议也不影响该决定的执行，换句话说，强制医疗程序实际上是"一审终审"的。因此无论是哪一级人民法院依据该程序作出的强制医疗决定在性质和效力上都应当是一样的，也即可以向上一级人民法院申请复议，但是复议期间不停止决定的执行。

第三，从对当事人救济权的保障来说，出于充分保障当事人救济权的角度考虑，也应当允许当事人就二审法院作出的强制医疗决定申请复议。本题给出的参考答案就是从这个角度来予以说明的。

3. 发回重审后，丁区法院的做法是否合法？为什么？

答案：不合法。按照《刑诉法》和有关司法解释的规定，丁区法院有下列违法行为：（1）审理强制医疗应当组成合议庭进行；（2）本案被告人系成年人，所犯抢劫罪不属于不公开审理的案件；（3）审理强制医疗案件，应当通知段某的法定代理人到庭；（4）段某没有委托诉讼代理人，法院应当通知法律援助机构指派律师担任其法定代理人，为其提供法律援助。

难度：中
考点：强制医疗程序的决定程序

> **命题与解题思路**
>
> 命题人通过此题考查了强制医疗程序的具体规定，实际上就是《刑诉法》第304条的规定。考生只要比照这条规定即可发现本案中丁区法院做法中的违法之处。本题的难点主要在于判断不公开审理是否合法，从案件性质来看，本案不涉及个人隐私，但强制医疗案件涉及被告人的精神状态，对被告人的精神状态是否属于个人隐私的范畴及强制医疗案件是否应当不公开审理，学界实际上是存在争议的。

答案解析：
《刑诉法》第304条规定："人民法院受理强制医疗的申请后，应当组成合议庭进行审理。人民法院审理强制医疗案件，应当通知被申请人或者被告人的法定代理人到场。被申请人或者被告人没有委托诉讼代理人的，人民法院应当通知法律援助机构指派律师为其提供法律帮助。"将这条规定拆开，即为上述参考答案中的第（1）（3）（4）项。

本题参考答案中的第（2）项在学界存在争议。抢劫罪肯定不属于不公开审理的范围，但被告人的精神状态是否属于个人隐私，强制医疗案件是否应不公开审理，学界存在争议。

4. 发回重审后，丁区法院在作出强制医疗决定时应当如何处理被害人家属提出的附带民事诉讼？

答案：根据《高法解释》第 197 条的规定，人民法院认定公诉案件被告人的行为不构成犯罪，对已经提起的附带民事诉讼，经调解不能达成协议的，可以一并作出刑事附带民事判决，也可以告知附带民事原告人另行提起民事诉讼。本案中，丁区法院可就被害人家属提起的附带民事诉讼进行调解，调解不成的，可以一并判决，也可以告知被害人另行提起民事诉讼。

难度：难

考点：（强制医疗程序中）附带民事诉讼的调解与审判

> **命题与解题思路**
>
> 命题人通过此题考查了在强制医疗程序中应如何处理附带民事诉讼的问题，本题难在《刑诉法》及司法解释中均无明确规定。只有《高法解释》第 649 条规定："审理强制医疗案件，本章没有规定的，参照适用本解释的有关规定。"因此解答本题的关键在于找到可以参照的相关规定。

答案解析：

《高法解释》关于第一审普通程序和第二审程序的规定中，最具有参照意义的就是第 197 条第 1 款和第 295 条的规定，第 197 条第 1 款规定："人民法院认定公诉案件被告人的行为不构成犯罪，对已经提起的附带民事诉讼，经调解不能达成协议的，可以一并作出刑事附带民事判决，也可以告知附带民事原告人另行提起民事诉讼。"第 295 条规定："对第一审公诉案件，人民法院审理后，应当按照下列情形分别作出判决、裁定：……（七）被告人是精神病人，在不能辨认或者不能控制自己行为时造成危害结果，不予刑事处罚的，应当判决宣告被告人不负刑事责任；被告人符合强制医疗条件的，应当依照本解释第二十六章的规定进行审理并作出判决；……"将这两条规定综合起来予以参考，即可得出正确答案。

2012 年真题

一、试题 （本题 28 分）

专家观点：

刑事诉讼法既有保障刑法实施的工具价值，又具有独立价值。

在刑事诉讼中，以刑讯逼供等非法方法收集证据，不仅违反法定程序，侵犯人权，而且往往导致证据虚假，发生冤错案件。为此，《刑事诉讼法》及有关部门的解释或规定，完善了非法证据排除规则，发挥了刑事诉讼法的应有功效。

案情：

花园小区发生一起入室抢劫杀人案，犯罪现场破坏严重，未发现有价值的痕迹物证。经查，李某有重大犯罪嫌疑，其曾因抢劫被判有期徒刑 12 年，刚刚刑满释放，案发时小区保安见李某出入小区。李某被东湖市公安局立案侦查并被逮捕羁押。审讯期间，在保安的指认下，李某不得不承认其在小区他处入室盗窃 3000 元，后经查证属实。但李某拒不承认抢劫杀人行为。审讯人员将李某提到公安局办案基地对其实施了捆绑、吊打、电击等行为，3 天 3 夜不许吃饭，不许睡觉，只给少许水喝，并威胁不坦白交代抢劫杀人罪行、认罪态度不好法院会判死刑。最终，李某按审讯人员的意思交代了抢劫杀人的事实。在此期间，侦查人员还对李某的住处进行了搜查，提取扣押了李某鞋子等物品，当场未出示搜查证。

案件经东湖市检察院审查起诉后，向东湖市中级法院提起公诉。庭审中，应李某辩护人的申请，法庭启动了排除非法证据程序。

问题：
1. 本案哪些行为收集的证据属于非法证据？哪些非法证据应当予以排除？
2. 本案负有排除非法证据义务的机关有哪些？
3. 针对检察院的指控，东湖市中级法院应当如何判决本案？
4. 结合本案，简要说明刑事诉讼法对保障刑法实施的价值。
5. 结合本案，简述非法证据排除规则的完善过程，阐明非法证据排除规则的诉讼价值。

答题要求：
1. 根据法律、司法解释规定及刑事诉讼法理知识作答；
2. 无本人观点或论述，照抄材料原文不得分；
3. 观点明确，逻辑清晰，说理充分，文字通畅；
4. 请按提问顺序逐一作答，总字数不得少于 800 字。

二、答案精讲

1. 本案哪些行为收集的证据属于非法证据？哪些非法证据应当予以排除？

答案：
（1）李某按审讯人员的意思交代的抢劫杀人的供述属于非法证据，应当予以排除。
（2）侦查人员在未出示搜查证的情况下，扣押了李某的鞋子等物品，如果公安机关不能对未出示搜查证的原因作出合理的解释，则属于非法证据，应当予以排除。

难度： 中
考点： 非法证据的分类及排除标准

> **命题与解题思路**
>
> 本大题通过案例的形式考查了非法证据排除规则，也考查了对于证据的审查和判断。同时，在最后两个小题中，还考查了刑事诉讼法的价值以及非法证据排除规则的价值。
>
> 解题思路和既往一致，首先应对案例进行详细的分析，列出主要的证据，分析各证据对于案件事实的证明作用；其次在回答最后两个理论性题目时要注意，一定要结合本案来具体阐述，不要空泛地回答。
>
> 在本小题中，命题人首先考查了非法证据的分类以及不同的排除标准。解题时首先应把本案的证据逐一列出，然后分为言词证据和实物证据两类，再根据不同的标准判断哪些属于应当排除的非法证据。需要特别注意的是，本案中被告人的供述分为两个部分，一是对于盗窃事实的供述，二是对于抢劫杀人事实的供述，两部分要区分对待，不可混为一谈。

答案解析：

（1）"审讯人员将李某提到公安局办案基地对其实施了捆绑、吊打、电击等行为，3天3夜不许吃饭，不许睡觉，只给少许水喝，并威胁不坦白交代抢劫杀人罪行、认罪态度不好法院会判死刑。最终，李某按审讯人员的意思交代了抢劫杀人的事实。"这是侦查人员通过刑讯逼供等非法方法获取的李某的供述，依据《刑诉法》第56条第1款的规定，采用刑讯逼供等非法方法收集的犯罪嫌疑人、被告人供述，应当予以排除。

（2）"侦查人员还对李某的住处进行了搜查，提取扣押了李某鞋子等物品，当场未出示搜查证。"侦查人员搜查扣押的李某的鞋子等物品，属于物证。依据《刑诉法》第56条第1款的规定，收集物证、书证不符合法定程序，可能严重影响司法公正的，应当予以补正或者作出合理的解释；不能补正或者作出合理解释的，属于非法证据，才应对该证据予以排除。

2. 本案负有排除非法证据义务的机关有哪些？

答案： 东湖市公安局、东湖市检察院和东湖市中级法院。

难度： 易

考点： 非法证据排除的主体

> 💡 **命题与解题思路**
>
> 本题考查非法证据排除的主体，难度较低。解题时须注意除了法院外，公安机关、人民检察院都负有排除的义务。

答案解析：

依据《刑诉法》第56条第2款之规定，在侦查、审查起诉、审判时发现有应当排除的证据的，应当依法予以排除，不得作为起诉意见、起诉决定和判决的依据。由此可见，本案负有排除非法证据义务的机关包括东湖市公安局、东湖市检察院和东湖市中级法院。

3. 针对检察院的指控，东湖市中级法院应当如何判决本案？

答案：

（1）对于李某的盗窃罪，因有保安的指认，且有李某的供述，并经查证属实。因此，对李某的盗窃罪应作有罪判决。

（2）对于李某的抢劫罪，虽然有供述，但属于非法证据应当排除。对于鞋子等物品，最多只能证明李某可能到过现场。因此现有证据尚未达到《刑诉法》第55条第2款规定的给被告人定罪的"证据确实、充分"的三个要求：①定罪量刑的事实都有证据证明；②据以定案的证据均经法定程序查证属实；③综合全案证据，对所认定的案件事实已排除合理怀疑。因此，按照《刑诉法》第200条的规定，对于抢劫杀人的指控，应当作出证据不足、指控的犯罪不能成立的无罪判决。

难度： 难

考点： 有罪的证明标准

> **命题与解题思路**
>
> 本题的难点在于要注意仔细阅读案例，李某涉嫌的是两个罪名，一是盗窃，二是抢劫杀人。解题时首先要对此作出区分，然后再分别根据不同罪名的证据来判断是否达到证据确实、充分的证明标准。

答案解析：

因为此题系五问中的一问，因此在回答时可以适当简略。但基本的答题思路仍然应该是通过对关键证据的分析指出是否达到证据确实、充分的证明标准。

> **4. 结合本案，简要说明刑事诉讼法对保障刑法实施的价值。**

答案： 刑事诉讼法在保障刑法实施方面的价值有：（1）通过明确对刑事案件行使侦查权、起诉权、审判权的专门机关，为调查和明确案件事实、适用刑事实体法提供了组织上的保障。（2）通过明确行使侦查权、起诉权、审判权主体的权力与职责及诉讼参与人的权利与义务，为调查和明确案件事实及适用刑事实体法的活动提供了基本架构；同时，由于有明确的活动方式和程序，也为刑事实体法适用的有序性提供了保障。（3）规定了收集证据的方法与运用证据的规则，既为获取证据、明确案件事实提供了手段，又为收集证据、运用证据提供了程序规范。（4）关于程序系统的设计，可以在相当程度上避免、减少案件实体上的误差。（5）针对不同案件或不同情况设计不同的具有针对性的程序，使得案件处理简繁有别，保证处理案件的效率。

在本案中，刑事诉讼法通过规范证据的收集程序和运用规则，让行使侦查权、起诉权、审判权的专门机关排除刑讯逼供等非法方法收集的证据，准确、及时地查明犯罪事实，正确应用法律，惩罚犯罪分子，保障无罪的人不受刑事追究，避免冤假错案的发生。

同时，在本案中，通过行使侦查权、起诉权、审判权的专门机关相互之间的制约和监督机制，保证了刑法的正确实施，保证了惩罚犯罪和保障人权目标的实现，以有效的程序机制保障了刑法的实现。

难度： 中
考点： 刑事诉讼法对保障刑法实施的价值

> **命题与解题思路**
>
> 此题目是理论性考点，刑事诉讼法对于保障刑法实施的价值属于常见考点，但考生通常在备考中不会较为详细地记忆，以往考查往往是通过选择题的方式来考查，因此提醒考生在备考时要注意对于理论性知识点要有必要的分析和阐述能力。解题时注意要结合本案的案情，不能仅是空泛地谈价值。

答案解析：

关于刑事诉讼法保障刑法实施的价值，辅导用书中明确列出了五个方面，应尽可能地按照这五个方面来作答。同时，既可以在相应的方面结合本案材料作一定的拓展，也可以在最后专门结合材料来作对应分析。

5. 结合本案，简述非法证据排除规则的完善过程，阐明非法证据排除规则的诉讼价值。

答案：

（1）非法证据排除规则，是指违反法定程序，以非法方法获取的证据，原则上不具有证据能力，不能为法庭采纳。既包括非法言词证据的排除，也包括非法实物证据的排除。

在我国，为保证证据收集的合法性，《刑诉法》及相关司法解释对于证据的收集、固定、保全、审查判断、查证核实等，都规定了严格的程序。

1996年《刑诉法》第43条规定，严禁刑讯逼供和以威胁、引诱、欺骗以及其他非法方法收集证据。1998年最高人民法院《关于执行〈中华人民共和国刑事诉讼法〉若干问题的解释》第61条规定，严禁以非法的方法收集证据。凡经查证确实属于采用刑讯逼供或者威胁、引诱、欺骗等非法的方法取得的证人证言、被害人陈述、被告人供述，不能作为定案的根据。1999年最高人民检察院《人民检察院刑事诉讼规则》第265条规定，以刑讯等非法手段收集的证人证言、被害人陈述、犯罪嫌疑人供述，不能作为指控犯罪的证据。

2010年6月发布的《关于办理刑事案件排除非法证据若干问题的规定》和《关于办理死刑案件审查判断证据若干问题的规定》对我国的非法证据排除规则作了明确具体的规定。一方面，明确非法证据排除的范围。《关于办理刑事案件排除非法证据若干问题的规定》第1条规定，采用刑讯逼供等非法手段取得的犯罪嫌疑人、被告人供述和采用暴力、威胁等非法手段取得的证人证言、被害人陈述，属于非法言词证据。第2条规定，经依法确认的非法言词证据，应当予以排除，不能作为定案的根据。第14条规定，物证、书证的取得明显违反法律规定，可能影响公正审判的，应当予以补正或者作出合理解释，否则，该物证、书证不能作为定案的根据。另一方面，明确了非法取得的被告人审判前供述的排除程序。

2012年修正后的《刑诉法》，吸收了《关于办理刑事案件排除非法证据若干问题的规定》的相关内容，在三个方面增加了非法证据排除规则的规定：第一，排除范围，即2012年《刑诉法》第54条的规定。第二，法庭调查，包括启动、证明、处理，即2012年《刑诉法》第56~58条的规定。第三，法律监督，即2012年《刑诉法》第55条的规定。2012年修改后的最高人民法院《关于适用〈中华人民共和国刑事诉讼法〉的解释》和最高人民检察院《人民检察院刑事诉讼规则（试行）》设专节对非法证据排除制度的具体适用作出了进一步规定，明确了"非法证据"的认定标准、申请排除证据的程序、对取证合法性的审查、调查程序等。

2017年6月，"两高三部"在2010年《关于办理刑事案件排除非法证据若干问题的规定》的基础上，重新制定了《关于办理刑事案件严格排除非法证据若干问题的规定》。该规定分五个部分，共计42条，包括一般规定、侦查、审查逮捕和审查起诉、辩护和审判等内容，细化了非法证据的范围和认定标准，明确了刑事诉讼各个阶段排除非法证据的职责和程序。

在本案中，排除刑讯逼供等非法方法收集的证据，是对2010年《关于办理刑事案件排除非法证据若干问题的规定》、2012年《刑诉法》以及2017年《关于办理刑事案件严格排除非法证据若干问题的规定》中关于非法证据排除规则的有效贯彻和落实。

（2）非法证据排除规则的诉讼价值主要体现在以下三个方面：

第一，非法证据排除规则有利于保障犯罪嫌疑人、被告人的人权乃至每个公民的合法权益不受侵犯。非法证据排除规则对刑讯逼供等非法取证行为进行否定性评价，能够使非法取证一方承受不利的程序结果和实体结果，消除非法取证的心理动力，从而达到保障诉讼参与人各项权利、保障无辜的人不受追究的目的。在本案中，排除李某的供述等非法证据，有利于保障李某的人权，同时，警示司法人员在以后的执法中应充分保障诉讼参与人的合法权益。

第二，非法证据排除规则有利于保障程序公正，保障诉讼程序独立价值的实现。非法证据排除规则有助于督促公检法机关严格遵守刑事诉讼法的规定，通过程序性制裁来实现对程序公正的追求。在本案中，通过排除李某的供述等非法证据，彰显了程序的独立价值，维护了程序的公正性，是程序公正价值的重要体现。

第三，非法证据排除规则有利于规范司法行为，维护司法权威，彰显法治精神。司法行为是否合法、是否规范，是衡量司法文明程度和法治建设水平的重要标志，关系到司法权威的实现和确立。司法机关若非法取证、带头违法，就会严重损害司法机关形象，损害法律权威，对整个社会的法律信仰和法治精神也有着巨大的破坏性。在本案中，排除李某的供述等非法证据，有利于抑制刑讯逼供等非法取证行为，督促司法机关及其工作人员树立惩罚与保护并重的司法理念，坚持规范理性文明执法，这对树立我国司法的权威，具有重要意义。

难度：难

考点：非法证据排除规则的立法过程及价值

> 💡 **命题与解题思路**
>
> 　　此题目与上一题相似，都属于对理论知识点的考查，需要考生对非法证据排除规则全面的掌握。解题时注意先要论述非法证据排除规则在立法上是如何逐步完善的，然后再结合本案的情况论述其价值。

答案解析：

　　从题干可知，答案应包含两个方面，一是简述排非规则的完善过程，可以采用时间为线索，从1996年《刑诉法》修订再到2017年《关于办理刑事案件严格排除非法证据若干问题的规定》，分阶段简要叙述排非规则的发展和完善历程；二是论述排非规则的价值。在回答这两部分时，都要注意"结合本案"。

2011 年真题

一、试 题（本题22分）

案情：

　　2010年10月2日午夜，A市某区公安人员在辖区内巡逻时，发现路边停靠的一辆轿车内坐着三个年轻人（朱某、尤某、何某）行迹可疑，即上前盘查。经查，在该车后备箱中发现盗窃机动车工具，遂将三人带回区公安分局进一步审查。案件侦查终结后，区检察院向区法院提起公诉。

　　（证据）朱某——在侦查中供称，其作案方式是3人乘坐尤某的汽车在街上寻找作案目标，确定目标后由朱某、何某下车盗窃，得手后共同分赃。作案过程由尤某策划、指挥。在法庭调查中承认起诉书指控的犯罪事实，但声称在侦查中被刑讯受伤。

尤某——在侦查中与朱某供述基本相同，但不承认作案由自己策划、指挥。在法庭调查中翻供，不承认参与盗窃机动车的犯罪，声称对朱某盗窃机动车毫不知情，并声称在侦查中被刑讯受伤。

何某——始终否认参与犯罪。声称被抓获当天从 C 市老家来 A 市玩，与原先偶然认识的朱某、尤某一起吃完晚饭后坐在车里闲聊，才被公安机关抓获。声称以前从没有与 A 市的朱某、尤某共同盗窃，并声称在侦查中被刑讯受伤。

公安机关——在朱某、尤某供述的十几起案件中核实认定了 A 市发生的 3 起案件，并依循线索找到被害人，取得当初报案材料和被害人陈述。调取到某一案发地录像，显示朱某、尤某盗窃汽车经过。根据朱某、尤某在侦查阶段的供述，认定何某在 2010 年 3 月 19 日参与一起盗窃机动车案件。

何某辩护人——称在案卷材料中看到朱某、尤某、何某受伤后包有纱布的照片，并提供 4 份书面材料：（1）何某父亲的书面证言：2010 年 3 月 19 日前后，何某因打架被当地公安机关告知在家等候处理，不得外出。何某未离开 C 市。（2）2010 年 4 月 5 日，公安机关发出的行政处罚通知书。（3）C 市某机关工作人员赵某的书面证言：2010 年 3 月 19 日案发前后，经常与何某在一起打牌，何某随叫随到，期间未离开 C 市。（4）何某女友范某的书面证言：2010 年 3 月期间，何某一直在家，偶尔与朋友打牌，未离开 C 市。

（法庭审判）庭审中，3 名被告人均称受到侦查人员刑讯。辩护人提出，在案卷材料中看到朱某、尤某、何某受伤后包有纱布的照片，被告人供述系通过刑讯逼供取得，属于非法证据，应当予以排除，要求法庭调查。公诉人反驳，被告人受伤系因抓捕时 3 人有逃跑和反抗行为造成，与讯问无关，但未提供相关证据证明。法庭认为，辩护人意见没有足够根据，即开始对案件进行实体审理。

法庭调查中，根据朱某供述，认定尤某为策划、指挥者，系主犯。

审理中，何某辩护人向法庭提供了证明何某没有作案时间的 4 份书面材料。法庭认为，公诉方提供的有罪证据确实充分，辩护人提供的材料不足以充分证明何某在案发时没有来过 A 市，且材料不具有关联性，不予采纳。

最后，法院采纳在侦查中朱某、尤某的供述笔录、被害人陈述、报案材料、监控录像作为定案根据，认定尤某、朱某、何某构成盗窃罪（尤某为主犯），分别判处有期徒刑 9 年、5 年和 3 年。

问题：

1. 法院对于辩护人提出排除非法证据的请求的处理是否正确？为什么？
2. 如法院对证据合法性有疑问，应当如何进行调查？
3. 法院对尤某的犯罪事实的认定是否已经达到事实清楚、证据确实充分？为什么？
4. 现有证据能否证明何某构成犯罪？为什么？
5. 如何判断证据是否具有关联性？法院认定何某辩护人提供的 4 份书面材料不具有关联性是否适当？为什么？

二、答案精讲

> **1. 法院对于辩护人提出排除非法证据的请求的处理是否正确？为什么？**

答案： 不正确。因为根据《关于办理刑事案件严格排除非法证据若干问题的规定》，法庭应当启动对证据是否为非法取得的调查程序。本案被告人均称供述系刑讯逼供所得，辩护人提出了排除非法证据的请求，并提供了相关线索和材料，法院在公诉人没有证据支持的情况下，不做调查即采纳公诉人的解释，是不正确的。

难度：易

考点：非法言词证据排除

> **命题与解题思路**
>
> 　　本题是2010年"两高三部"《关于办理刑事案件排除非法证据若干问题的规定》出台后首次考查非法证据的排除，在随后的考试中非法证据排除已成为必考的考点之一。需要说明的是，在2010年以后，2012年《刑诉法》以及2017年"两高三部"《关于办理刑事案件严格排除非法证据若干问题的规定》（以下简称《严格排非规定》）在2010年"两高三部"《关于办理刑事案件排除非法证据若干问题的规定》的基础上对《非法证据排除规则》又进行了完善。本着适应考试的需要，笔者以《严格排非规定》作为依据来编写本题的答案及解析。
>
> 　　本题以案例的形式既考查了非法证据排除，又延续了前一年案例题的考点：根据题干所列证据判断是否可以认定犯罪及其理由。可以说是在前一年的基础上加入了非法证据排除这一考点。此种命题思路非常典型，需要考生特别关注。
>
> 　　本小题考查的是对排除非法证据申请的审查问题，在"严格排非规定"以及《刑诉法》中均对此有专门规定，只要熟悉规定，此题相对比较容易。

答案解析：

　　根据《严格排非规定》第34条的规定，经法庭审理，确认存在本规定所规定的以非法方法收集证据情形的，对有关证据应当予以排除。法庭根据相关线索或者材料对证据收集的合法性有疑问，而人民检察院未提供证据或者提供的证据不能证明证据收集的合法性，不能排除存在本规定所规定的以非法方法收集证据情形的，对有关证据应当予以排除。本案中辩护人提到案卷中看到被告人可能因为遭受刑诉逼供受伤的照片，这属于提供了"相关线索或材料"，而检察院虽对此反驳，但未提供任何证据加以证明。因此，法院应当启动非法证据排除程序调查是否存在刑讯逼供，而法庭未作调查即采信公诉人的说法是不正确的。此外，也可根据《刑诉法》第58条规定："法庭审理过程中，审判人员认为可能存在本法第五十六条规定的以非法方法收集证据情形的，应当对证据收集的合法性进行法庭调查。当事人及其辩护人、诉讼代理人有权申请人民法院对以非法方法收集的证据依法予以排除。申请排除以非法方法收集的证据的，应当提供相关线索或者材料。"本案被告人均称供述系刑讯逼供所得，辩护人提出了排除非法证据的请求，并有一定证据支持，法院在公诉人没有证据支持的情况下，不做调查即采纳公诉人的解释，是不正确的。

2. 如法院对证据合法性有疑问，应当如何进行调查？

　　答案：根据《严格排非规定》中的相关规定，在审理过程中，法院对证据合法性有疑问的，应进行如下调查：

　　（1）法庭决定对证据收集的合法性进行调查的，应当先行当庭调查。但为防止庭审过分迟延，也可以在法庭调查结束前进行调查。

（2）法庭应要求公诉人对证据的合法性承担证明责任，通过出示讯问笔录、提讯登记、体检记录等法律文书、侦查终结前对讯问合法性的核查材料等证据材料，有针对性地播放讯问录音录像，提请法庭通知侦查人员或者其他人员出庭说明情况等方式对取证的合法性进行证明。

（3）法庭可应被告人及辩护人的要求，同意其出示相关线索或者材料，并播放特定时段的讯问录音录像。

（4）法庭对控辩双方提供的证据有疑问的，可以宣布休庭，对证据进行调查核实。必要时，可以通知公诉人、辩护人到场。

（5）法庭对证据收集的合法性进行调查后，应当当庭作出是否排除有关证据的决定。必要时，可以宣布休庭，由合议庭评议或者提交审判委员会讨论，再次开庭时宣布决定。在法庭作出是否排除有关证据的决定前，不得对有关证据宣读、质证。

（6）经法庭审理，确认存在以非法方法收集证据情形的，对有关证据应当予以排除。法庭根据相关线索或者材料对证据收集的合法性有疑问，而人民检察院未提供证据或者提供的证据不能证明证据收集的合法性，不能排除存在本规定所规定的以非法方法收集证据情形的，对有关证据应当予以排除。对依法予以排除的证据，不得宣读、质证，不得作为判决的根据。

难度：中
考点：法庭对证据的合法性审查

> 💡 **命题与解题思路**
>
> 本题继续考查《严格排非规定》中关于证据合法性的调查方式及程序。解题时既要回答公诉人对于证据合法性的证明方式，也要回答法庭的调查程序。

答案解析：
本题涉及庭审中如何进行证据合法性的调查。根据《严格排非规定》第30～34条的规定，调查程序可分为几个阶段：第一，应回答对证据合法性的调查顺序：应当"先行调查"，只有为防止庭审拖延才可以在法庭调查结束前进行调查；第二，法庭组织控辩双方对证据合法性问题进行质证、辩论，包括要求控方承担证明责任以及根据辩方的申请出示相关材料；必要时可进行庭外调查；第三，调查后结果的作出，一是时间，二是裁判依据。

> 3. 法院对尤某的犯罪事实的认定是否已经达到事实清楚、证据确实充分？为什么？

答案：没有。因为根据《关于办理死刑案件审查判断证据若干问题的规定》，共同犯罪案件中，被告人的地位、作用必须均已查清，是证据确实、充分的基本要素。本案仅根据同案犯朱某供述即认定尤某为策划指挥者，无其他证据印证。

难度：难
考点：共同犯罪案件的证明标准

> 💡 **命题与解题思路**
>
> 本题目考查了结合案例所列证据对证明标准的理解。解题时首先要理解我国刑事诉讼的证明标准，其次，结合案例中所列涉及尤某的证据进行分析。

答案解析：

关于"证据确实、充分"的要求，《关于办理死刑案件审查判断证据若干问题的规定》第5条第2款规定："证据确实、充分是指：（一）定罪量刑的事实都有证据证明；（二）每一个定案的证据均已经法定程序查证属实；（三）证据与证据之间、证据与案件事实之间不存在矛盾或者矛盾得以合理排除；（四）共同犯罪案件中，被告人的地位、作用均已查清；（五）根据证据认定案件事实的过程符合逻辑和经验规则，由证据得出的结论为唯一结论。"另外，依据《刑诉法》第55条第2款规定："证据确实、充分，应当符合以下条件：（一）定罪量刑的事实都有证据证明；（二）据以定案的证据均经法定程序查证属实；（三）综合全案证据，对所认定事实已排除合理怀疑。"本案中，法院仅根据同案犯朱某的供述即认定尤某为策划指挥者，且无其他证据印证，不符合上述具体要求。因此，法院对尤某的犯罪事实的认定没有达到事实清楚，证据确实、充分。

> **4. 现有证据能否证明何某构成犯罪？为什么？**

答案： 不能。因为根据《刑诉法》第55条的规定，认定有罪，必须事实清楚，证据确实、充分。法庭认定何某犯罪的证据中，朱某、尤某在侦查中的供述笔录尚未排除刑讯逼供可能；被害人陈述笔录和车辆被盗时的报案材料只能证明车辆被盗，不能证明谁是盗车者；监控录像只证明朱某、尤某实施了其中一起犯罪；何某辩护人提供的犯罪时何某不在现场的4份证据，法庭没有查明其真伪。因此，现有证据没有排除何某没有犯罪的可能性，不能得出唯一的结论，认定何某犯罪的证据不确实、充分。

难度： 难

考点： 认定有罪的证明标准

> **命题与解题思路**
>
> 此题与上一题系同一思路，也是结合案例中的证据判断是否构成犯罪，即是否达到确实、充分的证明标准。解题时注意除了判断之外，更重要的是在于运用案例中的证据说明理由。

答案解析：

依据《刑诉法》第55条的规定，对一切案件的判处都要重证据，重调查研究，不轻信口供。只有被告人供述，没有其他证据的，不能认定被告人有罪和处以刑罚；没有被告人供述，证据确实、充分的，可以认定被告人有罪和处以刑罚。据此，我国刑事诉讼中认定被告人有罪的诉讼证明标准是：犯罪事实清楚，证据确实充分。关于证据确实、充分的含义，见上题有关解析。本案法庭认定何某犯罪的证据中，朱某、尤某在侦查中的供述笔录尚未排除刑讯逼供的可能；被害人陈述笔录和车辆被盗时的报案材料只能证明车辆被盗，不能证明谁是盗车者；监控录像只证明朱某、尤某实施了其中一起犯罪；何某辩护人提供的犯罪时何某不在场的4份证据，法庭没有查明真伪。因此，何某是否存在犯罪行为的事实缺乏证据证明，现有的定案证据有些并未查证属实，现存的何某不在场的证据与"何某实施盗窃"的事实之间存在矛盾且得不到合理排除，根据现有证据，不能通过逻辑推理和经验判断得出"何某实施了盗窃行为"这一唯一的结论。综上所述，现有证据没有排除何某没有犯罪的可能性，不能得出唯一的结论，认定何某犯罪的证据不确实、不充分。

5. 如何判断证据是否具有关联性？法院认定何某辩护人提供的 4 份书面材料不具有关联性是否适当？为什么？

答案：

（1）判断证据是否具有关联性的依据主要是：第一，该证据是否用来证明本案的争点问题，与案件证明对象之间是否存在客观联系；第二，该证据是否能够起到证明的作用，即是否具有对案件事实的证明价值。

（2）不适当。因为这些材料与案件证明对象之间存在客观联系，指向何某是否有罪的争点问题；另外，这些材料具有证明案件事实的证明价值，能够实际起到使指控的犯罪事实更无可能的证明作用。

难度： 难

考点： 证据的关联性

命题与解题思路

此题首先考查了对证据相关性的理解，然后须结合案例来具体分析。解题时首先应回答证据相关性的内涵，其次对 4 份书面材料起到何种证明作用进行分析。

答案解析：

本案中，法院认定辩护人提供的上诉材料不具有关联性是不适当的。这些材料与证明对象之间存在客观联系，都证明了案发时何某不在犯罪现场，不可能实施盗窃行为，直接指向何某是否有罪的争点问题。这些材料具有证明案件事实的证明价值，它们通过证明案发时间何某不在犯罪现场，能够实际起到使何某被指控的盗窃行为不可能发生的证明作用，所以具有关联性。

2010 年真题

一、试题（本题 21 分）

案情：

张某——某国企副总经理

石某——某投资管理有限公司董事长

杨某——张某的朋友

姜某——石某公司出纳

石某请张某帮助融资，允诺事成后给张某好处，被张某拒绝。石某请出杨某帮忙说服张某，允诺事成后各给张某、杨某 400 万股的股份。后经杨某多次撮合，2006 年 3 月 6 日，张某指令下属分公司将 5000 万元打入石某公司账户，用于股权收购项目。2006 年 5 月 10 日，杨某因石某允诺的 400 万股未兑现，遂将石某诉至法院，并提交了张某出具的书面证明作为重要证据，证明石某曾有给杨某股份的允诺。石某因此对张某大为不满，即向某区检察院揭发了张某收受贿赂的行为。检察院立案侦查，查得证据及事实如下：

石某称：2006 年 3 月 14 日，在张某办公室将 15 万元现金交给张某。同年 4 月 17 日，在杨某催促下，让姜某与杨某一起给张某送去40万元。因担心杨某私吞，特别告诉姜某一定与杨某同到张某处（石某讲述了张某办公室桌椅、沙发等摆放的具体位置）。

姜某称：取出40万元后与杨某约好见面时间和地点，但杨某称堵车迟到很久。自己因有重要事情需要处理，就将钱交杨某送与张某。

杨某称：确曾介绍张某与石某认识，并积极撮合张某为石某融资。与姜某见面时因堵车迟到，姜某将钱交给他后匆匆离开。他随后在自己车上将钱交张某，张某拿出10万元给他，说是辛苦费（案发后，杨某将10万元交检察院）。

张某称：帮助石某公司融资，是受杨某所托（检察院共对张某讯问六次，每次都否认收受过任何贿赂）。

据石某公司日记账、记账凭证、银行对账单等记载，2006年3月6日张某公司的下属分公司将5000万元打入石某公司账户。同年3月14日和4月17日，分别有15万元和40万元现金被提出。

问题：依据有关法律、司法解释规定和刑事证明理论，运用本案现有证据，分析能否认定张某构成受贿罪，请说明理由。

答题要求：

①能够根据法律、司法解释相关规定及对刑事证明理论的理解，运用本案证据作出能否认定犯罪的判断，指出法院依法应当作出何种判决。

②观点明确，分析有据，逻辑清晰，文字通畅。

二、答案精讲

答案：

1. 不能认定张某收受贿赂。

2. 依据：《刑诉法》第55条规定的证明标准。刑事诉讼证明理论关于"案件事实清楚，证据确实、充分"的阐述，具体是指：定罪量刑的事实都有证据证明；据以定案的证据均经法定程序查证属实；综合全案证据，对所认定事实已排除合理怀疑。

3. 理由：从犯罪行为是否存在角度看，在证明张某收受两笔款项问题上，均为"一对一"证据，既没有足够证据证明他没有收受贿赂，也没有足够证据证明他收受了贿赂。从本案涉案人员情况看，石某、杨某均为本案利害关系人，有可能为了推脱罪责陷害张某。现有证据不足以排除这种可能性。

4. 处理：本案证据在证明张某收受这两笔钱这一关键问题上没有排除其他可能性，应当作出证据不足，指控的犯罪不能成立的无罪判决。

难度：难

考点：证据的审查；刑事诉讼的证明标准

> 💡 **命题与解题思路**
>
> 命题人以接近于真实案例的形式综合考查了刑事证据的审查与证明标准的理解和把握。本题非常接近司法实践，考点不再拘泥于法条及司法解释，而是考查考生在掌握相关规定的基础上如何运用于司法实践。这一题型极具代表性，考生须重点准备此类题型。
>
> 解题时首先须注意此类题型的答题结构，一般分为三个层次：一是判断，根据所给的证据能否认定有罪；二是依据及理由，这是答题的重点，即通过对证据的分析，说明

理由；三是根据前述分析，回答法院应当作出何种判决。其次，在答题时还需注意，分析的基础是现有证据，不能超出给定的证据范围，假设存在某种情况，如无特别注明，不能假定某份证据不属实或者属于非法证据应该排除等。最后强调一点，题干中已说明结合相关证据理论，而不是刑法理论来分析，所以分析的重点是证据，而不是从实体法或者说刑法罪名的角度来分析。

答案解析：

1. 对于张某收受15万元现金的贿赂这一犯罪事实，现有证据包括：

（1）石某的证言称：2006年3月14日，石某在张某办公室将15万元现金交给张某。石某还讲述了张某办公室桌椅、沙发等摆放的具体位置。

（2）据石某公司日记账、记账凭证、银行对账单等记载，2006年3月6日张某公司的下属分公司将5000万元打入石某公司账户。2006年3月14日有15万元现金被提出。

（3）被告人张某否认自己收受贿赂。

从上述证据的客观真实性上分析，石某为本案利害关系人，有可能为了推脱罪责陷害张某，其证言的可信性值得质疑。

从上述证据的关联性上分析，石某的证言对于张某收受15万元现金的贿赂而言，系直接证据，而"石某公司日记账、记账凭证、银行对账单等记载"则属间接证据。

对于张某收受15万元现金的贿赂这一犯罪事实，上述证据为"一对一"证据，难以形成完整的证据链条，既没有足够的证据证明他没有收受贿赂，也没有足够的证据证明他收受了贿赂，因而对于张某收受15万元现金的贿赂这一犯罪事实，法院不能作出有罪认定，应当作出证据不足，指控的犯罪不能成立的无罪判决。

2. 对于张某收受40万元现金的贿赂这一犯罪事实，现有证据包括：

（1）石某的证言称：2006年4月17日，在杨某的催促下，让姜某与杨某一起给张某送去40万元。因担心杨某私吞，特别告诉姜某一定与杨某同到张某处。

（2）姜某的证言称：取出40万元后与杨某约好见面时间和地点，但杨某称堵车迟到很久。自己因有重要事情需要处理，就将钱交杨某送与张某。

（3）杨某的证言称，杨某与姜某见面时因堵车迟到，姜某将钱交给他后匆匆离开。他随后在自己车上将钱交给张某，张某拿出10万元给他，说是辛苦费。

（4）据石某公司日记账、记账凭证、银行对账单等记载，2006年3月6日张某公司的下属分公司将5000万元打入石某公司账户。2006年4月17日有40万元现金被提出。

（5）被告人张某否认自己收受贿赂。

从上述证据的客观真实性上分析，石某、杨某为本案利害关系人，有可能为了推脱罪责陷害张某，他们的证言的可信性值得质疑。

从上诉证据的关联性上分析，杨某的证言对于张某收受40万元现金的贿赂而言，系直接证据；而石某、姜某的证言，公司日记账、记账凭证、银行对账单等记载则属于间接证据。

对于张某收受40万元现金的贿赂这一犯罪事实，尽管姜某与杨某的证言能够部分印证，但是，石某与姜某的证言无法完全印证，杨某向张某交钱的陈述没有其他证据相佐证，系"一对一"证据，难以形成完整的证据链条，既没有足够证据证明他没有收受贿赂，也没有足够证据证明他收受了贿赂。因而对于张某收受40万元现金的贿赂这一犯罪事实，法院不能作出有罪认定，应当作出证据不足，指控的犯罪不能成立的无罪判决。

综上所述，依据《刑诉法》第55条第2款规定的证明标准，刑事诉讼证明理论关于"案件事实清楚，证据确实、充分"的阐述，具体是指：（1）定罪量刑的事实都有证据证明；（2）据以定案的证据均经法定程序查证属实；（3）综合全案，对所认定事实已排除合理怀疑。因此，法院不能认定张某收受贿赂，应当作出证据不足，指控的犯罪不能成立的无罪判决。

2009年真题

一、试题（本题21分）

案情：

杨某被单位辞退，对单位领导极度不满，心存报复。一天，杨某纠集董某、樊某携带匕首闯至厂长贾某办公室，将贾某当场杀死。中级法院一审以故意杀人罪判处杨某死刑，立即执行，判处董某死刑缓期二年执行，判处樊某有期徒刑十五年。

问题：

1. 如一审宣判后，被告人杨某、董某、樊某均未上诉，检察机关亦未抗诉，对被告人杨某、董某、樊某的一审判决，中级法院和高级法院分别应当如何处理？

2. 如一审宣判后，被告人杨某、董某均未上诉，检察机关亦未抗诉，樊某提出上诉，高级法院应按什么程序处理对杨某、董某的一审判决？理由是什么？

3. 如一审宣判后，被告人杨某、董某、樊某均未上诉，检察机关亦未抗诉，但贾某的妻子对附带民事判决不服提起上诉，高级法院应按什么程序处理对杨某、董某的一审判决？理由是什么？

4. 被告人杨某经最高法院核准死刑并下达执行死刑命令后，下级法院发现杨某可能另案犯有伤害罪，对杨某应当如何处理？

二、答案精讲

> 1. 如一审宣判后，被告人杨某、董某、樊某均未上诉，检察机关亦未抗诉，对被告人杨某、董某、樊某的一审判决，中级法院和高级法院分别应当如何处理？

答案：

（1）对杨某来说，中级法院在上诉、抗诉期满后10日以内报请高级法院复核。高级法院同意判处死刑的，应当依法作出裁定后，报请最高法院核准；不同意判处死刑的，应当提审或发回重新审判。

（2）对董某来说，中级法院在上诉、抗诉期满后应当报请高级法院核准。高级法院同意判处死刑缓期二年执行的，应当裁定予以核准；认为原判事实不清、证据不足的，应当裁定发回原中级法院重新审判；认为原判量刑过重的应当依法改判。

（3）对樊某来说，中级法院在上诉、抗诉期满后应当交付执行。

难度： 中

考点： 死刑案件复核程序、执行程序

> **命题与解题思路**
>
> 命题人通过案例的形式考查了死刑复核程序以及死刑的执行程序。案例本身并不复杂，考点主要是通过设置四个问题的形式加以体现，考查的重点主要还是集中在法条及司法解释上。解题时需注意对每个小题所设计情形的准确把握，只要对相关规定记忆准确，答题难度并不大。
>
> 第一题考查的重点是在一审判决后未上诉、未抗诉的情况下，死刑立即执行、死缓以及有期徒刑分别按何种程序处理的问题。

答案解析：

本案中，中级法院判处杨某死刑立即执行，在法定期间，由于杨某没有上诉，检察院没有抗诉，中级法院在上诉、抗诉期满后 10 日内报请高院复核。依据《高法解释》第 423 条规定，中级人民法院判处死刑的第一审案件，被告人未上诉、检察院未抗诉的，在上诉、抗诉期满后 10 日以内报请高级人民法院复核。高级人民法院同意判处死刑的，应当在作出裁定后 10 日以内报请最高人民法院核准；不同意的，应当依照第二审程序提审或者发回重新审判。

本案中，中级法院判处董某死刑缓期二年执行，在法定期间，由于董某没有上诉、检察院没有抗诉，中级法院针对董某的情形，依据《高法解释》第 428 条规定，高级人民法院复核死刑缓期执行案件，应当按照下列情形分别处理：(1) 原判认定事实和适用法律正确、量刑适当、诉讼程序合法的，应当裁定核准。(2) 原判认定的某一具体事实或者引用的法律条款等存在瑕疵，但判处被告人死刑缓期执行并无不当的，可以在纠正后作出核准的判决、裁定；(3) 原判认定事实正确，但适用法律有错误，或者量刑过重的，应当改判；(4) 原判事实不清、证据不足的，可以裁定不予核准，并撤销原判，发回重新审判，或者依法改判；(5) 复核期间出现新的影响定罪量刑的事实、证据的，可以裁定不予核准，并撤销原判，发回重新审判，或者依照本解释第 271 条规定审理后依法改判；(6) 原审违反法定诉讼程序，可能影响公正审判的，应当裁定不予核准，并撤销原判，发回重新审判。复核死刑缓期执行案件，不得加重被告人的刑罚。

本案中，中级法院判处樊某有期徒刑 15 年，在法定期间，樊某没有上诉，检察院没有抗诉，中级法院在上诉、抗诉期满后，将樊某交付执行。针对樊某的情形，已过法定期限没有上诉、抗诉的判决和裁定，属于发生法律效力的判决和裁定，应当交付执行。

> 2. 如一审宣判后，被告人杨某、董某均未上诉，检察机关亦未抗诉，樊某提出上诉，高级法院应按什么程序处理对杨某、董某的一审判决？理由是什么？

答案：高级法院应按二审程序对杨某、董某的一审判决进行审查。理由是：杨某和董某、樊某系共同犯罪，一审法院进行了全案审理一并判决，根据《刑诉法》的规定，共同犯罪的案件只有部分被告人上诉的，二审法院应当对全案进行审查，一并处理。

难度：易

考点：二审程序

> 💡 **命题与解题思路**
>
> 本题考查的是共同犯罪中部分被告人提起上诉时，二审程序中如何处理未上诉、未被抗诉的同案被告人问题。解题的关键在于把握二审全面审查的原则。

答案解析：

本案中，被告人杨某、董某与樊某是共同犯罪，杨某、董某对一审判决并未提起上诉，而樊某提起上诉，高级法院应按二审程序审理。其依据为《刑诉法》第 233 条的规定，第二审人民法院应当就第一审判决认定的事实和适用法律进行全面审查，不受上诉或者抗诉范围的限制。共同犯罪的案件只有部分被告人上诉的，应当对全案进行审查，一并处理。《高法解释》第 388 条的规定，第二审人民法院审理上诉、抗诉案件，应当就第一审判决、裁定认定的事实和适用法律进行全面审查，不受上诉、抗诉范围的限制。

3. 如一审宣判后，被告人杨某、董某、樊某均未上诉，检察机关亦未抗诉，但贾某的妻子对附带民事判决不服提起上诉，高级法院应按什么程序处理对杨某、董某的一审判决？理由是什么？

答案： 高级法院应按死刑复核程序处理对杨某、董某的一审判决。理由是：对刑事附带民事案件，其刑事部分与民事部分可以独立提出上诉，按最高法院的解释，如果只对民事部分提出上诉，其效力不影响刑事部分的效力，高级法院对杨某、董某的死刑判决不适用二审程序，而应按死刑复核程序处理。

难度： 中

考点： 死刑复核程序；附带民事诉讼上诉

> 💡 **命题与解题思路**
>
> 命题人在此题中加入了附带民事诉讼，这与前一年卷四刑事诉讼法案例的考点是一致的。解题时，须注意，杨某、董某因分别被判处死刑立即执行、死刑缓期执行，因未上诉和未被抗诉，因此随后应按照死刑复核程序分别复核。

答案解析：

依据《高法解释》第 408 条的规定，刑事附带民事诉讼案件，只有附带民事诉讼当事人及其法定代理人上诉的，第一审刑事部分的判决在上诉期满后即发生法律效力。本题中，贾某的妻子对附带民事诉讼判决提出诉讼，其并不影响刑事部分已经发生法律效力，因此高院应按死刑复核程序进行。

4. 被告人杨某经最高法院核准死刑并下达执行死刑命令后，下级法院发现杨某可能另案犯有伤害罪，对杨某应当如何处理？

答案： 下级法院应当停止执行，并且立即层报最高法院，由最高法院作出裁定。

难度： 易

考点： 停止执行死刑

> **命题与解题思路**
>
> 此题考查的是在核准死刑后，执行过程中发现有漏罪时如何处理。解题时，一方面要注意执行法院应当停止执行死刑，另一方面还要注意报请程序。

答案解析：

本案中，被告人杨某经最高人民法院核准死刑下达执行死刑命令，下级法院发现杨某可能另案犯有伤害罪，下级法院应当停止执行死刑。《刑诉法》第262条规定，下级法院接到最高人民法院执行死刑的命令后，应当在7日以内交付执行。但是在执行前发现判决可能有错误的，应当停止执行，并且立即报告最高人民法院，由最高人民法院作出裁定。《高法解释》第500条规定，下级人民法院在接到执行死刑命令后、执行前，发现有下列情形之一的，应当暂停执行，并立即将请求停止执行死刑的报告和相关材料层报最高人民法院：（1）罪犯可能有其他犯罪的；（2）共同犯罪的其他犯罪嫌疑人到案，可能影响罪犯量刑的；（3）共同犯罪的其他罪犯被暂停或者停止执行死刑，可能影响罪犯量刑的；（4）罪犯揭发重大犯罪事实或者有其他重大立功表现，可能需要改判的；（5）罪犯怀孕的；（6）判决、裁定可能有影响定罪量刑的其他错误的。最高人民法院经审查，认为可能影响罪犯定罪量刑的，应当裁定停止执行死刑；认为不影响的，应当决定继续执行死刑。

2008年真题

一、试题（本题20分）

案情：

张某与王某因口角发生扭打，张某将王某打成重伤。检察院以故意伤害罪向法院提起公诉，被害人王某同时向法院提起附带民事诉讼。

问题：

1. 如果一审宣判后，张某对刑事部分不服提出上诉，王某对民事部分不服提出上诉，第二审法院在审理中发现本案的刑事部分和附带民事部分认定事实都没有错误，但适用法律有错误，应当如何处理？

2. 如果一审宣判后，检察院对本案刑事部分提起了抗诉，本案的附带民事部分没有上诉。第二审法院在审理中发现本案民事部分有错误，二审法院对民事部分应如何处理？

3. 如果一审宣判后，本案的刑事部分既没有上诉也没有抗诉，王某对本案附带民事部分提起了上诉，在刑事部分已经发生法律效力的情况下，二审法院在审理中发现本案的刑事部分有错误，二审法院应如何处理？

4. 如果一审宣判后，王某对附带民事部分判决上诉中增加了独立的诉讼请求，张某在二审中也对民事部分提出了反诉，二审法院应当如何处理？

5. 如果在一审程序中，法院审查王某提起的附带民事诉讼请求后，认为不符合提起附带民事诉讼的条件，法院应当如何处理？

6. 如果法院受理了附带民事诉讼，根据我国《刑事诉讼法》及司法解释相关规定，对一审过程中附带民事诉讼的调解，法院应当如何处理？

二、答案精讲

> 1. 如果一审宣判后，张某对刑事部分不服提出上诉，王某对民事部分不服提出上诉，第二审法院在审理中发现本案的刑事部分和附带民事部分认定事实都没有错误，但适用法律有错误，应当如何处理？

答案：第二审人民法院应当在二审判决中一并改判。

难度：易

考点：二审法院对刑事附带民事案件中刑事、民事部分均有错误的处理

> 💡 **命题与解题思路**
>
> 命题人在题干中设计了一种常见的刑事附带民事诉讼案件：故意伤害（公诉）附带民事诉讼。随后通过六个问题分别考查了在一审和二审程序中涉及的相关问题。因此，在解题时，<u>首先应注意六个小题分别设计的情形，然后再根据相应的情形回答提问。</u>
>
> 本题目考查了对于一审事实认定无误，但适用法律有错时，二审法院如何处理的问题，题目相对比较简单，属于对法条的直接考查。

答案解析：

根据《刑诉法》第 233 条的规定，第二审人民法院应当就一审判决认定的事实和适用法律进行全面审查，不受上诉或者抗诉范围的限制。根据第 236 条规定："第二审人民法院对不服第一审判决的上诉、抗诉案件，经过审理后，应当按照下列情形分别处理：……（二）原判决认定事实没有错误，但适用法律有错误，或者量刑不当的，应当改判；……"

第二审人民法院审理刑事附带民事上诉、抗诉案件，如果发现刑事和附带民事部分均有错误需依法改判的，应当一并改判。本案中，张某和王某分别对刑事部分和民事部分上诉，根据前述规定，第二审法院应当对一审判决的刑事部分和附带民事部分一并直接改判。

> 2. 如果一审宣判后，检察院对本案刑事部分提起了抗诉，本案的附带民事部分没有上诉。第二审法院在审理中发现本案民事部分有错误，二审法院对民事部分应如何处理？

答案：第二审人民法院应当对民事部分按审判监督程序予以纠正。

难度：易

考点：第二审法院审理对刑事部分提出抗诉，附带民事部分已经发生法律效力的案件的处理

> 💡 **命题与解题思路**
>
> <u>本题目也是属于对法条的直接考查</u>，在只对刑事部分提起抗诉的情况下，对于未上诉的附带民事部分该如何处理。解题时首先考虑二审全面审查的原则；其次针对未上诉的附带民事部分在二审期间已经发生法律效力的情况下，如果有错，应启动审判监督程序加以纠正。

答案解析：

首先，根据二审全面审查的原则，即便是未上诉的附带民事部分，二审也应一并审理。

· 238 ·

其次，根据《高法解释》第 407 条的规定，第二审人民法院对刑事部分提出上诉、抗诉，附带民事部分已经发生法律的案件，发现第一审判决、裁定中附带民事部分确有错误的，应当依照审判监督程序对附带民事部分予以纠正。故在本案中，二审法院应当对民事部分按照审判监督程序予以纠正。

3. 如果一审宣判后，本案的刑事部分既没有上诉也没有抗诉，王某对本案附带民事部分提起了上诉，在刑事部分已经发生法律效力的情况下，二审法院在审理中发现本案的刑事部分有错误，二审法院应如何处理？

答案：第二审人民法院应当对刑事部分按照审判监督程序进行再审，并将附带民事诉讼部分与刑事部分一并审理。

难度：易

考点：第二审法院审理只对附带民事部分提出上诉的案件的处理

命题与解题思路

本题目属于对前一问题的延续考察，即只针对附带民事部分提起上诉，未对刑事部分提起上诉或抗诉时，二审法院如何处理。解题时注意和上一题的区别。

答案解析：

根据《高法解释》第 409 条的规定，第二审人民法院审理对附带民事部分提出上诉，刑事部分已经发生法律效力的案件，应当对全案进行审查，并按照下列情形分别处理：（1）第一审判决的刑事部分并无不当的，只需就附带民事部分作出处理；（2）第一审判决的刑事部分确有错误的，依照审判监督程序对刑事部分进行再审，并将附带民事部分与刑事部分一并审理。

4. 如果一审宣判后，王某对附带民事部分判决上诉中增加了独立的诉讼请求，张某在二审中也对民事部分提出了反诉，二审法院应当如何处理？

答案：第二审人民法院可以根据当事人自愿的原则就新增加的诉讼请求或者反诉进行调解，调解不成的，告知当事人另行起诉。

难度：易

考点：第二审案件附带民事部分审理中，对增加独立诉讼请求或者提出反诉情形的处理

命题与解题思路

本题考查了在二审中增加独立的诉讼请求和反诉的处理，也是属于对法条的直接考查。解题时需注意一点，<u>对民事部分提起反诉，可以先调解。如果是在其他题目中针对刑事自诉案件提起反诉，则没有先调解的规定</u>。

答案解析：

《高法解释》第 410 条规定，第二审期间，第一审附带民事诉讼原告人增加独立的诉讼请求或者第一审附带民事诉讼被告人提出反诉的，第二审人民法院可以根据自愿、合法的原则进行调解；调解不成的，告知当事人另行起诉。

5. 如果在一审程序中，法院审查王某提起的附带民事诉讼请求后，认为不符合提起附带民事诉讼的条件，法院应当如何处理？

答案：人民法院经审查认为不符合提起附带民事诉讼条件规定的，应当裁定不予受理
难度：易
考点：人民法院对认为不符合提出附带民事诉讼条件规定的案件的处理。

> 💡 **命题与解题思路**
>
> 本题相对简单，直接考查不受理附带民事诉讼时法院该如何处理。注意裁定和判决的区别。

答案解析：

《高法解释》第186条规定，被害人或者其法定代理人、近亲属提出附带民事诉讼的，人民法院应当在7日内决定是否受理。符合《刑诉法》第101条以及本解释有关规定的，应当受理；不符合的，裁定不予受理。因此，如果一审时王某不符合提起附带民事诉讼条件，法院应裁定不予受理。

6. 如果法院受理了附带民事诉讼，根据我国《刑事诉讼法》及司法解释相关规定，对一审过程中附带民事诉讼的调解，法院应当如何处理？

答案：（1）调解应当在自愿、合法的基础上进行，经调解达成协议的，审判人员应当及时制作调解书，调解书经双方当事人签收后即发生法律效力。（2）调解达成协议并当庭执行完毕的，可以不制作调解书，但应记入笔录，经双方当事人、审判人员、书记员签名后即发生法律效力。（3）经调解无法达成协议或者调解书签收前当事人反悔的，附带民事诉讼应当同刑事诉讼一并判决。

难度：中
考点：对一审附带民事诉讼的调解

> 💡 **命题与解题思路**
>
> 本题重在考查一审程序中对于附带民事部分进行调解时的相关程序。解题时需注意对于法条及司法解释规定的详细和完整记忆。

答案解析：

《刑诉法》第103条规定，人民法院审理附带民事诉讼案件，可以进行调解，或者根据物质损失情况作出判决、裁定。《高法解释》第190条规定，人民法院审理附带民事诉讼案件，可以根据自愿、合法的原则进行调解。经调解达成协议的，应当制作调解书。调解书经双方当事人签收后即具有法律效力。调解达成协议并即时履行完毕的，可以不制作调解书，但应制作笔录，经双方当事人、审判人员、书记员签名后即发生法律效力。《高法解释》第191条规定，调解未达成协议或者调解书签收前当事人反悔的，附带民事诉讼应当同刑事诉讼一并判决。

民法 2008—2017

答案和解析作者简介

柯勇敏

清华大学法学博士，中国政法大学助理教授。

2021、2023年连续两届被评为"中国政法大学最受本科生欢迎的十位老师"之一。主讲民法，授课注重体系化，在知识的点面结合中将复杂原理具体化、形象化。讲课风趣幽默，广受好评。

注：民法司考时期的试题答案均已按照《民法典》和最新司法解释进行了修订。

2017 年真题

一、试题（本题22分）

案情：

2016年1月10日，自然人甲为创业需要，与自然人乙订立借款合同，约定甲向乙借款100万元，借款期限1年，借款当日交付。2016年1月12日，双方就甲自有的M商品房又订立了一份商品房买卖合同，其中约定：如甲按期偿还对乙的100万元借款，则本合同不履行；如甲到期未能偿还对乙的借款，则该借款变成购房款，甲应向乙转移该房屋所有权；合同订立后，该房屋仍由甲占有使用。

2016年1月15日，甲用该笔借款设立了S个人独资企业。为扩大经营规模，S企业向丙借款200万元，借款期限1年，丁为此提供保证担保，未约定保证方式；戊以一辆高级轿车为质押并交付，但后经戊要求，丙让戊取回使用，戊又私自将该车以市价卖给不知情的己，并办理了过户登记。

2016年2月10日，甲因资金需求，瞒着乙将M房屋出卖给了庚，并告知庚其已与乙订立房屋买卖合同一事。2016年3月10日，庚支付了全部房款并办理完变更登记，但因庚自3月12日出国访学，为期4个月，双方约定庚回国后交付房屋。

2016年3月15日，甲未经庚同意将M房屋出租给知悉其卖房给庚一事的辛，租期2个月，月租金5000元。2016年5月16日，甲从辛处收回房屋的当日，因雷电引发火灾，房屋严重毁损。根据甲卖房前与某保险公司订立的保险合同（甲为被保险人），某保险公司应支付房屋火灾保险金5万元。2016年7月13日，庚回国，甲将房屋交付给了庚。

2017年1月16日，甲未能按期偿还对乙的100万元借款，S企业也未能按期偿还对丙的200万元借款，现乙和丙均向甲催要。

· 241 ·

问题：

1. 就甲对乙的 100 万元借款，如乙未起诉甲履行借款合同，而是起诉甲履行买卖合同，应如何处理？请给出理由。
2. 就 S 企业对丙的 200 万元借款，甲、丁、戊各应承担何种责任？为什么？
3. 甲、庚的房屋买卖合同是否有效？庚是否已取得房屋所有权？为什么？
4. 谁有权收取 M 房屋 2 个月的租金？为什么？
5. 谁应承担 M 房屋的火灾损失？为什么？
6. 谁有权享有 M 房屋火灾损失的保险金请求权？为什么？

二、答案精讲

1. 就甲对乙的 100 万元借款，如乙未起诉甲履行借款合同，而是起诉甲履行买卖合同，应如何处理？请给出理由。

答案： 人民法院应当按照民间借贷法律关系审理。当事人根据法庭审理情况变更诉讼请求的，人民法院应当准许。因为依据《民间借贷规定》，当事人以订立买卖合同作为民间借贷合同的担保，借款到期后借款人不能还款，出借人请求履行买卖合同的，人民法院应当按照民间借贷法律关系审理。当事人根据法庭审理情况变更诉讼请求的，人民法院应当准许。

难度： 中

考点： 借款合同；非典型担保

> **命题与解题思路**
>
> 非典型担保是法考主观题的重要考点之一，本题涉及的是其中的类型之一——买卖型担保。买卖型担保中买卖合同的签订目的是担保借款合同中的债权，因此其虽名为买卖，实则具有担保功能。《民法典》《民法典担保制度解释》《民间借贷规定》等现行法对买卖型担保等非典型担保表达了明确的立场：买卖型担保作为非典型担保之一，买卖合同并非通谋虚伪行为，其本身是当事人真实的意思表示，属于《民法典》第 388 条中"其他具有担保功能的合同"，在没有其他效力瑕疵时应认可其合法性与有效性。因此，本题的解答需要考生结合《民间借贷规定》第 23 条与《民法典》对非典型担保的基本立场进行作答。此外，在审题环节，考生也需要注意，尽管未提及法院二字，但本题问的应该是法院如何处理。

答案解析：

买卖型担保的交易结构中通常有两个合同：借款合同+买卖合同，前者为主合同，后者为从合同。其中买卖合同的签订并非为了买卖，而是为了担保借款合同中的债权，是非典型担保的类型之一。《民法典》对非典型担保作出了体系性的安排，通过第 388 条中"其他具有担保功能的合同"认可了非典型担保的合法性与有效性。本题中，甲、乙之间的商品房买卖合同从内容看并非普通的买卖合同，其目的在于担保双方的借款，题干中也并未交代其有其他效力瑕疵，因此该买卖合同是具有担保功能的担保合同，是当事人真实的意思表示，是有效的。在此基础上，《民间借贷规定》第 23 条第 1 款规定："当事人以订立买卖合同作为民间借贷合同的担保，借款到期后借款人不能还款，出借人请求履行买卖合同的，人民法院应当按照民间借贷法律关系审理。当事人根据法庭审理情况变更诉讼请求的，人民法院应当准许。"据此，如乙未起诉甲履行借款合同，而是起诉甲履行买卖合同，则人民法院应当按照民间借贷法律关系审理。当事人根据法庭审理情况变更诉讼请求的，人民法院应当准许。其背后的原理就是在于：买卖合同作为担保合同，是借款合同的从合同，人民法院应按照主合同的法律关系来审理。

2. 就S企业对丙的200万元借款，甲、丁、戊各应承担何种责任？为什么？

答案：

（1）甲在S企业财产不足以清偿时以其个人的其他财产予以清偿（或者承担无限责任），因为依据现行法，个人独资企业财产不足以清偿债务的，投资人应当以其个人的其他财产予以清偿；

（2）丁作为一般保证人承担保证责任，因为丙与丁并未约定保证形式，依据现行法，应被推定为一般保证；

（3）戊无需承担动产质权的担保责任。因为丙的质权因质押财产的自愿交还而消灭，戊不再承担动产质权的担保责任。

难度：中

考点：个人独资企业；保证合同；动产质权

命题与解题思路

本题巧妙地将一个债权将个人独资企业的债务承担规则与保证、动产质权等考点相结合进行考查，考生容易迷茫而找不到答题的方向，有一定难度。既然本题问的是甲、丁、戊各应承担何种责任，考生在解题时就需要秉持清晰的区分思维，即对甲、丁、戊三人各自分别分析。对于个人独资企业的债务，考生需要注意在表述上应明确指出财产的执行顺序，即应当先执行个人独资企业的财产，不能清偿的，再由投资人承担连带责任。对于丁的保证责任，还需要结合《民法典》第686条进一步判断其属于一般保证还是连带责任保证。对于戊的责任，需要分析丙让戊取回轿车使用会对质权产生何种影响。如果质权人自愿将质押财产交还出质人，质权会随之消灭，相当于质权人自行放弃了动产质权。

答案解析：

对于个人独资企业的对外负债，《个人独资企业法》第31条规定："个人独资企业财产不足以清偿债务的，投资人应当以其个人的其他财产予以清偿。"从《民法典》的角度，个人独资企业属于非法人组织，对于非法人组织的对外负债，《民法典》第104条规定："非法人组织的财产不足以清偿债务的，其出资人或者设立人承担无限责任。"据此，对于S企业对丙的200万元借款，出资人甲需要承担连带责任，但是在财产执行顺序上，应先执行个人独资企业的财产。就表述而言，因为《个人独资企业法》与《民法典》中的表述略有差异，因此两种表述都是正确的。

《民法典》第686条规定："保证的方式包括一般保证和连带责任保证。当事人在保证合同中对保证方式没有约定或者约定不明确的，按照一般保证承担保证责任。"据此，由于丁提供保证时未约定保证形式，应按照一般保证承担保证责任。

质权以质权人占有质物为成立和存续的条件，因而当质权人自愿将质物返还给出质人或所有人时，在法律上应解释为质权人抛弃质权，因此戊不再承担轿车质权的担保责任。

> **3. 甲、庚的房屋买卖合同是否有效？庚是否已取得房屋所有权？为什么？**

答案：

（1）合同有效。因为庚知情并不影响合同效力，且该房屋买卖合同并无其他效力瑕疵事由。

（2）庚已取得所有权。因为甲系有权处分，且已经办理登记，庚因登记取得所有权。

难度： 中

考点： 合同的效力；登记及其法律效果

> 💡 **命题与解题思路**
>
> 本题由两个小问构成。第一小问涉及对合同效力的判断，难度不大。对于合同效力的判断，需要结合现行法上的民事法律行为效力瑕疵制度来回答，看题干中提及的事实是否构成现行法上的某个效力瑕疵，若不构成则不影响合同效力，考生切忌凭借直觉来回答。第二小问涉及房屋所有权人将其房屋设立买卖型担保后又卖出该房屋，第三人能否取得房屋所有权的问题。需要注意，买卖型担保属于非典型担保，其设立的担保权并未公示，其并不具有物权效力，不论第三人是否知情均不受其约束。因此，甲将 M 房屋卖给庚属于有权处分，庚办理登记手续后即取得房屋所有权。

答案解析：

第一小问涉及对甲与庚之间房屋买卖合同的效力判断。结合题干的相关内容，由于甲告知庚其已与乙订立房屋买卖合同一事，因此可能影响该合同效力的因素是庚知情这一情节。甲、乙之间的买卖合同属于买卖型担保，买卖型担保属于非典型担保，其设立的担保权并未公示，其并不具有物权效力，不论第三人是否知情均不受其约束。因此，庚知情并非房屋买卖合同的效力瑕疵事由。既然没有效力瑕疵事由，甲与庚之间的房屋买卖合同就是有效的。

由于买卖型担保本身并无物权效力，因此甲将房屋卖给庚属于有权处分，庚在办理登记手续后取得房屋所有权。需要注意的是，本题可能有考生会从善意取得的角度作答，这是不对的。甲是 M 房屋所有权人，将其卖给庚属于有权处分，而善意取得以无权处分为前提，本题不能适用善意取得制度。

> **4. 谁有权收取 M 房屋 2 个月的租金？为什么？**

答案： 甲有权收取。甲为有权占有，租赁合同有效，甲可收取房屋的法定孳息。

难度： 中

考点： 孳息的归属

> 💡 **命题与解题思路**
>
> 2 个月的租金属于法定孳息，这一点不难判断，因此本题考查的问题是甲是否有权收取法定孳息。《民法典》第 321 条与第 630 条均涉及孳息的归属，本题涉及房屋买卖合同

中房屋交付前的法定孳息归属，因此适用《民法典》第 630 条。在房屋交付前，甲作为出卖人对房屋仍为有权占有，其有权使用该房屋，也有权在交付前出租房屋并收取租金。考生需要对现行法上孳息归属的规则有较为全面的认识。

答案解析：

甲将房屋租给辛 2 个月，该 2 个月的租金属于房屋的法定孳息。本题涉及该法定孳息的归属问题。《民法典》第 630 条规定："标的物在交付之前产生的孳息，归出卖人所有；交付之后产生的孳息，归买受人所有。但是，当事人另有约定的除外。"据此，买卖合同的标的物交付前产生的法定孳息归属于出卖人。在本题中，甲与庚约定庚回国后交付房屋，因此甲将房屋租给辛时属于交付之前，甲仍有权占有该房屋并使用该房屋，其当然也有权利出租该房屋并收取租金。因此该 2 个月的租金应由甲收取。对于法定孳息，有同学可能会直接联想到《民法典》第 321 条第 2 款，该款规定："法定孳息，当事人有约定的，按照约定取得；没有约定或者约定不明确的，按照交易习惯取得。"《民法典》第 321 条第 2 款与《民法典》第 630 条各有分工，在买卖合同交付前后的孳息归属问题上，适用《民法典》第 630 条，其他情形则适用《民法典》第 321 条第 2 款，因此本题应适用《民法典》第 630 条。

5. 谁应承担 M 房屋的火灾损失？为什么？

答案： 应由甲承担。因为依据现行法，买卖合同的标的物风险负担，除非当事人另有约定，原则上自交付时移转，本题中房屋毁损发生于交付前，应由出卖人甲承担。

难度： 中

考点： 标的物风险负担

💡 命题与解题思路

本题考查的知识点是十分直白与明确的，即买卖合同中标的物的风险负担问题。对于该问题，考生只需要熟悉现行法的相关规则即可。《民法典》第 604 条规定："标的物毁损、灭失的风险，在标的物交付之前由出卖人承担，交付之后由买受人承担，但是法律另有规定或者当事人另有约定的除外。"该条确立了风险负担的一般规则——交付主义。《民法典》第 605 条以下就一些特殊情形下的风险负担问题作出了具体规定。考生在解题时首先需要判断是否构成《民法典》第 605 条以下的特殊情形，如果不构成，直接适用交付主义的一般规则即可。

答案解析：

《民法典》第 604 条规定："标的物毁损、灭失的风险，在标的物交付之前由出卖人承担，交付之后由买受人承担，但是法律另有规定或者当事人另有约定的除外。"该条确立了买卖合同标的物风险负担的一般规则——交付主义。据此，甲虽然将房屋出卖给庚，且已经办理了登记手续，但尚未交付，风险尚未移转，因此房屋毁损的风险由甲承担。

6. 谁有权享有 M 房屋火灾损失的保险金请求权？为什么？

答案： 庚享有请求权。因为依据《保险法》，保险标的转让的，保险标的的受让人承继被保险人的权利和义务。

难度：中

考点：财产保险合同

> **命题与解题思路**
>
> 保险合同是投保人与保险人约定保险权利义务关系的协议。保险合同是一种特殊合同类型，涉及投保人、保险人、被保险人、受益人等复杂法律关系主体，兼具私法与公法属性，由特别法加以调整。命题人在本题中试图考查考生对法律部门的交叉知识、基本理论与特殊规则的融合掌握能力，具有一定跨度和难度。不过，考生只要初步掌握《保险法》中有关保险合同的规则，尤其是对保险利益的附随性规则的理解，不难正确作答。

答案解析：

《保险法》第49条第1款规定："保险标的转让的，保险标的的受让人承继被保险人的权利和义务。"据此，<u>财产保险的保险利益与保险标的具有附随性，即保险标的的转移，基于保险标的的权利义务也随之转移</u>。结合本题，甲卖房前与某保险公司订立了保险合同（甲为被保险人），但随后甲将M房屋转让给庚，并办理了变更登记，完成了保险合同中保险标的的所有权转让，庚依法取得了房屋火灾保险合同中被保险人的地位，对保险标的（M房屋）具有保险利益，依法在火灾事故发生时，享有相关保险金的请求权，有权向某保险公司主张5万元的保险金，而甲因丧失被保险人地位而不享有该项请求权。

2016 年真题

一、试题（本题22分）

案情：

自然人甲与乙订立借款合同，其中约定甲将自己的一辆汽车作为担保物让与给乙。借款合同订立后，甲向乙交付了汽车并办理了车辆的登记过户手续。乙向甲提供了约定的50万元借款。

一个月后，乙与丙公司签订买卖合同，将该汽车卖给对前述事实不知情的丙公司并实际交付给了丙公司，但未办理登记过户手续，丙公司仅支付了一半购车款。某天，丙公司将该汽车停放在停车场时，该车被丁盗走。丁很快就将汽车出租给不知该车来历的自然人戊，戊在使用过程中因汽车故障送到己公司修理。己公司以戊上次来修另一辆汽车时未付修理费为由扣留该汽车。汽车扣留期间，己公司的修理人员庚偷开上路，违章驾驶撞伤行人辛，辛为此花去医药费2000元。现丙公司不能清偿到期债务，法院已受理其破产申请。

问题：

1. 甲与乙关于将汽车让与给债权人乙作为债务履行担保的约定效力如何？为什么？乙对汽车享有什么权利？

2. 甲主张乙将汽车出卖给丙公司的合同无效，该主张是否成立？为什么？

3. 丙公司请求乙将汽车登记在自己名下是否具有法律依据？为什么？

4. 丁与戊的租赁合同是否有效？为什么？丁获得的租金属于什么性质？
5. 己公司是否有权扣留汽车并享有留置权？为什么？
6. 如不考虑交强险责任，辛的 2000 元损失有权向谁请求损害赔偿？为什么？
7. 丙公司与乙之间的财产诉讼管辖应如何确定？法院受理丙公司破产申请后，乙能否就其债权对丙公司另行起诉并按照民事诉讼程序申请执行？

二、答案精讲

1. 甲与乙关于将汽车让与给债权人乙作为债务履行担保的约定效力如何？为什么？乙对汽车享有什么权利？

答案：
（1）有效。因为甲与乙关于将汽车让与给债权人乙作为债务履行担保的约定属于让与担保，性质上是《民法典》及其司法解释承认的非典型担保之一，是合法有效的。
（2）乙对汽车享有的是担保权而非所有权，具体的担保类型为让与担保。

难度： 难
考点： 让与担保

> **命题与解题思路**
>
> 本题涉及实践中十分常见的非典型担保形态——让与担保。第一小问涉及让与担保的合同效力，在《民法典》与《民法典担保制度解释》的背景下这一问题很好回答，因为《民法典》已经广泛认可非典型担保的效力。第二小问涉及让与担保合同签订后债权人取得了什么性质的权利，对此，《民法典担保制度解释》第 68 条已经作出了明确的规定，即债权人虽名义上取得了担保财产的所有权，但其法律地位是担保权人，而非所有权人。

答案解析：
本题中，从甲、乙之间的合同内容来看，涉及的是实践中常见的非典型担保类型之一——让与担保。《民法典担保制度解释》第 68 条也对让与担保作出了明确的规定。《民法典》第 388 条第 1 款规定："设立担保物权，应当依照本法和其他法律的规定订立担保合同。担保合同包括抵押合同、质押合同和其他具有担保功能的合同。担保合同是主债权债务合同的从合同。主债权债务合同无效的，担保合同无效，但是法律另有规定的除外。"据此，<u>通过"其他具有担保功能的合同"（《民法典》第 388 条第 1 款）这一概念，《民法典》广泛地认可了非典型担保的合法性与有效性</u>，因此甲、乙之间的让与担保合同也是有效的。

至于债权人乙通过让与担保取得了何种性质的权利，《民法典担保制度解释》第 68 条第 1 款规定："债务人或者第三人与债权人约定将财产形式上转移至债权人名下，债务人不履行到期债务，债权人有权对财产折价或者以拍卖、变卖该财产所得价款偿还债务的，人民法院应当认定该约定有效。当事人已经完成财产权利变动的公示，债务人不履行到期债务，债权人请求参照民法典关于担保物权的有关规定就该财产优先受偿的，人民法院应予支持。"据此可知，在让与担保的情形下，尽管债权人名义上取得了担保财产的所有权，但其法律地位实际上是担保权人，并非所有权人（名为所有权，实为担保权）。因此，尽管乙名义上享有汽车的所有权，但实质上乙是该车的担保权人，而非所有权人。

2. 甲主张乙将汽车出卖给丙公司的合同无效，该主张是否成立？为什么？

答案：不能成立。因为虽然乙将汽车出卖给丙公司的行为属于无权处分，但无权处分不影响买卖合同的效力，且本题中乙与丙之间的买卖合同也没有其他效力瑕疵事由，因此该合同是有效的。

难度：易

考点：合同的效力

> **命题与解题思路**
>
> 本题是上一题的逻辑延伸，结合让与担保这一交易结构考查合同的效力，尤其涉及无权处分对买卖合同的效力影响，难度不大。解题时，考生需在上一题的基础上，确认乙将汽车卖给丙公司，属于无权处分，而无权处分并不影响买卖合同的效力。

答案解析：

结合上一题的答案与解析可知，乙对汽车基于让与担保而享有担保权，进而可知，乙将汽车卖给丙公司属于无权处分。《民法典》第597条第1款规定："因出卖人未取得处分权致使标的物所有权不能转移的，买受人可以解除合同并请求出卖人承担违约责任。"据此，欠缺处分权不影响作为负担行为的买卖合同的效力，且乙与丙公司之间的汽车买卖合同并无其他效力瑕疵事由，因此该合同是有效的。

3. 丙公司请求乙将汽车登记在自己名下是否具有法律依据？为什么？

答案：有法律依据。因为乙与丙公司之间的汽车买卖合同有效，丙有权基于该买卖合同请求乙将汽车登记在自己名下。

难度：中

考点：买卖合同

> **命题与解题思路**
>
> 本题看似与特殊动产的物权变动相关，但是仔细分析后不难发现，其实考查的是汽车买卖合同的内容。一个有效的汽车买卖合同中出卖人的主给付义务包含两部分内容：其一，出卖人有义务交付汽车；其二，出卖人有义务办理汽车的过户登记。既然乙与丙公司之间的汽车买卖合同是有效的，丙公司直接依据汽车买卖合同请求乙将汽车登记在自己名下即可，无须以丙公司已经取得汽车所有权为前提。

答案解析：

结合上一题的答案与解析可知，乙与丙公司之间的汽车买卖合同是有效的，且基于该合同，<u>出卖人乙负有两层主给付义务：其一是交付汽车给丙，其二是将汽车过户登记到丙的名下</u>。既然汽车买卖合同是有效的，丙自然有权请求乙将汽车登记在自己名下，这与汽车是否已经交付无关，因为即使汽车尚未交付，丙也可以依据买卖合同先要求过户登记。

4. 丁与戊的租赁合同是否有效？为什么？丁获得的租金属于什么性质？

答案：

（1）有效，因为尽管丁不享有所有权或处分权，但是并不影响租赁合同的效力，且租赁合同也不存在其他效力瑕疵事由。

（2）其所得的租金属于不当得利。

难度： 中

考点： 合同的效力；不当得利

> **命题与解题思路**
>
> 本题有两个小问，第一小问涉及合同效力的判断，命题人要求考生判断无权占有人就标的物签订租赁合同时租赁合同的效力，考生只需要谨记租赁合同属于负担行为，与出租人是否有处分权无关即可轻松应对。第二小问涉及无权占有人就标的物获取的租金的法律性质，该租金属于法定孳息不难判断。现行法上无权占有人无权就标的物获取孳息，因此该租金属于不当得利，无权占有人无权保有。在此分析思路之下，本题即可得解。

答案解析：

本题中，丁盗走丙的汽车后，对丙的汽车构成无权占有。丁将汽车租给戊并取得租金。<u>租赁合同属于负担行为，参照《民法典》第597条第1款，其效力与出租人丁是否有处分权无关，因此丁与戊签订的租赁合同仍然是有效的。</u>而丁获取的租金属于法定孳息。《民法典》第460条规定："不动产或者动产被占有人占有的，权利人可以请求返还原物及其孳息；但是，应当支付善意占有人因维护该不动产或者动产支出的必要费用。"据此，无权占有人是无权保有该法定孳息的，因此对丁来说，该租金同时也是不当得利，需要返还给汽车的所有权人。

5. 己公司是否有权扣留汽车并享有留置权？为什么？

答案： 己公司无权扣留汽车并享有留置权。因为民事留置权的成立要求债权人留置的动产与债权属于同一法律关系。而在本题中，己公司的债权与留置的汽车并非属于同一法律关系，民事留置权的成立要件并不满足。

难度： 中

考点： 留置权

> **命题与解题思路**
>
> 本题是对留置权的成立问题的简单考查，难度不大。解题时考生首先需要判断本题的留置属于民事留置还是商事留置，因为二者对留置权成立的要求不同。由于本题留置权关系发生于己公司与自然人之间，因此属于民事留置。在此基础上，考生需要结合《民法典》关于民事留置权成立要件的规定进行分析，尤其是要结合《民法典》第448条审查债权人留置的动产与债权是否属于同一法律关系。

答案解析：

《民法典》第448条区分了民事留置与商事留置。本题中，留置关系发生于己公司与自然人之间，属于民事留置。对于民事留置权的成立，《民法典》第448条规定："债权人留置的动产，应当与债权属于同一法律关系，但是企业之间留置的除外。"据此，民事留置权成立的前提之一是债权人留置的动产与债权属于同一法律关系。本题中，己公司留置的是汽车，而己公司的债权则是另一辆汽车的维修费，二者之间并非同一法律关系，因此己公司无权扣留汽车并享有留置权。在说理表达方面，考生需要注意，由于本题的最终结论是留置权并不成立，因此考生只需否定民事留置权的1-2个成立要件即可。

6. 如不考虑交强险责任，辛的2000元损失有权向谁请求损害赔偿？为什么？

答案： 辛的2000元损失有权向庚与己公司请求损害赔偿，但己公司仅在自己的过错范围内承担相应的责任。因为依据现行法，庚未经允许驾驶机动车造成交通事故，此时庚作为汽车的使用人对辛的损害承担无过错的损害赔偿责任，己公司作为机动车的管理人对损害的发生有一定的过错，承担相应的赔偿责任。

难度： 难

考点： 机动车交通事故责任；用人者责任

> **命题与解题思路**
>
> 本题将机动车交通事故责任与用人者责任相结合进行考查，角度较为新颖，也增加了本题的难度。解题时考生需要结合《民法典》机动车交通事故责任的相关规定，明确本题属于其中的哪种事故类型。结合庚偷开车的事实不难分析出，本题属于未经允许驾驶他人机动车的情形（《民法典》第1212条），此时应由机动车使用人庚承担侵权责任，至于己公司是否需要为庚的侵权责任承担无过错的替代责任，则需要考生进一步结合《民法典》第1191条进行分析。此外，庚偷开车上路，己公司存在监督过失，作为机动车的管理人，己公司也应承担相应的侵权责任。按此思路，本题即可得解。

答案解析：

本题中，庚偷开汽车上路，违章驾驶撞伤行人辛，属于"未经允许驾驶他人机动车"的情形。《民法典》第1212条规定："未经允许驾驶他人机动车，发生交通事故造成损害，属于该机动车一方责任的，由机动车使用人承担赔偿责任；机动车所有人、管理人对损害的发生有过错的，承担相应的赔偿责任，但是本章另有规定的除外。"据此，庚作为机动车的使用人需要承担辛的损害赔偿责任。

不过需要进一步分析，对于庚的责任，是否需要由己公司承担替代责任。《民法典》第1191条第1款规定："用人单位的工作人员因执行工作任务造成他人损害的，由用人单位承担侵权责任。用人单位承担侵权责任后，可以向有故意或者重大过失的工作人员追偿。"据此，庚作为己公司的修理人员，偷开汽车上路的，其并未执行己公司的工作任务，且其行为与其本职工作相去甚远，对其交通事故侵权行为，己公司无须承担替代责任。

不过，尽管己公司无须替庚承担责任，但对于庚偷开车上路，己公司也有管理与监督方面的疏忽，有一定过错，依据《民法典》第1212条，己公司作为当时汽车的管理人应承担相应的赔偿责任。

戊是汽车的承租人，但是交通事故发生时该车处于送修的状态，由己公司控制管理着，戊对汽车并无直接的控制和占有，该交通事故的发生与戊并无法律上的关联，更不用谈其是否有过错，因此戊的责任是不成立的。

综上，辛的2000元损失有权向庚以及己公司主张赔偿，但己公司仅承担其过错范围内的责任份额，庚则对剩余全部损害承担赔偿责任。

7. 丙公司与乙之间的财产诉讼管辖应如何确定？法院受理丙公司破产申请后，乙能否就其债权对丙公司另行起诉并按照民事诉讼程序申请执行？

答案：

（1）丙公司与乙之间的财产诉讼应该由受理破产案件的人民法院管辖。

（2）法院受理丙公司破产申请后，乙应当申报债权，如果对于债权有争议，可以向受理破产申请的人民法院提起诉讼，但不能按照民事诉讼程序申请执行。

难度： 难

考点： 破产案件的管辖

> **命题与解题思路**
>
> 本题命题人直接考查破产诉讼纠纷的管辖制度，偏重程序法问题，综合性过于宽泛，对考生答题制造较大困难。解题时如能熟知《企业破产法》相关法条，也能正确作答。

答案解析： 根据《企业破产法》第21条规定，人民法院受理破产申请后，有关债务人的民事诉讼，只能向受理破产申请的人民法院提起。本题题干交代"现丙公司不能清偿到期债务，法院已受理其破产申请"，因此丙公司与乙之间的财产诉讼管辖，应该由受理破产案件的人民法院管辖。又根据《企业破产法》第19条规定，人民法院受理破产申请后，有关债务人财产的保全措施应当解除，执行程序应当中止。故而，法院受理丙公司破产申请后，乙应当在人民法院确定的债权申报期限内向管理人申报债权，如果对于债权有争议，可以向受理破产申请的人民法院提起诉讼。在法院受理破产申请后，破产程序应优先于普通民事诉讼、执行程序，因此有关债务人的保全措施应当解除，执行程序应当中止，所以乙不能按照民事诉讼程序申请执行。

2015年真题

一、试题（本题21分）

案情：

甲欲出卖自家的房屋，但其房屋现已出租给张某，租赁期还剩余1年。甲将此事告知张某，张某明确表示，以目前的房价自己无力购买。

甲的同事乙听说后，提出购买。甲表示愿意，但需再考虑细节。乙担心甲将房屋卖与他人，提出草签书面合同，保证甲将房屋卖与自己，甲同意。甲、乙一起到房屋登记机关验证房屋确实登记在甲的名下，且所有权人一栏中只有甲的名字，双方草签了房屋预购合同。

后双方签订正式房屋买卖合同约定：乙在合同签订后的5日内将购房款的三分之二通过银行转账给甲，但甲须提供保证人和他人房屋作为担保；双方还应就房屋买卖合同到登记机关办理预告登记。

甲找到丙作为保证人，并用丁的房屋抵押。丁与乙签订了抵押合同并办理了抵押登记，但并没有约定担保范围。甲乙双方办理了房屋买卖合同预告登记，但甲忘记告诉乙房屋出租情况。

此外，甲的房屋实际上为夫妻共同财产，甲自信妻子李某不会反对其将旧房出卖换大房，事先未将出卖房屋的事情告诉李某。李某知道后表示不同意。但甲还是瞒着李某与乙办理了房屋所有权转移登记。

2年后，甲与李某离婚，李某认为当年甲擅自处分夫妻共有房屋造成了自己的损失，要求赔偿。甲抗辩说，赔偿请求权已过诉讼时效。

问题：

1. 在本案中，如甲不履行房屋预购合同，乙能否请求法院强制其履行？为什么？
2. 甲未告知乙有租赁的事实，应对乙承担什么责任？
3. 如甲不按合同交付房屋并转移房屋所有权，预告登记将对乙产生何种保护效果？
4. 如甲在预告登记后又与第三人签订房屋买卖合同，该合同是否有效？为什么？
5. 如甲不履行合同义务，在担保权的实现上乙可以行使什么样的权利？担保权实现后，甲、丙、丁的关系如何？
6. 甲擅自处分共有财产，其妻李某能否主张买卖合同无效？是否可以主张房屋过户登记为无效或者撤销登记？为什么？
7. 甲对其妻李某的请求所提出的时效抗辩是否成立？为什么？

二、答案精讲

> **1. 在本案中，如甲不履行房屋预购合同，乙能否请求法院强制其履行？为什么？**

答案： 不能。因为房屋预购合同属于预约合同，依据现行法，其主要的内容是将来签订本约，预约合同的债务属于不适于强制履行的债务，因此一方不履行预约合同，相对方可以主张违约损害赔偿，但不得请求法院强制其履行。

难度： 中

考点： 预约合同；继续履行责任

> 💡 **命题与解题思路**
>
> 本题将预约合同与违约责任中的继续履行责任联系在一起考查，涉及的其实是预约合同这一考点中的核心知识点，即预约合同中的债务可否强制履行。解题时，考生首先需要结合房屋预购合同的内容以及后续签订正式房屋买卖合同的事实，识别出房屋预购合同属于预约合同。在此基础上结合预约合同的相关知识储备展开进一步分析，此时尤其需要注意：预约合同的主要内容是在将来一定期限内订立本约，因此预约合同的债权债务内容是不适合强制履行的。换言之，考生在解题时需要将《民法典》第495条的内容与《民法典》第580条的内容串联起来。

答案解析：

《民法典》第 495 条第 1 款规定："当事人约定在将来一定期限内订立合同的认购书、订购书、预订书等，构成预约合同。"据此，甲、乙之间的房屋预购合同签订过程中的"草签""但需再考虑细节"等表述，以及后续二人正式签订房屋买卖合同的事实表明，房屋预购合同的内容就是将来签订正式的房屋买卖合同，因此，甲、乙之间的房屋预购合同属于预约合同。预约合同的主要内容是将来一定期限内签订本约，因此，<u>预约合同是通过签订本约的行为来履行的，该履行行为具有人身性，属于《民法典》第 580 条第 1 款中债务的标的不适于强制履行的情形，因此预约合同的一方不履行签订本约的义务，另一方不得请求法院强制履行</u>。《民法典》第 495 条第 2 款规定："当事人一方不履行预约合同约定的订立合同义务的，对方可以请求其承担预约合同的违约责任。"这里的违约责任并不包括继续履行责任。

2. 甲未告知乙有租赁的事实，应对乙承担什么责任？

答案：甲应对乙承担违约责任。因为基于有效的租赁合同，甲应说明买卖标的物上有权利负担的事实而未说明，违反了合同义务，并且使乙遭受损失，符合违约责任的构成要件。

难度：中

考点：买卖合同；违约责任的构成

> **命题与解题思路**
>
> 本题的设问似乎带有开放性，因为命题人并未明确限定对乙承担何种性质的责任，但是结合甲与乙之间存在有效的房屋买卖合同关系这一事实可知，甲应对乙承担的大概率就是违约责任。考生在解题时首先需要明确甲与乙之间存在何种合同，在此基础上结合违约责任的构成要件进行分析，重点说明甲的违约行为以及乙因甲的违约行为而遭受损失。需要指出的是，买卖合同中出卖人的权利瑕疵担保责任是一种特殊的违约责任，在说理时直接使用违约责任的表述即可。

答案解析：

《民法典》第 612 条规定："出卖人就交付的标的物，负有保证第三人对该标的物不享有任何权利的义务，但是法律另有规定的除外。"据此，甲在订立正式房屋买卖合同之时并未告知买受人乙该房屋尚在租赁期间，存在租赁权负担的事实，使得该房屋存在权利瑕疵，出卖人甲应承担权利瑕疵担保责任，该责任属于违约责任的特殊类型，因此也可表达为甲应对乙承担违约责任。

3. 如甲不按合同交付房屋并转移房屋所有权，预告登记将对乙产生何种保护效果？

答案：依据现行法，预告登记后，甲再处分房屋的，不产生物权效力。即乙对房屋的交付请求权具有物权性效力，能限制后续的房屋处分行为。

难度：中

考点：预告登记

> 💡 **命题与解题思路**
>
> 预告登记是不动产登记的主要类型之一，本题考查的是预告登记的限制处分效力，这也是预告登记这一考点中的核心知识点。预告登记有所有权预告登记、抵押权预告登记等多种类型，本题所涉及的是所有权预告登记，尽管学理上对于所有权预告登记区分了限制处分效力、顺位效力、对抗强制执行的效力等，但是主观题考试中，通常涉及所有权预告登记的效力问题时，除非有特别的说明，考生仅需围绕限制处分效力作答即可。对于所有权预告登记的限制处分效力，考生需要注意《民法典》第221条采取的立法技术，即在物权层面对预告登记的不动产施加绝对的处分限制，即"未经预告登记的权利人同意，处分该不动产的，不发生物权效力"，不过，预告登记并无债权层面的效力。

答案解析：

预告登记的制度目的在于保护取得不动产物权的债权在未来能够真正实现，基于这一制度目的，《民法典》第221条第1款赋予了预告登记限制物权处分的效力。该款规定："当事人签订买卖房屋的协议或者签订其他不动产物权的协议，为保障将来实现物权，按照约定可以向登记机构申请预告登记。预告登记后，未经预告登记的权利人同意，处分该不动产的，不发生物权效力。"据此可知，预告登记后，甲再处分房屋的，不产生物权效力，乙对房屋的交付请求权具有物权性效力，能限制后续的房屋处分行为。

> **4. 如甲在预告登记后又与第三人签订房屋买卖合同，该合同是否有效？为什么？**

答案： 预告登记后，甲与第三人签订的房屋买卖合同有效，只是不发生物权变动的效力，如果甲不履行，将对第三人承担违约责任。

难度： 中

考点： 预告登记；合同的效力

> 💡 **命题与解题思路**
>
> 本题是上一题的进一步延伸，命题人从另一个角度考查预告登记的限制处分效力，难度不大。解答本题时，考生只需要牢牢抓住《民法典》第221条第1款中的立法技术：既然预告登记所具有的是限制物权处分的效力，那么预告登记的效力是发生在物权层面的，并不发生于债权层面，明确了这一点，那本题就只是对一房二卖时第二份房屋买卖合同效力的判断，这一问题就不难回答了。

答案解析：

结合第三题的答案与解析，《民法典》第221条第1款赋予了预告登记限制物权处分的效力，这意味着预告登记的效力在物权层面发生，其并无债权层面的效力。结合本题可得出的进一步推论是，预告登记与否并不影响甲与第三人签订的房屋买卖合同的效力。与此同时，如甲在预告登记后又与第三人签订房屋买卖合同，形成一房多卖的局面，各个房屋买卖合同若无其他的效力瑕疵事由，都是有效的。本题中，甲与第三人签订的房屋买卖合同并无其他效力瑕疵事由，因此是有效的。

5. 如甲不履行合同义务，在担保权的实现上乙可以行使什么样的权利？担保权实现后，甲、丙、丁的关系如何？

答案：
（1）如果甲不履行合同义务，乙可以选择请求丙承担保证责任，或者选择请求实现丁提供的房屋抵押权，但丙作为一般保证人享有先诉抗辩权。
（2）丙或丁承担了担保责任以后都有权向债务人甲追偿，但丙与丁之间不得互相追偿。
难度： 难
考点： 共同担保

> **命题与解题思路**
>
> 共同担保是担保制度里的重点与难点，考生需要重点复习。本题设有两个小问，分别涉及共同担保里的两个问题：其一，债权人实现担保权时的顺序问题；其二，担保人承担担保责任以后的追偿问题。考生在答题时需要区分两个小问，分别作答。对于债权人实现担保权时的顺序问题，考生不妨遵循以下思路：首先看有没有当事人的特别约定，如果没有则看有没有债务人提供的物保，若有则优先实现，在第三人提供的担保之间债权人可以自由选择，但如果涉及一般保证人，则其享有先诉抗辩权。对于担保人承担担保责任以后的追偿问题，担保人承担担保责任以后均可向债务人追偿，但原则上担保人之间不得互相追偿，除非符合《民法典担保制度解释》第13条规定的几种法定可追偿的情形。此外，需要指出的是，在共同担保这一考点中，由于涉及的当事人较多（债权人、债务人、担保人），法律关系较为复杂，考生在平时的复习以及解题时都需要重点关注自己的说理与表达。

答案解析：
本题中，甲的债务之上存在两个担保：（1）丙提供的保证。由于题干里没有明确交代保证的方式，依据《民法典》第686条应推定为一般保证。（2）丁提供的房屋抵押权。由此形成了共同担保。从本题的设问方式看，本题共有两个小问，分别涉及两个层次的问题，第一小问涉及债权人乙按照何种顺序实现担保权，第二小问则涉及担保人承担担保责任以后如何追偿。

关于债权人乙按照何种顺序实现担保权的问题。《民法典》第392条规定："被担保的债权既有物的担保又有人的担保的，债务人不履行到期债务或者发生当事人约定的实现担保物权的情形，债权人应当按照约定实现债权；没有约定或者约定不明确，债务人自己提供物的担保的，债权人应当先就该物的担保实现债权；第三人提供物的担保的，债权人可以就物的担保实现债权，也可以请求保证人承担保证责任。提供担保的第三人承担担保责任后，有权向债务人追偿。"该条尽管规定的是物保+人保的混合共同担保的情形，但也应适用于其他共同担保的情形，不论是混合共同担保也好还是其他共同担保也好，相关规则是一样的，并没有刻意区分的必要。本题涉及第三人提供的一般保证+第三人提供的物保，当事人没有对担保权的实现顺序作出约定，债权人有权自由选择。因此，乙有权选择请求丙承担保证责任，乙也可以请求实现丁提供的房屋抵押权，但丙作为一般保证人享有先诉抗辩权。

关于担保人承担担保责任以后如何追偿的问题。依据《民法典》第392条的最后一句，不论是丙还是丁，承担了担保责任以后都有权向债务人甲追偿。至于丙和丁之间能否互相追偿，则需要结合《民法典担保制度解释》第13条进行分析。该条规定："同一债务有两个以上第三人提供担保，担保人之间约定相互追偿及分担份额，承担了担保责任的担保人请求其他担保人按照约定分担份额的，人民法院应予支持；担保人之间约定承担连带共同担保，或者约定相互追偿但是未约定分担份额的，各担保人按照比例分担向债务人不能追偿的部分。同一债务有两个以上第三人提供担保，担保人之间未对相互追偿作出约定且未约定承担连带共同担保，但是各担保人在同一份合同书上签字、盖章或者按指印，承担了担保责任的担保人请求其他担保人按照比例分担向债务人不能追偿部分的，人民法院应予支持。除前两款规定的情形外，承担了担保责任的担保人请求其他担保人分担向债务人不能追偿部分的，人民法院不予支持。"据此，<u>原则上担保人之间不能互相追偿，除非满足几种法定情形</u>：（1）担保人之间约定相互追偿；（2）担保人之间约定承担连带共同担保；（3）各担保人在同一份合同书上签字、盖章或者按指印。本题中，丙与丁并不符合这里的三种法定可追偿情形，因此丙、丁之间不能互相追偿。

> **6. 甲擅自处分共有财产，其妻李某能否主张买卖合同无效？是否可以主张房屋过户登记为无效或者撤销登记？为什么？**

答案：

（1）不得主张无效。因为依据现行法，即使没有处分权，也不影响买卖合同的效力，且该买卖合同并无其他效力瑕疵事由。

（2）不可以主张房屋登记过户为无效。因为尽管甲无权处分，但与乙之间约定了合理的价格，并且已经办理了转移登记，乙可以善意取得房屋所有权，该登记是有效的。

难度： 中

考点： 合同的效力；善意取得

💡 命题与解题思路

本题共有两个小问。第一小问涉及夫妻一方擅自处分夫妻共有财产时的买卖合同效力，考生首先需要结合夫妻共同财产的处分规则识别出甲的处分属于无权处分，在此基础上直接结合《民法典》第597条的规定展开进一步分析。依据该条，无权处分不影响作为负担行为的买卖合同的效力。第二小问表面上是考不动产登记的知识点，但考生切勿被这一表象迷惑。仔细分析后不难发现，李某能否主张房屋过户登记为无效或者撤销登记，取决于乙是否已经取得了房屋所有权。若乙已经取得了房屋所有权，则该过户登记是有效的，李某自然无权主张其无效或撤销登记，反之则李某可以主张过户登记无效或者请求撤销登记。因此，考生需要拨开迷雾确认第二小问的真实考查意图：乙能否善意取得房屋所有权。对此问题，结合《民法典》第311条关于善意取得的构成要件进行分析即可。

答案解析：

本题中，甲处分的房屋属于夫妻共同财产，依据《民法典》第301条，对于夫妻共同财产的处分需要全体共有人的同意，因此甲擅自处分属于无权处分。《民法典》第597条第1款规定："因出卖人未取得处分权致使标的物所有权不能转移的，买受人可以解除合同并请求出卖人承担违约责任。"<u>该条确认了负担行为与处分行为的区分，欠缺处分权并不影响作</u>

为负担行为的买卖合同的效力，并且甲乙之间的房屋买卖合同也没有其他效力瑕疵。因此，甲与乙的房屋买卖合同是有效的，李某不能主张甲乙之间的房屋买卖合同无效。

李某是否可以主张房屋过户登记为无效或者撤销登记，取决于乙能否善意取得房屋所有权。《民法典》第311条第1款规定："无处分权人将不动产或者动产转让给受让人的，所有权人有权追回；除法律另有规定外，符合下列情形的，受让人取得该不动产或者动产的所有权：（一）受让人受让该不动产或者动产时是善意；（二）以合理的价格转让；（三）转让的不动产或者动产依照法律规定应当登记的已经登记，不需要登记的已经交付给受让人。"据此，乙查阅房屋登记簿发现所有权人仅有甲一人，其对房屋属于夫妻共同财产并不知情，是善意的，甲、乙双方约定了合理的价格且已经办理了转移登记，乙符合善意取得的构成要件，可以取得房屋所有权，因此该房屋的转移登记是合法有效的，李某自然不能主张房屋转移登记为无效或者撤销登记。

> **7. 甲对其妻李某的请求所提出的时效抗辩是否成立？为什么？**

答案：不成立。因为李某对甲的请求权的诉讼时效尚未届满，甲无权提出时效抗辩。

难度：中

考点：诉讼时效期间

> 💡 **命题与解题思路**
>
> 本题将夫妻间离婚时的财产处理问题与诉讼时效制度结合起来，考查角度较为新颖。2015年适用的是旧的诉讼时效制度，普通诉讼时效期间是2年，因此当年该题是有一定难度的，需要结合婚姻关系存续作为诉讼期间中止事由这一学理通行见解，才能得到准确解答。但是由于《民法典》第188条将普通诉讼时效由过去的两年延长至三年，本题的难度就小了很多，因为很明显诉讼时效期间尚未届满。

答案解析：

《民法典》第188条规定："向人民法院请求保护民事权利的诉讼时效期间为三年。法律另有规定的，依照其规定。诉讼时效期间自权利人知道或者应当知道权利受到损害以及义务人之日起计算。法律另有规定的，依照其规定。但是，自权利受到损害之日起超过二十年的，人民法院不予保护，有特殊情况的，人民法院可以根据权利人的申请决定延长。"本题中，李某对甲的请求权适用的是《民法典》第188条规定的普通诉讼时效期间，即3年。而离婚发生于2年以后，很显然尚未过3年的诉讼时效期间，因此甲自然无权提出诉讼时效抗辩。

2014年真题

一、试题（本题22分）

案情：

2月5日，甲与乙订立一份房屋买卖合同，约定乙购买甲的房屋一套（以下称01号房），价格80万元。并约定，合同签订后一周内乙先付20万元，交付房屋后付30万元，办理过户登记后付30万元。

2月8日，丙得知甲欲将该房屋出卖，表示愿意购买。甲告其已与乙签订合同的事实，丙说愿出90万元。于是，甲与丙签订了房屋买卖合同，约定合同签订后3日内丙付清全部房款，同时办理过户登记。2月11日，丙付清了全部房款，并办理了过户登记。

2月12日，当乙支付第一笔房款时，甲说：房屋已卖掉，但同小区还有一套房屋（以下称02号房），可作价100万元出卖。乙看后当即表示同意，但提出只能首付20万元，其余80万元向银行申请贷款。甲、乙在原合同文本上将房屋相关信息、价款和付款方式作了修改，其余条款未修改。

乙支付首付20万元后，恰逢国家出台房地产贷款调控政策，乙不再具备贷款资格。故乙表示仍然要买01号房，要求甲按原合同履行。甲表示01号房无法交付，并表示第二份合同已经生效，如乙不履行将要承担违约责任。乙认为甲违约在先。3月中旬，乙诉请法院确认甲丙之间的房屋买卖合同无效，甲应履行2月5日双方签订的合同，交付01号房，并承担迟延交付的违约责任。甲则要求乙继续履行购买02号房的义务。

3月20日，丙聘请不具备装修资质的A公司装修01号房。装修期间，A公司装修工张某因操作失误将水管砸坏，漏水导致邻居丁的家具等物件损坏，损失约5000元。

5月20日，丙花3000元从商场购买B公司生产的热水器，B公司派员工李某上门安装。5月30日，李某从B公司离职，但经常到B公司派驻丙所住小区的维修处门前承揽维修业务。7月24日，丙因热水器故障到该维修处要求B公司维修，碰到李某。丙对李某说：热水器是你装的，出了问题你得去修。维修处负责人因人手不够，便对李某说：那你就去帮忙修一下吧。李某便随丙去维修。李某维修过程中操作失误致热水器毁损。

问题：

1. 01号房屋的物权归属应当如何确定？为什么？
2. 甲、丙之间的房屋买卖合同效力如何？考察甲、丙之间合同效力时应当考虑本案中的哪些因素？
3. 2月12日，甲、乙之间对原合同修改的行为的效力应当如何认定？为什么？
4. 乙的诉讼请求是否应当得到支持？为什么？
5. 针对甲要求乙履行购买02号房的义务，乙可主张什么权利？为什么？
6. 邻居丁所遭受的损失应当由谁赔偿？为什么？
7. 丙热水器的毁损，应由谁承担赔偿责任？为什么？

二、答案精讲

1. 01号房屋的物权归属应当如何确定？为什么？

答案：01号房屋的所有权人已经由甲变为丙。因为尽管存在一物多卖以及丙知情的事实，但一物多卖以及丙知情都不是买卖合同的效力瑕疵事由，甲、丙之间的买卖合同有效，并且已经于2月11日办理了过户登记手续，即完成了不动产物权的公示行为，不动产物权发生变动，即由原所有权人甲变更为丙。

难度：易

考点：登记及其法律效果

> **命题与解题思路**
>
> 本题以01号房一房多卖的事实为基础考查考生对基于法律行为的物权变动的理解，难度不大。一物多卖在法考中较为常见，考生需要注意：一物多卖本身并非买卖合同的效力瑕疵事由，买受人是否知情也不是买卖合同的效力瑕疵事由，因此如果没有其他的效力瑕疵事由，数个买卖合同都是有效的。可能有的考生会认为，第二买受人知情时会与出卖人构成恶意串通，这一理解是错误的，知情本身并不等同于恶意串通，双方还需要有进一步的合谋侵害第三人合法权益的情形，才可能构成恶意串通。至于一物多卖下的物权变动问题，则看哪个买受人先完成公示（动产交付或不动产登记）。

答案解析：

本题中，甲先后就01号房与乙、丙二人都签订了房屋买卖合同，构成一房二卖，两个房屋买卖合同互相兼容，均有效。需要注意的是，尽管丙明知甲已经与乙签订了房屋买卖合同，这一情节本身并不构成效力瑕疵，因此，<u>单纯的知情还不足以构成恶意串通</u>。《民法典》第209条第1款规定："不动产物权的设立、变更、转让和消灭，经依法登记，发生效力；未经登记，不发生效力，但是法律另有规定的除外。"据此，2月11日甲与丙办理了过户登记，丙就取得了01号房的所有权。

> 2. 甲、丙之间的房屋买卖合同效力如何？考察甲、丙之间合同效力时应当考虑本案中的哪些因素？

答案：

（1）甲、丙之间于2月8日形成的房屋买卖合同是有效的合同。

（2）考察甲、丙之间合同效力时应当考虑本案中的以下因素：

第一，甲与丙存在一房二卖的行为，但该行为不属于违背公序良俗的行为，也不违反法律、行政法规的强制性规定，不是房屋买卖合同的效力瑕疵事由；

第二，丙对甲与乙的房屋买卖合同是知情的，这一因素并不构成恶意串通，因为其不以损害乙的权利为目的，因此丙的知情并非甲与丙房屋买卖合同的效力瑕疵事由。

难度： 中

考点： 合同的效力

> **命题与解题思路**
>
> 本题与第一题高度相关，甚至存在不少重复之处，因为判断01号房的所有权归属时，甲与丙房屋买卖合同的效力也是核心问题之一。本题共设两小问，第一小问回答不难，结合第一题的答案，甲丙之间的买卖合同应该是有效的。本题的第二小问具有一定的开放性。从当年公布的参考答案来看，一方面，考生需要结合一房二卖的事实因素，审查是否存在无效事由，包括是否违反公序良俗原则，是否违反法律、行政法规的强制性规定，明确其是否为房屋买卖合同的效力瑕疵事由。另一方面，考生也需要考查甲、丙之间的合同是否构成恶意串通，因为题干中明确提及丙知晓甲与乙之间的房屋买卖合同，需要分析这一知情因素是否构成恶意串通，进而明确丙的知情是否属于甲、丙房屋买卖合同的效力瑕疵事由。

答案解析：

一物多卖是市场经济公平竞争机制下的常见现象，其本身并没有违法性，因此甲、丙之间签订的房屋买卖合同并未违反公序良俗原则，也并未违反法律、行政法规中的强制性规定，其并非房屋买卖合同的效力瑕疵事由。此外，本题题干中明确交代丙知晓甲与乙之间的房屋买卖合同，需要分析这一知情的情节是否构成恶意串通。《民法典》第154条规定："行为人与相对人恶意串通，损害他人合法权益的民事法律行为无效。"据此，丙虽然知道第一买受人乙，但是丙并没有与甲串通损害乙的意图，并不构成恶意串通。因此，丙的知情不构成恶意串通，并非房屋买卖合同的效力瑕疵事由，甲与丙的房屋买卖合同是有效的。

3. 2月12日，甲、乙之间对原合同修改的行为的效力应当如何认定？为什么？

答案： 属于合同的变更，双方受变更后的合同的约束。因为2月12日，甲、乙之间存在修改合同的行为，修改了标的物、价款以及价款的支付方式，该行为是双方真实意思的体现，是有效的。

难度： 难

考点： 合同的变更

> **命题与解题思路**
>
> 合同的变更在法考主观题考试中并不常见，本题围绕这一考点展开。在本题中，命题人要求考生分析2月12日甲与乙之间修改合同的行为，据此考生应重点结合题干中对应的事实部分，分析双方这一行为的法律性质。就合同的变更这一知识点本身而言，考生需要注意，一方面，合同的变更需要当事人双方达成有效的且明确的合意，合同一方当事人无权变更合同；另一方面，合同变更的具体内容包括标的物、履行条件、价款、争议解决方式等，合同变更发生后，双方均受变更后的合同约束，任何一方都无权再基于原合同主张权利。

答案解析：

《民法典》第543条规定："当事人协商一致，可以变更合同。"该条规定了合同的变更。合同的变更是指合同未丧失同一性的前提下发生内容的改变，合同所附的利益与瑕疵、债权担保及抗辩原则上一并延续。本题中，2月12日，甲与乙将01号房买卖合同变为02号房买卖合同，同时对买卖价款、价款的支付方式等合同条款也作出了调整，双方达成了有效且明确的变更合同的合意，据此，甲、乙双方之间的原房屋买卖合同发生合同变更，双方均受变更后的合同约束，任何一方都无权再基于原合同主张权利。

4. 乙的诉讼请求是否应当得到支持？为什么？

答案：

（1）乙提出确认甲、丙关于01号房的买卖合同无效的请求不能得到支持。因为甲与丙之间的01号房买卖合同是有效的，一房二卖与丙知情都不是效力瑕疵事由。

（2）乙提出甲履行原01号房的买卖合同，交付房屋并承担01号房买卖合同违约责任的请求不能得到支持。因为乙与甲通过协商变更了合同，甲与乙关于01号房的买卖合同已经变更为02号房的买卖合同，01号房买卖合同已经被取代，乙无权再主张原合同的履行，也无权再基于原合同主张违约责任。

难度：难

考点：合同的效力；合同的变更

> 💡 **命题与解题思路**
>
> 本题考查对乙的各项诉讼请求是否应得到支持，因此解题时需要先厘清乙的诉讼请求有几项。结合题干，乙的诉讼请求包括三项：（1）确认甲、丙关于01号房的买卖合同无效；（2）请求甲履行原01号房的买卖合同，交付房屋；（3）承担01号房买卖合同的违约责任。第一个诉讼请求的答案其实在第二题中已经回答了，后两个诉讼请求虽然相互独立，但是在解题说理时可以放在一起说理，因为后两个诉讼请求能不能得到支持，取决于甲、乙之间合同变更的法律效果，具体涉及原合同与变更后合同的关系，尤其是乙作为当事人能否再基于原合同主张继续履行以及违约责任。考生需要准确把握合同变更的基本原理，存在有效的合同变更时，当事人无权再基于原合同主张权利。

答案解析：

结合题干，乙共有三项诉讼请求：（1）确认甲、丙关于01号房的买卖合同无效；（2）请求甲履行原01号房的买卖合同，交付房屋；（3）承担01号房买卖合同的违约责任。由于后两个诉讼请求是否能得到支持，都与合同的变更规则相关，可以合并分析。

先分析第一个诉讼请求。结合第二题的答案与解析，不论是一房二卖还是丙知情，都不是甲、丙房屋买卖合同的效力瑕疵事由，甲与丙之间关于01号房的买卖合同是有效的，那么乙自然就无权请求确认甲与丙关于01号房的买卖合同无效。乙的第一个诉讼请求不能得到支持。

再分析后两个诉讼请求。结合《民法典》第543条，甲与乙之间关于原01号房的买卖合同已经发生了有效的合同变更，被02号房买卖合同所取代，这意味着甲、乙仅受变更后的02号房买卖合同的约束，而不再受原合同，即01号房买卖合同的约束，乙自然无权依据原01号房买卖合同请求甲交付房屋，并承担违约责任。

> **5. 针对甲要求乙履行购买02号房的义务，乙可主张什么权利？为什么？**

答案：乙可请求解除合同，请求甲返还收受的购房款及其利息，且无需承担违约责任。因为乙失去贷款资格是恰逢国家出台房地产贷款调控政策这一不可归责于当事人的不可抗力导致，致使02号房买卖合同不能继续履行，依据现行法，乙有权解除合同，并请求甲返还已经收受的购房款及其利息，同时乙有权基于不可抗力免除违约责任。

难度：中

考点：情势变更

> 💡 **命题与解题思路**
>
> 本题以实践中十分常见的按揭贷款买房为基础事实，考查商品房买卖合同的解除及其法律效果。本题的解答需要考生熟悉商品房买卖相关司法解释的规定。如果考生熟悉《商品房买卖合同解释》第19条的规定，本题即可迎刃而解。不过，即使考生不熟悉该

条的内容，也可以直接结合《民法典》合同编中关于合同法定解除的一般性规定进行分析。解答本题的关键在于：一方面，考生需要识别"恰逢国家出台房地产贷款调控政策"这一因素，在法律上属于不可抗力；另一方面，考生需要具体分析该不可抗力对合同履行的影响。尽管题干中并未明确指明，但可以大致上确定，乙丧失贷款资格后将导致商品房买卖合同不能履行，其合同目的已无法实现。

答案解析：

对于需要贷款购房的当事人而言，在商品房买卖合同中明确约定全部或部分购房款通过贷款的方式获取，是实践中十分常见的现象。本题中，乙与甲就02号房的买卖明确约定：100万元购房款中的80万元向银行申请贷款。《商品房买卖合同解释》第19条规定："商品房买卖合同约定，买受人以担保贷款方式付款、因当事人一方原因未能订立商品房担保贷款合同并导致商品房买卖合同不能继续履行的，对方当事人可以请求解除合同和赔偿损失。因不可归责于当事人双方的事由未能订立商品房担保贷款合同并导致商品房买卖合同不能继续履行的，当事人可以请求解除合同，出卖人应当将收受的购房款本金及其利息或者定金返还买受人。"据此，恰逢国家出台房地产贷款调控政策，乙失去贷款资格，进而导致02号房买卖合同不能继续履行，此时未能订立商品房担保贷款合同并非当事人的事由所致，因此买受人乙有权请求解除合同，并请求甲返还已经收受的本金及其利息。

此外，国家出台房地产贷款调控政策这一客观情况符合不可抗力的"三不"要求（《民法典》第180条），因此即使乙解除合同，甲也无权请求乙承担违约责任。

即使考生对《商品房买卖合同解释》第19条较为陌生，本题也可以通过《民法典》合同编的合同法定解除规则展开分析。《民法典》第563条第1款规定："有下列情形之一的，当事人可以解除合同：（一）因不可抗力致使不能实现合同目的；（二）在履行期限届满前，当事人一方明确表示或者以自己的行为表明不履行主要债务；（三）当事人一方迟延履行主要债务，经催告后在合理期限内仍未履行；（四）当事人一方迟延履行债务或者有其他违约行为致使不能实现合同目的；（五）法律规定的其他情形。"本题中，国家出台房地产贷款调控政策，这一客观事实属于不可抗力，导致乙丧失贷款资格，02号房买卖合同不能继续履行，合同目的无法实现，乙有权解除合同。对于解除合同的法律效果，《民法典》第566条第1款规定："合同解除后，尚未履行的，终止履行；已经履行的，根据履行情况和合同性质，当事人可以请求恢复原状或者采取其他补救措施，并有权请求赔偿损失。"据此，乙解除合同后，有权请求甲返还收受的购房款及其利息。

6. 邻居丁所遭受的损失应当由谁赔偿？为什么？

答： 应当由A公司赔偿，丙在其过错范围内承担相应的赔偿责任。因为张某基于过错对丁实施了侵权行为，且张某是A公司的工作人员，其侵权行为是在执行职务时实施的，应由A公司承担替代责任。丙作为定作人聘请没有装修资质的承揽人A公司进屋装修，具有过错，也应在过错范围内对丁的损失承担相应的赔偿责任。

难度： 中

考点： 用人者责任；定作人责任

> **命题与解题思路**
>
> 侵权法上的用人者责任历来是主观题考试的重要考点，本题中，命题人将用人者责任中用人单位的责任与定作人责任融合在一起考查，有一定难度。在解题时，考生需要在思路上考虑两个层次的问题：第一个层次，定作人丙与承揽人A公司之间的责任如何分配，对此考生需要结合《民法典》第1193条定作人责任规则进行分析，本题中，损害是由承揽人A公司导致，关于定作人是否需要承担责任，《民法典》第1193条奉行的是过错责任原则，即定作人对定作、指示或者选任有过错时，承担相应的责任；第二个层次是对于承揽人一方的责任，究竟是具体的侵权行为人张某承担，还是用人单位A公司承担，对此考生就需要结合《民法典》第1191条第1款展开分析，在符合该条的前提条件时，用人单位需要对其工作人员造成的损害承担无过错的替代责任。

答案解析：

本题中，张某因操作失误将水管砸坏，漏水导致邻居丁的家具等物件损坏，损失约5000元，张某的侵权责任显然是成立的。需要考虑的是这一侵权责任是张某自己承担还是其工作单位A公司承担。《民法典》第1191条第1款规定："用人单位的工作人员因执行工作任务造成他人损害的，由用人单位承担侵权责任。用人单位承担侵权责任后，可以向有故意或者重大过失的工作人员追偿。"据此，张某作为A公司的工作人员，是在执行工作任务的过程中导致丁财产损害的，因此应当由用人单位A公司承担无过错的替代责任。因此，丁的损失应由A公司承担。

在此基础上还需要分析的是，丙是否需要对丁的损失负责。丙与A公司之间订立了承揽合同。《民法典》第1193条规定："承揽人在完成工作过程中造成第三人损害或者自己损害的，定作人不承担侵权责任。但是，定作人对定作、指示或者选任有过错的，应当承担相应的责任。"据此，丙聘请不具备装修资质的A公司装修01号房，这一事实表明丙作为定作人具有选任承揽人的过错，应对丁的损害承担相应的责任。综上，邻居丁所遭受的损失应当由A公司赔偿，丙在其过错范围内承担相应的赔偿责任。

在说理与表达上，建议考生表达两层意思：先结合《民法典》第1191条第1款，说明A公司应为张某的侵权行为承担替代责任。在此基础上结合《民法典》第1193条分析定作人丙在过错范围内的相应的赔偿责任。此外，考生在表述时应重点注意"替代责任""在过错范围内承担相应的赔偿责任"这样的表述。

> **7. 丙热水器的毁损，应由谁承担赔偿责任？为什么？**

答案：答案一： 应由B公司承担。从合同的角度，尽管李某没有代理权，但享有代理权外观，相对方丙是善意的，且被代理人B公司存在可归责性，李某的行为构成表见代理，B公司与丙之间存在有效的维修合同。尽管李某实施了违约行为，但违约责任应由B公司承担。

答案二： 应由B公司承担。从侵权的角度，因为李某基于过错导致丙的热水器损害，但李某经维修处负责人指派，保有B公司工作人员的外观，在执行工作任务时实施该侵权行为，应由B公司承担替代责任。

难度： 中

考点：表见代理；用人者责任

> **命题与解题思路**
>
> 本题关于丙热水器毁损的责任承担问题，有两条可行的路径：合同路径与侵权路径，结合当年公布的参考答案，考生在二者中择其一回答即可。从合同路径来看，本题涉及的是表见代理问题，因为丙热水器的毁损由谁来承担赔偿责任，取决于丙与B公司之间是否存在有效的维修合同，而丙与B公司之间是否存在有效的维修合同，取决于李某的缔约行为是否构成表见代理。在此基础上，考生结合《民法典》第172条以及表见代理的构成要件加以分析即可得出明确的结论。从侵权路径来看，尽管本题中实施具体事实侵权行为的人是李某，但其受B公司指派而执行B公司的工作任务，考生需要结合《民法典》第1191条分析是否由B公司承担无过错的替代责任。

答案解析：

本题并未限定丙热水器毁损责任的性质，因此本题的解答可以分别从合同与侵权两个路径展开，考生择一回答即可。

合同路径：李某对丙热水器的维修行为表明李某以B公司的名义与丙订立了维修合同，该维修行为导致的损害由何人承担，取决于该维修合同是否有效。而结合本题，李某在维修丙热水器的时候已经从B公司离职，因此李某的缔约行为属于无权代理行为，维修合同是否有效取决于李某的无权代理行为是否构成表见代理。《民法典》第172条规定："行为人没有代理权、超越代理权或者代理权终止后，仍然实施代理行为，相对人有理由相信行为人有代理权的，代理行为有效。"据此，表见代理的构成要件有：(1)代理人欠缺代理权；(2)代理人存在代理权外观；(3)被代理人具有可归责性；(4)相对方善意。结合本题，李某已经离职，其并无B公司的代理权，但是对外李某仍保有B公司职员的外观，且维修处负责人作出让李某实施维修行为的表示，让李某获得了缔结维修合同的代理权外观，且该代理权外观可归责于B公司，对李某代理权缺失的事实丙并不知情，其为善意，因此，李某的无权代理行为符合表见代理的构成要件，由此B公司与丙之间缔结了有效的热水器维修合同，因李某的维修行为操作失误导致热水器毁损，应由B公司向丙承担违约责任。

侵权路径：本题中，李某维修过程中操作失误致热水器毁损，李某对丙的侵权责任显然是成立的，但需要考虑的是该侵权责任是由李某自行承担还是由B公司承担。《民法典》第1191条第1款规定："用人单位的工作人员因执行工作任务造成他人损害的，由用人单位承担侵权责任。用人单位承担侵权责任后，可以向有故意或者重大过失的工作人员追偿。"据此，李某尽管离职了，但B公司维修处负责人指派李某去维修，李某实施维修行为实际上是在完成B公司的工作任务，李某也一直保有着B公司职员的外观，在此维修过程中导致丙热水器毁损，应由B公司承担无过错的替代责任。

综上，不论采用合同路径还是侵权路径，都应由B公司承担丙热水器毁损的赔偿责任。

2013 年真题

一、试 题（本题 22 分）

案情：

大学生李某要去 A 市某会计师事务所实习。此前，李某通过某租房网站租房，明确租房位置和有淋浴热水器两个条件。张某承租了王某一套二居室，租赁合同中有允许张某转租的条款。张某与李某联系，说明该房屋的位置及房屋里配有高端热水器。李某同意承租张某的房屋，并通过网上银行预付了租金。

李某入住后发现，房屋的位置不错，卫生间也较大，但热水器老旧不堪，不能正常使用，屋内也没有空调。另外，李某了解到张某已拖欠王某 1 个月的租金，王某已表示，依租赁合同的约定要解除与张某的租赁合同。

李某要求张某修理热水器，修了几次都无法使用。再找张某，张某避而不见。李某只能用冷水洗澡并因此感冒，花了一笔医疗费。无奈之下，李某去 B 公司购买了全新电热水器，B 公司派其员工郝某去安装。在安装过程中，找不到登高用的梯子，李某将张某存放在储藏室的一只木箱搬进卫生间，供郝某安装时使用。安装后郝某因有急事未按要求试用便离开，走前向李某保证该热水器可以正常使用。李某仅将该木箱挪至墙边而未搬出卫生间。李某电话告知张某，热水器已买来装好，张某未置可否。

另外，因暑热难当，李某经张某同意，买了一部空调安装在卧室。

当晚，同学黄某来 A 市探访李某。黄某去卫生间洗澡，按新装的热水器上的提示刚打开热水器，该热水器的接口处迸裂，热水喷溅不止，黄某受到惊吓，摔倒在地受伤，经鉴定为一级伤残。另外，木箱内装的贵重衣物，也被热水器喷出的水流浸泡毁损。

问题：

1. 由于张某拖欠租金，王某要解除与张某的租赁合同，李某想继续租用该房屋，可以采取什么措施以抗辩王某的合同解除权？
2. 李某的医疗费应当由谁承担？为什么？
3. 李某是否可以更换热水器？李某更换热水器的费用应当由谁承担？为什么？
4. 李某购买空调的费用应当由谁承担？为什么？
5. 对于黄某的损失，李某、张某是否应当承担赔偿责任？为什么？
6. 对于黄某的损失，郝某、B 公司是否应当承担赔偿责任？为什么？
7. 对于张某木箱内衣物浸泡受损，李某、B 公司是否应当承担赔偿责任？为什么？

二、答案精讲

> **1. 由于张某拖欠租金，王某要解除与张某的租赁合同，李某想继续租用该房屋，可以采取什么措施以抗辩王某的合同解除权？**

答案： 次承租人李某可以请求代承租人张某支付其欠付出租人王某的租金和违约金，以抗辩王某的合同解除权。

难度：中

考点：租赁合同

> **命题与解题思路**
>
> 本题的提问方式带有开放性，不过命题人所考查的是第三人代为履行规则，难度不大。考生在解题时需要注意，《民法典》第524条规定了一般性的第三人代为履行规则，而在租赁合同这一章里，《民法典》第719条专门为次承租人规定了代为履行规则。本题适用《民法典》第719条即可，考生只要熟悉这个条文，本题即可轻松应对。

答案解析：

由于张某与王某之间的租赁合同允许承租人张某转租，因此张某与李某的转租合同对出租人王某有拘束力。《民法典》第719条第1款规定："承租人拖欠租金的，次承租人可以代承租人支付其欠付的租金和违约金，但是转租合同对出租人不具有法律约束力的除外。"该条规定了次承租人的代为履行。据此，张某作为承租人拖欠租金时，李某作为次承租人有权代张某支付其租金和违约金，以对抗王某解除租赁合同的请求。对于李某代为履行的请求，王某无权拒绝。

> **2. 李某的医疗费应当由谁承担？为什么？**

答案：应由张某（出租人）承担。因为基于有效的租赁合同，张某有提供热水（热水器）的义务，张某违反该义务，致李某损失，应由张某承担违约损害赔偿责任。

难度：中

考点：租赁合同；违约责任

> **命题与解题思路**
>
> 本题是对转租合同的违约责任的考查，需要考生结合违约责任的相关规定进行判断。解答本题时，考生首先需要确认张某与李某之间的转租合同的主要内容，特别是张某是否有义务提供热水器。在此基础上结合违约责任的构成要件进行判断。此外，本题需要秉持合同的相对性原则，李某的转租合同是与张某签订的，并非与王某签订，因此李某无权请求王某承担违约责任。

答案解析：

本题中，张某与李某之间签订了房屋转租合同，同时张某承诺该房屋里配有高端热水器，这一内容应构成双方转租合同的组成部分，因此，张某有义务为李某提供热水器。但事实上张某所提供的热水器老旧不堪，不能正常使用，且张某拒绝安装合格的热水器，由此导致了李某只能洗冷水澡并因此而感冒。《民法典》第577条规定："当事人一方不履行合同义务或者履行合同义务不符合约定的，应当承担继续履行、采取补救措施或者赔偿损失等违约责任。"据此，张某的行为已经违反了转租合同并造成了李某的损害，李某有权向张某主张医疗费的违约损害赔偿责任。

3. 李某是否可以更换热水器？李某更换热水器的费用应当由谁承担？为什么？

答案：

（1）李某可以更换热水器。

（2）应当由张某承担。因为基于有效的租赁合同，张某作为出租人应当按照约定将租赁物交付承租人，应当履行租赁物的维修义务。依据现行法，承租人李某可以自行维修，维修费用由出租人张某负担。

难度： 中

考点： 租赁合同

> **命题与解题思路**
>
> 本题是对租赁合同中维修义务的简单考查，难度不大。解题时，考生需要识别本题中更换热水器涉及的问题其实是租赁合同中租赁物的维修问题。本题的核心问题在于明确租赁合同中租赁物的维修义务由哪一方负担。如果能明确这一点，本题即可得到正确解答。

答案解析：

《民法典》第712条规定："出租人应当履行租赁物的维修义务，但是当事人另有约定的除外。"《民法典》第713条第1款规定："承租人在租赁物需要维修时可以要求出租人在合理期限内维修。出租人未履行维修义务的，承租人可以自行维修，维修费用由出租人负担。因维修租赁物影响承租人使用的，应当相应减少租金或者延长租期。"据此，热水器老旧不堪，不能正常使用，需要维修。该维修义务应由张某承担，张某不履行维修义务的话，李某可以维修或更换热水器，相应的费用应由张某承担。

4. 李某购买空调的费用应当由谁承担？为什么？

答案： 应由李某承担。因为承租人李某经出租人张某同意装饰装修，但未就费用负担作特别约定，故承租人不得请求出租人补偿费用。

难度： 中

考点： 租赁合同

> **命题与解题思路**
>
> 本题涉及的是租赁合同中一个较为细节性的问题，即租赁物的装饰装修问题。解题时考生需要把握，一方面，租赁物的装饰装修需要经出租人同意；另一方面，装饰装修所新增之物的成本负担原则上由承租人自行承担，除非当事人另有约定。

答案解析：

《民法典》第715条规定："承租人经出租人同意，可以对租赁物进行改善或者增设他物。承租人未经出租人同意，对租赁物进行改善或者增设他物的，出租人可以请求承租人恢复原状或者赔偿损失。"据此，经张某同意，李某有权购买空调并加以安装，但双方并未就空调的费用负担问题作出特别约定，应由承租人自行承担空调的费用。

5. 对于黄某的损失，李某、张某是否应当承担赔偿责任？为什么？

答案：李某与张某均不应当承担赔偿责任。因为李某与黄某之间并无合同，李某不需要承担违约损害赔偿责任；对于黄某的损失，李某亦无过错，不需要承担侵权责任。故李某不应承担赔偿责任。张某与黄某之间并无合同，张某不需要承担违约损害赔偿责任；对于黄某的损失，张某并无过错，不需要承担侵权责任。故张某不应承担赔偿责任。

难度：难

考点：违约责任的构成；侵权责任的基本构成要件

💡 **命题与解题思路**

本题的设问方式具有开放性，考生不宜仅从违约或侵权单一的角度展开分析。换言之，本题较为综合地考查违约责任与侵权责任的构成要件，难度虽不大，但考生容易思考不完整。与此同时，由于本题的说理部分需要对李某、张某分别从违约与侵权的角度进行分析，相应的说理内容较长，表达起来也存在困难。解题时，考生需要就李某与张某分别从违约与侵权两个角度去论证其责任是否成立。

答案解析：

由于本题的设问并未明确指明责任的性质，因此在分析时需要兼顾违约责任与侵权责任。与此同时，由于本题明确问李某与张某二人的责任是否成立，因此也需要将二人分开分别进行说理分析。

（1）李某是否需要对黄某的损失承担违约责任？违约责任以有效的合同为前提。本题中，李某与黄某之间并无合同关系，因此，李某无须对黄某的损失承担违约责任。

（2）李某是否需要对黄某的损失承担侵权责任？《民法典》第1165条第1款规定："行为人因过错侵害他人民事权益造成损害的，应当承担侵权责任。"据此，李某对于黄某的损失并不存在过错，允许黄某在自家卫生间洗澡本身并不能被评价为有过错。

（3）张某是否需要对黄某的损失承担违约责任？本题中，黄某与张某之间并不存在合同关系，因此，张某无须对黄某的损失承担违约责任。

（4）张某是否需要对黄某的损失承担侵权责任？本题中，张某对黄某的损失并不存在过错，黄某的损失也与张某无法律上的因果关系，因此张某的侵权责任并不成立。张某无须对黄某的损失承担侵权责任。

综上，李某与张某均无须对黄某的损失承担损害赔偿责任。

6. 对于黄某的损失，郝某、B公司是否应当承担赔偿责任？为什么？

答案：

（1）郝某不应当承担赔偿责任。因为郝某是B公司的工作人员，其侵权行为是在执行B公司的工作任务时实施的，应由用人单位B公司承担替代责任，因此郝某不需要承担侵权责任。

（2）B公司应当承担赔偿责任。因为热水器是缺陷产品，缺陷产品造成损害，被侵权人黄某既可向产品的生产者请求赔偿，也可向产品的销售者请求赔偿，因此B公司作为销售者需要承担侵权责任。

难度：难

考点：用人者责任；产品责任

> **命题与解题思路**
>
> 本题从设问内容来看，涉及两种特殊侵权类型。就郝某是否承担责任来说，涉及用人者责任；就 B 公司是否承担责任来说，属于产品责任。总体而言，本题有一定难度。考生解答本题时需要区分郝某与 B 公司分别进行分析，二者涉及的侵权类型和法律依据都有所不同。对于郝某的责任，侧重于分析是否应由 B 公司承担无过错的替代责任；对于 B 公司的责任承担，则应侧重于分析产品责任的构成。

答案解析：

尽管本题的参考答案并未分别从违约与侵权的角度展开说理（未与第五题保持一致），此处为了考虑的全面性，从违约与侵权两个角度对郝某与 B 公司的责任展开分析。

（1）郝某是否需要对黄某的损失承担违约责任？本题中，郝某与黄某之间并无合同关系，因此，对于黄某的损失，郝某无须承担违约责任。

（2）郝某是否需要对黄某的损失承担侵权责任？本题中，郝某作为 B 公司的员工在安装热水器以后有急事未按要求试用便离开，存在过错，基于该过错，导致热水器的质量缺陷没有被及时发现。不过，郝某的行为属于在执行 B 公司的工作任务。《民法典》第 1191 条第 1 款规定："用人单位的工作人员因执行工作任务造成他人损害的，由用人单位承担侵权责任。用人单位承担侵权责任后，可以向有故意或者重大过失的工作人员追偿。"据此，应由 B 公司为郝某承担无过错的替代责任，郝某无需对黄某的损失承担赔偿责任。

（3）B 公司是否需要对黄某的损失承担违约责任？本题中，黄某与 B 公司之间并无合同关系，因此，对于黄某的损失，B 公司无须承担违约责任。

（4）B 公司是否需要对黄某的损失承担侵权责任？《民法典》第 1203 条第 1 款规定："因产品存在缺陷造成他人损害的，被侵权人可以向产品的生产者请求赔偿，也可以向产品的销售者请求赔偿。"据此，黄某按新装的热水器上的提示刚打开热水器，该热水器的接口处迸裂，热水喷溅不止，这说明安装的热水器是有质量缺陷的。对此，黄某有权请求热水器的销售者 B 公司承担无过错的产品责任。

综上，对于黄某的损失，郝某无须承担赔偿责任，而 B 公司需要承担无过错的产品责任。

---

7. 对于张某木箱内衣物浸泡受损，李某、B 公司是否应当承担赔偿责任？为什么？

答案：

（1）李某不应承担赔偿责任。因为李某对衣物受损并无过错，不符合侵权责任的构成要件。

（2）B 公司应承担赔偿责任。因为依据现行法，缺陷产品的侵权责任由生产者或销售者承担，因此 B 公司作为销售者应对张某衣物受损承担侵权责任。

难度：中

考点：违约责任的构成；侵权责任的基本构成要件；产品责任

> **命题与解题思路**
>
> 本题其实是对第五题与第六题的重复考查，对于李某考查的是侵权责任的基本构成要件，而对于B公司则仍然在考查产品责任。考生在解题时需要将李某与B公司分开回答与说理。

答案解析：

尽管本题的参考答案并未分别从违约与侵权的角度展开说理（未与第五题保持一致），此处为了考虑的全面性，从违约与侵权两个角度对李某与B公司的责任展开分析。

（1）对于张某木箱内衣物浸泡受损，李某是否需要承担违约责任？张某与李某之间虽有房屋转租合同，但张某木箱内衣物浸泡受损并非李某的违约行为所致，因此，李某违约责任不成立。

（2）对于张某木箱内衣物浸泡受损，李某是否需要承担侵权责任？依据《民法典》第1165条第1款，对于张某木箱内衣物浸泡受损，李某并无过错，其侵权责任亦并不成立。

（3）对于张某木箱内衣物浸泡受损，B公司是否需要承担违约责任？本题中，张某与B公司之间并无合同关系，因此，B公司违约责任不成立。

（4）对于张某木箱内衣物浸泡受损，B公司是否需要承担侵权责任？《民法典》第1203条第1款规定："因产品存在缺陷造成他人损害的，被侵权人可以向产品的生产者请求赔偿，也可以向产品的销售者请求赔偿。"本题中，黄某打开热水器后，热水器的接口处迸裂，热水喷溅不止，说明B公司销售的热水器有质量瑕疵，基于该瑕疵，张某木箱内衣物才会浸泡受损，因此，B公司需要向张某承担无过错的产品责任。

综上，对于张某木箱内衣物浸泡受损，李某不应承担赔偿责任，B公司应承担赔偿责任。

2012年真题

一、试题（本题22分）

案情：

信用卡在现代社会的运用越来越广泛。设甲为信用卡的持卡人，乙为发出信用卡的银行，丙为接受信用卡消费的百货公司。甲可以凭信用卡到丙处持卡消费但应于下个月的15日前将其消费的款项支付给乙；丙应当接受甲的持卡消费，并于每月的20日请求乙支付甲消费的款项，2012年3月，甲消费了5万元，无力向乙还款。甲与乙达成协议，约定3个月内还款，甲将其1间铺面房抵押给乙，并作了抵押登记，应乙的要求，甲为抵押的铺面房向丁保险公司投了火灾险，并将其对保险公司的赔偿请求权转让给了己。2012年4月，甲与张某签订借款意向书，约定甲以铺面房再作抵押向张某借款5万元，用于向乙还款。后因甲未办理抵押登记，张某拒绝提供借款。2012年7月，因甲与邻居戊有矛盾，戊放火烧毁了甲的铺面房。在保险公司理赔期间，己的债权人庚向法院申请冻结了保险赔偿请求权。

问题：

1. 2012年3月之前，甲与乙之间存在什么法律关系？乙与丙之间存在什么法律关系？甲与丙之间存在什么法律关系？

2. 丙有权请求乙支付甲消费的款项但不得请求甲支付其消费的款项，其法律含义是什么？乙可否以甲不支付其消费款项为理由，拒绝向丙付款？为什么？

3. 如甲不向乙支付其消费的款项，乙可以主张什么权利？如乙不向丙支付甲消费的款项，丙可以主张什么权利？

4. 如丙拒绝接受甲持卡消费，应由谁主张权利？可以主张什么权利？为什么？

5. 张某拒绝向甲提供借款是否构成违约？为什么？

6. 甲的抵押铺面房被烧毁之后，届期无力还款，乙可以主张什么权利？

7. 甲将保险请求权转让给己，己的债权人庚向法院申请冻结该保险赔偿请求权，对乙抵押权有什么影响？为什么？

二、答案精讲

📖 命题总体思路

本题题干精短，看似简单，实则将无名合同、物权、侵权与保险法的知识点结合起来考查，有一定的难度。考生只有熟练掌握合同、物权、侵权与保险法的相关知识才能准确作答。

1. 2012年3月之前，甲与乙之间存在什么法律关系？乙与丙之间存在什么法律关系？甲与丙之间存在什么法律关系？

答案：

（1）甲持卡在丙处消费，由乙向丙付款，这是一种无名合同关系，参照委托合同的规定处理。甲应依其消费金额向乙还款，甲乙之间还形成借款合同法律关系（或形成还款关系）。

（2）丙负有接受符合条件的持卡人的消费，即丙受乙的委托向第三人（消费者）为给付，有与第三人订立合同的义务，这是一种类似于委托的关系（或无名合同关系）。乙在丙完成对第三人的给付之后，丙有要求乙付款的权利。

（3）甲与丙之间构成买卖合同关系。

难度： 难

考点： 合同的类型

💡 命题与解题思路

信用卡消费是日常生活中十分常见的法律现象，命题人以此为切入点要求考生分析信用卡消费中相关主体之间的合同关系的类型，有一定难度。根据本题的提问方式，考生需要分别对2012年3月之前甲乙、乙丙以及甲丙之间的合同类型进行分析。考生需要结合当事人之间的具体权利义务内容来判断各自的法律关系性质。

答案解析：

甲乙之间的合同关系属于信用卡合同，该合同是现行法并未规定的无名合同，从当事人的权利义务内容看，甲可以基于信用卡合同持卡在丙处消费，而乙则有义务替甲支付款项。

这一权利义务的构造十分类似于委托合同，《民法典》第 919 条规定："委托合同是委托人和受托人约定，由受托人处理委托人事务的合同。"《民法典》第 467 条第 1 款规定："本法或者其他法律没有明文规定的合同，适用本编通则的规定，并可以参照适用本编或者其他法律最相类似合同的规定。"据此，甲乙之间的合同关系属于无名合同，适用《民法典》合同编通则部分的规定，并且可以参照委托合同的相关规定。此外，甲应依其消费金额向乙还款，从这一内容来看，甲乙之间也有关于借款合同的内容。

对于乙丙之间的法律关系，从双方的权利义务内容来看，丙负有接受符合条件的持卡人的消费，即丙受乙的委托向第三人（消费者）为给付，有与第三人订立合同的义务，这仍然是一种无名合同，但与委托合同具有相似性。乙在丙完成对第三人的给付之后，丙有要求乙付款的权利。

甲与丙之间的法律关系较为简单，甲在丙百货公司消费，通常订立的是买卖合同。

2. 丙有权请求乙支付甲消费的款项但不得请求甲支付其消费的款项，其法律含义是什么？乙可否以甲不支付其消费款项为理由，拒绝向丙付款？为什么？

答案：

（1）甲在丙处的消费的付款义务，由乙承担。这是就将来可确定的债务，甲与乙订立债务承担协议。而且是经债权人同意的免责的债务承担，即免责的由乙承担，丙不得向甲主张权利。

（2）乙不可以甲不付款为理由拒绝向丙付款。因为甲与乙、乙与丙之间的债的关系是独立的，而且债务承担具有无因性。

难度： 难

考点： 债务移转

> **命题与解题思路**
>
> 本题有两问，考查的是债务承担（债务移转）与合同的相对性原理。本题的考查方式较为灵活，考生乍一看可能难以确定本题的考查意图。考生需要将本题的内容和现行法上的相关规则对应起来进行仔细比对分析才能确认本题所涉的知识点。就第一问而言，当事人的交易安排是由第三人来承担债务人甲的债务，属于债务承担的构造。就第二问而言，需要结合债务承担的无因性才能得到更加顺畅的理解。

答案解析：

债务承担可以分为免责的债务承担与并存的债务承担。免责的债务承担是指债务人经债权人同意，将其债务全部转移给第三人，由第三人向债权人清偿，原债务人退出债务关系。在本题中，丙有权请求乙支付甲消费的款项但不得请求甲支付其消费的款项，其实质即是乙与甲签订免责的债务承担协议且债权人丙同意。关于免责的债务承担，其法律效果有：（1）在免责的债务承担中，原债务人退出债务关系，承担人成为新债务人对债务负责；（2）学理上认为，免责的债务承担合同具有无因性，即只要债务承担合同有效，债务承担人承担债务的基础原因无效、不成立或者被撤销的，不能作为承担人的抗辩事由而向债权人主张。据此，乙不可以甲不支付其消费款项为由拒绝向丙付款。

3. 如甲不向乙支付其消费的款项，乙可以主张什么权利？如乙不向丙支付甲消费的款项，丙可以主张什么权利？

答案：
（1）如甲不向乙支付其消费的款项，乙可以向甲主张违约责任。
（2）如乙不向丙支付甲消费的款项，丙可以向乙主张违约责任。
难度： 易
考点： 合同相对性；违约责任

> **命题与解题思路**
>
> 本题结合合同的相对性原理考查违约责任，难度不大。解答本题时，考生需要紧密结合合同的相对性原理，尤其是厘清乙与谁存在有效的合同关系，进而在此基础上分析相应的违约责任。

答案解析：
由第一问可知，甲与乙之间形成借款合同法律关系，如甲不向乙支付其消费的款项即构成违约，乙可以要求甲支付其消费的款项和利息；

同理，乙与丙之间形成一种无名合同关系或类似委托合同的法律关系，当乙不向丙支付甲消费的款项时，乙即构成违约，应向丙支付甲消费的款项及利息。

4. 如丙拒绝接受甲持卡消费，应由谁主张权利？可以主张什么权利？为什么？

答案： 应当由乙主张权利。乙可以依据其与丙之间的委托关系对丙主张不履行合同的违约责任。因为在乙和丙之间存在一种无名合同关系或者类似于委托合同的法律关系，当丙拒绝接受甲的信用卡消费时，对乙即构成不履行债务的违约责任，并且合同具有相对性，甲并非合同的当事人，不能向丙主张权利。
难度： 易
考点： 合同相对性；违约责任

> **命题与解题思路**
>
> 本题同样是结合违约责任考查考生对合同相对性的理解，难度不大。考生在解题时只需要紧扣合同的相对性原理，厘清丙与何人存在有效的合同关系以及丙的行为违反了哪个合同，本题即可得到准确回答。

答案解析：
通过第一题的分析可知，在乙与丙之间存在一种无名合同关系或者类似委托合同的法律关系，即丙有义务接受合格持卡人的消费，丙拒绝接受甲的持卡消费属于违约行为。结合合同的相对性原理，甲并非合同当事人，所以只能由乙而非甲向丙主张不履行合同的违约责任。

5. 张某拒绝向甲提供借款是否构成违约？为什么？

答案： 不构成违约。因为依据现行法，自然人之间的借款合同属于实践性合同，自贷款人提供借款时成立。张某未提供借款，所以借款合同不成立，张某不构成违约。

难度：易

考点：借款合同

> 💡 **命题与解题思路**
>
> 本题看似考查违约责任，但实际上是围绕借款合同这一典型合同展开，有一定的迷惑性。解答本题时，考生需要把握自然人之间借款合同的特殊性质。现行法将自然人之间的借款合同设计为实践性合同，自贷款人提供借款时成立。考生可以据此判断张某与甲之间是否存在有效的借款合同，进而结合违约责任的相关知识分析张某是否构成违约。

答案解析：

《民法典》第 679 条规定："自然人之间的借款合同，自贷款人提供借款时成立。"据此可知，<u>自然人之间的借款合同属于实践性合同</u>。本题中，对于张某与甲之间的借款合同，张某并未向甲提供借款，所以借款合同尚未成立。违约责任以合同有效为前提，张某与甲之间的借款合同未成立，自然更不会有违约责任，因此张某拒绝向甲提供借款的行为不构成违约。

6. 甲的抵押铺面房被烧毁之后，届期无力还款，乙可以主张什么权利？

答案：乙可以就甲对丁的保险赔偿金和甲对戊的损害赔偿金主张优先受偿权。乙也可以对戊行使基于抵押权的损害赔偿请求权。

难度：中

考点：担保物权的物上代位；侵权责任的基本构成要件

> 💡 **命题与解题思路**
>
> 本题的设问方式带有开放性，这样的设问方式也是在提醒考生要打开思路，从不同的角度去思考乙可以主张的权利。解题时，一方面，考生可以从侵权的角度出发，因为戊的侵权行为也侵害了乙的抵押权，而抵押权也是侵权法保护的合法民事权益，因此乙有主张侵权责任的空间；另一方面，因为题干里明确提到了保险赔偿，考生也可以从担保物权的物上代位性出发分析。

答案解析：

先从担保物权的物上代位性分析。《民法典》第 390 条规定："担保期间，担保财产毁损、灭失或者被征收等，担保物权人可以就获得的保险金、赔偿金或者补偿金等优先受偿。被担保债权的履行期限未届满的，也可以提存该保险金、赔偿金或者补偿金等。"据此，戊放火烧毁了甲的铺面房，甲对戊享有侵权损害赔偿请求权，同时甲对丁保险公司享有保险金赔偿请求权，抵押权人乙有权就甲对丁的保险赔偿金和甲对戊的损害赔偿金主张优先受偿权。

再从侵权的角度分析。《民法典》第 1165 条第 1 款规定："行为人因过错侵害他人民事权益造成损害的，应当承担侵权责任。"该条款中的"民事权益"也包括抵押权。据此，戊放火烧毁了甲的铺面房，不仅侵害了甲的房屋所有权，也侵害了乙的抵押权，并造成了乙的损失，符合侵权责任的构成要件，乙有权请求戊承担相应的侵权损害赔偿。

7. 甲将保险请求权转让给己，己的债权人庚向法院申请冻结该保险赔偿请求权，对乙抵押权有什么影响？为什么？

答案：没有影响。因为在甲的铺面房设定抵押后，甲将保险赔偿请求权转让给己，基于抵押权的追及效力，不影响抵押权的效力。己的债权人庚向法院申请冻结该保险赔偿请求权，基于抵押权的优先性，不影响抵押权的效力。

难度：中

考点：物权的优先效力

命题与解题思路

本题的设计较为巧妙，用开放式的设问考查考生对物权优先效力的理解。本题中乙的抵押权设立在先，保险请求权转让在后。通过抵押权的优先效力可以顺畅解释其与保险赔偿请求权的关系。

答案解析：

本题中，乙对商铺的抵押权设立在先，保险赔偿请求权的转让发生在后。乙对商铺的抵押权已经登记公示，产生了优先效力，其可以对抗庚，这意味着己的债权人庚向法院申请冻结该保险赔偿请求权，不影响乙的抵押权的效力。

2011 年真题

一、试 题 （本题 19 分）

案情：

甲公司从某银行贷款 1200 万元，以自有房产设定抵押，并办理了抵押登记。经书面协议，乙公司以其价值 200 万元的现有的以及将有的生产设备、原材料、半成品、产品为甲公司的贷款设定抵押，没有办理抵押登记。后甲公司届期无力清偿贷款，某银行欲行使抵押权。法院拟拍卖甲公司的房产。甲公司为了留住房产，与丙公司达成备忘录，约定："由丙公司参与竞买，价款由甲公司支付，房产产权归甲公司。"丙公司依法参加竞买，以 1000 万元竞买成功。甲公司将从子公司筹得的 1000 万元交给丙公司，丙公司将这 1000 万元交给了法院。法院依据竞拍结果制作民事裁定书，甲公司据此将房产过户给丙公司。

法院裁定书下达次日，甲公司、丙公司与丁公司签约："甲公司把房产出卖给丁公司，丁公司向甲公司支付 1400 万元。合同签订后 10 日内，丁公司应先付给甲公司 400 万元，尾款待房产过户到丁公司名下之后支付。甲公司如果在合同签订之日起半年之内不能将房产过户到丁公司名下，则丁公司有权解除合同，并请求甲公司支付违约金 700 万元，甲公司和丙公司对合同的履行承担连带责任。"

在甲公司、丙公司与丁公司签订房产买卖合同的次日，丙公司与戊公司签订了房产买卖合同。丙公司以 1500 万元的价格将该房产卖给戊公司，尚未办理过户手续。丁公司见状，拒绝履行支付 400 万元首付款的义务，并请求甲公司先办理房产过户手续，将房产过户到丁公司名下。甲公司则要求丁公司按约定支付 400 万元房产购置首付款。鉴于各方僵持不下，半年后，丙公司索性把房产过户给戊公司，并拒绝向丁公司承担连带责任。经查，在甲公司、丙公司和丁公司签订合同后，当地房地产市场价格变化不大。

问题：

1. 乙公司以其现有的及将有的生产设备等动产为甲公司的贷款设立的抵押是否成立？为什么？

2. 某银行是否必须先实现甲公司的房产的抵押权，后实现乙公司的现有的及将有的生产设备等动产的抵押权？为什么？

3. 甲公司与丙公司达成的备忘录效力如何？为什么？

4. 丙公司与戊公司签订房产买卖合同效力如何？为什么？

5. 丁公司是否有权拒绝履行支付 400 万元的义务？为什么？

6. 丁公司是否有权请求甲公司在自己未支付 400 万元首付款的情况下先办理房产过户手续？为什么？

7. 丁公司能否解除房产买卖合同？为什么？

8. 丙公司能否以自己不是合同的真正当事人为由拒绝向丁公司承担连带责任？为什么？

9. 甲公司可否请求法院减少违约金数额？为什么？

二、答案精讲

命题总体思路

房屋买卖合同纠纷由于集中体现了合同效力与物权变动规则的密切关联，而成为法考命题人所青睐的案型，本题即为典型。此类案型看似错综复杂，但只要明晰各方主体间的法律关系，具备对物权变动规则与债权效力规则的区分评判意识，不难抽丝剥茧，正确应答。

1. 乙公司以其现有的及将有的生产设备等动产为甲公司的贷款设立的抵押是否成立？为什么？

答案： 成立。因为依据现行法，动产抵押权自抵押合同生效时设立，登记仅为对抗要件。本题中，乙公司与银行之间已经订立有效的抵押合同。

难度： 易

考点： 动产抵押

命题与解题思路

本题是对动产抵押权设立规则的简单考查：解题时，考生只需要注意：不论是普通的动产抵押还是动产浮动抵押，都属于动产抵押，其设立规则都是适用《民法典》第 403 条。如果能认识到这一点，本题即可轻松应对。

答案解析：

《民法典》第 403 条规定："以动产抵押的，抵押权自抵押合同生效时设立；未经登记，不得对抗善意第三人。"这里的动产抵押包括普通的动产抵押，也包括动产浮动抵押，因此，乙公司的动产浮动抵押权自抵押合同生效时设立，未登记不影响抵押权的设立。

2. 某银行是否必须先实现甲公司的房产的抵押权，后实现乙公司的现有的及将有的生产设备等动产的抵押权？为什么？

答案：某银行必须先实现甲公司的房产的抵押权，后实现乙公司的现有的及将有的生产设备等动产的抵押权。因为依据现行法，在共同担保的情形下，若无当事人的特别约定，应优先实现债务人自己提供的物保。本题中，债务人甲公司提供了物保，即房屋抵押权，该担保应优先实现。

难度：中

考点：共同担保

💡 **命题与解题思路**

共同担保是法考主观题考试中的重要考点，也是疑难考点，考生复习时需重点关注。本题涉及共同担保中债权人实现担保权的顺序问题，考生在解题时需要特别注意债务人提供的物保优先规则，在此基础上，本题即可得到准确回答。

答案解析：

某银行对甲公司的债权存在两个担保：（1）甲公司自己提供的房屋抵押权；（2）乙公司提供的动产浮动抵押权，由此形成共同担保。本题涉及债权人实现担保权的顺序问题。《民法典》第392条规定："被担保的债权既有物的担保又有人的担保的，债务人不履行到期债务或者发生当事人约定的实现担保物权的情形，债权人应当按照约定实现债权；没有约定或者约定不明确，债务人自己提供物的担保的，债权人应当先就该物的担保实现债权；第三人提供物的担保的，债权人可以就物的担保实现债权，也可以请求保证人承担保证责任。提供担保的第三人承担担保责任后，有权向债务人追偿。"据此，当事人并未约定担保权的实现顺序，但债务人甲公司自己提供了房屋抵押权，应优先实现甲公司提供的房屋抵押权。

3. 甲公司与丙公司达成的备忘录效力如何？为什么？

答案：具有法律效力。因为在法院依据竞买结果制作裁决书后，甲公司将房产过户给了丙公司，丙公司是房产所有人。当事人对房产权属作的特别约定，不具有物权效力。但是该备忘录没有违背法律的强制性规定，具有债权效力，丙公司对甲公司负有合同义务，即依约履行将房产过户给甲公司的义务。

难度：中

考点：合同的效力；登记及其法律效果

💡 **命题与解题思路**

本题要求考生对某个给定的合同作出准确的效力判断，在分析其效力时还涉及物权变动的相关知识，不仅具有综合性，而且十分巧妙。解答本题时，考生需要注意两点：（1）对于房产的物权归属与物权变动，要按照物权法上的规则判断；（2）对备忘录的效力判断，一方面要审查其是否有效力瑕疵，另一方面需要确认其发生债权效力还是物权效力。在此基础上，本题即可得到较为圆满的解答。

答案解析：

结合本题的相关事实，法院依据竞拍结果制作民事裁定书，甲公司据此将房产过户给丙公司，丙公司即取得房产所有权。甲公司与丙公司之间的备忘录并不存在效力瑕疵，是双方真实的意思表示，并未违反法律、行政法规的强制性规定，双方也并无恶意串通的情节，因此该备忘录是有效的。由于原则上基于法律行为的不动产物权变动以登记为生效要件（《民法典》第209条），因此，备忘录本身不能导致房产的物权变动，其只有债权效力，依据其内容，丙公司对甲公司负有合同义务，即依约履行将房产过户给甲公司的义务。

4. 丙公司与戊公司签订房产买卖合同效力如何？为什么？

答案：有效。因为丙公司是房产所有权人，有权对房产进行处分，且一物多卖并非房屋买卖合同的效力瑕疵事由。

难度：易

考点：合同的效力

> 💡 **命题与解题思路**
>
> 本题考查不动产多重买卖中买卖合同的效力，是法考主观题考试中的常见考查方式，不过考查难度不大。解答本题时，考生需要注意：一物多卖本身并非买卖合同的效力瑕疵事由。

答案解析：

本题中就同一房产先后签订的两份买卖合同，构成一房多卖，对于各房屋买卖合同，如果没有其他效力瑕疵的话，都是有效的。本题中，丙公司与戊公司签订的房产买卖合同没什么效力瑕疵，是有效的。

5. 丁公司是否有权拒绝履行支付400万元的义务？为什么？

答案：有权。因为丁公司可以行使不安抗辩权。虽然在甲公司、丙公司与丁公司签订的房产买卖合同中约定，丁公司应先交首付，甲公司后办理房产过户。但是，房产产权人丙公司在签约次日就和戊公司签订房产买卖合同。该行为已经明确表明，甲公司有无法履行交房义务的可能。作为有先交首付款义务的丁方，有权行使不安抗辩权。

难度：中

考点：不安抗辩权

> 💡 **命题与解题思路**
>
> 本题是对双务合同中的抗辩权的考查，具体涉及的是不安抗辩权。考生解题时首先需要识别丁公司如果有权拒绝履行支付400万元的义务，其可能的权利依据是什么，作为房产买卖合同中的先履行一方，丁公司拒绝履行支付400万元的义务的最大可能就是

行使不安抗辩权。在此基础上，考生需要结合《民法典》第527条去分析丁公司的不安抗辩权是否构成。由此本题即可得解。

答案解析：

本题中，丁公司与甲公司、丙公司签订的合同中约定先由丁公司支付400万元的款项，然后由甲公司办理房产过户，丁公司作为先履行一方有可能依据不安抗辩权来拒绝履行支付400万元的义务。《民法典》第527条规定："应当先履行债务的当事人，有确切证据证明对方有下列情形之一的，可以中止履行：（一）经营状况严重恶化；（二）转移财产、抽逃资金，以逃避债务；（三）丧失商业信誉；（四）有丧失或者可能丧失履行债务能力的其他情形。当事人没有确切证据中止履行的，应当承担违约责任。"据此，丙公司在签约次日就和戊公司签订房屋买卖合同，这一行为足以表明：甲公司有丧失履行交房义务的能力，因此丁公司享有不安抗辩权，有权拒绝履行支付400万元的义务。

6. 丁公司是否有权请求甲公司在自己未支付400万元首付款的情况下先办理房产过户手续？为什么？

答案： 无权。因为甲公司可以行使先履行抗辩权。甲公司办理房产过户手续的义务在后。丁公司享有不安抗辩权，可以拒绝履行自己的先给付义务，但是不能以不安抗辩权要求甲公司履行在后的义务。

难度： 中
考点： 不安抗辩权

> **命题与解题思路**
> 本题是上一题的进一步延伸，考查考生对不安抗辩权法律效力的理解。解题时需要注意，不安抗辩权作为一种抗辩权，其主要效力是消极性的，即对抗他人的履行请求，不安抗辩权没有积极层面的效力，不能基于不安抗辩权要求他人履行其原本在后的债务。

答案解析：

依据《民法典》第527条，<u>不安抗辩权的法律效力在于先履行一方有权"中止履行"，该效力是消极性的</u>，结合本题，丁公司有权主张不安抗辩权中止履行，或拒绝履行自己的先给付义务。但是<u>不安抗辩权并无积极的效力</u>，丁公司无权基于不安抗辩权要求甲公司先履行其原本在后履行的债务。因此，丁公司是无权请求甲公司在自己未支付400万元首付款的情况下先办理房产过户手续。若丁公司提出这一请求，甲公司可依据《民法典》第526条主张先履行抗辩权。

7. 丁公司能否解除房产买卖合同？为什么？

答案： 能解除。因为甲公司在合同订立半年内没有履行房产过户手续的义务，丁公司行使约定解除权的条件已经成就。

难度： 易
考点： 合同解除

> **命题与解题思路**
>
> 合同解除是法考主观题考试中的核心考点之一，不过通常侧重于考查法定解除，约定解除考查得不多，本题即考查约定解除这一知识点，不过考查难度不大。解题时，考生需要厘清，如果丁公司有权解除，其可能的解除依据是什么，结合当事人明确约定了合同解除条件的事实，考生可以锁定考查的知识点为约定解除。在此基础上，考生需重点审查当事人约定的合同解除条件是否成就，在此基础上本题即可得到圆满回答。

答案解析：

《民法典》第562条第2款规定："当事人可以约定一方解除合同的事由。解除合同的事由发生时，解除权人可以解除合同。"据此，甲公司、丙公司与丁公司在合同中约定，甲公司如果在合同签订之日起半年之内不能将房产过户到丁公司名下，则丁公司有权解除合同。而甲公司确实在合同订立半年内没有履行房产过户手续的义务，因此丁公司行使约定解除权的条件已经成就，丁公司有权解除房产买卖合同。

> **8. 丙公司能否以自己不是合同的真正当事人为由拒绝向丁公司承担连带责任？为什么？**

答案： 不能。因为甲公司、丙公司与丁公司签订的房产买卖合同中约定丙公司和甲公司对合同的履行承担连带责任。该约定属于当事人真实意思表示，不违反法律、行政法规的强制性规定和社会公共利益，具有法律约束力。

难度： 易

考点： 合同的效力

> **命题与解题思路**
>
> 本题是对合同拘束力的简单考查，甲公司、丙公司与丁公司签订的房产买卖合同中约定丙公司和甲公司对合同的履行承担连带责任，解题时考生只需要确认该条款的效力即可得出准确答案。

答案解析：

《民法典》第518条第2款规定："连带债权或者连带债务，由法律规定或者当事人约定。"据此，连带责任可以来自法律的明确规定，也可能来自当事人的约定。本题中，甲公司、丙公司与丁公司签订房产买卖合同中约定，丙公司和甲公司对合同的履行承担连带责任。该合同内容是当事人的真实意思表示，从题干交代的事实来看，也不存在什么效力瑕疵事由，该条款是有效的，对三方当事人均有拘束力，因此丙公司不能以自己不是合同的真正当事人为由拒绝向丁公司承担连带责任。

> **9. 甲公司可否请求法院减少违约金数额？为什么？**

答案： 可以。因为当事人约定的违约金数额为700万元，过分高于甲公司的违约行为造成的损失，依据现行法上违约金的相关规则，甲公司有权请求法院减少违约金数额。

难度： 易

考点：违约金责任

> **命题与解题思路**
>
> 违约金责任是违约责任的一种，也是法考主观题考试的重要考点之一，其考查的核心往往在于违约金数额的调整。本题就是对违约金酌减规则的简单考查，不过考查难度不大。解题时考生需要紧扣题干中对约定的违约金数额的描述，以及甲公司违约行为造成的损失的描述，比较二者的大小，判断约定的违约金数额是否过分地高于违约行为所造成的损失。

答案解析：

《民法典》第585条第2款规定："约定的违约金低于造成的损失的，人民法院或者仲裁机构可以根据当事人的请求予以增加；约定的违约金过分高于造成的损失的，人民法院或者仲裁机构可以根据当事人的请求予以适当减少。"据此，在甲公司、丙公司和丁公司签订合同后，当地房地产市场价格变化不大。这意味着甲公司的违约行为造成的损失也并不大，应远不足700万元。因此，700万元的违约金过分高于造成的损失，甲公司有权依据《民法典》第585条第2款请求法院减少违约金数额。

2010 年真题

一、试 题 （本题20分）

案情：

甲公司委派业务员张某去乙公司采购大蒜，张某持盖章空白合同书以及采购大蒜授权委托书前往。

甲、乙公司于2010年3月1日签订大蒜买卖合同，约定由乙公司代办托运，货交承运人丙公司后即视为完成交付。大蒜总价款为100万元，货交丙公司后甲公司付50万元货款，货到甲公司后再付清余款50万元。双方还约定，甲公司向乙公司交付的50万元货款中包含定金20万元，如任何一方违约，需向守约方赔付违约金30万元。

张某发现乙公司尚有部分绿豆要出售，认为时值绿豆销售旺季，遂于2010年3月1日擅自决定与乙公司再签订一份绿豆买卖合同，总价款为100万元，仍由乙公司代办托运，货交丙公司后即视为完成交付。其他条款与大蒜买卖合同的约定相同。

2010年4月1日，乙公司按照约定将大蒜和绿豆交给丙公司，甲公司将50万元大蒜货款和50万元绿豆货款汇付给乙公司。按照托运合同，丙公司应在十天内将大蒜和绿豆运至甲公司。

2010年4月5日，甲、丁公司签订以120万元价格转卖大蒜的合同。4月7日因大蒜价格大涨，甲公司又以150万元价格将大蒜卖给戊公司，并指示丙公司将大蒜运交戊公司。4月8日，丙公司运送大蒜过程中，因山洪暴发大蒜全部毁损。戊公司因未收到货物拒不付款，甲公司因未收到戊公司货款拒绝支付乙公司大蒜尾款50万元。

后绿豆行情暴涨，丙公司以自己名义按130万元价格将绿豆转卖给不知情的己公司，并迅即交付，但尚未收取货款。甲公司得知后，拒绝追认丙公司行为，要求己公司返还绿豆。

问题：

1. 大蒜运至丙公司时，所有权归谁？为什么？
2. 甲公司与丁、戊公司签订的转卖大蒜的合同的效力如何？为什么？
3. 大蒜在运往戊公司途中毁损的风险由谁承担？为什么？
4. 甲公司能否以未收到戊公司的大蒜货款为由，拒绝向乙公司支付尾款？为什么？
5. 乙公司未收到甲公司的大蒜尾款，可否同时要求甲公司承担定金责任和违约金责任？为什么？
6. 甲公司与乙公司签订的绿豆买卖合同效力如何？为什么？
7. 丙公司将绿豆转卖给己公司的行为法律效力如何？为什么？
8. 甲公司是否有权要求己公司返还绿豆？为什么？

二、答案精讲

命题总体思路

本案围绕着买卖合同展开，涉及基于法律行为的动产物权变动、一物二卖、合同的效力、标的物的风险负担、违约金与定金的适用、无权代理、无权处分、善意取得等知识点的考查，综合性较强，其中不乏对理论中争议观点的考查，需要考生掌握命题人的出题意图。

1. 大蒜运至丙公司时，所有权归谁？为什么？

答案： 甲公司。因为大蒜是动产，除合同有特别约定外，以交付作为其所有权转移的标志。甲公司和乙公司约定，大蒜交给丙公司时视为完成交付，故此时甲公司是大蒜所有权人。

难度： 中

考点： 基于法律行为的物权变动

命题与解题思路

物权变动是法考中的重中之重，需要考生系统性地掌握。本题具体涉及的是动产买卖中的所有权移转，难度不大。动产买卖时所有权原则上自交付时移转，这里的交付包括现实交付、简易交付、指示交付与占有改定等形态。考生需要结合这些理论知识判断本题中甲、乙之间是否完成了交付。本题中，<u>交付是通过出卖人乙公司向甲公司指定的第三人丙公司交付来完成的，这也属于现实交付的一种</u>。如果考生对各种交付形态有全面的掌握，本题即可轻松应对。

答案解析：

《民法典》第 224 条规定："动产物权的设立和转让，自交付时发生效力，但是法律另有规定的除外。"据此，乙公司向甲公司交付大蒜时大蒜的所有权发生移转。而结合当事人之间的约定，具体的交付方式是由出卖人乙公司向甲公司指定的第三人丙公司交付。这也属于现实交付的一种。因此，乙公司已经完成了交付，甲公司取得大蒜的所有权。

2. 甲公司与丁、戊公司签订的转卖大蒜的合同的效力如何？为什么？

答案：有效。因为大蒜在交付之前，甲公司仍有所有权，享有处分权，出卖人就同一标的物订立的多重买卖合同，但多重买卖并非买卖合同的效力瑕疵事由。

难度：易

考点：买卖合同

> 💡 **命题与解题思路**
>
> 一物多卖是市场经济中的常见现象，其本身在法律上并无负面性的评价，各买卖合同原则上都是有效的，除非存在特别的效力瑕疵事由（如违反公序良俗原则、恶意串通等），即使各买受人之间互相知情，也并不构成买卖合同的效力瑕疵。本题考查一物多卖时各个买卖合同的效力，基本上属于送分题。

答案解析：

对于一物多卖中各个买卖合同的效力问题，现行法并没有直接的法律依据，但是依据债权的平等性与兼容性原理，<u>出卖人就一个物签订多个买卖合同，多个买卖合同是可以有效并存的，如果没有什么特别的效力瑕疵事由，各个买卖合同都是有效的</u>。因此本题中，甲公司与丁、戊公司签订的转卖大蒜合同均有效。

3. 大蒜在运往戊公司途中毁损的风险由谁承担？为什么？

答案：由戊公司承担。因为依据现行法，在途货物的买卖，自买卖合同签订之日起，标的物意外毁损灭失的风险由买方承担。据此，本题中大蒜毁损、灭失的风险由买方戊公司承担。

难度：中

考点：标的物风险负担

> 💡 **命题与解题思路**
>
> 标的物风险负担是买卖合同这一合同类型中的核心知识点之一。考生在解题时需要注意，《民法典》第604条规定了买卖合同标的物毁损、灭失的风险负担一般规则，即所谓的交付主义。但是《民法典》第605条至第611条对一些特殊情况下的风险负担规则作出了具体的特别的规定。本题即涉及《民法典》第606条关于在途货物买卖时的风险负担问题。因此，考生应按照《民法典》第606条来判断风险由谁负担。

答案解析：

《民法典》第606条规定："出卖人出卖交由承运人运输的在途标的物，除当事人另有约定外，毁损、灭失的风险自合同成立时起由买受人承担。"据此，甲公司与戊公司签订大蒜买卖合同时，大蒜正在承运人丙公司处，属于《民法典》第606条所称的"出卖人出卖交由承运人运输的在途标的物"，此时如果没有当事人的特别约定，标的物毁损、灭失的风险自合同成立时起由买受人承担，本题中毁损、灭失发生于合同成立后，应由买受人戊公司承担。

4. 甲公司能否以未收到戊公司的大蒜货款为由，拒绝向乙公司支付尾款？为什么？

答案： 不能。因为合同具有相对性，甲公司、乙公司是大蒜购销合同的当事人，甲公司不能因为第三人戊公司的原因拒付尾款。

难度： 易

考点： 合同的相对性

> 💡 **命题与解题思路**
>
> 本题是对合同相对性原理的简单考查。甲公司与乙公司、甲公司与戊公司均有大蒜买卖合同，基于合同的相对性原理，两个合同之间并不能互相干预，因此，甲公司与戊公司之间合同的履行情况如何并不能影响甲公司、乙公司之间的合同履行。如果能认识到这一点，本题即可迎刃而解。

答案解析：

《民法典》第465条第2款规定："依法成立的合同，仅对当事人具有法律约束力，但是法律另有规定的除外。"《民法典》第593条规定："当事人一方因第三人的原因造成违约的，应当依法向对方承担违约责任。当事人一方和第三人之间的纠纷，依照法律规定或者按照约定处理。"这两条都是关于合同相对性的规定。据此，甲公司不能以未收到戊公司的大蒜货款为由，拒绝向乙公司支付尾款，否则要向乙公司承担违约行为。

5. 乙公司未收到甲公司的大蒜尾款，可否同时要求甲公司承担定金责任和违约金责任？为什么？

答案： 不能。因为甲公司和乙公司大蒜购销合同中既约定定金又约定违约金，乙公司只能选择适用违约金或者定金。

难度： 易

考点： 违约金与定金的关系

> 💡 **命题与解题思路**
>
> 本题是对违约金与定金关系的简单考查，考查难度不大。解题时，考生只需要注意现行法对违约金、定金并存时的规则即可。

答案解析：

《民法典》第588条第1款规定："当事人既约定违约金，又约定定金的，一方违约时，对方可以选择适用违约金或者定金条款。"违约金与定金的目的都是为了填补守约方因对方违约而造成的损害，在功能上具有相似性，如果允许当事人一并主张，会构成重复得利。因此，二者并存时只能择一行使，乙公司不能同时要求甲公司承担定金责任和违约金责任。

6. 甲公司与乙公司签订的绿豆买卖合同效力如何？为什么？

答案： 有效。因为甲公司通过向乙公司支付50万元绿豆货款的行为，表示其已对张某的无权代理行为进行了追认。

难度：中

考点：无权代理合同

> 💡 **命题与解题思路**
>
> 本题是对无权代理合同追认规则的考查，有一定难度。甲公司与乙公司之间的绿豆买卖合同是通过张某的代理行为签订的。因此，考生解题时首先需要考虑张某是有权代理还是无权代理。对这一问题的分析取决于张某对绿豆买卖合同有没有取得授权。从题干事实来看，张某并未取得签订绿豆买卖合同的授权，因此该合同属于无权代理，其效力取决于被代理人是否追认。结合《民法典》第503条的规定，分析出甲公司的付款行为属于用合同履行行为表示追认的情形。在此基础上，本题即可得解。

答案解析：

甲公司与乙公司的绿豆买卖合同是通过张某的代理行为而签订的，由于张某并未取得签订绿豆买卖合同的授权，因此该绿豆买卖合同属于无权代理。张某只有签订大蒜买卖合同的授权委托书，因此，其并无签订绿豆买卖合同的代理权外观，张某的无权代理行为不构成表见代理。因此，该合同属于狭义的无权代理行为，其效力取决于被代理人甲公司是否追认。《民法典》第503条规定："无权代理人以被代理人的名义订立合同，被代理人已经开始履行合同义务或者接受相对人履行的，视为对合同的追认。"据此，甲公司将50万元绿豆货款汇付给乙公司，这一行为属于对绿豆买卖合同的履行行为，应视为对合同的追认，因此绿豆买卖合同因甲公司的追认而有效。

7. 丙公司将绿豆转卖给己公司的行为法律效力如何？为什么？

答案：有效。因为丙公司的行为属于无权处分，依据现行法，欠缺处分权不影响作为负担行为的买卖合同的效力，且该合同也不存在其他效力瑕疵事由，因此丙公司与己公司签订的绿豆买卖合同是有效的。

难度：中

考点：买卖合同

> 💡 **命题与解题思路**
>
> 本题针对买卖合同中出卖人欠缺处分权的情形展开考查，考查难度不大。考生解题时需要注意，《民法典》第597条第1款认可了负担行为与处分行为的区分，处分权的缺失并不影响作为负担行为的买卖合同的效力。因此，如果没有其他效力瑕疵，无权处分的买卖合同是有效的。

答案解析：

丙公司并非绿豆的所有权人，却以自己的名义按130万元的价格将绿豆转卖给不知情的己公司，这一行为属于无权处分行为。《民法典》第597条第1款规定："因出卖人未取得处分权致使标的物所有权不能转移的，买受人可以解除合同并请求出卖人承担违约责任。"据此，欠缺处分权也有主张违约责任的空间，这意味着，欠缺处分权的买卖合同仍是有效的。

该条款事实上认可了负担行为与处分行为的区分。本题中，尽管丙公司无权处分，但并不影响作为负担行为的买卖合同的效力，且题干中并未显示有其他效力瑕疵，因此丙公司与己公司之间的绿豆买卖合同是有效的。

8. 甲公司是否有权要求己公司返还绿豆？为什么？

答案：无权。因为虽然丙公司实施了无权处分行为，但己公司是善意的，已经取得了绿豆的交付，且双方约定了合理的价格，符合善意取得的构成要件，己公司取得所有权，甲公司无权主张返还。

难度：中

考点：善意取得

命题与解题思路

本题是第7题的进一步延伸，也是对善意取得制度的直接考查。考生解题时需要注意，甲公司能否请求己公司返还绿豆，取决于己公司是否能够通过善意取得制度取得绿豆的所有权，因此，考生需要重点依据《民法典》第311条，结合善意取得的构成要件分析己公司是否善意取得。需要注意的是，《民法典》第311条第1款规定了"以合理的价格转让"这一要件，在解释上以合理的价格转让并不要求价款已经支付。

答案解析：

甲公司能否请求己公司返还绿豆，取决于己公司是否能够通过善意取得制度取得绿豆的所有权。因此，本题分析的重点在于己公司是否符合《民法典》第311条善意取得的构成要件。《民法典》第311条第1款规定："无处分权人将不动产或者动产转让给受让人的，所有权人有权追回；除法律另有规定外，符合下列情形的，受让人取得该不动产或者动产的所有权：（一）受让人受让该不动产或者动产时是善意；（二）以合理的价格转让；（三）转让的不动产或者动产依照法律规定应当登记的已经登记，不需要登记的已经交付给受让人。"据此，己公司是善意的，已经取得了绿豆的交付，且双方约定了合理的价格，尽管该价款尚未支付，但并不影响善意取得的构成。因此，己公司满足善意取得的要件，己公司已经成为绿豆的所有权人，甲公司无权请求己公司返还。值得注意的是，对于合理的价格要件是否必须已经支付，学理上有需支付说与无需支付说的争论，从当年公布的参考答案来看，命题人所持的立场是无需支付说。

2009 年真题

一、试题（本题22分）

案情：

2005年1月1日，甲与乙口头约定，甲承租乙的一套别墅，租期为五年，租金一次付清，交付租金后即可入住。洽谈时，乙告诉甲屋顶有漏水现象。为了尽快与女友丙结婚共同生活，甲对此未置可否，付清租金后与丙入住并办理了结婚登记。

入住后不久别墅屋顶果然漏水，甲要求乙进行维修，乙认为在订立合同时已对漏水问题提前作了告知，甲当时并无异议，仍同意承租，故现在乙不应承担维修义务。于是，甲自购了一批瓦片，找到朋友开的丁装修公司免费维修。丁公司派工人更换了漏水的旧瓦片，同时按照甲的意思对别墅进行了较大装修。更换瓦片大约花了 10 天时间，装修则用了一个月，乙不知情。更换瓦片时，一名工人不慎摔伤，花去医药费数千元。

2005 年 6 月，由于新换瓦片质量问题，别墅屋顶出现大面积漏水，造成甲一万余元财产损失。

2006 年 4 月，甲遇车祸去世，丙回娘家居住。半年后丙返回别墅，发现戊已占用别墅。原来，2004 年 12 月甲曾向戊借款 10 万元，并亲笔写了借条，借条中承诺在不能还款时该别墅由戊使用。在戊向乙出示了甲的亲笔承诺后，乙同意戊使用该别墅，将房屋的备用钥匙交付于戊。

问题：

1. 甲、乙之间租赁合同的期限如何确定？理由是什么？如乙欲解除与甲的租赁合同，应如何行使权利？
2. 别墅维修及费用负担问题应如何处理，理由是什么？
3. 甲、丁之间存在什么法律关系？其内容和适用规则如何？摔伤工人的医药费用如何承担？理由是什么？
4. 别墅装修问题应如何处理？理由是什么？
5. 甲是否有权请求乙赔偿因 2005 年 6 月屋顶漏水所受的损失？理由是什么？
6. 丙可否行使对别墅的承租使用权？理由是什么？
7. 丙应如何向戊主张自己的权利？理由是什么？

二、答案精讲

> **命题总体思路**
>
> 本题总体上以合同为主线展开命题，其中又以房屋租赁合同为主要法律事实，大部分问题也都是围绕租赁合同展开，其中穿插涉及非典型合同的考查以及对占有保护请求权的考查。因此本题总体上说综合性不强，难度适中。解答本题要求考生对租赁合同的相关细节性规则有较为全面的掌握，包括租赁期限、租赁物的维修、租赁物的装修、承租人死亡后租赁合同的延续等问题。与此同时，考生还需要对非典型合同的认定以及相应的规范适用有明确的认识。在物权层面，本题还涉及了占有保护请求权，需要考生在分析当事人法律地位的基础上结合占有保护请求权的构成要件加以分析。

1. 甲、乙之间租赁合同的期限如何确定？理由是什么？如乙欲解除与甲的租赁合同，应如何行使权利？

答案：

（1）为不定期租赁。根据现行法规定，租赁期限 6 个月以上的，应当采用书面形式。当事人未采用书面形式，无法确定租赁期限的，视为不定期租赁。而本题中甲、乙之间的租赁合同超过 6 个月且未采用书面形式。

（2）乙有权随时解除合同，但应当在合理期限前通知承租人。

难度：中

考点：租赁合同

> 💡 **命题与解题思路**
>
> 　　本题考查的是考生能否抓住题干中甲、乙"口头约定"这一关键词并结合《民法典》关于租赁期限的规定加以分析，有一定难度。审题时，考生需要保持对此种关键词的敏感性。对于6个月以上的租赁合同，《民法典》要求当事人以书面的形式签订，否则会被认定为不定期租赁。在此基础上，考生需要注意，对于不定期租赁，《民法典》明确规定当事人享有任意解除权，但应当在合理期限之前通知对方。

答案解析：

《民法典》第707条规定："租赁期限六个月以上的，应当采用书面形式。当事人未采用书面形式，无法确定租赁期限的，视为不定期租赁。"据此，甲承租乙别墅时口头约定租期为5年，但未采用书面形式，该租期超过了6个月，因此甲、乙之间的租赁合同视为不定期租赁。

对于不定期租赁，《民法典》第730条规定："当事人对租赁期限没有约定或者约定不明确，依据本法第五百一十条的规定仍不能确定的，视为不定期租赁；当事人可以随时解除合同，但是应当在合理期限之前通知对方。"据此，乙有权随时解除，但应当在合理期限之前通知甲。

> **2. 别墅维修及费用负担问题应如何处理，理由是什么？**

答案：

（1）甲有权要求乙在合理期限内维修。乙未履行维修义务，甲可以自行维修，维修费用由乙负担。

（2）甲的维修属于无因管理人的行为，由乙承担其支出的必要费用。瓦片质量问题不影响乙对该项义务的承担。

（3）因维修影响了甲的使用，应当相应减少租金或延长租期。但装修期间不在延长租期的范围。

难度：中

考点：租赁合同

> 💡 **命题与解题思路**
>
> 　　租赁物的维修问题是租赁合同这一考点之下的重要知识点，有一定难度。解答本题时，首先需要明确，尽管乙在订立合同时将漏水问题对甲进行了告知，但这一告知并不意味着甲同意由自己负担维修义务。因此，仍应由出租人乙承担维修义务（《民法典》第712条），抓住这一点，关于维修义务的相关规则就容易理解了。不过，解答本题时还有一个难点，那就是表达，考生需要结合《民法典》第712条与第713条对维修问题表达出三层意思：（1）承租人有权请求出租人在合理期限内履行维修义务；（2）出租人不履行的，承租人有权自行维修并要求出租人承担维修费用；（3）因维修影响承租人使用租赁物的，承租人有权请求减少租金或延长租期。

答案解析：

《民法典》第 712 条规定："出租人应当履行租赁物的维修义务，但当事人另有约定的除外。"本题中，尽管乙在订立合同时将漏水问题对甲进行了告知，但这一告知并不意味着甲同意由自己负担维修义务，因此，依据该条仍应由出租人乙承担租赁物的维修义务。《民法典》第 713 条第 1 款规定："承租人在租赁物需要维修时可以请求出租人在合理期限内维修。出租人未履行维修义务的，承租人可以自行维修，维修费用由出租人负担。因维修租赁物影响承租人使用的，应当相应减少租金或者延长租期。"据此，出租人乙应承担维修义务，承租人甲有权请求乙在合理期限内履行维修义务。若乙不履行维修义务，则甲有权自行维修，并请求乙支付相应的维修费用。若因维修影响甲使用租赁物的，甲有权请求减少租金或延长租期。

> 3. 甲、丁之间存在什么法律关系？其内容和适用规则如何？摔伤工人的医药费用如何承担？理由是什么？

答案：

（1）甲、丁之间构成非典型合同（或无名合同），其主要内容是丁负有免费为甲提供维修服务的义务。

（2）甲、丁之间的合同适用《民法典》合同编通则的规定，其中维修内容部分可以参照承揽合同的规定，费用支付部分可以参照赠与合同的规定。

（3）工人摔伤属于工伤，应先适用《工伤保险条例》等规定请求工伤保险赔偿，就超出工伤保险部分的医药费，可以请求丁公司承担用人者责任。甲无须对其医药费负责。因为工人摔伤是在执行工作任务的过程中发生的，构成工伤，应依据《工伤保险条例》等规定请求工伤保险赔偿，对于超出工伤保险部分的损害，可以参照《民法典》第 1191 条主张用人者责任。依据《民法典》第 1193 条，甲并无定作、指示与选任方面的过错，无须对摔伤工人的医药费负责。

难度：难

考点：合同的类型；用人者责任

💡 命题与解题思路

本题共有两问，所涉及的知识点并不相同。第一小问考的是合同类型。有考生可能从甲、丁之间关于维修的合同内容推断属于承揽合同。但是这一判断是不准确的。依据《民法典》第 770 条第 1 款，承揽合同是有偿合同，而本题中甲、丁之间的合同虽具有承揽合同的内容，但是属于无偿合同，因此，甲、丁之间的合同并不属于承揽合同。其中，费用支付方面属于赠与合同的内容。因此，甲、丁之间的合同并非典型合同，而属于非典型合同或者无名合同，具体来说，属于承揽合同与赠与合同的混合合同，在法律适用上需要根据不同的合同内容分别参照赠与合同与承揽合同。第二小问涉及用人单位工作人员因执行工作任务自身遭受损害的责任承担问题，此种损害往往也构成工伤，应先依据《工伤保险条例》等规定主张救济，此点考生容易忽略。对于工伤保险无法填补的损害，可以参照《民法典》第 1191 条继续主张用人者责任。至于甲是否需要为摔伤工人的医药费负责，需要结合《民法典》第 1193 条审查甲是否存在过错。总体而言，本题难度较大。

答案解析：

本题第一小问涉及对甲、丁之间合同类型的判断。首先需要审查其是否为《民法典》中的某类典型合同。《民法典》第 770 条第 1 款规定："承揽合同是承揽人按照定作人的要求完成工作，交付工作成果，定作人支付报酬的合同。"据此可知，尽管甲、丁之间有关于维修的合同内容，符合承揽合同的性质，但由于双方约定免费维修，因此该合同只有部分符合承揽合同的内容，费用方面的内容更符合赠与合同的性质。因此，甲、丁之间的合同属于无名合同，是承揽合同与赠与合同的混合合同。《民法典》第 467 条第 1 款规定："本法或者其他法律没有明文规定的合同，适用本编通则的规定，并可以参照适用本编或者其他法律最相类似合同的规定。"据此，甲、丁之间的合同适用《民法典》合同编通则的规定，其中维修内容部分可以参照承揽合同的规定，费用支付部分可以参照赠与合同的规定。

本题第二小问涉及用人单位工作人员因执行工作任务自身遭受损害的责任承担问题，对于该问题，《民法典》第 1191 条并未加以规定，其理由在于：<u>此种损害往往同时构成工伤，应依据《工伤保险条例》等规定主张工伤保险赔偿</u>。因此，摔伤工人的医药费作为工伤损害，应先通过工伤保险赔偿予以救济。<u>如果工伤保险赔偿不能填补所有的医药费，则不能填补的部分可以继续参照《民法典》第 1191 条请求丁公司承担用人者责任</u>。

至于甲是否要为摔伤工人的医药费负责，《民法典》第 1193 条规定："承揽人在完成工作过程中造成第三人损害或者自己损害的，定作人不承担侵权责任。但是，定作人对定作、指示或者选任有过错的，应当承担相应的责任。"据此，甲对定作、指示与选任并无过错，因此，甲无须对摔伤工人的医药费承担责任。

---

4. 别墅装修问题应如何处理？理由是什么？

答案：乙可以要求甲恢复原状或赔偿损失。因为依据现行法，承租人未经出租人同意，对租赁物进行改装或增设他物的，出租人可以要求承租人恢复原状或赔偿损失。

难度：中

考点：租赁合同

> 💡 **命题与解题思路**
>
> 本题涉及租赁合同中另一个细节性问题——租赁物的装饰装修问题。考生需要将本题与第二题相区分，第二题考查的是租赁物的维修问题，而本题考查的是租赁物的装饰装修问题，二者性质不同，适用的规则也并不相同。考生解题时需要注意，承租人装修租赁物是要以出租人同意为前提的，擅自装修的，一方面，承租人自行承担装修的费用；另一方面，出租人有权请求恢复原状或者赔偿损失。

答案解析：

租赁合同中，承租人欲对租赁物进行装饰装修，需要经过出租人同意。对于承租人擅自装修，《最高人民法院关于审理城镇房屋租赁合同纠纷案件具体应用法律若干问题的解释》（以下简称《城镇房屋租赁合同解释》）第 11 条规定："承租人未经出租人同意装饰装修或者扩建发生的费用，由承租人负担。出租人请求承租人恢复原状或者赔偿损失的，人民法院应予支持。"据此，甲装修别墅并未经出租人乙同意，因此，甲应承担装修的费用，并且乙有权要求甲恢复原状或者赔偿损失。值得注意的是，《民法典》第 715 条也规定了类似的内容,但相比而言,《城镇房屋租赁合同解释》第 11 条内容更为丰富(《民法典》第 715 条并未明确规定装修费用由何人承担),更适合作为本题的规范依据。

5. 甲是否有权请求乙赔偿因 2005 年 6 月屋顶漏水所受的损失?理由是什么?

答案: 无权。因为 2005 年 6 月屋顶漏水是甲请求装修公司丁提供的瓦片质量有问题,是由于甲方原因所致,乙方违约责任不成立。

难度: 易

考点: 违约责任

> **命题与解题思路**
>
> 由于甲、乙之间存在租赁合同,因此,本题考查的问题是乙是否需要就 2005 年 6 月屋顶漏水所受损失向甲承担违约责任,本题的判断分析较为简单。考生在解题时按照一般违约责任的构成要件去分析即可。《民法典》中的违约责任,其基本的归责原则为无过错责任,即只要有违约行为,并因违约行为造成对方损害,原则上就需要承担违约责任。本题中,出租人乙并无违约行为,因此违约责任不成立。

答案解析:

《民法典》第 577 条规定:"当事人一方不履行合同义务或者履行合同义务不符合约定的,应当承担继续履行、采取补救措施或者赔偿损失等违约责任。"据此,违约责任的一般构成要件有:(1)违约行为;(2)相对方的损害;(3)因果关系。2005 年 6 月屋顶漏水是因为甲请求装修公司丁提供的瓦片质量有问题,是甲方原因所致,乙方并无违约行为,乙方的违约责任自然不成立。

6. 丙可否行使对别墅的承租使用权?理由是什么?

答案: 丙有权对乙主张自己基于原租赁合同对该别墅的承租使用权。因为依据现行法,承租人在房屋租赁期间死亡的,与其生前共同居住的人可以按照原租赁合同租赁该房屋。

难度: 中

考点: 租赁合同

> **命题与解题思路**
>
> 本题涉及的仍然是租赁合同中的一个细节性知识点,即承租人死亡后租赁合同的延续问题,难度不大。考生只要熟悉《民法典》第 732 条的内容,本题即可轻松应对。

答案解析:

《民法典》第 732 条规定:"承租人在房屋租赁期限内死亡的,与其生前共同居住的人或者共同经营人可以按照原租赁合同租赁该房屋。"据此,承租人甲死亡后,其生前共同居住的丙有权按照原租赁合同租赁该别墅。

7. 丙应如何向戊主张自己的权利?理由是什么?

答案: 丙有权对戊行使占有返还请求权,请求其返还该别墅。因为依据现行法,丙可以按照原租赁合同租赁该别墅，丙对别墅的占有属于有权占有，针对戊侵夺其占有的行为，丙有权主张占有返还请求权，请求戊返还别墅的占有。

难度：中

考点：占有保护请求权

> **命题与解题思路**
>
> 本题看似是一个开放式的提问，不过命题人想要考查的知识点是占有保护请求权，有一定难度。首先考生需要明确丙对于别墅的法律地位。结合第6题的答案，丙有权按照原租赁合同租赁该别墅，是别墅的承租人，其不能主张物权请求权，但可以基于占有主张占有保护请求权。在此基础上，乙容许戊占有该别墅是对丙对别墅占有的侵夺，对此行为，丙有权依据《民法典》第462条主张占有返还请求权。考生需要注意区分物权请求权与占有保护请求权，二者虽然在结构上有相似性，但适用范围和制度功能都有所区别。

答案解析：

结合第6题的答案可知，丙有权按照原租赁合同租赁该别墅，丙的法律地位是别墅的承租人，基于租赁权对别墅为有权占有。在租赁期间，乙为了履行关于债务的承诺同意戊使用该别墅并促使戊取得了别墅的占有，该行为非法侵夺了丙对别墅的合法占有。《民法典》第462条规定："占有的不动产或者动产被侵占的，占有人有权请求返还原物；对妨害占有的行为，占有人有权请求排除妨害或者消除危险；因侵占或者妨害造成损害的，占有人有权依法请求损害赔偿。占有人返还原物的请求权，自侵占发生之日起一年内未行使的，该请求权消灭。"据此，丙有权向戊主张占有返还请求权，要求戊返还对别墅的占有，该占有返还请求权也未过1年的期间，仍可主张。

2008 年真题

一、试题（本题23分）

案情：

A房地产公司（下称A公司）与B建筑公司（下称B公司）达成一项协议，由B公司为A公司承建一栋商品房。合同约定，标的总额6000万元，8个月交工，任何一方违约，按合同总标的额20%支付违约金。合同签订后，为筹集工程建设资金，A公司用其建设用地使用权作抵押向甲银行贷款3000万元，乙公司为此笔贷款承担保证责任，但对保证方式未作约定。

B公司未经A公司同意，将部分施工任务交给丙建筑公司施工，该公司由张、李、王三人合伙出资组成。施工中，工人刘某不慎掉落手中的砖头，将路过工地的行人陈某砸成重伤，花去医药费5000元。

A公司在施工开始后即进行商品房预售。丁某购买了1号楼101号房屋，预交了5万元房款，约定该笔款项作为定金。但不久，A公司又与汪某签订了一份合同，将上述房屋卖给了

· 292 ·

汪某，并在房屋竣工后将该房的产权证办理给了汪某。汪某不知该房已经卖给丁某的事实。

汪某入住后，全家人出现皮肤瘙痒、流泪、头晕目眩等不适症状。经检测，发现室内甲醛等化学指标严重超标。但购房合同中未对化学指标作明确约定。

因A公司不能偿还甲银行贷款，甲银行欲对A公司开发的商品房行使抵押权。

问题：

1. 若B公司延期交付工程半个月，A公司以此提起仲裁，要求支付合同总标的额20%即1200万元违约金，你作为B公司的律师，拟提出何种请求以维护B公司的利益？依据是什么？
2. 对于陈某的损失，应由谁承担责任？如何承担责任？为什么？
3. 对于陈某的赔偿，应当适用何种归责原则？依据是什么？
4. 对于乙公司的保证责任，其性质应如何认定？理由是什么？
5. 若甲银行行使抵押权，其权利标的是什么？甲银行如何实现自己的抵押权？
6. 丁某在得知房屋卖给汪某后，向法院提起诉讼，要求A公司履行合同交付房屋，其主张应否得到支持？为什么？
7. 汪某现欲退还房屋，要回房款。你作为汪某的代理人，拟提出何种请求维护汪某的利益？依据是什么？
8. 如果A公司不能向B公司支付工程款，B公司可对A公司提出什么请求？

二、答案精讲

> **命题总体思路**
>
> 本题具有鲜明的综合性，涉及的考点横跨合同、侵权、物权、担保四个领域，总体难度适中，要求学生对整个民法的知识体系都有较为清晰的把握。其中，合同部分糅合了商品房买卖合同和建设工程合同两大热门合同类型，这也提醒考生要格外留意常见的合同类型。

> **1. 若B公司延期交付工程半个月，A公司以此提起仲裁，要求支付合同总标的额20%即1200万元违约金，你作为B公司的律师，拟提出何种请求以维护B公司的利益？依据是什么？**

答案：请求仲裁机构对A公司的违约金请求予以适当减少。依据是《民法典》第585条，依据该条，约定的违约金过分高于造成的损失的，人民法院或者仲裁机构可以根据当事人的请求予以适当减少。

难度：易

考点：违约金责任

> **命题与解题思路**
>
> 本题尽管采取了一种看似开放式的提问，但从问题内容来看，是针对1200万元违约金的，且该违约金数额与B公司仅延期交付半个月之间并不相当。通常而言，承包人逾期半个月交付不会造成标的总额20%的损失，因此，合同约定的违约金过分高于造成的损失，违约方有权请求违约金酌减。总体而言，本题难度不大，考生只需要聚焦于如何降低违约金这一利益诉求即可轻松应对。

答案解析：

A 公司与 B 公司合同约定的违约金为合同标的总额的 20%，即 1200 万元（6000 万元×20%），B 公司作为承包人逾期半个月交付，这一迟延履行通常并不会造成如此高额的损失，这意味着合同约定的违约金大大地高于实际造成的损失。《民法典》第 585 条第 2 款规定："约定的违约金低于造成的损失的，人民法院或者仲裁机构可以根据当事人的请求予以增加；约定的违约金过分高于造成的损失的，人民法院或者仲裁机构可以根据当事人的请求予以适当减少。"依据该条，违约金过分高于造成的损失时，当事人可以请求人民法院或仲裁机构予以适当减少。结合本题，我如果作为 B 公司的律师，我会向仲裁机构请求对 A 公司的违约金主张予以适当减少。

> **2. 对于陈某的损失，应由谁承担责任？如何承担责任？为什么？**

答案：应当由丙建筑公司承担责任。因为刘某是丙公司的雇员，其在执行工作任务中致人损害，应由用人单位丙公司承担替代责任。由于丙公司系合伙企业，故由张、李、王实际承担无限责任。

难度：中

考点：用人者责任；非法人组织民事责任的承担

> 💡 **命题与解题思路**
>
> 本题将用人者责任与非法人组织的债务清偿问题结合在一起考查，有一定的新意。考生在解题时需要循序渐进依次分析。首先考生应审查陈某的损失是否应由刘某个人承担，这就需要结合《民法典》第 1191 条分析丙建筑公司是否成立无过错的替代责任；在此基础上，确认丙建筑公司的企业性质为合伙企业，结合《民法典》第 104 条关于非法人组织的债务清偿的规定进行分析，确认张、李、王三位出资人是否承担无限责任。此外需要注意，本题中有一点可能造成干扰，即关于丙建筑公司的性质，一方面题干里用了"公司"的称谓，另一方面又提及是张、李、王三人合伙出资设立。结合本题题目中"如何承担责任"的表述，对于丙建筑公司的性质，应按照其出资人的出资意图来确定，应为合伙企业而非有限责任公司。

答案解析：

陈某的损害是由刘某施工时不慎掉落手中的砖头被砸伤所致，该损害是否应由刘某个人承担，需要审查是否存在刘某的用人单位承担替代责任的情形。《民法典》第 1191 条第 1 款规定："用人单位的工作人员因执行工作任务造成他人损害的，由用人单位承担侵权责任。用人单位承担侵权责任后，可以向有故意或者重大过失的工作人员追偿。"据此，刘某作为丙建筑公司的工作人员，其在执行工作任务的过程中导致陈某受伤，应由丙建筑公司承担无过错的替代责任。

在此基础上，需要继续审查三位出资人张、李、王是否要对该损害负责。丙建筑公司虽名为公司，但是由张、李、王三人合伙出资设立，其真正的法律性质为合伙企业，属于非法人组织（《民法典》第 102 条第 2 款）。对于非法人组织的债务清偿问题，《民法典》第 104 条规定："非法人组织的财产不足以清偿债务的，其出资人或者设立人承担无限责任。法律另有规定的，依照其规定。"据此，张、李、王作为出资人需要对陈某的侵权之债承担无限责任。

3. 对于陈某的赔偿，应当适用何种归责原则？依据是什么？

答案：应当适用过错推定原则。依据是《民法典》第1258条，依据该条，在公共场所或者道路上挖掘、修缮安装地下设施等造成他人损害，施工人不能证明已经设置明显标志和采取安全措施的，应当承担侵权责任。本题的情形可类推适用该条，即适用过错推定责任。

难度：中

考点：建筑物和物件损害责任

💡 命题与解题思路

本题考查对受害人陈某侵权责任的归责原则，考查意图比较明确。考生在解题时需要考虑的就是应将陈某受害的侵权事实归入哪一侵权类型，是特殊侵权还是一般侵权。不过，本题的难点在于，陈某受害这一事实似乎无法直接归入《民法典》侵权责任编的特殊侵权类型之中，按照当年公布的参考答案，是将本题的情形类推适用《民法典》第1258条地下施工致害的情形（对应原《民法通则》第125条），二者的共同之处在于都是在施工过程中致人损害，因此同样适用过错推定责任。

答案解析：

本题中，陈某系被工人刘某不慎掉落的砖头砸伤，《民法典》侵权责任编特殊侵权类型里并未明确规定这一类。不过有一类与其十分近似。《民法典》第1258条第1款规定："在公共场所或者道路上挖掘、修缮安装地下设施等造成他人损害，施工人不能证明已经设置明显标志和采取安全措施的，应当承担侵权责任。"该条规定了地下施工时施工人的过错推定责任。该条与本题所涉情形都是在施工过程中因施工行为所致，具有高度的相似性，因此，本题也可类推适用《民法典》第1258条，即适用过错推定责任。

4. 对于乙公司的保证责任，其性质应如何认定？理由是什么？

答案：乙公司的保证责任在性质上属于一般保证。因为依据现行法，当事人在保证合同中对保证方式没有约定或者约定不明确的，按照一般保证承担保证责任。本题中对乙公司的保证方式未约定，应按照一般保证承担保证责任。

难度：易

考点：保证责任

💡 命题与解题思路

本题是对保证方式的简单考查，属于送分题。考生只需要熟悉《民法典》第686条第2款对保证方式的推定规则即可轻松应对。

答案解析：

《民法典》第686条第2款规定："当事人在保证合同中对保证方式没有约定或者约定不明确的，按照一般保证承担保证责任。"据此，乙公司为A公司向甲银行之贷款承担保证责任，但对保证方式未作约定，应推定为一般保证。

5. 若甲银行行使抵押权，其权利标的是什么？甲银行如何实现自己的抵押权？

答案：

（1）权利标的是建设用地使用权，不包括商品房；

（2）甲银行实现抵押权时，应当将商品房与建设用地使用权一并处分，但就商品房所得价款无权优先受偿。

难度： 难

考点： 房地一并抵押

> 💡 **命题与解题思路**
>
> 由于现行法上土地与地上的建筑物相互分离，各自都是独立的不动产，因此，在不动产抵押时，就有房地关系的处理难题。《民法典》确立了所谓的房地一体抵押原则，本题考查的就是考生对该原则的理解。对于房地一体抵押原则，考生需要区分两个层次：第一个层次是抵押财产的范围；第二个层次是实现抵押权时房地一并处分问题。本题的两个小问分别对应这两个层次的问题。对于抵押财产的范围问题，若抵押建筑物，则抵押财产包括该建筑物以及建筑物占有范围内的建设用地使用权（《民法典》第 397 条）；若抵押建设用地使用权，则抵押财产包括该建设用地使用权与抵押权设立时现有的建筑物或现有的在建工程，新增的建筑物或续建部分不属于抵押财产（《民法典》第 397 条、第 417 条；《民法典担保制度解释》第 51 条）。对于实现抵押权时房地一并处分问题，建设用地使用权与上面的所有建筑物、在建工程均应一并处分，只不过抵押权人仅就其抵押财产范围对应的价款优先受偿（《民法典》第 417 条）。

答案解析：

本题的第一小问涉及甲银行抵押权的抵押财产范围问题。《民法典》第 397 条规定："以建筑物抵押的，该建筑物占用范围内的建设用地使用权一并抵押。以建设用地使用权抵押的，该土地上的建筑物一并抵押。抵押人未依据前款规定一并抵押的，未抵押的财产视为一并抵押。"《民法典》第 417 条规定："建设用地使用权抵押后，该土地上新增的建筑物不属于抵押财产。该建设用地使用权实现抵押权时，应当将该土地上新增的建筑物与建设用地使用权一并处分。但是，新增建筑物所得的价款，抵押权人无权优先受偿。"这两条规定了所谓<u>房地一并抵押的原则</u>。据此，A 公司用其建设用地使用权作抵押向甲银行贷款 3000 万元，抵押权设立时该建设用地上并无商品房，因此，甲银行抵押权的抵押财产仅包括建设用地使用权，并不包括后面新增的商品房。

本题的第二小问涉及不动产抵押权实现时的房地一并处分问题。依据《民法典》第 417 条，<u>不动产抵押权实现时应一并处分建设用地使用权与其上的建筑物，但对于新增建筑物所得的价款，抵押权人无权优先受偿</u>。据此，甲银行的抵押权实现时应一并处分建设用地使用权与商品房，但是对于商品房处分所得的价款，甲银行无权优先受偿。

6. 丁某在得知房屋卖给汪某后，向法院提起诉讼，要求 A 公司履行合同交付房屋，其主张应否得到支持？为什么？

答案： 不能得到支持，因为汪某已经取得商品房的所有权，不动产以登记作为物权变动的依据。

难度：中

考点：买卖合同；登记及其法律效果；继续履行责任

> 💡 **命题与解题思路**
>
> 本题考查考生对违约责任中继续履行责任的理解，有一定难度。丁某与 A 公司就 1 号楼 101 号房屋签订了房屋买卖合同，丁某是否有权要求 A 公司履行合同交付房屋，取决于两点：其一，该房屋买卖合同是否有效；其二，该房屋买卖合同实际履行是否可能。因此，在解题时考生需要按顺序考虑这两个层面的问题。本题中，1 号楼 101 号房屋构成了一房二卖，若无其他特别的效力瑕疵，两份房屋买卖合同都是有效的。在此基础上，结合房屋所有权已经移转给汪某的事实，确认 A 公司与丁某的房屋买卖合同陷入履行不能，对于履行不能的债务，自然无法再主张继续履行。

答案解析：

A 公司在将 1 号楼 101 号房屋卖给丁某后又再次卖给汪某，构成一房二卖。两份房屋买卖合同若没有其他特别的效力瑕疵，都是有效的。《民法典》第 209 条第 1 款规定："不动产物权的设立、变更、转让和消灭，经依法登记，发生效力；未经登记，不发生效力，但是法律另有规定的除外。"据此，<u>汪某已经通过登记手续取得了 1 号楼 101 号房屋的所有权。A 公司与丁某的房屋买卖合同由此就陷入履行不能</u>。《民法典》第 580 条第 1 款规定："当事人一方不履行非金钱债务或者履行非金钱债务不符合约定的，对方可以请求履行，但是有下列情形之一的除外：（一）法律上或者事实上不能履行；（二）债务的标的不适于强制履行或者履行费用过高；（三）债权人在合理期限内未请求履行。"据此，由于 A 公司已经陷入履行不能，因此，丁某无权要求 A 公司履行合同交付房屋。

7. 汪某现欲退还房屋，要回房款。你作为汪某的代理人，拟提出何种请求维护汪某的利益？依据是什么？

答案：请求解除房屋买卖合同，返还已经支付的房款和利息，并请求人身损害的赔偿。依据《商品房买卖合同解释》第 10 条第 1 款，因房屋质量问题严重影响正常居住使用，买受人请求解除合同和赔偿损失的，应予支持。

难度：中

考点：合同解除

> 💡 **命题与解题思路**
>
> 本题的设问方式带有开放性，需要结合汪某的诉求进行考虑。但是因为题目中已经交代汪某"现欲退还房屋，要回房款"，因此作为汪某的代理人，首先应考虑能否解除合同。本题中，A 公司交付的房屋质量存在问题，室内甲醛等化学指标严重超标，依据《商品房买卖合同解释》第 10 条第 1 款，买受人可以解除合同并主张相应的损害赔偿责任。

答案解析：

本题中，A 公司交付汪某的房屋有严重的质量问题，室内甲醛等化学指标严重超标，导致汪某入住后，全家人出现皮肤瘙痒、流泪、头晕目眩等不适症状。《商品房买卖合同解释》第 10 条第 1 款规定："因房屋质量问题严重影响正常居住使用，买受人请求解除合同和赔偿损失的，应予支持。"据此，汪某有权解除房屋买卖合同。《民法典》第 566 条第 1 款规定："合同解除后，尚未履行的，终止履行；已经履行的，根据履行情况和合同性质，当事人可以请求恢复原状或者采取其他补救措施，并有权请求赔偿损失。"据此，汪某有权解除房屋买卖合同，要求卖方返还购房款及相应的利息，并可就家人的人身损害主张赔偿责任。需要指出的是，从《民法典》第 563 条第 1 款法定解除权的规定中也能推断出 A 公司根本违约，汪某有权解除房屋买卖合同。不过，相比之下，《商品房买卖合同解释》第 10 条第 1 款更加具体直接，该款是专门针对房屋买卖合同解除而规定的，从体系上说应该优先使用。

8. 如果 A 公司不能向 B 公司支付工程款，B 公司可对 A 公司提出什么请求？

答案： B 公司可对 A 公司主张违约责任，同时工程款债权可就建设工程折价或者拍卖的价款优先受偿。

难度： 中

考点： 违约责任；建设工程合同

> **命题与解题思路**
>
> 本题的提问方式同样带有开放性，考生在分析与解答时需要全面地考虑各种可能性。对于建设工程的工程款不能支付的情形，考生很容易想到承包人建设工程价款的优先受偿权，但是也不能忽略同时可以向发包人 A 公司主张违约责任。

答案解析：

一方面，如果 A 公司不能向 B 公司支付工程款，对该工程款支付义务构成履行迟延。《民法典》第 577 条规定："当事人一方不履行合同义务或者履行合同义务不符合约定的，应当承担继续履行、采取补救措施或者赔偿损失等违约责任。"据此，A 公司需要向 B 公司承担违约责任。

另一方面，现行法在建设工程合同领域专门为承包人的工程价款债权设置了法定优先权。《民法典》第 807 条规定："发包人未按照约定支付价款的，承包人可以催告发包人在合理期限内支付价款。发包人逾期不支付的，除根据建设工程的性质不宜折价、拍卖外，承包人可以与发包人协议将该工程折价，也可以请求人民法院将该工程依法拍卖。建设工程的价款就该工程折价或者拍卖的价款优先受偿。"《建设工程施工合同解释（一）》第 40 条第 2 款规定："承包人就逾期支付建设工程价款的利息、违约金、损害赔偿金等主张优先受偿的，人民法院不予支持。"据此，承包人工程款优先受偿的范围不包括违约责任的部分。结合本题，若 A 公司不能向 B 公司支付工程款，则就工程款债权部分，B 公司有权就建设工程折价或者拍卖的价款优先受偿。

综上，B 公司可对 A 公司主张违约责任，同时工程款债权可就建设工程折价或者拍卖的价款优先受偿。

民事诉讼法 2008—2017

答案和解析作者简介

吴志伟

西南政法大学最高人民法院应用法学研究基地副主任。

主讲民事诉讼法学、司法制度与法律职业道德等本科、研究生课程。他授课条理清晰、风趣幽默,自称是被民诉耽误了的"段子手"。在他的讲授中,程序不再高冷,规则亦不枯燥。跟着他,以民诉为马,闯法考江湖。

2017 年真题

一、试题 （本题19分）

案情：

2013年5月，居住在S市二河县的郝志强、迟丽华夫妻将二人共有的位于S市三江区的三层楼房出租给包童新居住，协议是以郝志强的名义签订的。2015年3月，住所地在S市四海区的温茂昌从该楼房底下路过，被三层掉下的窗户玻璃砸伤，花费医疗费8500元。

就温茂昌受伤赔偿问题，利害关系人有关说法是：包童新承认当时自己开了窗户，但没想到玻璃会掉下，应属窗户质量问题，自己不应承担责任；郝志强认为窗户质量没有问题，如果不是包童新使用不当，窗户玻璃不会掉下；此外，温茂昌受伤是在该楼房院子内，作为路人的温茂昌不应未经楼房主人或使用权人同意擅自进入院子里，也有责任；温茂昌认为自己是为了躲避路上的车辆而走到该楼房旁边的，不知道这个区域已属个人私宅的范围。为此，温茂昌将郝志强和包童新诉至法院，要求他们赔偿医疗费用。

法院受理案件后，向被告郝志强、包童新送达了起诉状副本等文件。在起诉状、答辩状中，原告和被告都坚持协商过程中自己的理由。开庭审理5天前，法院送达人员将郝志强和包童新的传票都交给包童新，告其将传票转交给郝志强。开庭时，温茂昌、包童新按时到庭，郝志强迟迟未到庭。法庭询问包童新是否将出庭传票交给了郝志强，包童新表示4天之前就交了。法院据此在郝志强没有出庭的情况下对案件进行审理并作出了判决，判决郝志强与包童新共同承担赔偿责任：郝志强赔偿4000元，包童新赔偿4500元，两人相互承担连带责任。

一审判决送达后，郝志强不服，在上诉期内提起上诉，认为一审审理程序上存在瑕疵，要求二审法院将案件发回重审。包童新、温茂昌没有提起上诉。

问题：
1. 哪些（个）法院对本案享有管辖权？为什么？
2. 本案的当事人确定是否正确？为什么？
3. 本案涉及的相关案件事实应由谁承担证明责任？
4. 一审案件的审理在程序上有哪些瑕疵？二审法院对此应当如何处理？

二、答案精讲

1. 哪些（个）法院对本案享有管辖权？为什么？

答案： S市三江区法院和S市二河县法院对本案有管辖权。《民事诉讼法》第29条规定，因侵权行为提起的诉讼，由侵权行为地或者被告住所地法院管辖。S市二河县法院为被告郝志强住所地，S市三江区法院为侵权行为地和被告包童新住所地。

难度： 中

考点： 特殊地域管辖

> **命题与解题思路**
>
> 命题人要求考生根据给定的案例材料判断案件的管辖法院，这是考试案例分析题常见的考查内容。管辖无疑是考试的重点，本题是"重者恒重"规律的产物。管辖类试题大多考查考生的识记能力和法条简单运用能力，难度不高。考生解答管辖类试题，应先明确案件的具体类型，这是解题至关重要的环节；在此基础上，再根据《民事诉讼法》及司法解释有关管辖的规定具体确定管辖法院。此类试题往往需要阐述理由，而最主要的理由就是法律规定，这对考生的记忆精确度有较高要求。

答案解析：
本案是因温茂昌被楼上坠落的窗户玻璃砸伤而引发，从性质上判断明显属于侵权纠纷。根据《民事诉讼法》第29条的规定，因侵权行为提起的诉讼，由侵权行为地或者被告住所地人民法院管辖。确定本案的侵权行为地较为简单，自然是掉落窗户玻璃楼房所在地的S市三江区。根据案情表述，温茂昌将郝志强和包童新诉至法院，被告住所地应是郝志强和包童新的住所地。郝志强、包童新分别居住于S市二河县和S市三江区。因此，本案的管辖法院是S市三江区法院和S市二河县法院。

易混淆点解析： 确定案件的管辖法院，可首先确定级别管辖，然后确定地域管辖。在地域管辖中，首先判断案件是否属于专属管辖情形；如果不是，再看是否存在管辖协议；如果没有协议，或者协议无效，再看是否属于特殊地域管辖案件；如果不属于，再看能否适用一般地域管辖的例外规定；如果不适用，再根据一般地域管辖确定地域管辖法院。考生严格按照此逻辑思路解答管辖类试题，可有效避免误判。

2. 本案的当事人确定是否正确？为什么？

答案： 本案一审当事人的确定不完全正确（或部分正确、或部分错误）：（1）温茂昌作为原告，郝志强、包童新作为被告正确，遗漏迟丽华为被告错误。温茂昌是受害人，与案件的处理结果有直接的利害关系，作为原告，正确。（2）《民法典》第1253条规定，建筑物、构筑物或者其他设施及其搁置物、悬挂物发生脱坠落造成他人损害，所有人、管理人或者使用人不能证明自己没有过错的，应当承担侵权责任。郝志强为楼房所有人，包童新为楼房使用人，作为被告，正确。（3）迟丽华作为楼房的所有人之一，没有列为被告，错误。

难度：中

考点：原告和被告地位的确定；必要共同诉讼

> **命题与解题思路**
>
> 根据案情表述，要求考生<u>判断案件中当事人的诉讼地位，这同样是考试案例题常用的考查套路</u>。本题考查内容既涉及实体法，又涉及程序法。当事人的确定从表面上看属于程序法问题，实则与民事实体法规范息息相关。因为脱离民事实体法，根本无法确定适格当事人。本案法律关系明确，确定当事人相对简单，仅有原告和被告，不涉及第三人。考生需要融通民事实体法和民事程序法的规定，方能作出准确判断。考生评析案件当事人要全面，尤其不可遗漏对原告是否适格的评价。

答案解析：

根据材料表述，本案是侵权纠纷，具体而言，属于物件损害责任中建筑物、构筑物或者其他设施及其搁置物、悬挂物发生脱落、坠落致人损害责任，应当根据《民法典》确定各方的责任承担。《民法典》第1253条规定，建筑物、构筑物或者其他设施及其搁置物、悬挂物发生脱落、坠落造成他人损害，所有人、管理人或者使用人不能证明自己没有过错的，应当承担侵权责任。窗户玻璃坠落的出租楼房由郝志强、迟丽华夫妻二人共有，两人均为所有人。包童新是楼房的租客，属于使用人。因此，本案的被告应为郝志强、迟丽华和包童新。原告起诉郝志强和包童新正确，但遗漏了楼房共有人迟丽华错误，迟丽华也应是必要共同诉讼被告。

原告是为了维护自己或自己所管理的他人的民事权益，而以自己的名义向法院起诉，从而引起民事诉讼程序发生的人。本案中，温茂昌是受害人，为了维护自己的民事权益，以自己的名义向法院起诉。因此，温茂昌应为本案的原告。

综上，本案的原告是适格原告，将郝志强和包童新列为被告正确，但遗漏迟丽华为被告错误。

3. 本案涉及的相关案件事实应由谁承担证明责任？

答案：（1）郝志强为该楼所有人、包童新为该楼使用人的事实、该楼三层掉下的窗户玻璃砸伤温茂昌的事实、温茂昌受伤状况的事实、温茂昌治伤花费医疗费8500元的事实等，由温茂昌承担证明责任；（2）包童新认为窗户质量存在问题的事实，由包童新承担证明责任；（3）包童新使用窗户不当的事实、温茂昌未经楼房的主人或使用权人的同意擅自进到楼房的院子里的事实，由郝志强承担证明责任。

难度：难

考点：证明责任的特殊分配

> **命题与解题思路**
>
> 证明责任分配绝对是考试的"常客",属于每年必考内容。命题人遵循"重者恒重"规律,对相关案件事实的证明责任分配作出考查。套用一句广告词,"还是原来的套路,还是熟悉的考法"。考生解答此类试题,要首先根据案例材料的表述和法律规定全面确定案件的待证事实。具体而言,<u>证明责任分配是针对要件事实而言的。因此,考生应先根据案件涉及的实体法规范梳理案件的要件事实,再根据法律规定的证明责任分配一般原理或特殊规则,具体确定每一个要件事实的证明责任分配</u>。本题材料表述较为隐晦,需要考生结合法律规定判断各方当事人表述的意图。判断的难点在于对温茂昌是否有过错的证明责任分配不要受到材料表述的干扰。

答案解析:

《民法典》第1253条规定,建筑物、构筑物或者其他设施及其搁置物、悬挂物发生脱落、坠落造成他人损害,所有人、管理人或者使用人不能证明自己没有过错的,应当承担侵权责任。因此,本案应适用过错推定责任,即过错的证明责任"倒置"给被告。具言之,建筑物、构筑物或者其他设施及其搁置物、悬挂物发生脱落、坠落致人损害应由原告承担证明责任;因侵权行为造成的损失也应由原告承担证明责任;没有过错的证明责任由被告承担证明责任;免责事由则由被告承担证明责任。在此要注意,不论是一般侵权责任还是特殊侵权责任,侵权纠纷中的损害事实均由原告方(受害人)承担证明责任,免责事由均由被告方(侵权行为人)承担证明责任。

结合案情表述,本案中证明侵权行为的待证事实包括郝志强为该楼所有人、包童新为该楼的使用人、该楼三层掉下的窗户玻璃砸伤温茂昌的事实;证明损害结果的事实包括温茂昌受伤状况的事实、温茂昌治伤花费医疗费8500元的事实;所有人证明自己无过错的事实是包童新使用窗户不当的事实;使用人证明自己无过错的事实是窗户质量存在问题的事实。郝志强提出温茂昌未经楼房主人或使用权人同意擅自进入楼房的院子里,而温茂昌认为自己是为了躲避路上的车辆而走到该楼房旁边的,不知道这个区域已属个人私宅的范围。两种说法看似对立,实则郝志强提出温茂昌对于损害的发生有过错,主张过失相抵,而温茂昌认为自己没有过错。从性质来看,该事实属于免责事由,应由被告郝志强承担对温茂昌有过错的证明责任,而温茂昌无需对其无过错承担证明责任。

综上,各主体应承担的证明责任如下:(1)温茂昌应承担证明责任的事实包括郝志强为该楼所有人、包童新为该楼的使用人、该楼三层掉下的窗户玻璃砸伤温茂昌、温茂昌受伤状况、温茂昌治伤花费医疗费8500元等事实。(2)郝志强应承担证明责任的事实包括包童新使用窗户不当、温茂昌未经楼房的主人或使用权人的同意擅自进到楼房的院子里。(3)包童新应承担证明责任的事实包括窗户质量存在问题。

易混淆点解析:<u>不论是一般侵权责任还是特殊侵权责任,侵权纠纷中的损害事实均由原告方(受害人)承担证明责任,免责事由均由被告方(侵权行为人)承担证明责任。</u>

4. 一审案件的审理在程序上有哪些瑕疵?二审法院对此应当如何处理?

答案:(1)一审案件的审理存在如下瑕疵:第一,遗漏被告迟丽华:作为楼房所有人之一,应当作为被告参加诉讼。第二,一审法院通过包童新向郝志强送达开庭传票没有法律根据，属于违法行为；法院未依法向郝志强送达开庭传票，进而导致案件缺席判决，不符合作出缺席判决的条件，并严重限制了郝志强辩论权的行使。

（2）遗漏当事人、违法缺席判决、严重限制当事人辩论权的行使，都属于司法解释中列举的程序上严重违法、案件应当发回重审的行为，因此，二审法院应当裁定发回重审。

难度：难

考点：必要共同诉讼；送达方式（转交送达）；缺席判决；上诉案件的裁判

> 💡 **命题与解题思路**
>
> 　　命题人通过材料表述让考生判断审判程序存在的程序瑕疵，这也是考试案例题常用的考查方式。本题对必要共同诉讼、送达、缺席判决、发回重审等知识点进行综合考查。考生欲正确答题，必须准确掌握相关民事诉讼制度，才能通过对比得出答案。根据第一问的设问句，第二问实则考查二审法院对于一审程序瑕疵如何处理。2012年民诉法修正时对发回重审作出限制，只有原判决严重违反法定程序才会发回重审。因此，考生解答第二问的关键在于，对一审程序瑕疵是否属于严重违反法定程序作出判断。

答案解析：

（1）一审法院的审理程序存在瑕疵，分别予以评价。

①根据本题第二问的分析，迟丽华是窗户玻璃坠落的出租楼房的共有人，应作为必要共同诉讼的共同被告，温茂昌起诉时应将迟丽华列为被告。《民事诉讼法》第135条规定，必须共同进行诉讼的当事人没有参加诉讼的，人民法院应当通知其参加诉讼。据此，即使温茂昌起诉时未列迟丽华，法院也应当通知迟丽华参加诉讼。一审法院未通知违反法律规定。

②一审法院送达方式错误。法院送达人员将郝志强和包童新的传票都交给包童新，告知其将传票转交给郝志强。根据《民事诉讼法》第92、93条规定，转交送达的适用对象是军人、被监禁或被采取强制性教育措施的受送达人。本案显然不符合转交送达的条件，法院送达人员应直接将传票送达给郝志强。

③《民事诉讼法》第147条规定，被告经传票传唤，无正当理由拒不到庭的，或者未经法庭许可中途退庭的，可以缺席判决。据此，适用缺席判决的前提是对被告已经传票传唤，隐含的条件是传唤方式必须合法。而本案中，法院送达传票行为违法，对被告未经合法的传票传唤，不得缺席判决。因被告郝志强未出庭，也导致郝志强的辩论权无从实现。

（2）《民事诉讼法》第177条第1款第4项规定，原判决遗漏当事人或者违法缺席判决等严重违反法定程序的，裁定撤销原判决，发回原审人民法院重审。《民诉解释》第323条规定，下列情形，可以认定为《民事诉讼法》第177条第1款第4项规定的严重违反法定程序：①审判组织的组成不合法的；②应当回避的审判人员未回避的；③无诉讼行为能力人未经法定代理人代为诉讼的；④违法剥夺当事人辩论权利的。根据前面分析，一审判决遗漏当事人、违法缺席判决、违法剥夺当事人辩论权利，均属于严重违反法定程序的情形。二审法院应当裁定撤销原判决，发回重审。

2016 年真题

一、试题（本题 18 分）

案情：

陈某转让一辆中巴车给王某但未办过户。王某为了运营，与明星汽运公司签订合同，明确挂靠该公司，王某每月向该公司交纳 500 元，该公司为王某代交规费、代办各种运营手续、保险等。明星汽运公司依约代王某向鸿运保险公司支付了该车的交强险费用。

2015 年 5 月，王某所雇司机华某驾驶该中巴车致行人李某受伤，交警大队认定中巴车一方负全责，并出具事故认定书。但华某认为该事故认定书有问题，提出虽肇事车辆车速过快，但李某横穿马路没有走人行横道，对事故发生也负有责任。因赔偿问题协商无果，李某将王某和其他相关利害关系人诉至 F 省 N 市 J 县法院，要求王某、相关利害关系人向其赔付治疗费、误工费、交通费、护理费等费用。被告王某委托 N 市甲律师事务所刘律师担任诉讼代理人。

案件审理中，王某提出其与明星汽运公司存在挂靠关系、明星汽运公司代王某向保险公司交纳了该车的交强险费用、交通事故发生时李某横穿马路没走人行横道等事实；李某陈述了自己受伤、治疗、误工、请他人护理等事实。诉讼中，各利害关系人对上述事实看法不一。李某为支持自己的主张，向法院提交了因误工被扣误工费、为就医而支付交通费、请他人护理而支付护理费的书面证据。但李某声称治疗的相关诊断书、处方、药费和治疗费的发票等不慎丢失，其向医院收集这些证据遭拒绝。李某向法院提出书面申请，请求法院调查收集该证据，J 县法院拒绝。

在诉讼中，李某向 J 县法院主张自己共花治疗费 36650 元，误工费、交通费、护理费共计 12000 元。被告方仅认可治疗费用 15000 元。J 县法院对案件作出判决，在治疗费方面支持了 15000 元。双方当事人都未上诉。

一审判决生效一个月后，李某聘请 N 市甲律师事务所张律师收集证据、代理本案的再审，并商定实行风险代理收费，约定按协议标的额的 35% 收取律师费。经律师说服，医院就李某治伤的相关诊断书、处方、药费和治疗费的支付情况出具了证明，李某据此向法院申请再审，法院受理了李某的再审申请并裁定再审。

再审中，李某提出增加赔付精神损失费的诉讼请求，并要求张律师一定坚持该意见，律师将其写入诉状。

问题：

1. 本案的被告是谁？简要说明理由。
2. 就本案相关事实，由谁承担证明责任？简要说明理由。
3. 交警大队出具的事故认定书，是否当然就具有证明力？简要说明理由。
4. 李某可以向哪个（些）法院申请再审？其申请再审所依据的理由应当是什么？
5. 再审法院应当按照什么程序对案件进行再审？再审法院对李某增加的再审请求，应当如何处理？简要说明理由。

6. 根据律师执业规范，评价甲律师事务所及律师的执业行为，并简要说明理由。

二、答案精讲

> **1. 本案的被告是谁？简要说明理由。**

答案：本案被告应以原告的主张来加以确定：原告主张挂靠单位和被挂靠单位承担责任的，王某、明星汽运公司、鸿运保险公司为共同被告。理由：根据《民法典》第1210条和第1213条的规定，转让机动车未办理手续的，由保险公司在强制责任保险范围内予以赔偿，不足部分由受让人承担侵权责任；明星汽运公司为王某从事中巴车运营的被挂靠单位，根据《民诉解释》第54条规定，以挂靠形式从事民事活动，当事人请求由挂靠人和被挂靠人依法承担民事责任的，该挂靠人和被挂靠人为共同诉讼人。原告不主张被挂靠单位承担责任的，王某、鸿运保险公司为共同被告。

难度：难

考点：原告和被告地位的确定；必要共同诉讼

> 💡 **命题与解题思路**
>
> 原《民诉意见》规定挂靠行为均成立必要共同诉讼，而《民诉解释》则根据当事人的主张确定是否构成共同诉讼。《民诉解释》对挂靠中当事人确定的修正，为本题的命制提供了新素材。<u>命题人以挂靠行为为主线，对机动车交通事故责任中责任主体的确定、劳务侵权纠纷当事人的确定等知识点进行综合考查</u>。命题人思路开阔，情节设计巧妙，考查内容横跨实体法与程序法，难度颇高。各考点环环相扣，任何一部分内容记忆不牢，均难以准确作答。案例分析题往往会涉及诸多主体，建议考生在解题时对各主体之间的法律关系画个简图，以防混淆。

答案解析：

《民法典》第1211条规定，以挂靠形式从事道路运输经营活动的机动车，发生交通事故造成损害，属于该机动车一方责任的，由挂靠人和被挂靠人承担连带责任。连带责任属于典型的类似必要共同诉讼。《民诉解释》第54条规定，以挂靠形式从事民事活动，当事人请求由挂靠人和被挂靠人依法承担民事责任的，该挂靠人和被挂靠人为共同诉讼人。其潜台词是当事人仅主张挂靠人承担民事责任，案件的被告是挂靠人；当事人仅主张被挂靠人承担民事责任，案件的被告是被挂靠人；当事人主张挂靠人和被挂靠人均承担民事责任，那么两者成为共同被告。因此，本案应依据原告的具体主张确定被告，在答题时应当分情况展开分析。需要指出，命题人为减轻考生答题负担，在案情交代时已经指出要求王某承担责任，该表述已经排除只主张被挂靠人承担责任的情形，本题只需要分两种情况讨论即可。

《民法典》第1210条规定，当事人之间已经以买卖或者其他方式转让并交付机动车但是未办理登记，发生交通事故造成损害，属于该机动车一方责任的，由受让人承担赔偿责任。据此，即使未办理登记，对本案出让人陈某也不承担赔偿责任。又根据《民法典》第1213条规定，机动车发生交通事故造成损害，属于该机动车一方责任的，先由承保机动车强制保险的保险人在强制保险责任限额范围内予以赔偿；不足部分，由承保机动车商业保险的保险人按照保险合同的约定予以赔偿；仍然不足或者没有投保机动车商业保险的，由侵权人赔偿。据此，无论原告是否主张被挂靠人的责任，承保交强险的鸿运保险公司均应当作为共同被告。且即使未办理登记，出让人也不承担赔偿责任。

王某所雇司机华某驾驶该中巴车致行人李某受伤，王某与华某之间是提供劳务关系。根据《民诉解释》第57条规定，提供劳务一方因劳务造成他人损害，受害人提起诉讼的，以接受劳务一方为被告。据此，李某应当起诉王某，而非华某。

综上，原告李某主张挂靠单位和被挂靠单位承担责任时，王某、明星汽运公司、鸿运保险公司为共同被告；原告李某仅主张挂靠单位承担责任时，王某和鸿运保险公司为共同被告。

重点解析： 根据大陆法系民诉理论，必要共同诉讼分为<u>固有的必要共同诉讼和类似的必要共同诉讼</u>。两者的区别在于，固有的必要共同诉讼中各个共同诉讼人必须一同起诉或应诉，当事人方为适格；而类似的必要共同诉讼各个共同诉讼人既可一同起诉或应诉，又可分别起诉或应诉。我国民事诉讼法并未对必要共同诉讼再作划分，基本按固有的必要共同诉讼对待必要共同诉讼制度。挂靠即属于典型的类似的必要共同诉讼，《民诉解释》对挂靠中当事人确定的修正符合民事诉讼基本原理。

2. 就本案相关事实，由谁承担证明责任？简要说明理由。

答案： 王某与明星汽运公司存在挂靠关系的事实由王某承担证明责任；明星汽运公司依约代王某向鸿运保险公司交纳了该车的强制保险费用的事实由王某承担证明责任；交通事故发生时李某横穿马路没走人行通道的事实，由王某承担证明责任；李某受伤状况、治疗状况、误工状况、请他人护理状况等事实，由李某承担证明责任。理由：诉讼中，在通常情况下，谁主张事实支持自己的权利主张，由谁来承担自己所主张的事实的证明责任。本案上述事实，不存在特殊情况的情形，因此由相对应的事实主张者承担证明责任。

难度： 中

考点： 证明责任的分配

> 💡 **命题与解题思路**
>
> 证明责任分配在考试中几乎每年必考，属于当之无愧的重点。命题人遵循"重者恒重"规律，对相关案件事实的证明责任分配予以考查。考生解答此类试题，首先要根据案例材料的表述和法律规定全面梳理案件的待证事实，切忌遗漏；再根据法律规定的证明责任分配理论，具体确定每一个案件事实证明责任的承担主体。基于特殊优于一般原则，<u>应先判断给定的案例是否适用证明责任的特殊分配规则，如果不适用，再根据证明责任分配的一般原理予以确定</u>。

答案解析：

根据案例表述，本案需要证明的事实包括王某与明星汽运公司存在挂靠关系，明星汽运公司代王某向保险公司交纳了该车的交强险费用，交通事故发生时李某横穿马路没走人行横道，李某受伤、治疗、误工、请他人护理等事实。

根据《民诉解释》第91条的规定，主张法律关系存在的当事人，应当对产生该法律关系的基本事实承担举证证明责任。据此，王某主张其与明星汽运公司存在挂靠关系、明星汽运公司代王某向保险公司交纳了该车的交强险费用的事实，均应由王某承担证明责任。根据

《道路交通安全法》第 76 条的规定，机动车与非机动车驾驶人、行人之间发生交通事故，非机动车驾驶人、行人没有过错的，由机动车一方承担赔偿责任；有证据证明非机动车驾驶人、行人有过错的，根据过错程度适当减轻机动车一方的赔偿责任。由此，证明非机动车驾驶人、行人有过错的事实应由机动车一方承担证明责任。交通事故发生时李某横穿马路没走人行横道的事实，应由车主王某承担证明责任。李某受伤状况、治疗状况、误工状况、请他人护理状况等事实，由李某提出主张，也应由李某承担证明责任。

3. 交警大队出具的事故认定书，是否当然就具有证明力？简要说明理由。

答案： 交警大队出具的事故认定书，不当然具有证明力。理由：在诉讼中，交警大队出具的事故认定书只是证据的一种，其所证明的事实与案件其他证据所证明的事实是否一致，以及法院是否确信该事故认定书所确认的事实，法院有权根据案件的综合情况予以判断，即该事故认定书的证明力由法院判断后确定。

难度： 中

考点： 证据交换与质证

> **命题与解题思路**
>
> 本题考查证据的证明力，主要涉及对证据的质证。交警大队出具的事故认定书属于公文书证，这是答题干扰信息，考生如未能深入了解质证与证明力形成的内在逻辑关系，很容易误认为国家机关出具的证据就具有证明力。一般而言，公文书证的证明力大于其他书证。但这种对比是以书证均存在证明力为前提，证明力的有无和证明力大小完全是两个不同的概念，切不可混淆。除法院依职权调查收集的证据之外，其余证据必须质证，否则不能获得证明力。即使是法院依职权调查收集的证据，也必须在庭审时出示，听取当事人意见。因此，任何证据都不是当然就具有证明力。

答案解析：

从性质来看，事故认定书应当属于公文书证。《民诉解释》第 114 条规定，国家机关或者其他依法具有社会管理职能的组织，在其职权范围内制作的文书所记载的事项推定为真实，但有相反证据足以推翻的除外。必要时，人民法院可以要求制作文书的机关或者组织对文书的真实性予以说明。据此，虽然公文书证原则上可推定为真实，但允许用相反证据推翻，因此其并不当然具有证明力。又根据《民诉解释》第 103 条第 1 款的规定，证据应当在法庭上出示，由当事人互相质证。未经当事人质证的证据，不得作为认定案件事实的根据。据此，证据应当经过质证，才能作为认定案件事实的根据，即使是公文书证也不例外，否则就不需要制作机关或者组织对文书真实性作出说明了。

4. 李某可以向哪个（些）法院申请再审？其申请再审所依据的理由应当是什么？

答案： 李某可以向 F 省 N 市中级法院申请再审。因为，根据民诉司法解释，再审案件原则上向原审法院的上级法院提出。本案不存在向原审法院申请再审的法定事由。再审的理由为：对审理案件需要的主要证据，当事人因客观原因不能自行收集，书面申请人民法院调查收集，人民法院未调查收集；有新的证据，足以推翻原判决。

难度：中

考点：申请再审的条件（申请再审的事实和理由、申请再审的管辖法院）

> 💡 **命题与解题思路**
>
> 本题对申请再审的管辖法院以及再审事由作出考查，题目考点明确。申请再审的管辖法院，我国民诉法奉行"以上提一级为原则，以原审法院为例外"的模式，解答本题的关键点在于确定应当适用何种模式。对于再审事由，考生应详阅案件材料，比对《民事诉讼法》第211条规定的13种当事人申请再审情形进行判断，这对考生的记忆精确度要求较高。

答案解析：

根据《民事诉讼法》第210条的规定，当事人对已经发生法律效力的判决、裁定，认为有错误的，可以向上一级人民法院申请再审；当事人一方人数众多或者当事人双方为公民的案件，也可以向原审人民法院申请再审。又根据《民诉解释》第75条的规定，《民事诉讼法》第210条规定的人数众多，一般指10人以上。本案一方人数未及10人，不属于人数众多；且被告方有保险公司，也不符合双方当事人均为公民的情形。因此，李某应当依照原则规定，向生效判决法院F省N市J县法院的上一级法院F省N市中级法院申请再审。

根据材料表述和法律规定，本案李某申请再审的法定事由有两个。"李某向法院提出书面申请，请求法院调查收集该证据，J县法院拒绝。"这符合《民事诉讼法》第211条第5项规定，对审理案件需要的主要证据，当事人因客观原因不能自行收集，书面申请人民法院调查收集，人民法院未调查收集。"经律师说服，医院就李某治伤的相关诊断书、处方、药费和治疗费的支付情况出具了证明，李某据此向法院申请再审。"这符合《民事诉讼法》第211条第1项的规定，有新的证据，足以推翻原判决、裁定。

---

5. 再审法院应当按照什么程序对案件进行再审？再审法院对李某增加的再审请求，应当如何处理？简要说明理由。

答案：再审法院应当按照第二审程序对案件进行再审。因为受理并裁定对案件进行再审的，是原审法院的上级法院，应当适用第二审程序对案件进行再审。

再审法院对李某增加的要求被告支付精神损失费的再审请求不予受理，可告知李某另行起诉。因为再审请求不得超出原审诉讼请求的范围，再审法院对李某新提出的精神损害赔偿请求，应当不予审理。起诉主张医疗费等物质性赔偿与精神损害赔偿的诉讼请求不同，不构成重复起诉，因此，法院可告知李某就精神损害赔偿另行起诉。

难度：中

考点：再审审理的审判程序；再审审理的特殊性（再审审理范围）

> 💡 **命题与解题思路**
>
> 本题中，命题人对再审案件的审判程序以及再审的审理范围予以考查。设问句已明确交代了考查内容，作为理由的法律规定明确，且两个考点已多次命题考查。对于再审案件的审判程序，应当明确<u>再审程序并不是独立的审级</u>，因此，再审程序并无独立的审判程序，应当视原生效裁判的审级来适用相应的审判程序。

· 308 ·

答案解析：

《民事诉讼法》第218条第1款规定，人民法院按照审判监督程序再审的案件，发生法律效力的判决、裁定是由第一审法院作出的，按照第一审程序审理，所作的判决、裁定，当事人可以上诉；发生法律效力的判决、裁定是由第二审法院作出的，按照第二审程序审理，所作的判决、裁定，是发生法律效力的判决、裁定；上级人民法院按照审判监督程序提审的，按照第二审程序审理，所作的判决、裁定是发生法律效力的判决、裁定。根据本题第四问的分析，本案属于上级法院按照审判监督程序提审，应当适用第二审程序进行审理。

再审程序属于纠错程序，原则上不审理新的诉讼请求。《民诉解释》第403条第1款规定，人民法院审理再审案件应当围绕再审请求进行。当事人的再审请求超出原审诉讼请求的，不予审理；符合另案诉讼条件的，告知当事人可以另行起诉。据此，再审请求不得超出原审诉讼请求，而原审并未提出精神损害赔偿，因此，再审法院对李某提出的精神损害赔偿请求，应当不予审理。《最高人民法院关于确定民事侵权精神损害赔偿责任若干问题的解释》有关限制精神损害赔偿单独起诉的规定已被废止，这意味着当事人在侵权诉讼终结后，单独就精神损害赔偿起诉不再受到限制。主张物质性赔偿与主张精神损害赔偿的诉讼请求不同，不构成重复起诉，因此法院可告知李某就精神损害赔偿另行起诉。

6. 根据律师执业规范，评价甲律师事务所及律师的执业行为，并简要说明理由。

答案：（1）可以适用风险代理，但风险代理收费按规定不得高于30%；（2）甲律所张律师担任李某申诉代理人，违反《律师执业行为规范（试行）》第51条第7项规定；（3）李某增加诉讼请求不符合有关规定（理由如前），律师应指出未能指出，有违"以事实为根据、以法律为准绳"的执业原则及勤勉尽责的要求。

难度： 难

考点： 律师执业的基本原则；律师收费制度；律师与委托人或当事人的关系规范

> **命题与解题思路**
>
> 2015年底印发的《关于完善国家统一法律职业资格制度的意见》提出，加大法律职业伦理的考察力度，使法律职业道德成为法律职业人员入职的重要条件。为落实文件精神，在卷四结合民事诉讼法试题对律师执业行为是否合规进行考查。这种"搭售"式的考查方式已是第二次使用，2008年卷四第5题也在民事诉讼法试题中附带对法官职业道德作出考查。本题的难度体现在考查范围广，需要考生依照复习的法律职业道德知识对律师的执业行为逐一作出判断。考查内容还包括风险代理的最高数额，涉及具体数字的考题对考生的记忆精确度要求极高。还要指出的是，律师收费制度考点在2018年法考大纲中已删除。

答案解析：

（1）《律师服务收费管理办法》第11条规定，办理涉及财产关系的民事案件时，委托人被告知政府指导价后仍要求实行风险代理的，律师事务所可以实行风险代理收费，但下列情形除外：①婚姻、继承案件；②请求给予社会保险待遇或者最低生活保障待遇的；③请求给付赡养费、抚养费、扶养费、抚恤金、救济金、工伤赔偿的；④请求支付劳动报酬的等。本案是机动车交通事故责任纠纷，不在禁止适用风险代理的案件之列。《律师服务收费管理办法》第13条第2款规定，实行风险代理收费，最高收费金额不得高于收费合同约定标的额的30%。李某与张律师商定实行风险代理收费，约定按协议标的额的35%收取律师费。本案可以实行风险代理收费，但收费数额超标。

（2）《律师执业行为规范（试行）》第51条第7项规定，在委托关系终止后，同一律师事务所或同一律师不得在同一案件后续审理或者处理中又接受对方当事人委托。本案一审程序中被告王某委托N市甲律师事务所刘律师担任诉讼代理人，一审判决生效后，一审原告李某聘请N市甲律师事务所张律师代理本案的再审程序时，甲律师事务所张律师不得与李某建立委托关系。

（3）"以事实为根据、以法律为准绳"是律师执业的基本原则之一，其内涵是律师在办理法律事务时，既要实事求是，忠于事实真相；又要严格依法办事，正确地理解和运用法律办理法律事务或者提出解决问题的意见。既然李某增加的诉讼请求不符合法律规定，律师应当如实告知。律师的行为违反了"以事实为根据、以法律为准绳"的律师执业原则。

2015年真题

一、试题（本题22分）

案情：

杨之元开设古玩店，因收购藏品等所需巨额周转资金，即以号称"镇店之宝"的一块雕有观音图像的翡翠（下称翡翠观音）作为抵押物，向胜洋小额贷款公司（简称胜洋公司）贷款200万元，但翡翠观音仍然置于杨之元店里。后，古玩店经营不佳，进入亏损状态，无力如期偿还贷款。胜洋公司遂向法院起诉杨之元。

法院经过审理，确认抵押贷款合同有效，杨之元确实无力还贷，遂判决翡翠观音归胜洋公司所有，以抵偿200万元贷款及利息。判决生效后，杨之元未在期限内履行该判决。胜洋公司遂向法院申请强制执行。

在执行过程中，案外人商玉良向法院提出执行异议，声称该翡翠观音属于自己，杨之元无权抵押。并称：当初杨之元开设古玩店，需要有"镇店之宝"装点门面，经杨之元再三请求，商玉良才将自己的翡翠观音借其使用半年（杨之元为此还支付了6万元的借用费），并约定杨之元不得处分该翡翠观音，如造成损失，商玉良有权索赔。

法院经审查，认为商玉良提出的执行异议所提出的事实没有充分的证据，遂裁定驳回商玉良的异议。

问题：

1. 执行异议被裁定驳回后，商玉良是否可以提出执行异议之诉？为什么？
2. 如商玉良认为作为法院执行根据的判决有错，可以采取哪两种途径保护自己的合法权益？
3. 与第2问"两种途径"相关的两种民事诉讼制度（或程序）在适用程序上有何特点？
4. 商玉良可否同时采用上述两种制度（或程序）维护自己的权益？为什么？

二、答案精讲

> **1. 执行异议被裁定驳回后，商玉良是否可以提出执行异议之诉？为什么？**

答案：商玉良不可以提出执行异议之诉。因为，商玉良主张被抵押的翡翠观音属自己所有，即法院将翡翠观音用以抵偿杨之元的债务的判决是错误的，该执行异议与原判决有关，不能提起执行异议之诉。

难度：中

考点：案外人异议之诉

> 💡 **命题与解题思路**
>
> 命题人对案外人救济制度情有独钟，已连续两年在案例分析大题中予以考查。具体而言，本题旨在考查执行异议被驳回后，案外人在提起案外人异议之诉和申请再审之间如何进行选择。题目考点单一，法律依据明确，相关知识点已经多次考查。考生备考时认真研究历年真题，当可从容应对。本大题的四个小问题彼此牵连、环环相扣，本题是解答其他三问的基础。兹事体大，不可大意。

答案解析：

《民事诉讼法》第238条规定，执行过程中，案外人对执行标的提出书面异议的，人民法院应当自收到书面异议之日起15日内审查，理由成立的，裁定中止对该标的的执行；理由不成立的，裁定驳回。案外人、当事人对裁定不服，认为原判决、裁定错误的，依照审判监督程序办理；与原判决、裁定无关的，可以自裁定送达之日起15日内向人民法院提起诉讼。据此，案外人商玉良提出的执行异议被裁定驳回后，可以通过申请再审或者提起执行异议之诉进行救济。选择两种救济方式的依据在于执行标的是否与原判决、裁定有关。如果原裁判有错误，应通过再审程序处理；如果与原裁判无关，则应提起执行异议之诉。本案法院判决的内容是，翡翠观音归胜洋公司所有，抵偿200万元贷款及利息，而案外人商玉良主张翡翠观音属于自己所有，这明显属于原判决错误。因此，案外人商玉良的执行异议被驳回后，应当申请再审，而不能提起执行异议之诉。

易混淆点解析：案外人异议之诉和案外人申请再审的主要区别在于，如果<u>原判决、裁定的给付内容与执行标的无关，应提起执行异议之诉</u>；如果<u>有错误的原判决、裁定的给付内容涉及执行标的，则应申请再审</u>。

> **2. 如商玉良认为作为法院执行根据的判决有错，可以采取哪两种途径保护自己的合法权益？**

答案：商玉良可以根据《民事诉讼法》第59条第3款的规定，提起第三人撤销之诉；或根据《民事诉讼法》第238条的规定，以案外人身份申请再审。

难度：难

考点：第三人撤销之诉的概念；申请再审的条件（申请再审的主体）

> **命题与解题思路**
>
> 　　2012年《民事诉讼法》修正时新增了第三人撤销之诉，使得民事诉讼制度并存四种对案外人权益的救济措施，分别是第三人撤销之诉、案外人异议、案外人异议之诉和案外人申请再审。考生除了在宏观上准确把握每一种救济制度的适用情形和适用条件，还应当识别各种救济措施的差异性。本题根据命题人设定的具体情形，考查允许案外人适用的救济措施。命题人足够耿直，明确告知考生可选用救济措施的数量，这大大减轻了考生负担。本题是在第一问基础上的延伸考查，如果考生能够准确得出第一问的答案，那么本题可轻松得分。因为案外人权益的四种救济方式，第一问已经排除了案外人异议和案外人异议之诉，那剩下的两种方式自然就是本题的答案。

答案解析：

　　《民事诉讼法》第59条第3款规定，有独立请求权第三人和无独立请求权第三人，因不能归责于本人的事由未参加诉讼，但有证据证明发生法律效力的判决、裁定、调解书的部分或者全部内容错误，损害其民事权益的，可以自知道或者应当知道其民事权益受到损害之日起6个月内，向作出该判决、裁定、调解书的人民法院提起诉讼。人民法院经审理，诉讼请求成立的，应当改变或者撤销原判决、裁定、调解书；诉讼请求不成立的，驳回诉讼请求。据此，设问句明确提出商玉良认为作为执行根据的生效判决有错误，商玉良应是有独立请求权第三人，判决确定的给付标的物翡翠观音属于商玉良所有，该判决损害了商玉良的民事权益。因此，商玉良有权向判决作出法院提起第三人撤销之诉。

　　至于选择案外人申请再审的理由，已在第一问中详细阐述，此处不再赘述。

> **3. 与第2问"两种途径"相关的两种民事诉讼制度（或程序）在适用程序上有何特点？**

　　答案： （1）第三人撤销之诉在适用上的特点：①诉讼主体：有权提起第三人撤销之诉的须是当事人以外的第三人，该第三人应当具备诉的利益，即其民事权益受到了原案判决书的损害。商玉良是原告，杨之元和胜洋公司是被告。②诉讼客体：损害了第三人民事权益的发生法律效力的判决书。③提起诉讼的期限、条件与受理法院：期限是自知道或应当知道其民事权益受到损害之日起6个月内。条件为：因不能归责于本人的事由未参加诉讼；发生法律效力的判决的全部或者部分内容错误；判决书内容错误，损害其民事权益。受诉法院为作出生效判决的人民法院。

　　（2）案外人申请再审程序的特点：①申请再审的条件、期限和受理法院：案外人对驳回其执行异议的裁定不服，自执行异议裁定送达之日起6个月内，向作出原判决、裁定、调解书的法院申请再审；②处理方式：法院仅审理原判决、裁定、调解书对其民事权益造成损害的内容。经审理，再审请求成立的，撤销或者改变原判决、裁定、调解书；再审请求不成立的，维持原判决、裁定、调解书。

　　难度： 难

　　考点： 第三人撤销之诉的程序设置；申请再审的条件（申请再审的主体）

> **命题与解题思路**
>
> 《民诉解释》对第三人撤销之诉和执行异议之诉的程序设置分别予以专章规定，这为本题的命制提供了新素材。本题主要考查考生对第三人撤销之诉和案外人申请再审程序特点的掌握程度。本题与第二问一脉相承，如果第二问出错，本题也必然会失分。因两种制度均存在明确的法律依据，因此本质上本题属于法条识记题，但考查内容记忆量大，对记忆精确度要求也很高，需要考生从主体、客体、期限、适用情形等方面详加阐述。

答案解析：

《民诉解释》第290条规定，第三人对已经发生法律效力的判决、裁定、调解书提起撤销之诉的，应当自知道或者应当知道其民事权益受到损害之日起6个月内，向作出生效判决、裁定、调解书的人民法院提出，并应当提供存在下列情形的证据材料：(1)因不能归责于本人的事由未参加诉讼；(2)发生法律效力的判决、裁定、调解书的全部或者部分内容错误；(3)发生法律效力的判决、裁定、调解书内容错误损害其民事权益。根据本条规定，第三人撤销之诉的程序特点一目了然。具体如下：(1)诉讼主体：有权提起第三人撤销之诉的须是当事人以外的第三人，包括有独立请求权第三人和无独立请求权第三人。又根据《民诉解释》第296条的规定，第三人提起撤销之诉，人民法院应当将该第三人列为原告，生效判决、裁定、调解书的当事人列为被告，但生效判决、裁定、调解书中没有承担责任的无独立请求权的第三人列为第三人。因此，商玉良是原告，杨之元和胜洋公司是被告。(2)诉讼客体：损害了第三人民事权益的发生法律效力的判决、裁定、调解书。(3)提起诉讼的期限、条件与受理法院：期限是自知道或应当知道其民事权益受到损害之日起6个月内。条件为：因不能归责于本人的事由未参加诉讼；发生法律效力的判决的全部或者部分内容错误；判决书内容错误，损害其民事权益。受诉法院为作出生效判决的人民法院。(4)审理方式：法院应当组成合议庭开庭审理。

《民诉解释》第421条规定，根据《民事诉讼法》第238条规定，案外人对驳回其执行异议的裁定不服，认为原判决、裁定、调解书内容错误损害其民事权益的，可以自执行异议裁定送达之日起6个月内，向作出原判决、裁定、调解书的人民法院申请再审。同法第422条第2款规定，案外人不是必要的共同诉讼当事人的，人民法院仅审理原判决、裁定、调解书对其民事权益造成损害的内容。经审理，再审请求成立的，撤销或者改变原判决、裁定、调解书；再审请求不成立的，维持原判决、裁定、调解书。据此，本案中商玉良并非遗漏的必要共同诉讼人，其申请再审应适用上述条文规定，可据此归纳程序特点。

> **4. 商玉良可否同时采用上述两种制度（或程序）维护自己的权益？为什么？**

答案： 商玉良不可以同时适用上述两种制度（或程序）。

根据《民诉解释》第301条，第三人提起撤销之诉后，未中止生效判决、裁定、调解书执行的，执行法院对第三人依照《民事诉讼法》第238条规定提出的执行异议，应予审查。第三人不服驳回执行异议裁定，申请对原判决、裁定、调解书再审的，人民法院不予受理。案外人对人民法院驳回其执行异议裁定不服，认为原判决、裁定、调解书内容错误损害其合法权益的，应当根据《民事诉讼法》第238条规定申请再审，提起第三人撤销之诉的，人民法院不予受理。

难度：中

考点：第三人撤销之诉的程序设置

命题与解题思路

《民诉解释》新增规定了第三人撤销之诉与案外人执行异议、案外人申请再审之间的适用关系，这是本题命制的法律依据，也体现了"逢新必考"命题规律。本题也是对第二问的延伸考查，考查第三人撤销之诉和案外人申请再审能否并用。考生熟悉《民诉解释》的明文规定，固然可以准确作答。本题还可从理论上作出判断，两种救济程序有其相似性，都是因生效裁判发生错误而引发，救济目的具有一致性。因此，不允许也没必要并用两种程序。本题提醒考生不但要知晓每一类案外人权利救济措施的适用条件，还要了解各项措施之间的彼此适用关系。

答案解析：

两种程序能否并用，可从适用顺序分别作出判断。如果商玉良首先提出第三人撤销之诉，根据《民诉解释》第301条第1款的规定，第三人提起撤销之诉后，未中止生效判决、裁定、调解书执行的，执行法院对第三人依照《民事诉讼法》第238条规定提出的执行异议，应予审查。第三人不服驳回执行异议裁定，申请对原判决、裁定、调解书再审的，人民法院不予受理。据此，商玉良提出第三人撤销之诉后，不能再适用案外人申请再审制度。

如果商玉良首先适用案外人申请再审，不能再提起第三人撤销之诉。理由是：《民诉解释》第301条第2款规定，案外人对人民法院驳回其执行异议裁定不服，认为原判决、裁定、调解书内容错误损害其合法权益的，应当根据《民事诉讼法》第238条规定申请再审，提起第三人撤销之诉的，人民法院不予受理。

易混淆点解析：第三人撤销之诉不一定会发生在执行程序中，而执行异议、执行异议之诉和案外人申请再审均发生于执行程序中。案外人提起第三人撤销之诉后，可以提出案外人执行异议，但不能提出案外人申请再审。

2014 年真题

一、试题（本题20分）

案情：

赵文、赵武、赵军系亲兄弟，其父赵祖斌于2013年1月去世，除了留有一个元代青花瓷盘外，没有其他遗产。该青花瓷盘在赵军手中，赵文、赵武要求将该瓷盘变卖，变卖款由兄弟三人平均分配。赵军不同意。2013年3月，赵文、赵武到某省甲县法院（赵军居住地和该瓷盘所在地）起诉赵军，要求分割父亲赵祖斌的遗产。经甲县法院调解，赵文、赵武与赵军达成调解协议：赵祖斌留下的青花瓷盘归赵军所有，赵军分别向赵文、赵武支付人民币20万元。该款项分2期支付：2013年6月各支付5万元、2013年9月各支付15万元。

但至2013年10月，赵军未向赵文、赵武支付上述款项。赵文、赵武于2013年10月向甲县法院申请强制执行。经法院调查，赵军可供执行的款项有其在银行的存款10万元，可供执行的其他财产折价为8万元，另外赵军手中还有一把名家制作的紫砂壶，市场价值大约5万元。赵军声称其父亲留下的那个元代青花瓷盘被卖了，所得款项50万元做生意亏掉了。法院全力调查也未发现赵军还有其他的款项和财产。法院将赵军的上述款项冻结，扣押了赵军可供执行的财产和赵军手中的那把紫砂壶。

2013年11月，赵文、赵武与赵军拟达成执行和解协议：2013年12月30日之前，赵军将其在银行的存款10万元支付给赵文，将可供执行财产折价8万元与价值5万元的紫砂壶交付给赵武。赵军欠赵文、赵武的剩余债务予以免除。

此时，出现了以下情况：①赵军的朋友李有福向甲县法院报告，声称赵军手中的那把紫砂壶是自己借给赵军的，紫砂壶的所有权是自己的。②赵祖斌的朋友张益友向甲县法院声称，赵祖斌留下的那个元代青花瓷盘是他让赵祖斌保存的，所有权是自己的。自己是在一周之前（2013年11月1日）才知道赵祖斌已经去世以及赵文、赵武与赵军进行诉讼的事。③赵军的同事钱进军向甲县法院声称，赵军欠其5万元。同时，钱进军还向法院出示了公证机构制作的债权文书执行证书，该债权文书所记载的钱进军对赵军享有的债权是5万元，债权到期日是2013年9月30日。

问题：

1. 在不考虑李有福、张益友、钱进军提出的问题的情况下，如果赵文、赵武与赵军达成了执行和解协议，将产生什么法律后果？（考生可以就和解协议履行的情况作出假设）

2. 根据案情，李有福如果要对案中所提到的紫砂壶主张权利，在民事诉讼制度的框架下，其可以采取什么方式？采取相关方式时，应当符合什么条件？（考生可以就李有福采取的方式可能出现的后果作出假设）

3. 根据案情，张益友如果要对那个元代青花瓷盘所涉及的权益主张权利，在民事诉讼制度的框架下，其可以采取什么方式？采取该方式时，应当符合什么条件？

4. 根据案情，钱进军如果要对赵军主张5万元债权，在民事诉讼制度的框架下，其可以采取什么方式？为什么？

二、答案精讲

> **1. 在不考虑李有福、张益友、钱进军提出的问题的情况下，如果赵文、赵武与赵军达成了执行和解协议，将产生什么法律后果？（考生可以就和解协议履行的情况作出假设）**

答案：如果赵文、赵武与赵军达成了执行和解协议，将产生的法律后果是：（1）和解协议达成后，请求中止执行的，人民法院可以裁定执行程序中止；（2）和解协议达成后，请求撤回执行申请的，人民法院可以裁定终结执行程序；（3）如果在执行和解履行期内赵军履行了和解协议，法院作执行结案处理；（4）如果在执行期届满后，赵军没有履行执行和解协议，赵文、赵武可以申请恢复执行，执行将以调解书作为根据，如果赵军履行了部分执行和解协议，执行时应当对该部分予以扣除；赵文、赵武也可以就执行和解协议向执行法院提起诉讼。

难度：中

考点：执行程序中的一般性制度（执行和解）

命题与解题思路

命题人通过本题对执行和解的法律后果进行全面考查，试题考点单一，指向明确，但对考生的记忆精确度要求高。考生应重点围绕达成执行和解协议后对执行程序的影响、执行和解协议的执行情况分别展开论述。任何制度都不是孤立存在的，考生应特别留意执行和解与执行中止、执行终结以及恢复执行的适用关系。考生不要忽略括号里的答题提示信息，本题应根据执行和解协议履行情况分点作答。但考生又不要受到提示信息的干扰和迷惑，如果仅回答履行和不履行两种情形，又会因遗漏答题要点而失分。《民诉解释》新增规定了执行和解后当事人对执行程序的选择，《关于执行和解若干问题的规定》明确申请执行人可以就执行和解协议提起诉讼，导致原来的参考答案发生变化。

答案解析：

有关执行和解的法律后果，《民诉解释》第 464 条规定，申请执行人与被执行人达成和解协议后请求中止执行或者撤回执行申请的，人民法院可以裁定中止执行或者终结执行。《民诉解释》第 465 条规定，一方当事人不履行或者不完全履行在执行中双方自愿达成的和解协议，对方当事人申请执行原生效法律文书的，人民法院应当恢复执行，但和解协议已履行的部分应当扣除。和解协议已经履行完毕的，人民法院不予恢复执行。《关于执行和解若干问题的规定》第 9 条规定，被执行人一方不履行执行和解协议的，申请执行人可以申请恢复执行原生效法律文书，也可以就履行执行和解协议向执行法院提起诉讼。据此，考生可以将执行和解的法律后果分为请求中止执行、请求撤回执行申请、不履行或不完全履行和解协议、履行和解协议等四类情形分别依据法律规定作答。双方达成执行和解协议，发生执行中止的效力；执行和解履行完毕，发生执行终结的效力；未履行或未完全履行执行和解协议，可能发生恢复执行的效果。

易混淆点解析： 执行和解协议不是执行根据。当事人不履行或者不完全履行执行和解协议，当事人仍要依原来的执行根据申请强制执行。和解协议已履行部分有效，执行时应当扣除。

2. 根据案情，李有福如果要对案中所提到的紫砂壶主张权利，在民事诉讼制度的框架下，其可以采取什么方式？采取相关方式时，应当符合什么条件？（考生可以就李有福采取的方式可能出现的后果作出假设）

答案： 李有福如果要对案中所提到的紫砂壶主张权利，在赵文、赵武与赵军的案件已经进入了执行阶段的情况下，在民事诉讼制度的框架下，其可以采取的方式是：第一，提出对执行标的的异议。提出异议应当以书面的形式向甲县法院提出。第二，如果法院裁定驳回了李有福的执行标的异议，李有福可以提出案外人异议之诉。提出案外人异议之诉应当符合的条件是：（1）起诉的时间应当在收到执行法院对执行标的异议作出驳回裁定后 15 日内；（2）管辖法院为执行法院，即甲县法院；（3）李有福作为原告，赵文、赵武作为被告，如果赵军反对李有福的主张，赵军也作为共同被告。

难度： 难

考点： 案外人异议之诉

> **命题与解题思路**
>
> 命题人旨在通过本题全面考查各类案外人救济措施的适用关系。解答本题不但要求理解准，还要记忆牢，这对考生的理解能力和记忆能力都提出较高要求，难度颇高。2012年《民事诉讼法》修正时新增第三人撤销之诉，使得民事诉讼制度并存第三人撤销之诉、案外人异议、案外人异议之诉以及案外人申请再审等四种对案外人权益的救济措施。考生应当准确把握每一类救济制度的适用情形和适用条件，理顺各种救济措施的适用关系。能够根据命题人设定的具体案情，判断可适用的救济措施。考生解答本题应重点分析三个问题：第一，李有福能否提起第三人撤销之诉；第二，李有福能否提起执行异议；第三，执行异议被驳回后，应当提起案外人异议之诉还是申请再审。考生不要忽略括号内的答题提示信息，否则可能只回答执行异议，遗漏案外人异议之诉。

答案解析：

根据《民事诉讼法》第59条第3款的规定，第三人撤销之诉的适用情形是生效的判决、裁定、调解书内容错误，损害未参加诉讼的案外第三人的民事权益。本题考查李有福对紫砂壶主张权利的救济措施，本案中法院的调解协议并未涉及李有福的紫砂壶问题，因此并不属于生效判决、裁定、调解书内容错误损害案外人权益的情形，因此李有福不能提起第三人撤销之诉。

根据《民事诉讼法》第238条的规定，执行异议的适用情形是案外人主张对执行标的享有足以排除强制执行的权益。本案中，法院已经扣押了被执行人赵军手中的紫砂壶，紫砂壶已成为本案的执行标的物，此时案外人李有福对紫砂壶主张所有权，这足以排除法院对该紫砂壶的强制执行。因此，李有福可以书面提出执行异议。

《民事诉讼法》第238条规定，执行过程中，案外人对执行标的提出书面异议的，人民法院应当自收到书面异议之日起15日内审查，理由成立的，裁定中止对该标的的执行；理由不成立的，裁定驳回。案外人、当事人对裁定不服，认为原判决、裁定错误的，依照审判监督程序办理；与原判决、裁定无关的，可以自裁定送达之日起15日内向人民法院提起诉讼。据此，如果李有福的异议被法院驳回，其应当提起案外人异议之诉还是申请再审，两者的主要区别在于，执行标的是否与原判决、裁定有关。原判决、裁定的给付内容与执行标的无关，应提起执行异议之诉；有错误的原判决、裁定的给付内容涉及执行标的，则应申请再审。本案法院作出的调解协议根本与作为执行标的物的紫砂壶无关，因此，李有福应当提起案外人异议之诉。至于案外人异议之诉的适用条件，根据《民诉解释》的规定不难得出答案，考生可以从起诉时限、管辖法院、当事人确定等方面作答。具体条件如下：（1）起诉的时间应当在收到执行法院对执行标的异议作出驳回裁定后15日内；（2）管辖法院为执行法院，即甲县法院；（3）李有福作为原告，赵文、赵武作为被告，如果赵军反对李有福的主张，赵军也作为共同被告；（4）李有福有明确的排除对执行标的执行的诉讼请求，且诉讼请求与原判决、裁定无关。

易混淆点解析： 第三人撤销之诉强调生效判决、裁定、调解书内容错误损害案外人权益；执行异议则强调案外人对执行标的享有合法权益，可以排除对执行标的的强制执行。两者的适用关系是提起第三人撤销之诉后，为中止执行可以提出执行异议，执行异议被驳回后，不可申请再审；如果案外人提出执行异议，被驳回后只能申请再审，不能提出第三人撤销之诉。

3. 根据案情，张益友如果要对那个元代青花瓷盘所涉及的权益主张权利，在民事诉讼制度的框架下，其可以采取什么方式？采取该方式时，应当符合什么条件？

答案：张益友如果要对那个元代青花瓷盘所涉及的权益主张权利，在赵文、赵武与赵军的案件已经进入了执行阶段的情况下，在民事诉讼制度的框架下，其可以提出第三人撤销之诉；张益友提出第三人撤销之诉应当符合的条件是：（1）张益友作为原告，赵文、赵武、赵军作为被告；（2）向作出调解书的法院即甲县法院提出诉讼；（3）应当在 2013 年 11 月 1 日之后的 6 个月内提出。

难度：难

考点：第三人撤销之诉的程序设置

> **命题与解题思路**
>
> 本题是对第二问的延伸性考查，命题人依然意在测试考生对案外人权利救济体系的掌握程度。对相关知识点连续命制两题展现了命题人的仁慈，因为这可在客观上对考生起到提醒作用，变相降低了题目的迷惑性。从常理分析，命题人既然连续命制两道考题，那两者一定有所差异，绝不可能答案一致。沿此思路，考生应着重分析张益友的主张和李有福的主张存在何种差别，根据案情表述，紫砂壶则是执行标的，而青花瓷盘是法院调解协议确定的待分割遗产。案外人若对紫砂壶主张权利，应通过执行标的异议和案外人异议之诉予以救济；而案外人若对青花瓷盘主张权利，应通过第三人撤销之诉或者案外人申请再审方式救济。又因为执行中案外人申请再审的前提条件是案外人提出执行标的异议，而青花瓷盘已被赵军出售，不属于执行标的，案外人不能对青花瓷盘提出执行标的的异议，自然也就不能申请再审。

答案解析：

本题应从张益友主张和李有福主张的不同点入手展开分析。两者的区别在于，法院主持达成的调解协议中明确了青花瓷盘的归属，而并未涉及紫砂壶的归属。因此，李有福的权利主张与生效调解书无关，而张益友的诉讼则恰恰是因为生效调解书内容错误而引发。根据《民事诉讼法》第 59 条第 3 款规定，有独立请求权第三人和无独立请求权第三人，因不能归责于本人的事由未参加诉讼，但有证据证明发生法律效力的判决、裁定、调解书的部分或者全部内容错误，损害其民事权益的，可以自知道或者应当知道其民事权益受到损害之日起 6 个月内，向作出该判决、裁定、调解书的人民法院提起诉讼。据此，有独立请求权第三人张益友非因其本人事由未参加诉讼，内容错误的生效调解书损害了张益友的民事权益，张益友可以提起第三人撤销之诉对其民事权益进行救济。

根据《民诉解释》第 301 条的规定，第三人撤销之诉启动后，还可以提起执行异议。为避免答案遗漏，考生还应继续分析本案能否适用执行异议制度。根据材料表述，青花瓷盘已经被赵军出售，其已不属于法院的执行标的。换言之，张益友对本案的执行标的并不享有排除执行的权利主张。因此，张益友不能提出执行异议。既然前置程序不能启动，即使案外人张益友认为生效调解书存在错误，也不能申请再审。

4. 根据案情，钱进军如果要对赵军主张 5 万元债权，在民事诉讼制度的框架下，其可以采取什么方式？为什么？

答案：钱进军如果要对其对赵军所享有的那 5 万元债权主张权利，在赵文、赵武与赵军的案件已经进入了执行阶段的情况下,在民事诉讼制度的框架下,其可以申请参与分配。

因为其条件符合申请参与分配的条件。按照《民事诉讼法》的规定,参与分配的条件包括:第一,被执行人的财产无法清偿所有债权,本案中赵军的财产不足以清偿其所有的债务。第二,被执行人为自然人或其他组织,而非法人,本案中赵军为自然人。第三,有多个申请人对同一被申请人享有债权,本案中有三个申请人对赵军享有债权。第四,申请人必须取得生效的执行根据,本案中钱进军有经过公证的债权文书作为执行根据。第五,参与分配的债权只限于金钱债权,本案中钱进军对赵军享有的就是金钱债权。第六,参与分配必须发生在执行程序开始后,被执行人的财产清偿完毕之前,本案情形与此相符。

难度:中

考点:执行程序中的一般性制度(执行根据、参与分配)

> **命题与解题思路**
>
> 命题人通过开放式设问方式,对参与分配及其适用条件进行考查。为增加难度,还附带对执行根据予以考查。钱进军的执行根据不是生效判决,而是公证债权文书执行证书。本题相较于前两道考题更为灵活,根本没有明确考查范围,需要考生自行判断。本题的难点在于确定考点,这需要考生根据给定材料先判断钱进军主张的法律性质,再比照适用条件,逐一对执行的相关制度予以筛选。案例分析题与选择题不同,对于选择题,命题人基本会明示考点,考生结合相关法律规定对选项表述逐一作出判断,偶尔还可运用技巧解题。而案例分析题往往会反其道而行之,直接给出特定情形,让考生自行判断考点,而且往往考点又不止一个,运用技巧解题更是无从谈起。对学科知识缺乏体系性掌握的考生,遇到此类题型可能一头雾水,这也是案例分析题容易失分的重要原因。对于此类试题,建议考生首先框定考查范围,然后结合该范围内的具体制度,不厌其烦地逐一排除后作答。当然,如果考生深谙民事诉讼制度,一眼即可知晓考点,则另当别论。

答案解析:

根据材料表述,解答本题的关键信息有两个。其一,根据被执行人赵军的偿还能力,无法清偿包括钱进军在内的全部债权。其二,钱进军主张的是其对被执行人赵军享有到期债权,并且通过公证机构已经获得了有效的执行根据。考生如果从材料表述中获得这两个解题有效信息,那就很容易判断应当通过参与分配制度对钱进军予以救济。至于理由,完全可以从参与分配制度的适用条件逐一说明。根据《民诉解释》第 506 条的规定,被执行人为公民或者其他组织,在执行程序开始后,被执行人的其他已经取得执行依据的债权人发现被执行人的财产不能清偿所有债权的,可以向人民法院申请参与分配。理由是本案完全符合参与分配的适用条件。具体如下:(1)被执行人的财产无法清偿所有债权,本案中赵军的财产不足以清偿其所有的债务。(2)被执行人为自然人或其他组织,不包括法人。本案中被执行人赵军为自然人。(3)有多个申请人对同一被申请人享有债权,本案中赵文、赵武和钱进军等三个申请人均对赵军享有债权。(4)申请人必须取得生效的执行根据。本案中钱进军虽然没有裁判文书,但经过公证的债权文书同样是执行根据。(5)参与分配的债权只限于金钱债权,本案中钱进军对赵军享有的是 5 万元的金钱债权。(6)参与分配必须发生在执行程序开始后,被执行人的财产清偿完毕之前。根据表述,本案执行程序已经启动,但尚未执行完毕。

易混淆点解析:参与分配的适用应当由申请执行人向法院提出申请,法院不能依职权适用参与分配制度。主持参与分配的法院应当是对债务人首先采取查封、扣押或冻结措施的法院。

2013 年真题

一、试题（本题 25 分）

案情：

孙某与钱某合伙经营一家五金店，后因经营理念不合，孙某唆使赵龙、赵虎兄弟寻衅将钱某打伤，钱某花费医疗费 2 万元，营养费 3000 元，交通费 2000 元。钱某委托李律师向甲县法院起诉赵家兄弟，要求其赔偿经济损失 2.5 万元，精神损失 5000 元，并提供了医院诊断书、处方、出租车票、发票、目击者周某的书面证言等证据。甲县法院适用简易程序审理本案。二被告没有提供证据，庭审中承认将钱某打伤，但对赔偿金额提出异议。甲县法院最终支持了钱某的所有主张。

二被告不服，向乙市中院提起上诉，并向该法院承认，二人是受孙某唆使。钱某要求追加孙某为共同被告、赔偿损失，并要求退伙析产。乙市中院经过审查，认定孙某是必须参加诉讼的当事人，遂通知孙某参加调解。后各方达成调解协议，钱某放弃精神损害赔偿，孙某即时向钱某支付赔偿金 1.5 万元，赵家兄弟在 7 日内向钱某支付赔偿金 1 万元，孙某和钱某同意继续合伙经营。乙市中院制作调解书送达各方后结案。

问题：

1. 请结合本案，简要概括钱某的起诉状或法院的一审判决书的结构和内容。（起诉状或一审判决书择一作答；二者均答时，评判排列在先者）
2. 如果乙市中院调解无效，应当如何处理？
3. 如果甲县法院重审本案，应当在程序上注意哪些特殊事项？
4. 近年来，随着社会转型的深入，社会管理领域面临许多挑战，通过人民调解、行政调解、司法调解和民事诉讼等多种渠道化解社会矛盾纠纷成为社会治理的必然选择；同时，司法改革以满足人民群众的司法需求为根本出发点，让有理有据的人打得赢官司，让公平正义通过司法渠道得到彰显。请结合本案和社会发展情况，试述调解和审判在转型时期的关系。

答题要求：

1. 根据法律、司法解释规定及民事诉讼法理知识作答；
2. 观点明确，逻辑清晰，说理充分，文字通畅；
3. 请按提问顺序逐一作答，总字数不得少于 600 字。

二、答案精讲

> **1. 请结合本案，简要概括钱某的起诉状或法院的一审判决书的结构和内容。（起诉状或一审判决书择一作答；二者均答时，评判排列在先者）**

答案：（1）民事起诉状的结构与内容

第一，当事人的基本情况。写明原告钱某和被告赵龙、赵虎的姓名、住所和联系方式等身份信息。委托代理人李律师的姓名、工作单位等。

第二，诉讼请求。分项载明原告钱某要求损害赔偿（包括物质损失和精神损失）的具体金额。

第三，事实和理由。事实部分应概括两名被告殴打钱某的案件事实，以及受损害的事实；理由部分应当列明诉请的法律依据。

第四，证据和证据来源。列举医院诊断书、处方、出租车票、发票、目击者周某的书面证言等证据。

第五，受诉法院的名称、起诉的时间、起诉人的签名。

（2）一审民事判决书的结构与内容

第一，诉讼基本情况。载明本案当事人、案由和审理经过等基本情况。

第二，诉讼请求和抗辩主张。载明原告钱某的诉讼请求和被告赵龙、赵虎的抗辩理由以及依据的事实和理由。

第三，判决认定的事实、理由和适用的法律依据。法院对原被告双方争议的事实问题和法律问题予以认定，并说明事实认定的依据和法律适用的理由。

第四，判决结果和诉讼费用的负担。应当具体写明两名被告给付原告钱某的损害赔偿数额，并判令由被告承担诉讼费用。

第五，上诉期间和上诉法院。应告知不服一审判决的当事人，在15日内提起上诉。

第六，案件审判人员和书记员署名，加盖法院印章。

难度：中

考点：起诉（起诉状的内容）；民事判决的内容

> **命题与解题思路**
>
> 根据给定材料撰写法律文书，是法律人应当掌握的基本实践技能。本题考查民事起诉状或者一审民事判决书的基本结构，考查内容具有明确的法律依据，属于法条识记题，难度不高。考生答题时应注意审题，只需写出民事起诉状或者一审民事判决书的结构和内容即可，不必写出一篇完整的法律文书。且两种文书，择一写作即可，落笔前先做好选择，避免中途更换浪费时间。列明文书结构和内容时，应当结合案情予以具体化，不能直接照搬法条。考生如果对两种文书都很熟悉，从性价比来看，选择起诉状明显是更为明智之举。

答案解析：

对于民事起诉状的主要结构和内容，《民事诉讼法》第124条规定，起诉状应当记明下列事项：（1）原告的姓名、性别、年龄、民族、职业、工作单位、住所、联系方式，法人或者其他组织的名称、住所和法定代表人或者主要负责人的姓名、职务、联系方式；（2）被告的姓名、性别、工作单位、住所等信息，法人或者其他组织的名称、住所等信息；（3）诉讼请求和所根据的事实与理由；（4）证据和证据来源，证人姓名和住所。考生依据本条规定，结合案件材料逐一予以落实即可。

对于一审民事判决书的主要结构和内容，《民事诉讼法》第155条规定，判决书应当写明判决结果和作出该判决的理由。判决书内容包括：（1）案由、诉讼请求、争议的事实和理由；（2）判决认定的事实和理由、适用的法律和理由；（3）判决结果和诉讼费用的负担；（4）上诉期间和上诉的法院。判决书由审判人员、书记员署名，加盖人民法院印章。考生可以依据本条规定，结合案件材料进行详细阐述。

2. 如果乙市中院调解无效，应当如何处理？

答案：对于钱某要求追加孙某为共同被告，赔偿损失的请求，应当裁定撤销原判，发回重审。对于钱某退伙析产的请求，应当告知其另行起诉；双方当事人同意，法院可以一并裁判。

难度：中

考点：上诉案件的调解

> **💡 命题与解题思路**
>
> 命题人主要考查二审中不能直接裁判，可以通过调解解决纠纷的适用情形。该考点在选择题中已考查多次，考生只要准确判断命题人的考查意图，不难获得分数。"钱某要求追加孙某为共同被告，赔偿损失，并要求退伙析产"是解题的关键信息，钱某在二审中的诉讼请求实际上包含两个内容：(1) 请求一审遗漏的必要共同诉讼人承担责任；(2) 增加退伙析产的诉讼请求。考生判断考点后，结合《民诉解释》第325、326条的规定，很容易得出正确答案。需要指出，《民诉解释》对二审增加诉讼请求有新的规定，导致原来的参考答案发生变化。

答案解析：

分析钱某在二审中提出的请求，"要求追加孙某为共同被告，赔偿损失"，意在请求一审遗漏的必要共同诉讼人承担责任。根据《民诉解释》第325条的规定，必须参加诉讼的当事人或者有独立请求权的第三人，在第一审程序中未参加诉讼，第二审人民法院可以根据当事人自愿的原则予以调解；调解不成的，发回重审。因此，对于钱某要求追加孙某为共同被告，赔偿损失的请求，调解不成时，应当裁定撤销原判，发回重审。"要求退伙析产"，则属于二审增加诉讼请求。根据《民诉解释》第326条的规定，在第二审程序中，原审原告增加独立的诉讼请求或者原审被告提出反诉的，第二审人民法院可以根据当事人自愿的原则就新增加的诉讼请求或者反诉进行调解；调解不成的，告知当事人另行起诉。双方当事人同意由第二审人民法院一并审理的，第二审人民法院可以一并裁判。因此，对于钱某退伙析产的请求，调解不成时，法院应当告知其另行起诉；双方当事人同意，法院也可以一并裁判。

3. 如果甲县法院重审本案，应当在程序上注意哪些特殊事项？

答案：甲县法院重审案件时，应当注意几点特殊事项：(1) 案件发回重审后，甲县法院不得适用简易程序，应适用普通程序审理此案；(2) 甲县法院应当另行组成合议庭，原法庭成员不得参加新合议庭；(3) 应当追加孙某作为共同被告参加诉讼，并为其确定举证期限；(4) 本案发回重审后，当事人提出管辖异议，人民法院不予审查。

难度：中

考点：简易程序的适用范围；上诉案件的裁判

> **💡 命题与解题思路**
>
> 本题表面上考查的是发回重审时的程序特殊性，由于发回重审并非独立的程序，仅是一种二审法院对待一审裁判的处理方式，因此，本题实质上是对简易程序适用条件、

管辖、审判组织、举证期限、当事人追加等一系列有关发回重审特殊规定的综合性考查。题目具有开放性，考查范围广，涉及内容多，难度颇高。如果时间允许，建议考生答题时，按照《民事诉讼法》的体例结构，从前到后进行拉网式排查，避免遗漏答案。此类考题提醒考生在备考时，对有关联性的相关规定，应做好归纳总结。

答案解析：

《民诉解释》第257条规定，下列案件，不适用简易程序：（1）起诉时被告下落不明的；（2）发回重审的；（3）当事人一方人数众多的；（4）适用审判监督程序的；（5）涉及国家利益、社会公共利益的；（6）第三人起诉请求改变或者撤销生效判决、裁定、调解书的；（7）其他不宜适用简易程序的案件。据此，虽然甲县法院审理本案时适用的是简易程序，但是二审法院将本案发回重审时，甲县法院不能再适用简易程序，应适用普通程序审理。

《民事诉讼法》第41条第3款规定，发回重审的案件，原审人民法院应当按照第一审程序另行组成合议庭。由此，甲县法院重审本案时应当另行组成合议庭，即原来一审时的法庭成员不得参加新组成的合议庭。

案件发回重审适用的是一审程序，唆使赵龙、赵虎殴打钱某的孙某，也应是本案的共同被告。《民事诉讼法》第135条规定，必须共同进行诉讼的当事人没有参加诉讼的，人民法院应当通知其参加诉讼。据此，甲县法院在重审本案时，应当追加孙某作为共同被告参加诉讼。

《民事证据规定》第55条第2项规定，追加当事人、有独立请求权的第三人参加诉讼或者无独立请求权的第三人经人民法院通知参加诉讼的，人民法院应当依照本规定第51条的规定为新参加诉讼的当事人确定举证期限，该举证期限适用于其他当事人。据此，法院追加共同被告孙某后，应为孙某确定举证期限。

《民诉解释》第39条第2款规定，人民法院发回重审或者按第一审程序再审的案件，当事人提出管辖异议的，人民法院不予审查。根据管辖恒定原则，发回重审时，当事人不得再提出管辖权异议。

4. 近年来，随着社会转型的深入，社会管理领域面临许多挑战，通过人民调解、行政调解、司法调解和民事诉讼等多种渠道化解社会矛盾纠纷成为社会治理的必然选择；同时，司法改革以满足人民群众的司法需求为根本出发点，让有理有据的人打得赢官司，让公平正义通过司法渠道得到彰显。请结合本案和社会发展情况，试述调解和审判在转型时期的关系。

答案：

调解和审判均为纠纷解决方式。调解主体多元，程序简单，但除了法院调解外，其他调解的法律效力弱。审判的权威性最强，但程序复杂，处理周期长，成本相对较高。题干案例可以清晰地反映出调解和审判的关系。本案如果调解未成，应当依法将案件发回重审或者告知另行起诉，这无疑会拖延案件处理周期，造成司法资源的耗费，增加当事人诉讼负担。乙市中院调解结案，迅速化解该纠纷，避免矛盾的激化，并且维系了孙某和钱某的合伙关系，这无疑实现了法律效果和社会效果的良性互动。当然，调解也并非十全十美，调解达成是以钱某自愿放弃自己的精神损害赔偿请求为代价，实际上其法定的权利并未全部实现。

我国处于社会转型期，各类社会矛盾频发。仅依靠诉讼渠道解决民事纠纷，显然会捉襟见肘。这从我国法院逐年递增的案件受理量，法院日渐增大的办案压力即可见端倪。且矛盾种类多样，并非都适合诉讼解决。我国亟待建立起符合我国转型期矛盾特点的多元纠纷解决机制，调解和诉讼无疑会在其中扮演重要角色。我国2012年修正《民事诉讼法》时，进一步强化了司法外调解与法院的对接机制，也为调解机能的有效发挥提供了制度保障。主要表现为：（1）增加先行调解制度。在司法实践中，法院往往委托人民调解委员会组织先行调解，这无疑增强了人民调解的作用。（2）在特别程序中增设确认调解协议程序。针对人民调解法律效力弱的特点，通过司法确认赋予强制执行力，强化人民调解制度的功能实现。同时，通过司法改革推行立案登记制，在《民事诉讼法》中设立小额诉讼程序等举措，不断拓宽当事人利用诉讼方式解决民事纠纷的渠道。

总之，调解和审判两者各具特点，不可偏废。应当互相补位，相互配合，共同致力于纠纷的公正、高效解决。

难度：难

考点：民事纠纷的解决方式

> **命题与解题思路**
>
> 如何构建调解与诉讼的关系，历来是民事诉讼领域的焦点问题。2012年《民事诉讼法》修正时增设新的调解制度，这为本题的命制提供了论证素材。命题人以论述题形式，对纠纷解决机制中审判与调解的关系予以考查。论述题的考查内容一般既涉及法律规定，还包括法学理论。解答此类考题需要具备观点归纳、文字表达、分析论证等各方面能力，难度颇大。本题为开放性试题，并无标准答案。考生应仔细审阅题目，"结合本案和社会发展情况""根据法律、司法解释规定及民事诉讼法理知识作答""试述调解和审判在转型时期的关系"是答题的关键信息，这些关键词框定了答题范围。考生应以调解和审判的关系为主线，以案件材料、社会现实、法律规定和民事诉讼法理作为答题素材展开论证，才能避免跑题失分。
>
> 在历年考试中，民事诉讼法以论述题形式仅考查两次。巧合的是两道题都涉及纠纷解决方式。2004年卷四第7题，命题人编制案件让考生回答可利用的纠纷解决方式，并作出优劣选择；本题则具体考查审判与调解的关系。

答案解析：

题目考查的是调解与审判的关系，考生切忌泛泛而谈、空洞无物。

首先，应当结合本案材料和社会变革期的特点深入探讨调解与审判的关系。在本案中，法院调解结案，不但迅速解决了双方的纠纷，而且维系了孙某和钱某的合伙关系，有效避免矛盾的激化。这些无疑彰显了调解的制度优势，但凡事皆有两面，钱某的诉讼请求通过诉讼可能都会获得支持，但在调解过程中，其放弃了精神损害赔偿金的请求，法定的权利打了折扣。本案如果通过诉讼解决，应当将案件发回重审或者告知另行起诉，这可能会造成司法资源的耗费，为当事人造成额外的讼累。我国转型期的社会现实，社会矛盾日益显现。面对日益复杂的社会矛盾，导致大量纠纷涌入法院系统，案件数量呈现逐年递增趋势，法院审判压力大。亟需建构多元纠纷解决机制，多渠道化解社会纠纷。调解和审判都属于民事纠纷解决机制，它们与仲裁、和解等一起构建了中国的多元纠纷解决机制。

其次，考生应当梳理与调解有关的法律规定和民事诉讼法理作为论据，特别应当兼顾《民事诉讼法》2012年时有关调解的内容。该次修法增加先行调解制度，强化调解功能的发挥；在特别程序中增设确认调解协议程序，针对人民调解法律效力弱的特点，通过司法确认赋予强制执行力，强化人民调解制度的功能实现。还应当运用纠纷解决理论，从调解和诉讼的特点出发，探讨在多元纠纷解决机制中如何实现调解与诉讼功能的发挥。

在分析上述信息的基础上，考生可以任选一个角度，对社会转型时期调解和审判的关系展开论述。尤其需要注意，应立足于审判和调解的关系展开论述，不能顾此失彼，片面强调某一种机制。同时，应当鲜明提出自己的观点，并将上述信息作为论据，做到言之有据。

2012 年真题

一、试题（本题 20 分）

案情：

居住在甲市 A 区的王某驾车以 60 公里时速在甲市 B 区行驶，突遇居住在甲市 C 区的刘某骑自行车横穿马路，王某紧急刹车，刘某在车前倒地受伤。刘某被送往甲市 B 区医院治疗，疗效一般，留有一定后遗症。之后，双方就王某开车是否撞倒刘某，以及相关赔偿事宜发生争执，无法达成协议。

刘某诉至法院，主张自己被王某开车撞伤，要求赔偿。刘某提交的证据包括：甲市 B 区交警大队的交通事故处理认定书（该认定书没有对刘某倒地受伤是否为王某开车所致作出认定）、医院的诊断书（复印件）、处方（复印件）、药费和住院费的发票等。王某提交了自己在事故现场用数码摄像机拍摄的车与刘某倒地后状态的视频资料。图像显示，刘某倒地位置与王某车距离 1 米左右。王某以该证据证明其车没有撞倒刘某。

一审中，双方争执焦点为：刘某倒地受伤是否为王某驾车撞倒所致；刘某所留后遗症是否因医疗措施不当所致。

法院审理后，无法确定王某的车是否撞倒刘某。一审法院认为，王某的车是否撞倒刘某无法确定，但即使王某的车没有撞倒刘某，由于王某车型较大、车速较快、刹车突然、刹车声音刺耳等原因，足以使刘某受到惊吓而从自行车上摔倒受伤。因此，王某应当对刘某受伤承担相应责任。同时，刘某因违反交通规则，对其受伤也应当承担相应责任。据此，法院判决：王某对刘某的经济损失承担 50% 的赔偿责任。关于刘某受伤后留下后遗症问题，一审法院没有作出说明。

王某不服一审判决，提起上诉。二审法院审理后认为，综合各种证据，认定王某的车撞倒刘某，致其受伤。同时，二审法院认为，一审法院关于双方当事人就事故的经济责任分担符合法律原则和规定。故此，二审法院驳回王某上诉，维持原判。

问题：

1. 对刘某提起的损害赔偿诉讼，哪个（些）法院有管辖权？为什么？
2. 本案所列当事人提供的证据，属于法律规定中的哪种证据？属于理论上的哪类证据？

3. 根据民事诉讼法学（包括证据法学）相关原理，一审法院判决是否存在问题？为什么？

4. 根据《民事诉讼法》有关规定，二审法院判决是否存在问题？为什么？

二、答案精讲

1. 对刘某提起的损害赔偿诉讼，哪个（些）法院有管辖权？为什么？

答案： 对本案享有管辖权的有甲市A区法院和甲市B区法院。本案属于侵权纠纷，侵权行为地与被告住所地法院享有管辖权；本案的侵权行为发生在甲市B区，被告王某居住在甲市A区。

难度： 易

考点： 特殊地域管辖

> **命题与解题思路**
>
> 以实践中典型案例为素材是常用的命题方式。本题以机动车交通事故侵权为主线，对管辖、证据、一审和二审程序规则进行综合考查。本小题考查特殊地域管辖中侵权纠纷的管辖法院，解题依据仅涉及一个法律条文，难度颇低。管辖类试题大多较为简单，主要考查考生的识记能力和法条简单运用能力。考生解答此类试题，需要首先明确案件的具体类型，这是解题的关键步骤。在此基础上，再根据《民事诉讼法》及司法解释有关管辖的规定具体确定管辖法院。主观题往往需要阐述理由，考生应主要围绕相关法律规定进行阐释。

答案解析：

本案中，刘某主张被王某开车撞伤要求赔偿，从性质上判断属于侵权纠纷。根据《民事诉讼法》第29条规定，因侵权行为提起的诉讼，由侵权行为地或者被告住所地人民法院管辖。案例中，被告王某的住所地是甲市A区，侵权行为地是损害发生的甲市B区。因此，本案的管辖法院是甲市A区法院和甲市B区法院。

2. 本案所列当事人提供的证据，属于法律规定中的哪种证据？属于理论上的哪类证据？

答案： 根据《民事诉讼法》关于证据的分类：本案中，交通大队的事故认定书、医院的诊断书（复印件）、处方（复印件）、药费和住院费的发票都属于书证，王某在事故现场用数码摄像机拍摄的就他的车与刘某倒地之后的状态的视频资料属于视听资料。根据理论上对证据的分类：就王某是否驾车撞伤刘某的事实而言，上述证据都属于间接证据；甲市B区交通大队的交通事故处理认定书、药费和住院费的发票，王某自己在事故现场用数码摄像机拍摄的就他的车与刘某倒地之后的状态的视频资料属于原始证据，医院的诊断书（复印件）、处方（复印件）属于传来证据；就证明王某的车撞到刘某并致其受伤的事实而言，刘某提供的各类证据均为本证，王某提供的证据为反证。

难度： 难

考点： 书证；电子数据；本证与反证；直接证据与间接证据；原始证据与传来证据

> **命题与解题思路**
>
> 证据的法定种类和学理分类均为本学科的高频考点，本题让考生判断案例中给定证据的类型，这是证据部分常用的考查套路。本题将证据的法定种类和学理分类结合考查，需要考生判断的知识点特别多，考查内容兼具深度和广度，难度颇高。考生正确解题，应了解各类法定证据种类的内涵和各种学理分类的标准，再结合案例素材逐一作出判断。尤其需要注意，证据学理分类必须结合具体待证事实作出判断。待证事实不同，结论会有所差异。

答案解析：

书证，是指以文字、符号、图案等表示的内容来证明案件待证事实的书面材料。本案中，交通大队的事故认定书、医院的诊断书（复印件）、处方（复印件）、药费和住院费的发票均以其内容来证明案件待证事实，因此均为书证。王某在事故现场用数码摄像机拍摄的视频资料的证据类型，2012年命制本题时自无异议，应为视听资料。但目前该证据属于视听资料还是电子数据尚有待具体确认，如果该视听资料存储于电子介质中，应为电子数据，否则应为视听资料。

证据的学理分类包括本证和反证、直接证据和间接证据、原始证据和传来证据，应根据每类证据的内涵分别判断题干给定证据的学理分类。本证是指对待证事实负有证明责任的一方当事人提出的、用以证明其主张事实存在的证据；反证是指不负证明责任的当事人提出的证明对方主张的事实不真实的证据。据此，王某驾车撞伤刘某、刘某受损害情况等待证事实应由原告刘某承担证明责任，刘某提交的交通事故处理认定书、医院的诊断书（复印件）、处方（复印件）、药费和住院费的发票等均意在证明其诉讼主张，均为本证；而王某提交的视频资料意在证明其没有撞到刘某，因此为反证。

直接证据是指能够单独地、直接地证明待证事实的证据；间接证据是指不能单独、直接证明案件的待证事实，必须与其他证据结合起来才能证明该待证事实的证据。判断某一证据属于直接证据还是间接证据，必须结合具体待证事实来确定。据此，就王某是否驾车撞伤刘某的待证事实而言，认定书没有对刘某倒地受伤是否为王某开车所致作出认定，因此交通事故处理认定书是间接证据；医院的诊断书（复印件）、处方（复印件）、药费和住院费的发票只能证明刘某受损害的事实，并不能证明王某是否撞伤刘某的事实，均为间接证据；王某提交的视频资料只能反映出车与刘某倒地后的状态，并不能直接证明王某驾驶的车是否撞到刘某，也属于间接证据。

原始证据是指直接来源于案件事实的证据，是第一手证据；传来证据是指从原始证据中派生出来的证据。据此，交通事故处理认定书、药费和住院费的发票，王某自己在事故现场用数码摄像机拍摄的就他的车与刘某倒地之后的状态的视频资料属于原始证据，医院的诊断书（复印件）、处方（复印件）属于传来证据。

3. 根据民事诉讼法学（包括证据法学）相关原理，一审法院判决是否存在问题？为什么？

答案： 一审法院判决存在如下问题：第一，判决没有针对案件的争议焦点作出事实认定，违反了辩论原则；第二，在案件争执的法律要件事实真伪不明的情况下，法院没有根据证明责任原理来作出判决；第三，法院未对第二个争执焦点作出事实认定。

理由说明：（1）本案当事人的争执焦点是刘某倒地受伤是否为王某驾车撞倒了刘某；刘某

受伤之后所留下的后遗症是否因为对刘某采取的医疗措施不当所致。但法院判决中没有对这两个争议事实进行认定，而是把法院自己认为成立的事实——刘某因受到王某开车的惊吓而摔倒，作为判决的根据，而这一事实当事人并未主张，也没有经过双方当事人的辩论。因此，在这一问题上，法院的做法实际上是严重地限制了当事人辩论权的行使。(2) 法院通过调取相关证据，以及经过开庭审理，最后仍然无法确定王某的车是否撞到了刘某。此时，当事人所争议的案件事实处于真伪不明的状态，在此种情况下，法院应当根据证明责任分配来作出判决。

难度：难

考点：辩论原则；证明责任的概念

> **命题与解题思路**
>
> 　　相较于前两题，本题属于开放式题目。考查内容并不明确，需要考生在深入掌握民事诉讼法基本原则和制度的基础上，结合材料表述对该案一审判决可能存在的瑕疵作出判断，主要考查对民事诉讼基本理论的综合运用能力。从考查内容和设问形式看，本题无疑是本学科主观题中难度最高的试题。凡是要求判断一审判决是否有瑕疵，首先，应对比原告的诉讼请求和判决主文（结果）。因为诉请决定了法院裁判的范围，此处命题人很容易做手脚；其次，应根据裁判逻辑三段论逐一判断。材料表述并不涉及作为大前提的法律适用问题，仅涉及作为小前提的事实认定，应根据材料给定的证据结合案件争点作出判断。考生应特别留意设问句的括号内容，即根据证据法学原理作答，如果案件证据不能使争点事实得到确证而处于"真伪不明"状态，应运用证明责任作出判决。

答案解析：

　　辩论原则，是指在法院主持下，当事人有权就案件事实和争议问题，各自陈述自己的主张和根据，互相进行反驳和答辩，以维护自己的合法权益。据此，辩论原则要求当事人围绕争议焦点展开辩论，法院在此基础上综合双方当事人意见居中作出判决。申言之，根据约束性辩论原则的要求，法院只能对当事人主张的事实予以认定。根据材料表述，本案的争议焦点包括：（1）刘某倒地受伤是否为王某驾车撞倒所致；（2）刘某所留后遗症是否因医疗措施不当所致。对于第一个争议焦点，双方主张的事实是王某是否驾车撞伤刘某，而法院判决中认定的事实却是刘某因受到王某开车的惊吓而摔倒受伤。可见，法院裁判认定的事实根本不是案件争议焦点，甚至超越了当事人主张的事实范围作出认定。对于第二个争议焦点，法院判决根本没有涉及，未能结合双方针对第二个焦点发表的辩论意见作出事实认定，实际上限制了当事人辩论权的行使。

　　根据本案现有的证据，无法确认王某是否驾车撞伤刘某，"被告王某驾车撞伤原告刘某"这一要件事实仍处于"真伪不明"的状态，法官应当运用证明责任分配规则作出判决，而非随意作出推断。具言之，该要件事实是加害行为事实，应由原告刘某承担证明责任，穷尽证明手段后，该事实仍为"真伪不明"状态，法律推定该事实不存在，因此应由负担证明责任的刘某承担败诉的不利后果。

4. 根据《民事诉讼法》有关规定，二审法院判决是否存在问题？为什么？

　　答案：二审法院维持原判，驳回上诉不符合《民事诉讼法》规定。因为，依据法律规定，只有在一审法院认定事实清楚，适用法律正确的情况下，二审法院才可以维持原判，驳回上诉。而本案中，二审法院的判决认定了王某开车撞到了刘某，该事实认定与一审法院对案件事实的认定有根本性的差别，这说明一审法院认定案件事实不清或存在错误，在此种情况下，二审法院应当裁定撤销原判决、发回重审或依法改判，而不应当维持原判。

难度：中

考点：上诉案件的裁判

> **命题与解题思路**
>
> 本题设问与上一题一脉相承，旨在考查上诉案件的裁判方式。解答本题的关键步骤是比较一审和二审判决，确定两者在事实认定、法律适用和审理程序等方面是否存在差异，进而结合民诉法有关二审判决的处理方式再对本题作出正确判断。

答案解析：

《民事诉讼法》第177条规定，第二审人民法院对上诉案件，经过审理，按照下列情形，分别处理：(1) 原判决、裁定认定事实清楚，适用法律正确的，以判决、裁定方式驳回上诉，维持原判决、裁定；(2) 原判决、裁定认定事实错误或者适用法律错误的，以判决、裁定方式依法改判、撤销或者变更；(3) 原判决认定基本事实不清的，裁定撤销原判决，发回原审人民法院重审，或者查清事实后改判；(4) 原判决遗漏当事人或者违法缺席判决等严重违反法定程序的，裁定撤销原判决，发回原审人民法院重审。据此，本案中二审法院如何处理上诉案件，应根据一审判决的不同情形予以适用。本案一审判决认定的事实是刘某因受到王某开车的惊吓而摔倒受伤，而二审法院的判决认定王某开车撞伤了刘某，可见二审法院对案件事实认定与一审法院有根本性的差别，这说明一审判决绝非认定事实清楚，因此，二审法院维持原判违反了上述规定。申言之，本案一审判决可能存在基本事实不清或事实认定错误，二审法院应当裁定撤销原判决、发回重审或者依法改判。

2011 年真题

一、试题（本题19分）

案情：

甲公司职工黎某因公司拖欠其工资，多次与公司法定代表人王某发生争吵，王某一怒之下打了黎某耳光。为报复王某，黎某找到江甲的儿子江乙（17岁），唆使江乙将王某办公室的电脑、投影仪等设备砸坏，承诺事成之后给其一台数码相机为报酬。事后，甲公司对王某办公室损坏的设备进行了清点登记和拍照，并委托、授权律师尚某全权处理本案。尚某找到江乙了解案情，江乙承认受黎某指使。甲公司起诉要求黎某赔偿损失，并要求黎某向王某赔礼道歉。诉讼中，黎某要求法院判决甲公司支付其劳动报酬。审理时，法院通知江乙参加诉讼。经审理，法院判决侵权人赔偿损失，但对甲公司要求黎某向王某赔礼道歉的请求、黎某要求甲公司支付劳动报酬的请求均未作处理。

问题：

1. 王某、江甲、江乙是否为本案当事人？各是什么诉讼地位？为什么？

2. 原告甲公司向法院提交了公司制作的王某办公室损坏设备登记表、对损坏设备拍摄的照片、律师尚某调查江乙的录音资料。上述材料能否作为本案证据？如果能，分别属于法律规定的何种证据？

3. 甲公司向法院提交的委托律师尚某代理诉讼的授权委托书上仅写明"全权代理"字样，尚某根据此授权可以行使哪些诉讼权利？为什么？

4. 一审法院对甲公司要求黎某向王某赔礼道歉的诉讼请求、黎某要求甲公司支付劳动报酬的诉讼请求依法应当如何处理？为什么？

5. 根据现行法律规定，黎某解决甲公司拖欠工资问题的途径有哪些？

二、答案精讲

1. 王某、江甲、江乙是否为本案当事人？各是什么诉讼地位？为什么？

答案：（1）王某不是本案当事人，因为本案是以甲公司名义提起诉讼的。王某是甲公司的法定代表人，可以直接代表甲公司参加诉讼。（2）江甲是本案当事人，是共同被告。因为江乙是限制民事行为能力人，造成甲公司财产损害，江甲作为其监护人应为共同被告。（3）江乙是本案当事人，因为江乙是致害人。江乙是本案共同被告之一。

难度：中

考点：原告和被告地位的确定；必要共同诉讼

> **命题与解题思路**
>
> 本题让考生判断案例中三个人的诉讼地位，这是当事人部分常用的命题路数。考查涉及当事人、法定代表人和法定代理人等内容。本题命制时，江甲应为法定诉讼代理人，《民诉解释》的新规定使本题答案发生变化，江甲成为共同被告。考生欲正确答题，首先应根据案例表述确定案件的适格当事人，再根据待判断主体在该诉讼中的角色结合当事人理论对其诉讼地位作出判断。

答案解析：

材料明确指出"甲公司起诉要求黎某赔偿损失"，因此，本案的原告是甲公司，王某是甲公司的法定代表人，不是本案当事人。《民事诉讼法》第51条第2款规定，法人由其法定代表人进行诉讼。据此，王某作为甲公司的法定代表人，应由王某代表甲公司进行诉讼。

《民诉解释》第67条规定，无民事行为能力人、限制民事行为能力人造成他人损害的，无民事行为能力人、限制民事行为能力人和其监护人为共同被告。据此，江乙是限制民事行为能力人，造成甲公司财产损害，江乙及其监护人江甲应为共同被告。

2. 原告甲公司向法院提交了公司制作的王某办公室损坏设备登记表、对损坏设备拍摄的照片、律师尚某调查江乙的录音资料。上述材料能否作为本案证据？如果能，分别属于法律规定的何种证据？

答案：（1）损坏设备登记表不能作为本案证据；（2）照片可以作为本案证据，属于物证；（3）录音资料可以作为本案证据，根据其存储的介质不同，可能属于视听资料或者电子数据。

难度：难

考点：民事证据的特征（客观性）；物证；电子数据（电子数据与视听资料的区别）

> 💡 **命题与解题思路**
>
> 本题主要考查证据材料能否成为定案证据以及证据法定类型的识别。证据材料能否成为定案证据，应结合证据的客观性、关联性和合法性作出分析。本题的难点有二：一是判断损坏设备登记表能否成为证据，应根据证据客观性作出分析，否则很容易误判为书证；二是照片的证据类型，应根据照片属于原始证据还是传来证据作出判断。《民诉解释》的新规定导致本题答案发生变化，根据现有材料难以明确录音资料的证据类型。

答案解析：

证据的客观性，强调民事证据必须是客观存在的事实。它是民事法律关系产生、发展、变化的客观记录，真实地表明民事法律关系以及纠纷发生和变化的过程。换言之，证据必须是来自案件事实的材料，不能是人为对案件事实予以裁剪编撰的主观记录。据此，损坏设备登记表类似于证据清单，它是对办公室损坏物品情况的人为总结记载，因此不能成为本案证据。损坏设备登记表中涉及的具体损坏物品是本案证据，属于物证。

照片的证据类型，应首先判断它属于原始证据还是传来证据。当照片本身是原始证据时，如果以照片记录的内容证明待证事实是书证，如果以照片的物理属性证明待证事实则为物证；而当照片用以固定保存原始证据，属于传来证据时，则应当以原始证据的证据类型来认定照片的证据类型。据此，本案中对损坏设备拍摄的照片明显是传来证据，是对办公室物品损坏情况的客观记录，因此属于物证。

视听资料，是指以声音、图像及其他视听信息来证明案件待证事实的录像资料、录音资料等信息材料。据此，律师尚某调查江乙的录音资料，在本题考查时属于视听资料自无异议。但是《民诉解释》出台后，可能使本题的答案发生变化。《民诉解释》第116条第3款规定，存储在电子介质中的录音资料和影像资料，适用电子数据的规定。因此，该录音资料也有可能属于电子数据。判断属于视听资料还是电子数据的关键在于该录音资料存储在何种介质中，但是该信息在题干材料中并未明示，因此该录音资料可能属于视听资料或者电子数据。

3. 甲公司向法院提交的委托律师尚某代理诉讼的授权委托书上仅写明"全权代理"字样，尚某根据此授权可以行使哪些诉讼权利？为什么？

答案： 尚某除不能进行和解、变更诉讼请求、承认对方诉讼请求、增加和放弃诉讼请求、撤诉以及上诉之外，其他诉讼权利均可行使。因为甲公司对律师尚某的授权属于一般授权，尚某可以行使属于一般授权范围内的各项诉讼权利。

难度：易

考点：委托诉讼代理人的权限

> 💡 **命题与解题思路**
>
> 本题考查当事人授权"全权代理"时律师的代理权限，考查内容是对法律规定的简单重复，考点明确且单一，这绝对属于考试中难度最低的题目。正确解答本题，只要准确记忆法律相关规定即可。应当指出，此类题目已不适应法考时代提供法条的考查模式。

答案解析：

委托代理人的代理权限分为一般授权和特别授权。<u>授权委托书仅写"全权代理"而无具体授权的，视为一般授权</u>。一般授权的委托代理人无权处分与实体权利密切相关的诉讼权利，具体权利内容由《民诉解释》明确作出规定。根据《民诉解释》第89条第1款的规定，授权委托书仅写"全权代理"而无具体授权的，诉讼代理人无权代为承认、放弃、变更诉讼请求，进行和解，提出反诉或者提起上诉。据此，尚某除不能进行和解、变更诉讼请求、承认对方诉讼请求、增加和放弃诉讼请求、撤诉以及上诉之外，其他诉讼权利均可行使。

4. 一审法院对甲公司要求黎某向王某赔礼道歉的诉讼请求、黎某要求甲公司支付劳动报酬的诉讼请求依法应当如何处理？为什么？

答案：（1）法院应当裁定驳回甲公司要求黎某向王某赔礼道歉的起诉，因为主体不适格；（2）法院应当裁定驳回黎某要求甲公司支付劳动报酬的起诉，因为这属于劳动争议，当事人只有经过劳动仲裁后，才能向法院起诉。

难度：难
考点：起诉（起诉的条件和方式）

> **命题与解题思路**
>
> 表面上看，本题考查的是一审审理的范围，即一审原告能否增加诉讼请求以及被告能否反诉。如照此思路去解题，很可能落入命题陷阱。实际上，本题考查的是<u>起诉的实质条件</u>，侧重对<u>适格原告和主管范围</u>的考查。本题除了要判断两项诉请能否在一审程序中合并审理外，还应当明确不能合并审理时法院应当如何处理。具言之，法院应当判决驳回诉请还是裁定驳回诉请。两个诉请均不符合起诉的实质条件，因此应当裁定驳回诉请。

答案解析：

《民事诉讼法》第122条第1项规定，原告是与本案有直接利害关系的公民、法人和其他组织。据此，起诉的实质条件要求原告必须适格。本案是甲公司起诉黎某的侵权赔偿诉讼，适格原告是甲公司，王某并非本案的当事人。而赔礼道歉具有人身属性，有权要求黎某向王某赔礼道歉的只能是王某。因此，甲公司诉请黎某向王某赔礼道歉，甲公司并不适格，该项诉请应由王某本人起诉提出。既然甲公司提出的该项诉请不符合《民事诉讼法》第122条第1项规定的起诉条件，因此，一审法院应裁定驳回甲公司提出的黎某向王某赔礼道歉的诉讼请求。

按照《民事诉讼法》第122条第4项的规定，起诉必须属于人民法院受理民事诉讼的范围和受诉人民法院管辖。据此，起诉的实质条件要求案件应属于法院的主管范围。根据《劳动法》第79条的规定，劳动争议案件中法院和劳动争议仲裁委员会的主管关系是劳动争议仲裁前置。即劳动争议案件应当先申请劳动仲裁，然后才能向法院起诉。黎某诉请要求甲公司支付劳动报酬，根据材料表述，黎某并未申请劳动仲裁，法院不能直接审理，应当裁定驳回黎某的起诉。

5. 根据现行法律规定，黎某解决甲公司拖欠工资问题的途径有哪些？

答案：黎某可通过以下途径解决劳动报酬问题：（1）与甲公司协商解决；（2）请工会或

第三方与甲公司协商解决；（3）向调解组织申请调解；（4）向劳动争议仲裁委员会申请仲裁；（5）如果不服劳动仲裁，可以向法院起诉。

难度：中

考点：民事纠纷的解决方式

> **命题与解题思路**
>
> 民事纠纷解决方式是本学科主观题的高频考点，本题结合劳动争议案件，考查纠纷解决方式的选择。主要涉及和解、调解、劳动争议仲裁和诉讼的选择，在劳动争议案件中，上述方式均可适用，但<u>劳动争议仲裁是诉讼的前置程序</u>。

答案解析：

《劳动争议调解仲裁法》第4条规定，发生劳动争议，劳动者可以与用人单位协商，也可以请工会或者第三方共同与用人单位协商，达成和解协议。因此，黎某可以直接与甲公司协商解决，也可以请工会或第三方与甲公司协商解决。

《劳动争议调解仲裁法》第5条规定，发生劳动争议，当事人不愿协商、协商不成或者达成和解协议后不履行的，可以向调解组织申请调解；不愿调解、调解不成或者达成调解协议后不履行的，可以向劳动争议仲裁委员会申请仲裁；对仲裁裁决不服的，除本法另有规定的外，可以向人民法院提起诉讼。据此，黎某还可以向调解组织申请调解，也可以向劳动争议仲裁委员会申请仲裁。不服劳动争议仲裁裁决，还可以向法院起诉。

2010 年真题

一、试题（本题20分）

案情：

甲省A县大力公司与乙省B县铁成公司，在丙省C县签订煤炭买卖合同，由大力公司向铁成公司出售3,000吨煤炭，交货地点为C县。双方约定，因合同所生纠纷，由A县法院或C县法院管辖。

合同履行中，为便于装船运输，铁成公司电话告知大力公司交货地点改为丁省D县，大力公司同意。大力公司经海运向铁成公司发运2,000吨煤炭，存放于铁成公司在D县码头的货场。大力公司依约要求铁成公司支付已发煤款遭拒，遂决定暂停发运剩余1,000吨煤炭。

在与铁成公司协商无果情况下，大力公司向D县法院提起诉讼，要求铁成公司支付货款并请求解除合同。审理中，铁成公司辩称并未收到2,000吨煤炭，要求驳回原告诉讼请求。大力公司向法院提交了铁成公司员工季某（季某是铁成公司业务代表）向大力公司出具的收货确认书，但该确认书是季某以长远公司业务代表名义出具的。经查，长远公司并不存在，季某承认长远公司为其杜撰。据此，一审法院追加季某为被告。经审理，一审法院判决铁成公司向大力公司支付货款，季某对此承担连带责任。

铁成公司不服一审判决提起上诉，要求撤销一审判决中关于责令自己向大力公司支付货款的内容，大力公司、季某均未上诉。经审理，二审法院判决撤销一审判决，驳回原告要求被告支付货款并解除合同的诉讼请求。

二审判决送达后第 10 天，大力公司负责该业务的黎某在其手机中偶然发现，自己存有与季某关于 2,000 吨煤炭验收、付款及剩余煤炭发运等事宜的谈话录音，明确记录了季某代表铁成公司负责此项煤炭买卖的有关情况，大力公司遂向法院申请再审，坚持要求铁成公司支付货款并解除合同的请求。

问题：

1. 本案哪个（些）法院有管辖权？为什么？
2. 一审法院在审理中存在什么错误？为什么？
3. 分析二审当事人的诉讼地位。
4. 二审法院的判决有何错误？为什么？
5. 大力公司可以向哪个（些）法院申请再审？
6. 法院对大力公司提出的再审请求如何处理？为什么？

二、答案精讲

1. 本案哪个（些）法院有管辖权？为什么？

答案：A 县、C 县和 D 县法院有管辖权。根据管辖协议，起诉时能够确定管辖法院的，从其约定；不能确定的，依照民事诉讼法的相关规定确定管辖。管辖协议约定两个以上与争议有实际联系的地点的人民法院管辖，原告可以向其中一个人民法院起诉。A 县是原告住所地，C 县是合同签订地，两地法院均是与争议有实际联系的地点的人民法院，依法有管辖权。而 D 县法院根据应诉管辖的规定也获得了管辖权。

难度：中

考点：协议管辖；应诉管辖

> **命题与解题思路**
>
> 本题旨在考查约定两个以上管辖法院的效力以及协议管辖与特殊地域管辖的适用关系。原《民诉意见》规定，约定两个以上管辖法院的协议管辖无效，本题应根据特殊地域管辖确定管辖法院，由被告住所地和合同履行地法院管辖。但《民诉解释》的新规定使得本题答案发生变化，《民诉解释》允许当事人约定两个以上管辖法院，本案中协议管辖有效，因协议管辖效力大于特殊地域管辖，应根据协议管辖确定管辖法院。不考虑命题人考查意图，根据应诉管辖的规定，D 县法院也享有管辖权。

答案解析：

对于合同纠纷的管辖法院，专属管辖效力大于协议管辖，协议管辖效力大于特殊地域管辖。本案是煤炭买卖合同，不适用专属管辖。根据材料表述，应以协议管辖确定管辖法院。根据《民事诉讼法》第 35 条的规定，合同或者其他财产权益纠纷的当事人可以书面协议选择被告住所地、合同履行地、合同签订地、原告住所地、标的物所在地等与争议有实际联系的地点的人民法院管辖，但不得违反本法对级别管辖和专属管辖的规定。本案中，双方约定的 A 县是原告住所地，C 县是合同签订地，两地均为与纠纷有实际联系的地点。又根据《民诉解释》第 30 条第 2 款的规定，管辖协议约定两个以上与争议有实际联系的地点的人民法院管辖，原告可以向其中一个人民法院起诉。因此，本案中 A 县和 C 县法院均有管辖权。

《民事诉讼法》第 130 条第 2 款规定，当事人未提出管辖异议，并应诉答辩或者提出反诉的，视为受诉人民法院有管辖权，但违反级别管辖和专属管辖规定的除外。据此，D 县法院基于应诉管辖制度而视为对本案享有管辖权。

2. 一审法院在审理中存在什么错误？为什么？

答案：一审法院追加季某为被告是错误的，因为本案并不是必要共同诉讼；一审法院漏判当事人解除合同的请求是错误的，因为判决应针对当事人的诉讼请求作出。

难度：中

考点：原告和被告地位的确定；处分原则

> 💡 **命题与解题思路**
>
> 本题考查形式与 2012 年案例题第 3 问如出一辙，均让考生判断一审程序的瑕疵。本题考查的是当事人的确定以及一审遗漏诉讼请求的处理。案例中一审法院只有两个行为，可逐一根据诉讼法原理作出判断。查找法院判决瑕疵类试题，要注意将原告的诉请和法院判决结果作对比，这很容易判断是否存在遗漏或者超出诉讼请求的现象。

答案解析：

《民诉解释》第 56 条规定："法人或者其他组织的工作人员执行工作任务造成他人损害的，该法人或者其他组织为当事人。"根据材料表述，季某是铁成公司业务代表，其向大力公司出具收货确认书属于执行工作任务的行为，因季某执行工作任务的行为发生的诉讼，铁成公司是当事人，而不能追加季某为被告。

诉讼请求的范围决定了法院裁判的范围，法院裁判遗漏或者超出诉讼请求范围违反了处分原则。大力公司向 D 县法院提起诉讼，要求铁成公司支付货款并请求解除合同，而一审法院仅判决铁成公司向大力公司支付货款，未能就解除合同的诉请作出判决。这属于遗漏诉讼请求，违反法律规定。

3. 分析二审当事人的诉讼地位。

答案：本案中上诉人为铁成公司；被上诉人为大力公司；季某是原审被告。

难度：中

考点：上诉的提起（提起上诉的条件）

> 💡 **命题与解题思路**
>
> 本题考查必要共同诉讼案件上诉后二审当事人诉讼地位的确定。本题考点是本学科的高频考点，在客观题中已多次考查。解答本题不应受到上一题的影响，虽然法院不应追加季某为共同被告，但法院实际上已经追加，应当在此基础上明确二审中当事人的诉讼地位。注意确定二审中当事人诉讼地位的规则是：<u>提起上诉的当事人是上诉人，上诉人指向的对象是被上诉人，其他主体依据原审诉讼地位列明即可。</u>

答案解析：

不论追加是否合法，法院既然已将季某追加为被告，本案就成为必要共同诉讼。一审判决后，部分共同诉讼被告提起上诉，如何确定二审当事人？根据《民诉解释》第317条第1项规定，必要共同诉讼人的一人或者部分人提起上诉的，上诉仅对与对方当事人之间权利义务分担有意见，不涉及其他共同诉讼人利益的，对方当事人为被上诉人，未上诉的同一方当事人依原审诉讼地位列明。据此，本案中铁成公司提起上诉，因此为上诉人；铁成公司因不服判令其向大力公司支付货款的一审判决而上诉，其针对的对象是大力公司，因此大力公司为被上诉人；季某按其原审诉讼地位列明，即原审被告。

4. 二审法院的判决有何错误？为什么？

答案： 二审法院对一审漏审的原告解除合同的请求进行判决是错误的。对这一请求，二审法院应当根据当事人自愿的原则进行调解，调解不成的，应当裁定撤销原判发回重审。

难度： 中

考点： 上诉案件的调解

> **命题与解题思路**
>
> 上诉案件的调解是本学科的高频考点，本考点基本属于识记型内容，只要准确把握上诉案件调解的不同适用情形和处理方式，不难准确作答。解题的关键在于通过比较材料中原告的诉请、一审和二审的判决结果，准确判断本案二审判决存在"直接对一审遗漏诉讼请求作出判决"的瑕疵。

答案解析：

《民诉解释》第324条规定，对当事人在第一审程序中已经提出的诉讼请求，原审人民法院未作审理、判决的，第二审人民法院可以根据当事人自愿的原则进行调解；调解不成的，发回重审。据此，原告大力公司在一审中提出解除合同的诉讼请求，一审法院对此并未作出判决，第二审法院对解除合同的诉讼请求不能直接作出判决，应当根据自愿原则进行调解，调解不成，应当撤销原判发回重审。因此，二审法院直接驳回原告要求解除合同的诉讼请求错误。

5. 大力公司可以向哪个（些）法院申请再审？

答案： 大力公司可以向丁省高院申请再审。

难度： 易

考点： 申请再审的条件（申请再审的管辖法院）

> **命题与解题思路**
>
> 本题考查再审案件的管辖法院，考点单一，解题依据明确，属于主观题中难度等级最低的试题。考生只要掌握确定再审案件管辖的两种情形，本题就是绝对的送分题。

答案解析：

《民事诉讼法》第 210 条规定，当事人对已经发生法律效力的判决、裁定，认为有错误的，可以向上一级人民法院申请再审；当事人一方人数众多或者当事人双方为公民的案件，也可以向原审人民法院申请再审。当事人申请再审的，不停止判决、裁定的执行。本题既非人数众多，也不属于双方当事人为公民的案件，因此，大力公司可以向生效判决法院的上一级法院申请再审。本案的一审法院是丁省 D 县法院，二审法院应为下辖 D 县法院的中级法院。因此，大力公司可以向丁省高级法院申请再审。

---

6. 法院对大力公司提出的再审请求如何处理？为什么？

答案： 法院应当裁定再审，因当事人有新证据；法院应当就解除合同的请求进行调解，调解不成的，应当撤销一、二审判决，发回原审法院重审。

难度： 中

考点： 申请再审的条件（申请再审的事实和理由）；再审审理的审判程序

命题与解题思路

本题考查当事人申请再审的法定情形以及再审的审判程序。难点在于再审时如何处理原一审程序遗漏的诉讼请求，如果只回答因出现新证据法院应当再审，将会遗漏得分要点。解题的关键是判断黎某手机通话录音是否属于新证据，再结合当事人申请再审的法定情形，不难作出判断。解答本题的正确思路是首先分析法院应否再审大力公司的申请，再判断应适用何种程序再审，最后对原一审判决遗漏诉请的处理方式予以确定。

答案解析：

《民事诉讼法》第 211 条第 1 项规定，有新的证据，足以推翻原判决、裁定，当事人申请再审，法院应当再审。《民诉解释》第 385 条第 1 款规定，再审申请人提供的新的证据，能够证明原判决、裁定认定基本事实或者裁判结果错误的，应当认定为《民事诉讼法》第 211 条第 1 项规定的情形。在本案中，黎某发现的手机中通话录音属于庭审结束前已经客观存在，但在庭审结束后新发现的证据，属于法律规定的"新的证据"，且该证据足以推翻原二审判决。法院应当裁定再审。

再审并非独立的审级，应适用第一审程序或者第二审程序审理。《民事诉讼法》第 218 条第 1 款规定，发生法律效力的判决、裁定是由第二审法院作出的，按照第二审程序审理，所作的判决、裁定是发生法律效力的判决、裁定。据此，本案的生效判决由二审法院作出，再审时应适用第二审程序。又根据《民诉解释》第 324 条的规定，对当事人在第一审程序中已经提出的诉讼请求，原审人民法院未作审理、判决的，第二审人民法院可以根据当事人自愿的原则进行调解；调解不成的，发回重审。据此，对于一审判决遗漏大力公司提出的解除合同的诉讼请求，二审法院直接判决驳回已经违反了两审终审的审级制度。本案再审时仍适用二审程序，作出的判决同样是生效判决，当事人无权再提起上诉，对解除合同的诉讼请求直接作出判决同样有违两审终审制。因此，法院应当就解除合同的请求依自愿进行调解，调解不成的，应当撤销一、二审判决，发回原审法院重审。

2009 年真题

一、试题（本题20分）

案情：

甲市A县的刘某与乙市B区的何某签订了房屋买卖合同，购买何某位于丙市C区的一套房屋。合同约定，因合同履行发生的一切纠纷，应提交设立于甲市的M仲裁委员会进行仲裁。之后，刘某与何某又达成了一个补充协议，约定合同发生纠纷后也可以向乙市B区法院起诉。

刘某按约定先行支付了部分房款，何某却迟迟不按约定办理房屋交付手续，双方发生纠纷。刘某向M仲裁委员会申请仲裁，请求何某履行交房义务，M仲裁委员会受理了此案。在仲裁庭人员组成期间，刘某、何某各选择一名仲裁员，仲裁委员会主任直接指定了一名仲裁员任首席仲裁员组成合议庭。第一次仲裁开庭审理过程中，刘某对何某选择的仲裁员提出了回避申请。刘某申请理由成立，仲裁委员会主任直接另行指定一名仲裁员参加审理。第二次开庭审理，刘某请求仲裁程序重新进行，何某则对仲裁协议的效力提出异议，主张仲裁协议无效，请求驳回刘某的仲裁申请。

经审查，仲裁庭认为刘某申请仲裁程序重新进行、何某主张仲裁协议无效理由均不成立。仲裁庭继续进行审理并作出裁决：何某在30日内履行房屋交付义务。因何某在义务履行期间内拒不履行房屋交付义务，刘某向法院申请强制执行，何某则向法院申请撤销仲裁裁决。

问题：

1. 刘某、何某发生纠纷后依法应当通过什么方式解决纠纷？理由是什么？
2. 刘某提出的回避申请和重新进行仲裁程序的申请，何某提出的仲裁协议效力的异议，分别应由谁审查并作出决定或裁定？
3. 如何评价仲裁庭（委）在本案审理中的做法？理由是什么？
4. 刘某可以向哪个法院申请强制执行？何某可以向哪个法院申请撤销仲裁裁决？对于刘某、何某的申请，法院在程序上如何操作？理由是什么？
5. 如法院认为本案可以重新仲裁，应当如何处理？理由是什么？
6. 如法院撤销仲裁裁决，刘某、何某可以通过什么方式解决他们的纠纷？理由是什么？

二、答案精讲

1. 刘某、何某发生纠纷后依法应当通过什么方式解决纠纷？理由是什么？

答案： 根据本案情况，当事人应当通过诉讼解决纠纷，因为双方的仲裁协议无效。但刘某向M仲裁委员会申请仲裁，何某未在仲裁庭首次开庭前提出异议的，仲裁协议有效，当事人可通过仲裁解决纠纷。

难度： 易

考点：请求仲裁的意思表示

> 💡 **命题与解题思路**
>
> 本题旨在考查"既约定仲裁委员会又约定管辖法院"这一特殊情形下，仲裁协议的效力认定。题目考点单一，解题法律依据明确，难度颇低。考生只要熟悉《最高人民法院关于适用〈中华人民共和国仲裁法〉若干问题的解释》（以下简称《仲裁法解释》）的明文规定即可轻松得分。

答案解析：

《仲裁法解释》第 7 条规定，当事人约定争议可以向仲裁机构申请仲裁也可以向人民法院起诉的，仲裁协议无效。但一方向仲裁机构申请仲裁，另一方未在仲裁庭首次开庭前提出异议的除外。据此，本案中刘某和何某既约定向 M 仲裁委员会申请仲裁，又约定向乙市 B 区法院起诉，原则上仲裁协议无效，应通过诉讼解决。但刘某向 M 仲裁委员会申请仲裁后，何某并未在仲裁庭首次开庭前提出异议，因此 M 仲裁委员会有权仲裁本案。

> 2. 刘某提出的回避申请和重新进行仲裁程序的申请，何某提出的仲裁协议效力的异议，分别应由谁审查并作出决定或裁定？

答案：仲裁员的回避应当由仲裁委员会主任决定；重新进行仲裁程序由仲裁庭决定；仲裁协议的效力由仲裁委员会决定。

难度：中

考点：仲裁员的回避与更换（仲裁员的回避）；仲裁协议效力的确认机构及程序

> 💡 **命题与解题思路**
>
> 本题对仲裁申请回避、重新进行仲裁程序、确认仲裁协议效力的决定主体进行考查。本题属于记忆性试题，均有明确的解题依据。虽考查范围较广，涉及知识点较多，但难度并不高。此类翻阅法条即可查找到答案的试题，在法考时代将会可遇而不可求。

答案解析：

《仲裁法》第 36 条规定，仲裁员是否回避，由仲裁委员会主任决定；仲裁委员会主任担任仲裁员时，由仲裁委员会集体决定。根据案情表述，刘某对何某选择的仲裁员提出回避申请，而该仲裁员不是仲裁委主任，因此应由仲裁委员会主任决定该仲裁员是否回避。

《仲裁法》第 37 条第 2 款规定，因回避而重新选定或者指定仲裁员后，当事人可以请求已进行的仲裁程序重新进行，是否准许，由仲裁庭决定；仲裁庭也可以自行决定已进行的仲裁程序是否重新进行。据此，刘某提出重新进行仲裁程序的申请，应由仲裁庭决定。

《仲裁法》第 20 条第 1 款规定，当事人对仲裁协议的效力有异议的，可以请求仲裁委员会作出决定或者请求人民法院作出裁定。一方请求仲裁委员会作出决定，另一方请求人民法院作出裁定的，由人民法院裁定。《仲裁法解释》第 13 条第 1 款规定，当事人在仲裁庭首次开庭前没有对仲裁协议的效力提出异议，而后向人民法院申请确认仲裁协议无效的，人民法院不予受理。据此，本案中，何某在仲裁庭第二次开庭时对仲裁协议的效力提出异议，依法应当由仲裁委员会审查并作出决定。何某如向法院提出确认申请，法院不予受理。其实，本题后文表述也提示了答案，仲裁庭认为何某主张仲裁协议无效理由不成立，可见何某提出的仲裁协议效力的异议是由仲裁庭审查并作出的决定。

3. 如何评价仲裁庭（委）在本案审理中的做法？理由是什么？

答案：（1）仲裁委员会直接指定首席仲裁员是错误的。因为只有双方当事人共同委托仲裁委员会主任或者在规定期间内没有选定首席仲裁员的情况下，仲裁委员会才能指定仲裁员。（2）仲裁员回避后，仲裁委员会主任直接另行指定一名仲裁员是错误的。因为仲裁员回避后，仍应当由何某选任仲裁员，只有在何某委托仲裁委员会主任指定或者在规定期间内没有选定仲裁员的情况下，仲裁委员会主任才能直接指定。（3）仲裁庭继续进行仲裁的做法是正确的。理由有二：一是即使仲裁协议无效，当事人也只能在第一次开庭前提出，在此之后提出不影响仲裁庭的审理；二是仲裁员回避后的程序进行问题由仲裁庭决定。

难度：中

考点：仲裁庭的组成程序（确定仲裁员）；仲裁员的回避与更换（仲裁员的回避）；仲裁协议效力的确认机构及程序

> **命题与解题思路**
>
> 本题以仲裁庭（委）的行为为主线，考查<u>仲裁员的确定方式、仲裁员回避的法律后果以及申请确认仲裁协议效力的期限</u>等三个知识点。考查内容均有明确法律规定，难度不高。解题时应首先全面梳理仲裁庭（委）在本案中的三个行为，防止遗漏失分；然后根据《仲裁法》的规定对各个行为是否合法作出评价并阐明理由。因答题内容较多，为了清晰展示得分要点，建议对仲裁庭的每一个行为标注序号后单独分段给出结论并阐述理由。

答案解析：

《仲裁法》第31条第1款规定，当事人约定由3名仲裁员组成仲裁庭的，应当各自选定或者各自委托仲裁委员会主任指定1名仲裁员，第三名仲裁员由当事人共同选定或者共同委托仲裁委员会主任指定。第三名仲裁员是首席仲裁员。《仲裁法》第32条规定，当事人没有在仲裁规则规定的期限内约定仲裁庭的组成方式或者选定仲裁员的，由仲裁委员会主任指定。据此，本案中，刘某、何某各选择1名仲裁员的做法符合法律规定，但仲裁委员会主任直接指定了1名仲裁员任首席仲裁员组成合议庭不合规定。因为仲裁委员会主任指定仲裁员要么是双方当事人共同委托，要么是当事人没有在仲裁规则规定的期限内选定仲裁员。而本题并未交代双方共同委托或者在规定期限内未选定第三名仲裁员的情形。

《仲裁法》第37条第1款规定，仲裁员因回避或者其他原因不能履行职责的，应当依照本法规定重新选定或者指定仲裁员。据此，本案第一次仲裁开庭审理过程中，刘某对何某选择的仲裁员提出回避申请。申请理由成立，该仲裁员需要回避，此时仍应由何某依法重新选任仲裁员。只有在何某委托仲裁委员会主任指定或者在规定期间内没有选定仲裁员的情况下，仲裁委员会主任才能直接指定。因此，仲裁委员会主任直接另行指定一名仲裁员参加审理的做法是错误的。

《仲裁法》第37条第2款规定，因回避而重新选定或者指定仲裁员后，当事人可以请求已进行的仲裁程序重新进行，是否准许，由仲裁庭决定；仲裁庭也可以自行决定已进行的仲裁程序是否重新进行，仲裁庭有权审查并决定已经进行的仲裁程序是否重新进行。据此，何某选定的仲裁员回避后，刘某提出重新进行仲裁程序的申请，仲裁庭予以驳回符合法律规定。《仲裁法》第 20 条第 2 款规定，当事人对仲裁协议的效力有异议，应当在仲裁庭首次开庭前提出。据此，何某在第二次开庭审理时才对仲裁协议的效力提出异议，并不影响仲裁庭的审理。因此，仲裁庭认为刘某申请仲裁程序重新进行、何某主张仲裁协议无效的理由均不成立，仲裁庭继续进行审理并作出裁决的做法符合法律规定。

4. 刘某可以向哪个法院申请强制执行？何某可以向哪个法院申请撤销仲裁裁决？对于刘某、何某的申请，法院在程序上如何操作？理由是什么？

答案：（1）刘某应当向乙市中级法院或丙市中级法院申请强制执行。因为根据司法解释规定，对仲裁裁决的申请执行，由被执行人住所地或者财产所在地的中级法院管辖。（2）何某应当向甲市中级法院申请撤销仲裁裁决。因为根据法律规定，仲裁裁决的撤销由仲裁委员会所在地的中级法院管辖。（3）受理执行的法院应当裁定中止执行。甲市中级法院裁定撤销仲裁裁决的，受理执行的法院裁定终结执行。甲市中级法院裁定驳回何某撤销仲裁申请的，受理执行的法院裁定恢复执行。

难度： 中

考点： 执行仲裁裁决的程序；申请撤销仲裁裁决的条件；仲裁裁决的中止执行

> 💡 命题与解题思路
>
> 本题考查申请执行仲裁裁决、撤销仲裁裁决的管辖法院以及中止执行仲裁裁决的适用情形。题目虽考查内容较多，但设问方式直接，解题依据有明确的法律规定，基本属于识记类试题，难度不高。

答案解析：

《仲裁法解释》第 29 条规定，当事人申请执行仲裁裁决案件，由被执行人住所地或者被执行的财产所在地的中级人民法院管辖。据此，本案中，刘某申请执行仲裁裁决，应当向被执行人何某住所地乙市中级法院或者房屋所在地丙市中级法院申请强制执行。

《仲裁法》第 58 条规定，当事人申请撤销仲裁裁决的，由仲裁委员会所在地的中级人民法院管辖。据此，何某应向 M 仲裁委员会所在地的甲市中级法院申请撤销该仲裁裁决。

《仲裁法》第 64 条规定，一方当事人申请执行裁决，另一方当事人申请撤销裁决的，人民法院应当裁定中止执行。人民法院裁定撤销裁决的，应当裁定终结执行。撤销裁决的申请被裁定驳回的，人民法院应当裁定恢复执行。据此，何某申请撤销仲裁裁决后，受理刘某申请强制执行的中级法院应当裁定中止执行。如果甲市中级法院裁定撤销仲裁裁决，受理执行的中级法院应裁定终结执行；如果甲市中级法院裁定驳回撤销仲裁裁决申请，受理执行的中级法院应裁定恢复执行。

5. 如法院认为本案可以重新仲裁，应当如何处理？理由是什么？

答案： 法院应通知仲裁庭重新仲裁，并裁定中止撤销程序。如果仲裁庭在法院指定的期限内重新仲裁，法院应裁定终结撤销程序；如果仲裁庭拒绝仲裁的或仲裁庭未在指定的期间内开始仲裁，法院应当裁定恢复撤销程序。

难度：中

考点：通知仲裁庭重新仲裁

> 💡 **命题与解题思路**
>
> 本题考查仲裁庭重新仲裁制度。重新仲裁是法院给予仲裁庭自我弥补程序瑕疵，保持仲裁裁决效力的程序。<u>法院只能通知仲裁庭限期重新仲裁，决定权掌握在仲裁庭手中</u>。因此，法院应根据仲裁庭是否重新仲裁作出不同的处理。答题时注意分情况讨论，避免遗漏失分。

答案解析：

《仲裁法》第61条规定，人民法院受理撤销裁决的申请后，认为可以由仲裁庭重新仲裁的，通知仲裁庭在一定期限内重新仲裁，并裁定中止撤销程序。仲裁庭拒绝重新仲裁的，人民法院应当裁定恢复撤销程序。《仲裁法解释》第22条规定，仲裁庭在人民法院指定的期限内开始重新仲裁的，人民法院应当裁定终结撤销程序；未开始重新仲裁的，人民法院应当裁定恢复撤销程序。据此，如法院通知仲裁庭重新仲裁，且仲裁庭重新仲裁的，法院应裁定中止撤销程序；仲裁庭拒绝仲裁的或仲裁庭未在指定的期间内开始仲裁的，法院应当裁定恢复撤销程序。

> **6. 如法院撤销仲裁裁决，刘某、何某可以通过什么方式解决他们的纠纷？理由是什么？**

答案：仲裁裁决被撤销后，当事人可以向法院起诉解决，也可以重新达成仲裁协议申请仲裁。因为仲裁裁决被撤销后，原仲裁协议即已失效，当事人可以向法院起诉解决纠纷，或者双方重新达成仲裁协议后也可申请仲裁解决。

难度：中

考点：撤销仲裁裁决

> 💡 **命题与解题思路**
>
> 本题考查法院撤销仲裁裁决的效力。<u>撤销仲裁裁决后当事人的纠纷恢复到未解决前的状态，原仲裁协议失效</u>。只要把握这一点，即便没有记住《仲裁法》的规定，推导后也可得出正确答案。材料中管辖协议是干扰信息，如果不能把握"或裁或诉"的关系，可能会误认为依照管辖协议进行诉讼。

答案解析：

《仲裁法》第9条第2款规定，裁决被人民法院依法裁定撤销或者不予执行的，当事人就该纠纷可以根据双方重新达成的仲裁协议申请仲裁，也可以向人民法院起诉。据此，法院撤销仲裁裁决后，刘某、何某可以向法院起诉解决其纠纷，也可以根据双方重新达成的仲裁协议申请仲裁。因为，一方面，仲裁庭作出的仲裁裁决一旦被法院撤销，原仲裁协议失效。此时如果当事人还想选择仲裁方式解决其纠纷，就必须重新达成仲裁协议；另一方面，仲裁协议被撤销已失效，又因"或裁或诉"的规则，当事人选择了仲裁导致管辖协议失效，此时，只能重新约定仲裁机构，或者到有管辖权的法院起诉。

2008 年真题

一、试题（本题 22 分）

案情：

肖某是甲公司的一名职员，在 2006 年 12 月 17 日出差时不慎摔伤，住院治疗两个多月，花费医疗费若干。甲公司认为，肖某伤后留下残疾已不适合从事原岗位的工作，于 2007 年 4 月 9 日解除了与肖某的劳动合同。因与公司协商无果，肖某最终于 2007 年 11 月 27 日向甲公司所在地的某省 A 市 B 区法院起诉，要求甲公司继续履行劳动合同并安排其工作、支付其住院期间的医疗费、营养费、护理费、住院期间公司减发的工资、公司 2006 年三季度优秀员工奖奖金等共计 3.6 万元。

B 区法院受理了此案。之后，肖某向与其同住一小区的 B 区法院法官赵某进行咨询。赵某对案件谈了几点意见，同时为肖某推荐律师李某作为其诉讼代理人，并向肖某提供了本案承办法官刘某的手机号码。肖某的律师李某联系了承办法官刘某。刘某在居住的小区花园，听取了李某对案件的法律观点，并表示其一定会依法审理此案。两天后，肖某来到法院找刘某说明案件的其他情况，刘某在法院的谈话室接待了肖某，并让书记员对他们的谈话内容进行了记录。

本案经审理，一审判决甲公司继续履行合同，支付相关费用；肖某以各项费用判决数额偏低为由提起上诉。二审开庭审理时，由于一名合议庭成员突发急病住院，法院安排法官周某临时代替其参加庭审。在二审审理中，肖某提出了先予执行的申请。2008 年 5 月 12 日，二审法院对该案作出了终审判决，该判决由原合议庭成员署名。履行期届满后，甲公司未履行判决书中确定的义务。肖某向法院申请强制执行，而甲公司则向法院申请再审。

问题：

1. 纠纷发生后，肖某与甲公司可以通过哪些方式解决他们之间的纠纷？
2. 诉讼中，肖某与甲公司分别应当对本案哪些事实承担举证责任？
3. 二审中，肖某依法可以对哪些请求事项申请先予执行？对该申请应当由哪个法院审查作出先予执行的裁定？该裁定应当由哪个法院执行？
4. 若执行中甲公司拒不履行法院判决，法院可以采取哪些与金钱相关的执行措施？对甲公司及其负责人可以采取哪些强制措施？
5. 根据案情，甲公司可以根据何种理由申请再审？可以向何法院申请再审？甲公司申请再审时，已经开始的执行程序如何处理？
6. 本案中，有关法官的哪些行为违反了法官职业道德？

二、答案精讲

> **1. 纠纷发生后，肖某与甲公司可以通过哪些方式解决他们之间的纠纷？**

答案： 和解；向公司劳动争议调解委员会申请调解；向劳动争议仲裁委员会申请仲裁；

向法院起诉。

难度：中

考点：民事纠纷的解决方式

> **命题与解题思路**
>
> 本题与2011年案例题第5问完全相同，均以劳动争议为切入点，考查劳动合同的纠纷解决方式。2007年颁布了《劳动争议调解仲裁法》，2008年命题考查无疑体现了"逢新必考"规律。考查内容主要涉及和解、调解、仲裁和诉讼这四类纠纷解决方式的适用，注意和解和调解在任何民事纠纷中均可适用，且劳动争议案件仲裁前置。当年给定的参考答案非常简单，没有各类纠纷解决方式的适用条件，使得本题难度骤降。

答案解析：

《劳动争议调解仲裁法》第4条规定，发生劳动争议，劳动者可以与用人单位协商，也可以请工会或者第三方共同与用人单位协商，达成和解协议。<u>和解是任何类型民事纠纷均可采用的解决方式</u>。因此，肖某可寻求与甲公司和解解决该纠纷。

《劳动争议调解仲裁法》第5条规定，发生劳动争议，当事人不愿协商、协商不成或者达成和解协议后不履行的，可以向调解组织申请调解；不愿调解、调解不成或者达成调解协议后不履行的，可以向劳动争议仲裁委员会申请仲裁；对仲裁裁决不服的，除本法另有规定的外，可以向人民法院提起诉讼。据此，肖某可以向公司劳动争议调解委员会申请调解；可以向劳动争议仲裁委员会申请仲裁；不服仲裁裁决，还可以向法院起诉。

2. 诉讼中，肖某与甲公司分别应当对本案哪些事实承担举证责任？

答案：肖某应当对以下事实承担举证责任：（1）与甲公司存在劳动合同关系；（2）各项损失的事实；（3）未支付全额工资和奖金的事实。

甲公司应当对以下事实承担举证责任：（1）解除劳动合同的事实；（2）减少肖某住院期间工资报酬的事实；（3）肖某受伤不属于工伤的事实。

难度：难

考点：证明责任的分配

> **命题与解题思路**
>
> 证明责任分配是本学科的易考点，本题考查劳动争议案件中的证明责任分配规则，解题的难点在于并未明确交代本案的要件事实。正确解题需要考生首先对案情表述进行梳理，遗漏要件事实必然会失分；然后再根据证明责任分配规则在原被告之间具体分配各要件事实的证明责任。需要指出，本题命制时的解题依据是原《民事证据规定》第6条，2019年《民事证据规定》修正时已将该条文删除，现可依据《民诉解释》第91条规定的证明责任分配原理作答。

答案解析：

本案是劳动合同纠纷，根据案情表述需要证明的要件事实包括肖某与甲公司存在劳动合同关系、肖某受伤是工伤（根据《劳动合同法》的规定，本案只有证明是工伤，甲公司才无权解除劳动合同）、肖某在住院期间产生的各类费用、未支付奖金的事实、甲公司解除与肖某的劳动合同、甲公司减少肖某住院期间工资报酬的事实。

《民诉解释》第91条规定，人民法院应当依照下列原则确定举证证明责任的承担，但法律另有规定的除外：（1）主张法律关系存在的当事人，应当对产生该法律关系的基本事实承担举证证明责任；（2）主张法律关系变更、消灭或者权利受到妨害的当事人，应当对该法律关系变更、消灭或者权利受到妨害的基本事实承担举证证明责任。据此，甲公司解除劳动合同以及减少肖某住院期间工资报酬的事实，均属于使劳动合同法律关系变更或消灭的事实，应由甲公司承担证明责任。

《工伤保险条例》第19条第2款规定，职工或者其近亲属认为是工伤，用人单位不认为是工伤的，由用人单位承担举证责任。据此，甲公司应承担肖某受伤不属于工伤的事实的证明责任。除此之外的事实应由肖某承担证明责任，即肖某与甲公司存在劳动合同关系、肖某受伤是工伤、肖某在住院期间产生的各类费用的事实以及未支付全额工资和奖金的事实。

需要指出的是，肖某承担甲公司未支付全额工资和奖金事实的证明责任，是当年给定的参考答案，但该答案存在争议。从证明责任分配原理来看，主张消极事实者一般不承担证明责任，由用人单位证明其已足额支付工资和奖金，从证明难度看更为合理，且未全额支付工资与减少肖某住院期间的工资是一回事，同一个要件事实由双方承担证明责任，不太符合证明规则。

3. 二审中，肖某依法可以对哪些请求事项申请先予执行？对该申请应当由哪个法院审查作出先予执行的裁定？该裁定应当由哪个法院执行？

答案：肖某依法可以对医疗费、住院期间的工资申请先予执行；肖某应当向二审法院申请；先予执行的裁定应当由B区法院执行。

难度：难

考点：先予执行的适用范围；先予执行的裁定与执行

> **命题与解题思路**
>
> 先予执行不算是本学科的高频考点，在主观题更是鲜有涉及。本题考查先予执行的适用范围、申请审查和执行的管辖法院。适用范围有法律的明文规定，记住"四费一金一酬"即可准确作答，较为简单。先予执行申请审查和执行的管辖法院，民诉法并无明文规定，需要考生根据相关规定和原理推导答案。

答案解析：

《民事诉讼法》第109条规定，人民法院对下列案件，根据当事人的申请，可以裁定先予执行：（1）追索赡养费、扶养费、抚育费、抚恤金、医疗费用的；（2）追索劳动报酬的；（3）因情况紧急需要先予执行的。据此，肖某依法可以对医疗费、住院期间的工资申请先予执行。

《民诉解释》第169条规定，《民事诉讼法》规定的先予执行，人民法院应当在受理案件后终审判决作出前采取。据此，先予执行应当由权利人向受诉法院提出申请，并由受诉法院审查后作出裁定。本案肖某在二审中提出先予执行申请，应向二审法院提出，由二审法院审查后作出裁定。

先予执行属于特殊的执行行为，与终局执行的管辖法院相同。根据《民事诉讼法》第235条的规定，发生法律效力的民事判决、裁定，以及刑事判决、裁定中的财产部分，由第一审人民法院或者与第一审人民法院同级的被执行的财产所在地人民法院执行。据此，本案先予执行的裁定应当由第一审人民法院即B区法院负责执行。

4. 若执行中甲公司拒不履行法院判决，法院可以采取哪些与金钱相关的执行措施？对甲公司及其负责人可以采取哪些强制措施？

答案：（1）法院可采取以下与金钱有关的执行措施：查询、冻结、划拨、变价被执行人的存款、债券、股票、基金份额等财产；强制被执行人加倍支付迟延履行债务的利息。（2）法院可对甲公司采取罚款的强制措施；对甲公司的负责人可采取罚款、拘留的强制措施。

难度：中

考点：对财产的执行措施；保障性执行措施；妨害民事诉讼强制措施的种类

> 💡 **命题与解题思路**
>
> 本题考查执行措施和妨害民事诉讼强制措施的选择。考查内容既偏又冷，对知识记忆精确度要求较高，难度较大。"与金钱相关"是答题关键信息，应紧扣设问信息避免跑题。正确答题应首先明确本案的执行对象，通过执行对象筛选执行措施。除了<u>直接执行措施</u>之外，别忘了<u>保障性执行措施</u>的适用。

答案解析：

《民事诉讼法》第253条规定，被执行人未按执行通知履行法律文书确定的义务，人民法院有关单位查询被执行人的存款、债券、股票、基金份额等财产情况，人民法院有权根据不同情形扣押、冻结、划拨、变价被执行人的财产。人民法院查询、扣押、冻结、划拨、变价的财产不得超出被执行人应当履行义务的范围。《民事诉讼法》第264条规定，被执行人未按判决、裁定和其他法律文书指定的期间履行给付金钱义务的，应当加倍支付迟延履行期间的债务利息。据此，法院可以查询、冻结、划拨、变价被执行人甲公司的存款、债券、股票、基金份额等财产；可以强制被执行人甲公司加倍支付迟延履行债务的利息。

《民事诉讼法》第114条第1款第6项规定，诉讼参与人或者其他人拒不履行人民法院已经发生法律效力的判决、裁定的，人民法院可以根据情节轻重予以罚款、拘留；构成犯罪的，依法追究刑事责任。《民事诉讼法》第114条第2款规定，人民法院对有前款规定的行为之一的单位，可以对其主要负责人或者直接责任人员予以罚款、拘留；构成犯罪的，依法追究刑事责任。据此，甲公司拒不履行法院生效判决，法院可对甲公司采取罚款的强制措施；对甲公司的主要负责人或者直接责任人可采取罚款、拘留的强制措施。

5. 根据案情，甲公司可以根据何种理由申请再审？可以向何法院申请再审？甲公司申请再审时，已经开始的执行程序如何处理？

答案：甲公司可以二审审判组织的组成不合法为由申请再审；可以向某省高级法院申请再审；执行程序继续进行。

难度：中

考点：申请再审的条件（申请再审的事实和理由、申请再审的管辖法院）；再审申请的审查程序

> **命题与解题思路**
>
> 本题考查了<u>申请再审的事由、管辖法院以及申请再审对执行的影响</u>。相关考点在主观题中已经多次考查，这种"炒冷饭"式的题目无疑是考生的福音。考查内容均有明确的法律依据，熟悉法条即可得分。注意<u>当事人申请再审和法院裁定再审对执行程序的影响不同</u>，答题时应注意审题。

答案解析：

《民事诉讼法》第 211 条第 7 项规定，审判组织的组成不合法或者依法应当回避的审判人员没有回避的，当事人申请再审，法院应当再审。据此，本案二审开庭审理时，因 1 名合议庭成员突发急病住院，法院安排法官周某临时代替其参加庭审，判决仍由原合议庭成员署名。根据法律规定，合议庭成员如果长时间无法参与庭审，应按程序更换合议庭成员，但不能找人临时代替。因此，甲公司可以二审审判组织的组成不合法为由申请再审。

《民事诉讼法》第 210 条规定，当事人对已经发生法律效力的判决、裁定，认为有错误的，可以向上一级人民法院申请再审；当事人一方人数众多或者当事人双方为公民的案件，也可以向原审人民法院申请再审。当事人申请再审的，不停止判决、裁定的执行。本题是肖某起诉甲公司，应适用管辖的原则规定，即可以向生效判决法院的上一级法院申请再审。本案的生效判决法院是 A 市中院，甲公司向该省高级人民法院申请再审。甲公司申请再审时，执行程序继续进行。

6. 本案中，有关法官的哪些行为违反了法官职业道德？

答案：法官赵某向当事人泄露承办人的手机号码；法官赵某向当事人就法院未决案件提供法律咨询并发表意见；法官赵某为当事人肖某推荐律师李某作为诉讼代理人；法官刘某在居住的小区花园私下会见原告肖某的代理人。

难度：中

考点：法官职业道德的主要内容

> **命题与解题思路**
>
> 司法制度和法律职业道德属于主观题考查范围，但明显不会单独命题，只能结合诉讼法案例予以附带考查。本题旨在考查对法官违反职业道德行为的判断，材料表述的法官行为较为常见，诸如违规会见、推荐律师等行为，即便不熟悉《法官职业道德基本准则》的规定，也很容易作出判断，难度不高。稍有难度的是赵法官向肖某透露承办人的手机号码，2001 年版《法官职业道德基本准则》曾明确规定，法官不得向当事人提供承办案件法官的联系方式，但该规定在 2010 年修正时已删除，是否违规需要更多思量。答题时考生应结合材料第二段的表述，对法官的各项行为逐一梳理判断，避免因遗漏而失分。

答案解析：

根据《法官职业道德基本准则》第 17 条的规定，法官不就未决案件或者再审案件给当

事人及其他诉讼参与人提供咨询意见。据此，法官赵某对未决案件接受当事人肖某的咨询并发表意见违反了法官职业道德。

《法官职业道德基本准则》第 14 条规定，尊重其他法官对审判职权的依法行使，除履行工作职责或者通过正当程序外，不过问、不干预、不评论其他法官正在审理的案件。虽然法院目前在推行审判流程信息公开制度，要求将合议庭组成人员向当事人公开，但法官的手机号码并不在公开之列。法官赵某私下向原告肖某泄露承办人的手机号码，有变相干扰刘法官行使审判职权之嫌，其行为违反了法官职业道德。

《关于规范法官和律师相互关系维护司法公正的若干规定》第 6 条规定，法官不得为当事人推荐、介绍律师作为其代理人、辩护人，或者暗示更换承办律师，或者为律师介绍代理、辩护等法律服务业务。据此，法官赵某为肖某推荐代理律师违反了法官职业道德。

根据《法官职业道德基本准则》第 13 条的规定，法官不私自单独会见当事人及其代理人、辩护人。据此，法官刘某在居住的小区花园私下会见原告肖某的代理人违反了法官职业道德。

行政法与行政诉讼法 2008—2023

答案和解析作者简介

闫尔宝

南开大学法学院教授、博士生导师。

授课逻辑严谨，条理清晰，知识含量大，擅长结合实务阐释深奥的法学原理。对法考命题特点、规律、重点有细致的考察，对考试风格和答题技巧有独到的心得。

2023年"回忆版"金题

扫码看视频

一、试题（本题28分）

案情：

2019年12月1日，为实施旧城区改造，甲县政府发布《关于宏大小区改造房屋征收范围的公告》与《征收补偿协议》，公布了房屋征收范围，明确对宏大小区范围内的房屋实行征收，房屋征收部门为县住房和城乡建设局，房屋征收实施单位为县政府设立的改造工程指挥部；签约期限为45天，搬迁期限为30日，具体起止日期在房屋征收评估机构选定后，由房屋征收部门另行公告；附件为《征收补偿方案》。上述内容在当地报纸上刊载公布。

孙某于2009年购买了宏大小区房产，土地性质为国有土地。该房屋被纳入房屋征收范围。经房屋征收评估机构评估，该房屋面积120平方米，估价35万元。孙某不认同该评估面积和金额，经多次协商未与县住房和城乡建设局达成一致意见。孙某表示不同意征收拆迁，拒绝签署《征收补偿协议》，未明确同意将其房屋腾空并交付拆除。

2022年2月14日，甲县政府对孙某作出房屋征收补偿决定，孙某对该补偿决定不服，拒不搬迁，并向法院提起行政诉讼。案件审理期间，改造工程指挥部作出《强制拆除决定书》，委托住房和城乡建设局对孙某房屋进行了强制拆除，对屋内物品未进行保全和清点登记。

2022年5月29日，孙某以其房屋内的财产受到违法侵害为由，向法院提起行政诉讼，请求确认强制拆除行为违法，赔偿被拆除房屋损失50万元，屋内物品损失5万元，过渡期内租房补贴2万元。

材料：《国有土地上房屋征收与补偿条例》

第二十五条　房屋征收部门与被征收人依照本条例的规定，就补偿方式、补偿金额和支付期限、用于产权调换房屋的地点和面积、搬迁费、临时安置费或者周转用房、停产停业损失、搬迁期限、过渡方式和过渡期限等事项，订立补偿协议。

补偿协议订立后，一方当事人不履行补偿协议约定的义务的，另一方当事人可以依法提起诉讼。

第二十八条　被征收人在法定期限内不申请行政复议或者不提起行政诉讼，在补偿决定规定的期限内又不搬迁的，由作出房屋征收决定的市、县级人民政府依法申请人民法院强制执行。

强制执行申请书应当附具补偿金额和专户存储账号、产权调换房屋和周转用房的地点和面积等材料。

问题：

1. 《关于宏大小区改造房屋征收范围的公告》是否属于具体行政行为？为什么？
2. 孙某针对房屋强制拆除行为提起诉讼，应当如何确定被告？为什么？
3. 《国有土地上房屋征收与补偿条例》第 25 条中的房屋征收补偿协议是什么性质？为什么？若针对补偿协议提起诉讼，诉讼的性质是什么？为什么？
4. 强制拆除决定是否违法？为什么？
5. 对于孙某提起的行政赔偿诉讼，应当如何确定举证责任？为什么？
6. 法院应当如何确定孙某的损失？为什么？

二、答案精讲

1. 《关于宏大小区改造房屋征收范围的公告》是否属于具体行政行为？为什么？

答案：属于。该行为针对特定对象实施，系行政机关行使管理职权，具有法律效果、影响权利义务，是单方行政行为，符合具体行政行为的特征。虽然没有具体指明相对人，但其范围是确定的，因此同样属于具体行政行为。

难度：易

考点：具体行政行为的界定

> **命题与解题思路**
>
> 本题考查考生对具体行政行为的理解。具体行政行为的界定需要综合考量其实施主体、职权行使、具体事件、法律效果、单方性、外部性等特征。本题中的《关于宏大小区改造房屋征收范围的公告》<u>虽然没有指明具体的相对人，但其范围固定且对被征收人的权益造成实质性影响，符合具体行政行为的基本特征</u>。本题难度一般，有送分嫌疑。考生回答本题应当不存在困难。

答案解析：

具体行政行为是指国家行政机关依法就特定事项对特定的行政相对人权利义务作出处理的单方行政行为。其判断标准为：主体为行政机关或法定授权组织；行使管理职权；具体事件针对特定对象实施；具有法律效果、影响权利义务；单方行政行为。

本题中，甲县政府作出的《关于宏大小区改造房屋征收范围的公告》实质是针对宏大小区居民的房屋作出了征收决定，该行为在主体、职权行使属性、单方性、法律效果等特征方面具有具体行政行为的基本特征，只是在具体性方面需要作出解释，即其并未直接针对某个具体的住户作出征收决定。不过，具体行政行为的对象是否特定并不以该行为是否指向明确的相对人为判断标准，只要该行为作出时对象范围确定且没有继续增加的可能，即可认定其针对的对象具有特定性。《关于宏大小区改造房屋征收范围的公告》针对的是宏大小区居民的房屋，其对象的范围已经明确，不会有新的增加可能，同样符合具体行政行为对象明确具体的特征，因此属于具体行政行为。

2. 孙某针对房屋强制拆除行为提起诉讼，应当如何确定被告？为什么？

答案：应当以甲县政府作为被告。县住房和城乡建设局接受甲县政府设立的改造工程指挥部的委托实施强制拆除行为，其行为引起的法律后果应当由委托机关承担，该局不应作为被告。改造工程指挥部作为甲县政府设立的临时机构，不具有独立承担法律责任的能力，其行为引起的法律后果应当由设立机关甲县政府承担。

难度：中

考点：行政诉讼被告

> **命题与解题思路**
>
> 本题考查考生对行政诉讼被告相关规定的掌握程度。内容涉及临时机构的行政主体资格确定以及行政诉讼被告资格认定、委托行使行政职权情况下的被告资格确定等。本题难度适中，考生如果对临时机构是否具有行政主体资格以及委托行使职权情况下的责任承担主体的相关规则有较好的把握，则不难作出正确的回答。

答案解析：

《行政诉讼法》第26条第5款规定，行政机关委托的组织所作的行政行为，委托的行政机关是被告。据此，本题中，县住房和城乡建设局接受甲县政府设立的改造工程指挥部的委托实施强制拆除行为，其行为引起的法律后果应当由委托机关承担，县住房和城乡建设区不应作为被告。

《最高人民法院关于适用〈中华人民共和国行政诉讼法〉的解释》（以下简称《行诉法解释》）第20条第1款规定，行政机关组建并赋予行政管理职能但不具有独立承担法律责任能力的机构，以自己的名义作出行政行为，当事人不服提起诉讼的，应当以组建该机构的行政机关为被告。本题中，改造工程指挥部是甲县政府为实施宏大小区房屋征收工作而设立的临时机构，不具有独立承担法律责任的能力，依照《行诉法解释》规定，其以自己的名义作出强拆决定并组织实施强拆，该行为引起的法律后果应当由设立机关即甲县政府承担。因此，本案的被告应为甲县政府。

3. 《国有土地上房屋征收与补偿条例》第25条中的房屋征收补偿协议是什么性质？为什么？若针对补偿协议提起诉讼，诉讼的性质是什么？为什么？

答案：属于行政协议。房屋征收补偿协议符合《行诉法解释》关于行政协议的界定，具有主体行政性、目的公益性、内容行政法律性以及双方合意性，同时也属于该司法解释列举的行政协议种类。

诉讼的性质是行政诉讼。鉴于该协议具有的行政协议属性，依照《行政诉讼法》的规定，由该协议引发的争议，原则上适用行政诉讼程序解决，即属于行政诉讼案件。

难度：中

考点：行政协议及其诉讼属性

命题与解题思路

本题考查考生对行政协议及该协议引发的诉讼的性质的理解。行政协议的判定应当结合《最高人民法院关于审理行政协议案件若干问题的规定》（以下简称《行政协议规定》）有关行政协议的定义和范围规定来进行分析，围绕四个要素展开。同时，由于修正后的《行政诉讼法》已经就相对人提起的行政协议争议明确规定属于行政诉讼受案范围，因此涉及行政协议的纠纷，在相对人提起的情况下，应当属于行政诉讼案件。本题难度一般，考生完全可以结合《行政诉讼法》以及最高法院司法解释的规定作出回答。

答案解析：

《行政协议规定》第 1 条规定，行政机关为了实现行政管理或者公共服务目标，与公民、法人或者其他组织协商订立的具有行政法上权利义务内容的协议，属于《行政诉讼法》第 12 条第 1 款第 11 项规定的行政协议。据此，<u>涉案协议是否属于行政协议，需具备四个要件</u>：(1) <u>主体要件</u>，订立协议的一方是行政机关或者其他法定授权组织；(2) <u>合意要件</u>，协议是行政机关或法定授权组织与相对人协商一致的结果；(3) <u>目的要件</u>，行政协议的订立旨在实现公共利益；(4) <u>内容要件</u>，协议中包含了公法权利义务的内容。为了更好地把握行政协议的范围，《行政协议规定》第 2 条对典型行政协议类型作出了列举，其中包括土地、房屋等征收征用补偿协议。结合上述规定可知，本题中的房屋征收补偿协议属于行政协议。

《行政诉讼法》第 12 条第 1 款规定："人民法院受理公民、法人或者其他组织提起的下列诉讼：……（十一）认为行政机关不依法履行、未按照约定履行或者违法变更、解除政府特许经营协议、土地房屋征收补偿协议等协议的；……"根据上述规定可知，<u>行政协议引发的争议属于行政诉讼受案范围，构成行政诉讼案件</u>。需要说明的是，由于《行政诉讼法》设定了行政诉讼制度"民告官"的基本属性，因此，《国有土地上房屋征收与补偿条例》第 25 条第 2 款规定的"补偿协议订立后，一方当事人不履行补偿协议约定的义务的，另一方当事人可以依法提起诉讼"，只在相对人因行政机关违约情况下提起诉讼时，构成行政诉讼案件。

4. 强制拆除决定是否违法？为什么？

答案：违法。依照《行政强制法》和《国有土地上房屋征收与补偿条例》的规定，县政府只有征收决定权，而无强制执行决定权，其只能申请法院强制执行其征收决定。因此，作为县政府临时机构的改造工程指挥部作出强制执行的决定是违法的。

难度：中

考点：行政强制执行

命题与解题思路

本题考查考生对房屋征收领域行政机关是否享有行政强制执行权相关规定的理解和掌握。本题的回答需要结合《行政强制法》和给定材料中的规定，如果考生没有结合给定材料中的规定进行回答，则可能作出错误回答。正确回答本题，考生需要对给定材料的内容有较好的理解。

答案解析：

《行政强制法》第13条规定，行政强制执行由法律设定。法律没有规定行政机关强制执行的，作出行政决定的行政机关应当申请人民法院强制执行。《国有土地上房屋征收与补偿条例》第28条第1款规定，被征收人在法定期限内不申请行政复议或者不提起行政诉讼，在补偿决定规定的期限内又不搬迁的，由作出房屋征收决定的市、县级人民政府依法申请人民法院强制执行。据此可知，在房屋征收领域，市、县政府有权作出征收决定，但无权就该决定的强制执行作出决定，其只能依法向法院申请执行其征收决定。

5. 对于孙某提起的行政赔偿诉讼，应当如何确定举证责任？为什么？

答案： 孙某提起行政赔偿诉讼，应当举证证明甲县政府违法强拆行为给其造成损失的情况。由于执行人员在强拆过程中未对孙某屋内的物品进行保全和清点登记，造成孙某无法证明相关损失，故应由甲县政府就孙某的损害承担举证责任。因为《最高人民法院关于审理行政赔偿案件若干问题的规定》对行政赔偿诉讼案件的举证责任作出了明确规定，本题规定的情况可以直接适用该规定来确定举证责任的分配。

难度： 中

考点： 行政赔偿诉讼举证责任分配

> **命题与解题思路**
>
> 本题考查行政赔偿诉讼案件中举证责任的特殊分配规则。最高法院相关司法解释对行政赔偿案件的举证责任分配作出了专门规定。尤其是对因被告原因导致原告无法完成举证义务的，明确规定被告承担举证责任。本题的设计即在于考查考生对上述规定的把握程度，难度一般。考生如果能够查找到相关规定，则不难作出准确回答。

答案解析：

《最高人民法院关于审理行政赔偿案件若干问题的规定》第11条第1款规定，行政赔偿诉讼中，原告应当对行政行为造成的损害提供证据；因被告的原因导致原告无法举证的，由被告承担举证责任。据此，本案本应由孙某对其损害承担证明责任，但因被告甲县政府在组织实施强拆过程中，未依法对孙某的屋内物品进行保全和清点登记，造成孙某对其损失无法举证，故需要按照司法解释的规定，由甲县政府承担举证责任。

6. 法院应当如何确定孙某的损失？为什么？

答案： 法院应当判决被告赔偿孙某的以下损失：被拆除房屋内的财产损失5万元，房屋被违法拆除的损失35万元，过渡期租房补贴2万元。依照《最高人民法院关于审理行政赔偿案件若干问题的规定》，孙某房屋内的物品损失5万元属于合理损失，应予以赔偿；房屋损失（估价35万元）和过渡期租房补贴（2万元）可认定为其依法应当获得的安置补偿权益。

难度： 难

考点： 行政赔偿诉讼

> **命题与解题思路**
>
> 本题考查考生对行政赔偿诉讼案件中赔偿责任承担规定的理解和掌握程度。对于行政机关违法侵权的赔偿责任，最高法院在其司法解释中作出了较为明确的规定，区分了房屋损害赔偿和屋内物品损害赔偿。考生可以结合最高法院的司法解释规定对本题作出回答。

答案解析：

本题中，孙某的损失赔偿涉及两部分内容，一是违法拆除行为造成的房屋内物品损失，二是房屋损失和过渡期的租房补贴。对于第一部分损失，《最高人民法院关于审理行政赔偿案件若干问题的规定》第 11 条第 2 款规定："人民法院对于原告主张的生产和生活所必需物品的合理损失，应当予以支持；对于原告提出的超出生产和生活所必需的其他贵重物品、现金损失，可以结合案件相关证据予以认定。"孙某房屋内物品损失属于生活必需物品损失，不涉及贵重物品、现金损失，法院可以支持。对第二部分损失，前述司法解释第 27 条第 2 款规定："违法征收征用土地、房屋，人民法院判决给予被征收人的行政赔偿，不得少于被征收人依法应当获得的安置补偿权益。"据此，对孙某主张的房屋损失赔偿，应当不少于其应当获得的安置补偿权益。孙某的安置补偿权益，包括被征收房屋的价值以及过渡期的租房补贴，具体数额为房屋 35 万元（估价）和过渡期的租房补贴 2 万元。

2022 年"回忆版"金题

一、试题（本题系选做题，28 分）

案情：

2018 年 7 月 15 日，经某市下辖的县政府授权，县住建局（甲方）与 A 公司（乙方）协商签订了《天然气利用合作协议》，主要内容如下：（1）甲方同意乙方在本县从事城市天然气特许经营，范围包括县城城区、工业区，期限为 20 年。（2）甲方充分考虑天然气项目系公共事业，在法律允许范围内对本项目提供支持和帮助。（3）乙方应保证取得足够的天然气指标。如果乙方不能保证实际用气需求，甲方有权依照相关法律法规进行处理。（4）本协议签署后，乙方应积极开展工作，签订协议 12 个月内如因乙方原因致工程不能开工建设，则本协议废止。

协议签署后，A 公司先后获得该项目的立项批复、管线路由规划意见、建设用地规划设计条件通知书、国有土地使用证、环评意见书等手续，进行了部分开工建设。

2019 年 7 月 10 日，县住建局向 A 公司发出催告："你公司的管道天然气经营许可手续至今未能办理，影响了经营区域内居民、工业、商业用户及时用气，现通知你公司抓紧办理管道天然气经营许可手续，若收到本通知 2 个月内经营许可手续尚未批准，将收回你公司的管道天然气区域经营权，由此造成的一切损失由你公司自行承担。"

2020 年 6 月 25 日，A 公司参加了县燃气工作会议，会议明确要求："关于天然气镇村通工程建设，各燃气企业要明确管网铺设计划，加快推进工程建设，今年 9 月底前未完成燃气配套设施建设的，一律收回区域经营权。"

2020 年 6 月 29 日，A 公司向县政府出具项目保证书，承诺："在办理完成项目开工手续 3 个月内完成以上工作，如不能按时完成，将自动退出政府所授予经营区域。"

2021 年 3 月 6 日，县政府向 A 公司作出收回决定，决定按照合作协议中有关违约责任，收回 A 公司在县城城区、工业区的特许经营授权，授权给 B 公司代表县政府经营管理。A 公司不服收回决定，向市政府申请行政复议。

2021 年 8 月 20 日，市政府作出并送达维持决定，但决定未告知起诉期限。

2022 年 3 月 10 日，A 公司提起行政诉讼，请求法院撤销收回决定。诉讼中，法院查明 B 公司已开工建设并在部分地区试运行。

附：

《城镇燃气管理条例》

第五条 国务院建设主管部门负责全国的燃气管理工作。

县级以上地方人民政府燃气管理部门负责本行政区域内的燃气管理工作。

县级以上人民政府其他有关部门依照本条例和其他有关法律、法规的规定，在各自职责范围内负责有关燃气管理工作。

第十五条 国家对燃气经营实行许可证制度。从事燃气经营活动的企业，应当具备下列条件：

（一）符合燃气发展规划要求；

（二）有符合国家标准的燃气气源和燃气设施；

（三）有固定的经营场所、完善的安全管理制度和健全的经营方案；

（四）企业的主要负责人、安全生产管理人员以及运行、维护和抢修人员经专业培训并考核合格；

（五）法律、法规规定的其他条件。

符合前款规定条件的，由县级以上地方人民政府燃气管理部门核发燃气经营许可证。

《市政公用事业特许经营管理办法》

第二条 本办法所称市政公用事业特许经营，是指政府按照有关法律、法规规定，通过市场竞争机制选择市政公用事业投资者或者经营者，明确其在一定期限和范围内经营某项市政公用事业产品或者提供某项服务的制度。

城市供水、供气、供热、公共交通、污水处理、垃圾处理等行业，依法实施特许经营的，适用本办法。

第十八条 获得特许经营权的企业在特许经营期间有下列行为之一的，主管部门应当依法终止特许经营协议，取消其特许经营权，并可以实施临时接管：

（一）擅自转让、出租特许经营权的；

（二）擅自将所经营的财产进行处置或者抵押的；

（三）因管理不善，发生重大质量、生产安全事故的；

（四）擅自停业、歇业，严重影响到社会公共利益和安全的；

（五）法律、法规禁止的其他行为。

第十九条 特许经营权发生变更或者终止时，主管部门必须采取有效措施保证市政公用产品供应和服务的连续性与稳定性。

第二十条 主管部门应当在特许经营协议签订后 30 日内，将协议报上一级市政公用事业主管部门备案。

第二十五条　主管部门应当建立特许经营项目的临时接管应急预案。

对获得特许经营权的企业取消特许经营权并实施临时接管的，必须按照有关法律、法规的规定进行，并召开听证会。

问题：

1. 本行政诉讼案件的当事人具体有哪些？请说明理由。
2. 如何确定本案的管辖法院？为什么？
3. A 公司的起诉是否超过起诉期限？为什么？
4. 请分析县政府作出的收回决定的性质。
5. 县政府的收回决定是否合法？为什么？
6. 法院对本案应如何作出裁判？为什么？

二、答案精讲

> **1. 本行政诉讼案件的当事人具体有哪些？请说明理由。**

答案： 本案原告为 A 公司，被告为县政府和市政府，第三人为 B 公司。因为 A 公司的特许经营授权被县政府收回，其是该收回行为的相对人，在认为合法权益受损的情况下，有权提起行政诉讼；县政府是作出被诉收回授权决定的行政机关，市政府是复议维持机关，依照行诉法规定，县政府和市政府应作为共同被告；B 公司与 A 公司提起诉讼的案件审理结果有关，依法可以列为第三人。

难度： 中

考点： 行政诉讼参加人

> 💡 **命题与解题思路**
>
> 本题考查考生对行政诉讼参加人的理解，内容涉及原告、被告、第三人。考查重点集中于复议维持情况下的被告确定，以及行政诉讼第三人的法律规定适用。整体难度不高，只要考生对行政诉讼参加人的相关规定有所了解，即可作出准确回答。

答案解析：

《行政诉讼法》第 25 条第 1 款规定："行政行为的相对人以及其他与行政行为有利害关系的公民、法人或者其他组织，有权提起诉讼。"本题中，A 公司的燃气特许经营授权被收回，其是该收回行为的直接相对人，依照前述规定，有权作为原告提起行政诉讼。

《行政诉讼法》第 26 条第 1、2 款规定："公民、法人或者其他组织直接向人民法院提起诉讼的，作出行政行为的行政机关是被告。经复议的案件，复议机关决定维持原行政行为的，作出原行政行为的行政机关和复议机关是共同被告；复议机关改变原行政行为的，复议机关是被告。"本题中，县政府作出收回燃气特许经营授权的决定，A 公司申请复议后，市政府作出维持县政府收回行为的复议决定，依照前述规定，县政府和市政府应当作为共同被告。

《行政诉讼法》第 29 条规定："公民、法人或者其他组织同被诉行政行为有利害关系但没有提起诉讼，或者同案件处理结果有利害关系的，可以作为第三人申请参加诉讼，或者由人民法院通知参加诉讼。人民法院判决第三人承担义务或者减损第三人权益的，第三人有权依法提起上诉。"本题中，B 公司获得燃气项目特许经营授权，A 公司提起行政诉讼后，该案的审理结果将对 B 公司产生一定影响。依照前述规定，有必要将 B 公司列为第三人。

2. 如何确定本案的管辖法院？为什么？

答案：本案的管辖法院为市中级人民法院。因为本案为复议维持案件，依照《行诉法解释》规定，级别管辖法院按照原行政行为作出机关即县政府来确定，因此为市中级人民法院；依照《行政诉讼法》的规定，复议维持案件，作出原行政行为的机关所在地法院与复议机关所在地法院均有管辖权，因此县政府和市政府所在地法院均有管辖权。综合前面两种情况，只有市中级人民法院享有本案管辖权。

难度：难

考点：行政复议维持案件的管辖法院确定

> 💡 **命题与解题思路**
>
> 本题考查考生复议维持案件管辖法院的确定，尤其是对地域管辖法院的规定如何理解，需要考生结合案情作出准确判断。由于复议维持案件的级别管辖法院依照原行为作出机关确定，而<u>本题中特殊之处在于县政府作为第一被告，因此其级别管辖法院自然应当确定为中级人民法院</u>，即使按照行诉法规定，地域管辖法院包括县政府所在地的法院。对此，考生如果没有很好地将立法规定和现实情况结合起来进行分析，极可能想当然地认为县政府所在地的法院也享有管辖权，从而出现判断错误。

答案解析：

就级别管辖法院确定而言，《行诉法解释》第 134 条规定："复议机关决定维持原行政行为的，作出原行政行为的行政机关和复议机关是共同被告。原告只起诉作出原行政行为的行政机关或者复议机关的，人民法院应当告知原告追加被告。原告不同意追加的，人民法院应当将另一机关列为共同被告。行政复议决定既有维持原行政行为内容，又有改变原行政行为内容或者不予受理申请内容的，作出原行政行为的行政机关和复议机关为共同被告。复议机关作共同被告的案件，以作出原行政行为的行政机关确定案件的级别管辖。"本案为复议维持案件，应当按照县政府确定案件的级别管辖法院，即市中级人民法院。就地域管辖法院而言，《行政诉讼法》第 18 条第 1 款规定："行政案件由最初作出行政行为的行政机关所在地人民法院管辖。经复议的案件，也可以由复议机关所在地人民法院管辖。"本题为复议维持案件，作出收回决定的县政府所在地的法院和作出复议维持决定的市政府所在地的法院都有管辖权。但因级别管辖法院已经确定为市中级人民法院，所以本案的管辖法院只能是市中级人民法院。

3. A 公司的起诉是否超过起诉期限？为什么？

答案：没有超过。本题为复议维持案件，依照《行诉法解释》规定，复议机关在作出复议决定后未告知起诉期限的，相对人应当在最长 1 年之内提起行政诉讼。A 公司于 2021 年 8 月 20 日知道复议决定，2022 年 3 月 10 日提起行政诉讼，没有超过起诉期限。

难度：中

考点：行政复议案件起诉期限

> 💡 **命题与解题思路**
>
> 本题考查考生对行政复议案件起诉期限如何确定的理解，难度一般。依照《行诉法解释》的相关规定，复议机关作出复议决定后，没有告知相对人起诉期限的，应当适用最长1年的起诉期限。对此，考生应当有所知晓。如果考生对未告知起诉期限情况下的起诉期限特殊规定不是十分清楚，即会作出错误回答。

答案解析：

本题为经过复议且复议机关没有告知起诉期限的案件，《行政诉讼法》第45条规定："公民、法人或者其他组织不服复议决定的，可以在收到复议决定书之日起十五日内向人民法院提起诉讼。复议机关逾期不作决定的，申请人可以在复议期满之日起十五日内向人民法院提起诉讼。法律另有规定的除外。"据此，一般情况下，经复议案件的起诉期限为收到复议决定书之日起15日内。依照《行诉法解释》第64条规定："行政机关作出行政行为时，未告知公民、法人或者其他组织起诉期限的，起诉期限从公民、法人或者其他组织知道或者应当知道起诉期限之日起计算，但从知道或者应当知道行政行为内容之日起最长不得超过一年。复议决定未告知公民、法人或者其他组织起诉期限的，适用前款规定。"据此，在市政府作出复议维持决定未告知A公司起诉期限的情况下，其最长起诉期限从A公司知道复议决定之日起不得超过1年。市政府于2021年8月20日作出复议维持决定，但未告知起诉期限。A公司于2022年3月10日提起行政诉讼，未超过起诉期限。

4. 请分析县政府作出的收回决定的性质。

答案：县政府的收回决定属于解除协议的行政行为。因为《行政协议规定》对行政机关解除协议的行为性质作出了规定，即"解除协议的行政行为"，并明确规定，协议相对人一方有权针对该行为提起撤销的诉讼请求。本题中，县政府基于A公司没有履行双方签订的《天然气利用合作协议》，存在违约行为，据此作出收回授权的决定，实质上是解除了其与A公司的协议。该解除行为被司法解释规定为"行政行为"，且可以被提起撤销诉讼。

难度：难

考点：行政协议解除行为的性质

> 💡 **命题与解题思路**
>
> 本题考查考生对经行政协议解除行为性质的理解。对此，考生需要结合《行政协议规定》的相关规定来判断解除协议行为的属性。这个问题虽然理论上有争议，但考生只需要结合《行政协议规定》的相关内容进行判断，无需展开过于复杂的分析。

答案解析：

《市政公用事业特许经营管理办法》第18条规定："获得特许经营权的企业在特许经营期间有下列行为之一的，主管部门应当依法终止特许经营协议，取消其特许经营权，并可以实施临时接管：（一）擅自转让、出租特许经营权的；（二）擅自将所经营的财产进行处置或者抵押的；（三）因管理不善，发生重大质量、生产安全事故的；（四）擅自停业、歇业，严重影响到社会公共利益和安全的；（五）法律、法规禁止的其他行为。"本题中，A公司没有按照其与县政府签订的天然气利用合作协议履行义务，县政府多次催促 A 公司进行项目建设，但其始终未能消除项目建设的障碍，致使经营区域供气目的无法实现，协议解除的法定条件成立。县政府收回燃气特许经营权，实质是解除燃气特许经营协议。《行政协议规定》第 9 条规定："在行政协议案件中，行政诉讼法第四十九条第三项规定的'有具体的诉讼请求'是指：（一）请求判决撤销行政机关变更、解除行政协议的行政行为，或者确认该行政行为违法；……"据此，该司法解释将<u>行政机关解除协议的行为确定为一种行政行为，具有基于行政机关单方意思表示产生相应法律效果的性质</u>。按照《行政协议规定》第 9 条规定，对该行政行为，A 公司有权提起撤销诉讼。

5. 县政府的收回决定是否合法？为什么？

答案：不合法。虽然依照《市政公用事业特许经营管理办法》第 18 条规定，县政府有权解除涉案协议，但依照其第 25 条规定，县政府收回燃气特许经营权，应当召开听证会。县政府作出收回决定过程中，并未告知该公司有申请听证的权利，也未按照申请组织召开听证会，其收回决定违反法定程序。

难度：难

考点：行政行为合法要件

> **命题与解题思路**
>
> 本题考查考生对行政行为合法要件的理解和掌握程度。被诉行政行为合法性审查涉及行政行为合法性要件的判断，考生需要结合相关学理并对照案例给定的附加材料，综合判断被诉的收回决定是否合法。从给定的材料来看，<u>政府收回特许经营授权的过程需组织召开听证会，否则即可能构成程序违法</u>。回答本题，考生一方面要了解行政行为合法性要件，另一方面还要对照相关附加材料进行说理。

答案解析：

根据《市政公用事业特许经营管理办法》第 18 条规定，获得特许经营权的企业在特许经营期间有下列行为之一的，主管部门应当依法终止特许经营协议，取消其特许经营权，并可以实施临时接管：（一）擅自转让、出租特许经营权的；（二）擅自将所经营的财产进行处置或者抵押的；（三）因管理不善，发生重大质量、生产安全事故的；（四）擅自停业、歇业，严重影响到社会公共利益和安全的；（五）法律、法规禁止的其他行为。本题中，A 公司长期不能完成经营区域内的燃气项目建设，无法满足居民的用气需要，足以影响社会公共利益，属于法律、法规所禁止的行为。县政府虽然不属于"主管部门"，但基于其是主管部门的上级机关且本身即为合同的缔约主体，在 A 公司违约的情况下，终止履行协议合法。不过，根据《市政公用事业特许经营管理办法》第 25 条规定，对获得特许经营权的企业取消特许经营权并实施临时接管的，必须按照有关法律、法规的规定进行，并召开听证会。本题中，县政府决定收回 A 公司已获得的燃气特许经营权，应当依法告知该公司享有听证的权利，听取公司的陈述和申辩。A 公司要求听证的，县政府应当组织听证。县政府的收回决定并未履行该听证程序，其收回行为构成违反法定程序，属于违法行政行为。

> 6. 法院对本案应如何作出裁判？为什么？

答案：法院应当作出如下判决：（1）确认县政府收回A公司燃气经营区域授权的行政行为违法，但不撤销该行政行为；（2）判决撤销市政府作出的复议维持决定。本案为复议维持案件，依照《行诉法解释》规定，法院要对原行政行为和复议行为分别作出裁判。县政府的收回授权行为虽然程序违法应当判决撤销，但鉴于经营区域内燃气项目特许经营权已经实际授予B公司，撤销收回决定不仅影响B公司已获得的合法权益，且会影响居民用气，损害区域内公共利益，故可以依法判决确认违法。在县政府的决定被确认违法的情况下，市政府的复议维持决定依法应当撤销。

难度：难

考点：行政复议案件的裁判方式

> 💡 **命题与解题思路**
>
> 本题考查考生对复议维持案件裁判方式相关规定的掌握情况。《行诉法解释》对上述案件的裁判方式作出详细规定，考生需要根据上述规定并结合本题案情作出综合判断。本题的难点之一在于县政府收回授权决定在被认定为程序违法的情况下是否撤销的问题。考生需要结合行诉法有关行政行为程序违法但不撤销的规定，结合本题交代的特殊情况，在确认违法和撤销判决之间作出选择。

答案解析：

如前所述，本题中，县政府收回燃气特许经营授权的行为构成程序违法。按照《行政诉讼法》第70条第3项规定，被诉行政行为违反法定程序的，法院有权作出撤销判决。但是，综合本题给定的情况可知，县政府收回授权之后，已经安排B公司继续进行燃气经营，一旦撤销县政府的收回授权决定，即可能影响B公司已获得的权益，同时也会影响居民当前的用气，构成对特定区域公共利益的损害。为此，法院有必要根据《行政诉讼法》第74条第1款第1项规定作出判决，即行政行为依法应当撤销，但撤销会给国家利益、社会公共利益造成重大损害的，判决确认行政行为违法，但不撤销该行政行为。同时，依照《行诉法解释》第136条第1款规定，人民法院对原行政行为作出判决的同时，应当对复议决定一并作出相应判决。本题中，县政府的收回授权行为已经构成违法，而市政府针对该行政行为作出了复议维持决定，该复议决定构成违法，依法应当判决撤销。

2021年"回忆版"金题

扫码看视频

一、试题 （本题系选做题，28分）

案情：

2013年10月10日，甲县政府作出《关于同意取缔市集中式饮用水源一、二级保护区排污的批复》，文件中明确由县生态环境局负责组织实施该水源保护区内的A公司等9个排污口的关停工作，但未涉及补偿措施。为保护水源地，A 公司于 2014 年开始关停。2018 年，A 公司向甲县政府投诉，申请对其按照国家政策给予一次性经济补偿或者迁址另建，免除关停期间的税费及土地使用费等。甲县政府于 2020 年 5 月 15 日作出《关于甲县 A 公司等五家企业投诉问题的结案报告》，结论是"决定用司法途径解决投诉问题"。2020 年 7 月 20 日，A 公司向甲县政府提交《搬迁补偿申请书》，要求其履行职责，对 A 公司给予货币补偿，但甲县政府未予答复。2020 年 12 月 2 日，A 公司向法院提起诉讼，要求判决甲县政府对其进行补偿。甲县政府辩称，原告未在合理期限内提出陈述申辩，起诉已超过诉讼时效，且关闭该企业的受益地是乙县，与甲县没有关系，A 公司应向乙县政府请求补偿。

附件一：《水污染防治法》第 66 条规定："禁止在饮用水水源二级保护区内新建、改建、扩建排放污染物的建设项目；已建成的排放污染物的建设项目，由县级以上人民政府责令拆除或者关闭。在饮用水水源二级保护区内从事网箱养殖、旅游等活动的，应当按照规定采取措施，防止污染饮用水水体。"

附件二：《环境保护法》第 31 条规定："国家建立、健全生态保护补偿制度。国家加大对生态保护地区的财政转移支付力度。有关地方人民政府应当落实生态保护补偿资金，确保其用于生态保护补偿。国家指导受益地区和生态保护地区人民政府通过协商或者按照市场规则进行生态保护补偿。"

问题：

1. 本案级别管辖法院如何确定？为什么？
2. 如 A 公司起诉关停行为，本案被告如何确定？为什么？
3. A 公司的起诉是否超过起诉期限？为什么？
4. A 公司提出的补偿请求是否合理？为什么？
5. 甲县政府关于自己不是行政补偿主体的说法是否正确？为什么？
6. 本案法院应当如何判决？请说明理由。

二、答案精讲

> **1. 本案级别管辖法院如何确定？为什么？**

答案：本案管辖法院应当是中级人民法院。原告起诉的是县政府，按照《行政诉讼法》第 15 条规定，对县级以上地方人民政府所作的行政行为提起诉讼的案件，应当由中级人民法院管辖。

难度：中

考点：级别管辖

> 💡 **命题与解题思路**
>
> 本题考查考生对级别管辖相关规定的掌握程度，试题难度一般。只要考生熟悉《行政诉讼法》有关级别管辖的规定，即能准确回答本题。回答本题的关键是明确企业起诉的行政机关是谁，然后再根据《行政诉讼法》有关级别管辖的规定确定管辖法院。

答案解析：

《行政诉讼法》第 15 条规定："中级人民法院管辖下列第一审行政案件：（一）对国务院

部门或者县级以上地方人民政府所作的行政行为提起诉讼的案件；（二）海关处理的案件；（三）本辖区内重大、复杂的案件；（四）其他法律规定由中级人民法院管辖的案件。"据此，本题中，A 公司起诉的对象是县政府，依照《行政诉讼法》有关中级人民法院管辖案件范围的规定，相关争议应当由中级人民法院管辖。

2. 如 A 公司起诉关停行为，本案被告如何确定？为什么？

答案：本案被告为甲县政府。依照《水污染防治法》第 66 条规定，作出关停行为的是县级以上地方人民政府。本题中，关停行为依法是由甲县政府作出，甲县生态环境局只是关停行为的实施机关，由此，关停行为的法律责任应由甲县政府承担。

难度：中

考点：行政诉讼被告

> 💡 **命题与解题思路**
>
> 本题考查行政诉讼被告确定的相关规定，主要考查考生对《水污染防治法》相关规定的理解。依照法律规定，县级以上地方人民政府具有作出关停决定的权力，其下属的生态环境部门只是具体实施关停行为的机关。因此，需要考生分清关停行为的实质作出机关，然后才能确定本案的被告。

答案解析：

《水污染防治法》第 66 条规定："禁止在饮用水水源二级保护区内新建、改建、扩建排放污染物的建设项目；已建成的排放污染物的建设项目，由县级以上人民政府责令拆除或者关闭。在饮用水水源二级保护区内从事网箱养殖、旅游等活动的，应当按照规定采取措施，防止污染饮用水水体。"结合本题案情可知，县政府是有权作出关停企业决定的行政机关，而生态环境局属于对关停决定的实施机关。《行政诉讼法》第 26 条第 1 款规定："公民、法人或者其他组织直接向人民法院提起诉讼的，作出行政行为的行政机关是被告。"据此，A 公司起诉关停行为，应当以作出关停决定的甲县政府为被告。

3. A 公司的起诉是否超过起诉期限？为什么？

答案：没有超过起诉期限。依照《行政诉讼法》以及最高法院《行诉法解释》相关规定，A 公司向法院起诉的期限自甲县政府接到申请之日起的 2 个月届满之日开始计算，再加上 6 个月的时间，A 公司起诉并未超过法定起诉期限。

难度：中

考点：行政诉讼起诉期限

> 💡 **命题与解题思路**
>
> 本题考查行政机关不履行法定职责情况下的起诉期限确定问题。《行政诉讼法》对行政机关不履行法定职责案件的起诉期限起算点作出了一般性规定，即 2 个月的作为期限届满之后，相对人即可向法院起诉。《行诉法解释》进一步明确了此种情况下的起诉期限，即仍适用 6 个月的起诉期限。本题中，需要结合《行政诉讼法》和《行诉法解释》的规定来判断 A 公司的起诉是否超期。

答案解析：

《行政诉讼法》第47条第1款规定："公民、法人或者其他组织申请行政机关履行保护其人身权、财产权等合法权益的法定职责，行政机关在接到申请之日起两个月内不履行的，公民、法人或者其他组织可以向人民法院提起诉讼。法律、法规对行政机关履行职责的期限另有规定的，从其规定。"最高法院《行诉法解释》第66条规定："公民、法人或者其他组织依照行政诉讼法第四十七条第一款的规定，对行政机关不履行法定职责提起诉讼的，应当在行政机关履行法定职责期限届满之日起六个月内提出。"本题中，由于相关法律法规并未就地方人民政府作出补偿决定的期限作出明确规定，因此，<u>A公司向法院起诉的期限自甲县政府接到申请之日起的2个月届满之日开始计算，再加上6个月的时间</u>。A公司于2020年7月20日向甲县政府申请支付补偿金，甲县政府未予答复，该企业于2020年12月2日向法院提起行政诉讼，并未超过前述法律和司法解释规定的起诉期限。

4. A公司提出的补偿请求是否合理？为什么？

答案： 合理。在A公司正常生产的情况下，甲县政府基于环保理由批复关停A公司的排污口，导致其不能继续进行生产，事实上相当于撤回其生产经营许可。依照《行政许可法》有关基于公共利益需要撤回行政许可应给予相对人补偿的规定，A公司有权请求甲县政府给予相应补偿。

难度： 中

考点： 行政补偿责任

> **命题与解题思路**
>
> 本题考查对基于公益需要撤回行政许可时行政机关承担补偿责任的相关规定的掌握程度。在确定行政行为合法的情况下，因该行为导致财产损失的相对人依法享有获得补偿的权利，其有权请求实施行政行为的行政主体补偿其受到的损失。

答案解析：

依照行政补偿制度基本原理，在行政主体合法实施行政行为造成相对人权益受损的情况下，后者有权依法请求行政主体补偿其损失，此为正当的权利，依法受到保护。此外，《行政许可法》第8条规定："公民、法人或者其他组织依法取得的行政许可受法律保护，行政机关不得擅自改变已经生效的行政许可。行政许可所依据的法律、法规、规章修改或者废止，或者准予行政许可所依据的客观情况发生重大变化的，为了公共利益的需要，行政机关可以依法变更或者撤回已经生效的行政许可。由此给公民、法人或者其他组织造成财产损失的，行政机关应当依法给予补偿。"本题中，县政府基于环保理由作出关停A公司排污口的批复，造成A公司事实上无法继续进行生产活动，可以视为撤回了A公司的生产经营许可，其有必要依法对由此给A公司造成的损失进行补偿，A公司的补偿请求合理。

5. 甲县政府关于自己不是行政补偿主体的说法是否正确？为什么？

答案： 不正确。本题中，导致A公司无法继续生产的原因是甲县政府作出的关停排污口的决定，依照《环境保护法》的相关规定，甲县政府应对A公司的损失承担补偿责任，不能以受益对象为乙县为由不予补偿。

  难度：中

  考点：行政补偿主体

> 💡 **命题与解题思路**
>
>   本题考查行政补偿责任的承担主体。行政补偿是行政机关在因合法行为造成相对人损失的情况下，依法对后者的损失进行补偿的制度。在行政补偿法律关系中，原则上由造成相对人损失的行政机关承担补偿责任。即使相关立法规定存在受益主体，也需要由造成相对人损失的行政机关先行承担补偿责任，然后再由其依法与受益主体协商后续费用负担问题。

  答案解析：

  《水污染防治法》第 66 条第 1 款规定："禁止在饮用水水源二级保护区内新建、改建、扩建排放污染物的建设项目；已建成的排放污染物的建设项目，由县级以上人民政府责令拆除或者关闭。"据此，甲县政府有权作出关闭 A 公司的决定，但有必要对 A 公司的损失给予必要补偿，其属于补偿责任承担主体。受益主体虽然是乙县，但《环境保护法》第 31 条规定："国家建立、健全生态保护补偿制度。国家加大对生态保护地区的财政转移支付力度。有关地方人民政府应当落实生态保护补偿资金，确保其用于生态保护补偿。国家指导受益地区和生态保护地区人民政府通过协商或者按照市场规则进行生态保护补偿。"据此，<u>甲县与乙县可以就生态保护补偿问题进行协商，但此为内部程序，与 A 公司的补偿请求责任主体确定无关</u>。

  6. 本案法院应当如何判决？请说明理由。

  答案：应判决甲县政府对 A 公司的补偿请求重新作出处理。依照《行政诉讼法》和最高法院《行诉法解释》相关规定，原告请求被告履行法定职责的理由成立，但尚需被告调查或者裁量的，法院应当判决被告针对原告的请求重新作出处理。本案中，在法院认定甲县政府不履行补偿职责行为成立的情况下，由于 A 公司的损失尚未调查清楚，需要甲县政府继续进行调查才能确定具体补偿数额，因此，法院应判决甲县政府对 A 公司的补偿请求重新作出处理。

  难度：难

  考点：行政诉讼履行判决

> 💡 **命题与解题思路**
>
>   本题考查行政诉讼履行判决的适用。《行政诉讼法》及其司法解释对被告不履行法定职责的案件如何判决作出了规定，且赋予了人民法院根据不同情况分别选择直接判决和答复判决的权力。本题中，需要考生了解相关规定，尤其是关于如何选择判决方式的适用问题。

  答案解析：

  本题中，甲县政府为环保理由而关停 A 公司排污口造成其事实上停止生产，依法应当承担补偿责任。其在 A 公司起诉补偿的情况下不予答复，属于不履行法定补偿职责。《行政诉讼法》第 72 条规定："人民法院经过审理，查明被告不履行法定职责的，判决被告在一定期限内履行。"据此，法院应当依法判决甲县政府履行补偿职责。但由于 A 公司的损失尚未调查清楚，需要甲县政府继续进行调查，然后才能由其确定具体的补偿数额，据此，按照最高法院《行诉法解释》第 91 条规定："原告请求被告履行法定职责的理由成立，被告违法拒绝履行或者无正当理由逾期不予答复的，人民法院可以根据行政诉讼法第七十二条的规定，判决被告在一定期限内依法履行原告请求的法定职责；尚需被告调查或者裁量的，应当判决被告针对原告的请求重新作出处理。"因此，法院应当判决甲县政府针对 A 公司的补偿请求重新作出处理。

2020 年"回忆版"金题

一、试题（本题系选做题，28 分）

案情：

为进行旧城改造，甲市乙区政府发布了《国有土地上房屋征收公告》，对划定区域内国有土地上的房屋进行征收。为完成征收补偿工作，乙区政府与乙区管委会（甲市政府设立的派出机构）签订了《征收补偿授权协议书》，授权乙区管委会以乙区政府的名义办理征收补偿事务。个体工商户黄某的营业用房位于划定的征收区域内，经资产评估公司评估，该房产评值为 260 万元。据此，黄某与乙区管委会签订了《房屋征收补偿协议》，同时约定，如果发生争议，双方先协商解决，协商不成，任何一方均有权向仲裁机构申请仲裁。

协议签订后不久，黄某认为其营业性用房估值应为 300 万元，政府补偿数额过低，于是向法院提起诉讼，请求确认《房屋征收补偿协议》无效。同时，为了解此次房屋征收补偿的详细情况，黄某向乙区政府申请公开其他被征收人补偿数额的信息，区政府以涉及第三人隐私为由拒绝公开。

材料：

《国有土地上房屋征收与补偿条例》（国务院于 2011 年 1 月 21 日发布，自发布之日起施行）

第二条　为了公共利益的需要，征收国有土地上单位、个人的房屋，应当对被征收房屋所有权人（以下称被征收人）给予公平补偿。

第八条　为了保障国家安全、促进国民经济和社会发展等公共利益的需要，有下列情形之一，确需要征收房屋的，由市、县级人民政府作出房屋征收决定：

（一）国防和外交的需要；

（二）由政府组织实施的能源、交通、水利等基础设施建设的需要；

（三）由政府组织实施的科技、教育、文化、卫生、体育、环境和资源保护、防灾减灾、文物保护、社会福利、市政公用等公共事业的需要；

（四）由政府组织实施的保障性安居工程建设的需要；

（五）由政府依照城乡规划法有关规定组织实施的对危房集中、基础设施落后等地段进行旧城区改建的需要；

（六）法律、行政法规规定的其他公共利益的需要。

第二十九条　房屋征收部门应当依法建立房屋征收补偿档案，并将分户补偿情况在房屋征收范围内向被征收人公布。审计机关应当加强对征收补偿费用管理和使用情况的监督，并公布审计结果。

问题：

1. 如何确定本案的原告？
2. 如何确定本案的被告？
3. 乙区管委会与黄某签订的《房屋征收补偿协议》是否属于行政协议？为什么？
4. 法院认为协议中约定的仲裁条款无效是否正确？为什么？
5. 如何确定黄某提起行政诉讼的期限？为什么？
6. 乙区政府拒绝公开黄某所申请的政府信息是否合法？为什么？

二、答案精讲

1. 如何确定本案的原告？

答案： 依照《行政诉讼法》以及最高法院司法解释的相关规定，本题中的原告应以黄某的营业执照上有无登记字号为根据来确定。有字号的，以营业执照上登记的字号为原告；无字号的，以营业执照上登记的黄某本人为原告。

难度： 中

考点： 行政协议诉讼的原告

命题与解题思路

本题考查行政协议诉讼的原告确定问题。行政协议诉讼是一种新型的行政诉讼案件，最高法院对此类案件的受理与审理单独作出了规定。其中有关条款涉及此类案件原告资格的确定。由于行政协议诉讼的原告是与行政机关发生争议的相对人，因此，《行政诉讼法》以及最高法院的相关司法解释有关原告的规定，也适用于行政协议案件原告的确定。考虑到本题涉及的是个体工商户起诉的情况，需要结合最高法院相关司法解释的有关规定来具体确定原告。本题具有一定难度，需要考生综合行政诉讼法以及最高法院的相关司法解释作出回答。

答案解析：

《行政诉讼法》第 25 条第 1 款规定："行政行为的相对人以及其他与行政行为有利害关系的公民、法人或者其他组织，有权提起诉讼。"据此，常规情况下，只要行政相对人认为行政机关的行政行为侵犯其合法权益，即可具有原告资格，有权提起行政诉讼。就行政协议案件的原告而言，最高法院《行政协议规定》第 4 条第 1 款规定："因行政协议的订立、履行、变更、终止等发生纠纷，公民、法人或者其他组织作为原告，以行政机关为被告提起行政诉讼的，人民法院应当依法受理。"据此，在行政协议案件中，签订协议的行政相对人一方因协议的订立、履行等问题与行政机关发生纠纷，具有向人民法院提起行政诉讼的原告资格。<u>虽然该条并未明确因行政协议无效引发的纠纷，签订协议的相对人依法能否提起行政诉讼，但通过对该条中"等"字作扩张解释，完全可以认为涵盖了此类争议。</u>基于上述分析，本题中，黄某认为其与行政机关签订的《房屋征收补偿协议》无效，有权作为原告提起行政诉讼。

依照《行诉法解释》第 15 条第 2 款的规定，个体工商户向人民法院提起诉讼的，以营业执照上登记的经营者为原告。有字号的，以营业执照上登记的字号为原告，并应当注明该字号经营者的基本信息。据此，本题中的原告需要结合黄某营业执照上的登记情况分别确定：有字号的，以营业执照上登记的字号为原告；无字号的，以营业执照上登记的黄某本人为原告。

2. 如何确定本案的被告？

答案：《房屋征收补偿协议》虽由黄某与乙区管委会签订，但因乙区管委会与乙区政府存在授权委托关系，乙区政府是依法实施征收补偿行为的主体，依照《行政诉讼法》以及最高法院审理行政协议案件司法解释的相关规定，本案的被告为乙区人民政府。

难度：中

考点：行政协议诉讼的被告

> 💡 **命题与解题思路**
>
> 本题考查考生对最高法院司法解释中有关行政协议诉讼案件被告规定的掌握程度。最高法院司法解释对此类案件的被告确定作出了规定，总体而言与常规行政诉讼案件确定被告的规则相同。考生对此类规定应当予以掌握。同时，《行政诉讼法》对委托行政情况下的被告确定也有专门规定，考生需要结合《行政协议规定》以及《行政诉讼法》中有关被告资格的规定作出判断和回答。

答案解析：

《行政诉讼法》第 26 条规定："公民、法人或者其他组织直接向人民法院提起诉讼的，作出行政行为的行政机关是被告。……行政机关委托的组织所作的行政行为，委托的行政机关是被告。……"根据上述规定，相对人不服行政机关的行政行为的，直接以作出该行政行为的行政机关为被告，不服接受行政机关委托的组织作出行政行为的，以委托的行政机关作被告。最高法院《行政协议规定》第 4 条第 2 款进一步规定："因行政机关委托的组织订立的行政协议发生纠纷的，委托的行政机关是被告。"本题中的《房屋征收补偿协议》虽由黄某与乙区管委会签订，但因乙区管委会与乙区政府存在授权委托关系，乙区政府是依法实施征收补偿行为的主体，按照前述《行政诉讼法》与《行政协议规定》的规定，本案被告应当是乙区人民政府。

3. 乙区管委会与黄某签订的《房屋征收补偿协议》是否属于行政协议？为什么？

答案：属于行政协议。本题中，《房屋征收补偿协议》在签订主体、缔约目的、双方合意以及协议内容方面，符合最高法院审理行政协议案件司法解释有关行政协议的界定，该协议应属于行政协议。

难度：中

考点：行政协议的定义与种类

> **命题与解题思路**
>
> 本题考查考生对行政协议的理解。行政协议是区别于传统单方行政行为的特殊行政行为形式，修订后的《行政诉讼法》虽然明确了行政协议争议属于行政诉讼受案范围，但何为行政协议，哪些协议属于行政协议，一直存在争议。为此，最高法院审理行政协议案件的司法解释专门对行政协议作出界定，并列举了典型的行政协议类型。本题旨在考查考生对上述司法解释规定的掌握程度。

答案解析：
《行政协议规定》第1条规定："行政机关为了实现行政管理或者公共服务目标，与公民、法人或者其他组织协商订立的具有行政法上权利义务内容的协议，属于行政诉讼法第十二条第一款第十一项规定的行政协议。"据此，<u>涉案的协议是否属于行政协议，需具备四个要件：(1) 主体要件。订立协议的一方是行政机关或者其他法定授权组织。(2) 合意要件。协议是行政机关或法定授权组织与相对人协商一致的结果。(3) 目的要件。行政协议的订立旨在实现公共利益。(4) 内容要件。协议中包含了公法权利义务的内容。</u>为更好地把握行政协议的范围，《行政协议规定》第2条对典型行政协议类型作出了列举，即：(1) 政府特许经营协议；(2) 土地、房屋等征收征用补偿协议；(3) 矿业权等国有自然资源使用权出让协议；(4) 政府投资的保障性住房的租赁、买卖等协议；(5) 符合本规定第1条规定的政府与社会资本合作协议；(6) 其他行政协议。结合上述规定可知，本题中的《房屋征收补偿协议》属于行政协议。

> 4. 法院认为协议中约定的仲裁条款无效是否正确？为什么？

答案： 正确。依照最高法院《行政协议规定》规定，对于行政协议约定的仲裁条款，人民法院原则上应确认无效。本题中的协议条款符合上述规定，审理法院认为协议中约定仲裁的条款无效是正确的。

难度： 中
考点： 行政协议争议的解决途径

> **命题与解题思路**
>
> 本题考查考生对最高法院司法解释中有关行政协议争议能否适用仲裁规定的掌握程度。行政协议属于公法契约，涉及公共利益的实现，原则上不能采用第三方仲裁的方式。对此最高法院《行政协议规定》已有原则规定。本题旨在考查考生对此规定的掌握程度，难度一般，考生如果熟练掌握最高法院司法解释的规定，回答本题应不存在困难。

答案解析：
对于行政协议争议发生之后，能否采用仲裁方式解决，对此曾经存在争议。目前的一般认识是，<u>行政协议争议涉及公共利益，很难在争议发生之后，将争议的裁决权交予独立的第三方仲裁机构解决，除非有特殊情况</u>。基于此，最高法院《行政协议规定》第26条规定："行政协议约定仲裁条款的，人民法院应当确认该条款无效，但法律、行政法规或者我国缔结、参加的国际条约另有规定的除外。"从本题给定的材料可知，我国目前国有土地上房屋征收补偿领域的立法乃至缔结或参加的国际条约并未就房屋征收补偿协议纠纷能否提交仲裁作出特殊规定，故在本题中，法院确认《房屋征收补偿协议》约定的仲裁条款无效是正确的。

5. 如何确定黄某提起行政诉讼的期限？为什么？

答案：黄某可以随时向法院提起行政诉讼。结合最高法院审理行政协议案件司法解释的规定，以及《民法典》有关合同无效的规定可知，包括行政协议在内的行政行为，只要属于无效行为，便自始无效、当然无效和确定无效，当事人可以在任何时候申请法院确认无效。

难度：难

考点：行政协议无效争议申请司法救济的期限

> 💡 **命题与解题思路**
>
> 本题考查考生对最高法院司法解释中有关行政协议争议发生后申请司法救济期限规定的理解。最高法院《行政协议规定》区分不同协议争议，分别就其申请司法救济的时间作出了规定，但并未就协议无效的起诉适用何种期限作出规定。为此，需要考生结合《民法典》有关无效合同自始无效的规定，来确定该种诉讼案件提请司法救济的期限。本题难度较高，需要考生对无效合同的性质以及其与申请司法救济期限之间的关系有深刻的认知。

答案解析：

最高法院《行政协议规定》第25条规定："公民、法人或者其他组织对行政机关不依法履行、未按照约定履行行政协议提起诉讼的，诉讼时效参照民事法律规范确定；对行政机关变更、解除行政协议等行政行为提起诉讼的，起诉期限依照行政诉讼法及其司法解释确定。"对照上述规定可以认为，本题中，黄某向法院起诉请求确认行政协议无效的情况，不在上述规定调整范围之内。《行政协议规定》第27条规定："人民法院审理行政协议案件，应当适用行政诉讼法的规定；行政诉讼法没有规定的，参照适用民事诉讼法的规定。人民法院审理行政协议案件，可以参照适用民事法律规范关于民事合同的相关规定。"依照该条规定可以认为，由于《行政诉讼法》以及《国有土地上房屋征收补偿规定》等行政法律规范并未就行政协议无效案件申请司法救济的期限作出明确规定，所以需要结合《民法典》有关合同无效的规定来确定原告请求司法救济的期限。《民法典》第155条规定："无效的或者被撤销的民事法律行为自始没有法律约束力。"据此，<u>无效的合同自始无效，当事人可以随时请求法院确认合同无效</u>。参照该规定可知，无效的行政协议同样属于自始无效，本题中，黄某起诉请求确认涉案协议无效，没有明确的起诉期限限制，其随时可以提起诉讼。

6. 乙区政府拒绝公开黄某所申请的政府信息是否合法？为什么？

答案：不合法。依照《国有土地上房屋征收补偿条例》规定，房屋征收分户补偿情况（含补偿数额）属于应当公开事项。即使涉及相关人员的隐私，但按照《政府信息公开条例》有关区分处理后公开相关信息的规定，乙区政府应当在对涉及个人隐私的部分作出适当处理的基础上，向黄某公开分户补偿的相关信息，其以涉及个人隐私为由拒绝公开黄某申请公开的政府信息违法。

难度：中

考点：政府信息公开制度

命题与解题思路

本题考查考生对政府信息公开基本制度的理解和掌握程度。《政府信息公开条例》对政府信息公开的范围作出了明确规定，同时对特殊情况下不宜公开的信息如何处理也作出了规定。本题提供的附加材料中，已经有关于国有土地上房屋征收补偿情况应当公开的规定，其可以辅助考生对乙区政府拒绝公开的行为作出判断。考生需要做的是将《政府信息公开条例》的规定与附加材料的内容适当结合，再得出分析结论。就此而言，本题难度一般。

答案解析：

《国有土地上房屋征收与补偿条例》第29条规定："房屋征收部门应当依法建立房屋征收补偿档案，并将分户补偿情况在房屋征收范围内向被征收人公布。审计机关应当加强对征收补偿费用管理和使用情况的监督，并公布审计结果。"依照本条规定，房屋征收分户补偿的情况属于依法应当公开的事项。本题中，乙区政府决定不予公开不符合上述条例的规定。即使乙区政府认为公开可能涉及第三人的隐私，也不能成为其拒绝公开分户补偿情况的理由。因为《政府信息公开条例》第37条规定："申请公开的信息中含有不应当公开或者不属于政府信息的内容，但是能够作区分处理的，行政机关应当向申请人提供可以公开的政府信息内容，并对不予公开的内容说明理由。"据此，乙区政府完全可在对相关信息作出区分处理的基础上，向黄某公开征收补偿情况，其拒绝公开行为不合法。

2019年"回忆版"金题

一、试题（本题系选做题，27分）

案情：

某建设单位施工完成一项建筑工程后，市公安局消防支队经过抽查验收，认定该工程的消防设备合格，并出具了《建设工程消防验收备案结果通知》。居民李某认为建设单位将消防栓安装在自己家门口，妨碍了其正常出行，于是向法院提起行政诉讼，请求法院依法撤销市公安局消防支队的《建设工程消防验收备案结果通知》，并依法判令报批单位依据国家标准限期整改。

被告市公安局消防支队在一审中辩称，《建设工程消防验收备案结果通知》是按照建设工程消防验收评定标准出具，法律性质属于技术性验收，并非独立、完整的具体行政行为，不具有可诉性，不属于法院的行政诉讼受案范围，请求驳回原告起诉。

一审法院经过审理，认为《建设工程消防验收备案结果通知》属于技术性验收，不具有可诉性，裁定驳回李某的起诉。李某不服，提起上诉。二审法院在审理过程中，市公安局消防支队主动撤销了《建设工程消防验收备案结果通知》，李某向法院申请撤诉。

相关法条：

《中华人民共和国消防法》①（2008年）第四条第一款：国务院公安部门对全国的消防工作实施监督管理。县级以上地方人民政府公安机关对本行政区域内的消防工作实施监督管理，并由本级人民政府公安机关消防机构负责实施。……

公安部《建设工程消防监督管理规定》② 第二十五条：……公安机关消防机构应当在已经备案的消防设计、竣工验收工程中，随机确定检查对象并向社会公告。对确定为检查对象的，公安机关消防机构……按照建设工程消防验收评定标准完成工程检查，制作检查记录。检查结果应当向社会公告，检查不合格的，还应当书面通知建设单位。建设单位收到通知后，应当停止施工或者停止使用，组织整改后向公安机关消防机构申请复查。……

问题：

1. 《建设工程消防验收备案结果通知》的性质是什么？为什么？
2. 李某能否针对《建设工程消防验收备案结果通知》提起行政诉讼？为什么？
3. 二审中李某申请撤诉，法院应当如何处理？如果不同意李某的撤诉申请，法院的审理对象是什么？
4. 市公安局消防支队在二审期间能否撤销《建设工程消防验收备案结果通知》？为什么？
5. 如果建设单位对市公安局消防支队撤销《建设工程消防验收备案结果通知》的行为不服，如何救济？
6. 原告请求法院判决建设单位限期改正，若法院支持该诉求，应作何种判决？

二、答案精讲

1. 《建设工程消防验收备案结果通知》的性质是什么？为什么？

答案：《建设工程消防验收备案结果通知》属于行政确认行为。因为其主体是具有行政主体资格的国家行政机关，其属于行使消防监管职权的行为，其内容系对相对人是否符合法定验收标准的确认，因此，《建设工程消防验收备案结果通知》并非单纯的技术性验收，而是属于行政确认行为。

难度： 中

考点： 具体行政行为的性质界定

> **命题与解题思路**
>
> 本题考查考生对行政确认行为含义的理解。行政确认行为属于具体行政行为的一种形式，与常规的行政许可、行政处罚、行政强制等行为不同，该种行为并不直接处分相对人的权利义务，只是对相对人的法律地位、具有法律意义的事实或者法律关系加以确定、认可或者证明并予以宣告。该种行为在传统行政法学中，并未作为具体行政行为看待。但随着行政法学研究的深入，理论界逐渐认为，行政确认行为也会对相对人行使权

---

① 本法已于2021年修正。根据题意，本题中所引条文均为2008年修订条文。——编者注
② 该规定已于2020年6月1日废止。——编者注

利、履行义务产生影响，符合具体行政行为的一般特征，属于具体行政行为的一种形式。

本题中对《建设工程消防验收备案结果通知》法律性质的提问，主要是考查考生对验收行为法律性质的认识，具有一定的难度。

答案解析：

依照行政法学通说，行政确认行为是指行政主体行使行政职权，针对相对人的法律地位、法律关系和法律事实进行甄别，给予确定、认可、证明并加以宣告的具体行政行为。本题中的《建设工程消防验收备案结果通知》符合行政确认行为的上述含义和特征，性质上属于行政确认行为。

首先，《建设工程消防验收备案结果通知》的主体是具有行政主体资格的国家行政机关。依照《消防法》第4条第1款规定，县级以上地方人民政府公安机关对本行政区域内的消防工作实施监督管理，并由本级人民政府公安机关消防机构负责实施。根据上述规定可知，市公安局消防支队依法享有对消防工作实施监管的职权，具有该领域实施执法检查的主体资格，符合行政确认行为的主体特征。

其次，《建设工程消防验收备案结果通知》的作出属于行使消防监管职权的行为。公安部《建设工程消防监督管理规定》第25条规定，"公安机关消防机构应当在已经备案的消防设计、竣工验收工程中，随机确定检查对象并向社会公告。对确定为检查对象的，公安机关消防机构……按照建设工程消防验收评定标准完成工程检查"。本题中，市公安局消防支队作出《建设工程消防验收备案结果通知》的行为，即是依法对提交备案的建设工程履行验收抽查职责的结果，属于行使消防监管职权的体现，符合行政确认行为的职权行为特征。

最后，《建设工程消防验收备案结果通知》的内容系对相对人是否符合法定验收标准的确认。依照公安部《建设工程消防监督管理规定》第25条的规定，对确定为检查对象的，公安机关消防机构按照建设工程消防验收评定标准完成工程检查，检查结果应当向社会公告。据此，市公安局消防支队依照消防法规和建设工程消防验收评定标准对备案的建设工程进行抽查，实质是对建设单位的建设工程是否符合消防法规和消防验收评定标准这一法律事实的认定。就此而言，《建设工程消防验收备案结果通知》符合行政确认行为依法对相关法律事实加以认定并宣告的行为特征。

综上，《建设工程消防验收备案结果通知》并非单纯的技术性验收，而是属于行政确认行为。

2. 李某能否针对《建设工程消防验收备案结果通知》提起行政诉讼？为什么？

答案：李某能针对《建设工程消防验收备案结果通知》提起行政诉讼。因为：第一，该通知属于行政确认行为，是具体行政行为的一种形式，符合可诉性行政行为的三个特征。第二，该通知客观上构成对李某合法权益的不利影响。因此，李某可以对其提起行政诉讼。

难度：中

考点：行政诉讼受案范围；行政诉讼原告资格

> 💡 **命题与解题思路**
>
> 本题考查考生对行政诉讼受案范围以及原告资格的理解。依照《行政诉讼法》的规定，所有对相对人合法权益造成侵害的行政行为，都可以被提起行政诉讼，纳入行政诉讼受案范围。同时，根据《行政诉讼法》的规定，与被诉行政行为具有利害关系的个人或组织，有权以原告身份对该行政行为提起行政诉讼。考生可以结合以上两方面对本题作出回答。

答案解析：

《行政诉讼法》第2条第1款规定："公民、法人或者其他组织认为行政机关和行政机关工作人员的行政行为侵犯其合法权益，有权依照本法向人民法院提起诉讼。"最高法院《行诉法解释》第1条第1款规定："公民、法人或者其他组织对行政机关及其工作人员的行政行为不服，依法提起诉讼的，属于人民法院行政诉讼的受案范围。"依照上述规定，<u>只要是影响到相对人合法权益的行政行为，不属于《行政诉讼法》和《行诉法解释》排除范围的，都可以纳入行政诉讼受案范围</u>。本题中的《建设工程消防验收备案结果通知》属于行政确认行为，是具体行政行为的一种形式，依照《行政诉讼法》和《行诉法解释》的上述规定，针对该行为提起诉讼属于行政诉讼受案范围。

《行政诉讼法》第25条第1款规定："行政行为的相对人以及其他与行政行为有利害关系的公民、法人或者其他组织，有权提起诉讼。"本题中，《建设工程消防验收备案结果通知》虽没有直接针对李某作出，但其对建设单位建设工程消防设备合格的认定客观上影响了李某对自己房屋的使用权，依据《行政诉讼法》的前述规定，其有权针对《建设工程消防验收备案结果通知》提起行政诉讼。

3. 二审中李某申请撤诉，法院应当如何处理？如果不同意李某的撤诉申请，法院的审理对象是什么？

答案： 法院应当在审查撤诉申请是否合法之后作出裁定。如果不同意李某的撤诉申请，法院继续审理，审理对象有两个，即原审裁定的合法性和被诉《建设工程消防验收备案结果通知》是否合法。

难度： 中

考点： 撤诉制度；行政诉讼二审程序

> 💡 **命题与解题思路**
>
> 本题考查考生对撤诉制度和二审审理对象的理解程度。《行政诉讼法》和《行诉法解释》对撤诉制度作出了较为详细的规定，但对二审期间的撤诉如何处理，并未明确规定。需要结合《行政诉讼法》和《行诉法解释》的规定对本题中的提问作出相应回答。有关二审审理对象的问题，在《行政诉讼法》中有较为明确的规定，但考生通常只重视一审程序的相关规定，而对二审程序的相关规则较为生疏。本题的设计属于不按常理出牌，如果考生对二审程序规定不熟悉，即可能无法正确回答本题。

答案解析：

《行政诉讼法》第62条规定："人民法院对行政案件宣告判决或者裁定前，原告申请撤诉的，或者被告改变其所作的行政行为，原告同意并申请撤诉的，是否准许，由人民法院裁定。"《行诉法解释》第 79 条第 1 款规定："原告或者上诉人申请撤诉，人民法院裁定不予准许的，原告或者上诉人经传票传唤无正当理由拒不到庭，或者未经法庭许可中途退庭的，人民法院可以缺席判决。"结合上述规定可知，<u>撤诉不仅可以发生在一审程序，也可以发生在二审程序。撤诉既可以基于相对人的主动申请，也可以基于行政机关改变其行政行为引发</u>。

《最高人民法院关于行政诉讼撤诉若干问题的规定》（以下简称《撤诉规定》）第 2 条规定："被告改变被诉具体行政行为，原告申请撤诉，符合下列条件的，人民法院应当裁定准许：（一）申请撤诉是当事人真实意思表示；（二）被告改变被诉具体行政行为，不违反法律、法规的禁止性规定，不超越或者放弃职权，不损害公共利益和他人合法权益；（三）被告已经改变或者决定改变被诉具体行政行为，并书面告知人民法院；（四）第三人无异议。"第 8 条第 1 款规定："第二审或者再审期间行政机关改变被诉具体行政行为，当事人申请撤回上诉或者再审申请的，参照本规定。"据此，<u>在二审程序中，上诉人申请撤诉的，人民法院应当对该撤诉申请依法进行审查，审查内容主要包括：第一，上诉人撤诉是否出于真实意思表示；第二，撤诉是否有规避法律、损害国公共利益或他人合法权益；第三，第三人是否没有异议</u>。根据审查结果，人民法院就是否准许撤诉作出裁定。

如果人民法院不同意李某的撤诉申请，将继续就上诉案件进行审理。《行政诉讼法》第 87 条规定："人民法院审理上诉案件，应当对原审人民法院的判决、裁定和被诉行政行为进行全面审查。"本题中，法院的审理对象既包括一审裁定是否合法，也包括《建设工程消防验收备案结果通知》是否合法。

4. 市公安局消防支队在二审期间能否撤销《建设工程消防验收备案结果通知》？为什么？

答案：市公安消防支队在二审期间可以撤销《建设工程消防验收备案结果通知》。根据《撤诉规定》第 8 条规定，第二审或者再审期间行政机关改变被诉具体行政行为，当事人申请撤回上诉或者再审申请的，可参照该规定。

难度：中

考点：行政诉讼审理程序

> 💡 命题与解题思路
>
> 本题考查考生对案件审理期间被告能否改变其行政行为相关规定的掌握程度。《行政诉讼法》对诉讼期间被告改变其行政行为从而引起原告撤诉作出了规定，但从文字上看是限定在一审期间，二审期间行政机关能否改变其行政行为并未明确规定。这本身需要考生对立法的规定有深刻的理解。《撤诉规定》对此问题作出了规定，如果考生没有认真复习，极容易出现判断困难和判断错误。解答本题，需要考生对《行政诉讼法》的规定有深刻理解，同时注意最高法院相关司法解释的细节性规定。

答案解析：

《行政诉讼法》第 62 条规定："人民法院对行政案件宣告判决或者裁定前，原告申请撤诉的，或者被告改变其所作的行政行为，原告同意并申请撤诉的，是否准许，由人民法院裁定。"从该条规定看（"原告""被告"的表述方式），改变被诉行政行为仅限于一审阶段。由此提出一个问题，二审期间一审被告还能否改变其作出的行政行为？对此，1991 年《最高人民法院关于贯彻执行〈中华人民共和国行政诉讼法〉若干问题的意见（试行）》第 76 条曾经规定，在第二审程序中，行政机关不得改变其原具体行政行为。上诉人如因行政机关改变其原具体行政行为而申请撤回上诉的，人民法院不予准许。其理由是，如果允许改变，则一审裁判的效力不好处理。不过，2008 年实施的最高法院《撤诉规定》对此作出了不同规定，该解释第 8 条规定："第二审或者再审期间行政机关改变被诉具体行政行为，当事人申请撤回上诉或者再审申请的，参照本规定。准许撤回上诉或者再审申请的裁定可以载明行政机关改变被诉具体行政行为的主要内容及履行情况，并可以根据案件具体情况，在裁定理由中明确被诉具体行政行为或者原裁判全部或者部分不再执行。"其理由是，行政机关改变被诉具体行政行为后原告申请撤诉，一般发生在第一审诉讼期间，但在第二审和再审期间也可能出现，如果片面强调判决的既判力和稳定性而不允许撤诉，不利于实现化解行政争议、妥善解决纠纷的目的。基于此可知，二审期间，本题中的市公安消防支队有权撤销其作出的《建设工程消防验收备案结果通知》。

5. 如果建设单位对市公安局消防支队撤销《建设工程消防验收备案结果通知》的行为不服，如何救济？

答案：建设单位有权针对该撤销行为向法院提起行政诉讼。
难度：难
考点：具体行政行为的定义；行政诉讼原告

> 💡 **命题与解题思路**
>
> 本题考查考生对具体行政行为的理解，附带考查行政诉讼原告范围的相关情形。具体行政行为有多种不同的表现形式，可以是第一次处理，也可以是对第一次处理的纠正。本题的设问即反映出此种特殊情况。同时，本题的设问还涉及对于行政机关改变其行政行为不服的利害关系人的原告范围问题。如果考生对具体行政行为的含义理解有误，或者对《行诉法解释》有关原告范围的规定情形记忆不深刻，即容易作出错误判断。

答案解析：

具体行政行为是指行政机关依法行使职权，针对具体相对人或者就具体事件作出的一次性处理行为，该行为既可以作出于行政事件发生之初，比如本题中市公安局消防支队验收抽查之后发出的抽查合格通知，也可以作出于行政机关对其先前作出的决定在发现违法时的主动纠错，比如本题中的市公安局消防支队撤销其《建设工程消防验收备案结果通知》。无论是第一次发出该通知，还是第二次撤销该通知，都是该机构针对特定对象就特定事件作出的处理，都属于具体行政行为。

《行政诉讼法》第 2 条第 1 款规定："公民、法人或者其他组织认为行政机关和行政机关工作人员的行政行为侵犯其合法权益，有权依照本法向人民法院提起诉讼。"据此，相对人只要认为其合法权益受到行政行为侵犯，即可以提起行政诉讼。《行政诉讼法》第 25 条第 1 款规定："行政行为的相对人以及其他与行政行为有利害关系的公民、法人或者其他组织，有权提起诉讼。"《行诉法解释》第 12 条规定："有下列情形之一的，属于行政诉讼法第二十五条第一款规定的'与行政行为有利害关系'：……（四）撤销或者变更行政行为涉及其合法权益的；……"根据上述规定，本题中，建设单位因公安消防支队撤销其验收抽查合格的决定而权益受到影响，其属于认为"撤销或者变更行政行为涉及其合法权益的"利害关系人，有权针对该撤销行为提起行政诉讼。

6. 原告请求法院判决建设单位限期改正，若法院支持该诉求，应作何种判决？

答案： 法院应当在判决撤销市公安局消防支队的《建设工程消防验收备案结果通知》的同时，判决其重新作出行政行为。

难度： 中

考点： 撤销判决的适用

命题与解题思路

本题考查考生对行政权和司法权关系的理解。行政诉讼原则上奉行合法性审查原则，对于违法的行政行为，人民法院依法判决撤销，并可以要求行政机关重新作出行政行为。对于涉及行政机关权限范围内的事务，原则上人民法院应当尊重行政机关的第一次判断权，即由行政机关行使其行政职权依法作出处理，法院不能积极介入，替代行政机关作出决定。正确回答本题，需要考生对撤销判决如何适用以及司法权与行政权的关系有深刻的认识。

答案解析：

本题中，原告李某提出两项诉讼请求，一是请求撤销市公安局消防支队作出的《建设工程消防验收备案结果通知》，二是判决建设单位限期改正。第一项诉求针对的是市公安局消防支队的积极作为行为，成立的是撤销诉讼。人民法院应当根据合法性审查原则，从管辖权限、事实认定、执法程序、执法内容等多个方面进行全面合法审查。如果认为该通知违法，即依法判决撤销，以对原告的第一项诉求有所回应。

原告李某提出的第二项诉求是请求法院判决建设单位限期改正，该诉求即使能够得到支持，人民法院也不能通过判决的方式责令建设单位改正。其理由是，依照公安部《建设工程消防监督管理规定》第25条规定，公安机关消防机构负责验收抽查，不合格的，由该机构书面通知建设单位，建设单位收到通知后，应当停止施工或者停止使用，组织整改后向公安机关消防机构申请复查。根据上述规定可知，<u>责令建设单位限期改正依法属于市公安消防支队的职权范围，人民法院直接在其判决中判令作为验收抽查对象的建设单位改正违法行为，等于代替行政机关作出处理决定，逾越了司法权的界限</u>。正确的做法应当是，在指出建设单位存在不符合验收标准的情况下，判决撤销《建设工程消防验收备案结果通知》，同时判令市公安局消防支队针对建设单位的情况重新作出处理。

2018 年 "回忆版" 金题

一、试题 （本题系选做题，28分）

案情：

王某违法建房，市国土资源局向其发出《立即停止违法建房行为的通知》，责令停止违法行为。王某不从，继续修建。市建设规划局经过调查，向王某发出《责令限期拆除违法建筑通知书》，告知王某其建筑违法，限期三日内拆除，王某依然不从。

市建设规划局作出强制拆除的决定，并委托城管大队实施强拆。城管大队通知基层组织镇政府、镇管委会到场，组织人员用铲车直接推倒房屋，未对王某房内的物品进行登记和妥善处理，导致王某财产损毁。王某以强拆行为违法为由，向市建设规划局、城管大队、镇政府、镇管委会提出赔偿申请，上述机关未予回复。王某遂以上述机关为被告，向法院提起行政赔偿诉讼。

问题：

1. 市建设规划局责令王某限期拆除的行为是什么性质？
2. 王某起诉的被告是否正确？为什么？
3. 被告实施的强拆行为是否违法？为什么？
4. 王某提起本案诉讼的期限是多长时间？为什么？
5. 若在一审开庭时，行政机关的负责人没有出庭应诉，而是委托城管大队的相关工作人员和律师出庭，法庭是否应予准许？为什么？
6. 王某请求损失赔偿的举证责任如何分配？

二、答案精讲

1. 市建设规划局责令王某限期拆除的行为是什么性质？

答案： 市建设规划局责令王某限期拆除的行为属于行政命令行为。

难度： 中

考点： 责令行为的法律性质

命题与解题思路

本题考查责令行为的法律性质。在实践中，对行政机关的责令行为究竟属于何种性质，历来存在较大争议。同为责令行为，基于具体案件情况的不同，其法律性质却可能存在差异。本题的设置即在于考查考生结合具体案件区分责令行为法律属性的能力，要求考生具备较为深厚的理论功底。

答案解析：

本题中，市建设规划局基于王某违章建房，依法作出责令限期拆除违法建筑的行为，该责令行为属于行政命令行为。其理由是：第一，责令限期拆除为违法行为人王某设定了一种作为义务，符合行政命令的根本特征——为相对人设定作为或不作为义务。第二，责令限期拆除非基于特殊紧急情况，作出于执法程序的终点，不属于行政强制措施。市建设规划局作出的责令限期拆除决定是在充分调查取证之后，对王某违法行为作出的最终处理。不针对特殊紧急情况，不具有暂时性和直接强制性，不属于行政强制措施。第三，责令限期拆除不属于行政处罚行为。市建设规划局责令限期拆除的目的在于将王某的违法行为造成的后果恢复到违法前的状态，具有限令违法行为人纠正违法行为的性质，未给王某造成新的财产损失，不同于科以新的不利影响的行政处罚。

2. 王某起诉的被告是否正确？为什么？

答案： 王某起诉的被告不正确。依照最高人民法院《关于正确确定县级以上地方人民政府行政诉讼被告资格若干问题的规定》第 2 条的规定，当事人不服强制拆除行为提起诉讼，法院应当根据《行政诉讼法》第 26 条第 1 款的规定，以作出强制拆除决定的行政机关为被告。本题中，市建设规划局是强拆决定作出主体，应当将其列为被告。城管大队受委托实施拆除，不能列为被告。镇政府、镇管委会到达执行现场属于到场见证，不能列为本案被告。

难度：中

考点：行政诉讼被告的确定

> 💡 **命题与解题思路**
>
> 本题考查城乡规划领域强制拆除行为行政诉讼被告的确定。《城乡规划法》第 68 条规定的"责成有关部门实施强制拆除违法建筑"因没有明确实施细则，对于如何理解"责成"的含义，以及被责成部门是否为强制拆除等措施的实施主体，实践中存在较大分歧。为此，最高法院发布《关于正确确定县级以上地方人民政府行政诉讼被告资格若干问题的规定》，对此问题进一步加以明确。本题的设计即在于考查考生对上述规定内容的掌握情况。

答案解析：

依照《城乡规划法》第 68 条规定，城乡规划主管部门作出责令停止建设或者限期拆除的决定后，当事人不停止建设或者逾期不拆除的，建设工程所在地县级以上地方人民政府可以责成有关部门采取查封施工现场、强制拆除等措施。实践中，如何理解"责成"的含义，以及实施强拆行为的被告问题，常常存在争议。为消除分歧，最高法院《关于正确确定县级以上地方人民政府行政诉讼被告资格若干问题的规定》第 2 条规定："县级以上地方人民政府根据城乡规划法的规定，责成有关职能部门对违法建筑实施强制拆除，公民、法人或者其他组织不服强制拆除行为提起诉讼，人民法院应当根据行政诉讼法第二十六条第一款的规定，以作出强制拆除决定的行政机关为被告；没有强制拆除决定书的，以具体实施强制拆除行为的职能部门为被告。"本题中，作出强拆决定的是市建设规划局，依法应当由其作为行政诉讼被告。城管大队接受实施拆除，其法律责任由市建设规划局承担，不列为被告。从本题叙述可以认为，镇政府、镇管委会虽然在接到城管大队通知后到达执行现场，但并未参与实际执行活动，而是属于到场见证，不是强拆行为的责任主体，不能列为本案被告。

3. 被告实施的强拆行为是否违法？为什么？

答案：被告实施的强拆行为违法，理由是该强制拆除行为不符合《行政强制法》有关行政强制执行程序的相关规定。

难度：易

考点：行政强制执行程序

> 💡 **命题与解题思路**
>
> 本题考查考生对行政机关自行强制执行程序规定的掌握情况，尤其是《行政强制法》规定的违法建筑物强制拆除遵循的特殊程序规定。《行政强制法》对行政机关自力执行的程序作出了非常详细的规定，同时，还对违法建筑物的拆除作出了专门规定。考生如果对上述立法规定掌握不牢固，即可能作出错误回答。

答案解析：

依照《行政强制法》第34条至第38条以及第44条的规定，被告实施的强拆行为须遵守以下程序：(1) 发布公告，限期王某自行拆除。(2) 王某在法定期限内不申请行政复议或者提起行政诉讼，又不拆除的，方可实施强制拆除。(3) 作出强制执行决定前，应事先书面催告王某履行义务。催告书应载明下列事项：履行义务的期限；履行义务的方式；当事人依法享有的陈述权和申辩权。(4) 听取王某的陈述和申辩，并进行记录、复核。(5) 经催告，王某逾期仍不履行执行拆除决定，且无正当理由的，作出强制执行决定。(6) 送达行政强制执行决定书，并实施强制拆除。同时，参照《民事诉讼法》第257条的规定，具体实施强制拆除时，还要履行以下义务：通知王某到场，通知房屋所在地的基层组织——本案中的镇政府、镇管委会派人参加。执行人员应制作强制执行笔录，由在场人签名或者盖章。强拆房屋时，应对屋内财物进行登记，并派人运至指定处所，交给王某。对照上述规定可知，被告实施强拆时，并未严格按照上述规定操作，其强制执行行为违法。

4. 王某提起本案诉讼的期限是多长时间？为什么？

答案： 3个月。依照《国家赔偿法》第9、13、14条的规定，在王某向行政机关申请赔偿无果的情况下，其向法院提起行政赔偿诉讼的起诉期限应为3个月。

难度： 中
考点： 行政赔偿诉讼期限

> 💡 **命题与解题思路**
>
> 本题考查考生对行政赔偿程序相关规定的掌握程度。《行政诉讼法》规定的起诉期限与《国家赔偿法》对行政侵权行为提起行政赔偿诉讼的起诉期限有所不同。考生如果对此没有明确的认识，即可能按照《行政诉讼法》规定的起诉期限作答，由此导致答题错误。

答案解析：

《国家赔偿法》第9条规定："赔偿义务机关有本法第三条、第四条规定情形之一的，应当给予赔偿。赔偿请求人要求赔偿，应当先向赔偿义务机关提出，也可以在申请行政复议或者提起行政诉讼时一并提出。"第13条规定："赔偿义务机关应当自收到申请之日起两个月内，作出是否赔偿的决定。……"第14条规定："赔偿义务机关在规定期限内未作出是否赔偿的决定，赔偿请求人可以自期限届满之日起三个月内，向人民法院提起诉讼。赔偿请求人对赔偿的方式、项目、数额有异议的，或者赔偿义务机关作出不予赔偿决定的，赔偿请求人可以自赔偿义务机关作出赔偿或者不予赔偿决定之日起三个月内，向人民法院提起诉讼。"依照上述规定，本题中，王某在申请行政机关赔偿未获答复的情况下，可依法在答复期限届满之日起3个月内向人民法院提起诉讼。

5. 若在一审开庭时，行政机关的负责人没有出庭应诉，而是委托城管大队的相关工作人员和律师出庭，法庭是否应予准许？为什么？

答案： 法庭可以准许。依照《行政诉讼法》和最高法院《关于行政机关负责人出庭应诉若干问题的规定》，被诉行政机关负责人不能出庭的，接受行政机关委托行使行政职权的组织或者下级行政机关的工作人员，可以视为行政机关相应的工作人员，可以接受行政机关负责人委托与相关律师出庭应诉。

难度：难

考点：行政机关负责人出庭应诉制度

> 💡 **命题与解题思路**
>
> 本题考查考生对行政机关负责人出庭应诉规定的掌握程度。《行政诉讼法》及其司法解释对行政机关负责人出庭应诉作出了详细规定，明确规定了负责人出庭应诉义务，以及不能出庭情况下应当遵循的法定程序，并就负责人拒绝出庭应诉以及不符合法定程序委托相关人员出庭应诉规定了惩戒措施。本题的设计即围绕上述规定内容展开。

答案解析：

依照《行政诉讼法》第3条第3款规定，被诉行政机关负责人应当出庭应诉。不能出庭的，应当委托行政机关相应的工作人员出庭。最高法院《行诉法解释》第128条进一步规定："……行政机关负责人不能出庭的，应当委托行政机关相应的工作人员出庭，不得仅委托律师出庭。"依照该解释第130条规定，"行政机关相应的工作人员"包括该行政机关具有国家行政编制身份的工作人员以及其他依法履行公职的人员。不过，最高法院《关于行政机关负责人出庭应诉若干问题的规定》第10条作出了以下规定："行政诉讼法第三条第三款规定的相应的工作人员，是指被诉行政机关中具体行使行政职权的工作人员。行政机关委托行使行政职权的组织或者下级行政机关的工作人员，可以视为行政机关相应的工作人员。人民法院应当参照本规定第六条第二款的规定，对行政机关相应的工作人员的身份证明进行审查。"据此，接受行政机关委托行使职权的组织或者下级行政机关的工作人员，也可视为行政机关的相应工作人员，可以代表行政机关负责人出庭应诉。本题中，被诉行政机关的负责人应当出庭应诉；不能出庭时，可以委托城管大队的工作人员出庭以及相关律师出庭。

---

6. 王某请求损失赔偿的举证责任如何分配？

答案：王某请求被告赔偿其损失，应当举证证明被告的违法行为给其造成损失的情况。因执行人员在强拆过程中未对王某屋内的物品进行登记和妥善处理，造成王某无法证明相关损失的，应由被告就王某的损害承担举证责任。必要时还需要进行鉴定。因客观原因无法鉴定的，由法官结合本案的情况，酌情确定赔偿数额。

难度：中

考点：行政赔偿诉讼举证责任分配

> 💡 **命题与解题思路**
>
> 本题考查行政赔偿诉讼案件中举证责任的特殊分配规则。《行政诉讼法》及其司法解释对行政赔偿案件的举证责任分配作出了专门规定。尤其是因被告原因导致原告无法完成举证义务的，明确规定由被告承担举证责任。本题的设计即在于考查考生对上述规定的把握程度。

答案解析：

对于行政赔偿案件的举证责任分配问题，依照《行政诉讼法》第38条第2款以及《最高人民法院关于审理行政赔偿案件若干问题的规定》的规定，遵循以下规则：(1) 在行政赔偿案件中，原告应当对行政行为造成的损害提供证据。被告有权提供不予赔偿或者减少赔偿数额方面的证据。(2) 因被告的原因导致原告无法举证的，由被告承担举证责任。据此，王某请求被告赔偿其损失，需要就被告的违法强拆行为造成的损害情况承担举证责任，被告如果对其举证有异议，需要提供不予赔偿或减少赔偿数额的证据。

本案的特殊情况在于，由于被告在实施强拆的过程中，并未依法对王某房内的物品进行登记和妥善处理，由此可能造成王某无法完成举证责任。对此，需要按照《行政诉讼法》第38条第2款以及最高法院《行诉法解释》第47条的规定，确定本案的举证责任。即：因被告的原因导致王某无法就损害情况举证的，应当由被告就该损害情况承担举证责任。对于双方当事人主张损失的价值无法认定的，应当由负有举证责任的一方当事人申请鉴定。在王某的损失因客观原因无法鉴定时，法院应结合王某的主张和在案证据，遵循法官职业道德，运用逻辑推理和生活经验、生活常识等，酌情确定赔偿数额。

2017 年真题

一、试题（本题23分）

案情：

某省盐业公司从外省盐厂购进300吨工业盐运回本地，当地市盐务管理局认为购进工业盐的行为涉嫌违法，遂对该批工业盐予以先行登记保存，并将《先行登记保存通知书》送达该公司。其后，市盐务管理局经听证、集体讨论后，认定该公司未办理工业盐准运证从省外购进工业盐，违反了省政府制定的《盐业管理办法》第20条，决定没收该公司违法购进的工业盐，并处罚款15万元。公司不服处罚决定，向市政府申请行政复议。市政府维持市盐务管理局的处罚决定。公司不服向法院起诉。

材料一：

1.《盐业管理条例》（国务院1990年3月2日第51号令发布，自发布之日起施行）

第24条　运输部门应当将盐列为重要运输物资，对食用盐和指令性计划的纯碱、烧碱用盐的运输应当重点保证。

2.《盐业管理办法》（2003年6月29日省人民政府发布，2009年3月20日修正）

第20条　盐的运销站发运盐产品实行准运证制度。在途及运输期间必须货、单、证同行。无单、无证的，运输部门不得承运，购盐单位不得入库。

材料二： 2016年4月22日，国务院发布的《盐业体制改革方案》指出，要推进盐业体制改革，实现盐业资源有效配置，进一步释放市场活力，取消食盐产销区域限制。要改革食盐生产批发区域限制。取消食盐定点生产企业只能销售给指定批发企业的规定，允许生产企业进入流通和销售领域，自主确定生产销售数量并建立销售渠道，以自有品牌开展跨区域经营，实现产销一体，或者委托有食盐批发资质的企业代理销售。要改革工业盐运销管理。取消各地自行设立的两碱工业盐备案制和准运证制度，取消对小工业盐及盐产品进入市场的各类限制，放开小工业盐及盐产品市场和价格。

材料三： 2017年6月13日，李克强总理在全国深化简政放权放管结合优化服务改革电视电话会议上的讲话强调，我们推动的"放管服"改革、转变政府职能是一个系统的整体，首先要在"放"上下更大功夫，进一步做好简政放权的"减法"，又要在创新政府管理上破难题，善于做加强监管的"加法"和优化服务的"乘法"。如果说做好简化行政审批、减税降费等"减法"是革自己的命，是壮士断腕，那么做好强监管"加法"和优服务"乘法"，也是啃政府职能转变的"硬骨头"。放宽市场准入，可以促进公平竞争、防止垄断，也能为更好的"管"和更优的"服"创造条件。

问题：

（一）请根据案情、材料一和相关法律规定，回答下列问题：

1. 请简答行政机关适用先行登记保存的条件和程序。
2. 《行政处罚法》对市盐务管理局举行听证的主持人的要求是什么？
3. 市盐务管理局以某公司未办理工业盐准运证从省外购进工业盐构成违法的理由是否成立？为什么？
4. 如何确定本案的被告？为什么？

（二）请基于案情，结合材料二、材料三和相关法律作答（要求观点明确，说理充分，文字通畅，字数不少于400字）：

谈谈深化简政放权放管结合优质服务改革，对推进政府职能转变，建设法治政府的意义。

二、答案精讲

（一）请根据案情、材料一和相关法律规定，回答下列问题：

1. 请简答行政机关适用先行登记保存的条件和程序。

答案： 根据《行政处罚法》规定，行政机关在证据可能灭失或者以后难以取得的情况下，经行政机关负责人批准，可以先行登记保存，并应当在7日内及时作出处理决定。

难度： 易

考点： 行政处罚的程序；行政强制措施实施程序

> 💡 **命题与解题思路**
>
> 本题为问答题，要求学生根据交代的案情，对行政机关实施的先行登记保存行为的条件和程序进行简要说明。我们以为，虽然本案最终作出的行政行为是处罚行为，《行政处罚法》也对行政处罚实施过程中的先行登记保存适用条件作出了规定，但对其程序的规定相对简单。从先行登记保存的法律性质上来说，学界一般认为其属于行政强制措施。因此，如题目要求具体而完整地解答相关程序，还有必要考虑将《行政强制法》有关行政强制措施的一般程序规定一并列出。

答案解析：

综合《行政处罚法》和《行政强制法》的规定，可以考虑做以下回答：第一，先行登记保存适用的条件。根据《行政处罚法》第56条的规定，行政机关在证据可能灭失或者以后难以取得的情况下，经行政机关负责人批准，可以先行登记保存。第二，先行登记保存适用的程序。因先行登记保存针对的是相对人的财产权，其实施需要遵守《行政强制法》第18条规定的行政强制措施的一般程序。具体要求如下：（1）实施前须向行政机关负责人报告并经批准；（2）由两名以上行政执法人员实施；（3）出示执法身份证件；（4）通知当事人到场；（5）当场告知当事人采取行政强制措施的理由、依据以及当事人依法享有的权利、救济途径；（6）听取当事人的陈述和申辩；（7）制作现场笔录；（8）现场笔录由当事人和行政执法人员签名或者盖章，当事人拒绝的，在笔录中予以注明；（9）当事人不到场的，邀请见证人到场，由见证人和行政执法人员在现场笔录上签名或者盖章；（10）7日内及时作出处理决定。

2. 《行政处罚法》对市盐务管理局举行听证的主持人的要求是什么？

答案：听证由市盐务管理局指定的非本案调查人员主持；当事人认为主持人与本案有直接利害关系的，有权申请回避。

难度：易

考点：行政处罚的决定程序

> **命题与解题思路**
>
> 本题考查《行政处罚法》对处罚听证主持人的相关规定，内容涉及担任主持人的条件以及当事人对听证主持人申请回避的权利。由于立法规定的内容相对简单，考生回答的内容也比较简单。由于《行政处罚法》有关听证程序的规定是考生重点复习的部分，因此，本题从某种意义上说，依然是一道送分题。

答案解析：

依照《行政处罚法》第64条第4项规定，听证由行政机关指定的非本案调查人员主持；当事人认为主持人与本案有直接利害关系的，有权申请回避。

3. 市盐务管理局以某公司未办理工业盐准运证从省外购进工业盐构成违法的理由是否成立？为什么？

答案：不成立。根据《行政许可法》第16条规定，<u>在已经制定法律、行政法规的情况下，地方政府规章只能在法律、行政法规设定的行政许可事项范围内对实施该行政许可作出具体规定，不能设定新的行政许可</u>。法律及国务院《盐业管理条例》没有设定工业盐准运证这一行政许可，地方政府规章不能设定工业盐准运证制度。故，市盐务管理局认定某公司未办理工业盐准运证从省外购进工业盐构成违法的理由不成立。

难度：中

考点：行政许可的设定（设定权限和形式）

> **命题与解题思路**
>
> 本题综合考查以下内容：第一，行政规章的行政许可设定权限；第二，上位法与下位法的关系以及上位法的溯及效力。本题中，行政机关认定当事人存在违法行为的依据是省政府的行政规章，该规章发布于《行政许可法》实施之前，由于当时并没有明确的许可设定权的规定，其设定的工业盐运输许可制度不好判断为违法。但在《行政许可法》实施之后，立法明确规定，尚未制定法律、行政法规和地方性法规的，因行政管理的需要，省政府可以制定规章设定临时行政许可。该法同时规定，该法实施前已经制定的有

关行政许可的规定，需要由制定机关依据新法予以清理；不符合本法规定的，自本法施行之日起停止执行。由此，明确了对此前已设定的行政许可制度具有溯及效力。因此，在新法实施之后，省政府需要及时评估规章的内容，在认定规章没有上位法根据，且国务院已明确取消工业盐运输许可制度的情况下，立即停止规章的执行。行政执法机关在执法过程中，发现规章存在违反法律规定的情况下，也应当通过法定程序报请批准停止执行规章的规定，不再将其作为行政执法的依据。

答案解析：

在本案中，市盐务管理局认定某公司未办理工业盐准运证从省外购进工业盐的行为违法，其依据的是省人民政府2003年制定的《盐业管理办法》第20条，该办法属于地方政府规章，并且设立了工业盐运输的许可制度，而作为其上位法的国务院的《盐业管理条例》并未规定工业盐运输实行许可制度。2004年7月1日起实施的《行政许可法》第15条规定，尚未制定法律、行政法规和地方性法规的，因行政管理的需要，确需立即实施行政许可的，省、自治区、直辖市人民政府规章可以设定临时性的行政许可。临时性的行政许可实施满1年需要继续实施的，应当提请本级人民代表大会及其常务委员会制定地方性法规。据此，省级人民政府规章今后只能设定临时行政许可。《行政许可法》第83条第2款同时规定，本法施行前有关行政许可的规定，制定机关应当依照本法规定予以清理；不符合本法规定的，自本法施行之日起停止执行。据此，省政府规章设定的工业盐准运许可需要根据新法进行重新评估。2016年4月22日，国务院发布的《盐业体制改革方案》明确取消工业盐准运证制度，据此，省政府2003年制定的《盐业管理办法》完全失去合法性基础，不能再作为执法依据适用，市盐务管理局认定某公司未办理工业盐准运证从省外购进工业盐构成违法的理由不成立。

难点解析： 本题解答涉及法律规范性质、效力等级、法律效力冲突的解决方式等知识的运用。考生首先需要判断本案被告的执法依据是何种性质的规范性文件；其次需要确定该执法依据与上位法规定是否存在冲突；再次需要根据《行政许可法》有关新旧法之间效力冲突的处理规则，来判断被告的执法依据能否继续执行。本题中，作为行政法规的《盐业管理条例》未设定工业盐运输许可，作为下位法的省政府规章《盐业管理办法》设定了工业盐运输许可，在《行政许可法》之前，对二者之间的不一致如何处理未作明确规定。《行政许可法》实施后，依照该法规定，只有在尚未制定法律、行政法规、地方性法规的情况下，省政府为实施行政管理需要才可以通过制定规章设定临时性的行政许可。换言之，在已经制定上位法的情况下，省政府规章不能创设新的行政许可。据此而言，省政府的《盐业管理办法》存在违反上位法规定的问题。而依照《行政许可法》规定，该法施行前有关行政许可的规定，不符合该法规定的，自新法施行之日起停止执行。据此，省政府的《盐业管理办法》不能继续适用。

4. 如何确定本案的被告？为什么？

答案： 市盐务管理局和市人民政府为共同被告。理由：依照《行政诉讼法》第26条第2款规定，经复议的案件，复议机关决定维持原行政行为的，作出原行政行为的行政机关和复议机关是共同被告；复议机关改变原行政行为的，复议机关是被告。

难度： 易

考点： 行政诉讼的被告（行政复议案件）

> **命题与解题思路**
>
> 本题考查的是行政诉讼被告制度，具体讲，是复议维持情况下的行政诉讼被告的确定。在复议维持情况下，由原行政行为作出机关和复议机关作为共同被告是修订后的《行政诉讼法》的新规定，考生在复习过程中当然是作为重点内容备考的，因此，此题并无任何难度，是一道送分题。

答案解析：本题中，盐业公司不服处罚决定，向市政府申请行政复议，市政府作出了维持决定。盐业公司不服，向法院起诉。此案案情完全符合《行政诉讼法》第 26 条第 2 款有关复议维持情况下，被告如何确定的规定，因此，应当确定市盐务管理局和市人民政府作为共同被告。

（二）请基于案情，结合材料二、材料三和相关法律作答（要求观点明确，说理充分，文字通畅，字数不少于 400 字）：

> 谈谈深化简政放权放管结合优质服务改革，对推进政府职能转变，建设法治政府的意义。

答案：深化简政放权放管结合优质服务改革，对于转变政府职能、推进法治政府建设具有以下意义：

第一，深化简政放权改革旨在重新调整政府的职能，从正确处理政府与市场关系、释放市场活力角度出发，政府要放松对市场活动的事前干预，将职能定位在事中事后的监管和服务。国务院发布的《盐业体制改革方案》提出的取消各地自行设立的两碱工业盐备案制和准运证制度，取消对小工业盐及盐产品进入市场的各类限制，放开小工业盐及盐产品市场和价格等要求，即是政府从盐业领域事前监管撤出的表现，标志着政府职能的转移，有利于科学合理分配政府对盐业领域监管的职能，建立职能科学、权责进一步明确的法治政府。

第二，深化放管结合改革，是在强调政府虽然放开了市场的事前监管，但并非完全退出市场监管，而是要加强后续的市场监管，对在市场经济活动中违法经营、垄断经营等扰乱市场秩序的行为，政府要有力行使监管职能，净化市场竞争秩序，维持公平竞争的市场环境。为此，政府要不断创新监管机制和监管方式，通过实行综合监管和执法、推广随机监管、推行"智能"监管、加强社会监督等多种形式，提升政府市场监管水平，建设责任政府。

第三，深化提供优质服务改革，旨在强调政府为市场主体从事市场活动提供优质高效服务的职能。要通过加强政策支持，提供平台综合服务和便捷高效服务等措施，为公众创新创业提供便利；要更多地增加公共产品和公共服务供给，提供充裕的公共服务，增强公共服务的公平性和可及性；要建立覆盖全民的社会保障制度，保障好困难群众的基本生活，解决市场主体参与市场竞争的后顾之忧，由此建立起公开公正、廉洁高效的政府。

难度：中
考点：行政法原理与应用

> **命题与解题思路**
>
> 本题为开放性问题，无统一答案。解答本题，首先需要考生明确法治政府建设包含的基本内容和要求，如职能科学、权责法定、执法严明、公开公正、廉洁高效、守法诚信等。其次需要考生分析材料二和材料三的内容，材料二是盐业监管领域简政放权的具体事例，材

料三则是中央层面对深化简政放权放管结合优化服务改革三者关系的说明，即简政放权是在做"减法"，创新政府管理、加强监管是在做"加法"，优化服务是在做"乘法"。放权是政府职能转变的基础和条件，加强后续监管和优化政府服务是对政府职能提出的更高要求。

答案解析：

考生可以从以下思路对深化简政放权放管结合优质服务改革，对于转变政府职能、推进法治政府建设的意义作出概括：第一，深化简政放权改革是对政府职能的重新调整，强调减少政府对市场过多的事前干预，使政府职能配置趋于科学合理，有利于建设职能科学、权责法定政府。第二，深化放管结合改革，是在放开市场事前监管的基础上，强调提升政府对市场活动的后续监管职能。要通过创新监管机制和监管方式，提高监管效能等措施，实现权责法定、权责统一要求，建设责任政府。第三，深化提供优质服务改革，旨在强调政府要更多地承担对市场主体提供优质高效服务的职能。政府要更多地履行扶持市场主体创业、增加公共产品和公共服务供给、保障市场主体基本生活等公共服务职能。既要努力提供充裕的公共服务，同时也需要增强公共服务的公平性和可及性，最终建立起公开公正、廉洁高效政府。

2016 年真题

一、试题 （本题24分）

材料一（案情）： 孙某与村委会达成在该村采砂的协议，期限为5年。孙某向甲市乙县国土资源局申请采矿许可，该局向孙某发放采矿许可证，载明采矿的有效期为2年，至2015年10月20日止。

2015年10月15日，乙县国土资源局通知孙某，根据甲市国土资源局日前发布的《严禁在自然保护区采砂的规定》，采矿许可证到期后不再延续，被许可人应立即停止采砂行为，撤回采砂设施和设备。

孙某以与村委会协议未到期、投资未收回为由继续开采，并于2015年10月28日向乙县国土资源局申请延续采矿许可证的有效期。该局通知其许可证已失效，无法续期。

2015年11月20日，乙县国土资源局接到举报，得知孙某仍在采砂，以孙某未经批准非法采砂，违反《矿产资源法》为由，发出《责令停止违法行为通知书》，要求其停止违法行为。孙某向法院起诉请求撤销通知书，一并请求对《严禁在自然保护区采砂的规定》进行审查。

孙某为了解《严禁在自然保护区采砂的规定》内容，向甲市国土资源局提出政府信息公开申请。

材料二： 涉及公民、法人或其他组织权利和义务的规范性文件，按照政府信息公开要求和程序予以公布。推行行政执法公示制度。推进政务公开信息化，加强互联网政务信息数据服务平台和便民服务平台建设。（摘自《中共中央关于全面推进依法治国若干重大问题的决定》）

问题：

（一）结合材料一回答以下问题：

1.《行政许可法》对被许可人申请延续行政许可有效期有何要求？行政许可机关接到申请后应如何处理？

2. 孙某一并审查的请求是否符合要求？根据有关规定，原告在行政诉讼中提出一并请求审查行政规范性文件的具体要求是什么？

3. 行政诉讼中，如法院经审查认为规范性文件不合法，应如何处理？

4. 对《责令停止违法行为通知书》的性质作出判断，并简要比较行政处罚与行政强制措施的不同点。

（二）结合材料一和材料二作答（要求观点明确，逻辑清晰、说理充分、文字通畅；总字数不得少于500字）：谈谈政府信息公开的意义和作用，以及处理公开与不公开关系的看法。

二、答案精讲

（一）结合材料一回答以下问题：

1. 《行政许可法》对被许可人申请延续行政许可有效期有何要求？行政许可机关接到申请后应如何处理？

答案：依照《行政许可法》第50条的规定，被许可人需要延续依法取得的行政许可的有效期的，应当在该行政许可有效期届满30日前向作出行政许可决定的行政机关提出申请。但是，法律、法规、规章另有规定的，依照其规定。行政机关应当根据被许可人的申请，在该行政许可有效期届满前作出是否准予延续的决定；逾期未作决定的，视为准予延续。

难度：易

考点：行政许可的延续程序

> 命题与解题思路
>
> 本题重在考查考生对行政许可延续程序规定的掌握程度，难度不大。不过，如果考生对《行政许可法》有关行政许可延续程序的规定掌握不是十分牢固，容易想当然地作出回答，在一些细节方面会出现答题错误。

答案解析：

《行政许可法》第50条针对行政许可的延续程序作出了以下规定：一是被许可人需要延续行政许可有效期的，除法律、法规、规章另有规定外，需要在许可有效期届满30日前向行政许可机关提出申请。二是行政机关接到被许可人申请后，应当在许可有效期届满之前作出是否准许的决定，逾期未作出任何决定的，依法推定其准许延续。

2. 孙某一并审查的请求是否符合要求？根据有关规定，原告在行政诉讼中提出一并请求审查行政规范性文件的具体要求是什么？

答案：本案中，因《严禁在自然保护区采砂的规定》并非被诉行政行为（责令停止违法行为通知）作出的依据，孙某的请求不成立。根据《行政诉讼法》第53条和《行诉法解释》第146条的规定，原告在行政诉讼中一并请求审查规范性文件需要符合下列要求：一是该规范性文件为国务院部门和地方政府及其部门制定的规范性文件，但不含规章；二是该规范性文件是被诉行政行为作出的依据；三是应在第一审开庭审理前提出，有正当理由的，也可以在法庭调查中提出。

难度：中

考点：行政规范性文件的一并审查请求

> **命题与解题思路**
>
> 本题考查修订后的《行政诉讼法》有关一并审查行政规范性文件的相关规定。《行政诉讼法》修订的一项重要内容是承认了部分抽象行政行为——法律表述为规范性文件可以有条件地纳入司法审查范围，但对规范性文件的范围、相对人提请司法审查的方式作出了限制性规定。为贯彻法律的规定，最高法院《行诉法解释》又对相对人提请对规范性文件进行司法审查的时间作出了规定。考生如果对上述立法和司法解释的规定掌握不熟练，可能作出错误回答。

答案解析：

《行政诉讼法》第53条规定："公民、法人或者其他组织认为行政行为所依据的国务院部门和地方人民政府及其部门制定的规范性文件不合法，在对行政行为提起诉讼时，可以一并请求对该规范性文件进行审查。前款规定的规范性文件不含规章。"该条确立了行政规范性文件的一并审查请求制度。《行诉法解释》第146条规定："公民、法人或者其他组织请求人民法院一并审查行政诉讼法第五十三条规定的规范性文件，应当在第一审开庭审理前提出；有正当理由的，也可以在法庭调查中提出。"根据上述规定，能够提出一并审查请求的行政规范性文件首先有确定的范围，行政规章和国务院的行政规范性文件不能被提出审查请求；同时，规范性文件还须是被诉行政诉讼的依据，未作为依据的行政规范性文件不能被提出一并审查请求；此外，在提出时间上，限于在一审开庭审理前提出，有正当理由的，可以在法庭调查中提出。本题中，作为县国土资源局执法依据的是《矿产资源法》，并非《严禁在自然保护区采砂的规定》，孙某的请求不符合前述第二个条件。

难点解析：规范性文件的一并审查请求制度虽然是《行政诉讼法》修订后新建立的制度，但其适用有严格的条件限制。该限制不但包括规范性文件的范围，以及提出一并申请请求的时间，更重要的是<u>规范性文件须成为被诉行政行为的依据使用，相对人不能对没有作为被诉行政行为直接依据的规范性文件提出一并审查请求</u>。

3. 行政诉讼中，如法院经审查认为规范性文件不合法，应如何处理？

答案：法院不作为认定被诉行政行为合法的依据，并在裁判理由中予以阐明。作出生效裁判的法院应当向规范性文件的制定机关提出处理建议，并可以抄送制定机关的同级政府或上一级行政机关、监察机关以及规范性文件的备案机关。规范性文件不合法的，人民法院可以在裁判生效之日起3个月内，向规范性文件制定机关提出修改或者废止该规范性文件的司法建议，并依法履行向上级人民法院的备案手续。

难度：易

考点：行政案件的裁判

> **命题与解题思路**
>
> 本题考查《行政诉讼法》对行政规范性文件一并审查之后如何处理的规定，实质是考查法条的具体规定。如果考生对立法规定较为熟悉，回答本题并不困难。在此意义上，本题同样属于送分题。

答案解析：

《行政诉讼法》第 64 条规定："人民法院在审理行政案件中，经审查认为本法第五十三条规定的规范性文件不合法的，不作为认定行政行为合法的依据，并向制定机关提出处理建议。"《行诉法解释》第 149 条规定："……经审查认为规范性文件不合法的，不作为人民法院认定行政行为合法的依据，并在裁判理由中予以阐明。作出生效裁判的人民法院应当向规范性文件的制定机关提出处理建议，并可以抄送制定机关的同级人民政府、上一级行政机关、监察机关以及规范性文件的备案机关。规范性文件不合法的，人民法院可以在裁判生效之日起三个月内，向规范性文件制定机关提出修改或者废止该规范性文件的司法建议。……情况紧急的，人民法院可以建议制定机关或者其上一级行政机关立即停止执行该规范性文件。"第 150 条规定："人民法院认为规范性文件不合法的，应当在裁判生效后报送上一级人民法院进行备案。涉及国务院部门、省级行政机关制定的规范性文件，司法建议还应当分别层报最高人民法院、高级人民法院备案。"依照上述规定，人民法院经审理认为行政规范性文件违法的，不作为认定被诉行政诉讼合法的依据，同时要在裁判理由部分予以阐明；此外，作出生效裁判的人民法院还应当向规范性文件的制定机关提出处理建议，并可以抄送法定监督机关，并依法向上级人民法院履行备案手续。

> 4. 对《责令停止违法行为通知书》的性质作出判断，并简要比较行政处罚与行政强制措施的不同点。

答案：本案中，《责令停止违法行为通知》在于制止孙某的违法行为，不具有制裁性质，归于行政强制措施更为恰当。

行政处罚和行政强制措施的不同主要体现在下列方面：一是目的不同。行政处罚的目的是制裁性，给予违法者制裁是本质特征；行政强制措施的主要目的在于制止性和预防性，即在行政管理中制止违法行为、防止证据损毁、避免危害发生、控制危险扩大等。二是阶段性不同。行政处罚是对违法行为查处作出的处理决定，常发生在行政程序终了之时；行政强制措施是对人身自由、财物等实施的暂时性限制、控制措施，常发生在行政程序前端。三是表现形式不同。行政处罚主要有警告、通报批评，罚款、没收违法所得、没收非法财物，暂扣许可证件、降低资质等级、吊销许可证件，限制开展生产经营活动、责令停产停业、责令关闭、限制从业，行政拘留等；行政强制措施主要有限制公民自由、查封、扣押、冻结等。

难度：难

考点：行政行为的性质；行政处罚与行政强制措施的区别

> 💡 **命题与解题思路**
>
> 本题考查责令停止违法行为的性质。在我国的行政立法中，有很多责令相对人作出或者不作出某种行为的规定。对于该种行为的法律属性，理论界存在一定的争议。命题人也承认，本题设计具有一定的开放性，只要考生能够作出有理有据的回答，能够自圆其说，即可得分。不过，从倾向性而言，本题中的责令停止违法行为归入行政强制措施更加恰当。

答案解析：

根据《行政处罚法》和《行政强制法》的规定，行政处罚与行政强制措施存在以下区别：第一，<u>目的不同</u>。行政处罚的目的在于制裁，制裁违法行为人是其本质特征，通过制裁实现惩戒违法者的效果，杜绝以后类似违法行为的发生。根据《行政强制法》第 2 条对行政强制措施的定义可知，行政强制措施的目的在于：制止违法行为、防止证据损毁、避免危害发生、控制危险扩大等。第二，<u>存在的阶段不同</u>。行政处罚是对违法行为人的终局处理，行政程序已经走到终点；行政强制措施多发生在行政程序进行过程中，比较明显的如查封、扣押、冻结以及对违法行为的制止，在采取上述强制措施之后，行政机关还要进行后续的处理。第三，<u>行为的种类不同</u>。依照《行政处罚法》第 9 条的规定，行政处罚的种类包括：(1) 警告、通报批评；(2) 罚款、没收违法所得、没收非法财物；(3) 暂扣许可证件、降低资质等级、吊销许可证件；(4) 限制开展生产经营活动、责令停产停业、责令关闭、限制从业；(5) 行政拘留；(6) 法律、行政法规规定的其他行政处罚。依照《行政强制法》第 9 条的规定，行政强制措施的种类包括：(1) 限制公民人身自由；(2) 查封场所、设施或者财物；(3) 扣押财物；(4) 冻结存款、汇款；(5) 其他行政强制措施。本案中，责令停止违法行为通知的目的并非制裁孙某的违法行为，而在于制止其违法行为的继续进行，更加符合行政强制措施的特点，定性为行政强制措施较为妥当。

难点解析： 责令行为的法律属性问题，理论界争议颇多，至今尚无定论。从实质上分析，责令行为可能表现为以下几种不同性质的行为：(1) <u>行政强制措施</u>。具有明显的制止性、预防性，且持续时间不长，具有暂时性特点。如本案中的责令停止违法行为。(2) <u>行政处罚</u>。具有明显的制裁性，如《行政处罚法》规定的责令停产停业。(3) <u>行政命令</u>。作为一种终局的处理，但又不具有明显的制裁性，只是单纯为相对人设定了作为或不作为义务。如《水污染防治法》第 88 条规定："城镇污水集中处理设施的运营单位或者污泥处理处置单位，处理处置后的污泥不符合国家标准，或者对污泥去向等未进行记录的，由城镇排水主管部门责令限期采取治理措施，给予警告；……"该条中的"责令限期采取治理措施"，接近于行政命令。

（二）结合材料一和材料二作答（要求观点明确，逻辑清晰、说理充分、文字通畅；总字数不得少于 500 字）：

> 谈谈政府信息公开的意义和作用，以及处理公开与不公开关系的看法。

答案：

1. 政府信息公开的意义和作用

政府信息公开具有以下几方面的意义和作用：第一，<u>保障公民知情权的实现</u>。人民参与国家和社会治理的前提，是要有知情的权利。要能够了解政府权力的结构、组成、职权及其运行规则，能够及时了解涉及公民利益的行政立法、行政规范性文件以及具体执法行为的内容。这些信息的获得，都需要通过政府信息公开制度的建立。第二，<u>有利于加强对行政权力的监督，预防和制止行政腐败</u>。阳光是最好的防腐剂。只有让社会公众了解政府权力的运作过程和运作结果，才能有效地监督政府权力的运行，避免行政权力运行中的暗箱操作，填补权力运行机制中的漏洞，减少腐败行为发生的机会。第三，<u>为公民个人、组织的生产生活和科学研究工作等提供各种便利</u>。及时、完整、准确地公开政府信息，将为公民个人和组织的日常生产、生活和从事科学研究提供诸多便利，提升其生活品质，推动科学研究发展。

2. 关于政府信息公开与不公开关系处理的看法

为实现建立政府信息公开制度的目的，政府信息公开与否遵循的基本原则是<u>"公开是原则，不公开为例外"</u>。按照《政府信息公开条例》的规定，凡涉及公民、法人或者其他组织切身利益的政府信息、需要社会公众广泛知晓或者参与的政府信息，反映本行政机关机构设置、职能、办事程序等情况的政府信息，以及其他依照法律、法规和国家有关规定应当主动公开的政府信息，行政机关都要主动公开。此外，行政机关还应当依照公民个人和组织的申请，向其公开相关政府信息。同时，依照《政府信息公开条例》的规定，行政机关不能公开危及国家安全、公共安全、经济安全和社会稳定的政府信息，不得公开涉及国家秘密、商业秘密、个人隐私等特定类别的政府信息。

难度：中

考点：政府信息公开

> 💡 **命题与解题思路**
>
> 　　本题属于主观题，包含两部分内容：第一，论述政府信息公开的意义和作用，具体可以考虑从以下三个方面展开：(1) 保障相对人知情权；(2) 更好地监督政府权力，预防行政腐败；(3) 方便相对人生产、生活。第二，提出处理政府信息公开与不公开关系的看法。此部分内容可以从政府信息"公开是原则，不公开为例外"这一角度展开分析。

答案解析：

本题的论证逻辑是：

第一部分：关于保障重点相对人知情权问题，可以围绕着提升国民参政议政能力，行使民主权利角度展开分析。论证只有通过政府信息公开，才能将行政权力的运行状况展示给公众，行政相对人得以了解行政权力的运行过程，了解涉及切实利益的重要决策、措施、行为的具体内容，最终使其国家主人的地位得到充分体现。关于监督政府权力问题，重点围绕着权力的运行过程公开透明，减少行政权力行使暗箱操作可能的角度展开分析。论证通过政府信息公开，让行政权力在阳光下运行，对违法行使权力的监督作用；关于方便相对人生产、生活问题，可以围绕政府信息公开如何帮助相对人有效获得各种政府决策和执法信息以及相关数据、图表，从而更好地处理日常事务，方便地办理各种手续以及从事科学研究活动等方面展开论述。

第二部分：首先，论述政府信息公开是基本原则，从《政府信息公开条例》的立法目的、具体规定等方面展开分析，论证公开是第一要义，是总的原则。其次，结合《政府信息公开条例》中有关政府信息公开的禁止条款展开论述，论证在信息公开总原则之下，出于保护国家利益、公共利益、企业商业利益、个人隐私等权益的需要，立法也明确规定了不得公开相关政府信息的情形。

2015 年真题

一、试题（本题 20 分）

案情：

某公司系转制成立的有限责任公司，股东 15 人。全体股东通过的公司章程规定，董事长为法定代表人。对董事长产生及变更办法，章程未作规定。股东会议选举甲、乙、丙、丁四人担任公司董事并组成董事会，董事会选举甲为董事长。

后乙、丙、丁三人组织召开临时股东会议，会议通过罢免甲董事长职务并解除其董事，选举乙为董事长的决议。乙向区工商分局递交法定代表人变更登记申请，经多次补正后该局受理其申请。

其后，该局以乙递交的申请，缺少修改后明确董事长变更办法的公司章程和公司法定代表人签署的变更登记申请书等材料，不符合法律、法规规定为由，作出登记驳回通知书。

乙、丙、丁三人向市工商局提出复议申请①，市工商局经复议后认定三人提出的变更登记申请不符合受理条件，分局作出的登记驳回通知错误，决定予以撤销。

三人遂向法院起诉，并向法院提交了公司的章程、经过公证的临时股东会决议。

问题：

1. 请分析公司的设立登记和变更登记的法律性质。
2. 如市工商局维持了区工商分局的行政行为，请确定本案中的原告和被告，并说明理由。
3. 如何确定本案的审理和裁判对象？如市工商局在行政复议中维持区工商分局的行为，有何不同？
4. 法院接到起诉状决定是否立案时通常面临哪些情况？如何处理？
5. 《行政诉讼法》对一审法院宣判有何要求？

二、答案精讲

> **1. 请分析公司的设立登记和变更登记的法律性质。**

答案： 公司的设立登记为行政许可。《行政许可法》规定，企业或者其他组织的设立等，需要确定主体资格的事项可以设定行政许可。公司法规定，设立公司应当依法向公司登记机关申请设立登记。符合公司法规定的设立条件的，由公司登记机关分别登记为有限责任公司或股份有限公司。不符合规定的设立条件的，不得登记为有限责任公司或股份有限公司。公司的设立登记的法律效力，是使公司取得法人资格，进而取得从事经营活动的合法身份，符合"行政机关根据公民、法人或者其他组织的申请，经依法审查，准予其从事特定活动"，为行政许可。

公司的变更登记指公司设立登记事项中的某一项或某几项改变，向公司登记机关申请变更的登记。对变更登记的性质认识不尽统一，有两种主流看法：一种意见认为是行政许可，理由是未经核准变更登记，公司不得擅自变更登记事项；公司登记事项发生变更时未依法办理变更登记的，需要承担相应法律责任。另一意见认为是行政确认。理由是变更登记并不决定公司的身份或资格，只是对民事权利的确认。从行为的整体实施过程角度看，第一种观点似乎更加合理一些。因为公司设立登记是《行政许可法》调整的广义行政行为，在相关登记事项发生变更后，有关公司依然需要按照立法规定履行后续的变更登记手续，并经历与设立登记相似的行为过程，工商机关仍需履行必要的审查职责。未经变更登记，公司同样不能以市场主体资格从事相关法律行为。第二种观点未注意从许可行为的整体实施过程角度展开分析，合理性稍弱。

难度： 易

考点： 行政许可的设定原则

---

① 提醒考生注意，因为本题为2015年试题，根据修订前的《行政复议法》，上级工商机关可以作为复议机关；而根据2023年修订的《行政复议法》，上级工商机关已不再具有行政复议管辖权。但是，这并不影响本题的作答。

> 💡 **命题与解题思路**
>
> 本题考查考生对公司设立登记和变更登记法律性质的理解。《行政许可法》明确规定设立登记属于行政许可行为，但对于变更登记的法律性质并未明确，可能考生会对变更登记的法律性质产生疑问，或许将其作为其他行政行为看待。解答本题的关键是将设立登记、变更登记作为行政许可的不同阶段看待，注意变更登记行为实施的程序特点，进而明确其存在阶段虽然不同，但法律性质应无差别。

答案解析：

关于公司设立登记的性质问题，《行政许可法》第 12 条规定："下列事项可以设定行政许可：（一）直接涉及国家安全、公共安全、经济宏观调控、生态环境保护以及直接关系人身健康、生命财产安全等特定活动，需要按照法定条件予以批准的事项；（二）有限自然资源开发利用、公共资源配置以及直接关系公共利益的特定行业的市场准入等，需要赋予特定权利的事项；（三）提供公众服务并且直接关系公共利益的职业、行业，需要确定具备特殊信誉、特殊条件或者特殊技能等资格、资质的事项；（四）直接关系公共安全、人身健康、生命财产安全的重要设备、设施、产品、物品，需要按照技术标准、技术规范，通过检验、检测、检疫等方式进行审定的事项；（五）企业或者其他组织的设立等，需要确定主体资格的事项；（六）法律、行政法规规定可以设定行政许可的其他事项。"根据上述规定，本题中，公司的设立属于行政许可范畴。

关于公司的变更登记，《行政许可法》第 49 条规定："被许可人要求变更行政许可事项的，应当向作出行政许可决定的行政机关提出申请；符合法定条件、标准的，行政机关应当依法办理变更手续。"据此，本题中，公司的变更登记仍需要提出申请，由行政机关进行审查，在此意义上，变更登记仍属于行政许可范畴。

> **2. 如市工商局维持了区工商分局的行政行为，请确定本案中的原告和被告，并说明理由。**

答案： 乙、丙、丁为原告，被告为市工商局和区工商分局。本案中，针对区工商分局的决定，乙、丙、丁申请复议。如市工商局作出维持决定，根据《行政诉讼法》第 26 条第 2 款规定，复议机关维持原行政行为的，作出原行政行为的行政机关和行政复议机关是共同被告，故市工商局和区工商分局为共同被告。《行政诉讼法》第 25 条第 1 款规定，行政行为的相对人以及其他与行政行为有利害关系的公民、法人或者其他组织，有权提起诉讼，故乙、丙、丁为原告。

难度：中
考点：行政诉讼原告、被告

> 💡 **命题与解题思路**
>
> 本题考查考生对行政诉讼原告和被告相关规定的理解与适用。《行政诉讼法》对原告和被告的确定作出了明确规定。其中原告资格判断的难点在于利害关系确定，需要考生根据个案情况作出具体分析。被告判断并无太多困难，考生只要根据法律对被告不同情况的规定对号入座即可得出结论。就本案而言，主要考查的是复议维持情况下行政诉讼被告确定问题。难度不大。

答案解析：

关于行政诉讼的原告，《行政诉讼法》第 25 条第 1 款规定："行政行为的相对人以及其他与行政行为有利害关系的公民、法人或者其他组织，有权提起诉讼。"据此，原告包括行政行为的直接相对人以及与行政行为有利害关系的其他个人、组织。本题中，<u>乙、丙、丁三人共同提出法定代表人变更登记申请，是工商登记行为的直接相对人</u>，具有原告资格。

关于行政诉讼被告，《行政诉讼法》第 26 条规定："公民、法人或者其他组织直接向人民法院提起诉讼的，作出行政行为的行政机关是被告。经复议的案件，复议机关决定维持原行政行为的，作出原行政行为的行政机关和复议机关是共同被告；复议机关改变原行政行为的，复议机关是被告。复议机关在法定期限内未作出复议决定，公民、法人或者其他组织起诉原行政行为的，作出原行政行为的行政机关是被告；起诉复议机关不作为的，复议机关是被告。……"本题设定市工商局作出了维持的复议决定，依照行政诉讼法的规定，被告应当为市工商局和区工商分局。

> **3. 如何确定本案的审理和裁判对象？如市工商局在行政复议中维持区工商分局的行为，有何不同？**

答案： 本案的审理裁判对象是市工商局撤销区工商分局通知的行为。如果市工商局维持了区工商分局的行为，那么原行政行为（登记驳回通知书）和复议决定（撤销决定）均为案件的审理对象，法院应一并作出裁判。

难度： 易

考点： 行政诉讼审理和裁判对象

> 💡 **命题与解题思路**
>
> 本题考查复议维持和复议改变情况下，行政诉讼被告的确定以及与之关联的案件审理对象的确定。《行政诉讼法》修订后，对经过行政复议的案件如何确定被告作出了不同于旧法的规定，进而导致行政诉讼案件审理对象发生变化。尤其是复议维持情况下出现了双被告的情况，且最高法院《适用解释》也将复议维持情况下司法审查的对象设定为两个。对此，考生需要给予充足的注意。

答案解析：

本案中，市工商局作出的是撤销下级工商机关行为的行政复议决定，申请人不服，依照《行政诉讼法》第 26 条第 2 款的规定，复议机关改变原行政行为的，复议机关是被告。市工商局因此成为被告，其作出的撤销复议决定，就是本案的审理和裁判对象，人民法院须依法审查该复议决定是否合法，并作出相应裁判。

如果工商局复议维持，依照《行政诉讼法》第 26 条第 2 款的规定，复议机关维持原行政行为，作出原行政行为的行政机关和复议机关是共同被告。《行政诉讼法》第 79 条规定，复议机关与作出原行政行为的行政机关为共同被告的案件，人民法院应当对复议决定和原行政行为一并作出裁判。据此，人民法院审理和裁判的对象分别是区工商分局作出的驳回登记行为和市工商局作出的复议维持决定。

4. 法院接到起诉状决定是否立案时通常面临哪些情况？如何处理？

答案：接到起诉状时，对符合法定起诉条件的，应当登记立案。当场不能判定的，应当接收起诉状，出具注明收到日期的书面凭证，并在 7 日内决定是否立案；不符合起诉条件的，作出不予立案的裁定；如起诉状内容欠缺或有其他错误的，应给予指导和释明，并一次性告知当事人需要补正的内容。不得未经指导和释明即以起诉不符合条件为由不接收起诉状。

难度：易

考点：行政诉讼的起诉与受理

> 💡 **命题与解题思路**
>
> 本题实质是考查修订后的《行政诉讼法》关于立案登记的相关规定，考生可以直接根据《行政诉讼法》第 51 条的规定作出回答。

答案解析：

答案参照《行政诉讼法》第 51 条规定，即："人民法院在接到起诉状时对符合本法规定的起诉条件的，应当登记立案。对当场不能判定是否符合本法规定的起诉条件的，应当接收起诉状，出具注明收到日期的书面凭证，并在七日内决定是否立案。不符合起诉条件的，作出不予立案的裁定。裁定书应当载明不予立案的理由。原告对裁定不服的，可以提起上诉。起诉状内容欠缺或者有其他错误的，应当给予指导和释明，并一次性告知当事人需要补正的内容。不得未经指导和释明即以起诉不符合条件为由不接收起诉状。对于不接收起诉状、接收起诉状后不出具书面凭证，以及不一次性告知当事人需要补正的起诉状内容的，当事人可以向上级人民法院投诉，上级人民法院应当责令改正，并对直接负责的主管人员和其他直接责任人员依法给予处分。"

5.《行政诉讼法》对一审法院宣判有何要求？

答案：一律公开宣告判决。当庭宣判的，应当在 10 日内发送判决书；定期宣判的，宣判后立即发送判决书。宣判时，必须告知当事人上诉权利、上诉期限和上诉的法院。

难度：中

考点：行政诉讼第一审判决

> 💡 **命题与解题思路**
>
> 本题实质考查修订后的《行政诉讼法》对一审判决的规定，考生可以直接根据《行政诉讼法》第 80 条的规定作出回答。

答案解析：

依照《行政诉讼法》第 80 条规定："人民法院对公开审理和不公开审理的案件，一律公开宣告判决。当庭宣判的，应当在十日内发送判决书；定期宣判的，宣判后立即发给判决书。宣告判决时，必须告知当事人上诉权利、上诉期限和上诉的人民法院。"

2014 年真题

一、试题（本题26分）

材料一（案情）：2012年3月，建筑施工企业原野公司股东王某和张某向工商局提出增资扩股变更登记的申请，将注册资本由200万元变更为800万元。工商局根据王某、张某提交的验资报告等材料办理了变更登记。后市公安局向工商局发出10号公函称，王某与张某涉嫌虚报注册资本被采取强制措施，建议工商局吊销原野公司营业执照。工商局经调查发现验资报告有涂改变造嫌疑，向公司发出处罚告知书，拟吊销公司营业执照。王某、张某得知此事后迅速向公司补足了600万元现金，并向工商局提交了证明材料。工商局根据此情形作出责令改正、缴纳罚款的20号处罚决定。公安局向市政府报告，市政府召开协调会，形成3号会议纪要，认为原野公司虚报注册资本情节严重，而工商局处罚过轻，要求工商局撤销原处罚决定。后工商局作出吊销原野公司营业执照的25号处罚决定。原野公司不服，向法院提起诉讼。

材料二：2013年修改的《公司法》，对我国的公司资本制度作了重大修订，主要体现在：一是取消了公司最低注册资本的限额，二是取消公司注册资本实缴制，实行公司注册资本认缴制，三是取消货币出资比例限制，四是公司成立时不需要提交验资报告，公司的认缴出资额、实收资本不再作为公司登记事项。

2014年2月7日，国务院根据上述立法精神批准了《注册资本登记制度改革方案》，进一步明确了注册资本登记制度改革的指导思想、总体目标和基本原则，从放松市场主体准入管制、严格市场主体监督管理和保障措施等方面，提出了推进公司注册资本及其他登记事项改革和配套监管制度改革的具体措施。

问题：

1. 材料一中，王某、张某是否构成虚报注册资本骗取公司登记的行为？对在工商局作出20号处罚决定前补足注册资金的行为如何认定？

2. 材料一中，市政府能否以会议纪要的形式要求工商局撤销原处罚决定？

3. 材料一中，工商局作出25号处罚决定应当履行什么程序？

4. 结合材料一和材料二，运用行政法基本原理，阐述我国公司注册资本登记制度改革在法治政府建设方面的重要意义。

答题要求：

1. 无本人观点或论述、照搬材料原文不得分；
2. 观点明确，逻辑清晰，说理充分，文字通畅；
3. 请按提问顺序逐一作答，总字数不得少于600字。

二、答案精讲

> **1. 材料一中，王某、张某是否构成虚报注册资本骗取公司登记的行为？对在工商局作出20号处罚决定前补足注册资金的行为如何认定？**

答案：王某、张某的行为构成虚报注册资本骗取公司登记的行为；对在工商局作出20

号处罚决定前补足注册资金的行为属于对违法行为的纠正。

难度：易

考点：公司登记管理与当事人违法行为的纠正

> 💡 **命题与解题思路**
>
> 本题涉及行政法基本理论在公司登记管理领域的具体应用问题，要求考生既要熟悉行政法基础理论，同时又要熟悉公司登记管理的相关规定。

答案解析：

《公司法》第250条规定："违反本法规定，虚报注册资本、提交虚假材料或者采取其他欺诈手段隐瞒重要事实取得公司登记的，由公司登记机关责令改正，对虚报注册资本的公司，处以虚报注册资本金额百分之五以上百分之十五以下的罚款；对提交虚假材料或者采取其他欺诈手段隐瞒重要事实的公司，处以五万元以上二百万元以下的罚款；情节严重的，吊销营业执照；对直接负责的主管人员和其他直接责任人员处以三万元以上三十万元以下的罚款。"本题中，市公安局向工商局发函称，王某与张某涉嫌虚报注册资本被采取强制措施，建议工商局吊销原野公司营业执照。工商局经过调查发现验资报告确有涂改变造嫌疑。根据以上事实，可以认定，王某、张某二人构成虚报注册资本骗取公司登记的行为。

在工商局向公司发出处罚告知书，拟吊销公司营业执照之后，王某、张某迅速向公司补足了600万元现金，并向工商局提交了证明材料，上述行为属于对违法行为的自行纠正，如查证属实，可以作为以后从轻处罚的情节加以考虑。对此，《行政处罚法》第32条规定："当事人有下列情形之一，应当从轻或者减轻行政处罚：（一）主动消除或者减轻违法行为危害后果的；（二）受他人胁迫或者诱骗实施违法行为的；（三）主动供述行政机关尚未掌握的违法行为的；（四）配合行政机关查处违法行为有立功表现的；（五）法律、法规、规章规定其他应当从轻或者减轻行政处罚的。"

> **2.** 材料一中，市政府能否以会议纪要的形式要求工商局撤销原处罚决定？

答案：市政府不能以会议纪要的形式要求工商局撤销原处罚决定。

难度：中

考点：具体行政行为的效力

> 💡 **命题与解题思路**
>
> 本题考查考生对行政行为实质确定力、内部行政行为与外部行政行为的关系以及《行政处罚法》有关上级撤销下级违法行政行为需要符合条件的理解和认识。实质确定力要求行政行为作出之后，行政机关无法定理由不得擅自加以变更或撤销，以维持行政法律关系的稳定。依照《行政处罚法》规定，上级撤销下级的行为需要符合法定条件。行政机关在作出涉及外部相对人合法权益的时候，一般要采用外部行政行为形式。

答案解析：

工商局作出责令改正、缴纳罚款的20号处罚决定后，市政府不能以会议纪要形式要求该局撤销原处罚决定，理由是：

第一，工商局对其职权管辖范围之内的相对人依法作出处罚决定之后，该行为即发生法律效力。无正当理由并经正当程序，该局及其上级市政府均不能轻易改变该处罚决定。这是具体行政行为实质确定力的表现。市政府以会议纪要形式否定下级已作出的行政决定，有违实质确定力原理。

第二，市政府以会议纪要这一内部行为形式作出影响外部相对人权益的行为，且未履行告知和听取相对人陈述、申辩的程序，在行为形式和程序上均存在违法之处。

第三，以会议纪要形式要求工商局撤销原处罚决定涉嫌侵犯工商局的职能。《行政处罚法》第76条规定："行政机关实施行政处罚，有下列情形之一，由上级行政机关或者有关机关责令改正，对直接负责的主管人员和其他直接责任人员依法给予处分：（一）没有法定的行政处罚依据的；（二）擅自改变行政处罚种类、幅度的；（三）违反法定的行政处罚程序的；（四）违反本法第二十条关于委托处罚的规定的；（五）执法人员未取得执法证件的。行政机关对符合立案标准的案件不及时立案的，依照前款规定予以处理。"基于该条规定，上级行政机关纠正下级行政机关的违法行为必须符合法定情形，但本题中工商局的处罚行为不符合该条规定，因此，市政府的撤销行为违法。

难点解析：

具体行政行为的确定力分为两个方面的内容，一是形式确定力，指具体行政行为作出后，超过法定申请救济期限，行为即不得再改变的效力；二是实质确定力，指具体行政行为作出后，非因法定特殊事由，即使作出该行为的行政机关也不得擅自改变或撤销该行为的效力。无论是实质确定力还是形式确定力，其目的都在于使具体行政行为确定的法律秩序尽早稳定，以给特定相对人或者社会公众一个稳定的预期。

---

3. 材料一中，工商局作出25号处罚决定应当履行什么程序？

答案：工商局作出25号处罚决定应当履行听证程序。

难度：易

考点：行政处罚程序

> 💡 **命题与解题思路**
>
> 本题考查考生对《行政处罚法》规定的听证程序适用条件的规定，熟练掌握该法的相关规定，即可很容易地作出正确回答。

答案解析：

工商局作出的25号处罚决定的内容是吊销原野公司的营业执照，对于该种行政处罚的实施程序，《行政处罚法》第63条规定："行政机关拟作出下列行政处罚决定，应当告知当事人有要求听证的权利，当事人要求听证的，行政机关应当组织听证：（一）较大数额罚款；（二）没收较大数额违法所得、没收较大价值非法财物；（三）降低资质等级、吊销许可证件；（四）责令停产停业、责令关闭、限制从业；（五）其他较重的行政处罚；（六）法律、法规、规章规定的其他情形。当事人不承担行政机关组织听证的费用。"根据上述规定，工商局作出的25号处罚适用听证程序。

> 4. 结合材料一和材料二，运用行政法基本原理，阐述我国公司注册资本登记制度改革在法治政府建设方面的重要意义。

答案：公司注册资本登记制度改革目的是进一步简政放权，这既是我国市场经济和社会发展的必然要求，也是全面深化改革的重要举措，对进一步推进政府职能转变、建设法治政府具有重要意义。

第一，注册资本登记制度改革是简政放权的重要举措。通过取消公司最低注册资本限额，取消注册资本实缴制等措施，可以有效扩大企业经营自主权，进一步划清政府、市场和企业的界限，有利于推进有限政府建设。

第二，注册资本登记制度改革简化了公司登记办事流程，方便了公众和当事人，有利于建设服务型政府。

第三，注册资本登记制度改革之下，公司成立时不需要提交验资报告，公司的认缴出资额、实收资本不再作为公司登记事项，减少了政府管理内容，进一步弱化了事先监管的权力，减少了权力寻租空间和腐败发生的概率，有利于建设廉洁政府。

第四，注册资本登记制度改革大大减少了政府事前审查内容，能够有效提高行政机关的办事效率，体现了政府在办理公司登记事务时的服务理念和便民原则，有利于建设效能政府。

第五，国务院批准的《注册资本登记制度改革方案》，在放松市场主体准入管制的同时，又提出要严格市场主体监督管理，也就是说，在公司注册资本登记制度改革之后，政府的事先监管趋于和缓，但事中事后的监管责任则需要进一步加强。这对行政机关的市场监管职能履行提出了更高的要求，有利于督促其创新监管机制，提高管理水平，最终建立起责任政府。

难度：中
考点：行政法原理与应用

命题与解题思路

本题为开放性问题，并无统一答案。不过，回答本题时，有两个基本问题需要注意：一是法治政府建设的主要内容，或者说法治政府的评价标准是什么。二是公司注册资本登记制度改革的各项内容对政府市场监管产生何种影响。在明确上述两个基本问题的前提下，考生需要在题中所给的各种改革措施与法治政府建设之间建立起必要的关联，进而概括出公司注册资本登记制改革对于法治政府建设所具有的重要意义。

答案解析：

根据党的十八届四中全会决定精神，法治政府建设的基本标准共有六个层面：建设职能科学、权责法定、执法严明、公开公正、廉洁高效、守法诚信的法治政府。对照本题公司注册资本登记制度改革的各项措施，可以认为，本项改革在以下方面体现了建设法治政府的要求：第一，取消公司市场准入限制，科学划定政府与市场关系，减少政府事先干预，使政府职能配置趋于科学合理，有利于建设有限政府。第二，减少公司市场准入限制并不意味着彻底放弃政府的监管职责，而是将市场监管职责后移，明确政府后续的对市场主体活动的监督管理职责，监管不力，同样需要被追责。由此，公司注册登记制度改革既体现权责法定的要求，又有利于建设责任政府。第三，减少公司注册登记事项，简化办事流程，既体现了政府的市场服务职能，有利于建设服务型政府，同时弱化了政府的事先监管权力，减少了政府权力寻租空间，有利于建立廉洁高效政府。

2013 年真题

一、试题 （本题21分）

案情：

《政府采购法》规定，对属于地方预算的政府采购项目，其集中采购目录由省、自治区、直辖市政府或其授权的机构确定并公布。张某在浏览某省财政厅网站时未发现该省政府集中采购项目目录，在通过各种方法均未获得该目录后，于2013年2月25日向省财政厅提出公开申请。财政厅答复，政府集中采购项目目录与张某的生产、生活和科研等特殊需要没有直接关系，拒绝公开。张某向省政府申请行政复议，要求认定省财政厅未主动公开目录违法，并责令其公开。省政府于4月10日受理，但在法定期限内未作出复议决定。张某不服，于6月18日以省政府为被告向法院提起诉讼。

问题：

1. 法院是否应当受理此案？为什么？
2. 财政厅拒绝公开政府集中采购项目目录的理由是否成立？为什么？
3. 省政府在受理此行政复议案件后应当如何处理才符合《行政复议法》和《政府信息公开条例》的规定？
4. 对于行政机关应当主动公开的信息未予公开的，应当如何监督？
5. 如果张某未向财政厅提出过公开申请，而以财政厅未主动公开政府集中采购项目目录的行为违法直接向法院提起诉讼，法院应当如何处理？

二、答案精讲

> **1. 法院是否应当受理此案？为什么？**

答案： 法院应当受理此案。根据最高法院司法解释，复议机关在法定期限内不作复议决定，当事人对复议机关不作为不服向法院起诉的，属于行政诉讼受案范围，被告为复议机关，且张某具有原告资格，起诉未超过法定期限，不存在不受理的情形，故法院应当受理此案。

难度： 易

考点： 政府信息公开诉讼的受理

> 💡 **命题与解题思路**

命题人在本题中考查的重点是行政复议机关不作为的起诉与受理问题。其特殊之处在于发生在政府信息公开领域，在行政机关不履行主动公开政府信息义务时，相对人先向负有公开职责的财政厅申请信息公开，在遭到拒绝的情况下，又申请了行政复议，但遭遇到复议机关的不作为。在此情况下，其向人民法院申请对复议机关不作为进行司法监督。

· 400 ·

答案解析：

《政府信息公开条例》第 51 条规定："公民、法人或者其他组织认为行政机关在政府信息公开工作中侵犯其合法权益的，可以向上一级行政机关或者政府信息公开工作主管部门投诉、举报，也可以依法申请行政复议或者提起行政诉讼。"依照该规定，当张某申请省政府履行复议监督职责，监督财政厅拒绝履行公开政府信息职责，省政府逾期未作出复议决定，构成行政复议不作为的情况下，在张某与省政府之间形成了特定的行政法律关系，如果其认为省政府的不作为行为侵犯了其合法权益，有权依法提起行政诉讼。《行政诉讼法》第 26 条第 3 款规定："复议机关在法定期限内未作出复议决定，公民、法人或者其他组织起诉原行政行为的，作出原行政行为的行政机关是被告；起诉复议机关不作为的，复议机关是被告。"根据本案情况，张某具有原告资格，省政府是适格被告，复议不作为属于行政诉讼受案范围。此外，《行政诉讼法》第 45 条规定："公民、法人或者其他组织不服复议决定的，可以在收到复议决定书之日起十五日内向人民法院提起行政诉讼。复议机关逾期不作决定的，申请人可以在复议期满之日起十五日内向人民法院提起行政诉讼。法律另有规定的除外。"省政府 4 月 10 日受理张某的复议申请，张某 6 月 18 日提起行政诉讼，没有超出法定起诉期限。综上，人民法院应当受理张某针对省政府的行政复议不作为提起的行政诉讼。

2. 财政厅拒绝公开政府集中采购项目目录的理由是否成立？为什么？

答案： 不成立。按照《政府信息公开条例》的规定，无论是主动公开的政府信息，还是依申请公开的政府信息，当事人要求公开时，都没有与其生产、生活、科研等需要有关联的限制。本题中，财政厅以政府集中采购项目目录与张某的生产、生活和科研等特殊需要无直接关系为由拒绝公开，不符合《政府信息公开条例》的规定。

难度： 易

考点： 政府信息主动公开

> **命题与解题思路**
>
> 本题考查政府主动公开政府信息是否要求申请人证明该信息与其生产、生活和科研等特殊需要有关。政府信息公开分为主动公开和依申请公开两种情况，对于主动公开，是政府机关的职责，当然不需要申请人证明该信息与其生产、生活和科研等特殊需要有关；对于依申请公开，旧的《政府信息公开条例》要求申请人证明该信息与其生产、生活和科研等特殊需要有关，但 2019 年修订的《政府信息公开条例》取消了该规定，根据新法，无论是主动公开的政府信息，还是依申请公开的政府信息，当事人要求公开时，都没有与其生产、生活、科研等需要有关联的限制。

答案解析：

《政府信息公开条例》第 20 条规定："行政机关应当依照本条例第十九条的规定，主动公开本行政机关的下列政府信息：（一）行政法规、规章和规范性文件；（二）机关职能、机构设置、办公地址、办公时间、联系方式、负责人姓名；（三）国民经济和社会发展规划、专项规划、区域规划及相关政策；（四）国民经济和社会发展统计信息；（五）办理行政许可和其他对外管理服务事项的依据、条件、程序以及办理结果；（六）实施行政处罚、行政强制的依据、条件、程序以及本行政机关认为具有一定社会影响的行政处罚决定；（七）财政预算、决算信息；（八）行政事业性收费项目及其依据、标准；（九）政府集中采购项目的目录、标准及实施情况；（十）重大建设项目的批准和实施情况；（十一）扶贫、教育、医疗、社会保障、促进就业等方面的政策、措施及其实施情况；（十二）突发公共事件的应急预案、预警信息及应对情况；（十三）环境保护、公共卫生、安全生产、食品药品、产品质量的监督检查情况；（十四）公务员招考的职位、名额、报考条件等事项以及录用结果；（十五）法律、法规、规章和国家有关规定规定应当主动公开的其他政府信息。"依照该规定，申请人申请公开应当由财政厅公开的政府集中采购项目的目录，无需基于自身生产、生活、科研等特殊需要。财政厅以相关政府信息与申请人的特殊需要无关为理由拒绝公开政府集中采购目录，理由不能成立。

3. 省政府在受理此行政复议案件后应当如何处理才符合《行政复议法》和《政府信息公开条例》的规定？

答案： 省政府应当审查省财政厅拒绝公开目录的行为是否合法，并在法定期限内作出复议决定。政府集中采购项目的目录属主动公开信息，如省政府已授权财政厅确定并公布，省政府应责令财政厅及时公布；如未授权相关机构确定并公布，省政府应主动公布。

难度： 易

考点： 行政复议决定与政府信息公开

> **命题与解题思路**
>
> 政府信息公开领域出现行政争议时，相对人有权借助行政复议和行政诉讼程序获得救济。对此，《政府信息公开条例》第51条有明确规定。据此，相对人申请公开政府信息遭到拒绝或者行政机关长期拖延时，有权依法申请行政复议，由行政复议机关履行复议监督职能。此外，《政府信息公开条例》第51条只是原则规定了行政复议救济权，但对行政复议机关如何具体审查监督下级行政机关的行政行为，并未作出特殊规定。因此，结合本题提问，省政府在受理张某的行政复议申请之后，应当按照《行政复议法》的有关规定，对财政厅拒绝公开政府集中采购项目目录的行为是否合法进行审查，并作出相应复议决定。

答案解析：

《行政复议法》第61条第1、2款规定："行政复议机关依照本法审理行政复议案件，由行政复议机构对行政行为进行审查，提出意见，经行政复议机关的负责人同意或者集体讨论通过后，以行政复议机关的名义作出行政复议决定。经过听证的行政复议案件，行政复议机关应当根据听证笔录、审查认定的事实和证据，依照本法作出行政复议决定。"该法第66条规定："被申请人不履行法定职责的，行政复议机关决定被申请人在一定期限内履行。"根据上一题分析得出的结论，财政厅以张某的申请与其生产、生活和科研等特殊需要无关为理由，拒绝向其公开政府集中采购项目目录，理由不能成立，属于不履行法定政府信息公开职责，作为复议机关的省政府，应当在受理复议案件之后，经过对该不履行法定职责的行为进行审查，在法定复议期限内，结合本案实际情况，作出相应复议决定。《政府采购法》规定，对属于地方预算的政府采购项目，其集中采购目录由省、自治区、直辖市政府或其授权的机构确定并公布。据此，本案中，如果省政府已授权财政厅确定并公布集中采购目录，则在其复议决定中，要责令财政厅及时公布；如果未授权相关机构确定和公布，则省政府应主动公布。

4. 对于行政机关应当主动公开的信息未予公开的，应当如何监督？

答案：对于行政机关应当主动公开的信息未予公开的，按照《政府信息公开条例》的规定，公民、法人或者其他组织认为行政机关未按照要求主动公开政府信息或者对政府信息公开申请不依法答复处理的，可以向政府信息公开工作主管部门提出。政府信息公开工作主管部门查证属实的，应当予以督促整改或者通报批评。

难度：难

考点：政府信息公开制度的主要内容（政府信息公开的监督）

> 💡 **命题与解题思路**
>
> 本题考查的是考生对《政府信息公开条例》第 47 条第 2 款规定内容的掌握程度。《政府信息公开条例》区分行政机关未履行主动公开义务的监督与侵犯个人、组织等个体知情权的监督两种情形。本题考查第一种情况下的监督制度相关内容。考生对此可能未给予过多关注，由此导致回答本题困难。

答案解析：

《政府信息公开条例》第 47 条第 2 款规定："公民、法人或者其他组织认为行政机关未按照要求主动公开政府信息或者对政府信息公开申请不依法答复处理的，可以向政府信息公开工作主管部门提出。政府信息公开工作主管部门查证属实的，应当予以督促整改或者通报批评。"据此，对于依法需要主动公开的政府信息，行政机关未履行主动公开义务的，公民、法人或者其他组织有权向政府信息公开工作主管部门提出。政府信息公开工作主管部门查证属实的，应当予以督促整改或者通报批评。

5. 如果张某未向财政厅提出过公开申请，而以财政厅未主动公开政府集中采购项目目录的行为违法直接向法院提起诉讼，法院应当如何处理？

答案：按照《最高人民法院关于审理政府信息公开行政案件若干问题的规定》，法院应当告知其先向行政机关申请获取相关政府信息。对行政机关的答复或者逾期不予答复不服的，张某可以向法院提起诉讼。

难度：中

考点：政府信息主动公开的行政诉讼

> 💡 **命题与解题思路**
>
> 本题考查考生对行政机关未履行主动公开政府信息义务提起行政诉讼的程序问题。按照《政府信息公开条例》的规定，行政机关负有主动公开相关信息的义务。如果行政机关不履行上述公开职责，侵犯的是不特定多数人的知情权，如何对其进行监督，进而言之，公众能否对其提起行政诉讼，《政府信息公开条例》未作出明确规定。《最高人民法院关于审理政府信息公开行政案件若干问题的规定》对此作出了回应。因此，需要考生结合该司法解释的规定作出正确回答。

答案解析：

《最高人民法院关于审理政府信息公开行政案件若干问题的规定》第3条规定，公民、法人或者其他组织认为行政机关不依法履行主动公开政府信息义务，直接向人民法院提起诉讼的，应当告知其先向行政机关申请获取相关政府信息。对行政机关的答复或者逾期不予答复不服的，可以向人民法院提起诉讼。依照上述规定，张某未向财政厅提出信息公开申请，直接向人民法院提起行政诉讼的，人民法院不予受理，并告知其先向财政厅申请获取相关政府信息。只有在后者拒绝公开或者逾期未予答复的情况下，才可以向人民法院提起行政诉讼。

难点解析： 按照《政府信息公开条例》的规定，行政机关负有主动公开相关政府信息的义务。如果行政机关不履行主动公开职责，侵犯的是社会公众的知情权。因受到侵害的权益具有高度分散性，是否赋予特定个人或组织直接对该类违法行为提起行政诉讼的资格，一直存在争议。如果认可任何人或组织都可以直接提起行政诉讼，此类诉讼将演变为全民诉讼，与我国行政诉讼法的现有制度设计不符。但是，对该类违法行为又不能置之不理，放任行政机关的违法行为侵害公众的知情权。经过慎重考虑，《最高人民法院关于审理政府信息公开行政案件若干问题的规定》第3条确立了"申请前置"程序，即公民、法人或者其他组织认为行政机关不依法履行主动公开政府信息义务，需要先向行政机关申请获取相关政府信息，在申请被拒绝或者行政机关逾期不予答复的情况下，可以向人民法院提起行政诉讼。经过此种转换，将政府不履行主动公开政府信息义务的行为纳入了行政诉讼受案范围。

2012年真题

一、试题（本题22分）

案情：

1997年11月，某省政府所在地的市政府决定征收含有某村集体土地在内的地块作为旅游区用地，并划定征用土地的四至界线范围。2007年，市国土局将其中一地块与甲公司签订《国有土地使用权出让合同》。2008年12月16日，甲公司获得市政府发放的第1号《国有土地使用权证》。2009年3月28日，甲公司将此地块转让给乙公司，市政府向乙公司发放第2号《国有土地使用权证》。后，乙公司申请在此地块上动工建设。2010年9月15日，市政府张贴公告，要求在该土地范围内使用土地的单位和个人，限期自行清理农作物和附着物设施，否则强制清理。2010年11月，某村得知市政府给乙公司颁发第2号《国有土地使用权证》后，认为此证涉及的部分土地仍属该村集体所有，向省政府申请复议要求撤销该土地使用权证。省政府维持后，某村向法院起诉。法院通知甲公司与乙公司作为第三人参加诉讼。

在诉讼过程中，市政府组织有关部门强制拆除了征地范围内的附着物设施。某村为收集证据材料，向市国土局申请公开1997年征收时划定的四至界线范围等相关资料，市国土局以涉及商业秘密为由拒绝提供。

问题：

1. 市政府共实施了多少个具体行政行为？哪些属于行政诉讼受案范围？

2. 如何确定本案的被告、级别管辖、起诉期限？请分别说明理由。

3. 甲公司能否提出诉讼主张？如乙公司经合法传唤无正当理由不到庭，法院如何处理？

4. 如法院经审理发现市政府发放第 1 号《国有土地使用权证》的行为明显缺乏事实根据，应如何处理？

5. 市政府强制拆除征地范围内的附着物设施应当遵循的主要法定程序和执行原则是什么？

6. 如某村对市国土局拒绝公开相关资料的决定不服，向法院起诉，法院应采用何种方式审理？如法院经审理认为市国土局应当公开相关资料，应如何判决？

二、答案精讲

1. 市政府共实施了多少个具体行政行为？哪些属于行政诉讼受案范围？

答案：市政府实施了 4 个具体行政行为：征收含有某村集体土地在内的地块的行为，向甲、乙两公司发放《国有土地使用权证》的行为，发布公告要求使用土地的单位和个人自行清理农作物和附着物设施的行为。上述行为均属于行政诉讼受案范围。

难度：中

考点：具体行政行为的认定、行政诉讼受案范围

> 💡 命题与解题思路
>
> 本题考查考生对具体行政行为的理解以及是否属于行政诉讼受案范围相关知识。其中，具体行政行为的界定属于基础理论问题，考生如果没有对具体行政行为界定的理论认知，以及对属于行政诉讼受案范围的具体行政行为有清晰认识，即可能作出错误的回答。

答案解析：

本题中，市政府实施了多个行为，包括：决定征收含有某村集体土地在内的地块作为旅游区用地，向甲公司发放第 1 号《国有土地使用权证》，向乙公司发放第 2 号《国有土地使用权证》，发出公告要求使用土地的单位和个人限期自行清理农作物和附着物设施，以及组织有关部门强制拆除了征地范围内的附着物设施。在这些行为中，决定征地行为和公告强制的行为因对象是一定范围内的居民，且具有适用一次性特征，属于具体行政行为；向甲公司、乙公司发放《国有土地使用权证》的行为属于典型具体行政行为；<u>组织强制拆除行为是行政强制执行行为，属于行政事实行为</u>。上述行为中，属于具体行政行为自然属于行政诉讼受案范围，均属可诉行政行为。

2. 如何确定本案的被告、级别管辖、起诉期限？请分别说明理由。

答案：本案中，市政府和省政府为共同被告。根据《行政诉讼法》的规定，经复议的案件，复议机关决定维持原行政行为的，作出原行政行为的行政机关和复议机关为共同被告。

本案中，省政府维持了市政府的决定，市政府和省政府应为共同被告。本案的管辖法院是中级人民法院。依照最高法院《行诉法解释》的规定，<u>复议维持案件的级别管辖法院以作出原行政行为的行政机关级别确定</u>。本案的被告为县级以上人民政府，根据《行政诉讼法》

第 15 条规定，应由中级法院管辖。

某村应当在收到省政府复议决定书之日 15 日内向法院起诉。依照本案是经过复议起诉的，应适用复议后起诉期限。此外，《土地管理法》等法律未对此种情形下的起诉期限作出特别规定，故应适用《行政诉讼法》第 45 条规定的一般起诉期限。

难度：中

考点：行政诉讼被告、级别管辖、复议案件的起诉期限

> 💡 **命题与解题思路**
>
> 本问考查复议维持情况下的相关法律程序问题，涉及行政诉讼被告、级别管辖与起诉期限等。其中，行政诉讼被告和级别管辖的确定较容易，起诉期限则有一定的难度，要求掌握经复议后起诉的一般期限与特别期限。考生如果对此问题没有较细致的了解，即可能作出错误回答。

答案解析：

第一，行政诉讼被告的确定。依照《行政诉讼法》第 26 条第 1 款、第 2 款的规定，公民、法人或者其他组织直接向人民法院提起诉讼的，作出行政行为的行政机关是被告。经复议的案件，复议机关决定维持原行政行为的，作出原行政行为的行政机关和复议机关是共同被告；复议机关改变原具体行政行为的，复议机关是被告。本题属于经复议维持之后，当事人提起行政诉讼的案件，适用前述规定，即应由市政府和省政府为共同被告。

第二，级别管辖问题。最高法院《行诉法解释》第 134 条规定："复议机关决定维持原行政行为的，作出原行政行为的行政机关和复议机关是共同被告。原告只起诉作出原行政行为的行政机关或者复议机关的，人民法院应当告知原告追加被告。原告不同意追加的，人民法院应当将另一机关列为共同被告。行政复议决定既有维持原行政行为内容，又有改变原行政行为内容或者不予受理申请内容的，作出原行政行为的行政机关和复议机关为共同被告。复议机关作共同被告的案件，以作出原行政行为的行政机关确定案件的级别管辖。"据此，本题级别管辖法院由市政府确定。《行政诉讼法》第 15 条规定："中级人民法院管辖下列第一审行政案件：（一）对国务院部门或者县级以上地方人民政府所作的行政行为提起诉讼的案件；（二）海关处理的案件；（三）本辖区内重大、复杂的案件；（四）其他法律规定由中级人民法院管辖的案件。"据此，本案由中级人民法院管辖。

第三，起诉期限的确定。依照《行政诉讼法》第 45 条规定："公民、法人或者其他组织不服复议决定的，可以在收到复议决定书之日起十五日内向人民法院提起诉讼。复议机关逾期不作决定的，申请人可以在复议期满之日起十五日内向人民法院提起诉讼。法律另有规定的除外。"据此，经复议后的起诉期限分为一般期限和特别期限，一般期限为收到复议决定书之日 15 日内，特别期限取决于单行法律规定。本题中，因《土地管理法》等法律未对此种情形下的起诉期限作出特别规定，所以应适用《行政诉讼法》规定的 15 日一般起诉期限。

> **3. 甲公司能否提出诉讼主张？如乙公司经合法传唤无正当理由不到庭，法院如何处理？**

答案：甲公司作为本案的第三人，其有权提出与本案有关的诉讼主张。乙公司经合法传唤无正当理由不到庭，不影响法院对案件的审理。

难度：中

考点：行政诉讼第三人的诉讼地位与不出庭的处理

> 💡 **命题与解题思路**
>
> 本题考查考生对行政诉讼第三人诉讼地位的理解和认识。对此，行政诉讼法规定较为原则，考生一般不会注意，由此难免会作出错误回答。

答案解析：

本题中，甲公司作为第三人，由法院通知参加诉讼。依照《行政诉讼法》第 29 条的规定，公民、法人或者其他组织同被诉行政行为有利害关系但没有提起诉讼，或者同案件处理结果有利害关系的，可以作为第三人申请参加诉讼，或者由人民法院通知参加诉讼。<u>人民法院判决第三人承担义务或者减损第三人权益的，第三人有权依法提起上诉</u>。作为具有独立诉讼地位的第三人，甲公司有权提出与本案有关的诉讼主张，甚至有权提起上诉。

作为本案的第三人，乙公司如果经合法传唤无正当理由不到庭的，人民法院可以继续审理案件。最高法院《行诉法解释》第 79 条第 2 款规定："<u>第三人经传票传唤无正当理由拒不到庭，或者未经法庭许可中途退庭的，不发生阻止案件审理的效果。</u>"据此，作为第三人的乙公司如不经合法传唤无正当理由不到庭，不影响法院对案件的审理。

> 4. 如法院经审理发现市政府发放第 1 号《国有土地使用权证》的行为明显缺乏事实根据，应如何处理？

答案：如法院经审理发现市政府发放第 1 号《国有土地使用权证》的行为明显缺乏事实根据，应不予认可。理由是：发放第 1 号《国有土地使用权证》的行为不属于本案的审理对象，但构成本案被诉行政行为的基础性、关联性行政行为，依照《关于审理行政许可案件若干问题的规定》第 7 条的规定，法院对此行为不予认可。

难度：中

考点：行政许可案件的审理

> 💡 **命题与解题思路**
>
> 本题考查考生对行政许可案件的审理对象与相关联行政行为关系的处理。最高法院《关于审理行政许可案件若干问题的规定》对于与审理对象相关联的行政行为如何处理作出了较为明确的规定，考生如果对上述规定没有理解掌握，即可能作出错误的回答。

答案解析：

本题中，原告起诉的是市政府给乙公司颁发第 2 号《国有土地使用权证》的行为，该行政行为属于行政许可行为。市政府向甲公司发放第 1 号《国有土地使用权证》的行为，并非本案的审理对象，也不能成为本案的裁判对象，即使该行为违法，法院也不能判决撤销或确认违法。当然，市政府向甲公司发放第 1 号《国有土地使用权证》的行为，构成该市政府向乙公司发放第 2 号《国有土地使用权证》的行为的关联性、基础性行政行为。对于上述关联性的基础性行政行为违法，如何处理的问题，最高法院《关于审理行政许可案件若干问题的规定》第 7 条作出了规定，即："作为被诉行政许可行为基础的其他行政决定或者文书存在以下情形之一的，人民法院不予认可：（一）明显缺乏事实根据；（二）明显缺乏法律依据；（三）超越职权；（四）其他重大明显违法情形。"依照上述规定，如果第1号《国有土地使用权证》存在违法问题，受案法院应不予认可。

5. 市政府强制拆除征地范围内的附着物设施应当遵循的主要法定程序和执行原则是什么？

答案：依照《行政强制法》的相关规定，市政府采取强制执行措施应当遵循法定程序，履行事先催告义务，并充分听取当事人的陈述申辩意见，当认为其陈述申辩无理由，需要继续执行，而被执行对象拒绝履行相关义务时，即作出书面强制执行决定并送达当事人，进而强制执行。在执行期间，依法可以与当事人达成执行协议。此外，依照《行政强制法》的规定，市政府不得选择在夜间或法定节假日实施强制执行，不得对居民生活采取停水、停电、停热、停气等方式迫使当事人执行等。

难度：中

考点：行政机关强制执行程序

> **命题与解题思路**
>
> 《行政强制法》对行政机关自行执行其行政决定的程序作出了明确规定，上述规定内容多，规定详细，考生不容易理解和记忆。本题即考查上述内容，考生如果复习不全面，即会在回答本题时出现回答不完整的问题。

答案解析：

《行政强制法》对行政机关强制执行程序和原则作出了详细规定，<u>要求行政机关作出强制执行决定前，应当事先书面催告当事人履行义务</u>，催告内容包括：履行义务的期限、方式、当事人依法享有的陈述权和申辩权等。当事人收到催告书后有权进行陈述和申辩。行政机关应当充分听取当事人的意见，提出的事实、理由或者证据成立的，行政机关应当采纳。经催告，当事人逾期仍不履行行政决定，且无正当理由的，行政机关可以作出书面强制执行决定并送达当事人。在实施行政强制执行时，行政机关可以在不损害公共利益和他人合法权益的情况下，与当事人达成执行协议。执行协议可以约定分阶段履行；当事人采取补救措施的，可以减免加处的罚款或者滞纳金。此外，《行政强制法》专门规定：行政机关不得在夜间或者法定节假日实施行政强制执行。但是，情况紧急的除外。行政机关不得对居民生活采取停止供水、供电、供热、供燃气等方式迫使当事人履行相关行政决定。对违法的建筑物、构筑物、设施等需要强制拆除的，应当由行政机关予以公告，限期当事人自行拆除。当事人在法定期限内不申请行政复议或者提起行政诉讼，又不拆除的，行政机关可以依法强制拆除。

6. 如某村对市国土局拒绝公开相关资料的决定不服，向法院起诉，法院应采用何种方式审理？如法院经审理认为市国土局应当公开相关资料，应如何判决？

答案：如某村对市国土局拒绝公开相关资料的决定不服，向法院起诉，法院应视情况采取适当的审理方式，以避免泄露涉及商业秘密的政府信息。如法院经审理认为市国土局应当公开相关资料，法院应当撤销或部分撤销不予公开决定，并判决市国土局在一定期限公开。尚需市国土局调查、裁量的，判决其在一定的期限内重新答复。

难度：中

考点：政府信息公开行政案件的审理方式与判决

> 💡 **命题与解题思路**
>
> 本题考查考生对政府信息公开案件的审理方式与判决规定的掌握程度。政府信息公开案件的审理方式和判决方式与常规的行政诉讼案件稍有差异，其原因在于争议的特殊性——政府信息是否公开，而非行政处理决定的合法性。鉴于此，《最高人民法院关于审理政府信息公开行政案件若干问题的规定》对人民法院审理此类案件的方式和判决方式作出了详细规定，需要考生认真领会相关规定的意图。

答案解析：

依照《最高人民法院关于审理政府信息公开行政案件若干问题的规定》第6条的规定，人民法院审理政府信息公开行政案件，应当视情采取适当的审理方式，以避免泄露涉及国家秘密、商业秘密、个人隐私或者法律规定的其他应当保密的政府信息。据此，本题中，如某村对市国土局拒绝公开相关资料的决定不服，向法院起诉，法院应视情况采取适当的审理方式，以避免泄露涉及商业秘密的政府信息。

依照《最高人民法院关于审理政府信息公开行政案件若干问题的规定》第9条第1款的规定，被告对依法应当公开的政府信息拒绝或者部分拒绝公开的，人民法院应当撤销或者部分撤销被诉不予公开决定，并判决被告在一定期限内公开。尚需被告调查、裁量的，判决其在一定期限内重新答复。据此，本题中，如法院经审理认为市国土局应当公开相关资料，即应撤销或者部分撤销被诉不予公开决定，并判决被告在一定期限内公开。尚需被告调查、裁量的，判决其在一定期限内重新答复。

2011 年真题

一、试题（本题22分）

案情：

经工商局核准，甲公司取得企业法人营业执照，经营范围为木材切片加工。甲公司与乙公司签订合同，由乙公司供应加工木材1万吨。不久，省林业局致函甲公司，告知按照本省地方性法规的规定，新建木材加工企业必须经省林业局办理木材加工许可证后，方能向工商行政管理部门申请企业登记，违者将受到处罚。1个月后，省林业局以甲公司无证加工木材为由没收其加工的全部木片，并处以30万元罚款。期间，省林业公安局曾传唤甲公司人员李某到公安局询问该公司木材加工情况。甲公司向法院起诉要求撤销省林业局的处罚决定。

因甲公司停产，无法履行与乙公司签订的合同，乙公司要求支付货款并赔偿损失，甲公司表示无力支付和赔偿，乙公司向当地公安局报案。2010年10月8日，公安局以涉嫌诈骗为由将甲公司法定代表人张某刑事拘留，1个月后，张某被批捕。2011年4月1日，检察院以证据不足为由作出不起诉决定，张某被释放。张某遂向乙公司所在地公安局提出国家赔偿请求，公安局以未经确认程序为由拒绝张某请求。张某又向检察院提出赔偿请求，检察院以本案应当适用修正前的《国家赔偿法》，此种情形不属于国家赔偿范围为由拒绝张某请求。

问题：

1. 甲公司向法院提起行政诉讼，如何确定本案的地域管辖？
2. 对省林业局的处罚决定，乙公司是否有原告资格？为什么？
3. 甲公司对省林业局的致函能否提起行政诉讼？为什么？
4. 省林业公安局对李某的传唤能否成为本案的审理对象？为什么？李某能否成为传唤对象？为什么？
5. 省林业局要求甲公司办理的木材加工许可证属于何种性质的许可？地方性法规是否有权创设？
6. 对张某被羁押是否应当给予国家赔偿？为什么？
7. 公安局拒绝赔偿的理由是否成立？为什么？
8. 检察院拒绝赔偿的理由是否成立？为什么？

二、答案精讲

1. 甲公司向法院提起行政诉讼，如何确定本案的地域管辖？

答案：甲公司向法院提起行政诉讼，案件的地域管辖法院为省林业局所在地的基层法院。理由是本案并不属于特殊地域管辖的情况，管辖法院为最初作出行政行为的行政机关所在地法院。

难度：易

考点：地域管辖

> 💡 **命题与解题思路**
>
> 本题考查行政诉讼法有关行政诉讼地域管辖的规定。行政诉讼法对一般地域管辖和特殊地域管辖分别作出规定，需要考生判断本题是否适用特殊地域管辖，如否，则适用一般地域管辖。

答案解析：

行政诉讼的地域管辖分为一般地域管辖和特殊地域管辖，《行政诉讼法》对这两种管辖分别作出了规定。该法第18条第1款规定："行政案件由最初作出行政行为的行政机关所在地人民法院管辖。经复议的案件，也可以由复议机关所在地人民法院管辖。"此规定确立了一般地域管辖的"原告就被告"规则。《行政诉讼法》第19条、第20条属于特殊地域管辖的规定。第19条规定："对限制人身自由的行政强制措施不服提起的诉讼，由被告所在地或者原告所在地人民法院管辖。"第20条规定："因不动产提起的行政诉讼，由不动产所在地人民法院管辖。"<u>本题既非因不动产引起的行政诉讼，也非对限制人身自由的行政强制措施</u>

提起诉讼的案件，不适用特殊地域管辖的规定，因此，应按照一般地域管辖规则确定本案的管辖法院，即应由作出处罚行为的林业厅所在地的法院管辖。

> **2. 对省林业局的处罚决定，乙公司是否有原告资格？为什么？**

答案： 乙公司没有原告资格。因为该公司与省林业局的行政处罚行为不具有法律上的利害关系，对甲公司不履行合同及给乙公司带来的损失，乙公司可以通过对甲公司提起民事诉讼解决。

难度： 易

考点： 原告资格

> 💡 **命题与解题思路**
>
> 本题考查债权人的原告资格问题。债权人对影响其债权实现的行政行为是否可以原告身份提起行政诉讼，一度存在争议。最高法院司法解释对此问题作出了明确规定。其基本原则是否定一般债权人的行政诉讼原告资格，除非有特殊例外情况。考生对此规定如果没有认真领会，即可能作出错误选择。

答案解析：

关于行政诉讼原告资格问题，《行政诉讼法》第 25 条第 1 款规定："行政行为的相对人以及其他与行政行为有利害关系的公民、法人或者其他组织，有权提起诉讼。"据此，确定行政诉讼原告资格的基本标准是利害关系。就民事法律关系中的债权人是否具有原告资格的问题，最高法院《行诉法解释》第 13 条规定："债权人以行政机关对债务人所作的行政行为损害债权实现为由提起行政诉讼的，人民法院应当告知其就民事争议提起民事诉讼，但行政机关作出行政行为时依法应予保护或者应予考虑的除外。"根据上述规定，债权人原则上对影响其债权实现的行政行为没有提起行政诉讼的原告资格，除非行政行为作出时立法明确要求行政机关予以保护。本题中，乙公司作为普通债权人，其与被诉的行政处罚行为之间并无直接利害关系，因此不具有行政诉讼原告资格。

> **3. 甲公司对省林业局的致函能否提起行政诉讼？为什么？**

答案： 甲公司对省林业局的致函不能提起行政诉讼。理由是：致函行为只是一种告知行为，并没有处分甲公司的权利义务，是对甲公司的权利义务不产生实际影响的行为。根据《行政诉讼法》及最高法院的司法解释，不属于行政诉讼受案范围。

难度： 中

考点： 行政诉讼受案范围

> 💡 **命题与解题思路**
>
> 本题考查行政诉讼受案范围的理解问题，核心内容是对当事人的权利义务不产生实际影响的行为的理解。致函行为是否属于对当事人的合法权益不产生实际影响的行为，对此问题如果存在模糊认识，即会得出错误结论。

答案解析：

对于哪些情况不属于行政诉讼受案范围，除《行政诉讼法》第 13 条排除四种情形外，最高法院《行诉法解释》第1条第2款又作出了进一步规定，即："下列行为不属于人民法院行政诉讼的受案范围：（一）公安、国家安全等机关依照刑事诉讼法的明确授权实施的行为；（二）调解行为以及法律规定的仲裁行为；（三）行政指导行为；（四）驳回当事人对行政行为提起申诉的重复处理行为；（五）行政机关作出的不产生外部法律效力的行为；（六）行政机关为作出行政行为而实施的准备、论证、研究、层报、咨询等过程性行为；（七）行政机关根据人民法院的生效裁判、协助执行通知书作出的执行行为，但行政机关扩大执行范围或者采取违法方式实施的除外；（八）上级行政机关基于内部层级监督关系对下级行政机关作出的听取报告、执法检查、督促履责等行为；（九）行政机关针对信访事项作出的登记、受理、交办、转送、复查、复核意见等行为；（十）对公民、法人或者其他组织权利义务不产生实际影响的行为。"本题中省林业局向甲公司致函的行为，符合其中第10项规定的情况，即该致函的内容只是告知甲公司一种信息，本质上并非具体行政行为，未直接导致甲公司权益的丧失，因此，不属于行政诉讼受案范围。

4. 省林业公安局对李某的传唤能否成为本案的审理对象？为什么？李某能否成为传唤对象？为什么？

答案：（1）省林业公安局对李某的传唤不能成为本案的审理对象。因为本案原告的诉讼请求是撤销省林业局的处罚行为，传唤行为由省林业公安局采取，与本案诉求无关，不能作为本案审理对象。（2）李某不能成为省林业公安局的传唤对象。因为根据《治安管理处罚法》的规定，治安传唤适用的对象是违反治安管理行为人，李某并未违反治安管理规定。

难度： 中
考点： 行政诉讼审理对象；治安管理处罚

命题与解题思路

本题考查考生对行政诉讼审理对象的理解，以及《治安管理处罚法》有关传唤行为适用对象的理解。第一问比较简单，第二问则因为涉及单行立法规定的理解，考生可能作出错误的回答。

答案解析：

本案涉及案件是甲公司就省林业局的行政处罚决定提起的行政诉讼，因此，案件的被告为省林业局，被诉行为是行政处罚决定，法院的审理对象为行政处罚决定是否合法。而省林业局的传唤行为针对的是甲公司的人员李某，该行为与处罚决定是两个不同的行为，不能成为本案的审理对象。

《治安管理处罚法》第82条规定："需要传唤违反治安管理行为人接受调查的，经公安机关办案部门负责人批准，使用传唤证传唤。对现场发现的违反治安管理行为人，人民警察经出示工作证件，可以口头传唤，但应当在询问笔录中注明。公安机关应当将传唤的原因和依据告知被传唤人。对无正当理由不接受传唤或者逃避传唤的人，可以强制传唤。"第85条规定："人民警察询问被侵害人或者其他证人，可以到其所在单位或者住处进行；必要时，也可以通知其到公安机关提供证言。人民警察在公安机关以外询问被侵害人或者其他证人，应当出示工作证件。询问被侵害人或者其他证人，同时适用本法第八十四条的规定。"据此，公安机关传唤的对象是违反治安管理的行为人，对于其他人员不是采用传唤方式，因此，对李某不能采取传唤方式。

5. 省林业局要求甲公司办理的木材加工许可证属于何种性质的许可？地方性法规是否有权创设？

答案：省林业局要求甲公司办理的木材加工许可证属于企业设立的前置性行政许可。依照《行政许可法》的规定，地方性法规不得设定企业或其他组织的设立登记及其前置性行政许可。

难度：易

考点：行政许可的种类和设定

> 💡 **命题与解题思路**
>
> 本题考查行政许可的类型划分和地方性法规的行政许可设定权。其内容涉及《行政许可法》的规定，总体难度不大。

答案解析：

省林业局致函甲公司，要求根据本省地方性法规的规定，凡办理新建木材加工的企业应先办理木材加工许可证，而后才能向工商行政管理部门申请企业登记。因此，木材加工许可证属于设立木材加工企业的前置性行政许可。

《行政许可法》第15条规定："本法第十二条所列事项，尚未制定法律、行政法规的，地方性法规可以设定行政许可；尚未制定法律、行政法规和地方性法规的，因行政管理的需要，确需立即实施行政许可的，省、自治区、直辖市人民政府规章可以设定临时性的行政许可。临时性的行政许可实施满一年需要继续实施的，应当提请本级人民代表大会及其常务委员会制定地方性法规。地方性法规和省、自治区、直辖市人民政府规章，不得设定应当由国家统一确定的公民、法人或者其他组织的资格、资质的行政许可；不得设定企业或者其他组织的设立登记及其前置性行政许可。其设定的行政许可，不得限制其他地区的个人或者企业到本地区从事生产经营和提供服务，不得限制其他地区的商品进入本地区市场。"依照此条规定，地方性法规不得"设定企业或者其他组织的设立登记及其前置性行政许可"。

6. 对张某被羁押是否应当给予国家赔偿？为什么？

答案：对张某被羁押应当给予国家赔偿。根据《国家赔偿法》的规定，对公民采取逮捕措施后，决定不起诉终止追究刑事责任的，受害人有取得国家赔偿的权利。

难度：中

考点：国家赔偿范围

> 💡 **命题与解题思路**
>
> 本题考查公民被逮捕之后决定不起诉因而终止追究刑事责任的，国家是否承担赔偿责任的问题。题目同时涉及新旧国家赔偿法的衔接适用问题。即国家侵权行为发生在旧法实施期间，但持续至新法实施之后，此时应当如何选择适用法律问题。

答案解析：

张某是在 2010 年 10 月 8 日被公安局刑事拘留，后被逮捕；2011 年 4 月 1 日，检察院以证据不足为由作出不起诉决定，张某才被释放。对张某的侵权行为虽发生在修正后的《国家赔偿法》生效前，但持续至其生效后。最高人民法院《关于适用〈中华人民共和国国家赔偿法〉若干问题的解释（一）》第 2 条规定："国家机关及其工作人员行使职权侵犯公民、法人和其他组织合法权益的行为发生在 2010 年 12 月 1 日以前的，适用修正前的国家赔偿法，但有下列情形之一的，适用修正的国家赔偿法：（一）2010 年 12 月 1 日以前已经受理赔偿请求人的赔偿请求但尚未作出生效赔偿决定的；（二）赔偿请求人在 2010 年 12 月 1 日以后提出赔偿请求的。"因此，对本题的判断依据应当是修正后的《国家赔偿法》。

修正后的《国家赔偿法》第 17 条规定："行使侦查、检察、审判职权的机关以及看守所、监狱管理机关及其工作人员在行使职权时有下列侵犯人身权情形之一的，受害人有取得赔偿的权利：（一）违反刑事诉讼法的规定对公民采取拘留措施的，或者依照刑事诉讼法规定的条件和程序对公民采取拘留措施，但是拘留时间超过刑事诉讼法规定的时限，其后决定撤销案件、不起诉或者判决宣告无罪终止追究刑事责任的；（二）对公民采取逮捕措施后，决定撤销案件、不起诉或者判决宣告无罪终止追究刑事责任的；……"本题的情形符合第 17 条第 2 项的规定，故张某的羁押应当给予国家赔偿。

7. 公安局拒绝赔偿的理由是否成立？为什么？

答案：公安局拒绝赔偿的理由不能成立。因为修正后的《国家赔偿法》已经取消了司法赔偿的确认程序，以此为由拒绝赔偿缺乏法律依据。

难度：易

考点：国家赔偿程序

> **命题与解题思路**
>
> 本题考查的是新旧《国家赔偿法》有关申请刑事司法赔偿是否先经确认程序的问题。对此，新法明确取消了上述程序，考生对此修改如果没有很好的了解，即可能作出错误回答。

答案解析：

张某申请的国家赔偿属于司法赔偿，应适用司法赔偿程序。对于当事人申请国家赔偿是否经过确认程序，旧《国家赔偿法》第 20 条第 1 款规定："赔偿义务机关对依法确认有本法第十五条、第十六条规定的情形之一的，应当给予赔偿。"而新《国家赔偿法》第 22 条第 1 款规定："赔偿义务机关有本法第十七条、第十八条规定情形之一的，应当给予赔偿。"两相对比可以看出，<u>修正后的《国家赔偿法》明确取消了司法赔偿的确认程序</u>，本题中，公安局再以未经确认程序为由拒绝赔偿缺乏法律依据。

8. 检察院拒绝赔偿的理由是否成立？为什么？

答案：检察院拒绝赔偿的理由不成立。理由是：本案侵权行为持续到 2010 年 12 月 1 日以后，按照最高法院的司法解释，应当适用修正后的《国家赔偿法》。

难度：易

考点：国家赔偿的法律适用

> **命题与解题思路**
>
> 本题考查新旧《国家赔偿法》的衔接问题，对此，最高法院司法解释作出了专门规定，考生需要对此有明确的了解，否则即可能作出错误回答。

答案解析：

如前所述，本案中的侵权行为持续到2010年12月1日以后，按照最高人民法院的司法解释，应当适用修正后的《国家赔偿法》。张某向检察院提出赔偿请求，检察院以本案应当适用修正前的《国家赔偿法》，此种情形不属于国家赔偿范围为由拒绝张某提出的赔偿请求，缺少法律依据。

2010年真题

一、试题（本题25分）

材料：近年来，为妥善化解行政争议，促进公民、法人或者其他组织与行政机关相互理解沟通，维护社会和谐稳定，全国各级法院积极探索运用协调、和解方式解决行政争议。2008年，最高人民法院发布《关于行政诉讼撤诉若干问题的规定》，从制度层面对行政诉讼的协调、和解工作机制作出规范，为促进行政争议双方和解，通过原告自愿撤诉实现"案结事了"提供了更大的空间。

近日，最高人民法院《人民法院工作年度报告（2009）》披露，"在2009年审结的行政诉讼案件中，通过加大协调力度，行政相对人与行政机关和解后撤诉的案件达43,280件，占一审行政案件的35.91%。"

总体上看，法院的上述做法取得了较好的社会效果，赢得了公众和社会的认可。但也有人担心，普遍运用协调、和解方式解决行政争议，与行政诉讼法规定的合法性审查原则不完全一致，也与行政诉讼的功能与作用不完全相符。

问题：

请对运用协调、和解方式解决行政争议的做法等问题谈谈你的意见。

答题要求：

1. 观点明确，逻辑严谨，说理充分，层次清晰，文字通畅；
2. 字数不少于500字。

二、答案精讲

答案：鉴于修订前的《行政诉讼法》明确规定，人民法院审理行政案件，不适用调解，且并无例外规定，因此，在旧法实施期间，围绕着人民法院审理行政案件是否一律不得适用调解制度，学界和实务界一直存在争议。

从法律规定表面上看，行政案件的审理不得采用法院协调、促使双方当事人达成和解以解决行政纠纷的方式，但从实质性解决行政争议、行政案件的多样性和复杂性以及最高法院的司法解释所反映出来的政策倾向等方面，都说明了在部分案件审理期间，是可以考虑协调、和解等特殊的解决行政争议的方式的。

在实践中，行政争议的种类逐渐多样化，解决争议的方式也趋于多样化。比如，对于常规的税收征收、行政命令等行为引起的行政案件，由于被告依法行使的多为羁束性权力，且对于上述公权力的行使，行政机关没有裁量权力或处分权力，其只能严格按照法律法规的规定作出处理决定，在此背景下，对于由上述行为引发的行政诉讼案件，人民法院在审理时，只能依照《行政诉讼法》的规定，严格履行司法审查职责，不能采用协调、调解等方式处理相关争议。

但是，对于其他一些行政争议，比如行政赔偿争议、行政补偿争议，由于并不直接涉及行政权力的处分，而只涉及金钱赔偿或补偿问题，在能够达到解决行政争议目的的前提下，完全可以由法院做一些必要的协调工作，促使行政机关作出一定让步，以更快地解决双方的纠纷；此外，公权力不得随意处分原则并不是普遍遵循的原则，当行政机关在个案中享有一定裁量权的情况下，比如行政处罚裁量权等，由于立法授予了行政机关随机处分的权力，行政机关对手中的处罚权确实具有一定的处分权力，在此情况下，也并不排除法院可以做一些协调性工作，以尽快解决双方的争议，并极大节省司法资源。

基于上述分析，行政诉讼案件在审理过程中，并非完全不可以采用协调、和解的方式。当然，鉴于行政争议的处理关系到国家利益和社会公共利益，在案件审理过程中运用协调、和解和调解的方式也要受到一定限制。比如，行政机关虽然可以处分其行政权力，但该种处分不得损害国家利益和社会公共利益，甚至不得影响第三方的合法权益。行政机关即使调整其行政决定的内容，也不得违反法律、法规的禁止性规定，不得超越或者放弃职权，不得损害公共利益和他人合法权益。

难度：中
考点：行政争议的解决方式

> **命题与解题思路**
>
> 本题考查考生对行政诉讼解决行政争议的不同方式的认识。原《行政诉讼法》并未就人民法院审理行政案件究竟能否适用调解、协调、和解等方式作出明确规定，理论界对上述方式能否运用于行政争议解决存在争议。但在建设和谐社会大背景下，人民法院根据行政争议内容的不同，也在探索新的解决行政争议的方式，《撤诉规定》即在此背景下制定出台。对于诸如协调、和解等方式是否能够运用于行政案件的处理，需要考生提出自己的观点。

答案解析：

本题实质考查《行政诉讼法》规定的合法性审查原则、审理行政案件不适用调解原则与协调、和解结案方式的关系问题。考生可以考虑按照以下思路展开分析：首先，明确肯定《行政诉讼法》规定的人民法院审理行政案件不适用调解是处理行政争议的基本准则。即在合法性审查原则之下，涉及行政权力行使的单方行政行为多不能适用调解、协调、和解等方式处理。其主要根据是公权力不能由行政机关随意处置。这是行政案件审理与其他审理方式的重要区别。其次，需要说明行政案件的多样性和争议的复杂性，决定了并非所有行政案件都不适用协调、和解方式处理。诸如单纯的赔偿争议、补偿争议乃至涉及行政裁量权行使的争议，并非没有法院作出协调工作的空间，当协调、和解能够彻底有效解决行政争议的时候，也可以使用该种处理案件的方式，且实践证明，该种处理方式取得了良好的社会效果。最后，要设定协调、和解行为处理行政争议的界限。即上述处理行政争议的方法只能作为合法性审查原则的例外或者补充，其适用应受到一定的限制，比如不得损害国家利益、公共利益以及他人合法权益等。

2009 年真题

一、试题（本题 20 分）

案情：

高某系 A 省甲县个体工商户，其持有的工商营业执照载明经营范围是林产品加工，经营方式是加工、收购、销售。高某向甲县工商局缴纳了松香运销管理费后，将自己加工的松香运往 A 省乙县出售。当高某进入乙县时，被乙县林业局执法人员拦截。乙县林业局以高某未办理运输证为由，依据 A 省地方性法规《林业行政处罚条例》以及授权省林业厅制定的《林产品目录》（该目录规定松香为林产品，应当办理运输证）的规定，将高某无证运输的松香认定为"非法财物"，予以没收。高某提起行政诉讼要求撤销没收决定，法院予以受理。

有关规定：《森林法》及行政法规《森林法实施条例》涉及运输证的规定如下：除国家统一调拨的木材外，从林区运出木材，必须持有运输证，否则由林业部门给予没收、罚款等处罚。

A 省地方性法规《林业行政处罚条例》规定"对规定林产品无运输证的，予以没收"。

问题：

1. 如何确定本案的管辖法院？如高某经过行政复议再提起诉讼，如何确定管辖法院？
2. 如高某在起诉时一并提出行政赔偿请求，法院应如何立案？对该请求可否进行单独审理？
3. 省林业厅制定的《林产品目录》的性质是什么？可否适用于本案？理由是什么？
4. 高某运输的松香是否属于"非法财物"？理由是什么？
5. （1）法院审理本案时应如何适用法律、法规？理由是什么？

（2）依《行政处罚法》，法律、行政法规对违法行为已经作出行政处罚规定，地方性法规需要作出具体规定的，应当符合什么要求？本案《林业行政处罚条例》关于没收的规定是否符合该要求？

二、答案精讲

1. 如何确定本案的管辖法院？如高某经过行政复议再提起诉讼，如何确定管辖法院？

答案： 本案的管辖法院是乙县法院。如果高某先申请行政复议，则依法应由乙县政府作为复议机关，管辖法院应如此确定：若乙县政府复议维持，应由乙县法院管辖；若乙县政府复议改变，应由乙县法院的上级人民法院即中级人民法院管辖。

难度：中

考点：地域管辖；级别管辖

> 💡 **命题与解题思路**
>
> 本题考查行政案件的管辖法院确定问题。第一问相对简单，第二问则因涉及行政复议与行政诉讼的关系，且修正后的《行政诉讼法》对经过复议之后的被告确定有新的规定，由此导致案件的管辖法院确定也变得较为复杂。尤其是复议维持的情况下，其级别管辖法院的确定，最高法院《行诉法解释》作出了特殊规定，需要引起考生的充分注意。

答案解析：

当高某不服乙县林业局作出的行政处罚决定提起行政诉讼时，依照《行政诉讼法》的规定，常规行政诉讼案件，由被告所在地的人民法院管辖，因此本案应由乙县法院管辖。

如果高某经过行政复议再提起诉讼，管辖法院需要根据复议结果的不同分别确定。《行政复议法》第24条第1款规定："县级以上地方各级人民政府管辖下列行政复议案件：（一）对本级人民政府工作部门作出的行政行为不服的；（二）对下一级人民政府作出的行政行为不服的；（三）对本级人民政府依法设立的派出机关作出的行政行为不服的；（四）对本级人民政府或者其工作部门管理的法律、法规、规章授权的组织作出的行政行为不服的。"据此，本案中高某对县林业局的行政行为不服，复议机关应为乙县政府。对此，如果复议机关作出复议维持的决定，因存在双被告的情况，依照《行诉法解释》134条第3款的规定，应以作出原行政行为的行政机关（乙县林业局）确定案件的级别管辖，则乙县法院享有管辖权；如果复议机关作出复议改变的决定，则复议机关为本案被告，依照《行政诉讼法》第15条的规定，当被告为县级以上人民政府的时候，应由乙县法院的上级人民法院即中级人民法院管辖。

2. 如高某在起诉时一并提出行政赔偿请求，法院应如何立案？对该请求可否进行单独审理？

答案：如高某在起诉时一并提出行政赔偿请求，根据《最高人民法院关于审理行政赔偿案件若干问题的规定》，法院应当对撤销没收决定请求与赔偿请求分别立案，可以根据具体情况对行政赔偿的请求进行单独审理或者合并审理。

难度：中

考点：行政赔偿诉讼的受理与审理

> 💡 **命题与解题思路**
>
> 本题考查行政赔偿案件的受理与审理。最高法院相关司法解释对此有专门规定，即行政诉讼案件和行政赔偿案件可以由人民法院一并受理和审理。考生如果对此解释没有明确认识，即可能作出错误选择。

答案解析：

《最高人民法院关于审理行政赔偿案件若干问题的规定》第4条第1款规定："公民、法人或者其他组织在提起行政诉讼的同时一并提出行政赔偿请求的，人民法院应一并受理。"第28条规定，在此种情况下，<u>人民法院应当分别立案，根据具体情况可以合并审理，也可以单独审理</u>。据此，当高某在针对林业局行政处罚决定提起撤销诉讼时，一并提出行政赔偿请求的，人民法院应当一并受理，分别立案，并根据具体情况可以合并审理或者单独审理。

3. 省林业厅制定的《林产品目录》的性质是什么？可否适用于本案？理由是什么？

答案：省林业厅制定的《林产品目录》的性质是行政规范性文件。该规范性文件在行政诉讼中既非审判依据，也非参照依据，只能作为证明被诉行政行为合法的事实依据之一。

难度：中

考点：行政诉讼的法律适用

> **命题与解题思路**
>
> 本题考查考生对规范性文件在行政诉讼中处于何种法律地位的认识。依照行政诉讼法和最高法院相关司法文件的规定，其不能作为审理依据，也不具有规章的参照适用地位，人民法院对其依法享有审查权力。对此问题，考生应当有明确的认识。

答案解析：

本题中，省林业厅根据A省地方性法规《林业行政处罚条例》授权制定了《林产品目录》。但是，该目录的制定主体并不具有行政立法权，因此，该目录只能属于普通的行政规范性文件。对规范性文件在行政诉讼中的地位，最高法院《关于审理行政诉讼案件适用法律若干问题的座谈会纪要》规定，<u>规范性文件不是正式的法律渊源，对人民法院不具有法律规范意义上的约束力</u>。本题中，作为规范性文件的《林产品目录》，既非人民法院审理行政案件的法律依据，也非参照依据。但这并非意味着该规范性文件毫无意义，被告乙县林业局可以作为证明被诉行政行为合法的事实依据之一。

4. 高某运输的松香是否属于"非法财物"？理由是什么？

答案：高某运输的松香不属于"非法财物"。由于高某具有加工、收购、销售松香的主体资格，也向甲县工商局缴纳了松香运销管理费，对该批松香其享有合法所有权，不能将该批松香认定为"非法财物"予以没收。

难度：中

考点：行政诉讼中的法律适用

> **命题与解题思路**
>
> 本题考查对法律规定的"非法财物"的理解问题。被告将高某无证运输的松香认定为"非法财物"并予以没收，其认定方法——无证运输行为涉及的财物即属于非法财物——存在理解错误问题。

答案解析：

本题中，高某经过批准具有从事松香加工、收购、销售松香的资格，并向甲县工商局缴纳了松香运销管理费，乙县林业局仅以其未办理运输证为由而认定其运输的松香为非法财物的观点不能成立。非法财物一般理解为两种情况，<u>一是违禁物品，二是从事违法行为使用的工具</u>。本题中，一方面，高某是否需要办理运输证本身即值得讨论；另一方面，即使高某运输松香需要依法办理运输证，在高某未办理的情况下，只能说明高某存在违法运输行为，而不能认定运输的财物违法。据此，不能将该批松香认定为"非法财物"。

5.（1）法院审理本案时应如何适用法律、法规？理由是什么？（2）依《行政处罚法》，法律、行政法规对违法行为已经作出行政处罚规定，地方性法规需要作出具体规定的，应当符合什么要求？本案《林业行政处罚条例》关于没收的规定是否符合该要求？

答案：（1）本题中，《森林法》及《森林法实施条例》与A省地方性法规的规定存在不一致的情况，在作为上位法的《森林法》及其实施条例均未将木材以外的林产品的无证运输行为纳入行政处罚范围，也未对无证运输其他林产品的行为规定没收处罚的情况下，A省地方性法规《林业行政处罚条例》扩大了上位法关于应受行政处罚行为以及没收行为的范围，存在与上位法相违背的情况，依照法律规范冲突的法律适用规则，法院应适用《森林法》及《森林法实施条例》。

（2）依照《行政处罚法》的规定，法律、行政法规对违法行为已经作出行政处罚规定，地方性法规需要作出具体规定的，必须在法律、行政法规规定的给予行政处罚的行为、种类和幅度的范围内规定。本题中，A省的地方性法规《林业行政处罚条例》关于没收的规定超出了《森林法》及《森林法实施条例》行政处罚行为、种类和幅度的范围，其规定内容违法，不能适用。

难度： 中
考点： 行政诉讼的法律适用

> 💡 **命题与解题思路**
>
> 本题考查考生对法律规范适用冲突情况下的规范选择问题。内容涉及地方性法规的规定与其上位法规定的内容之间存在不一致时，人民法院应当如何选择适用。考生首先需要根据提示对A省地方性法规规定的应受行政处罚的行为与上位法规定的应受行政处罚的行为是否属于同种行为作出判断，然后才能确定本案应当适用的法律规范依据。如果判断错误，即可能作出错误的回答。

答案解析：

（1）本题中，法院的法律适用涉及国家法律《森林法》、行政法规《森林法实施条例》和A省地方性法规《林业行政处罚条例》规定之间的关系。具体而言，A省地方性法规《林业行政处罚条例》，与《森林法》和《森林法实施条例》在办理运输证的规定上有所不同。两相对照可以看出，《森林法》及其实施条例规定办理运输证的对象仅限于"木材"，A省地方性法规《林业行政处罚条例》规定办理运输证的对象则为"林产品"。后者规定办理运输证的对象范围显然超出了前者规定的范围。如果按照《森林法》和《森林法实施条例》的规定，高某运输松香无需办理运输证，也不会构成无运输证而受到行政处罚。因此，A省地方性法规《林业行政处罚条例》的规定违反了上位法的规定。依照《立法法》和最高法院《关于审理行政案件适用法律规范问题的座谈会纪要》的相关规定，<u>下位法与上位法相抵触</u>

的，应当依据上位法认定被诉具体行政行为的合法性。因此，本题中，法院应当适用《森林法》和《森林法实施条例》。

（2）根据《行政处罚法》第12条第2款的规定，法律、行政法规对违法行为已经作出行政处罚规定，地方性法规需要作出具体规定的，必须在法律、行政法规规定的给予行政处罚的行为、种类和幅度的范围内规定。本题中，A省制定的地方性法规《林业行政处罚条例》关于没收的规定超出了《森林法》和《森林法实施条例》中行政处罚行为、种类和幅度的范围，不符合《行政处罚法》有关地方性法规具体规定权的要求。

2008年真题

一、试题（本题20分）

案情：

因某市某区花园小区进行旧城改造，区政府作出《关于做好花园小区旧城改造房屋拆迁补偿安置工作的通知》，王某等205户被拆迁户对该通知不服，向区政府申请行政复议，要求撤销该通知。区政府作出《行政复议告知书》，告知王某等被拆迁户向市政府申请复议。市政府作出《行政复议决定书》，认为《通知》是抽象行政行为，裁定不予受理复议申请。王某等205户被拆迁户不服市政府不予受理复议申请的决定，向法院提起诉讼。一审法院认为，在非复议前置前提下，当事人对复议机关不予受理决定不服而起诉，要求法院立案受理缺乏法律依据，裁定驳回原告起诉。

问题：

1. 本案是否需要确定诉讼代表人？如何确定？
2. 行政诉讼中以复议机关为被告的情形主要包括哪些？
3. 若本案原告不服一审裁定，提起上诉的主要理由是什么？
4. 如果二审法院认为复议机关不予受理行政复议申请的理由不成立，应当如何判决？
5. 本案一、二审法院审理的对象是什么？为什么？
6. 若本案原告不服一审裁定提起上诉，在二审期间市政府会同区政府调整了补偿标准，上诉人申请撤回上诉，法院是否应予准许？理由是什么？

二、答案精讲

1. 本案是否需要确定诉讼代表人？如何确定？

答案： 本案需要确定诉讼代表人。依照最高法院《行诉法解释》的规定，当事人一方人数在10人以上的，由当事人推选代表人。当事人推选不出的，可以由人民法院在起诉的当事人中指定代表人。

难度： 易

考点： 诉讼代表人

命题与解题思路

本题考查《行政诉讼法》及其司法解释有关诉讼代表人的相关规定。题目本身难度不大。需要注意的是，<u>最高法院发布的新旧司法解释之间对诉讼代表人适用条件的规定有所变化</u>。考生需要对此变化有明确认识。

答案解析：

《行政诉讼法》第 28 条规定："当事人一方人数众多的共同诉讼，可以由当事人推选代表人进行诉讼。代表人的诉讼行为对其所代表的当事人发生效力，但代表人变更、放弃诉讼请求或者承认对方当事人的诉讼请求，应当经被代表的当事人同意。"本条确立了诉讼代表人制度。最高法院《行诉法解释》第 29 条进一步规定："行政诉讼法第二十八条规定的'人数众多'，一般指十人以上。根据行政诉讼法第二十八条的规定，当事人一方人数众多的，由当事人推选代表人。当事人推选不出的，可以由人民法院在起诉的当事人中指定代表人。行政诉讼法第二十八条规定的代表人为二至五人。代表人可以委托一至二人作为诉讼代理人。"本题中，原告人数众多，远在 10 人以上，故需要确定诉讼代表人。

2. 行政诉讼中以复议机关为被告的情形主要包括哪些？

答案： 行政诉讼中以复议机关为被告的情形主要包括：（1）复议机关改变原行政行为，原告不服复议决定的；（2）复议机关在复议期限内未作出复议决定，原告不服的；（3）复议机关不受理复议申请，原告不服的。

难度： 中

考点： 行政诉讼被告

命题与解题思路

本题考查考生对以复议机关为被告的主要情形，需要考生对《行政诉讼法》及其司法解释有关行政复议的相关规定有综合性的把握，在此基础上才能将本题回答全面。如果考生没有综合概括能力，即可能出现概括不全或列举不充分的情况。

答案解析：

有关复议机关作被告，《行政诉讼法》第 26 条有以下规定：第一，经复议的案件，复议机关改变原行政行为的，复议机关是被告。第二，复议机关在法定期限内未作出复议决定，公民、法人或者其他组织起诉复议机关不作为的，复议机关是被告。此外，最高法院《行诉法解释》第 56 条第 2 款规定，复议机关不受理复议申请或者在法定期限内不作出复议决定，公民、法人或者其他组织不服，依法向人民法院提起诉讼的，人民法院应当依法立案。

3. 若本案原告不服一审裁定，提起上诉的主要理由是什么？

答案： 本案原告不服一审裁定，提起上诉的理由是：在非复议前置的情况下，原告针对影响其合法权益的复议机关不受理复议申请的行为，有权提起行政诉讼。一审法院裁定缺少法律依据。

难度： 中

考点：诉讼程序（上诉）

> 💡 **命题与解题思路**
> 　　本题考查考生对上诉理由的归纳能力。当事人的上诉理由需要针对一审法院的裁判理由，如果忽略了裁判理由，其上诉即缺乏明确指向。考生如果忽视了此点，即可能出现回答错误。

答案解析：

　　本题中，一审法院认为，在非复议前置前提下，当事人对复议机关不予受理决定不服而起诉，要求法院立案受理缺乏法律依据，裁定驳回其起诉。原告提出上诉时，需要针对一审法院的理由提出异议，即其需要主张，在非复议前置前提下，当事人选择针对复议机关不予受理复议申请的决定提起诉讼，符合法律规定，一审法院裁定驳回缺少法律依据。

4. 如果二审法院认为复议机关不予受理行政复议申请的理由不成立，应当如何判决？

　　答案：二审法院如果认为复议机关不予受理行政复议申请的理由不成立，应当撤销一审裁定，指令一审法院依法立案或者继续审理。

　　难度：易

　　考点：二审裁判

> 💡 **命题与解题思路**
> 　　本题考查二审裁定的适用。《行政诉讼法》对二审法院的二审裁判作出了专门规定，其规定内容较为详细。考生通常只注重一审裁判方式，往往忽略了二审裁判的适用。由此可能对本题作出错误的回答。

答案解析：

　　《行政诉讼法》第 89 条规定："人民法院审理上诉案件，按照下列情形，分别处理：（一）原判决、裁定认定事实清楚，适用法律、法规正确的，判决或者裁定驳回上诉，维持原判决、裁定；（二）原判决、裁定认定事实错误或者适用法律、法规错误的，依法改判、撤销或者变更；（三）原判决认定基本事实不清、证据不足的，发回原审人民法院重审，或者查清事实后改判；（四）原判决遗漏当事人或者违法缺席判决等严重违反法定程序的，裁定撤销原判决，发回原审人民法院重审。原审人民法院对发回重审的案件作出判决后，当事人提起上诉的，第二人民法院不得再次发回重审。人民法院审理上诉案件，需要改变原审判决的，应当同时对被诉行政行为作出判决。"最高法院《行诉法解释》第 109 条第 1 款规定："第二审人民法院经审理认为原审人民法院不予立案或者驳回起诉的裁定确有错误且当事人的起诉符合起诉条件的，应当裁定撤销原审人民法院的裁定，指令原审人民法院依法立案或者继续审理。"根据上述规定，本题中，如果二审法院认为一审法院裁定适用法律错误，即可裁定撤销一审裁定，指令其立案或者继续审理。

5. 本案一、二审法院审理的对象是什么？为什么？

　　答案：本案一、二审法院审理的对象是市政府不予受理复议申请的决定。因为原告起诉要求撤销的就是该决定，法院应当以该决定作为合法性审查的对象。

难度：中

考点：行政诉讼的审理对象

> 💡 **命题与解题思路**
>
> 本题考查考生对行政诉讼案件审理对象的认识问题。一审和二审程序的审理对象存在一定差别。即<u>一审法院以被诉行政行为为审理对象，二审法院既要审查一审裁判是否合法，又要针对行政行为合法性进行审查</u>，因此审理对象存在差异。如果考生对此没有明确认识，即可能作出错误回答。

答案解析：

本案一审中，因原告起诉针对的市政府作出的不受理复议申请决定，因此，一审法院应当围绕着市政府不予受理复议申请的决定是否合法展开审理。同时，《行政诉讼法》第87条规定："人民法院审理上诉案件，应当对原审人民法院的判决、裁定和被诉行政行为进行全面审查。"据此，二审法院既要审查市政府不予受理复议申请的决定的合法性，也要审查一审裁定是否合法。

6. 若本案原告不服一审裁定提起上诉，在二审期间市政府会同区政府调整了补偿标准，上诉人申请撤回上诉，法院是否应予准许？理由是什么？

答案：原告上诉后如果因为市政府会同区政府调整了补偿标准而申请撤回上诉，法院经审查认为该市、区政府调整补偿标准的行为不违反法律法规的禁止性规定，不超越或放弃职权，不损害公共利益和他人合法权益，申请撤回上诉是上诉人的真实意思表示，第三人无异议的，则应予准许。

难度：中

考点：撤诉制度

> 💡 **命题与解题思路**
>
> 由于最高法院《撤诉规定》对被诉行政机关在行政诉讼期间改变被诉行政行为有所扩大，不再限定于一审。一些考生不了解最新规定，容易作出错误回答。也有一些考生对该规定不甚了解，对因被诉行政机关改变被诉行政行为引起的撤诉条件掌握不全，从而导致回答问题不全面。

答案解析：

原告上诉后市政府会同区政府调整了补偿标准，事实上意味着市政府改变了被诉具体行政行为。《行政诉讼法》第62条规定："人民法院对行政案件宣告判决或者裁定前，原告申请撤诉的，或者被告改变其所作的行政行为，原告同意并申请撤诉的，是否准许，由人民法院裁定。"最高法院《撤诉规定》第8条第1款规定："第二审或者再审期间行政机关改变被诉具体行政行为，当事人申请撤回上诉或者再审申请的，参照本规定。"据此，<u>《撤诉规定》将适用范围扩大到二审和再审撤回诉求。即在二审期间，上诉人可以撤回上诉</u>。该司法解释第2条规定："被告改变被诉具体行政行为，原告申请撤诉，符合下列条件的，人民法院应当裁定准许：（一）申请撤诉是当事人真实意思表示；（二）被告改变被诉具体行政行为，不违反法律、法规的禁止性规定，不超越或者放弃职权，不损害公共利益和他人合法权益；（三）被告已经改变或者决定改变被诉具体行政行为，并书面告知人民法院；（四）第三人无异议。"参照此规定，上诉人申请可以撤回上诉，只要符合上述条件，法院即应准许。

商法 2010—2023

答案和解析作者简介

任启明

北京大学法学博士，中国政法大学助理教授。

2009年毕业于北京大学元培学院，获法学学士；2015年毕业于北京大学法学院，获法学博士学位（硕博连读）。2015年入职中国政法大学民商经济法学院，主要讲授公司法、证券法等课程。授课广受好评，2019年、2021年、2023年连续三届被评为"中国政法大学最受本科生欢迎的十位老师"之一，荣获中国政法大学第三届"青年教学名师"称号。善于在掌握知识的基础上进行知识的传承、升华和再创造；深入实际而不浮躁，独立思考而不跟风；对法考命题特点、规律有深入的研究。

2023年"回忆版"金题

一、试题（本题28分）

案情：

甲公司、乙公司、张三、李四共同出资设立了A有限公司。公司注册资本为3000万元，其中甲公司持股49%、乙公司持股31%、张三持股13%、李四持股7%。A公司董事会由三人组成，分别为甲公司委派的赵六、乙公司委派的刘七和张三。赵六任公司董事长和法定代表人。

A公司章程规定：(1) 自然人张三和李四认缴的出资须在公司设立时一次性缴纳完毕，甲公司和乙公司认缴的出资分两期缴纳，即在公司成立时缴纳出资的一半，剩余部分在10年内缴清；(2) 法定代表人代表公司对外签订合同金额在100万元以上的，须经董事会决议。

公司成立后不久，为稳定公司股权结构、凝聚人心，A公司召开股东会，决议将公司章程部分内容修改为"公司成立5年内股东不得对外转让股权"。李四对此表示反对，并拒绝在股东会决议上签字。其他股东均在修改公司章程的股东会决议上签字。但此后A公司并未到公司登记机关办理章程的备案变更手续。

股东会召开后，李四未遵守股东会决议，伪造了其他股东的同意书和放弃优先购买权的声明，将股权以私下协议的方式转让给了王五。经法院查明，王五系善意，对不得转让的章程内容和李四伪造同意书及放弃优先购买权声明的事实并不知情。王五请求A公司变更股东登记，但遭到了公司的拒绝。

赵六在公司经营中，以A公司名义为B公司对C公司60万元贷款的债务提供保证，直接与C公司签署了保证协议，未经公司股东会或董事会决议。C公司也不知道A公司章程对法定代表人的职权限制。后赵六因与甲公司董事存在矛盾，从甲公司辞职，并以书面形式向

A 公司提交辞呈，要求辞去 A 公司法定代表人职务。对此，A 公司一直没有办理变更登记。赵六提交辞呈后，D 公司向其表达了与 A 公司交易的意愿，赵六认为该交易机会难得，遂以 A 公司的名义与 D 公司签署了价值 600 万元的买卖合同。

A 公司成立 3 年后，债权人 E 公司对 A 公司所享有的一笔 800 万元债权到期，法院判决 A 公司应当向 E 公司履行债务。

问题：

1. 赵六以 A 公司名义为 B 公司对 C 公司的贷款债务提供保证，C 公司能否要求 A 公司承担保证责任？为什么？

2. A 公司股东会作出的"公司成立 5 年内股东不得对外转让股权"的修改章程的决议是否对李四生效？为什么？

3. 李四未遵守股东会决议，私自转让股权，该转让合同效力如何？为什么？王五可否善意受让该股权？为什么？

4. 赵六辞去法定代表人职务的行为是否有效？为什么？

5. 赵六以 A 公司名义与 D 公司签署的买卖合同是否有效？为什么？

6. 对于 800 万元的到期债权，E 公司是否有权要求股东提前履行出资义务？为什么？

二、答案精讲

> 1. 赵六以 A 公司名义为 B 公司对 C 公司的贷款债务提供保证，C 公司能否要求 A 公司承担保证责任？为什么？

答案：

答案一：无需承担。根据《公司法》第 15 条规定，公司对外担保须经章程规定的股东会或董事会决议。赵六作为 A 公司法定代表人，未经股东会或董事会决议，即擅自对外担保，违反了《公司法》关于公司对外担保决议程序的规定，构成越权担保。C 公司未审查有权机关的决议，不构成善意，该担保无效。因此，A 公司无需承担保证责任。

答案二：应当承担。A 公司章程规定法定代表人签订 100 万元以上的合同须经董事会决议，即公司章程授权法定代表人可以单独签订金额不超过 100 万的担保合同。赵六作为法定代表人以公司名义签订的担保合同在授权的金额以下，是有权的代表行为，应由公司承担担保责任。因此，C 公司可以要求 A 公司承担保证责任。

考点：公司担保；代表行为

难度：难

> 💡 命题与解题思路
>
> 本题系对公司担保的考查。公司越权担保及其效力是近三年来商法主观题考查的新考点、常考点，几乎每年都考。本题形式上命题背景较新，且存在争议性，相对较难。题目中公司章程规定 100 万元以上的合同须经董事会决议，即担保 100 万元以上须经董事会决议。对此类事实，须把握住<u>分析公司担保的框架：(1) 公司为自己担保，还是为他人担保；(2) 公司为股东、实际控制人等他人担保，还是为股东、实际控制人之外的其他人担保；(3) 是否属于越权担保；(4) 相对人是否属于善意</u>。区分以上情形后，考生即能够从容作答。

答案解析：

《民法典》第61条规定："依照法律或者法人章程的规定，代表法人从事民事活动的负责人，为法人的法定代表人。法定代表人以法人名义从事的民事活动，其法律后果由法人承受。法人章程或者法人权力机构对法定代表人代表权的限制，不得对抗善意相对人。"

《公司法》第15条规定："公司向其他企业投资或者为他人提供担保，按照公司章程的规定，由董事会或者股东会决议；公司章程对投资或者担保的总额及单项投资或者担保的数额有限额规定的，不得超过规定的限额。公司为公司股东或者实际控制人提供担保的，应当经股东会决议。前款规定的股东或者受前款规定的实际控制人支配的股东，不得参加前款规定事项的表决。该项表决由出席会议的其他股东所持表决权的过半数通过。"

《民法典担保制度解释》第7条规定："公司的法定代表人违反公司法关于公司对外担保决议程序的规定，超越权限代表公司与相对人订立担保合同，人民法院应当依照民法典第六十一条和第五百零四条等规定处理：（一）相对人善意的，担保合同对公司发生效力；相对人请求公司承担担保责任的，人民法院应予支持。（二）相对人非善意的，担保合同对公司不发生效力；相对人请求公司承担赔偿责任的，参照适用本解释第十七条的有关规定。法定代表人超越权限提供担保造成公司损失，公司请求法定代表人承担赔偿责任的，人民法院应予支持。第一款所称善意，是指相对人在订立担保合同时不知道且不应当知道法定代表人超越权限。相对人有证据证明已对公司决议进行了合理审查，人民法院应当认定其构成善意，但是公司有证据证明相对人知道或者应当知道决议系伪造、变造的除外。"

《民法典担保制度解释》第8条规定："有下列情形之一，公司以其未依照公司法关于公司对外担保的规定作出决议为由主张不承担担保责任的，人民法院不予支持：（一）金融机构开立保函或者担保公司提供担保；（二）公司为其全资子公司开展经营活动提供担保；（三）担保合同系由单独或者共同持有公司三分之二以上对担保事项有表决权的股东签字同意。上市公司对外提供担保，不适用前款第二项、第三项的规定。"

如"命题与解题思路"所述，本题虽然是法考常考点，但是在命题形式上仍然具有极大的开放性，一方面从形式上增大了考生答题的难度，另一方面也从结果上降低了考生得分的难度；毕竟根据做题的不同角度，采取了多元化的评分答案。因此，这也提示各位考生，在准备法考商法主观题考试时，不要被"模棱两可的答题感觉"所迷惑，而应当"坚持你的选择"。

首先，本题具有开放性。《公司法》第15条规定的是公司为他人提供担保，依照公司章程的规定，由董事会或者股东会决议。而《民法典担保制度解释》第7条则进一步规定，违反公司法关于公司对外担保决议程序规定代表公司与相对人订立担保合同的，属于越权代表、越权担保。考生遇到的题目一般是，公司章程没有明确股东会或董事会决议事项，或者明确了股东会或董事会决议事项，而法定代表人在没有决议时对外作出了担保。但是本题考查的内容却是公司章程规定"法定代表人代表公司对外签订合同金额在100万元以上的，须经董事会决议"。结合担保合同的语境，即公司章程规定的是对外担保在100万元以上的须经董事会决议。对此，可以有以下两种解释：（1）该条款不符合《公司法》规定的公司对外担保经董事会或股东会决议的要求，因此100万以上的担保须经董事会或股东会决议，100万元以下的担保也须经董事会或股东会决议方为有效；（2）该条款系章程对法定代表人的授权，即100万元以上的担保须经董事会决议，而100万元以下的担保按照"举重以明轻"，可以授权法定代表人单独决定。

其次，在明确了本题开放性的基础上，按照上述两种观点，得出两个答案也就很自然了。

答案一，采取严格的法律形式分析。《公司法》第 15 条第 1 款规定，公司向其他企业投资或者为他人提供担保，按照公司章程的规定，由董事会或者股东会决议。即章程只能在公司章程规定的董事会或股东会决议两个选项中选择一个公司对外担保程序。《民法典担保制度解释》第 7 条第 1 款也规定"违反公司法关于公司对外担保决议程序的规定"构成"超越权限"代表公司。因此，虽然 A 公司章程规定 100 万元对外担保须经董事会决议，但仍然需要适用《公司法》的规定，100 万元以下的对外担保仍然须经董事会或者股东会决议，方为有权担保。在本题中，没有经过董事会、股东会的决议，法定代表人赵六即作出对外担保，构成越权担保。针对该越权担保，应当按照《民法典担保制度解释》第 7 条的规定，相对人须履行形式审查义务方为善意，担保有效。本题相对人 C 公司并未履行形式审查义务，且也不存在豁免形式审查义务的情形，所以该担保无效。因此，A 公司无需承担担保责任。

答案二，综合考查担保行为的效力。从 A 公司的公司章程看，规定的是"法定代表人代表公司对外签订合同金额在 100 万元以上的，须经董事会决议"，即是对法定代表人在 100 万元以下业务的授权。结合担保语境，即授权在 100 万元以下的对外担保，允许法定代表人自行决定。在本题中，章程将 100 万元以上的担保授权由董事会决议，而无需股东会决议，则"举重以明轻"，100 万元以下的更小的担保也就更没有理由经股东会决议。从反对解释来看，既然章程只规定了大额担保须经董事会决议，没有规定更小金额的担保须经董事会决议，就是对法定代表人的概括授权。该章程为公司初始章程，经过全体股东的同意。从《公司法》第 15 条的制度功能来看，之所以要求公司为他人担保须经特殊决议程序，也是为了维护股东权益。因此，股东自然可以将程序放宽，授权给法定代表人。这也符合实践中部分公司的商事效率。上述观点在"恒大地产集团有限公司、恒大地产集团长沙置业有限公司与上海正熙投资顾问有限公司金融借款合同纠纷二审案"〔（2020）沪民终 9 号〕判决书中也得以明确。按照上述分析，该章程系对法定代表人的授权，法定代表人对外担保，即使未经董事会、股东会决议，仍然属于有权担保；在有权担保的情形下，按照《民法典》第 61 条的规定，法律后果由法人承担。因此，A 公司应当承担担保责任。

2. A 公司股东会作出的"公司成立 5 年内股东不得对外转让股权"的修改章程的决议是否对李四生效？为什么？

答案：

答案一：对李四有效。《公司法》第 84 条授权章程对有限公司股权转让可以另行规定，A 公司股东会决议修改章程，规定 5 年内不能对外转让股权，并未构成对股权转让的实质禁止，因此该决议内容合法；该修改章程的决议，虽然李四反对，但得到了代表 2/3 以上表决权的股东同意，因此决议通过且合法有效，对李四具有约束力。

答案二：对李四无效。虽然《公司法》第 84 条授权章程对有限公司股权转让可以另行规定，但是股东进入公司后，通过修改章程的方式限制股东股权转让，损害了股东对其自身权益的处分，违反了法律强制性规定。李四对修改章程的决议反对，虽然该决议获得了代表 2/3 以上表决权的股东同意，决议通过，但对李四不具有约束力。

考点：股权转让；章程；公司决议

难度：难

> **命题与解题思路**
>
> 本题考查有限公司章程限制股权转让以及公司决议的效力等考点。从考点内容而言，本题考查的考点属于法考常规考点。但本题在命题形式上具有相当的灵活性：（1）本题考查的是修订公司章程限制股权转让。考生在学习章程限制股权转让这一考点时往往接触的是公司初始章程限制股权转让，而有限公司初始章程需要全体股东一致同意，此时的限制往往被认为有效。但是以修改章程的方式限制股权转让，该章程的效力应当如何认定则存在争议。（2）本题的设问是修改章程的决议对股东是否有效，并未直接考查修改的章程是否有效，具有一定迷惑性。修改公司章程限制股权转让本身就是公司法理论和实践中的一个长期争论的问题，本题的考查说明法考商法主观题的命题并不回避热点、难点与争议点。但是一如法考之前对争议点的处理，本题应为开放性问题。考生只要能够扎实基础作出判断，并且能够言之成理，自然能够得分。

答案解析：

《公司法》第25条规定："公司股东会、董事会的决议内容违反法律、行政法规的无效。"

《公司法》第66条规定："股东会的议事方式和表决程序，除本法有规定的外，由公司章程规定。股东会作出决议，应当经代表过半数表决权的股东通过。股东会作出修改公司章程、增加或者减少注册资本的决议，以及公司合并、分立、解散或者变更公司形式的决议，应当经代表三分之二以上表决权的股东通过。"

《公司法》第84条规定："有限责任公司的股东之间可以相互转让其全部或者部分股权。股东向股东以外的人转让股权的，应当将股权转让的数量、价格、支付方式和期限等事项书面通知其他股东，其他股东在同等条件下有优先购买权。股东自接到书面通知之日起三十日内未答复的，视为放弃优先购买权。两个以上股东行使优先购买权的，协商确定各自的购买比例；协商不成的，按照转让时各自的出资比例行使优先购买权。公司章程对股权转让另有规定的，从其规定。"

如"命题与解题思路"所述，本题属于开放性问题，因此本问根据理论和实践中的主要观点，分别给出两种答案。

答案一是从实体法依据出发。首先，考生可以定位该问题是在问决议是否对李四有效，因此该问仍然可以放在决议的效力框架下分析，即分别从内容和程序两个角度分析该决议。其次，在程序上，考生比较容易判断，这是修改章程的决议，需要代表2/3以上表决权的股东同意。在本题中虽然李四并未签字同意，但是其他股东均同意，因此该决议足以通过，且不存在其他程序上的瑕疵。最后，从内容上分析才是本题的得分要点。《公司法》第84条第3款规定了"公司章程对股权转让另有规定的，从其规定"，该条规定实际上是《公司法》对公司章程就股权转让限制的授权性规定。结合最高人民法院指导案例96号"宋文军诉西安市大华餐饮有限公司股东资格确认纠纷案"可知，公司章程可以对股东转让股权进行限制，只要不构成对股东转让股权的实质性禁止即为有效。在本题中，只是5年内限制对外转让股权，自然不构成实质性禁止。因此，该决议也没有违反法律强制性规定。

答案二则是从实质利益平衡的角度出发。《公司法》第84条仅规定了章程可限制股权转让，在一般情形下，初始章程限制股东转让股权没有达到实质性禁止的程度，往往被认为有效；但是，公司成立后修改章程，使得股东转让股权受到不利影响的，其效力在实践中存在较大争议。这是因为限制股权转让毕竟是对股东的股权处分权益的限制，可能损害股东的合法权益，该观点为（2018）京02民终1332号判决书等确认。初始章程限制股权转让被认为有效，一般认为是因为其需要全体股东同意。实际上，这种看法也有所偏颇。更为本质的问题是，在股东进入公司后，公司修改了章程，对股权转让施加了更为严格的限制，使得股东的权益受到了影响。此时应当如何维护股东的权益？对此，首先，很多考生想到的问题是，该决议限制了股东处分股权的权益，是否属于公司决议呢？对此，我们的回答是，仍然属于公司决议。理由是：虽然处分股权是股东的个人权利，因此要求股东用股权设立合伙企业（2022年法考商法主观题回忆版）不属于公司决议，但是本题的决议是修改章程对股东转让股权施加限制，即公司形成了5年内不让股东转让股权的意思，与前述情形不同，仍然应当属于公司决议的范畴。其次，该决议是否有效？该决议是否有效的关键在于是否违反法律的强制性规定。也就是说，该决议是否损害了股东的合法权益。实际上，不从公司法理论的角度，仅从社会经验，考生应当也能够理解，如购买会员卡时允许自由对外转让，但是购买了会员卡后，商家修改了平台规则，要求不得再对外转让会员卡。对此，我们总是要问一句：为什么？并且积极维护自己的权利。本题涉及的情形也是如此。实际上，即使在理论上认为修改章程限制股权转让有效的观点，也认为这仅仅是因为实体法上缺少直接给出无效的依据，并且承认反对股东的权益的确受到了损害。因此，该决议实际上损害了股东对其股权的处分权益，由于违法而无效。当然，此种无效并非整体性无效，而是仅针对反对股东无效。（以上观点是建立在法考背景下给出，如进行更为理论的分析则还需要进一步讨论章程的契约性等更为基础的理论性问题，在此不再展开）

> 3. 李四未遵守股东会决议，私自转让股权，该转让合同效力如何？为什么？王五可否善意受让该股权？为什么？

答案：

答案一：转让合同有效。股权转让合同系李四和王五真实意思表示，且未违反法律强制性规定，因此有效。

王五未取得该股权。股权会决议合法修改了公司章程，章程对股权五年内不得对外转让的规定合法有效。因此，李四对股权对外转让的处分权受到了限制，在处分权受限的情形下再行处分构成无权处分，可以参照适用善意取得制度。虽然王五对股权转让的限制和无权处分行为不知情，属于善意，但并未变更股权登记，因此王五无法善意取得该股权。

答案二：转让合同有效。在章程修改对李四无效的情形下，李四对外转让股权应当按照《公司法》第84条的规定，其他股东有权优先购买。李四在未就其股权转让事项书面通知其他股东行使优先购买权的情形下，即自行将股权转让给王五，损害了其他股东的优先购买权。但因王五对此并不知情，股权转让合同作为李四和王五的真实意思表示，该合同有效。

王五未取得该股权。其他股东可在收到转让通知之日起30日内主张优先购买权。虽然其他股东未提出行使优先购买权的请求，但因未变更股权登记，因此王五未取得该股权。

考点：股权的善意取得；优先购买权；股东资格的取得

难度：难

> **命题与解题思路**
>
> 本问分别考查了股权的善意取得和优先购买权。之所以是分别考查，是因为本问与第2问密切联系。第2问的回答是第3问作答的基础。连环设问是法考商法主观题这几年均会采用的方式。但是在开放性问题的基础上设问，并在开放性问题的基础上分别考查两个不同考点的考核方式，如本版本的回忆题无误的话，在法考中尚属首次。实际上在回忆题中，也曾出现过在开放性问题的基础上继续设问的情形，如2021年股东会直接聘任经理一问后紧接着又对董事会决议解聘经理设问。对此，很多考生因为前一问的回答，导致在回答后一问时无所适从：如果股东会聘任经理无效，那么董事会为什么还要解聘经理呢？对该决议的效力又应当如何作答？很多考生在作答本问时，也存在类似的问题：如果决议限制章程是无效的，为什么还要问能否（善意）取得该股权呢？是否意味着决议限制章程是有效的呢？实际上，我们对此类问题的态度应当是：大胆作答，小心求证。在答案及答案解析中，考生会发现，认为限制有效的情况下本问的核心考点与认为限制无效的情况下本问的核心考点存在差异。而只要能够依据事实和条件，结合法律和理论，大胆作出能够自圆其说的解释，就能够得分。法律的美妙也正在于此。

答案解析：

《民法典》第311条规定："无处分权人将不动产或者动产转让给受让人的，所有权人有权追回；除法律另有规定外，符合下列情形的，受让人取得该不动产或者动产的所有权：（一）受让人受让该不动产或者动产时是善意；（二）以合理的价格转让；（三）转让的不动产或者动产依照法律规定应当登记的已经登记，不需要登记的已经交付给受让人。受让人依据前款规定取得不动产或者动产的所有权的，原所有权人有权向无处分权人请求损害赔偿。当事人善意取得其他物权的，参照适用前两款规定。"

《公司法》第84条规定："有限责任公司的股东之间可以相互转让其全部或者部分股权。股东向股东以外的人转让股权的，应当将股权转让的数量、价格、支付方式和期限等事项书面通知其他股东，其他股东在同等条件下有优先购买权。股东自接到书面通知之日起三十日内未答复的，视为放弃优先购买权。两个以上股东行使优先购买权的，协商确定各自的购买比例；协商不成的，按照转让时各自的出资比例行使优先购买权。公司章程对股权转让另有规定的，从其规定。"

在第2问分析的基础上，本问的答案有两种可能。

答案一建立在第2问答案一的基础上，即认为A公司股东会修改章程限制股东转让股权的决议有效。在此背景下，首先需要讨论的问题是：在章程有效限制了股权转让的背景下，股东自行转让股权的行为属于有权处分还是无权处分。对此，很多考生存在误解，认为只要是股东转让股权，自然属于有权处分。实际上，无权处分从类型上可以区分为欠缺处分权的处分行为和处分权受到限制的处分行为。前者是考生熟悉的情形，但并不意味着无权处分仅包括此种类型。如《民法典担保制度解释》第43条第1款规定："当事人约定禁止或者限制转让抵押财产但是未将约定登记，抵押人违反约定转让抵押财产，抵押权人请求确认转让合同无效的，人民法院不予支持；抵押财产已经交付或者登记，抵押权人请求确认转让不发生物权效力的，人民法院不予支持，但是抵押权人有证据证明受让人知道的除外；抵押权人请求抵押人承担违约责任的，人民法院依法予以支持。"该条文即是关于约定禁止或者限制转让抵押财产，对财产所有者处分权的限制以及无权处分处理的规定。实际上，在公司法的范畴内，这一解释也能成立。虽然关于章程限制股东转让股权究竟属于约定限制，还是股权作为公司章程的创造物因此当然地存在处分权限制的情形，在理论上存在争议，但是在合法有效地限制股权转让的情形下，如不得转让、需要取得全体股东一致同意或者董事会批准才能转让等，股东将股权予以转让的行为，即为无权处分。其次，在明确为无权处分后，王五是否能够取得该股权，则可以参照适用善意取得制度。此处，王五对于股权限制以及李四的伪造行为并不知情，因此可以推定王五为善意。但是由于题目中明确告知我们"王五请求 A 公司变更股东登记，但遭到了公司的拒绝"，因此并未完成股权的变更登记，不满足善意取得的条件。因此王五虽然属于善意，但因为未变更登记而不能取得股权。

答案二建立在第 2 问答案二的基础上，即 A 公司股东会修改章程限制股权转让的决议对李四不发生效力。首先，考生要明确，如果章程的修订没有发生效力，那么李四是否就可以自由转让股权呢？答案当然是否定的。在有限公司股权转让问题中，考生要牢牢把握"两个层次"，即看章程有无规定：章程有规定且章程规定合法有效的，则适用章程的规定；章程没有规定的，则适用《公司法》的默认规则。这种立法结构，理论上称之为"选出规则"（Opt Out Rule）。如果建立在第 2 问答案二的基础上，该章程规定无效，则应当适用《公司法》第 84 条第 2 款的规定，有限公司股权对外转让，其他股东具有优先购买权。其次，在适用《公司法》第 84 条时，也要注意股权变动的时点。从本题事实来看，没有其他股东提出优先购买权，但这并不意味着王五就可以当然取得股权，而是还需要变更股东名册。由于王五请求公司变更登记，遭到了公司的拒绝，因此王五无法取得该股权。

4. 赵六辞去法定代表人职务的行为是否有效？为什么？

答案：无效。A 公司章程规定法定代表人由董事长担任，赵六只有合法辞去其董事职务，或者公司修改章程规定法定代表人由总经理担任，方可合法终止其法定代表人职务。本题中赵六仅辞去法定代表人职务，未穷尽公司内部程序，辞职行为无效。

考点：法定代表人
难度：难

> 💡 **命题与解题思路**
>
> 本题考查法定代表人的任命和涤除，属于法考的常考点，但命题形式具有一定难度。在法定代表人涤除的问题中，如担任法定代表人的主体不再是公司的董事长、执行董事、经理，自然可以请求公司变更其法定代表人的登记，如果公司不同意，当事人可提出涤除之诉。但在本题中，赵六仅要求辞去法定代表人的职务，此时赵六是否有权主张其辞职合法有效？可否提出涤除之诉？对此存在疑问。但是一如法考主观题中的难题处理，疑难问题需要从法条中寻找依据。考生只要能够把握法定代表人的任命规则以及法定代表人与公司之间的关系，本题即可破解。当然，在新《公司法》修订后，也为本题的解答提供了文本依据。

答案解析：

《民法典》第 61 条规定："依照法律或者法人章程的规定，代表法人从事民事活动的负责人，为法人的法定代表人。法定代表人以法人名义从事的民事活动，其法律后果由法人承受。法人章程或者法人权力机构对法定代表人代表权的限制，不得对抗善意相对人。"

《公司法》第10条规定："公司的法定代表人按照公司章程的规定，由代表公司执行公司事务的董事或者经理担任。担任法定代表人的董事或者经理辞任的，视为同时辞去法定代表人。法定代表人辞任的，公司应当在法定代表人辞任之日起三十日内确定新的法定代表人。"

首先，法定代表人与公司的关系是代表法律关系，既不是劳动法律关系，也不是委任法律关系。但是如果法定代表人同时是公司的总经理则构成劳动法律关系，如果同时是董事则可能构成委任法律关系。法定代表人就是在代表法律关系中代表法人从事民事活动的负责人，是法人的代表人。其次，法定代表人的选任，按照《公司法》的规定，具有限定性：（1）法定代表人依照公司章程规定只能由董事或者经理担任，只要公司章程规定，且相关主体属于章程所确定的主体，即担任法定代表人，代表法人从事民事活动；（2）公司章程也只能从上述两类主体中选择。这也就意味着，从正面而言，只要公司章程规定由董事担任公司的法定代表人，除非修改公司章程，否则该主体按照《公司法》的规定，即为公司的法定代表人；从反面而言，则意味着如果不辞去公司董事职务，就无法免除自己作为公司法定代表人的职务。

在本案中，赵六仅辞去了公司法定代表人的职务，首先，这一表述本身即存在问题，因为法定代表人这一代表人身份，是基于《公司法》和公司章程确定的，具有法定性。因此，法定代表人是身份而不是职务，不能辞去，仅存在不符合法定条件主张涤除登记的救济。实践中的案例也都围绕此展开。其次，此时赵六可否主张涤除其法定代表人身份呢？显然，在赵六仍然是公司董事，且公司章程没有变更法定代表人的任职资格时，赵六按照《公司法》和公司章程的规定，法定应当代表公司，不具有涤除的依据。在实践案例中，往往将其概括为应当先穷尽公司内部程序。据此，赵六的辞职并不能发生法律效力。对此，2023年《公司法》也特别明确了法定代表人辞任的条文，值得考生关注。

5. 赵六以A公司名义与D公司签署的买卖合同是否有效？为什么？

答案：有效。赵六辞去法定代表人职务无效，且仍登记为公司法定代表人，虽然公司章程规定签订100万元以上合同须经公司董事会决议，但该章程不能对抗善意相对人。D公司对赵六越权代表行为并不知情，属于善意。因此，该合同有效。

考点：越权代表行为

难度：中

> 💡 **命题与解题思路**
>
> 本题考查越权代表行为，属于法考常规考点。越权代表行为的效力，在司法和法考中曾多次考查。本题命题形式较为常规，属于法考商法主观题中不多的中等难度的题目。实际上，在商法主观题考查中，基本每年都会有一道中等难度的题目考查常规考点，对此，考生一定要把握住。关于代表行为的效力，考生把握住三个要素即可：（1）是否具有法定代表人资格，不具备则可能属于无权代表；（2）是否以公司名义进行，不具备则属于法定代表人的私人行为，公司无需担责；（3）是否在代表权权限范围内，不具备则属于越权代表。此外，无权代表、越权代表，并不当然无效，还需要讨论相对人是否属于善意。

答案解析：

《民法典》第 61 条规定："依照法律或者法人章程的规定，代表法人从事民事活动的负责人，为法人的法定代表人。法定代表人以法人名义从事的民事活动，其法律后果由法人承受。法人章程或者法人权力机构对法定代表人代表权的限制，不得对抗善意相对人。"

《公司法》第 11 条规定："法定代表人以公司名义从事的民事活动，其法律后果由公司承受。公司章程或者股东会对法定代表人职权的限制，不得对抗善意相对人。法定代表人因执行职务造成他人损害的，由公司承担民事责任。公司承担民事责任后，依照法律或者公司章程的规定，可以向有过错的法定代表人追偿。"

据此，公司章程当然可以限制法定代表人的代表权。A 公司章程规定签订 100 万元以上的合同须经公司董事会决议，法定代表人赵六未经董事会决议即签订金额为 600 万元的买卖合同，属于越权代表行为。但是该章程的限制，不能对抗善意相对人，即在 D 公司善意的情形下，赵六的越权代表行为有效。

6. 对于 800 万元的到期债权，E 公司是否有权要求股东提前履行出资义务？为什么？

答案： 有权。因为 A 公司存在不能清偿的到期债务，根据《公司法》第 54 条的规定，公司或者已到期债权的债权人有权要求已经认缴出资但未届出资期限的股东提前缴纳出资。因此 E 公司作为已到期债权的债权人有权要求股东提前履行出资义务。

考点： 认缴出资制；出资加速到期

难度： 中

> **命题与解题思路**
>
> 本题考查认缴出资、出资加速到期，属于法考常规考点。该考点在 2018 年商法主观回忆题中曾有所考查。本题命题形式简单，也属于法考中不多的中等难度的题目。当然，法考主观题很少命制两个中等难度的小问，本题看起来有为了弥补前三题难度过大而有意"放水"的意图。对于出资加速到期，2023 年《公司法》作了根本性修改，要予以重视。

答案解析：

《公司法》第 54 条规定："公司不能清偿到期债务的，公司或者已到期债权的债权人有权要求已认缴出资但未届出资期限的股东提前缴纳出资。"

因此，根据上述条款，在公司存在不能清偿到期债务时，公司或到期债权的债权人可以催缴，即要求股东提前缴纳出资。

2022 年 "回忆版" 金题

一、试题（本题系选做题，28 分）

案情：

甲有限公司于 2015 年 6 月成立，主要从事软件开发业务，股东分别为 A、B、C、D、E、持股比例依次为55%、26%、11%、5%、3%，公司董事长兼法定代表人为A。公司运行良好，但一直未对股东分红。E对此很有意见，遂打算将其股权转让给经营相同业务的乙公司，并与乙公司进行了初步洽谈。2019年5月，为便于股权估价，E向A提出查账要求，要求查阅甲公司成立后所有的会计账簿。A知悉E的转让股权意图后，认为其目的不正当，拒绝了其查阅要求。

2019年12月，A为担保其对丙公司所负两年期借款债务的履行，将其所持甲公司27%的股权转让给丙公司，并约定在A到期不偿还借款本息时，丙公司有权以该股权优先受偿。但在双方达成约定后，A并未为丙公司办理相应的股东登记。

2020年3月，A在甲公司股东会上提议：第一，A、B、C、D、E五人在甲公司之外，再设立丁合伙企业（有限合伙），A为普通合伙人，其余均为有限合伙人；第二，A对丁合伙企业的出资，为其所持甲公司54%的股权；其余各合伙人的出资，为各自所持甲公司的全部股权。除E表示强烈反对外，其余股东均赞同该项提议，遂形成相应的股东会决议。

2020年5月，丁合伙企业成立，合伙人分别为A、B、C、D。甲公司股东相应变更为A、E与丁合伙企业，持股比例分别为1%、3%与96%，公司法定代表人仍为A。

2022年初，A无法清偿对丙公司的本息债务，丙公司遂就丁合伙企业所持甲公司27%的股权，主张优先受偿。

问题：
1. A拒绝E的查阅请求是否合法？为什么？
2. A与丙公司之间达成的约定是否有效？为什么？
3. 甲公司2020年3月形成的设立丁合伙企业的股东会决议是否有效？为什么？
4. 甲公司2020年3月形成的将其股东股权转入丁合伙企业的股东会决议是否有效？为什么？
5. 对甲公司股东会决议持反对意见的E，能否向甲公司主张股权回购请求权？为什么？
6. 丙公司的优先受偿请求是否合理？为什么？

二、答案精讲

1. A拒绝E的查阅请求是否合法？为什么？

答案： 不合法。E系甲有限公司的股东，有权查阅公司会计账簿，且其查阅账簿的目的系股权估价，不属于不正当目的。A以E将股权转让给经营相同业务的乙公司构成不当目的为由而拒绝E的请求，没有法律依据。

难度： 中

考点： 股东知情权

> 💡 **命题与解题思路**
>
> 本题考查股东知情权，该考点在主观题中十年来属于第一次考查。实际上，主观题中很少考查股东的知情权是有其内在规律的，因为股东知情权在《公司法》和《公司法司法解释（四）》中规定得较为详细，因此考查难度往往不高，考查即送分，本题即是证明。本题是对股东查账权正当目的的考查，而我国公司法现行框架下关于股东查阅会计账簿的正当目的可以理解为只要不具有《公司法司法解释（四）》规定的不当目的即属于正当目的。考生只要能识记或查找到相关条文即可作答。

答案解析：

《公司法》第57条规定："股东有权查阅、复制公司章程、股东名册、股东会会议记录、董事会会议决议、监事会会议决议和财务会计报告。股东可以要求查阅公司会计账簿、会计凭证。股东要求查阅公司会计账簿、会计凭证的，应当向公司提出书面请求，说明目的。公司有合理根据认为股东查阅会计账簿、会计凭证有不正当目的，可能损害公司合法利益的，可以拒绝提供查阅，并应当自股东提出书面请求之日起十五日内书面答复股东并说明理由。公司拒绝提供查阅的，股东可以向人民法院提起诉讼。股东查阅前款规定的材料，可以委托会计师事务所、律师事务所等中介机构进行。股东及其委托的会计师事务所、律师事务所等中介机构查阅、复制有关材料，应当遵守有关保护国家秘密、商业秘密、个人隐私、个人信息等法律、行政法规的规定。股东要求查阅、复制公司全资子公司相关材料的，适用前四款的规定。"

而就何谓不正当目的，现行《公司法司法解释（四）》第8条规定："有限责任公司有证据证明股东存在下列情形之一的，人民法院应当认定股东有公司法第三十三条第二款规定的'不正当目的'：（一）股东自营或者为他人经营与公司主营业务有实质性竞争关系业务的，但公司章程另有规定或者全体股东另有约定的除外；（二）股东为了向他人通报有关信息查阅公司会计账簿，可能损害公司合法利益的；（三）股东在向公司提出查阅请求之日前的三年内，曾通过查阅公司会计账簿，向他人通报有关信息损害公司合法利益的；（四）股东有不正当目的的其他情形。"

首先，考生要根据《公司法》第57条的规定，说明有限公司的股东有权查阅公司会计账簿；其次，要说明股东存在正当目的，公司抗辩的不当目的不成立。此处考生可先说明，该股东查阅会计账簿的目的是股权估价，不属于《公司法司法解释（四）》细化规定中的不正当目的，因此具有正当性。然后针对A的拒绝理由进行回应。

本题的知识点难度不大，但是得分点比较细。考生应据此掌握解题作答的方法：第一，存在抗辩的应当对抗辩进行回应；第二，分析主张时应当全面，如本题应当分析出E具有股东资格（主体要求）、E的知情权行使对象包括查阅会计账簿，因为甲公司系有限公司，E主张查阅会计账簿的目的是正当的，而这些内容也正是公司法所规定的查阅权的要件。

> 2. A与丙公司之间达成的约定是否有效？为什么？

答案：有效。A与丙公司之间的约定系股权让与担保，当事人意思表示真实一致且未违反法律强制性规定，因此有效。

考点：股权让与担保

难度：中

> 💡 **命题与解题思路**
>
> 本题考查的是股权让与担保的约定，是主观题中第二次考查，这也体现了法考重者恒重、逢新必考的原则。但是本题难度不大，考生只要能够定位知识或者法条即可作答。考生在回答此题的时候需要注意解题层次：第一，首先定位法律关系。第二，本题问的是约定是否有效，因此<u>约定有效的标准回答包括：意思真实一致且未违反法律强制性规定</u>。这可以作为约定的分析框架或回答套路。

答案解析：

《民法典担保制度解释》第 68 条第 1 款，债务人或者第三人与债权人约定将财产形式上转移至债权人名下，债务人不履行到期债务，债权人有权对财产折价或者以拍卖、变卖该财产所得价款偿还债务的，人民法院应当认定该约定有效。当事人已经完成财产权利变动的公示，债务人不履行到期债务，债权人请求参照民法典关于担保物权的有关规定就该财产优先受偿的，人民法院应予支持。

根据前述法条规定，A 与丙公司之间的约定是股权让与担保，其内容并未违反法律强制性规定，且属于当事人真实意思表示一致，因此约定有效。

3. 甲公司 2020 年 3 月形成的设立丁合伙企业的股东会决议是否有效？为什么？

答案： 作为公司决议无效，仅在 A、B、C、D 之间具有效力。该决议的内容实际为设立有限合伙的合伙协议，并非公司股东会职权。合伙协议在同意的股东 A、B、C、D 之间成立且生效，对 E 不产生效力。

考点： 公司决议

难度： 难

> **命题与解题思路**
>
> 本题考查公司决议，但是考查的方式比较独特。首先，考生需要知道公司决议的性质是什么。现代公司采用集中管理模式，在公司之中由公司机关形成公司的意思。因此，公司决议本质上是公司的意思，公司决议程序就是公司的意思形成机制。其次，考生还需要掌握公司决议效力的性质。所谓公司决议有效或者无效，实际上表达的是公司决议所形成的公司意思是否具有法律约束力。股东会决议有效，是指只要经过法律和章程规定的程序，股东会作出决议后，对全体股东和公司、公司机关都具有约束力，不论该股东是否同意。再次，股东会决议是否有效，一般从程序和内容两个角度来分析，但是该决议应当属于股东会的职权范围之内。超出股东会的职权范围所形成的股东会决议，即使按照公司法的规定符合最低表决比例，依然不能产生对股东、公司等的约束力。最后，考生还要理解形式意义上的决议和实质意义上的决议。在实践中，公司未必合法合规运行，也未必采用法言法语。因此，有不少并非股东会决议的"决议"也采用决议的名义，但是这种"决议"是否有效可以根据其实际的法律关系进行判断，即不能单纯因为其叫"决议"就仅按照公司决议进行效力判断。整体上，本题考查形式较为新颖，但是考生只要能够把握决议的内涵即能作答。

答案解析：

《公司法》第 59 条规定："股东会行使下列职权：（一）选举和更换董事、监事，决定有关董事、监事的报酬事项；（二）审议批准董事会的报告；（三）审议批准监事会的报告；（四）审议批准公司的利润分配方案和弥补亏损方案；（五）对公司增加或者减少注册资本作出决议；（六）对发行公司债券作出决议；（七）对公司合并、分立、解散、清算或者变更公司形式作出决议；（八）修改公司章程；（九）公司章程规定的其他职权。股东会可以授权董事会对发行公司债券作出决议。对本条第一款所列事项股东以书面形式一致表示同意的，可以不召开股东会会议，直接作出决定，并由全体股东在决定文件上签名或者盖章。"

根据上述条文可以看出，本案所涉及的"决议"其内容实际上是设立有限合伙企业的合伙协议，是股东的个人事项，并非公司事项，也并非股东会职权。因此，即使该决议经过代表全体股东表决权97%的股东同意，也并不能产生对全体股东的约束效力。因此，可以说该决议作为公司决议无效。

同时，从该决议的实质法律关系来看，这份名为公司决议的文件实际上表达的是设立有限合伙企业的合伙协议，经合伙人一致同意成立并生效，但只能在同意设立合伙企业的股东之间发生效力。

4. 甲公司2020年3月形成的将其股东股权转入丁合伙企业的股东会决议是否有效？为什么？

答案：作为公司决议无效，仅对A、B、C、D有效。该决议的内容实际是股东以股权作为有限合伙出资，重构公司股权架构，并非公司股东会职权。股东有权处分自己所有的股权，且并未破坏公司人合性，也没有损害股东的持股比例利益。股权可以作为普通合伙人和有限合伙人的出资。因此，该决议在形成合意的A、B、C、D之间有效。E反对设立有限合伙，也反对以其股权出资，因此该决议对E不产生效力。

考点：公司决议

难度：难

> **命题与解题思路**
>
> 本题依然是对公司决议效力的考查，考查的侧重点与上一问相同。实际上本题涉及的股东以股权作为出资就是股东对其股权的处分。股东对股权的处分，本身是股东作为财产所有权人享有的权利。同时，有限公司股权转让所可能涉及的限制，并非公司法规定的股东会的职权，本质上也属于股东个人的权利，如股东对外转让的同意权和优先购买权。因此，从公司决议的角度来看，该决议依然无效。但是股东作为财产所有权人对股权处分的约定，其若有效还需要不损害公司和其他股东利益，同时将股权作为对合伙企业的出资也需要符合合伙企业法的规定，因此考生需要据此从该决议的实质法律关系是否合法的角度进行回应与分析。

答案解析：

首先，该决议虽然名为决议，但是实际上是股东处分自己的股权作为向合伙企业出资的约定，并非股东会职权的范畴。因此，虽然该决议通过，但依然不具有决议的效力，不能产生对全体股东的约束力。

其次，就该决议所真实对应的法律关系即关于出资的约定，第一，需要判断是否违反法律的限制，损害公司或其他股东的利益，毕竟该约定实质是对公司股权架构的重置。对此，考生需要进一步分析，公司股权架构会影响公司和公司什么权利？人合性和持股比例。而在本题中：（1）公司人合性没有受到影响。因为如果认为该出资属于对外转让（合伙企业是公司外部主体），对此E虽然反对但未主张优先购买权，因此可以视为同意；如果认为该出资属于对内转让（合伙企业的财产实际上是共有财产，即对于股权也仅是公司同意由设立合伙企业的股东共同），自然也未破坏人合性。（2）E虽然反对，但其持股比例并没有受到影响。因此，该股权架构的重置合法有效。第二，股权也属于合伙企业普通合伙人和有限合伙人合法的出资形式。因此，该实质约定内容在同意股东之间有效，但对E没有约束力。

5. 对甲公司股东会决议持反对意见的 E，能否向甲公司主张股权回购请求权？为什么？

答案：不能。因为基于公司资本维持原则，有限公司股东请求公司回购股权须符合公司法所规定的异议股东回购请求权的法定条件。E 反对甲公司股东会决议不属于异议股东回购请求权行使的法定条件的任一情形。同时，公司虽连续 5 年未进行利润分配，但无证据表明该公司连续 5 年盈利且符合分配条件。

考点：异议股东回购请求权

难度：中

> 💡 命题与解题思路
>
> 本题考查有限公司异议股东回购请求权，属于法条简单运用型考查。考生只要能够定位 E 的主张属于异议股东回购请求权，同时定位到《公司法》关于有限公司异议股东回购请求权的规定，即能作答。

答案解析：

《公司法》第 89 条规定："有下列情形之一的，对股东会该项决议投反对票的股东可以请求公司按照合理的价格收购其股权：（一）公司连续五年不向股东分配利润，而公司该五年连续盈利，并且符合本法规定的分配利润条件；（二）公司合并、分立、转让主要财产；（三）公司章程规定的营业期限届满或者章程规定的其他解散事由出现，股东会通过决议修改章程使公司存续。自股东会决议作出之日起六十日内，股东与公司不能达成股权收购协议的，股东可以自股东会决议作出之日起九十日内向人民法院提起诉讼。公司的控股股东滥用股东权利，严重损害公司或者其他股东利益的，其他股东有权请求公司按照合理的价格收购其股权。公司因本条第一款、第三款规定的情形收购的本公司股权，应当在六个月内依法转让或者注销。"

本案事实中所涉及的决议，实际上属于股东设立合伙企业并以股权作为出资的约定，并非公司决议；同时，从其实质内容来看，该决议也是公司股权架构的重置，并非公司合并、分立、转让主要财产等事项。因此，其不属于异议股东回购请求权的法定条件。此外，虽然案例事实交代该公司自成立以来一直未进行利润分配，但是没有证据证明属于连续五年盈利且符合分配条件的情形。因此，E 的请求并不符合公司法所规定的异议股东回购请求权的任一情形，其请求不能成立。

6. 丙公司的优先受偿请求是否合理？为什么？

答案：不合理。股权让与担保须将财产形式上转移至债权人名下，完成变更登记。本题中的让与担保的股权，并未变更至丙公司名下，因此丙公司无权主张优先受偿权。

考点：股权让与担保

难度：中

> 💡 命题与解题思路
>
> 本题考查股权让与担保的效力。考查难度不大。考生只要能够识记《民法典担保制度解释》中的相关规定即能回答本题。

答案解析：

《民法典担保制度解释》第68条第1款规定，债务人或者第三人与债权人约定将财产形式上转移至债权人名下，债务人不履行到期债务，债权人有权对财产折价或者以拍卖、变卖该财产所得价款偿还债务的，人民法院应当认定该约定有效。当事人已经完成财产权利变动的公示，债务人不履行到期债务，债权人请求参照民法典关于担保物权的有关规定就该财产优先受偿的，人民法院应予支持。

根据上述规定，股权让与担保只有在登记后担保权人方能取得优先受偿权。实际上，股权让与担保的效力本身就是来自变更登记，即股权让与担保的含义就是通过将财产形式上转移至债权人名下来实现担保的功能，因此不仅变更登记才能获得优先受偿权是法律的规定，同时本身也是股权让与担保交易结构的题中之义。

2021年"回忆版"金题

一、试题（本题系选做题，28分）

案情：

甲公司由自然人A、B、C、D和有限责任公司E公司于2017年发起设立。五方约定：公司注册资本1000万元，其中A认缴的出资于公司设立时一次性缴纳完毕；B、C、D认缴的出资于公司成立时缴纳50%，剩余部分于5年内缴纳完毕；E公司认缴出资600万元，其中300万元以办公用房作价作为出资，剩余部分以货币作为出资并于8年内缴纳完毕。

甲公司章程规定：董事会由3名董事组成，分别为C、D和E公司委派的人员，董事长由E公司委派的董事担任，董事长为公司法定代表人。甲公司成立后E公司一直委派法定代表人张三出任董事。

股东B因向外部人赵六借款，为此与赵六约定，为担保借款将自己持有的甲公司股权转让给赵六，清偿借款后赵六再将股权返还股东B，并约定如B到期不能清偿借款，则股权归赵六所有。随后，B协助赵六办理了公司章程、股东名册和工商登记的变更。

2018年7月5日，因公司经营业绩不佳，甲公司召开股东会，由张三主持并经张三提名，全体股东过半数决议任命巫旺为公司总经理，任期3年，并将公司法定代表人变更为巫旺。

巫旺履职期间，公司经营状况好转。甲公司决定对股东进行利润分配，遂于2019年召开股东会，就利润分配方案进行表决。但股东间就利润分配方案表决方式存在分歧，部分股东认为应按照认缴出资的比例进行表决，部分股东认为应按照实际缴纳的出资比例行使表决权。因股东无法达成一致，利润分配事宜就此搁置。

利润分配的这一冲突导致甲公司一直未能召开股东会，且因巫旺无法协调股东之间的矛盾，公司管理陷入困境。2020年9月，甲公司董事会一致决议解聘巫旺，巫旺以任期尚未届满为由拒绝接受。

后经查明，E公司用于出资的办公用房实际为李四所有，但因登记错误，错误登记在E公司名下，E公司法定代表人张三对此知情。

问题：

1. 甲公司能否取得 E 公司作为出资的办公用房？为什么？
2. 股东 B 与赵六之间的约定法律效力如何？为什么？
3. 股东 B 转让股权时，其他股东是否有权主张优先购买？为什么？
4. 2018 年 7 月 5 日甲公司法定代表人能否有效地变更为巫旺？为什么？
5. 就甲公司 2019 年利润分配决议，应如何确定股东表决的计算标准？
6. 董事会解聘巫旺职务的决议是否有效？为什么？

二、答案精讲

1. 甲公司能否取得 E 公司作为出资的办公用房？为什么？

答案：不能。E 公司用作出资的办公用房系因登记错误而登记在其名下，真正的所有权人为李四，因此 E 公司以并不享有处分权的财产出资，需要参照善意取得制度处理。因 E 公司法定代表人张三对该无权处分知情，且张三同时担任甲公司董事长和法定代表人，因此可以推定甲公司对该无权处分知情，因此甲公司不能依照善意取得获得该办公用房所有权。

难度：中

考点：以不享有处分权的财产出资

> **命题与解题思路**
>
> 相较以往试题，本题整体难度比较平稳，重点考点较为突出。本问是法考出资中的常规考点。就"出资的效力"这一考点来看，2018 年法考曾予以考查，而在司考中考查频率更大，2016 年、2014 年、2013 年、2012 年、2010 年均有所考查。而就"以不享有处分权的财产出资"这一具体的考点，更在 2013 年直接以类似方式进行考查。由此可见十年内司考和法考已经考查过的知识点需要考生重点掌握，灵活运用。
>
> 当然，本题也进行了部分别出心裁的设计：（1）结合不动产登记错误设问，密切结合了民法典的规定，体现了民商合一的趋势；（2）就公司是否属于善意，需要进一步结合题干事实分析，体现了法考更侧重于法律规则的运用考查。

答案解析：

《最高人民法院关于适用〈中华人民共和国民法典〉物权编的解释（一）》（以下简称《民法典物权编解释（一）》）第 2 条规定："当事人有证据证明不动产登记簿的记载与真实权利状态不符、其为该不动产物权的真实权利人，请求确认其享有物权的，应予支持。"

《公司法司法解释（三）》第 7 条规定："出资人以不享有处分权的财产出资，当事人之间对于出资行为效力产生争议的，人民法院可以参照民法典第三百一十一条的规定予以认定。以贪污、受贿、侵占、挪用等违法犯罪所得的货币出资后取得股权的，对违法犯罪行为予以追究、处罚时，应当采取拍卖或者变卖的方式处置其股权。"

本题中，E 公司用作出资的办公用房系李四所有，属于错误登记在 E 公司名下。根据前引《民法典物权编解释（一）》第 2 条的规定，李四有权确认其享有物权。因此，E 公司以该办公用房作为出资属于<u>以不享有处分权的非货币财产出资，应当参照《民法典》第 311 条即善意取得制度判断公司是否属于善意</u>。根据《民法典》第 311 条的规定，善意取得的要件有三：(1) 受让人是善意；(2) 以合理的价格转让；(3) 已经办理登记或交付。在本题事实中，张三系 E 公司法定代表人，对该无权处分的非货币出资事实知情，且张三系 E 公司委派的甲公司的董事，同时根据甲公司章程担任甲公司董事长并兼任法定代表人。因此，可以推定，此时甲公司属于知情，不符合善意的要件。因此，甲公司不能基于善意取得制度取得该办公用房的所有权。

2. 股东 B 与赵六之间的约定法律效力如何？为什么？

答案：有效，但流质条款无效。股东 B 和赵六之间的"为担保借款将自己持有的甲公司股权转让给赵六，清偿借款后赵六再将股权返还股东 B"的约定是股权让与担保，系双方真实意思的表示，并未违反法律的强制性规定，因此有效。但"到期不能清偿借款则股权归赵六所有"的约定系流质条款。根据《民法典担保制度解释》规定，股权让与担保中约定流质条款的，流质条款无效，但并不影响整体让与担保的效力。

难度：中

考点：股权让与担保

命题与解题思路

股权让与担保系《民法典担保制度解释》规定的非典型担保，属于 2021 年新增考点，我们曾对这一考点进行了重点训练。果然不出所料，本题对这一新考点进行了考查。就命题设计而言，本题难度不大，属于对法条的直接考查。考生只要能够根据题干事实中所描述的约定内容，进而判断该约定的法律关系属于股权让与担保，不难给出答案。当然，从命题设计技巧而言，考生应当注意该题目的设问指向性不明，并没有明确告知考生该约定属于哪一法律制度，而需要考生结合案件事实自己判断。这反映了法考对法律规则运用能力的重视，考生在备考时需要重点提升锻炼。

答案解析：

《民法典担保制度解释》第 68 条规定："债务人或者第三人与债权人约定将财产形式上转移至债权人名下，债务人不履行到期债务，债权人有权对财产折价或者以拍卖、变卖该财产所得价款偿还债务的，人民法院应当认定该约定有效。当事人已经完成财产权利变动的公示，债务人不履行到期债务，债权人请求参照民法典关于担保物权的有关规定就该财产优先受偿的，人民法院应予支持。

债务人或者第三人与债权人约定将财产形式上转移至债权人名下，债务人不履行到期债务，财产归债权人所有的，人民法院应当认定该约定无效，但是不影响当事人有关提供担保的意思表示的效力。当事人已经完成财产权利变动的公示，债务人不履行到期债务，债权人请求对该财产享有所有权的，人民法院不予支持；债权人请求参照民法典关于担保物权的规定对财产折价或者以拍卖、变卖该财产所得的价款优先受偿的，人民法院应予支持；债务人履行债务后请求返还财产，或者请求对财产折价或者以拍卖、变卖所得的价款清偿债务的，人民法院应予支持。

债务人与债权人约定将财产转移至债权人名下，在一定期间后再由债务人或者其指定的第三人以交易本金加上溢价款回购，债务人到期不履行回购义务，财产归债权人所有的，人民法院应当参照第二款规定处理。回购对象自始不存在的，人民法院应当依照民法典第一百四十六条第二款的规定，按照其实际构成的法律关系处理。"

所谓"让与担保"，是指债务人或第三人为担保债务的履行，将担保物的所有权移转至担保权人，债务清偿后，担保物应返还于债务人或第三人；债务不获清偿时，担保权人得就该担保物优先受偿的一种非典型担保形式。关于股权让与担保的判断，考生需要把握以下几点：(1) 存在需要担保的债权，该债权可以股权让与担保中的出让人作为债务人，也可以是他人作为债务人；(2) 债务人或者第三人有将股权让与债权人作为债权担保的意思；(3) 约定如履行了债务则股权返还给债务人或第三人，或/同时约定债务不能清偿时由债权人就股权优先受偿。在本题中，股东 B 与赵六的约定内容为，将自己持股的甲公司的股权转让给赵六，如 B 到期不能清偿借款则股权归赵六所有，属于典型的股权让与担保的约定。

同时，需要考生注意《民法典担保制度解释》第 68 条第 2 款规定，如双方约定债务人不履行到期债务，财产归债权人所有，法院应认定该约定无效。从学理上看，该约定系属于"流质条款"，而第 68 条第 2 款的规定则系"流质条款无效，但并不影响让与担保整体效力"规则的体现。因此，本题事实中"到期不能清偿借款则股权归赵六所有"的条款无效，但并不影响让与担保的整体效力。

3. 股东 B 转让股权时，其他股东是否有权主张优先购买？为什么？

答案：无权主张。股东 B 将股权转让给赵六的约定，系股权让与担保，并没有转让股权的合意，不属于对外转让股权的情形，因此其他股东无权主张优先购买。

难度：难

考点：股权让与担保；优先购买权

> **命题与解题思路**
>
> 本问是对上一问的延伸。股权让与担保系非典型担保，双方并无股权转让的合意。在实践中，就股权让与担保中受让股权一方是否属于股东，是否享有股权等问题，曾经存在彼此冲突的观点。对此，《民法典担保制度解释》不仅明确了让与担保这一非典型担保的性质，同时针对股权让与担保中受让一方的法律地位进行了明确。该考点自然也属于 2021 年法考的新增考点，因此受到青睐。通过这道题，考生能够看到法考的命题趋势：一是在于重点恒重，二是在于逢新必考，三是在于灵活考查制度运用。能够把握住命题趋势，考生也自然能够把握住法考命题的重点。

答案解析：

《民法典担保制度解释》第 69 条规定："股东以将其股权转移至债权人名下的方式为债务履行提供担保，公司或者公司的债权人以股东未履行或者未全面履行出资义务、抽逃出资等为由，请求作为名义股东的债权人与股东承担连带责任的，人民法院不予支持。"

《公司法》第 84 条规定："有限责任公司的股东之间可以相互转让其全部或者部分股权。股东向股东以外的人转让股权的，应当将股权转让的数量、价格、支付方式和期限等事项书面通知其他股东，其他股东在同等条件下有优先购买权。股东自接到书面通知之日起三十日内未答复的，视为放弃优先购买权。两个以上股东行使优先购买权的，协商确定各自的购买比例；协商不成，按照转让时各自的出资比例行使优先购买权。公司章程对股权转让另有规定的，从其规定。"

由此可见，《公司法》第84条所规定的是"股权转让"，而股东B将股权转让给赵六的约定，属于股权让与担保，并非股权转让。对此，《民法典担保制度解释》第69条特别规定，股东将股权让与担保的，受让人并不承担股东的义务和责任，由此也可能看到，在《民法典担保制度解释》的框架下，<u>股权让与担保中的股权转让形式并不产生股权转让的效果</u>，所以其他股东无权主张优先购买。

4. 2018年7月5日甲公司法定代表人能否有效地变更为巫旺？为什么？

答案：

答案一：能够有效地变更为巫旺。(1) 甲公司股东会聘任巫旺为公司总经理的决议超越了股东会的职权，违反了公司章程的规定，属于可撤销的决议；(2) 甲公司章程规定董事长担任法定代表人，改选公司总经理担任法定代表人的决议也因为违反公司章程的规定，属于可撤销的决议；(3) 可撤销的决议在股东撤销前有效。因此在决议作出时，甲公司法定代表人变更为巫旺，但因为未办理变更登记，因此不具有对外的对抗效力。

答案二：不能有效变更为巫旺。(1) 聘任公司总经理属于公司董事会的职权。甲公司股东会聘任巫旺为公司总经理的决议，超越了股东会的职权，违反了公司法的强制性规定，应属无效决议，巫旺并未成为公司总经理。(2)《公司法》规定公司法定代表人应由董事或者经理担任，因巫旺既非公司董事也非公司总经理，因此该决议因违法而无效，所以巫旺并未成为公司法定代表人。(3) 法定代表人变更须办理变更登记，巫旺也因未办理变更登记而不能获得外部对抗的效力。

难度： 难

考点： 经理的聘任；公司决议；法定代表人

💡 命题与解题思路

本题考查的是公司治理的内容。自2017年以来法考商法主观题中的公司治理的内容逐渐增多，如2017年核心考查了公司治理；2019年、2020年的法考中也均有公司决议、董事罢免等内容的考查。本问延续了这一考查趋势，形式上对甲公司变更法定代表人的效力进行考查，看似简单，但涉及的问题则是公司法理论和实践中的难题，可谓"看似平淡、实则凶险"。这主要是因为，《公司法》规定法定代表人按章程规定，由董事或者经理担任。而甲公司章程规定董事长担任法定代表人。在这一背景下，巫旺是否成为甲公司法定代表人，又取决于甲公司股东会聘任巫旺作为总经理决议的效力。按照《公司法》的规定，聘任总经理的职权属于董事会而非股东会。理论和实践中，对股东会超越职权聘任经理决议的效力存在不同观点，同时对《公司法》中关于股东会职权和董事会职权规定的规范性质也存在不同的看法。因此，我们在此基础上，给出了两种不同的答案，具体原因见答案解析。

答案解析：

《公司法》第10条规定："公司的法定代表人按照公司章程的规定，由代表公司执行公司事务的董事或者经理担任。担任法定代表人的董事或者经理辞任的，视为同时辞去法定代表人。法定代表人辞任的，公司应当在法定代表人辞任之日起三十日内确定新的法定代表人。"

《公司法》第 25 条规定："公司股东会、董事会的决议内容违反法律、行政法规的无效。"

《公司法》第 26 条第 1 款规定："公司股东会、董事会的会议召集程序、表决方式违反法律、行政法规或者公司章程，或者决议内容违反公司章程的，股东自决议作出之日起六十日内，可以请求人民法院撤销。但是，股东会、董事会的会议召集程序或者表决方式仅有轻微瑕疵，对决议未产生实质影响的除外。"

《公司法》第 67 条规定："有限责任公司设董事会，本法第七十五条另有规定的除外。董事会行使下列职权：（一）召集股东会会议，并向股东会报告工作；（二）执行股东会的决议；（三）决定公司的经营计划和投资方案；（四）制订公司的利润分配方案和弥补亏损方案；（五）制订公司增加或者减少注册资本以及发行公司债券的方案；（六）制订公司合并、分立、解散或者变更公司形式的方案；（七）决定公司内部管理机构的设置；（八）决定聘任或者解聘公司经理及其报酬事项，并根据经理的提名决定聘任或者解聘公司副经理、财务负责人及其报酬事项；（九）制定公司的基本管理制度；（十）公司章程规定或者股东会授予的其他职权。公司章程对董事会职权的限制不得对抗善意相对人。"

《公司法》第 74 条第 1 款规定："有限责任公司可以设经理，由董事会决定聘任或者解聘。"

本题中，甲公司法定代表人能否有效地变更为巫旺，首先，需要适用的是《公司法》第 10 条的规定，即公司法定代表人依照公司章程的规定，由董事或者经理担任，并依法登记。因此，需要判断巫旺是否有效被聘任为甲公司的经理。其次，根据《公司法》第 67 条和第 74 条的规定，由董事会决定聘任或者解聘经理。甲公司股东会决议聘任巫旺作为总经理，该决议效力如何？该问题实际上属于股东会、董事会超越职权的决议效力，应当如何认定。从理论上看，主要有三种观点：（1）法律关于股东会、董事会职权范围的规定属于强制性规定，超出权限进行决议的属于无效情形；（2）超越股东会、董事会职权范围的决议，还需要进一步判断是超出法定权限范围还是章程规定的权限范围，超出法定权限的无效，超出章程权限范围的决议属于可撤销；（3）超出职权范围的决议缺乏决议资格，因此决议属于未形成有效决议。从实践来看，就股东会对董事会职权范围内的事项决议的，实践中的判例又可以分为认定可撤销与认定无效两类。前者理论基础在于我国公司治理乃股东会中心主义，且《公司法》所规定的股东会职权和董事会职权均具体为章程所规定，因而决议内容违反章程规定的情形属于可撤销的决议；后者则强调《公司法》所规定的股东会、董事会职权属于公司内部的权力制衡，尤其是关于公司内设机构董事会等的职权，股东会超越职权违反了《公司法》强制性规定，属于无效。因此，可以看到，在理论和实践中，围绕着本题中甲公司股东会超越职权聘任巫旺为总经理的决议效力，主要观点分为可撤销的决议和无效的决议。本题的答案也按照这两种观点拟制：

就答案一：第一，《公司法》第 67 条和第 74 条虽然规定聘任公司经理属于董事会职权，但是，我国理论和实践中采取的是股东会中心主义制度，并且理论和实践认为《公司法》第 25 条所规定的决议内容违反法律无效，系指违反《公司法》强制性规定而无效，《公司法》第 67 条对董事会职权的规定，并非效力强制性规定，同时在章程没有特别规定的情形之下，《公司法》第 67 条的规定即因其作为授权性规定而属于公司章程所规定的内容。因此，甲公司股东会决议聘任巫旺作为公司总经理的决议，违反了公司章程的规定，属于可撤销的决议。第二，可撤销的决议在决议作出时有效，因此巫旺取得了成为甲公司总经理的资格。第三，《公司法》第 10 条规定，公司法定代表人依照公司章程的规定，由董事或者经理担任，并依法登记。同时，甲公司章程规定，董事长担任公司法定代表人。因此，甲公司股东会决议变更公司法定代表人为公司总经理巫旺，属于在《公司法》所规定的主体中选择法定代表人，但违反了公司章程的规定，因此，属于内容违反章程规定的决议，决议可撤销。同样，可撤销的决议在决议被撤销之前依然有效。因此，巫旺具有担任公司法定代表人的资格，是公司新选任的法定代表人。第四，公司法定代表人变更，应当办理变更登记。本题事实并未说明甲公司办理了变更登记。未办理变更登记的，根据《公司法》第 34 条的规定，对外不产生对抗效力，因此巫旺在决议作出时是甲公司的法定代表人，但因未办理变更登记而不具有外部对抗效力。

就答案二：第一，《公司法》第 67 条和第 74 条规定，聘任公司经理属于董事会职权，并且属于对公司内设机构等事项的职权划分。无论从公司机构设置中的权力制衡，还是实践判例来看，就公司内设机构的决定事项应属于公司董事会事项，股东会超越权限作出的决议，因违反《公司法》的强制性规定而无效。如贵州省高级人民法院（2015）黔高民商终字第 1 号判决书、（2019）粤 0402 民初 2942 号判决书均认为此种情形应当属于决议违反法律的强制性规定，因此属于决议无效的情形。第二，《公司法》第 10 条虽然授权公司章程在董事、经理等主体中选择一人作为法定代表人，属于对公司的授权，但是超出该类主体则属于对该条的违反。因为甲公司股东会聘任巫旺的决议属于无效决议，而巫旺既非公司董事长也非公司经理，超出了《公司法》第 10 条的规定，属于违法而无效的决议。第三，巫旺作为甲公司的法定代表人也未经过登记，因此外部主体也不得以此主张对抗效力。综上，巫旺并非公司的法定代表人。

就回忆版的案件事实来看，本题上述争议并非事实分歧，而是我国公司法理论和实践中关于公司治理的基本问题的分歧。当然，也有一种观点认为，法定代表人改选属于修改章程的事项，应当满足修章程序。对此，从回忆版的事实来看，公司章程规定的是董事长担任法定代表人，至于法定代表人具体为谁则并非章程规定。因此不能认定法定代表人变更属于章程修订，需要满足修章程序。考生需要注意，一般实践中所称的更选董事、监事属于修章内容，一定需要有具体事实支撑该董事或监事的信息登记在章程之上。同时，针对实践中的这一做法，理论上依然存在争议。这一问题因与回忆版案件事实不符，在此仅提出，不再赘述。

5. 就甲公司 2019 年利润分配决议，应如何确定股东表决的计算标准？

答案：如利润分配方案系按照实际缴纳的出资比例进行利润分配，应按照认缴比例行使表决权；如利润分配方案不按照实际缴纳的出资比例进行利润分配，就该事项须由全体股东一致同意。

难度：难

考点：利润分配；表决权

> 💡 **命题与解题思路**
>
> 本题考查股东利润分配制度，该考点属于法考的"常客"，2010 年司考曾有所考查。但是本问的设计比较具有迷惑性。《公司法》第 210 条规定了有限公司利润分配的比例，一般按照实缴的出资比例分取红利，但全体股东可以约定不按照出资比例分取红利。这

一考点，考生往往牢记心间。但是本题并未对该知识点进行考查，而是采用了"迷惑战术"，就利润分配决议的表决比例进行设问。考生在作答时一定要张大双眼，认真读题，否则就会犯"眼盲"式的错误，遗憾失分。而对于利润分配方案的决议如何表决，又需要考生掌握利润分配方案的内容包括哪些。实际上公司<u>利润分配方案的内容包括：分配的数额、分配的比例以及分配的期限。其中对分配的数额和分配的期限按照一般决议的方式进行表决即可，但对分配的比例，如非按照实缴的出资比例分配则还需要全体股东一致同意</u>。

答案解析：

《公司法》第65条规定："股东会会议由股东按照出资比例行使表决权；但是，公司章程另有规定的除外。"

《公司法》第210条规定："公司分配当年税后利润时，应当提取利润的百分之十列入公司法定公积金。公司法定公积金累计额为公司注册资本的百分之五十以上的，可以不再提取。公司的法定公积金不足以弥补以前年度亏损的，在依照前款规定提取法定公积金之前，应当先用当年利润弥补亏损。公司从税后利润中提取法定公积金后，经股东会决议，还可以从税后利润中提取任意公积金。公司弥补亏损和提取公积金后所余税后利润，有限责任公司按照股东实缴的出资比例分配利润，全体股东约定不按照出资比例分配利润的除外；股份有限公司按照股东所持有的股份比例分配利润，公司章程另有规定的除外。公司持有的本公司股份不得分配利润。"

因《公司法》第210条规定，股东应按照实缴的出资比例分取红利，除非全体股东另有约定，因此就"分配比例"，如不按照实缴的出资比例分取红利，则应当经全体股东一致同意。除此之外，即应按照实缴的出资比例分取红利。就具体数额和期限等内容，按照《公司法》第65条的规定，除非章程另有规定，否则应按出资比例行使表决权。此处的"出资比例"，即为"认缴比例"。实际上，在认缴制下，只要《公司法》没有明确说明"实缴的出资比例"，出资比例即为"认缴比例"。

当然，可能有同学关注到公司股东中除股东A外，其他股东均因出资期限未届满而未完全实际缴纳。针对未实缴的股东，其行使表决权的比例也应当是认缴的出资比例，而非实缴比例，除非章程另行规定。

> 6. 董事会解聘巫旺职务的决议是否有效？为什么？

答案：

答案一：有效。巫旺被解聘的职务包括公司总经理和公司法定代表人。（1）针对董事会解聘巫旺总经理职务的决议，《公司法》规定董事会有权决定聘任或解聘公司经理。甲公司董事会解聘巫旺总经理职务的决议程序合法、内容也没有违反法律规定，因此决议有效。（2）针对解聘巫旺法定代表人的决议，《公司法》规定法定代表人由公司董事或总经理担任。董事会解聘了巫旺的总经理职务，同时巫旺也非公司董事长，因此巫旺的法定代表人的职务自总经理职务被解聘时自然解聘。但在变更登记前，该解聘不发生对外的对抗效力。

答案二：有效。巫旺被解聘的职务包括公司总经理和公司法定代表人。（1）因聘任巫旺作为公司总经理的决议系股东会超越职权作出的决议，该决议无效，同时聘任巫旺作为法定代表人的决议因违反《公司法》的规定，也属无效决议。因此，巫旺并非甲公司的合法的总经理和法定代表人。（2）甲公司董事会一致决议解除因无效决议而取得的总经理的职务，属于董事会职权，程序和内容合法，因此有效。（3）巫旺的总经理职务被确认无效后，自然也并非甲公司法定代表人，因此就巫旺法定代表人的解聘决议事项，因决议程序和内容合法而有效。但在变更登记前，该解聘不发生对外的对抗效力。

难度：难

考点：经理的解聘；公司决议；法定代表人；无效决议的法律关系

> 💡 **命题与解题思路**
>
> 本题与第4问有密切的联系，这与2019年、2020年商法主观题命制具有衔接性，即循环设问，先后问题的答案紧密联系，甚至彼此相扣。很多考生在分析此问时，往往也会联合第4问答案，并在答题时不断否定自己。但是实际上从我们答案解析中能够看到，不管第4问采取哪一种答案，考生实际上都可以自圆其说。因此，夯实基础，确信自己的分析，才能不至于临场慌张。从案件事实来看，巫旺的职务包括了股东会决议聘任的总经理和法定代表人两项。而设问只问解聘巫旺职务的决议是否有效，并未指明何种职务，因此考生需要综合回答。而如果考生在第4问选择决议可撤销的答法，则需要分析在任期未届满之前，董事会可否直接解聘经理的职务及法定代表人的任命；而考生如在第4问选择认为决议无效，巫旺既非公司经理也非法定代表人，则需要结合前一答案自圆其说。具体分析见答案解析。

答案解析：

本条涉及的法条除第4问所列明的法条外，还包括《公司法》第28条的规定："公司股东会、董事会决议被人民法院宣告无效、撤销或者确认不成立的，公司应当向公司登记机关申请撤销根据该决议已办理的登记。股东会、董事会决议被人民法院宣告无效、撤销或者确认不成立的，公司根据该决议与善意相对人形成的民事法律关系不受影响。"

本问的答案一系与第4问的答案一相互联系。如考生在第4问中认为甲公司股东会决议聘任巫旺作为公司总经理并担任法定代表人属于可撤销的决议的话，则：第一，针对董事会解聘巫旺总经理职务的决议，首先，根据《公司法》第67条和第74条的规定，董事会有权解聘经理，因此解聘总经理属于公司董事会的职权。其次，巫旺任期3年，在董事会解聘时任期并未届满，此时，是否可以无故解聘呢？很多考生能够想起的是《公司法》第71条所规定的对董事的无故解聘，但该项规定并不能适用于公司经理等管理人员。对此的分析还需要从《公司法》第67条和第74条的规定入手。上述两条规定，<u>赋予了董事会解聘公司经理的职权，并且对该职权并未规定任何限制。因此，只要董事会解聘经理的决议程序合法，无其他违法内容，该决议自应有效。</u>该观点也为最高法指导案例上海市第二中级人民法院（2010）沪二中民四（商）终字第436号判决书所确认。因此解聘有效。第二，《公司法》第10条规定，法定代表人由特定主体担任，因此，在巫旺被解聘总经理职务后，其法定代表人的职务自然也即免除，这一方面并不涉及章程的修改（具体见第4问的分析），另一方面虽然未变更法定代表人，巫旺可能依然还是工商登记的法定代表人，但其作为法定代表人的合法资格已经丧失，因此，其法定代表人的职务自然也被解聘，但在变更登记前解聘不产生对外的对抗效力。

本问的答案二系与第4问的答案二相联系。如考生在第4问中认为股东会决议聘任巫旺作为公司总经理并担任法定代表人的决议无效，则决议无效属于自始无效。在这一背景下，第一，针对董事会解聘巫旺总经理职务的决议，首先，从形式上来看，董事会解聘总经理职务属于董事会职权范围已如上述。但是此时很多考生会追问，如聘任无效，为何还需要解聘？对此，可以从以下几个方面理解：(1) 根据《公司法》第 28 条规定，股东会、董事会决议被人民法院判决确认无效、撤销或者确认不成立的，公司依据该决议与善意相对人形成的民事法律关系不受影响。对此，实际上讨论的是决议无效后，涉及的法律关系的处理。理论和实践中，认为根据公司决议形成的法律关系分为内部法律关系和外部法律关系，甲公司股东会决议聘任巫旺作为公司总经理，涉及的是内部法律关系。决议无效，对内部法律关系具有溯及力。因此，董事会确认解聘巫旺的总经理职务属于溯及的确认无效决议。(2) 总经理和公司并非委任的法律关系，而属于劳动法的范畴，因此，尽管甲公司股东会决议聘任巫旺作为公司总经理的决议无效，但其依然具有劳动法律关系，同时因为总经理属于受公司决议约束的主体，因此巫旺据以形成的劳动法律关系，也应因该决议的无效而解除，董事会解聘巫旺的决议属于对该劳动法律关系解除的公司意思表示，且程序、内容合法，因此解聘决议有效。第二，就巫旺法定代表人职务的解除，因为聘任巫旺作为总经理的决议无效，且总经理的聘任属于内部法律关系，决议无效对该法律关系具有溯及力，因此董事会解聘巫旺的总经理职务后，自然巫旺也就丧失了作为甲公司法定代表人的资格。除此之外的其他分析则与答案一的分析相同。

2020 年"回忆版"金题

一、试 题（本题系选做题，27 分）

案情：

甲公司系有限责任公司，由原集体所有制企业改制而来，注册资本为 2000 万元，已全部实缴。甲公司股东为：张某，持股 25%，并担任董事长兼法定代表人；王某，持股 15%；李某，持股 5%；代表原集体企业全体职工持股的工会（已注册为法人）持股 55%。董事会成员为张某、王某、李某以及由职工代表大会推荐的周某和吴某。监事为职工代表石某。

2017 年 5 月，周某利用其董事身份擅自将工会所持股权转让给了公司以外的赵某。工会一个月后得知此事，召开全体职工大会，决议开除周某，撤销对其的董事委派，并委派吴某将决议递交给甲公司。甲公司收到后，因忙于增资事项，并未处理撤销周某的董事事宜。

甲公司拟与同行业的乙公司合作，2017 年 8 月底，双方达成增资协议，内容如下：(1) 甲公司增加注册资本 3000 万元，并全部由乙公司认购；(2) 乙公司分三期实缴：协议签订 15 日内实缴 500 万元，第二期在甲公司完成变更登记后的半年内缴纳 1000 万元，剩余部分在甲公司启动上市改制时全部缴清；(3) 甲公司股东变更为乙公司、张某、王某、李某、工会，其中乙公司为持股超过 50% 以上的大股东。(4) 董事会变更为：张某、吴某、由乙公司指派的该公司董事长兼法定代表人潘某等；监事不变。

随后，甲公司召开股东会，对增资扩股事项进行决议。其中王某和李某不同意甲公司的定向增资方案，李某要求优先认购500万元的股权。原集体企业参加改制的职工刘某主张按自己的持股比例优先认购。其他股东均同意增资协议。后甲公司通过了增资的决议。

甲公司随后于2017年底前完成变更登记。乙公司成为甲公司股东后，委派潘某为甲公司董事长兼法定代表人。后乙公司指使潘某以甲公司名义给乙公司的全资子公司丙公司发放了700万元无息借款，借款期限为8年。

乙公司入股一年后，甲公司经营管理不善，乙公司与工会产生分歧，导致甲公司不满。甲公司原股东在没有通知乙公司的情况下，召开股东会，决议将乙公司解除股东资格。

问题：

1. 周某与赵某的股权转让行为效力如何？为什么？
2. 职工大会撤销对周某的董事委派的决议，能否导致其董事资格的丧失？为什么？
3. 甲公司就增资扩股事项的股东会决议效力如何？为什么？
4. 李某和刘某的请求是否成立？为什么？
5. 潘某以甲公司名义与丙公司签订的借款合同是否有效？为什么？
6. 甲公司原股东在没有通知乙公司的情况下召开股东会解除乙公司股东资格的决议是否有效？为什么？

二、答案精讲

1. 周某与赵某的股权转让行为效力如何？为什么？

答案：无效。周某擅自将股份转让给赵某的行为是无权处分行为。参照民法关于无权处分善意取得的规定，无处分权人将不动产或者动产转让给受让人的，所有权人有权追回，除非：（1）受让是善意；（2）以合理价格转让；（3）已经完成变更登记。根据本题的事实，赵某属于公司外部人，属于不知情的主体，但是从题目后续事实来看，该股权尚未变更登记，因此转让无效。

难度：中

考点：股权的无权处分

命题与解题思路

考生在准备法考时，往往熟悉记忆名义股东擅自处分股权的处理，而本题则另辟蹊径，采用了两个烟雾弹迷惑考生：一是本题并不属于名义股东擅自处分股权；二是本题加入了工会持股这一大部分考生并不熟悉的背景。实际上仔细分析本题，我们会发现，本题是将商法与民法融合考查。尽管从题目事实来看是围绕公司股权转让的，但实际上是在公司的语境下考查了民法中无权处分及善意取得的问题。股权本身也是民法所规定的财产权利，对股权的处分可参照对动产、不动产无权处分的规定。因此对周某将股权转让给赵某的行为效力的分析，实质上是考查处分行为的效力问题。近年来，法考一直在增强民商融合的考查力度，考生在应对公司类似问题时一定要注意，并非所有与公司相关的问题都只能从公司法中寻找答案，实际上不管是围绕股权处分的问题，还是公司对外签约等问题，也都需要从民法的角度分析。这就需要考生熟练掌握民法的一般规定和公司法的特别规定。

答案解析：

本题中周某所处分的股权是甲公司工会代表职工所持有的。代表全体职工持股的工会组织、员工持股会是20世纪我国企业改制中出现的特殊问题，主要体现在集体所有制企业的公司化改制中。集体所有制企业，是社会主义劳动群众集体所有制企业的简称，是部分劳动者共同占有生产资料的所有制形式，即企业的所有权归属于企业劳动者集体所有。在集体企业公司化改制的过程中，属于原集体企业的财产作为出资，进而取得改制后公司的股权，而针对该部分股权一般由工会或者职工持股会代表原集体企业全体职工持有。为了与改革后的法律制度相衔接，对工会，尤其是职工持股会的法人地位，实践中给予认可，属于原《民法通则》中的社会团体法人。在公司的股东名册和章程中也将工会、职工持股会登记为公司股东。围绕工会、职工持股会的问题是20世纪改革开放之初我国普遍存在的现象，但是随着企业改制逐渐完成，工会、职工持股会在我们日常视野中逐渐淡去。考生在看到这类自己并不熟悉的材料时可能会慌张。但是所谓"万变不离其宗"，即使我们对这一历史背景并不熟悉，我们也可以通过推测命题思路来回答问题。

首先，本题题干问的是周某向赵某转让股权行为的效力，这里的核心是"转让"。对此，部分考生会联想到民法中负担行为和处分行为的区分，进而认为属于无权代理。对此，需要考生仔细分析设问用语：<u>如设问为"转让协议的效力"，则如果周某是以工会的名义转让则属于无权代理，而本题设问直接考查"转让行为"，因此可以推断系对处分行为的考查</u>。其次，针对处分行为，我们需要分析是有权处分还是无权处分，从题目给出的事实来看，该部分股权是登记在工会名下的，由工会持有，并且工会已经注册成了独立法人。因此该部分股权的真正权利主体是工会，周某仅仅是工会委派的董事，因此周某处分股权构成了无权处分。如果我们把工会替换成普通的公司，公司委派在自己子公司的董事擅自处分了自己所持有的股权，该行为的效力如何呢？相信考生一定就不会陌生了。最后，就该无权处分，应当如何处理，还需要考察赵某能否善意取得。关于股权善意取得，可参考《公司法司法解释（三）》在处理名义股东擅自处分股权时，采取的是参照物权善意取得制度处理，考生应当对此并不陌生。善意取得制度的要求包括三点：（1）相对人善意；（2）支付合理的对价；（3）已经完成变更登记。在本题中，尽管赵某为公司外部主体，可能属于善意，但是从题干事实来看，并没有完成变更登记，因此不构成善意取得，该转让无效。

> **2. 职工大会撤销对周某的董事委派的决议，能否导致其董事资格的丧失？为什么？**

答案：

答案一：不能。周某虽然为职工大会委派的董事，但属于工会作为股东向公司委派的董事，其选举与变更属于股东会的职权。职工大会撤销周某的决议，并不发生公司股东会决议的效力。周某的董事资格的丧失仍须股东会决议作出。

答案二：能。周某是职工大会选举的董事。我国《公司法》规定，董事会中的职工代表由公司职工通过职工代表大会、职工大会或者其他民主选举产生，而股东会选举和更换的董事是非职工代表董事。因此，职工大会选举的董事应由职工代表大会罢免。所以职工大会撤销周某的决议，会导致其董事资格的丧失。

难度： 难

考点： 董事的罢免

> **命题与解题思路**
>
> 本题依然延续了上一题的命题思路，即在新的背景下考查考生的基础知识。从题目的角度来看，考查的是董事资格与董事罢免的问题。《公司法》第68条第1款规定，董事会中的职工代表由公司职工通过职工代表大会、职工大会或者其他形式民主选举产生。对此，《公司法司法解释（五）》第3条又进一步规定，董事任期届满前被股东会或者股东大会有效决议解除职务，其主张解除不发生法律效力的，人民法院不予支持，也即对非由职工代表担任的董事，可由股东会罢免，并且可以无理由地罢免。相信考生对于这一内容比较熟悉。但是本题绕开了大家的"舒适区"，而采用迷惑战术：周某是职工代表大会推荐的董事。因此，题目问的是职工大会撤销周某的决议，是否可使其丧失董事资格。对该题的回答，首先需要明确周某的身份究竟是职工代表担任的董事还是非职工代表担任的董事。围绕这一问题，观点上存在分歧，即周某被职工代表大会委派为公司的董事，究竟是工会作为股东推举的董事还是通过职工代表大会选举产生的董事。不同的主体身份，对于问题的分析会产生影响。

答案解析：

分析职工大会撤销对周某的决议，是否会导致周某丧失董事资格，首先需要分析的是周某究竟是股东会选举的董事还是职工代表大会选举的董事。从考生回忆版来看，这一事实是不明确的，因此存在两种不同的答案。

答案一首先分析"职工大会推荐的董事"在公司法框架中如何处理。在上一问中我们已经分析，该公司的特殊之处是工会代表原改制企业全体职工持股，而从案例事实来看，对工会这一出资人的内部事宜的管理是通过职工大会进行的。因此，尽管从直接的词义上来说，该董事是由职工大会推荐的，但是其实质依然是股东推荐的董事。在此，我们依然可以转化成考生熟悉的情形，如甲公司的股东乙公司，委派并推荐乙公司的成员周某作为甲公司的董事，因为周某错误处理了乙公司的资产，所以乙公司撤销了对周某的委派。针对这一情形，考生应当是熟悉的，此时乙公司作出撤销对周某的委派的决议显然并不会产生罢免周某的董事资格的效力，因为周某的董事罢免的权力属于甲公司的股东会。在公司实践中，往往是由乙公司决议撤销对周某的委派，提议召开甲公司股东会，并通过甲公司股东会的决议罢免周某的董事职位。同时，结合考生回忆的案件事实也能佐证：第一，周某是由职工大会推荐的董事，而非职工大会选举的董事，其并不属于公司法中规定的董事会中的职工代表；第二，职工大会作出决议后递送公司，要求公司办理撤销事宜。

答案二也是从理解"职工大会推荐的董事"入手。虽然我国《公司法》没有强制要求所有公司董事会中都必须要有职工代表，但是《公司法》第68条规定，董事会中的职工代表由公司职工通过职工代表大会、职工大会或者其他形式民主选举产生。因此，周某属于由职工大会选举产生的董事。尽管我国《公司法》没有规定职工代表董事的罢免问题，但是按照谁选举谁罢免的原则及股东会职权范围，可以推知职工大会选举的董事也应当由职工大会罢免。因此在职工大会作出罢免董事的决议后，该董事资格终止。

但是，对于此问还需要进一步说明的是，在职工大会罢免董事决议作出后，仍需经过报告公司并变更公司登记等程序。从本题考生回忆的事实来看，公司登记没有办理。在职工大会已经罢免了董事，但未进行变更登记时，董事是否依然还有董事资格呢？对此，我国《公司法》没有直接规定。但是从学理来看，董事的选举和罢免是公司内部治理事宜，公司有权在法律规定的范围内自行作出，因此在职工代表大会罢免了职工代表董事后，该罢免即生效，而在没有变更登记的情形下，只对外部第三人存在善意保护的效力。比较法上存在所谓表见董事的概念，针对的就是登记董事与选任董事之间的差异。真正的董事是能够向公司主张行使董事权利与权力的主体即选任董事，而登记的名义董事如果在罢免后依然以董事身份对外代表公司行事，则善意相对人可以凭借登记主张自己的合理信赖受到保护。因此，周某的董事资格在职工大会决议作出后即行丧失。

3. 甲公司就增资扩股事项的股东会决议效力如何？为什么？

答案： 决议增资部分有效，损害新股优先认购权部分无效。

甲公司就增资扩股事项的股东会决议包括：第一，对乙公司的定向增资；第二，关于其他股东放弃优先认购权的事项。

针对增资事项，《公司法》规定须经代表公司2/3以上表决权的股东同意后通过。在本题中，持股合计80%的张某和工会同意该决议。同时该决议内容符合《公司法》的规定，因此该部分决议有效。

针对其他股东的优先购买权部分，《公司法》规定公司新增资本时，股东有权优先按照实缴的出资比例认缴出资，但是全体股东约定不按照出资比例优先认缴出资的除外。因此，就公司新增出资，如果想要达成全部由乙公司认缴，需要全体股东一致同意。在本题中王某、李某均表示反对，因此该部分决议无效。

难度： 中

考点： 公司决议的效力；新股优先认缴权

> **命题与解题思路**
>
> 新股优先认缴权是法考常考的考点，本题又将之作为考点，足见该考点的重要性。《公司法》第227条规定了有限公司股东按照实缴比例的优先认缴权，并且规定须经全体股东一致同意方可除外。在这一背景下，最高法在（2010）民提字第48号绵阳红日、蒋某诉绵阳高新区科创公司一案中，认为公司新增资本，股东会决议以多数决方式通过由股东外第三人出资认购新增资本的决议内容，因侵害反对股东的优先认缴权，应确认股东会决议内容中涉及反对股东出资比例可认缴的新增股份部分无效。之所以这样处理，主要考虑了两方面的因素：一方面基于尊重公司自治，不应当随意否定公司决议的效力，尤其是在公司需要对外增资时，往往应当更尊重公司的利益；另一方面我国《公司法》规定了有限公司股东在增资时的优先认缴权，并且规定只能通过放弃的方式免除，因此也应当尊重股东的合法权益。因此，在处理该类问题上，采取的态度是决议涉及损害新股优先认缴权的部分无效。

答案解析：

从题干来看，本题问的是公司股东会决议的效力。根据《公司法》的规定，公司决议的效力类型分为有效、无效、可撤销与不成立。对公司决议效力的分析，可从程序、内容是否合法、是否符合章程两个层次进行分析。如果程序违反公司法或者章程的规定，属于严重程序瑕疵的为不成立，属于一般程序瑕疵的为可撤销（可治愈的轻微程序瑕疵则可视为有效）；而内容违反法律强制性规定的决议无效，内容违反章程规定的决议可撤销。考生在应对类似关于决议效力问题的分析时，可以根据题目所给出的案例事实，推测命题人所埋下的出题点，也即"题眼"。在本案的事实中，我们看到关于股东会的程序并没有给出过多的描述，这意味着程序并非本题考查的内容，因此，我们应当转到对决议内容是否违法或违反公司章程的分析上。同时，由于题目也没有给出公司章程的规定，因此，可以判断本题想要考查的就是决议的内容是否违法。

而该决议是有关于公司定向增资的决议。<u>所谓公司定向增资，实际上包含了两层含义：第一层含义是公司增资；第二层含义则是同意由指定的主体认购公司新增的注册资本</u>。至此，我们就能精准锁定命题人的考核要点。<u>关于公司增资，《公司法》并没有内容上的规定，仅规定了需要 2/3 以上多数决</u>。根据本题事实，该股定会决议符合 2/3 以上多数决的要求，也即公司增资决议本身是合法有效的。接下来，需要分析的是，增资部分由谁认缴。《公司法》第 227 条规定，有限公司股东享有新股优先认购权，除非全体股东另有约定。所谓新股优先认购权，是指除全体股东一致同意外，应按照实缴比例针对新增资本优先认购的权利。该权利是为了防止股东股权被稀释以及保证有限公司的人合性。需要考生注意的是，<u>新股优先认购权是公司法赋予公司股东的合法权益，因此其不应采用资本多数决方式，而只能人头一致决，也即需要股东个人放弃或增减</u>。在本题事实中，王某、李某作为股东反对定向增资，尤其是李某要求优先认购。因此，就该部分的内容，应当保护反对股东的权利，针对对应部分的决议无效。

在此，也需要考生注意，虽然《公司法》中决议采用的是资本多数决的方式，但是这里的资本多数决应当针对的是股东参与公司事务的治理方式，而不能是针对股东的个人权利。实际上，针对股东的个人权利，《公司法》也特别规定了，包括有限公司股权转让的同意需要人数的多数决，而新股优先认购权则需要人数的一致决。之所以这样规定，正是因为其权利基础存在不同。考生学习股东权利和公司治理时，应当注意这两个问题的区分。

---

4. 李某和刘某的请求是否成立？为什么？

答案：

（1）关于李某的请求

答案一：不能成立。《公司法》规定，有限公司新增资本时，股东有权按照实缴的出资比例认缴出资。本案中李某的实缴出资比例为 5%，因此针对公司新增资本 3000 万元，只能在 5% 的部分行使优先认缴权即对应 150 万元的新增资本。李某要求优先认购 500 万元，已经超出了其优先认缴权的数额范围。

答案二：成立。公司增加资本时，股东自身不行使优先认缴权时，允许第三人认缴增加资本的效果相当于股权转让，而根据《公司法》的规定，股权对外转让时，其他股东享有优先认缴权，故李某对其他股东放弃的优先认缴部分享有优先认缴权。

（2）关于刘某的请求

不成立。刘某虽然是原集体企业职工，但是该部分股权由工会名义代持，因此刘某并非公司的股东，不享有优先认缴权。

难度：难

考点：新股优先认缴权；股权代持

> **命题与解题思路**
>
> 新股优先认缴权的行使是我国目前实务中争议较大的内容，其中就包括了对其他股东放弃的新股优先认缴权，原股东是否有权要求就该部分优先认缴。该内容在2019年主观题时就已经考查，2020年又进行了考查，足见其重要性。此外，本题的命题技巧也有所变化，即加入了干扰性职工刘某的请求。刘某是甲公司职工，通过工会持有公司的股份。这样，看起来考查的是新股优先认缴权，实际上考查的则是如何认定公司股东资格。我国《公司法》第56条第2款规定，记载于股东名册的股东，可以依股东名册主张行使股东权利。《公司法司法解释（三）》又进一步确认了实际出资人与名义股东之间的关系。不过，本题并没有直接考查传统的代持协议中的名义股东与实际出资人，而是另辟蹊径地用"工会持股"考查。关于"工会持股"的问题，前面已经分析，实际上，只要考生能够抓住股东资格获得的生效要件是记载于股东名册之上，就可以不变应万变。

答案解析：

（1）关于李某的请求。

答案一：根据《公司法》第227条第1款规定，有限责任公司增加注册资本时，股东在同等条件下有权优先按照实缴的出资比例认缴出资。但是，全体股东约定不按照出资比例优先认缴出资的除外。该规定仅对增资情况下股东行使优先认缴权的范围和方式进行了规定，除全体股东特殊约定的情形外，将股东的认缴范围限制在实缴的出资比例范围内，并未对股东放弃优先认缴权的情形下其他股东的优先认缴权作出规定。故李某的请求不成立。

答案二：根据《公司法》的规定，公司新增资本时，其他股东放弃优先认缴权的行为相当于股权转让。根据《公司法》第84条第2款规定，股东向股东以外的人转让股权的，应当将股权转让的数量、价格、支付方式和期限等事项书面通知其他股东，其他股东在同等条件下有优先购买权。股东自接到书面通知之日起30日内未答复的，视为放弃优先购买权。两个以上股东行使优先购买权的，协商确定各自的购买比例；协商不成的，按照转让时各自的出资比例行使优先购买权。该条款的目的是维护有限责任公司的人合性。同理，在公司新增资本的情形下，若其他股东放弃优先认缴权，那么为了维护有限责任公司的人合性，相比于公司以外的第三人，李某享有优先认缴权，其请求是成立的。

（2）关于刘某的请求：考生在遇到某主体是否有权行使股东某项权利时，首先需要判断其是否具有股东资格，可以向公司主张。对此，我国《公司法》特别规定，股东名册是股东向公司主张权利的依据，也即只有登记在股东名册之上才可以向公司主张行使股东权。当然，如果某主体符合了股东的实质要件，但是没有被登记在股东名册之上，其也有权依据公司法要求变更股东名册。如果公司不变更的，可以主张股权确认之诉。可见，针对行使股东权问题的分析第一步是判断是否具备股东身份。在本题事实中，刘某系公司职工，通过工会这一独立法人间接持有公司股权权益，因此，刘某并非公司的股东，并不能向公司主张任何权利。如果刘某想要成为公司的股东则需要根据其与工会之间的法律关系确认。当然，在实践中，对于这种集体企业改制后的工会持股或职工持股会，想要剥离也是非常复杂的实务问题，与我们经常遇到的简单的代持协议有所不同。

5. 潘某以甲公司名义与丙公司签订的借款合同是否有效？为什么？

答案： 合同有效但属于损害公司利益的关联交易。这一行为属于关联交易，损害了甲公司的利益，虽然合同有效，但潘某应承担对公司的损害赔偿责任。

难度： 中

考点： 关联交易；控股股东的责任

> 💡 **命题与解题思路**
>
> 本题是对关联交易的考查。在实践中，大股东操纵公司，利用关联交易，损害公司利益和小股东利益的情形时有发生。对此，《公司法司法解释（五）》特别对关联交易损害公司利益的情形进行了规制。本题以此为背景进行了问题的设计，只要考生能够知道关联关系的界定以及关联交易的规制，即可轻松回答本题。

答案解析：

根据《公司法》第265条规定，关联关系是指公司控股股东、实际控制人、董事、监事、高级管理人员与其直接或间接控制的企业之间的关系，以及可能导致公司利益转移的其他关系。在本题事实中，乙公司在甲公司增资后，是甲公司持股50%以上的大股东。按照《公司法》的规定，出资额占有新公司资本总额50%以上的股东即为控股股东。而丙公司是乙公司的全资子公司。因此甲公司与丙公司即为受同一主体乙公司控制的关联企业，构成了关联关系。

在关联主体之间，即甲公司与丙公司之间的交易构成了关联交易。关于关联交易的效力，应从两个角度入手，即程序是否合法与对价是否公允。对此，《公司法司法解释（五）》第1条特别规定，<u>关联交易需要满足履行信息披露、经过合法程序以及未实质损害公司利益</u>。

首先，该交易是否满足程序要求呢？潘某是公司的董事长、法定代表人，按照《公司法》第148条的规定，禁止董事违反公司章程的规定，未经股东会、股东大会或者董事会同意，将公司资金借贷给他人。但是需要注意的是，是否需要经过股东会、股东大会或者董事会的同意，需要审查公司章程有无规定。对此，《公司法》并没有强制性要求一定需要经过股东会、股东大会或董事会的决议。从本题事实来看，并没有给出我们公司章程的特别规定，因此，一般而言，该对外借款行为并未违反程序性的要求。

其次，即使满足了程序性要求，也需要特别审查是否损害公司利益。在本题中，潘某签订的甲公司与丙公司之间的贷款是长期并且无息的，这无疑损害了甲公司的利益。《公司法》第22条规定公司的控股股东、实际控制人、董事、监事、高级管理人员不得利用关联关系损害公司利益。《民法典》第84条规定，营利法人的控股出资人、实际控制人、董事、监事、高级管理人员不得利用关联关系损害法人利益。因此，该借款协议违反了《公司法》《民法典》等的规定，属于非法的关联交易。

但是需要考生注意的是，<u>非法的关联交易未必当然无效</u>。从本题事实中，潘某作为法定代表人对外签订借款协议，属于正常的代表行为，且并无相关事实证明该合同违反了法律的强制性规定，因此合同有效。但是，潘某因此给公司造成的损失则应当依据《公司法》第22条的规定承担赔偿责任。

6. 甲公司原股东在没有通知乙公司的情况下召开股东会解除乙公司股东资格的决议是否有效？为什么？

答案：不成立。

首先，从决议内容上看：公司股东资格，只有在股东全部未履行出资责任或抽逃全部出资时，方可经股东会决议解除。因为公司股东之间的冲突问题，股东会无权解除股东资格。这侵害了乙公司的股权，因违法而无效。

其次，从决议程序上看：

（1）有限公司股东会除特别决议外，应经代表过半数表决权的股东通过。在本案事实中，乙公司并未参会，因此该决议并未经代表过半数表决权的股东的同意，属于会议表决结果未达到公司法或者公司章程规定的通过比例因而不成立的情形。

（2）有限公司股东会应由董事会召集。有限公司代表 1/10 以上表决权的股东可以提议召集，而只有在公司董事会、监事会不能召集或不召集时，代表 1/10 以上表决权的股东才可以自行召集。本题事实中，甲公司董事长同时也是乙公司法定代表人，因此可以推知该股东会未经法定程序召开。同时，该股东会召集时并未通知股东乙公司，也存在未通知全体股东的程序瑕疵。因此，属于程序违法可撤销的决议。

综上，由于该公司股东会未达表决比例且可撤销，该决议不成立，同时该决议内容因违法而无效，综合考虑应当认定决议不成立。

难度：难

考点：公司决议；股东会程序

💡 命题与解题思路

本问也是对公司决议的考查，从形式上来看，似乎与第 3 问类似，但是仔细辨析会发现，第 3 问是借公司决议的效力考查新股优先认缴权制度，而本问则是对公司决议的综合考查。这是因为，该问既涉及决议的程序问题，即未通过乙公司，甲公司原股东自行召开了股东会，也包括决议的内容问题，即决议解除乙公司股东资格。考生如果不能辨析命题人在不同场景下的考核重点，可能就会偏离命题人想要的答案。《公司法》对公司决议的效力规定了无效、可撤销、不成立三种情形。对此，考生应当相对熟悉。但是，本题设计的巧妙之处在于如果一个决议内容违反法律规定，程序存在重大瑕疵和一般瑕疵，可能同时满足无效、不成立和可撤销的情形时，其效力状态应当为何呢？相信很多考生在此纠结。实际上，从目前主流的观点来看，决议往往被认为是一种特别的法律行为，民法上关于法律行为的规定也类比到决议之中。我们针对法律行为首先考察其是否成立，再考察其是否具有法律效力。因此，从这一顺序来看，不成立的决议，自然不构成决议，因此，对此效力究竟属于有效、可撤销还是无效就无须再行考察了。明白了这一点，我们再分析不同的决议效力后，就可以给出一个综合性的答案了。

答案解析：

对决议效力的分析，首先应当从程序上入手，如果程序本身存在重大瑕疵，构成决议不成立，或者决议程序本身违反法律或者公司章程的规定，构成可撤销，就无须再对内容进行审查。在本案事实中，该股东会决议系甲公司原股东在没有通知乙公司的情形下自行召开的，这也就意味着：第一，该决议未经过乙公司的同意。而乙公司是占公司表决权半数以上的大股东。按照《公司法》的规定，除公司特别决议外，股东会决议应当经过代表公司过半数表决权的股东的同意。因此，该决议没有达到最低表决比例，构成了决议不成立的情形。第二，也可以推知该决议并未经过公司董事会。而我国《公司法》规定有限公司特定股东一般只有提议召集股东会的权利，只有在董事会、监事会不召集时，符合条件的股东才有权自行召集，且须通知全部股东。因此，即使该公司决议符合表决比例，也存在因为程序违法因而可撤销的问题。当然，在我们已经确认了该公司决议不成立的前提下，程序违法的情形已经被决议不成立所吸收。

其次，从内容上来看，该公司决议决定解除股东资格，也属于违反法律的规定而无效的情形。但是考生可能困惑的地方在于，究竟违反了什么法律规定。一般而言，我们能最直接想到的是股东完全未履行出资义务或者抽逃全部出资的情形下，经过公司合理催告后仍未履行的，股东会可以决议除名。但是，该条规定并不能解释其他情形就不得解除公司股东资格。对此，实际上，《公司法》并没有规定，也无须由《公司法》规定。股东资格对于股东而言是其享有股东权益的基础，是股东私人合法所有的财产，非经法律规定或者股东同意，任何人不得非法剥夺他人合法财产。因此，在《公司法》规定的失权程序之外，非经股东同意解除股东资格的行为，违反的是民法中的民事自愿原则，损害了民事主体的财产权利，因而无效。

最后，在决议同时存在不成立与无效的情形之下，我们认为应当确认决议不成立，原因很简单，对于法律行为而言，在不符合成立条件的情形之下，自然无须再对法律行为效力进行审核，因为前者涉及的是民事主体意思表达的私法自治，而后者则是法律对私法自治的限制与干预。法律行为本身未成立，也即根本不存在民事主体的意思表达，则对其限制和干预也就没有了基础。而公司决议，实际上也是公司通过其机关形成的意思，如果决议未成立，则该决议的效力也就无须考察了。

2019年"回忆版"金题

一、试题 （本题系选做题，27分）

案情：

甲公司于2015年成立，注册资本为8000万元，由A、B、C、D四家公司作为股东，持股比例分别为51%、37%、8%、4%，均完成实缴出资。甲公司董事会有5名成员，分别由A、B、C公司派员出任，席位比例为2∶2∶1。B公司名下37%的股权，其中有17%属于E公司。B公司在甲公司董事会的一个席位由E公司指派王某担任，甲公司召开股东会，王某均参加，E公司偶尔还会派其他人参加股东会。甲公司和其他股东均知情，但并未表示反对。

2017年7月，甲公司拟增资1000万元，由投资者乙公司全部认购。C公司同意增资，但提出两项主张：一是按照其实缴出资比例优先认缴；二是对其他股东放弃的优先认缴部分也行使优先认缴权。其他股东均反对C公司的主张。

2018年5月，B公司将自己名下的20%股权出质给D公司，又将10%股权出质给丙公司，均办理了股权质押登记。E公司不知晓上述情况，丙公司亦不知道B公司代持股情况。

后因 B 公司逾期未偿还所欠 D 公司借款，D 公司遂向法院申请实现担保物权。

2019 年 4 月，E 公司的债权人丁公司获得法院胜诉判决，申请法院强制执行。法院查明 E 公司对甲公司的实际出资情况后，对 B 公司代持的实际上属于 E 公司的股权直接采取拍卖措施。

问题：

1. C 公司的第一项主张能否成立？为什么？
2. C 公司的第二项主张能否成立？为什么？
3. D 公司能否取得股权质权？为什么？
4. 丙公司能否取得股权质权？为什么？
5. 若法院在审理实现担保物权案件过程中，E 公司获知此事，对其应如何救济？为什么？若案件进入执行程序，E 公司可以如何救济？
6. 法院对 B 公司名下股权强制执行，B、D、E、丙公司是否可就该强制执行提出异议？为什么？

二、答案精讲

1. C 公司的第一项主张能否成立？为什么？

答案：成立。根据《公司法》规定，公司新增资本时，股东有权优先按照实缴的出资比例认缴出资。但是，全体股东约定不按照出资比例优先认缴出资的除外。本题中，甲公司拟增资 1000 万元，且甲公司全体股东未另外作出规定，因此，C 公司有权主张按照其实缴出资比例优先认缴。

难度：中

考点：有限责任公司新增资本的优先认缴权

> **命题与解题思路**
>
> 本题考查有限责任公司新增资本的优先认缴权。《公司法》第 227 条规定了公司新增资本时股东有权优先按照实缴的出资比例认缴出资。该规定的目的之一是确认有限责任公司股权比例的稳定性，避免大股东滥用控制权肆意稀释小股东股权。因此，公司或者股东会不得剥夺小股东在公司增资中按照实缴出资比例认缴出资的权利。

答案解析：

《公司法》第 227 条第 1 款规定："有限责任公司增加注册资本时，股东在同等条件下有权优先按照实缴的出资比例认缴出资。但是，全体股东约定不按照出资比例优先认缴出资的除外。"本题题干中并未表明甲公司全体股东约定不按照出资比例优先认缴出资，因此，C 公司有权按照其实缴出资比例优先认缴。

2. C 公司的第二项主张能否成立？为什么？

答案：

答案一：不成立。根据《公司法》规定，现行法律仅对增资情况下股东行使优先认缴权的范围和方式进行了规定，除全体股东特殊约定的情形外，将股东的认缴范围限制在实缴的出资比例范围内，并未对股东放弃优先认缴权的情形下其他股东的优先认缴权作出规定，因此，股东对其他股东放弃认缴的增资份额主张优先认缴权无法律依据，故C公司的主张不成立。

答案二：成立。公司增加资本时，股东自身不行使优先认缴权时，允许第三人认缴增加资本的效果相当于股权转让，而根据《公司法》的规定，股权对外转让时，其他股东享有优先认缴权，故C公司对其他股东放弃的优先认缴部分享有优先认缴权。

难度：难

考点：有限责任公司新增资本中优先认缴权放弃的法律后果

> **命题与解题思路**
>
> 本题旨在考查有限责任公司新增资本中优先认缴权放弃的法律后果。根据《公司法》第227条的规定，除全体股东另有约定外，股东有权优先按照实缴的出资比例认缴出资。对此规定，存在两种不同观点：一种观点认为，该实缴出资比例是针对全体股东而言的，即我国是严格将优先认缴权的比例限定在股东实缴出资比例范围内，股东对其他股东放弃部分不得行使；另一种观点认为，该实缴出资比例是针对行使优先认缴权的股东而言的，即股东对于其他股东所放弃行使的部分可以按照实缴出资比例再次优先认缴。因此，公司可以依据自身需要决定是否赋予股东对其他股东放弃部分可行使优先认缴权作出规定，若为避免公司增资中"引狼入室"或者维护有限责任公司的人合性，则可以约定股东对其他股东放弃部分可行使优先认缴权；若公司有迫切融资的需要及意愿，则可以约定股东对于其他股东放弃部分不得行使优先认缴权，进而为公司提供融资渠道，增进融资效率。

答案解析：

答案一：不成立。《公司法》第227条第1款规定："有限责任公司增加注册资本时，股东在同等条件下有权优先按照实缴的出资比例认缴出资。但是，全体股东约定不按照出资比例优先认缴出资的除外。"该规定仅对增资情况下股东行使优先认缴权的范围和方式进行了规定，除全体股东特殊约定的情形外，将股东的认缴范围限制在实缴的出资比例范围内，并未对股东放弃优先认缴权的情形下其他股东的优先认缴权作出规定。故C公司的主张不成立。

答案二：成立。根据《公司法》的规定，公司新增资本时，其他股东放弃优先认缴权的行为相当于股权转让。《公司法》第84条第2款规定："股东向股东以外的人转让股权的，应当将股权转让的数量、价格、支付方式和期限等事项书面通知其他股东，其他股东在同等条件下有优先购买权。股东自接到书面通知之日起三十日内未答复的，视为放弃优先购买权。两个以上股东行使优先购买权的，协商确定各自的购买比例；协商不成的，按照转让时各自的出资比例行使优先购买权。"该条款的目的是维护有限责任公司的人合性。同理，在公司新增资本的情形下，若其他股东放弃优先认缴权，那么为了维护有限责任公司的人合性，相比公司以外的第三人，C公司享有优先认缴权。

3. D公司能否取得股权质权？为什么？

答案：

答案一：能。本题中，B公司名下37%的股权，其中有17%属于E公司，20%属于B公司合法拥有。由此，在B公司将20%的股权进行出质时，实际上是在处分自己合法拥有的股权。根据《民法典》的规定，股权出质在登记时生效，因此 D 公司能够取得股权质押。

答案二：不能。本题中，B 公司名下 37% 的股权，其中有 17% 属于 E 公司，20% 属于 B 公司，因此就该部分股权 B 公司和 E 公司实质上存在共有关系。在共有关系中，处分共有物须得到共同共有人的一致同意或按份共有人 2/3 以上的同意，本案中 B 公司擅自处分共有物构成无权处分。且由于 D 公司属于公司股东，知晓该股权为 B 公司代 E 公司持有，不属于善意第三人，因此 D 公司不能善意取得股权质押。

难度：中

考点：名义股东股权处分；善意取得

> 💡 **命题与解题思路**
>
> 本题旨在考查名义股东股权的处分行为与善意取得。一方面，股权系代持时，名义股东擅自转让、质押或者以其他方式处分股权，实际出资人可以以其对股权享有实际权利为由，主张处分行为无效。另一方面，对于处分股权行为的相对方，应当结合案情事实，结合相对方是否明知、是否为善意等因素进行综合分析。但是由于根据考生回忆的试题，缺失具体事实，因此对本题的理解存在不同的思路：由于 B 公司针对 D 公司出质的股权恰好为 20%，即 B 公司拥有的股权份额，因此如何理解该出质行为的效力就存在着争议。上面给出的两种答案分别从不同的思路出发，在下面的解析中分别详细说明。

答案解析：

答案一的思路，建立在对股权代持理解的基础上，《公司法司法解释（三）》第 24 条第 1 款和第 2 款规定："有限责任公司的实际出资人与名义出资人订立合同，约定由实际出资人出资并享有投资权益，以名义出资人为名义股东，实际出资人与名义股东对该合同效力发生争议，如无法律规定的无效的情形，人民法院应当认定该合同有效。前款规定的实际出资人与名义股东因投资权益的归属发生争议，实际出资人以其实际履行了出资义务为由向名义股东主张权利的，人民法院应予支持。……"因此，在股权代持的法律关系中，名义股东与实际出资人之间的关系是合同关系。尽管就代持股权的实质权益归属的认定上存在不同的争议，但是在本题的案件事实中，B 公司实际持有 20% 的股权，而就该部分的股权进行处分，并不影响实际出资人的任何实际权益（实际上，如果 B 公司处分了股权后，实际出资人 E 公司如依照代持协议要求 B 公司履行协议，包括分取利润等，B 公司依然可以履行协议，并不影响 E 公司的实际权益）。因此，在这一理解的基础上，我们能够看到，首先，对于公司而言，B 公司就是 37% 的股权的持有者；其次，就该 37% 股权中的 20% 的股权的财产权益进行处分，也并未实质上影响实际出资人的权益，因此属于有权处分。

答案二的思路，则需要理解股权的性质。从股权的性质角度来看，既包括股东对公司所拥有的社员权——也正是在这个意义上，一般认为只有名义股东才拥有股东的权利，也包括股权所代表的财产权益，即对应的出资额。在一般情形下，实际出资人不对公司承担责任，也并不享有股权，是从社员权的角度来说的。但是在名义股东处分股权，即处分股权的财产权益时，则实际出资人依然对被代持的股权拥有"投资权益"。在这个意义上，代持的股权依然属于实际出资人所有，而名义股东擅自处分即构成了无权处分。在这一基础上，进一步需要分析的是，B 公司只处分了 20% 的股权，那么这 20% 的股权究竟是 B 公司的还是 E 公司的。有观点倾向认为，此时 B 公司名下的股权实际上存在共有关系。这里需要说明的是，这种观点并非主流观点，这是因为共有的法律关系需要有法律规定或共有的合意，从考生回忆的试题来看，并不符合共有的前提。一方面 B 公司和 E 公司并不存在法律规定的共有基础，另一方面也未体现出双方的合意。对此，可以解释的是，由于股权作为社员权在行使的时候，一般只能共同行使，即 B 公司名下的 B 公司实际拥有的股权和 E 公司实际拥有的股权，在行使股东权利时不能拆分行使，因此从某种意义上可能存在股权"混同"，进而产生共有关系。但是，这种对股权的理解属于非常少见的观点，在此我们只是为考生提供该种答案的分析思路，但并不推荐考生掌握。

4. 丙公司能否取得股权质权？为什么？

答案：丙公司能取得股权质权。B 公司将 10%的股权出质给丙公司时，丙公司并不知情其与 E 公司之间存在代持关系且办理了股权质押登记，构成善意取得，故丙公司可以取得股权质权。

难度：中

考点：股权质权的善意取得

> **命题与解题思路**
>
> 本题旨在考查股权质权的善意取得。权利质权的善意取得应满足以下条件：（1）依照法律规定办理出质登记；（2）须以设定质权为目的；（3）质权人取得质权时须为善意。本题中，B 公司将其持有的 20%股权出质给 D 公司之后，又将 E 公司持有的 17%股权中的 10%出质给丙公司，构成无权处分，但本题中显示丙公司并不知道 B 公司的股权代持情况，故构成善意取得。

答案解析：

《公司法司法解释（三）》第 25 条第 1 款规定："名义股东将其登记于其名下的股权转让、质押或者以其他方式处分，实际出资人以其对于股权享有实际权利为由，请求认定处分股权行为无效的，人民法院可以参照民法典第三百一十一条的规定处理。"另，《民法典》第 311 条规定："无处分权人将不动产或者动产转让给受让人的，所有权人有权追回；除法律另有规定外，符合下列情形的，受让人取得该不动产或者动产的所有权：（一）受让人受让该不动产或者动产时是善意；（二）以合理的价格转让；（三）转让的不动产或者动产依照法律规定应当登记的已经登记，不需要登记的已经交付给受让人。受让人依据前款规定取得不动产或者动产的所有权的，原所有权人有权向无处分权人请求损害赔偿。当事人善意取得其他物权的，参照适用前两款规定。"此外，《民法典》第 443 条第 1 款规定："以基金份额、股权出质的，质权自办理出质登记时设立。"由此可知，以股权出质的质权设立应当满足登记要件。

B 公司已经将 20%的股权出质，因此无论前一题目如何分析，此时 B 公司再行将 10%的股权出质，已经构成了对 E 公司实际投资权益的损害，因此属于名义股东对股权的无权处分。但是针对无权处分，我们还需要进一步分析相对人能否善意取得。本题中，B 公司将 10%的股权出质给丙公司时，丙公司并不知道 B 公司与 E 公司存在股权代持关系，且办理了股权质押登记，因而丙公司可以取得股权质权。

5. 若法院在审理实现担保物权案件过程中，E公司获知此事，对其应如何救济？为什么？若案件进入执行程序，E公司可以如何救济？

答案：(1) 可以提出异议或者提起确权诉讼。因为E公司对B公司质押的股权具有投资权益，其可以作为利害关系人提出异议，还可以通过诉讼要求法院确认其享有的份额。(2) 若案件进入执行程序，E公司可基于自己对B公司质押的股权有投资权益而提出执行标的异议；异议若被法院驳回，E公司则可以提起案外人异议之诉。

难度：难

考点：实现担保物权案件对利害关系人的救济；案外人对执行标的异议及案外人异议之诉

> 💡 **命题与解题思路**
>
> 本题考查对股权被代持的E公司在实现担保物权程序以及执行程序中的救济方式。案外人权利的救济方式是民诉法的传统重点，在主观题中频繁考查，而对实现担保物权程序中利害关系人的救济则相对冷僻。正确解答本题，应首先在实体法上明确E公司的法律地位；其次结合程序法规定判断其诉讼地位，即E公司属于实现担保物权程序的利害关系人，属于执行程序的案外人；最后根据程序法规定即可准确作答。本题的难点在于准确理解诉讼程序和非讼程序的适用关系，不可遗忘对实现担保物权程序利害关系人的诉讼救济。

答案解析：

根据前面对应问题中的第二种思路，本题中，B公司持有的甲公司37%的股权实际系B公司和E公司所共有，E公司对共有的股权按照其份额享有所有权。B公司逾期未偿还所欠D公司借款，D公司向法院申请实现对B公司享有的质权，E公司属于利害关系人。《民诉解释》第369条第2款规定，被申请人或者利害关系人提出异议的，人民法院应当一并审查。据此，若法院在审理实现担保物权案件过程中，E公司获知此事，可以向审理法院提出异议。若异议成立，因存在纠纷会导致实现担保物权程序终结。此外，E公司也可以不对实现担保物权程序提出异议，直接就其纠纷向法院提起确权诉讼，请求法院通过判决确认其享有的股权份额。

《民事诉讼法》第238条规定："执行过程中，案外人对执行标的提出书面异议的，人民法院应当自收到书面异议之日起十五日内审查，理由成立的，裁定中止对该标的的执行；理由不成立的，裁定驳回。案外人、当事人对裁定不服，认定原判决、裁定错误的，依照审判监督程序办理；与原判决、裁定无关的，可以自裁定送达之日起十五日内向人民法院提起诉讼。"据此，若进入执行程序，E公司因其对B公司质押的股权享有共有权，可以针对涉案股权提出执行标的异议；若其异议被驳回，本应申请再审救济，但因实现担保物权属于非讼程序，不能适用再审程序。而法院执行股权的裁定错误导致执行标的的选择股权也同样有错，既然案外人对裁定错误无法通过再审救济，则只能对执行标的的选择错误通过提起案外人异议之诉方式救济。

当然，需要说明的是，根据前述问题的第一种思路，B公司20%股权的出质应为有效，并没有影响E公司实际上的投资权益。不过遇到此类问题时，考生也需要注意，法考中不会就一个问题连续设问两次，因此在回答问题时，尤其是回答关联性问题时，需要大家厘清出题人的思路。在本题中，如果考生选择回答B公司20%股权的出质有效，那么在这一基础上,针对本题又应当如何作答呢?我们能够看到题设是:"若法院在审理实现担保物权案件过程中,E公司获知此事,对其应如何救济?为什么?若案件进入执行程序,E公司可以如何救济?"也即问题考查大家的是,如果在B公司名下股权的30%都已经出质的前提下,E公司如何最大程度地保护自身的权益,即如何救济。在这种背景之下,我们能够看出,实际上出题人已经告诉我们,此时考生应当面对的是如果你作为E公司的律师,你可以提出的E公司的应对策略是什么,至于是否能够胜诉则需要交给法院判断。因此,即使我们认为此处B公司的股权出质有效,但是我们依然可以让E公司以实际的投资权益所有者的名义提出相应的救济请求,与前问的回答也并不矛盾。当然,作为考试技巧,希望大家能够掌握的则是,根据题设来理解出题人的意思,假设不同的情形来进行作答,避免因为关联问题的模棱两可,影响后续问题的回答。

6. 法院对B公司名下股权强制执行,B、D、E、丙公司是否可就该强制执行提出异议?为什么?

答案:(1)B公司可提出执行标的异议和执行行为异议,因为B公司名下的股权登记在B公司的名下,按照公司法的规定属于B公司拥有的合法财产。B公司作为利害关系人,还可对执行法院的执行行为提出异议,因为对被申请执行的股权不可以直接拍卖,应当先予冻结,被申请人经过一定期限仍不履行义务,才可以对其股权进行拍卖。

(2)D公司无权提出异议。尽管B公司将20%股权出质给D公司,但D公司不构成善意取得,D公司并未取得股权质权。或法院对B公司名下股权的强制执行,针对的是B公司代持的部分,并不涉及D公司获得的质权对应的20%的股权。

(3)E公司可提出执行行为异议。E公司作为利害关系人,可提出执行法院不可以直接对被申请执行的股权进行拍卖,应当先予冻结。E公司作为被执行人,无权提出执行标的异议。

(4)丙公司可提出执行标的异议。根据善意取得的规定,丙公司取得股权质权,可以基于股权质押对执行标的提出异议。丙公司作为利害关系人,还可提出执行行为异议。同样因为执行法院不可以直接对股权进行拍卖,应当先予冻结。

难度:难

考点:案外人执行标的异议;执行行为异议

> **命题与解题思路**
>
> 本题旨在考查执行异议制度的类型和适用对象。执行异议分为执行标的异议和执行行为异议两类,应结合其适用主体和条件,对四个主体能否提出的两类异议逐一作出判断,避免遗漏失分,建议对四个主体分列序号作答。如考生将执行异议限缩理解为执行标的异议,同样会漏答失分。对于能否提出执行标的异议,必须借助某主体是否享有实体权利作出判断,因此解答本题必须以第三问和第四问作为基础。对于执行行为异议的判断,必须了解财产执行措施,即对财产查封、扣押、冻结后才能进行拍卖、变卖。还应注意一个答题细节,答题时应将设问句的表述具体为"执行行为异议""执行标的异议",笼统用"执行异议"也会失分。

答案解析:

本案是丁公司申请法院对B公司名下实际为E公司所有的股权予以强制执行,执行当事人是丁公司和 E 公司，而 B 公司、D 公司和丙公司均为案外人。案外人提出执行标的异议的理由是执行行为将对其实体权利造成损害。《最高人民法院关于人民法院办理执行异议和复议案件若干问题的规定》第 24 条规定，对案外人提出的排除执行异议，人民法院应当审查下列内容：（1）案外人是否系权利人；（2）该权利的合法性与真实性；（3）该权利能否排除执行。据此，本题待判断的各主体能否提出执行标的异议，应首先在实体法上明确案外人是否属于权利人。根据前面的分析，我们能够看到两种不同的思路：第一种思路，B 公司依据公司法拥有股权，E 公司依据代持协议对股权拥有"投资权益"。因此，B 公司具有实体权利，可提出执行标的异议；而丙公司善意取得股权质权，因此也可提出执行标的的异议；此处，E 公司作为被执行人，当然不属于执行程序的案外人，因此也不属于权利人，所以无权提出执行标的的异议；而 D 公司虽然取得了股权质权，但是是针对 20% 的股权部分，因此不属于权利人，无权提出执行标的的异议。第二种思路，B 公司是股权共有人，丙公司善意取得股权质权，两者均享有实体权利，均可提出执行标的的异议；E 公司作为被执行人，当然不属于权利人，也不属于执行程序的案外人，因此无权提出执行标的的异议；而 D 公司并未取得股权质权，不属于权利人，其无权提出执行标的的异议。可以看到，虽然分析思路不同，但是最终的结果却没有太大变化。但是考生在回答问题的时候，可以根据自己的思路一以贯之。

而针对执行行为异议，根据《民诉解释》第 484 条规定，对被执行的财产，人民法院非经查封、扣押、冻结不得处分。对银行存款等各类可以直接扣划的财产，人民法院的扣划裁定同时具有冻结的法律效力。据此，法院不得直接对股权采取拍卖的处分措施，应先予冻结，经过一定期限被申请人仍不履行义务，才可以对其股权进行拍卖。法院对 B 公司代持的实际上属于 E 公司的股权直接采取拍卖措施，违反上述规定。《民事诉讼法》第 236 条规定，当事人、利害关系人认为执行行为违反法律规定的，可以向负责执行的人民法院提出书面异议。当事人、利害关系人提出书面异议的，人民法院应当自收到书面异议之日起 15 日内审查，理由成立的，裁定撤销或者改正；理由不成立的，裁定驳回。当事人、利害关系人对裁定不服，可以自裁定送达之日起 10 日内向上一级人民法院申请复议。据此，被执行人 E 公司、利害关系人 B 公司和丙公司均可提出执行行为异议。而 D 公司既非执行程序当事人，也不属于利害关系人，无权提出执行行为异议。

最后针对本题做一个总结，本道主观题引起的争议比较大，针对这类问题应当如何处理，考生需要做到：第一，立足所掌握的法律理论和制度一以贯之地进行分析，只要理论和制度掌握充分，就不用畏惧有争议的问题，实际上在具体阅卷时也会容纳不同的观点；第二，针对关联性问题，要注意思考命题人想要考查哪一部分的知识点，不要因为和命题人思路不同，就乱了方寸。通过我们的分析，考生们应该能够看到，即使在前一问选择不同思路作答的情况下，后续问题也可以通过挖掘命题人思路给出合理的分析，而这需要考生诸君长期的练习，所谓"熟能生巧"。

2018年"回忆版"金题

一、试 题（本题系选做题，28分）

案情：

林强、刘珂和孙淼是木豆公司的股东。林强担任公司法定代表人，与刘珂是恋人关系。

2015年4月，木豆公司与林强、刘珂、郝宏、季翔设立遥远公司，签订了《投资人协议》，签署了《遥远公司章程》，规定遥远公司的注册资本是5000万元。其中，木豆公司认缴2000万元，林强认缴1000万元，刘珂认缴500万元，郝宏认缴1000万元，季翔认缴500万元。该《章程》还规定，木豆公司和郝宏的出资应在公司设立时一次性缴足，林强、刘珂、季翔认缴的出资在公司成立后3年内缴足。同一天，郝宏与孙淼签订了《委托持股协议》，约定：郝宏在遥远公司认缴的出资由孙淼实际缴纳，股权实际为孙淼所有，孙淼与郝宏之间系委托代持股关系。孙淼与郝宏将《委托持股协议》进行了公证。

遥远公司成立并领取了企业法人营业执照，营业执照上注明：公司注册资本5000万元，实缴3000万元。刘珂是遥远公司的法定代表人。木豆公司和孙淼均按章程的规定以向公司账户汇款的方式足额缴纳了出资，汇款单用途栏内写明"缴纳股权投资款"。

2016年12月，林强分两次从其银行卡向刘珂银行卡分别汇款100万元、80万元。到款当日，刘珂将这两笔款项均汇入遥远公司账户，汇款单用途栏内写明"投资款"。刘珂认缴的出资，尚有320万元未缴足。

2016年12月，季翔向遥远公司账户汇款100万元，尚有400万元未实际缴足。

2017年1月，季翔拟转让股权，其他股东不主张购买，季翔最终将股权转让给皓轩公司，并办理了股权变更登记。

2017年3月，林强与刘珂关系破裂。在刘珂的操作下，遥远公司会计麦子与木豆公司签订了《股权转让协议》，将木豆公司对遥远公司的股权转让给麦子，该《股权转让协议》上加盖有木豆公司公章，法定代表人签字一栏林强的签字系刘珂伪造。遥远公司持该《股权转让协议》到公司登记机关办理了股权变更登记，麦子未实际向木豆公司支付股权转让款。

2017年4月，麦子与七彩钢铁公司签订《股权转让协议》，麦子将其名下的遥远公司股权转让给七彩钢铁公司，七彩钢铁公司向麦子支付全部股权转让款3000万元，遥远公司为七彩钢铁公司办理了股权过户变更登记。

2017年8月，郝宏因拖欠小额贷款公司借款，被法院判决应偿还借款本金300万元及相应的利息及罚息。小额贷款公司申请法院强制执行，法院查封了郝宏在遥远公司的股权。对此，孙淼提出案外人异议。

2017年9月，遥远公司因不能偿还银行到期借款3000万元本金及利息，被银行起诉到法院。在该案一审审理期间，银行以林强认缴的出资未足额缴纳为由，追加林强为被告，请求林强对银行债务承担连带清偿责任。

问题：

1. 如林强以刘珂用于出资的180万元是他所汇为由，主张确认刘珂名下的股权实际为林强所有，该主张是否成立？为什么？

2. 季翔向皓轩公司转让股权时，其认缴的出资尚有400万元未缴纳，如认缴期限届满，遥远公司是否可以向皓轩公司催缴？为什么？

3. 木豆公司与麦子签订了《股权转让协议》，并将股权过户到麦子名下，据此是否可以认定麦子已取得遥远公司的股权？为什么？

4. 根据题中所述事实，是否可以认定七彩钢铁公司已取得遥远公司股权？为什么？

5. 孙淼的案外人执行异议是否成立？为什么？

6. 在银行诉遥远公司和林强的清偿贷款纠纷案件中，林强是否应当对公司债务承担连带责任？为什么？

二、答案精讲

1. 如林强以刘珂用于出资的180万元是他所汇为由，主张确认刘珂名下的股权实际为林强所有，该主张是否成立？为什么？

答案：不成立。刘珂以自己名义认缴并实缴出资，尽管刘珂用于出资的180万元是林强汇给刘珂的，但只能视为内部的借贷或者赠与等关系，而不能直接对公司主张股权。

难度：中

考点：股东的概念（股东资格的取得与确认）

命题与解题思路

在公司法实务中，关于当事人与涉事公司之间究竟是属于投资关系还是借贷关系的真实案例可谓是不胜枚举。本题恰恰以此为契机并借助案例的方式对该问题进行的深入考查，从而体现了"命题与实务前沿密切联系"的命题规律。如能熟记股东资格认定的形式要件和实质要件，本题不难作答。

答案解析：

《公司法司法解释（三）》第22条规定："当事人之间对股权归属发生争议，一方请求人民法院确认其享有股权的，应当证明以下事实之一：（一）已经依法向公司出资或者认缴出资，且不违反法律法规强制性规定；（二）已经受让或者以其他形式继受公司股权，且不违反法律法规强制性规定。"其中，前者属于原始取得股权的条件。本案中，刘珂认缴500万元，且将180万元的两笔款项均以自己名义汇入遥远公司账户，汇款单用途栏内写明"投资款"，故刘珂对此享有股权，林强充其量可以对刘珂主张债权。

2. 季翔向皓轩公司转让股权时，其认缴的出资尚有400万元未缴纳，如认缴期限届满，遥远公司是否可以向皓轩公司催缴？为什么？

答案：

可以。季翔向皓轩公司转让股权时，其认缴出资期限尚未届满，且已经办理完成股权变更登记，因此，在认缴期限届满时皓轩公司是遥远公司的股东，遥远公司有权按照公司法的规定向皓轩公司催缴。

· 468 ·

难度：中

考点：瑕疵出资责任

> 💡 **命题与解题思路**
>
> 未全面履行出资义务的股权转让在实践中屡有发生，2023年《公司法》终结了一直存在的争论，确立了新的规则，值得考生予以关注。

答案解析：

《公司法》第88条规定："股东转让已认缴出资但未届出资期限的股权的，由受让人承担缴纳该出资的义务；受让人未按期足额缴纳出资的，转让人对受让人未按期缴纳的出资承担补充责任。未按照公司章程规定的出资日期缴纳出资或者作为出资的非货币财产的实际价额显著低于所认缴的出资额的股东转让股权的，转让人与受让人在出资不足的范围内承担连带责任；受让人不知道且不应当知道存在上述情形的，由转让人承担责任。"

季翔转让股权时出资期限尚未届满，在出资期限届满后，股东已经变更登记为皓轩公司。出资责任系股东对公司的法定义务，应当由股东承担。因此，遥远公司有权向皓轩公司催缴。

3. 木豆公司与麦子签订了《股权转让协议》，并将股权过户到麦子名下，据此是否可以认定麦子已取得遥远公司的股权？为什么？

答案： 不能。尽管麦子可以推定为被无权处分人刘珂蒙蔽的善意买受人，且完成股东变更登记，但并未支付股权转让款，不符合善意取得的构成要件，故不能取得股权。

难度：中

考点：股权的善意取得

> 💡 **命题与解题思路**
>
> 本题旨在考查善意取得制度在股权转让中的适用，所以考生直接判断本案情形是否满足善意取得制度的构成要件即可得出正确结论。因此，本题的解题关键在于麦子能否依据善意取得制度取得该股权。<u>根据股权善意取得的构成要件（无权处分+以合理价格受让+受让人在受让股权时为善意+完成股权变更登记手续）</u>，得出麦子不能够取得木豆公司股权的结论。

答案解析：

《公司法司法解释（三）》第25条第1款规定："名义股东将登记于其名下的股权转让、质押或者以其他方式处分，实际出资人以其对于股权享有实际权利为由，请求认定处分股权行为无效的，人民法院可以参照民法典第三百一十一条的规定处理。"

《民法典》第311条规定："无处分权人将不动产或者动产转让给受让人的，所有权人有权追回；除法律另有规定外，符合下列情形的，受让人取得该不动产或者动产的所有权：（一）受让人受让该不动产或者动产时是善意；（二）以合理的价格转让；（三）转让的不动产或者动产依照法律规定应当登记的已经登记，不需要登记的已经交付给受让人。受让人依据前款规定取得不动产或者动产的所有权的，原所有权人有权向无处分权人请求损害赔偿。当事人善意取得其他物权的，参照适用前两款规定。"

4. 根据题中所述事实，是否可以认定七彩钢铁公司已取得遥远公司股权？为什么？

答案：可以。虽然麦子不能取得木豆公司对遥远公司持有的股权，但由于该股权已登记于麦子名下，七彩公司属于信赖该登记的善意买受人，已向麦子支付全部股权转让款，并到公司登记机关办理了股权变更登记，从而善意取得了该股权。

难度：中

考点：股权的善意取得

> **命题与解题思路**
>
> 本题旨在考查股权的善意取得制度。本题的解题思路分两步走：第一步，明确麦子是遥远公司的名义股东。第二步，根据相关的司法解释，判断股权无权转让行为的效力。

答案解析：

《公司法司法解释（三）》第25条第1款规定："名义股东将登记于其名下的股权转让、质押或者以其他方式处分，实际出资人以其对于股权享有实际权利为由，请求认定处分股权行为无效的，人民法院可以参照民法典第三百一十一条的规定处理。"针对行为人无权处分他人股权，第三人在符合善意取得制度的构成要件时可以依法取得该股权。该制度的立法目的是保护善意第三人的信赖利益，维护交易安全。

5. 孙淼的案外人执行异议是否成立？为什么？

答案：

答案一：不成立。郝宏系名义股东，所代持的股权登记在郝宏名下，其个人债权人小额贷款公司作为善意债权人在向郝宏放贷时的信赖利益应得到保护。孙淼作为实际出资人，只能依据《委托持股协议》向郝宏主张合同的有关权利，并无排除执行的财产利益。

答案二：成立。孙淼作为实际出资人，对代持的股权具有财产利益；虽然股权登记在郝宏的名下，其个人债权人小额贷款公司对股权代持并不知情，属于善意，但强制执行与交易不同，不存在需要被保护的信赖利益。

难度：难

考点：名义股东与实际股东；执行异议

> **命题与解题思路**
>
> 名义股东与实际投资人之间的法律关系是考试的热点，以往多考查名义股东将登记于其名下的股权转让、质押或者以其他方式擅自处分，此时参照《民法典》第311条规定的善意取得制度处理。但本题结合民事诉讼法跨学科考查案外人执行异议，此时名义股东是被动处分股权，解题难度大大增加。针对这一问题，理论和实践存在不同的观点。我们分别给出答案，考生根据自身情况选择一种理解即可。

答案解析：

《最高人民法院关于人民法院办理执行异议和复议案件若干问题的规定》第24条规定："对案外人提出的排除执行异议，人民法院应当审查下列内容：（一）案外人是否系权利人；

（二）该权利的合法性与真实性；（三）该权利能否排除执行。"

答案一的观点系最高法民事审判庭的意见，认为在股权代持中实际出资人只能依据代持协议主张合同权利，并不具有可以排除执行的权利，即股权。同时，由于股权登记在名义股东名下，也应当基于这种登记，保护善意债权人的信赖利益。因此，异议不成立。

答案二的观点系最高法执行局的意见，认为虽然在交易中需要保护善意相对人对登记的信赖利益，但是执行程序不同于一般交易，并没有需要被保护的信赖利益。同时，虽然实际出资人并未登记为股东，但是所代持的股权毕竟是实际出资人出资的，实际出资人对此具有财产权利。因此，可以允许实际出资人提出执行异议。

6. 在银行诉遥远公司和林强的清偿贷款纠纷案件中，林强是否应当对公司债务承担连带责任？为什么？

答案：不应当承担连带责任，但应当承担补充赔偿责任。遥远公司不能清偿到期的银行债务，虽然林强的出资期限尚未届满，但银行作为到期债权的债权人有权要求林强提前缴纳出资，对公司不能清偿的债务承担补充赔偿责任。

难度：中

考点：出资加速到期

> 💡 **命题与解题思路**
>
> 本题旨在考查股东的出资应否加速到期。2013年《公司法》修订将注册资本实缴制改为注册资本认缴制，在认缴制下，公司债权人以公司不能清偿到期债务为由，请求未到出资期限的股东在未出资范围内对公司不能清偿的债务承担补充赔偿责任的，人民法院应否支持，存在两种截然不同的观点。2023年《公司法》修订后，将这一争论终结，确立了新的规则。作为新法新考点，值得考生予以关注。

答案解析：

《公司法》第54条规定："公司不能清偿到期债务的，公司或者已到期债权的债权人有权要求已认缴出资但未届出资期限的股东提前缴纳出资。"

本案中，遥远公司成立于2015年4月，林强对遥远公司认缴出资的期限为公司成立后3年内缴足，至2017年9月银行起诉遥远公司和林强清偿贷款时，林强的出资期限尚未届满。但是由于遥远公司存在不能清偿的到期债务，因此已到期债权人有权要求林强提前缴纳出资，就公司不能清偿的部分承担补充赔偿责任。

2017年真题

一、试题 （本题21分）

案情：

昌顺有限公司成立于2012年4月，注册资本5000万元，股东为刘昌、钱顺、潘平与程舵，持股比例依次为40%、28%、26%与6%。章程规定设立时各股东须缴纳30%的出资，其余在两年内缴足；公司不设董事会与监事会，刘昌担任董事长，钱顺担任总经理并兼任监事。各股东均已按章程实际缴纳首批出资。公司业务主要是从事某商厦内商铺的出租与管理。因该商厦商业地理位置优越，承租商户资源充足，租金收入颇为稳定，公司一直处于盈利状态。

2014 年 4 月，公司通过股东会决议，将注册资本减少至 3000 万元，各股东的出资额等比例减少，同时其剩余出资的缴纳期限延展至 2030 年 12 月。公司随后依法在登记机关办理了注册资本的变更登记。

公司盈利状况不错，但 2014 年 6 月，就公司关于承租商户的筛选、租金的调整幅度、使用管理等问题的决策，刘昌与钱顺爆发严重冲突。后又发生了刘昌解聘钱顺的总经理职务，而钱顺又以监事身份来罢免刘昌董事长的情况，虽经潘平与程舵调和也无济于事。受此影响，公司此后竟未再召开过股东会。好在商户比较稳定，公司营收未出现下滑。

2016 年 5 月，钱顺已厌倦于争斗，要求刘昌或者公司买下自己的股权，自己退出公司，但遭到刘昌的坚决拒绝，其他股东既无购买意愿也无购买能力。钱顺遂起诉公司与刘昌，要求公司回购自己的股权，若公司不回购，则要求刘昌来购买。一个月后，法院判决钱顺败诉。后钱顺再以解散公司为由起诉公司。虽然刘昌以公司一直盈利且运行正常等为理由坚决反对，法院仍于 2017 年 2 月作出解散公司的判决。

判决作出后，各方既未提出上诉，也未按规定成立清算组，更未进行实际的清算。在公司登记机关，该昌顺公司仍登记至今，而各承租商户也继续依约向公司交付租金。

问题：

1. 昌顺公司的治理结构，是否存在不规范的地方？为什么？
2. 昌顺公司减少注册资本依法应包括哪些步骤？
3. 刘昌解聘钱顺的总经理职务，以及钱顺以监事身份来罢免刘昌董事长职位是否合法？为什么？
4. 法院判决不支持"钱顺要求公司与刘昌回购自己股权的诉求"是否合理？为什么？
5. 法院作出解散公司的判决是否合理？为什么？
6. 解散公司的判决生效后，就昌顺公司的后续行为及其状态，在法律上应如何评价？为什么？

二、答案精讲

1. 昌顺公司的治理结构，是否存在不规范的地方？为什么？

答案： 存在。（1）昌顺公司股东人数较少而不设董事会的做法符合《公司法》第 75 条规定，但此时刘昌的职位不应是董事长，而应是董事。（2）昌顺公司股东人数较少而不设监事会的做法符合《公司法》第 83 条规定。但是根据《公司法》第 76 条规定，董事、高级管理人员不得兼任监事，因而钱顺不得兼任监事。

难度： 中

考点： 董事、监事、高级管理人员的任职资格（任职资格的禁止性规定）；有限责任公司的组织机构

> 💡 **命题与解题思路**
>
> 本题以有限责任公司治理结构是否规范来间接考查公司董、监、高的任职资格和有限责任公司组织机构的设置，考生须得识破命题人这种"障眼法"式的考查方式。判断

公司的治理结构是否规范，也就是判断公司组织机构的设置及其基本权限和职责分配是否严格符合法律的强制性规定。所以，本题的解题关键有两点：第一，考生能否准确把握董事会、执行董事以及董事长的区别；第二，考生审题时是否注意到"钱顺担任总经理并兼任监事"这一细节。

《公司法》第75条规定："规模较小或者股东人数较少的有限责任公司，可以不设董事会，设一名董事，行使本法规定的董事会的职权。该董事可以兼任公司经理。"显然，不设董事会的昌顺公司，可以设置一名董事履行董事会的职责，而刘昌的职位应当是董事。退一步说，即使考生不熟悉上述规定，从"董事长"的字面含义也可判断出此处存在问题：董事长者，董事会中其他董事的领导者。在公司不设董事会的前提下，公司的董事只有一名，何来董事长之说？《公司法》第83条规定："规模较小或者股东人数较少的有限责任公司，可以不设监事会，设一名监事，行使本法规定的监事会的职权；经全体股东一致同意，也可以不设监事。"《公司法》第76条第4款规定"董事、高级管理人员不得兼任监事。"由此可知，钱顺不得兼任监事。

2. 昌顺公司减少注册资本依法应包括哪些步骤？

答案：（1）要形成2/3多数决的关于减资的股东会决议，即符合《公司法》第66条的要求，形成有效的股东会决议。（2）编制资产负债表及财产清单。（3）按照《公司法》第224条的规定，自减资决议之日起10日内通知债权人，并于30日内在报纸上或者国家企业信用信息公示系统公告。（4）应向公司登记机关提交相关文件，办理变更登记。登记后才发生注册资本减少的效力。（5）还应修改公司章程。

难度：中

考点：公司的资本（减资程序）

> **命题与解题思路**
>
> 根据指令句可知，本题旨在考查公司减资的法定程序。本题所考知识点较为单一，难度不大，考查方式也较为"简单粗暴"——主要考查考生的知识体系是否完整以及对法条的掌握是否全面到位。所以，本题的难点不在于"深"而在于"全"。大部分考生可能仅仅注意到《公司法》第224条关于减资的直接规定，而忽略相关的配套规定，例如《公司法》第66条关于减资事项决议主体的规定、《公司法》第66条关于减资决议通过的表决权比例要求的规定、《公司法》第34条关于变更登记的规定以及《公司法》第46条关于修改公司章程的规定等，以上都是公司减少注册资本所应必须履行的法定步骤。本题启示考生在备战法考时须得将自己碎片化的知识点构建成一个完整的知识体系，如此方能从容不迫地应对此类考题。

3. 刘昌解聘钱顺的总经理职务，以及钱顺以监事身份来罢免刘昌董事长职位是否合法？为什么？

答案：

（1）刘昌解聘钱顺符合《公司法》规定。在不设董事会的治理结构中，董事行使董事会职权。而按照《公司法》第67条的规定，由董事会决定聘任或解聘经理，所以刘昌解聘钱顺总经理职务的行为，符合《公司法》规定。

（2）钱顺罢免刘昌不合法。钱顺兼任公司监事不符合《公司法》规定；即使假定钱顺监事身份合法，根据《公司法》第78条，监事对公司董事、高管，只有罢免建议权，而无决定权。因此，刘昌的董事地位不受影响。

难度：难

考点：有限责任公司的组织机构

> 💡 **命题与解题思路**
>
> 本题旨在考查有限责任公司的组织机构，具体而言，主要是从不设董事会的董事的罢免权和总经理的解聘权的归属来考查有限责任公司不设董事会的董事、监事、总经理三者之间的关系。为了增加试卷难度，有时命题人不得不在细节处以"掺沙子"或者"偷梁换柱"的方法来挖陷阱、设圈套。就本题而言，命题人则采取上述技巧精心设计了两个陷阱：第一，不设董事会的董事与董事会的区别与联系。根据《公司法》第75条的规定，不设董事会的董事行使董事会职权。而公司经理的解聘权恰恰归属于董事会（不设董事会的董事），所以刘昌有权解聘钱顺的总经理职务。这是单纯从法律规定的角度对此问作出的解释。第二，监事的基本职权是监督权，而非决定权。相应地，<u>监事对其认为不合格的董事、高管有权建议罢免，而非决定罢免</u>。因此，针对本题的上述两点细节说明，考生须得用心体会。此外，针对本题第一个问题，考生还可以从案件事实的角度来解答——即从公司章程的效力和刘昌是否存在滥用职权的嫌疑来对其解聘总经理的行为进行判断。

4. 法院判决不支持"钱顺要求公司与刘昌回购自己股权的诉求"是否合理？为什么？

答案：合理。依《公司法》第89条，股东回购请求权的行使主体仅限于该条所列明的四种情形下的股东会决议（公司连续五年不分红决议、公司合并、分立或转让主要财产决议、公司存续上的续期决议）的异议股东，钱顺情形显然不符合该规定。而就其他股东的强制性的股权购买请求权，现行《公司法》并无明文规定。即在现行《公司法》上，股东彼此之间并不负有在特定情况下收购对方股权的强制性义务。即使按照《公司法司法解释（二）》第5条规定，法院在审理解散公司的案件时，应尽量调解，并给出由其他股东收购股权的调解备选方案，也不能因此成立其他股东的收购义务。故钱顺对股东刘昌的诉求，也没有实体法依据。

难度：中

考点：有限公司的股权转让（股东的股权回购请求权）

> 💡 **命题与解题思路**
>
> 本题旨在考查有限责任公司股权转让中的股东的股权回购请求权。就考查方式而言，针对同一个知识点——股东的股权回购请求权，命题人在一句话中设计了两个问题，即"钱顺要求公司回购自己股权的诉求是否合理"和"钱顺要求刘昌回购自己股权的诉求是否合理"，相对应的是两种不同的考查思路：前者是对有明确实体法处理依据的传统问题

进行考查，目的是以此检验考生的基础知识是否扎实；后者是对不存在明确实体法处理依据的新型问题进行考查，目的是以此检验考生运用法学素养处理新问题的能力，可谓是传统考查方式与新型考查方式充分结合！对于考生而言，首先，正确的解题顺序是对问题进行分析、切割以及解答，以此明确命题人的考查意图和保证所有问题不会因疏忽而忘记解答；其次，针对不存在明确法律依据的新型问题，考生也无需惊慌，根据"穷尽规则方能适用原则"，可以尝试适用法律原则对其进行分析。就本题而言，可以适用"平等原则"来处理该问题——无论是合同法还是公司法，平等原则都是应当得到遵循的基本原则。所以，股东之间是平等的，在无法律明文规定的情形下，股东不得施加其他股东以强制性义务。在此提醒各位考生注意，<u>《公司法司法解释（五）》虽然规定了多种解决公司僵局的调解方式，但是需要注意，这些方式都需要双方合意而非强制，也即其仅仅是法院可以采用的"调解"方法。</u>

5. 法院作出解散公司的判决是否合理？为什么？

答案：判决合理。依《公司法》第231条及《公司法司法解释（二）》第1条第1款，本案符合"公司持续两年以上无法召开股东会或者股东大会，公司经营管理发生严重困难的"情形，昌顺公司自2014年6月至解散诉讼时，已超过两年时间未再召开过股东会，这表明昌顺公司已实质性构成所谓的"公司僵局"，即构成法院判决公司解散的根据。

难度：难

考点：公司的解散（司法判决解散）

> 💡 **命题与解题思路**
>
> 本题旨在考查公司解散中的司法判决解散。该考点是历年考试的"老主顾"，体现了"重者恒重"的命题规律。但是，针对此种重点知识点，命题人似乎越来越不满足于"蜻蜓点水"式的考查方式——仅仅考查考生是否熟悉该知识点的基本内容，而是越来越喜欢"刨根问底"式的考查方式——重在考查考生会不会运用该知识点解决实际问题。就本题而言，命题人考查的侧重点不是司法判决解散的适用情形，而是如何认定某事实符合该情形，即"如何认定公司经营管理发生严重困难"，或者"公司经营管理发生严重困难与两年以上未召开股东会之间的关系"，这恰恰是大部分考生力有未逮之处。此外，命题人还以"好在商户比较稳定，公司营收未出现下滑"来故布迷障，从而进一步使考生困惑不已，无法确定该公司是否陷入"公司僵局"。

难点解析：

本题的难点在于"如何认定公司经营管理发生严重困难"。具体而言，我们可以从以下两个方面来解决该问题：

第一，关于《公司法司法解释（二）》第1条第1款的理解。《公司法司法解释（二）》第1条第1款中"持续两年以上无法召开股东会、持续两年以上无法形成有效的股东会决议、公司董事长期冲突且无法通过股东会或者股东大会解决"与"公司经营管理发生严重困难的"之间在逻辑上是什么关系？从考生对当年所公布答案的异议中不难看出，很多考生都以为两者是"且"的关系，需要同时满足、缺一不可。实则不然，更准确地说，<u>两者不是彼</u>

此割裂、完全对立的关系，前三种明确列举的情形本来就属于"公司经营管理发生严重困难"的外化表现。也就是说，在满足《公司法》第231条关于穷尽内部救济而无法解决的前提条件下，只要公司经营管理出现了上述三种情形，即可认定该公司实质性地陷入"公司僵局"。此时，持有公司全部股东表决权10%以上的股东，即可以请求人民法院解散公司。此外，我们还可以通过《公司法司法解释（二）》第1条第1款第4项的内容来进一步解释上述结论：第4项"经营管理发生其他严重困难，公司继续存续会使股东利益受到重大损失的情形"为兜底性条款，其中"其他严重困难"的表述则意味着本条前三种明确列举的情形实际上就是"公司经营管理发生严重困难"的主要表现形式。

第二，"公司资金缺乏、严重亏损"是否构成认定"公司经营管理发生严重困难"的必要条件？根据最高人民法院第8号指导案例，判断公司经营管理是否发生严重困难，应当从公司组织结构的运行状态进行综合分析。即使公司处于盈利状态，但其股东会机制长期失灵，内部管理有严重障碍，已经陷入僵局状态，可以认定公司经营管理发生严重困难。进一步解释如下："公司经营管理发生严重困难"的侧重点在于公司管理方面存在严重内部障碍，如股东会机制失灵、无法就公司的经营管理进行决策等，不应片面地理解为公司资金缺乏、严重亏损等经营性困难。

6. 解散公司的判决生效后，就昌顺公司的后续行为及其状态，在法律上应如何评价？为什么？

答案：法院作出的解散公司的判决，在性质上为形成判决，据此，公司应进入清算阶段。对此，《公司法》所规定的程序如下：（1）依第232条及时成立清算组；（2）清算组按照法律规定的期限，按《公司法》第234条至第237条进行各项清算工作；（3）清算结束后，根据第239条，清算组应当制作清算报告，报股东会或者人民法院确认，并报送公司登记机关，申请注销公司登记。概括来说，按照我国《公司法》的规范逻辑，解散判决生效后，公司就必须经过清算程序走向终止。本案昌顺公司被司法解散后仍然继续存在的事实，显然是与这一规范层面的逻辑不相符的，这说明我国立法关于司法解散的相关程序与制度，在衔接上尚有不足之处，有待将来立法的完善。

难度：中

考点：公司的清算（清算组织的成立、剩余财产的分割）

> 💡 **命题与解题思路**

本题旨在考查公司的清算，具体涉及清算组织的成立、清算工作的开展以及清算程序的终止等知识点。从本题可以看出，在案例分析题中，命题人所采取的命题逻辑是严格遵循《公司法》的规范逻辑的——从规范逻辑看，解散判决生效后，公司就必须经过清算程序走向终止；相应地，在命题逻辑上，命题人先是以第5问考查公司的司法判决解散，随后就在第6问中考查了公司的清算。这启示考生在备战法考之时，不妨根据《公司法》的规范逻辑来构建自己的公司法知识体系，如此便可有的放矢、大大提高复习的效率。

此外，从考查思路来看，首先，命题人想要考查考生是否熟悉《公司法》关于司法判决解散与公司清算之间的规范逻辑关系；其次，命题人希望考生在进一步研究《公司法》的规范逻辑后得出如下结论——昌顺公司的后续行为及其状态是不符合该规范逻辑的；最后，命题人希望考生从法律上对其评价，主要是探讨上述结论形成的原因，进而有针对性地提出自己的完善建议。

2016年真题

一、试题（本题18分）

案情：

美森公司成立于2009年，主要经营煤炭。股东是大雅公司以及庄某、石某。章程规定公司的注册资本是1000万元，三个股东的持股比例是5∶3∶2；各股东应当在公司成立时一次性缴清全部出资。大雅公司将之前归其所有的某公司的净资产经会计师事务所评估后作价500万元用于出资，这部分资产实际交付给美森公司使用；庄某和石某以货币出资，公司成立时庄某实际支付了100万元，石某实际支付了50万元。

大雅公司委派白某担任美森公司的董事长兼法定代表人。2010年，赵某欲入股美森公司，白某、庄某和石某一致表示同意，于是赵某以现金出资50万元，公司出具了收款收据，但未办理股东变更登记。赵某还领取了2010年和2011年的红利共10万元，也参加了公司的股东会。

2012年开始，公司经营逐渐陷入困境。庄某将其在美森公司中的股权转让给了其妻弟杜某。此时，赵某提出美森公司未将其登记为股东，所以自己的50万元当时是借款给美森公司的。白某称美森公司无钱可还，还告诉赵某，为维持公司的经营，公司已经向甲、乙公司分别借款60万元和40万元；向大雅公司借款500万元。

2013年11月，大雅公司指示白某将原出资的资产中价值较大的部分逐渐转入另一子公司美阳公司。对此，杜某、石某和赵某均不知情。

此时，甲公司和乙公司起诉了美森公司，要求其返还借款及相应利息。大雅公司也主张自己曾借款500万元给美森公司，要求其偿还。赵某、杜某及石某闻讯后也认为利益受损，要求美森公司返还出资或借款。

问题：

1. 应如何评价美森公司成立时三个股东的出资行为及其法律效果？
2. 赵某与美森公司是什么法律关系？为什么？
3. 庄某是否可将其在美森公司中的股权进行转让？为什么？这种转让的法律后果是什么？
4. 大雅公司让白某将原来用作出资的资产转移给美阳公司的行为是否合法？为什么？
5. 甲公司和乙公司对美森公司的债权，以及大雅公司对美森公司的债权，应否得到受偿？其受偿顺序如何？
6. 赵某、杜某和石某的请求及理由是否成立？他们应当如何主张自己的权利？

二、答案精讲

1. 应如何评价美森公司成立时三个股东的出资行为及其法律效果？

答案：大雅公司以先前归其所有的某公司的净资产出资，净资产尽管没有在我国公司法中规定为出资形式，但公司实践中运用较多，并且案情中显示，一方面这些净资产本来归大雅公司，且经过了会计师事务所的评估作价，在出资程序方面与实物等非货币形式的出资相似，另一方面这些净资产已经由美林公司实际占有和使用，即完成了交付。《公司法司法解释（三）》第9条也有"非货币财产出资，未依法评估作价"的规定。所以，应当认为大雅公司履行了自己的出资义务。庄某按章程应当以现金300万元出资，仅出资100万元；石某按章程应当出资200万元，仅出资50万元，所以两位自然人股东没有完全履行自己的出资义务，应当承担继续履行出资义务及违约责任。

难度：中
考点：有限责任公司的设立条件（出资方式）

> 💡 **命题与解题思路**
>
> 根据指令句可知，本题旨在考查有限责任公司股东的两种出资形式：货币出资和非货币出资。根据《公司法》第48条和第49条的规定可知，认定股东已经全面履行出资义务的依据如下：<u>就货币出资而言，股东已经将货币出资足额存入有限责任公司在银行开设的账户；就非货币出资而言，一是出资本身须满足可以用货币估价并可以依法转让的法定要求，二是股东已经依法办理其财产权的转移手续。</u>绝大部分考生都能据此判断两位自然人股东实际出资与其章程中承诺出资不符，因而属于未全面履行其出资义务。但是，如此简单的考查显然无法体现出命题人的真实水平，所以命题人又额外设置了两个小陷阱：一是本题以很多考生可能不是很熟悉的"净资产"作为大雅公司的出资形式，部分考生可能不能正确地辨析"净资产"作为非货币出资的属性而误判大雅公司出资义务的履行；二是部分考生可能不能准确理解或者审题不细而忽视题干中的"法律效果"，从而漏答了本题的第二问。从法学原理上看，不履行义务即应当承担相应的法律责任，厘定美森公司三个股东的出资责任即评价其法律后果。如此看来，细心程度也是考生应试时综合能力中很重要的一部分！

难点解析：

本题的难点在于判断净资产的法律属性。所谓净资产，是指属于企业所有，并可以自由支配的资产，即所有者权益或者权益资本。企业的净资产（net asset value），是指企业的资产总额减去负债以后的净额，它由两大部分组成，一部分是企业开办当初投入的资本，包括溢价部分，另一部分是企业在经营之中创造的，也包括接受捐赠的资产，属于所有者权益。根据上述定义可知，显然，净资产属于非货币出资的一种形式。因此，我们应当根据非货币出资的要求来判断大雅公司是否履行了其出资义务。

2. 赵某与美森公司是什么法律关系？为什么？

答案：投资与借贷是不同的法律关系。赵某自己主张是借贷关系中的债权人，但赵某虽然没有被登记为股东,可是他在 2010 年时出于自己的真实意思表示,愿意出资成为股东,其他股东及股东代表均同意,并且赵某实际交付了 50 万元出资,参与了分红及公司的经营,这些行为均非债权人可为,所以赵某具备实际出资人的地位,在公司内部也享有实际出资人的权利。此外,从民商法的诚信原则考虑也应认可赵某为实际出资人或实际股东而非债权人。

难度:难

考点:股东的概念(股东资格的取得与确认)

> 💡 **命题与解题思路**
>
> 在公司法实务中,关于当事人与涉事公司之间究竟是属于投资关系,还是借贷关系的真实案例可谓是不胜枚举。本题恰恰是命题人以此为契机并借助案例的方式对该问题进行的深入考查,从而体现了"命题与实务前沿密切联系"的命题规律。本题的案情是在公司盈利时赵某"欲入股"并曾获得分红、参与管理,但是公司亏损时赵某却又主张自己当初的 50 万元属于借款。我们不妨采取法律关系分析法来分析此案,这要求考生<u>不能机械性地套用"记载于股东名册并办理公司登记"作为判断赵某与美森公司之间法律关系的唯一标准</u>。正确的解题思路应该是从当事人交付现金时的真实意思表示、是否参与公司的日常经营以及分红等方面综合认定。

3. 庄某是否可将其在美森公司中的股权进行转让?为什么?这种转让的法律后果是什么?

答案:尽管庄某没有全面履行自己的出资义务,但其股权也是可以转让的。受让人是其妻弟,按生活经验应当推定杜某是知情的。《公司法》第 88 条第 2 款规定:"未按照公司章程规定的出资日期缴纳出资或者作为出资的非货币财产的实际价额显著低于所认缴的出资额的股东转让股权的,转让人与受让人在出资不足的范围内承担连带责任;受让人不知道且不应当知道存在上述情形的,由转让人承担责任。"该条已经认可了瑕疵出资股权的可转让性;这种转让的法律后果是,如果受让人知情,转让人和受让人对公司以及债权人要承担连带责任,受让人再向转让人进行追偿。

难度:中

考点:有限责任公司的股权转让(转让瑕疵股权的法律后果)

> 💡 **命题与解题思路**
>
> 根据指令句可知,本题考查的是有限公司的股东能否转让其瑕疵股权及其法律后果。一提及"有限公司的股权转让",部分考生可能会出现思维惯性,想当然地从"其他股东的优先购买权"的角度来解答本题。如此一来,便正好落入命题者的陷阱中。正确的解题思路应该是从事实到法律,本题所给的事实是庄某将其瑕疵股权转让给其妻弟杜某,并未显示其他股东存有异议,也没有涉及优先购买权的行使问题。而根据《公司法》第 88 条规定,<u>瑕疵出资股权是可以转让的,其法律后果需要结合受让人是否知情来判断</u>。

4. 大雅公司让白某将原来用作出资的资产转移给美阳公司的行为是否合法?为什么?

答案:不合法。公司具有独立人格,公司财产是其人格的基础。出资后的资产属于公司而非股东所有，故大雅公司无权将公司资产转移，该行为损害了公司的责任财产，侵害了美森公司、美森公司股东（杜某和石某）的利益，也侵害了甲、乙公司这些债权人的利益。

难度：易

考点：公司的概念和特征（公司的独立财产）

> 💡 **命题与解题思路**
>
> 本题旨在考查公司的独立财产以及股东出资的法律意义。公司独立财产是其独立人格的基础，而公司最初的财产来源于股东的出资。股东履行出资义务实质上就是以股东财产权换取公司股权的过程。上述两点是公司法的基础知识，大部分考生均能以此判断出大雅公司的行为不合法，并准确地论述不合法的原因。所以，本题的整体难度并不大，属于商法案例分析题中难得一见的送分题。

> 5. 甲公司和乙公司对美森公司的债权，以及大雅公司对美森公司的债权，应否得到受偿？其受偿顺序如何？

答案：甲公司和乙公司是普通债权，应当得到受偿。大雅公司是美林公司的大股东，我国公司法并未禁止公司与其股东之间的交易，只是规定关联交易不得损害公司和债权人的利益，因此借款本身是可以的，只要是真实的借款，也是有效的。所以大雅公司的债权也应当得到清偿。

在受偿顺序方面，答案一：大雅公司作为股东（母公司）损害了美森公司的独立人格，也损害了债权人的利益，其债权应当在顺序上劣后于正常交易中的债权人甲公司和乙公司，这是深石原则的运用。答案二：根据民法公平原则，大雅公司的债权在顺序方面劣后于甲、乙公司。答案三：按债权的平等性，它们的债权平等受偿。

难度：中

考点：公司对债权人的责任

> 💡 **命题与解题思路**
>
> 本题考查的内容横跨公司法和民法两大法律，旨在考查考生综合运用民商法原理解决复杂问题的能力，从题目设置上看具有一定的难度。但是，命题人的发散性思维和包容的命题态度，又使得本题的答案并不唯一，考生只要言之有理即可，这无疑大大降低了本题的难度。本题主要考查民商法的一些基本原则，例如民法的公平原则、债权的平等性以及公司法的衡平居次原则（深石原则）。正确的解题思路是从事实到法律，本案中甲、乙两公司以及大雅公司向美森公司借款都是真实有效的，但是作为美森公司的控股股东，大雅公司擅自转移美森公司主要资产的行为属于侵犯公司其他债权人的违法行为，依据民法的公平原则或者深石原则，大雅公司的债权应当劣后于甲、乙公司得到清偿。或者考生忽略大雅公司的控股地位及其不当行为，直接依据债权的平等性进行论述也并无不可，毕竟我国《公司法》尚未明确规定深石原则。

难点解析：

所谓**深石原则**，又称衡平居次原则（Equitable Subordination Rule），是指在存在控制与从

· 480 ·

属关系的关联企业中，为了保障从属公司债权人的正当利益免受控股公司的不法侵害，法律规定，在从属公司进行清算、和解和重整等程序中，根据控制股东是否有不公平行为，而决定其债权是否应劣后于其他债权人或者优先股股东受偿的原则。

其理念来源于著名的深石案件，在该案中，控股公司为被告，深石公司为其从属公司，法院认为深石公司在成立之初即资本不足，且其业务经营完全受被告公司所控制，经营方式主要是为了被告的利益，因此，判决被告对深石公司的债权应次于深石公司其他债权人的债权受清偿。因此，深石原则就是根据控股股东是否有不公平行为，而决定其债权是否应劣后于其他债权人或优先股股东受偿的原则。

6. 赵某、杜某和石某的请求及理由是否成立？他们应当如何主张自己的权利？

答案： 赵某和杜某、石某的请求不成立。赵某是实际出资人或实际股东，杜某和石某是股东。基于公司资本维持原则，股东不得要求退股，故其不得要求返还出资。

但是大雅公司作为大股东转移资产的行为损害了公司的利益，也就损害了股东的利益，因此他们可以向大雅公司提出赔偿请求。同时，白某作为公司的高级管理人员其行为也损害了股东利益，他们也可以起诉白某请求其承担赔偿责任。

难度： 难

考点： 公司的资本（公司资本原则）；股东的义务（股东的一般义务）

> **命题与解题思路**
>
> 公司资本三原则是历年的常规考查对象，几乎每年必考，本题考查的就是其中之一的公司资本维持原则。命题人并没有对该原则进行简单粗暴的考查，而是使用了其惯用的"伎俩"："拐弯抹角"和"故布疑阵"——以判断赵某、杜某和石某返还出资或者借款的请求是否成立来间接考查公司资本维持原则的要求。不仅如此，命题人还穿插着考查了"抽逃出资情形下其他股东的合法权益如何保障"来增加本题的难度。因此，考生首先必须"透过现象看本质"，通过题干的问题设计来判断出命题人的考查方向——公司资本维持原则；其次，在公司控股股东抽逃出资的情形下，依据《公司法》第53条规定："公司成立后，股东不得抽逃出资。违反前款规定的，股东应当返还抽逃的出资；给公司造成损失的，负有责任的董事、监事、高级管理人员应当与该股东承担连带赔偿责任。"因此，他们可以向大雅公司和董事长白某提出赔偿请求。

2015年真题

一、试题（本题18分）

案情：

鸿捷有限公司成立于2008年3月，从事生物医药研发。公司注册资本为5000万元，股东为甲、乙、丙、丁，持股比例分别为37%、30%、19%、14%；甲为董事长，乙为总经理。

公司成立后，经营状况一直不错。

2013年8月初，为进一步拓展市场、加强经营管理，公司拟引进战略投资者骐黄公司，并通过股东会形成如下决议（简称：《1号股东会决议》）：第一，公司增资1000万元；第二，其中860万元，由骐黄公司认购；第三，余下的140万元，由丁认购，从而使丁在公司增资后的持股比例仍保持不变，而其他各股东均放弃对新股的优先认缴权；第四，缴纳新股出资的最后期限，为2013年8月31日。各股东均在决议文件上签字。

之后，丁因无充足资金，无法在规定期限内完成所认缴出资的缴纳；骐黄公司虽然与鸿捷公司签订了新股出资认缴协议，但之后就鸿捷公司的经营理念问题，与甲、乙、丙等人发生分歧，也一直未实际缴纳出资。因此，公司增资计划的实施，一直没有进展。但这对公司经营并未造成很大影响，至2013年底，公司账上已累积4000万元的未分配利润。

2014年初，丁自他人处获得一笔资金，遂要求继续实施公司的增资计划，并自行将140万元打入公司账户，同时还主张对骐黄公司未实际缴资的860万元新股的优先认购权，但这一主张遭到其他股东的一致反对。

鉴于丁继续实施增资的强烈要求，并考虑到难以成功引进外部战略投资者，公司在2014年1月8日再次召开股东会，讨论如下议案：第一，公司仍增资1000万元；第二，不再引进外部战略投资人，由公司各股东按照原有持股比例认缴新股；第三，各股东新增出资的缴纳期限为20年；第四，丁已转入公司账户的140万元资金，由公司退还给丁。就此议案所形成的股东会决议（简称：《2号股东会决议》），甲、乙、丙均同意并签字，丁虽签字，但就第二、第三与第四项内容，均注明反对意见。

之后在甲、乙的主导下，鸿捷公司经股东会修订了公司章程、股东名册等，并于2014年1月20日办理完毕相应的公司注册资本的工商变更登记。

2014年底，受经济下行形势影响，加之新产品研发失败，鸿捷公司经营陷入困境。至2015年5月，公司已拖欠嵩悠公司设备款债务1000万元，公司账户中的资金已不足以偿付。

问题：

1. 《1号股东会决议》的法律效力如何？为什么？
2. 就骐黄公司未实际缴纳出资的行为，鸿捷公司可否向其主张违约责任？为什么？
3. 丁可否主张860万元新股的优先认购权？为什么？
4. 《2号股东会决议》的法律效力如何？其与《1号股东会决议》的关系如何？为什么？
5. 鸿捷公司增加注册资本的程序中，何时产生注册资本增加的法律效力？为什么？
6. 就鸿捷公司不能清偿的1000万元设备款债务，嵩悠公司能否向其各个股东主张补充赔偿责任？为什么？

二、答案精讲

1.《1号股东会决议》的法律效力如何？为什么？

答案：《1号股东会决议》为合法有效的股东会决议。内容不违反现行法律、行政法规。程序上符合股东会决议的程序。

难度： 易

考点： 股东会决议的效力

> **命题与解题思路**
>
> 根据指令句可知，本题旨在考查股东会决议的效力。我国现行《公司法》第25~27条对决议效力的规定采取三分法，将股东会决议的效力瑕疵状态分为无效决议、可撤销的决议、不成立的决议。由此可知，判断股东会决议的效力，应该从内容和程序两个角度进行综合判断。本题中，《1号股东会决议》是由股东会作出的，此次股东会的召集程序与表决方式也不存在违反法定程序的情形。此外，其他股东放弃新股优先认购权是其意思自治的后果，该决议的内容也不存在违反法律、行政法规强制性规定和公司章程约定的情形。因此，《1号股东会决议》为合法有效的股东会决议。

2. 就骐黄公司未实际缴纳出资的行为，鸿捷公司可否向其主张违约责任？为什么？

答案：首先应确定骐黄公司与鸿捷公司间签订的新股出资认缴协议，自本案所交代的案情来看，属于合法有效的协议或合同，这是讨论违约责任的前提。其次，骐黄公司也一直未实际地依约缴纳出资，存在客观的违约行为。最后，依《民法典》第577条，违约责任的承担方式有继续履行、采取补救措施与赔偿损失等，但在本案中，如果强制要求骐黄公司继续履行也就是强制其履行缴纳出资的义务，则在结果上会导致强制骐黄公司加入公司组织，从而有违参与或加入公司组织之自由原则，故而鸿捷公司不能主张继续履行的违约责任。至于能否主张骐黄公司的赔偿损失责任，则视鸿捷公司是否因此而遭受损失，以及骐黄公司在主观上是否存在过错；而这在本案中，骐黄公司未实际缴纳出资，乃至整个增资计划未能实施，"对公司经营并未造成很大影响"，且骐黄公司并不存在明显的过错，因此鸿捷公司也很难主张该请求权。

难度：难

考点：新股出资认缴合同的效力

> **命题与解题思路**
>
> 本题旨在考查新股出资认缴合同的法律效力。命题人将民法中关于违约责任的规定与商法中的商事组织加入自由原则结合在一起对考生进行综合考查，具有相当的难度，而难点主要在于如何处理违约责任与商事组织加入自由原则的冲突与协调问题。本题中若想判断骐黄公司的违约责任是否成立，需要按照如下解题步骤进行：<u>第一步，认定骐黄公司与鸿捷公司之间是否存在合法有效的协议</u>。显然，根据案情的交代，两者之间存在合法有效的新股出资认缴协议。<u>第二步，认定骐黄公司是否存在客观的违约行为</u>。本题中骐黄公司一直未实际地依约缴纳出资，显然，存在客观的违约行为。<u>第三步，同时也是最重要的一步，认定守约方能否依法向违约方主张违约责任</u>。此时，考生不仅需要注意对违约责任构成要件及其承担方式的分析适用，而且更不能忽视商事组织加入自由原则的要求。只有如此全面考量，考生才能就本题得出正确的结论。

难点解析：

本题的难点在于如何处理违约责任与商事组织加入自由原则的冲突与协调问题：如果按照民法中关于违约责任成立的构成要件（有违约行为+无免责事由）来分析，显然骐黄公司应当对鸿捷公司承担违约责任。但是，如果我们进一步分析，具体就违约责任的三种形式

（继续履行+采取补救措施+赔偿损失）而言，新股出资协议的适用却存在其特殊性：首先，继续履行明显不适合作为骐黄公司承担违约责任的一种方式。由于作为组织存在的公司具有其特有的组织规则，即根据商事组织法的原则，不得强迫他人加入商事组织体，否则有违商事组织加入自由原则。因此，骐黄公司违约时鸿捷公司不得依据出资认缴协议请求其强制履行出资义务。其次，赔偿损失在此处同样不适合作为骐黄公司承担违约责任的一种方式。所谓赔偿损失，是指违约方以支付金钱的方式弥补受害方因违约行为所减少的财产或者所丧失的利益的责任形式。由此可知，赔偿损失是对守约方所遭受损失的一种补偿，而不是对违约方的惩罚。本题中骐黄公司的违约行为"对公司经营并未造成很大影响"，且骐黄公司主观上并不存在明显的过错。所以，鸿捷公司不得对骐黄公司主张损害赔偿。最后，采取补救措施就更不适合用作此处了。所谓采取补救措施，是指矫正合同不适当履行（质量不合格）、使履行缺陷得以消除的具体措施。本题中骐黄公司根本未履行实际缴纳出资的义务，遑论不适当履行。综上所述，鸿捷公司无法向骐黄公司主张违约责任。此外，在处理民法关于违约责任的一般规定与商法总论中的商事组织加入自由原则的冲突时，我们根据"特别法优于一般法"的规则也可以判断出商事组织加入自由原则优先于民法关于违约责任的一般性规定在本题中得到适用。

对此，部分考生可能存在疑惑：在股东认缴出资后应当按照出资约定履行，否则公司有权要求股东补足出资与本题中所涉及的出资协议的履行应当如何区分？对于这一问题，核心的判断标准是，该主体是否已经取得股东身份。按照我国《公司法》的规定，取得股东身份的要件包括实质要件即对公司进行出资与形式要件即记载在股东名册中。后者是股东身份的生效要件，即只要登记在股东名册中或章程中才是公司的股东。实际上，在实践中增资入股具有一整套复杂的流程，包括前期沟通与谈判、达成投资协议、履行出资协议及完成章程修改与股东名册变更。在章程修改与股东名册变更之前，出资人与公司都属于合同关系，适用于本题的分析，但是在章程修订或股东名册变更后，出资人才正式成为公司的股东。当然，这也意味着股东如未能履行出资义务，其对公司承担的责任是公司法上的法定责任而非违约责任。

3. 丁可否主张 860 万元新股的优先认购权？为什么？

答案： 不可以。丁主张新股优先认购权的依据为《公司法》第 227 条第 1 款："有限责任公司增加注册资本时，股东在同等条件下有权优先按照实缴的出资比例认缴出资。但是，全体股东约定不按照出资比例优先认缴出资的除外。"不过该条所规定的原股东之优先认购权，主要针对的是增资之股东会决议就新股分配未另行规定的情形；而且行使优先认购权还须遵守另一个限制，即原股东只能按其实缴出资比例主张对新增资本的相应部分行使优先认购权。该增资计划并未侵害或妨害丁在公司中的股东地位，也未妨害其股权内容即未影响其表决权重，因此就余下的 860 万元的新股，丁无任何主张优先认购权的依据。

难度： 中
考点： 新股优先认购权

> 💡 **命题与解题思路**
>
> 就有限公司股东的优先权而言，股东对外转让股权时其他股东的优先购买权是历年考试的"老主顾"，所以大部分考生备考复习时对该知识点"严防死守"，这无疑大大增

加了命题人的命题难度。因此，命题人"另辟蹊径"，从大家相对陌生的公司增资的角度来考查股东的优先认购权，这无疑是一个不错的命题思路。此外，命题人还以一个"名存实亡"的新股出资认缴合同来迷惑考生，使其答题时心存疑虑、无所适从。

就解题思路而言，《公司法》第227条第1款规定："有限责任公司增加注册资本时，股东在同等条件下有权优先按照实缴的出资比例认缴出资。但是，全体股东约定不按照出资比例优先认缴出资的除外。"由此可知，公司新增资本时，公司原股东行使优先购买权需要满足一定的条件限制：其一，股东会的决议未对新股分配作另行安排或者约定；其二，原股东原则上只能按照其实缴的出资比例就新增资本的相应部分进行优先认购。本题中，首先，经过全体股东签字同意，《1号股东会决议》已经将新增资本中的860万元分配给了骐黄公司，所以丁对此部分无权主张优先认购权；其次，根据该股东会决议，丁已经享有对余下140万元的新股认购权，而且丁的持股比例与表决权重并未因上述股东会决议的安排而受到任何不利影响。因此，丁主张860万元新增股本的优先认购权便无正当性可言。

4.《2号股东会决议》的法律效力如何？其与《1号股东会决议》的关系如何？为什么？

答案：《2号股东会决议》是合法有效的决议。内容不违法，也未损害异议股东丁的合法利益，程序上，丁的持股比例仅为14%，达不到否决增资决议的1/3的比例要求。这两个决议均在解决与实施公司增资1000万元的计划，由于《1号股东会决议》难以继续实施，因此《2号股东会决议》是对《1号股东会决议》的替代或者废除，后者随之失效。

难度：易

考点：股东会决议的效力

> **命题与解题思路**

本问与第一问所考查的都是同一个知识点——股东会决议的效力。不过，命题人设计本题时增加了一个新问题——两份股东会决议之间的关系如何。绝大部分考生可能都能根据法条规定判断出决议的效力，但是对于判断两个决议之间的关系时可能稍显茫然，而命题人的"套路"就是偏偏喜欢考查让你发蒙的！但是，考生诸君也无需惊慌，"你有张良计，我有过墙梯"，我们的"过墙梯"就是"不要强求不可知，要从已知推未知"。首先，关于《2号股东会决议》的效力，我们仍然是根据《公司法》第25~27条的规定从内容与程序两个方面来判断：其一，从内容上看，《2号股东会决议》内容上并未违反法律、行政法规的强制性规定，也没有损害丁的合法权益；其二，从程序上看，《公司法》第66条第3款规定："股东会作出修改公司章程、增加或者减少注册资本的决议，以及公司合并、分立、解散或者变更公司形式的决议，<u>应当经代表三分之二以上表决权的股东通过</u>。"本案中，虽然丁对《2号股东会决议》表示明确反对，但是表示赞同的甲、乙、丙三人所代表的表决权已经超过三分之二，所以该决议在表决方式上符合法律对程序的规定。因此，《2号股东会决议》合法有效。其次，关于两个决议的关系，从内容上看，我们不难发现两个决议的内容都是关于同一个事项，即公司增资1000万元的增资事项。只不过在《1号股东会决议》作出之后，由于骐黄公司与丁未在规定的时间内实际履行出资义务，导致该决议已经"名存实亡"——在事实上已经难以履行。在此背

· 485 ·

景下，鸿捷公司股东会才就同一个事项重新作出一个有履行可能性的新决议。因此，从上述法理分析可知，《2号股东会决议》是对《1号股东会决议》的替代或者废除，后者应当随之失效。

5. 鸿捷公司增加注册资本的程序中，何时产生注册资本增加的法律效力？为什么？

答案： 只有在公司登记机关办理完毕新的注册资本的变更登记后，才能产生新的注册资本亦即新增注册资本的法律效力。因为公司的注册资本只有经过工商登记，才能产生注册资本的法定效力；进而在公司通过修改章程而增加注册资本时，也同样只有在登记完毕后，才能产生注册资本增加的法定效力。

难度： 中

考点： 公司注册资本经工商登记而生效

> **命题与解题思路**
>
> 解题之前，考生务必得明确命题人考查的问题是什么，否则便是"下笔千言、离题万里"。本题所考查的问题是"何时产生注册资本增加的法律效力"，而不是"认缴新增资本的出资人何时取得股东资格"。考生若不理解两者之间的区别，很容易误以为只要经过公司章程的相应修改、完成股东名册变更即可产生注册资本增加的法律效力。而这正是命题人设计本题时所挖的一个大陷阱。其实，股东资格的取得，以股东名册为确认依据。但是，若股东名册发生变动，应当办理变更登记。未经登记或者变更登记的，不得对抗第三人（无"善意"二字）。若两者的记载内容有冲突，则区分公司内外部关系而有所不同：对公司内部而言，以股东名册为依据；对公司外部而言，以工商登记为准。然而，对于"何时产生注册资本增加的法律效力"而言，《公司法》却只采取一种确定标准：《公司法》第47条第1款规定，有限责任公司的注册资本为在公司登记机关登记的全体股东认缴的出资额。由此可知，公司注册资本产生法律效力的时间始于公司在公司登记机关完成针对注册资本的相关登记。同样，《公司法》第32条规定："公司登记事项包括：……（三）注册资本；……"《公司法》第34条第1款规定："公司登记事项发生变更的，应当依法办理变更登记。"由此可知，公司新增注册资本产生法律效力的时间同样以在公司登记机关办理完毕相应的公司注册资本变更登记为标准。因此，只有在公司登记机关办理完毕新的注册资本的变更登记后，才能产生新的注册资本亦即新增注册资本的法律效力。

6. 就鸿捷公司不能清偿的1000万元设备款债务，嵩悠公司能否向其各个股东主张补充赔偿责任？为什么？

答案： 可以。根据《公司法》的规定，公司不能清偿到期债务的，公司或者已到期债权的债权人有权要求已认缴出资但未届出资期限的股东提前缴纳出资。在鸿捷公司不能清偿到期债务时，嵩悠公司作为已到期债权的债权人有权要求各股东提前缴纳出资。

· 486 ·

难度：难

考点：股东出资加速到期

> **命题与解题思路**
>
> 本题旨在考查股东出资的加速到期。2023年《公司法》确立了可以加速到期的规则，即《公司法》第54条规定，公司不能清偿到期债务的，公司或者已到期债权的债权人有权要求已认缴出资但未届出资期限的股东提前缴纳出资。本答案根据新《公司法》的修改进行了修正。

2014年真题

一、试题（本题18分）

案情：

2012年4月，陈明设立一家有限责任公司，从事绿色食品开发，注册资本为200万元。公司成立半年后，为增加产品开发力度，陈明拟新增资本100万元，并为此分别与张巡、李贝洽谈，该二人均有意愿认缴全部新增资本，加入陈明的公司。陈明遂先后与张巡、李贝二人就投资事项分别签订了书面协议。张巡在签约后第二天，即将款项转入陈明的个人账户，但陈明一直以各种理由拖延办理公司变更登记等手续。2012年11月5日，陈明最终完成公司章程、股东名册以及公司变更登记手续，公司注册资本变更为300万元，陈明任公司董事长，而股东仅为陈明与李贝，张巡的名字则未出现在公司登记的任何文件中。

李贝虽名为股东，但实际上是受刘宝之托，代其持股，李贝向公司缴纳的100万元出资，实际上来源于刘宝。2013年3月，在陈明同意的情况下，李贝将其名下股权转让给善意不知情的潘龙，并在公司登记中办理了相应的股东变更。

2014年6月，因产品开发屡次失败，公司陷入资不抵债且经营无望的困境，遂向法院申请破产。法院受理后，法院所指定的管理人查明：第一，陈明尚有50万元的出资未实际缴付；第二，陈明的妻子葛梅梅本是家庭妇女，但自2014年1月起，却一直以公司财务经理的名义，每月自公司领取奖金4万元。

问题：

1. 在法院受理公司破产申请前，张巡是否可向公司以及陈明主张权利，主张何种权利？为什么？
2. 在法院受理公司破产申请后，张巡是否可向管理人主张权利，主张何种权利？为什么？
3. 李贝能否以自己并非真正股东为由，主张对潘龙的股权转让行为无效？为什么？
4. 刘宝可主张哪些法律救济？为什么？
5. 陈明能否以超过诉讼时效为由，拒绝50万元出资的缴付？为什么？
6. 就葛梅梅所领取的奖金，管理人应如何处理？为什么？

二、答案精讲

1. 在法院受理公司破产申请前，张巡是否可向公司以及陈明主张权利，主张何种权利？为什么？

答案： 根据案情交代，即陈明是以自己名义与张巡签订协议，款项也是转入陈明个人账户，且张巡并未登记为公司股东，故在张巡与公司之间：第一，张巡并未因此成为公司股东；第二，张巡与公司之间不存在法律关系。因此，张巡不能向公司主张任何权利。

鉴于投资协议仅存在于张巡与陈明个人之间，张巡只能向陈明主张违约责任，请求返还所给付的投资以及相应的损害赔偿。

难度： 难

考点： 股东的概念（股东资格的取得与确认）

命题与解题思路

从形式上看，本题的问题可以拆分为"张巡能否向公司主张权利"和"张巡能否向陈明主张权利"。从内容上看，命题人的考查意图是检验考生能否判断张巡与公司、陈明之间的法律关系。这就要求考生做到"在事实和法律之间来回穿梭"，从而进行案例分析。其实，破解上述两个问题的关键在于能否认定张巡具有股东资格。《公司法》第49条第1款规定："股东应当按期足额缴纳公司章程规定的各自所认缴的出资额。股东以货币出资的，应当将货币出资足额存入有限责任公司在银行开设的账户；以非货币财产出资的，应当依法办理其财产权的转移手续。股东未按期足额缴纳出资的，除应当向公司足额缴纳外，还应当对给公司造成的损失承担赔偿责任。"《公司法》第56条第2款规定："记载于股东名册的股东，可以依股东名册主张行使股东权利。"同时，《公司法司法解释（三）》第22条规定："当事人之间对股权归属发生争议，一方请求人民法院确认其享有股权的，应当证明以下事实之一：（一）已经依法向公司出资或者认缴出资，且不违反法律法规强制性规定；（二）已经受让或者以其他形式继受公司股权，且不违反法律法规强制性规定。"由上述法条可知，出资人获取股东资格必须满足两个条件：其一，实质条件是向公司出资或者认缴出资；其二，形式条件是记载于公司的股东名册中或者在公司登记机关登记为股东。

本题中，张巡只是与陈明签订投资协议，但是并未将货币出资足额存入公司账户，而是将相关款项足额存入了陈明的个人账户，这意味着张巡并未向公司出资。此外，在公司的股东名册与公司登记机关的登记中张巡均未登记为公司的股东。所以，无论从实质要件看，还是从形式要件看，张巡不具有股东资格，不享有股东权利。同时，张巡与公司之间不存在任何协议或者合同，因此两者之间不存在任何法律关系，自然张巡不能向公司主张任何权利。

本案中的投资协议是由张巡与陈明签订，且张巡已经按照约定将款项转入了陈明的账户。但是，陈明并未依约将张巡变更为公司股东，违反了投资协议约定的义务。所以，张巡有权要求陈明承担违约责任，请求返还出资以及相应的损害赔偿。

难点解析：

本题的难点主要体现在解题陷阱的设置上。就本题的陷阱而言，主要有两处：第一，张巡能否向公司主张权利可以拆分为两点：其一，张巡是否具有股东资格，向公司主张股东权利；其二，张巡是否与公司之间存在合同关系，向公司主张合同约定的权利。考生若是审题不细或者考虑不周全，很容易忽视"张巡与公司之间是否存在合同关系"这一点。第二，张巡将款项转入陈明的账户能否认定为向公司出资？首先，陈明并非以公司的名义与张巡签订协议，所以该投资协议仅仅约束陈明与张巡二人，陈明行为的法律后果不应该由公司承担。其次，张巡的货币出资是转入了陈明的个人账户而非公司的账户。因此，张巡并未向公司出资，也没有与公司之间签订任何协议。综上所述，张巡不能向公司主张任何权利。

2. 在法院受理公司破产申请后，张巡是否可向管理人主张权利，主张何种权利？为什么？

答案：根据问题1的结论，张巡与公司之间不存在法律关系，故而在公司进入破产程序后，张巡也不得将其对陈明的债权，视为对公司的债权，向管理人进行破产债权的申报。

难度：中

考点：债权申报（债权申报的范围）

> **命题与解题思路**
>
> 本题旨在考查法院受理公司破产申请后债权申报的问题。为了增加本题的难度，命题人在设计问题时"别有用心"地将本题的解答与第1问的答案相挂钩。因此，考生能否准确地解答出本题取决于其对第1问中张巡与公司之间法律关系的判断。若在第1问中考生误认为张巡与公司之间存在法律关系，张巡有权要求公司返还出资，则会在本题中一错再错，继续误认为张巡对公司享有债权，有权向管理人申报破产债权。如此一来，正好堕入命题人彀中矣！
>
> 《企业破产法》第44条规定："人民法院受理破产申请时对债务人享有债权的债权人，依照本法规定的程序行使权利。"根据第1问的答案可知，张巡与公司之间不存在法律关系，张巡对公司不享有任何债权。所以，在公司进入破产程序后，张巡无权向管理人申报破产债权。

3. 李贝能否以自己并非真正股东为由，主张对潘龙的股权转让行为无效？为什么？

答案：依《公司法司法解释（三）》第24条第3款规定，李贝虽为名义股东，但在对公司的关系上为真正的股东，其对股权的处分应为有权处分；退一步说，即使就李贝的股东身份在学理上存在争议，但在《公司法司法解释（三）》第25条第1款股权善意取得的规定下，李贝的处分行为也已经成为有权处分行为，因此为了保护善意相对人起见，李贝也不得主张该处分行为无效。

难度：中

考点：股权代持

> **命题与解题思路**
>
> 《公司法司法解释（三）》对名义股东与实际股东之间的权利义务关系作出规定，明确了名义股东擅自转让股权的法律后果。法律制度的修订，为本题的命制提供了契机。

"新法必考"原则再次应验。这就要求考生备考时，对新增法律法规或者对原法律新修改的内容一定要另眼相看。

本题存在三种命题和解题思路：第一种，根据名义股东、实际股东与公司三者之间的法律关系判断。本题中李贝是名义股东，刘宝是实际出资人，虽然李贝以股东名义对公司主张权利，但是股权的收益归刘宝。但是，在与公司的关系中，李贝是公司的股东，刘宝不是公司的股东，李贝经过陈明同意，将股权转让给潘龙的行为属于有权处分，并且在公司登记中进行了相应的股权变更，所以潘龙依法定程序取得了公司股权，李贝无权主张对潘龙的股权转让行为无效。

第二种，基于《公司法司法解释（三）》的规定，判断潘龙能否取得公司的股权。针对名义股东擅自转让股权的行为性质，学术界存在一定争议，有观点认为名义股东不享有处分股权的权利，擅自处分行为构成无权处分。对此，《公司法司法解释（三）》第25条第1款规定："名义股东将登记于其名下的股权转让、质押或者以其他方式处分，实际出资人以其对于股权享有实际权利为由，请求认定处分股权行为无效的，人民法院可以参照民法典第三百一十一条的规定处理。"《民法典》第311条规定的是善意取得制度。本题中，潘龙为不知情的善意第三人，其基于对公司登记事项的信赖与李贝签署了股权转让协议，为受让股权向公司支付了价款，并且已经办理了股权变更登记，符合善意取得制度的构成要件，因此潘龙已经成为公司的股东，李贝自然无权主张股权转让行为无效。

第三种，基于法律常识或者"朴素的公平正义观"判断李贝能否主张股权转让行为无效。本题问题设置得很"奇葩"，名义股东擅自转让实际出资人的股权，一般情况下，主张股权转让行为无效的都是实际出资人刘宝，而非名义股东李贝，因为股权受让人取得股权可能侵害的是实际出资人利益。但是，本题设置的问题却是"名义股东李贝能否主张股权转让行为无效"。正是如此"奇葩"的问题才给考生依据法律常识判断留下了充足的空间。本题中，李贝只是名义股东，明明知道自己并非实际出资人，仍然将股权转让给作为善意第三人的潘龙，若法律允许李贝主张对潘龙的股权转让行为无效，不仅违反了诚实信用原则，而且不利于维护市场交易的安全，损害了善意第三人潘龙的利益。显然，李贝无权主张对潘龙的股权转让行为无效。

4. 刘宝可主张哪些法律救济？为什么？

答案：鉴于刘宝仅与李贝之间存在法律关系，即委托持股关系，因此刘宝也就只能根据该合同关系，向李贝主张违约责任，对公司不享有任何权利主张。

难度：中

考点：股权代持

命题与解题思路

本题表面上设置的问题是"刘宝的权利救济渠道有哪些"，实际上命题人意在考查考生能否准确地判断刘宝与李贝、公司之间的权利义务关系，本题的解题关键在于判断刘宝的股权的归属。因此，这正好又与考生对第3问的正确解答相挂钩，否则考生便是一

· 490 ·

错再错。此外，本题命题人在命题时思路开阔，所考知识点并不局限于《公司法》的相关规定，而且还与民法的善意取得制度结合在一起综合考查。这是对民商法知识结合考查的有益尝试，应对此类考题要求考生在复习时要跨越部门法局限对相关知识点进行归纳总结。

本题正确的解答思路如下：首先，判断刘宝能否向公司主张相关权利；其次，再判断刘宝与李贝之间的权利义务关系。善意受让人受让股权可以参照适用《民法典》第313条规定："善意受让人取得动产后，该动产上的原有权利消灭。但是，善意受让人在受让时知道或者应当知道该权利的除外。"根据第3问答案可知，潘龙基于善意取得制度的规定已经受让李贝所转让的股权，成为公司的股东；但是，刘宝与李贝之间的委托持股关系仍然是有效存在的，李贝擅自转让刘宝的股权属于违约行为，由此给刘宝造成的损失，刘宝当然有权请求李贝承担违约责任，赔偿其损失。考生若是不理解名义股东与实际出资人和公司之间的关系，可能会误以为刘宝有权向公司主张权利。

5. 陈明能否以超过诉讼时效为由，拒绝50万元出资的缴付？为什么？

答案：股东的出资义务，不适用诉讼时效［《公司法司法解释（三）》第19条第1款］。因此，管理人在向陈明主张50万元出资义务的履行时，其不得以超过诉讼时效为由来予以抗辩［《企业破产法》第35条、《企业破产法司法解释（二）》第20条第1款］。

难度：易

考点：股东的义务（股东的一般义务）

命题与解题思路

本题旨在考查股东的出资义务是否受诉讼时效的影响。本题属于命题人对《公司法司法解释（三）》《企业破产法》以及《企业破产法司法解释（二）》相关规定的直接考查，难度一般，只要考生熟悉相关法条即可轻易地得出正确答案。

《公司法司法解释（三）》第19条第1款规定："公司股东未履行或者未全面履行出资义务或者抽逃出资，公司或者其他股东请求其向公司全面履行出资义务或者返还出资，被告股东以诉讼时效为由进行抗辩的，人民法院不予支持。"《企业破产法》第35条规定："人民法院受理破产申请后，债务人的出资人尚未完全履行出资义务的，管理人应当要求该出资人缴纳所认缴的出资，而不受出资期限的限制。"《企业破产法司法解释（二）》第20条第1款规定"管理人代表债务人提起诉讼，主张出资人向债务人依法缴付未履行的出资或者返还抽逃的出资本息，出资人以认缴出资尚未届至公司章程规定的缴纳期限或者违反出资义务已经超过诉讼时效为由抗辩的，人民法院不予支持。"由此可知，股东的出资义务不受诉讼时效的限制，人民法院受理破产申请后，只要债务人的出资人尚未完全履行出资，管理人即有权向相关出资人主张缴纳所认购的出资。

6. 就葛梅梅所领取的奖金，管理人应如何处理？为什么？

答案：根据《企业破产法》第36条，债务人的董事、监事、高级管理人员利用职权从企业获取的非正常收入，管理人负有追回义务；再根据《企业破产法司法解释（二）》第24条第1款，董事、监事、高级管理人员所获取的绩效奖金属于非正常收入的范围，故而管理人应向葛梅梅请求返还所获取的收入，且可以通过起诉的方式来予以追回。

难度：易

考点：撤销权与追回权（对企业管理层的特别追回权）

命题与解题思路

本题属于对《企业破产法》和《企业破产法司法解释（二）》相关规定的直接考查，难度一般，只要考生熟悉相关法条即可轻易地得出正确答案。但是，对于此类难度的题目，考生不仅仅需要理解并记忆相关的知识点，更重要的是认真研究公布的参考答案，学习标准答案的文字组织、解题切入点以及解题思路。

本题正确的解题思路如下：首先，判断葛梅梅所领取奖金的法律性质。《企业破产法司法解释（二）》第24条第1款规定："债务人有企业破产法第二条第一款规定的情形时，债务人的董事、监事和高级管理人员利用职权获取的以下收入，人民法院应当认定为企业破产法第三十六条规定的非正常收入：（一）绩效奖金；（二）普遍拖欠职工工资情况下获取的工资性收入；（三）其他非正常收入。"由此可知，葛梅梅所领取的奖金属于债务人的高级管理人员利用职权获取的非正常收入。其次，根据现有法律规定，明确管理人可以采取的处理方法。《企业破产法》第36条规定："债务人的董事、监事和高级管理人员利用职权从企业获取的非正常收入和侵占的企业财产，管理人应当追回。"由此可知，对于葛梅梅领取的奖金，管理人负有追回义务。所以，管理人应向葛梅梅请求返还所获取的收入，且可以通过起诉的方式来予以追回。

2013 年真题

一、试题（本题18分）

案情：

2012年5月，兴平家装有限公司（下称兴平公司）与甲、乙、丙、丁四个自然人，共同出资设立大昌建材加工有限公司（下称大昌公司）。在大昌公司筹建阶段，兴平公司董事长马玮被指定为设立负责人，全面负责设立事务，马玮又委托甲协助处理公司设立事务。

2012年5月25日，甲以设立中公司的名义与戊签订房屋租赁合同，以戊的房屋作为大昌公司将来的登记住所。

2012年6月5日，大昌公司登记成立，马玮为公司董事长，甲任公司总经理。公司注册资本1000万元，其中，兴平公司以一栋厂房出资；甲的出资是一套设备（未经评估验资，甲申报其价值为150万元）与现金100万元。

2013年2月，在马玮知情的情况下，甲伪造丙、丁的签名，将丙、丁的全部股权转让至乙的名下，并办理了登记变更手续。乙随后于2013年5月，在马玮、甲均无异议的情况下，将登记在其名下的全部股权作价300万元，转让给不知情的吴耕，也办理了登记变更等手续。

现查明：第一，兴平公司所出资的厂房，其所有权原属于马玮父亲；2011年5月，马玮在其父去世后，以伪造遗嘱的方式取得所有权，并于同年8月，以该厂房投资设立兴平公司，马玮占股80%。而马父遗产的真正继承人，是马玮的弟弟马祎。第二，甲的100万元现金出资，系由其朋友满钺代垫，且在2012年6月10日，甲将该100万元自公司账户转到自己账户，随即按约还给满钺。第三，甲出资的设备，在2012年6月初，时值130万元；在2013年1月，时值80万元。

问题：
1. 甲以设立中公司的名义与戊签订的房屋租赁合同，其效力如何？为什么？
2. 在2013年1月，丙、丁能否主张甲设备出资的实际出资额仅为80万元，进而要求甲承担相应的补足出资责任？为什么？
3. 在甲不能补足其100万元现金出资时，满钺是否要承担相应的责任？为什么？
4. 马祎能否要求大昌公司返还厂房？为什么？
5. 乙能否取得丙、丁的股权？为什么？
6. 吴耕能否取得乙转让的全部股权？为什么？

二、答案精讲

> **1. 甲以设立中公司的名义与戊签订的房屋租赁合同，其效力如何？为什么？**

答案： 有效，设立中的公司可以实施法律行为，甲作为公司发起股东，可以以设立中公司的名义从事法律行为。

难度： 易

考点： 发起人（发起人责任与公司责任的区分）

💡 命题与解题思路

试题的指令句明确了本题的考点是以设立中公司的名义对外签订合同的效力，本题体现了"紧跟立法动态"的命题规律。《公司法》第44条规定："有限责任公司设立时的股东为设立公司从事的民事活动，其法律后果由公司承受。公司未成立的，其法律后果由公司设立时的股东承受；设立时的股东为二人以上的，享有连带债权，承担连带债务。设立时的股东为设立公司以自己的名义从事民事活动产生的民事责任，第三人有权选择请求公司或者公司设立时的股东承担。设立时的股东因履行公司设立职责造成他人损害的，公司或者无过错的股东承担赔偿责任后，可以向有过错的股东追偿。"因此，甲作为设立时的股东可以以设立中公司的名义从事民事活动。

> **2. 在2013年1月，丙、丁能否主张甲设备出资的实际出资额仅为80万元，进而要求甲承担相应的补足出资责任？为什么？**

答案： 不可以。确定甲是否已履行出资义务，应以设备交付并移转所有权至公司时为准，故应以2012年6月初之130万元作为确定甲承担相应的补足出资责任的标准。

难度： 中

考点： 非货币财产出资

> 💡 **命题与解题思路**
>
> 本题旨在考查《公司法》对非货币财产出资的法律规制。考生只要熟悉《公司法》和《公司法司法解释（三）》的相关内容即可轻松得分。本题考点单一，内容上无广度、无深度，考生将法条的规定直接适用到案例中即可得出正确的结论。具体而言，本题根据以下法条即可得出正确答案。第一，《公司法》第49条规定："股东应当按期足额缴纳公司章程规定的各自所认缴的出资额。股东以货币出资的，应当将货币出资足额存入有限责任公司在银行开设的账户；以非货币财产出资的，应当依法办理其财产权的转移手续。股东未按期足额缴纳出资的，除应当向公司足额缴纳外，还应当对给公司造成的损失承担赔偿责任。"第二，《公司法司法解释（三）》第15条规定："出资人以符合法定条件的非货币财产出资后，因市场变化或者其他客观因素导致出资财产贬值，公司、其他股东或者公司债权人请求该出资人承担补足出资责任的，人民法院不予支持。但是，当事人另有约定的除外。"根据第一条法条可以得知，甲应当承担补充出资的责任；根据第二条法条可以得知，甲承担补充出资责任是以其出资该设备时的130万元为标准，而非以2013年1月时因市场变化或者其他客观因素导致该设备贬值的80万元为标准，所以甲仅仅应该承担补足20万元差额的补充责任。

3. 在甲不能补足其100万元现金出资时，满钺是否要承担相应的责任？为什么？

答案：满钺不承担法律责任，相应的补足责任由发起人（甲）承担。

难度：中

考点：抽逃出资

> 💡 **命题与解题思路**
>
> 本题体现了"逢新必考"的命题规律，尤其是以司法解释的形式修改的法律规定几乎是命题人眼中的"香饽饽"。考生在解答本题时务必需要注意《公司法》法条的变迁：出于维护公司、公司债权人以及公司其他股东利益的立法考量，2011年《公司法司法解释（三）》第15条规定："第三人代垫资金协助发起人设立公司，双方明确约定在公司验资后或者在公司成立之后将该发起人的出资抽回以偿还该第三人，发起人依照前述约定抽回出资偿还第三人后又不能补足出资，相关权利人请求第三人连带承担发起人因抽回出资而产生的相应责任的，人民法院应予支持。"但是，为了降低公司设立门槛，减少对公司自治事项的干预，2013年《公司法》修订后，将实缴登记制改为认缴登记制，并相应地取消了注册资本的最低限制、分期认缴期限、首付出资比例以及出资财产形式的限制等规定。所以，2011年《公司法司法解释（三）》第15条规定已经取消。这一立法变迁说明，垫付出资的行为已经不违法，所以，垫付出资人满钺无须承担相应的责任。

4. 马祎能否要求大昌公司返还厂房？为什么？

答案：可以。首先，因继承无效，马玮不能因继承而取得厂房的所有权，而将厂房投资设立兴平公司属于无权处分，因为马玮是兴平公司的董事长，其主观恶意视为其代表公司的恶意，因此不能使兴平公司取得厂房所有权；其次，兴平公司将该厂房再投资于大昌公司依然属于无权处分，由于马玮又是大昌公司的设立负责人与成立后的董事长，所以不能认定大昌公司受让该厂房时是善意的，同样不能使大昌公司取得所有权。因此，该厂房的所有权仍然归属于马玮，可以向大昌公司返还厂房。

难度：难

考点：有限责任公司的设立条件（出资方式；非货币财产的出资）

> 💡 **命题与解题思路**
>
> 　　本题旨在考查非货币财产出资的法律后果。命题人的命题思维不仅仅局限于《公司法》的相关规定，而且还综合考查了不动产物权变动以及善意取得制度。此外，在设计案例时，为了迷惑考生、增加本题难度，命题人故意设计了"该厂房作为出资财产经历了连续两次的物权变动"的情节。因此，判断马玮能否要求大昌公司返还厂房的关键在于判断该厂房的所有权归属。由题目可知，兴平公司所出资的厂房，其所有权原属于马玮父亲。马父去世后该厂房作为遗产由马玮继承成为厂房的所有权人。马玮伪造遗嘱将该厂房投资设立兴平公司，后来兴平公司又将其投资设立大昌公司。所以，判断该厂房所有权的归属必须判断上述两次投资行为能否使兴平公司与大昌公司依次取得所有权。对此，《公司法司法解释（三）》第7条第1款规定："<u>出资人以不享有处分权的财产出资，当事人之间对于出资行为效力产生争议的，人民法院可以参照民法典第三百一十一条的规定予以认定。</u>"由此可知，<u>出资人以不享有处分权的财产出资，原则上，原所有权人有权取回。但是，符合善意取得条件的，拟设立的公司（受让人）可以取得该物的所有权。</u>因此，本题的解题关键在于判断兴平公司与大昌公司在受让该厂房时是否为善意。首先，马玮伪造遗嘱将该厂房投资设立兴平公司，而马玮又是兴平公司的董事长，明知自己无权处分该厂房仍然将其投资设立兴平公司，所以马玮的恶意即为兴平公司的恶意，兴平公司无权适用善意取得制度取得该厂房的所有权；其次，不享有该厂房所有权的兴平公司又将该厂房用于投资设立大昌公司同样属于以不享有所有权的财产出资。此时，马玮不仅是大昌公司的设立负责人，又是成立后的大昌公司的董事长，所以马玮的恶意同样是大昌公司的恶意，大昌公司同样无权适用善意取得制度取得该厂房的所有权。因此，该厂房的所有权仍然属于马玮，马玮有权要求大昌公司返还厂房。至于上述两公司的权利如何维护，法律赋予相关权利人请求马玮补足出资并承担相应的赔偿责任的权利。

难点解析：

　　本问所考查的知识点（出资人以不享有处分权的财产出资）难度并不大，但是将上述知识点与题目中给出的关键信息（"马玮伪造遗嘱""兴平公司董事长马玮"以及"马玮为大昌公司的设立负责人与董事长"等）结合起来得出正确答案却并非易事。

　　首先，"出资人以不享有处分权的财产出资"所涉及的知识点如下。

原则	原所有权人有权要求返还
例外	符合善意取得条件，拟设立的公司可以取得该物的所有权： （1）公司受让该不动产或者动产时为善意 （2）公司以合理价格受让 （3）转让的不动产或者动产依照法律规定应当登记的已经登记，不需要登记的已经完成交付（可现实交付、简易交付、指示交付等）

续表

补充	(1) 占有脱离物（例如盗赃物、遗失物、漂流物、埋藏物等）不适用善意取得 (2) 公司善意取得后，原所有权人有权向该出资人（即无权处分人）请求赔偿损失 (3) 公司返还财产后，该出资人有义务补足出资并承担相应的赔偿责任

其次，若想把上述知识点准确地适用到本题中，考生还需要掌握一点：一般而言，公司的法定代表人由董事长担任，法定代表人的行为的法律后果直接由其所代表的公司承担。只有掌握了这一点，考生才可以准确地判断出上述两公司受让该厂房时是否为善意。

5. 乙能否取得丙、丁的股权？为什么？

答案：不能。乙与丙、丁间根本就不存在股权转让行为，丙、丁的签字系由甲伪造，且乙在主观上不可能是善意，故不存在善意取得的构成。

难度：易

考点：股权转让

> 💡 **命题与解题思路**
>
> 本题旨在考查善意取得制度在股权转让中的适用，所以考生直接判断本案情形是否满足善意取得制度的构成要件即可得出正确结论。因此，本题的解题关键在于乙能否依据善意取得制度取得该股权。具体而言，相关步骤分为三步：第一步，判断甲擅自转让丙、丁股权的行为的性质，即无权处分，乙与丙、丁之间不存在实际的股权转让行为。第二步，判断股权受让人乙主观上是否为善意。显然，乙对甲的无权处分行为不可能不知情，所以乙在主观上不可能是善意。第三步，根据股权善意取得的构成要件（无权处分+以合理价格受让+受让人在受让股权时为善意+完成股权变更登记手续），得出乙不能够取得丙、丁股权的结论。

6. 吴耕能否取得乙转让的全部股权？为什么？

答案：可以。乙自己原持有的股权，为合法有效，故可以有效地转让给吴耕。至于乙所受让的丙、丁的股权，虽然无效，但乙已登记于公司登记之中，且吴耕为善意，因此吴耕可以主张股权的善意取得。

难度：难

考点：股权的善意取得

> 💡 **命题与解题思路**
>
> 本题旨在考查股权的善意取得制度。本题命题人设计的问题是"吴耕能否取得乙转让的全部股权"，该问题的重点不在于"能否取得"而在于"全部股权"，这是绝大部分考生都极易忽略的问题。因为乙转让的全部股权不仅包含自己原先持有的股权，而且还包含乙所受让的丙、丁的股权。此外，本题的解答又与第5问的答案休戚相关，考生若无法准确地判断乙能否取得丙、丁的股权，相应地也就无法对本题作出正确的解答，这

正是命题人"用心险恶"之处。

本题的解题思路分两步走：第一步，明确乙转让给吴耕的全部股权包括两部分，一部分为乙原先自己持有股权，另一部分是乙受让的丙、丁的股权。第二步，根据相关的司法解释，分别判断两部分股权转让行为的效力。《公司法司法解释（三）》第25条规定："名义股东将登记于其名下的股权转让、质押或者以其他方式处分，实际出资人以其对于股权享有实际权利为由，请求认定处分股权行为无效的，人民法院可以参照民法典第三百一十一条的规定处理。名义股东处分股权造成实际出资人损失，实际出资人请求名义股东承担赔偿责任的，人民法院应予支持。"该解释第27条第1款规定："股权转让后尚未向公司登记机关办理变更登记，原股东将仍登记于其名下的股权转让、质押或者以其他方式处分，受让股东以其对于股权享有实际权利为由，请求认定处分股权行为无效的，人民法院可以参照民法典第三百一十一条的规定处理。"由此可知，针对行为人无权处分的他人股权，第三人在符合善意取得制度的构成要件时可以依法取得该股权。

因此，基于上述分析和法条规定，本题的答案分析如下：其一，对于乙自己原有的股权而言，乙转让该部分股权经过了马玮与甲的同意，有权转让，并且已经办理了股权变更的手续，吴耕当然有权取得该部分股权；其二，对于乙受让的丙、丁的股权而言，虽然乙不能取得该部分股权，其转让行为构成无权处分，但是由于该部分股权登记在乙的名下，吴耕作为不知情的善意第三人，以合理的价格受让，并且完成了相关的股权变更手续，所以吴耕可以根据善意取得制度取得该部分股权。因此，吴耕可以取得乙转让的全部股权。

难点解析：

本问的难点主要体现在两处：第一，本问设置的问题是"吴耕能否取得乙转让的全部股权"，关键词是"全部股权"，而非仅仅是乙原先持有的股权或者乙受让的丙、丁的股权。对于这一点，考生往往容易忽略。第二，乙转让自己的股权是否有效，这就涉及乙对外转让股权是否经过其他股东的过半数同意。此时，有的考生可能会心存疑问——其他股东是否包括丙和丁？如果包括，乙对外转让股权仅仅获得马玮和甲的同意，并未达到其他股东过半数同意，这是否会影响到其股权转让行为的效力？考生之所以会有此疑问，是因为忽略了股东身份的确认，对外以工商登记为准。对于吴耕而言，其受让股权时公司在工商登记处的股东仅仅只有马玮、甲以及乙三人。而马玮、甲对其转让股权均无异议，所以，吴耕根据该工商登记有理由相信乙对外转让股权已经获得了其他股东过半数同意。因此，对于不知情的善意第三人吴耕而言，其受让乙自己原有的股权应该得到法律的认可与保护。

2012 年真题

一、试 题　（本题 18 分）

案情：

2009 年 1 月，甲、乙、丙、丁、戊共同投资设立鑫荣新材料有限公司（以下简称鑫荣公司），从事保温隔热高新建材的研发与生产。该公司注册资本 2000 万元，各股东认缴的出资比例分别为 44%、32%、13%、6%、5%。其中，丙将其对大都房地产开发有限公司所持股权折价成 260 万元作为出资方式，经验资后办理了股权转让手续。甲任鑫荣公司董事长与法定代表人，乙任公司总经理。

鑫荣公司成立后业绩不佳，股东之间的分歧日益加剧。当年 12 月 18 日，该公司召开股东会，在乙的策动下，乙、丙、丁、戊一致同意，限制甲对外签约合同金额在 100 万元以下，如超出 100 万元，甲须事先取得股东会同意。甲拒绝在决议上签字。此后公司再也没有召开股东会。

2010 年 12 月，甲认为产品研发要想取得实质进展，必须引进隆泰公司的一项新技术。甲未与其他股东商量，即以鑫荣公司法定代表人的身份，与隆泰公司签订了金额为 200 万元的技术转让合同。

2011 年 5 月，乙为资助其女赴美留学，向朋友张三借款 50 万元，以其对鑫荣公司的股权作为担保，并办理了股权质权登记手续。

2011 年 9 月，大都房地产公司资金链断裂，难以继续支撑，不得不向法院提出破产申请。经审查，该公司尚有资产 3000 万元，但负债已高达 3 亿元，各股东包括丙的股权价值几乎为零。

2012 年 1 月，鉴于鑫荣公司经营状况不佳及大股东与管理层间的矛盾，小股东丁与戊欲退出公司，以避免更大损失。

问题：
1. 2009 年 12 月 18 日股东大会决议的效力如何？为什么？
2. 甲以鑫荣公司名义与隆泰公司签订的技术转让合同效力如何？为什么？
3. 乙为张三设定的股权质押效力如何？为什么？
4. 大都房地产公司陷入破产，丙是否仍然对鑫荣公司享有股权？为什么？
5. 丁与戊可以通过何种途径保护自己的权益？

二、答案精讲

1. 2009 年 12 月 18 日股东会决议的效力如何？为什么？

答案：有效。股东会有权对法定代表人的职权作出限制，且表决权过半数的股东已在决议上签字。

难度：中

考点：股东会决议效力

命题与解题思路

本题考查公司权力机关对法定代表人代表权限制的法律效力。《公司法》第 11 条第 2 款规定："公司章程或者股东会对法定代表人职权的限制，不得对抗善意相对人。"据此，公司章程和股东会决议均可对其作出限制。

2. 甲以鑫荣公司名义与隆泰公司签订的技术转让合同效力如何？为什么？

答案：有效。为保护交易安全，法定代表人的内部权力限制并不影响外部合同效力。

难度：易

考点：表见代表

> 💡 **命题与解题思路**
>
> 本题考查法定代表人的内部权力限制是否影响外部合同效力。《民法典》第 61 条第 3 款规定，法人章程或者法人权力机构对法定代表人代表权的限制，不得对抗善意相对人。《民法典》第 504 条规定，法人的法定代表人或者非法人组织的负责人超越权限订立的合同，除相对人知道或者应当知道其超越权限外，该代表行为有效，订立的合同对法人或者非法人组织发生效力。《公司法》第 11 条第 2 款规定，公司章程或者股东会对法定代表人职权的限制，不得对抗善意相对人。据此，可以认定法定代表人的代表权可以被限制，只不过仅有内部效力，不能约束善意相对人。

3. 乙为张三设定的股权质押效力如何？为什么？

答案：有效，张三取得股权质权。因为已办理股权质权登记手续。

难度：易

考点：股权质权的设立

> 💡 **命题与解题思路**
>
> 本题考查股权质权设立的要件。《民法典》第 443 条第 1 款规定，以基金份额、股权出质的，质权自办理出质登记时设立。命题人有意考查担保权设立的登记要件主义和登记对抗主义两种模式，但本题其实并不难，因为无论采用哪种模式，办理登记对债权人而言是最保险的方案。

4. 大都房地产公司陷入破产，丙是否仍然对鑫荣公司享有股权？为什么？

答案：享有。《公司法》允许股权作为出资，且丙已经认缴了鑫荣公司的股权，并办理了股权转让手续。此外，破产属于客观因素，不属于非货币财产的实际价额显著低于所认缴的出资额的情形。

难度：中

考点：出资方式

> 💡 **命题与解题思路**
>
> 本题考查股权出资的要件以及瑕疵出资的认定。《公司法》允许股权作为出资。根据《公司法》第 50 条规定："有限责任公司设立时，股东未按照公司章程规定实际缴纳出资，或者实际出资的非货币财产的实际价额显著低于所认缴的出资额的，设立时的其他股东与该股东在出资不足的范围内承担连带责任。"针对实际出资的非货币财产的实际价额显著低于所认缴的出资额的认定，可以参照《公司法司法解释（三）》第 16 条规定："出资人以符合法定条件的非货币财产出资后，因市场变化或者其他客观因素导致出资财

产贬值，公司、其他股东或者公司债权人请求该出资人承担补足出资责任的，人民法院不予支持。但是，当事人另有约定的除外。"破产显然属于客观因素导致出资财产贬值，因此丙依然对鑫荣公司享有股权。

5. 丁与戊可以通过何种途径保护自己的权益？

答案：丁、戊可以向其他股东或第三人转让股权退出公司或请求公司回购其股权，如协商不一致还可以诉请法院判令公司回购；也可以请求公司减资或分立；还可以联合提起诉讼，请求法院强制解散公司以保护自己的权益。

难度：中

考点：公司的司法解散；股权转让

💡 命题与解题思路

本题考查有限责任公司小股东的退出途径，根据命题人给出的"此后公司再也没有召开股东会""大股东与管理层间的矛盾"以及相关时间信息，考生不难想到公司僵局如何解决的问题。对此，《公司法》及《公司法司法解释（二）》确立的原则是，在存在公司僵局时，应当首先穷尽其他方法，在穷尽其他方法依然无法解决的才可以提请法院强制解散公司。对此，考生一般可能只关注了司法裁判解散公司这一最后的方法，而忽略了其他可能的更有效的方法。对此，《公司法司法解释（五）》第5条特别列举了五种方式。答案也据此进行了修订。

2011 年真题

一、试题（本题26分）

材料：2007年以来，金融危机给全球经济造成了深刻影响，面对法院执行中被执行人履行能力下降、信用降低、执行和解难度增大等新情况、新问题，最高法院在《关于应对国际金融危机做好当前执行工作的若干意见》中指出："在金融危机冲击下，为企业和市场提供司法服务，积极应对宏观经济环境变化引发的新情况、新问题，为保增长、保民生、保稳定'三保'方针的贯彻落实提供司法保障，是当前和今后一段时期人民法院工作的重中之重。"

例一：2007年8月，同升市法院判决张某偿还同升市外经贸有限公司（以下称"外贸公司"）2亿元人民币。近1年时间，张某未按时履行义务，且下落不明。外贸公司遂向同升市法院申请执行。

同升市法院执行法官李某调查发现，被执行人张某除一些变现难度大且价值不高的财产外，尚持有上市股票ZX科技3000万股，遂进行了查封。当时股票的市值每股仅3元多，如抛售可得9000余万元。李法官综合分析市场大势，认为ZX科技不仅近期会有送股，而且还有上涨可能，主张股票升值后择机出售。李法官的这一想法得到了同升市法院及其上级法院的一致支持，也取得了外贸公司的同意。

此后1年多时间，ZX科技先后2次送股，被查封的股票数量达到了4000多万股，股值上涨到7元多。李法官请示法院领导后，速与证券公司营业部交涉以当时市场价格强制卖出股票，所得钱款足以支付被执行人张某所欠本金及利息。

例二：2007年6月，中都市法院陆续受理了湘妃科技发展有限公司（以下称"湘妃公司"）等单位申请执行太平洋娱乐有限公司（以下称"太平洋公司"）10余起欠款纠纷案，标的约2000万元。执行法官张某查明，太平洋公司主业是水族馆，因经营不善已歇业，除剩有4年期的水族馆经营使用权外，已无其他可供执行的财产。

张法官经过对水族馆项目前景谨慎评估后，经请示法院领导，决定在经营使用权上想办法，敦促被执行人寻找新的投资合作人，盘活资产。张法官主动找到最大债权人湘妃公司，经细致工作，使其接受水族馆资产及其经营使用权，以抵偿该公司的1500余万元债权。同时，湘妃公司另行支付部分款项给法院，由法院分配给其他债权人。经张法官努力，还为太平洋公司找到一家私营企业注入资金，使太平洋公司重新焕发了生机。

此外，一些地方法院在执行中还采取了"债权入股"或"债转股"等灵活执行措施，社会上形象地将此表述为"放水养鱼让鱼活"。但对于执行法官涉入股市、推动企业运作等做法，网上时有质疑，法院内部也不无疑虑。

问题：

1. 从正确把握案件执行的法律效果与社会效果有效统一的角度，评价法院（法官）在案件执行中的上述做法。
2. 结合法理学和民法、商法、民事诉讼法的相关原则，对案件执行中的上述做法进行分析。

答题要求：

1. 运用法理学及部门法知识作答；
2. 观点明确，逻辑严谨，说理充分，层次清晰，文字通畅；
3. 无观点或论述，照搬材料原文的不得分；
4. 请按提问顺序分别作答，总字数不少于500字。

二、答案精讲

答案（要点）： 民事司法需要处理好三个关系：

一是要处理好公平与效率的关系：民法追求微观的公平（分蛋糕），商法追求宏观的效率（做蛋糕），前者关注个体利益，后者关注整体利益，例二中张法官为太平洋公司找到一家私营企业注入资金，使太平洋公司重新焕发了生机类似于商法的破产重整，在蛋糕做大的基础上分蛋糕是更高的公平。

二是要处理好被动司法与能动司法的关系：民事司法的基本特征是被动性，即不告不理，但并不意味着民事司法的所有环节均保持消极被动，例如，民事执行工作就不同于传统的民事裁判，完全可以为了追求更多当事人利益能动司法，实现更好的社会效果。

三是要处理好司法强制与当事人自治的关系：执行工作的基本特征是强制性，对相关当事人利益具有重要影响，因此执行工作中的创新做法应当尊重当事人意愿，材料中两位执行法官在采取可能影响当事人利益的创新措施时均得到了当事人的事前同意，没有强行拉郎配。

综上，材料中两位执行法官的做法值得提倡。

难度： 难

> **命题与解题思路**
>
> 命题人以国际金融危机为背景命制本题，意在考查法的多元价值目标的冲突和协调。民事案件执行并非机械地、僵化地适用法律，而是要兼顾实现公平正义和服务工作大局等价值目标。对于执行法官涉入股市、推动企业运作等尚有一定争议的创新做法，答题时应以肯定为主，同时注意把握尺度。

2010年真题

一、试 题 （本题22分）

案情：

2007年2月，甲乙丙丁戊五人共同出资设立北陵贸易有限责任公司（简称北陵公司）。公司章程规定：公司注册资本500万元；持股比例各20%；甲、乙各以100万元现金出资，丙以私有房屋出资，丁以专利权出资，戊以设备出资，各折价100万元；甲任董事长兼总经理，负责公司经营管理；公司前五年若有利润，甲得28%，其他四位股东各得18%，从第六年开始平均分配利润。

至2010年9月，丙的房屋仍未过户登记到公司名下，但事实上一直由公司占有和使用。

公司成立后一个月，丁提出急需资金，向公司借款100万元，公司为此召开临时股东会议，作出决议如下：同意借给丁100万元，借期六个月，每月利息一万元。丁向公司出具了借条。虽至今丁一直未归还借款，但每月均付给公司利息一万元。

千山公司总经理王五系甲好友，千山公司向建设银行借款1000万元，借期一年，王五请求北陵公司提供担保。甲说："公司章程规定我只有300万元的担保决定权，超过了要上股东会才行。"王五说："你放心，我保证一年到期就归还银行，到时候与你公司无关，只是按银行要求做个手续。"甲碍于情面，自己决定以公司名义给千山公司的贷款银行出具了一份担保函。

戊不幸于2008年5月地震中遇难，其13岁的儿子幸存下来。

北陵公司欲向农业银行借款200万元，以设备作为担保，银行同意，双方签订了借款合同和抵押合同，但未办理抵押登记。

2010年5月，乙提出欲将其股份全部转让给甲，甲愿意受让。

2010年7月，当地发生洪水灾害，此时北陵公司的净资产为120万元，但尚欠万水公司债务150万元一直未还。北陵公司决定向当地的一家慈善机构捐款100万元，与其签订了捐赠合同，但尚未交付。

问题：

1. 北陵公司章程规定的关于公司前五年利润分配的内容是否有效？为什么？
2. 丙作为出资的房屋未过户到公司名下，对公司的设立产生怎样的后果？在房屋已经由公司占有和使用的情况下，丙是否需要承担违约责任？

3. 丁向公司借款 100 万元的行为是否构成抽逃注册资金？为什么？

4. 北陵公司于 2010 年 8 月请求丁归还借款，其请求权是否已经超过诉讼时效？为什么？

5. 北陵公司是否有权请求法院确认其向建设银行出具的担保函无效？为什么？

6. 戊 13 岁的儿子能否继承戊的股东资格而成为公司的股东？为什么？

7. 如北陵公司不能偿还农业银行的 200 万元借款，银行能否行使抵押权？为什么？

8. 乙向甲转让股份时，其他股东是否享有优先受让权？为什么？

9. 北陵公司与当地慈善机构的捐赠合同是否有效？为什么？万水公司可否请求法院撤销北陵公司的上述行为？为什么？

二、答案精讲

1. 北陵公司章程规定的关于公司前五年利润分配的内容是否有效？为什么？

答案：有效。《公司法》第 210 条允许有限公司全体股东约定不按出资比例分红。有限责任公司设立时要求股东共同制定公司章程，北陵公司初始章程规定公司前五年利润分配的内容是全体股东的约定，因此有效。

难度：中

考点：股东的权利；公司章程

> **命题与解题思路**
>
> 本题考查公司章程对利润分配自主安排的效力，得出正确结论并不难，但在说明理由时容易把全体股东约定与公司章程当然地画等号。《公司法》第 210 条第 4 款规定，公司弥补亏损和提取公积金后所余税后利润，有限责任公司按照股东实缴的出资比例分配利润，全体股东约定不按照出资比例分配利润的除外；股份有限公司按照股东所持有的股份比例分配利润，公司章程另有规定的除外。可见，《公司法》允许有限公司的全体股东对分红另作约定。《公司法》第 45 条规定，有限责任公司设立时要有股东共同制定的公司章程。《公司法》第 66 条规定，股东会会议作出修改公司章程的决议，应当经代表 2/3 以上表决权的股东通过。因此，公司的初始章程一定是全体股东一致同意的；而事后修改的公司章程则只需要经过代表 2/3 以上表决权的股东同意，并不一定是全体股东一致同意。本案前五年利润分配方案早在北陵公司设立时就规定在初始章程中，故有效，但如果是事后修改公司章程增加该规定则不一定有效，因为不一定是全体股东一致同意。

2. 丙作为出资的房屋未过户到公司名下，对公司的设立产生怎样的后果？在房屋已经由公司占有和使用的情况下，丙是否需要承担违约责任？

答案：不影响公司的有效设立。丙应当承担违约责任。

难度：中

考点：出资程序；瑕疵出资的法律责任

命题与解题思路

本题考查有限责任公司认缴资本制与出资程序以及瑕疵出资责任的关系。考生在分析股东出资时，在认缴制之下，可按照出资约定+出资履行两个环节分析。《公司法》第47条第1款规定，有限责任公司的注册资本为在公司登记机关登记的全体股东认缴的出资额。《公司法》第49条规定，股东应当按期足额缴纳公司章程规定的各自所认缴的出资额。股东以货币出资的，应当将货币出资足额存入有限责任公司在银行开设的账户；以非货币财产出资的，应当依法办理其财产权的转移手续。股东未按期足额缴纳出资的，除应当向公司足额缴纳外，还应当对给公司造成的损失承担赔偿责任。可见，出资不到位并不影响公司的成立，只是股东应当向公司足额缴纳出资，并对给公司造成的损失承担赔偿责任。同时，由于出资属于股东和其他发起股东之间的约定，未履行出资义务，也属于违反了出资协议，因此也应当承担违约责任。

3. 丁向公司借款100万元的行为是否构成抽逃注册资金？为什么？

答案：不构成。因为经过股东会决议，签订了借款合同，形成丁对公司的债务。

难度：易

考点：抽逃出资的认定

命题与解题思路

本题考查抽逃出资的表现形式及本质特征。《公司法》第53条第1款规定，公司成立后，股东不得抽逃出资。对于抽逃出资的认定，可以参照《公司法司法解释（三）》第12条规定："公司成立后，公司、股东或者公司债权人以相关股东的行为符合下列情形之一且损害公司权益为由，请求认定该股东抽逃出资的，人民法院应予支持：（一）制作虚假财务会计报表虚增利润进行分配；（二）通过虚构债权债务关系将其出资转出；（三）利用关联交易将出资转出；（四）其他未经法定程序将出资抽回的行为。"从上述规定可以看到，抽逃出资的核心特征包括：（1）损害公司权益；（2）具有违法性或欺骗性。本案丁向公司借款100万元已经过股东会决议，签订了借款合同，形成了丁对公司的合法债务，并不存在对公司合法权益的损害，也不具有违法性，不构成抽逃注册资金。

4. 北陵公司于2010年8月请求丁归还借款，其请求权是否已经超过诉讼时效？为什么？

答案：未超过。因为丁作为债务人每月均付给公司利息1万元，即一直在履行债务，诉讼时效中断。

难度：中

考点：诉讼时效中断

> 💡 **命题与解题思路**
>
> 本题考查诉讼时效的中断，只要认真审题不难作出正确答案。《民法典》第195条规定："有下列情形之一的，诉讼时效中断，从中断、有关程序终结时起，诉讼时效期间重新计算：（一）权利人向义务人提出履行请求；（二）义务人同意履行义务；（三）权利人提起诉讼或者申请仲裁；（四）与提起诉讼或者申请仲裁具有同等效力的其他情形。"本题中，丁虽一直未归还借款，但每月均付给公司利息1万元的行为表明其认同借款合同的存在，其主观上愿意承担还款义务，即同意履行，故诉讼时效中断。

5. 北陵公司是否有权请求法院确认其向建设银行出具的担保函无效？为什么？

答案：有权。《公司法》规定，公司对外担保应当依照公司章程的规定，由董事会或者股东会决议。本案中北陵公司法定代表人向建设银行出具的担保函为越权担保。针对越权担保，需要区分相对人的善意。在本案中，建设银行并没有依照《公司法》的规定对有权机关的决议进行形式审查，因此不构成善意。

难度：难

考点：表见代表

> 💡 **命题与解题思路**
>
> 本题考查公司法定代表人超越章程权限对外提供担保的效力，为增加难度，命题人有意混淆债务人知情和债权人知情，但其用意很明显，就是考查超越章程权限订立合同的效力，这种命题思维比较单纯：<u>既然章程是有限责任公司内部文件，不能约束善意相对人，故不能认定保函无效</u>。但是近几年司法实践中该问题变化很大：首先是《民商事审判工作会议纪要》第18条，明确相对人的善意应当是对公司机关决议进行形式审查，除非构成四种例外；随后《民法典担保制度解释》第7条也明确规定，所谓善意，是指相对人在订立担保合同时不知道且不应当知道法定代表人超越权限。相对人有证据已对公司决议进行了合理审查，人民法院应当认定其构成善意，但公司有证据证明相对人知道或者应当知道系伪造、变造的除外。因此，在判断公司对外越权担保时，需要考生明确以下几点。第一，是否属于越权担保，即是否属于未按照章程的规定，由法定代表人擅自对外作出的担保。第二，是否属于四类情形：（1）专业公司（担保公司、开具保函业务的银行等机构）；（2）为子公司等提供担保；（3）存在互保关系；（4）担保合同系单独或合计持有2/3以上表决权股东同意（实质授权）。如果属于这四类情形，则一般公司只要不能证明"相对人知道或者应当知道"，对外担保即有效。第三，除上述四类情形外，需要审查相对人有无对公司有权机关决议进行形式审查。
>
> 同时，还需要考生注意与本案类似情形的处理：公司章程授权法定代表人在300万元以内即可自行作出担保，法定代表人持授权函（未标明额度）对外作出，此时相对人只需形式审查即可，即使超出担保数额，该担保也依然有效。

6. 戊13岁的儿子能否继承戊的股东资格而成为公司的股东？为什么？

答案：能够。因为公司法并未要求股东为完全行为能力人，且公司章程并未排除自然人股东继承股东资格。

　　难度：易

　　考点：股东资格的取得

> 💡 **命题与解题思路**
>
> 　　本题考查有限责任公司自然人股东资格的继承取得、成为股东的能力条件以及公司法的默认性规范。《公司法》第90条规定，自然人股东死亡后，其合法继承人可以继承股东资格；但是，公司章程另有规定的除外。可见，《公司法》并未对股东资格的继承人作特殊限制性规定，也并未要求股东必须是完全行为能力人，故戊13岁的儿子可以继承戊的股东资格而成为公司的股东。

7. 如北陵公司不能偿还农业银行的200万元借款，银行能否行使抵押权？为什么？

　　答案：能够。北陵公司以设备作为抵押，抵押权自抵押合同生效时设立；未经登记，只是不得对抗善意第三人，不影响抵押权的行使，银行可以行使抵押权。

　　难度：易

　　考点：动产抵押的设立

> 💡 **命题与解题思路**
>
> 　　本题考查动产抵押成立要件和对抗要件的区分。《民法典》第403条规定，以动产抵押的，抵押权自抵押合同生效时设立；未经登记，不得对抗善意第三人。本案并未出现善意第三人，故银行可以行使抵押权。
>
> 　　在此提醒考生注意的是，在具体答题时，考生可能存在类似疑问：本题也属于公司对外担保，那么在思考银行能否行使抵押权时，是否需要讨论该担保是否属于越权担保以及其效力。对此，需要考生清楚出题人的考核点：第一，本题已经考查了越权担保及其效力，不会在一道题目中出现两次考核；第二，注意仔细阅读题目用词，掌握出题人的思路。题目事实是"北陵公司欲向农业银行借款200万元，以设备作为担保，银行同意，双方签订了借款合同和抵押合同，但未办理抵押登记"。对此，我们可以发现有两个推测出题人思路的关键词：(1)"北陵公司"，用"北陵公司"而非前面涉及的"自己决定以公司名义"，说明该担保系公司的合法意思表示，并不存在越权担保问题；(2)"但未办理抵押登记"，显然这半句是题目的题眼所在，也是出题人为大家回答留下的线索。这也意味着考生在作答时，认真审题找出出题人思路的重要性。

8. 乙向甲转让股权时，其他股东是否享有优先受让权？为什么？

　　答案：不享有。因为不是对外转让，不会破坏公司的人合性。

　　难度：易

　　考点：有限责任公司的股权转让

> **命题与解题思路**
>
> 本题考查有限责任公司股权对内转让和对外转让的区别，判断的原则是有限责任公司的人合性。《公司法》第84条第1款规定，有限责任公司的股东之间可以相互转让其全部或者部分股权。对外转让时其他股东才享有优先受让权，以免破坏原股东之间的人身信赖。

9. 北陵公司与当地慈善机构的捐赠合同是否有效？为什么？万水公司可否请求法院撤销北陵公司的上述行为？为什么？

答案：有效。因为赠与合同是诺成合同，双方当事人意思表示一致时即可成立。由于受赠人是慈善机构，赠与人在交付赠与财产之前无权撤销赠与。但万水公司可以请求法院撤销北陵公司的捐赠行为，因其无偿转让财产导致不能清偿万水公司的债务，损害了万水公司的利益，符合《民法典》关于债的保全撤销权的条件。

难度：中

考点：赠与合同的撤销权、债权人撤销权

> **命题与解题思路**
>
> 命题人在同一题中考查赠与人撤销权和债权人撤销权，有一定的迷惑性，但只要掌握<u>两方关系和三方关系的利益平衡原则</u>即可得出正确答案。《民法典》第658条规定，赠与人在赠与财产的权利转移之前可以撤销赠与。经过公证的赠与合同或者依法不得撤销的具有救灾、扶贫、助残等公益、道德义务性质的赠与合同，不适用前款规定。《民法典》第538条规定，债务人以放弃其债权、放弃债权担保、无偿转让财产等方式无偿处分财产权益，或者恶意延长其到期债权的履行期限，影响债权人的债权实现的，债权人可以请求人民法院撤销债务人的行为。故本案中，赠与人不交付赠与的财产的，受赠人可以要求交付，<u>赠与人的利益让位于社会公益</u>。但如果赠与行为损害了外部债权人的利益，则债权人可请求法院撤销赠与，此时<u>社会公益让位于债权人私益</u>。本案中，北陵公司尚欠万水公司债务且无力归还的情况下决定向慈善机构捐款，损害了万水公司的利益，符合不履行债务而无偿转让财产的情况，故万水公司可以请求法院撤销北陵公司的捐赠行为。

图书在版编目（CIP）数据

2024国家统一法律职业资格考试历年主观试题精讲/桑磊主编.—北京：中国法制出版社，2024.4
ISBN 978-7-5216-4152-3

Ⅰ.①2… Ⅱ.①桑… Ⅲ.①法律工作者-资格考试-中国-题解 Ⅳ.①D920.4

中国国家版本馆 CIP 数据核字（2024）第 032513 号

策划编辑：李连宇
责任编辑：李连宇　黄丹丹　刘海龙　潘环环　　　　　　　　封面设计：拓　朴

2024国家统一法律职业资格考试历年主观试题精讲
2024 GUOJIA TONGYI FALÜ ZHIYE ZIGE KAOSHI LINIAN ZHUGUAN SHITI JINGJIANG

主编／桑　磊
经销／新华书店
印刷／三河市华润印刷有限公司
开本／787毫米×1092毫米　16 开　　　　　　印张／32.25　字数／720 千
版次／2024 年 4 月第 1 版　　　　　　　　　　2024 年 4 月第 1 次印刷

中国法制出版社出版
书号 ISBN 978-7-5216-4152-3　　　　　　　　　　　　　　　　定价：97.00 元

北京市西城区西便门西里甲 16 号西便门办公区
邮政编码：100053　　　　　　　　　　　　　　传真：010-63141600
网址：http：//www.zgfzs.com　　　　　　　　编辑部电话：010-63141811
市场营销部电话：010-63141612　　　　　　　　印务部电话：010-63141606

（如有印装质量问题，请与本社印务部联系。）
本书二维码内容由桑磊法考提供，用于服务广大考生，有效期截至 2024 年 12 月 31 日。